TABLEAUX SYNOPTIQUES

DE

DROIT ROMAIN

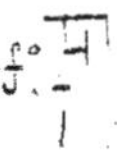

L'ÉTUDE DU DROIT ROMAIN SIMPLIFIÉE

TABLEAUX SYNOPTIQUES
DE
DROIT ROMAIN

PRÉPARATION FACILE ET RAPIDE

DES MATIÈRES EXIGÉES

POUR LA PARTIE ROMAINE DU PREMIER EXAMEN DE BACCALAURÉAT

ET

POUR LE PREMIER EXAMEN DE LICENCE

EXPLICATION COMPLÈTE DES INSTITUTES DE JUSTINIEN

CONFORME A L'ENSEIGNEMENT DE LA FACULTÉ DE DROIT DE PARIS

PAR

Georges BONJEAN

Chevalier de la Légion-d'Honneur, Avocat à la Cour d'Appel de Paris

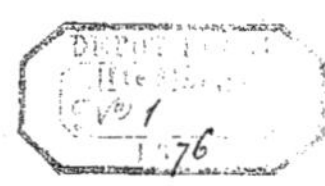

PARIS

A. DURAND ET PEDONE-LAURIEL, ÉDITEURS

LIBRAIRES DE LA COUR D'APPEL ET DE L'ORDRE DES AVOCATS

9, RUE CUJAS (ANCIENNE RUE DES GRÈS)

1876

AVANT-PROPOS

Aucune législation ne s'est formée d'un seul jet; intimement liée à la civilisation d'un peuple, dont elle est en même temps la régulatrice et le résultat, elle doit en suivre pas à pas les transformations et les progrès. Il ne faut donc pas s'étonner de trouver, dans le dernier état du Droit Romain, une législation absolument différente, en plusieurs points, de celle qui régissait les premiers âges de Rome.

Aussi, pour trouver à l'étude du Droit Romain, tout l'intérêt qu'il mérite, et même pour saisir une grande quantité de questions essentielles, on ne saurait se borner à étudier les textes prescrits par les programmes officiels; il faut d'abord reconstituer l'histoire de chaque institution, considérer comment le germe contenu dans les premiers documents législatifs, s'est successivement développé et transformé, sous l'influence du préteur, qui maintenait ainsi le droit civil au niveau des modifications sociales; il faut ensuite rechercher quels sont les véritables motifs auxquels on doive attribuer certaines prescriptions en apparence inutiles ou gênantes; il faut enfin étudier comment les matières les plus distinctes, se rattachent souvent les unes aux autres, dans une commune subordination à certains principes supérieurs ou à des traditions historiques.

Mais c'est là un travail préliminaire qui rebute souvent les débutants, et leur fait haïr cette grande législation romaine qu'on a surnommée la *raison écrite*.

Ce livre, qui n'a aucune prétention à l'érudition, a pour premier objectif d'éviter, à ceux qui veulent travailler, un travail préliminaire, devant lequel ils pourraient parfois céder à un découragement prématuré.

Un procédé presque mécanique d'exposition permet à l'œil de saisir tout d'abord les grandes classifications des matières, pour descendre ensuite, petit à petit, à mesure que la lumière se fait, jusqu'aux subdivisions secondaires les moins importantes, qui exposent les évolutions successives, accomplies par les différentes institutions.

S'il n'y avait que des gens laborieux ayant le temps de travailler, j'aurais supprimé le texte concis que renferment les *accolades*, et j'aurais renvoyé, pour les détails, aux savants ouvrages de MM. Ortolan, Demangeat et Accarias, que nul ne peut espérer surpasser. Mais mon second objectif était de faciliter leur tâche, sinon aux paresseux (et il y en a bien quelques-uns), tout au moins aux jeunes gens, que d'autres devoirs obligent à préparer rapidement leurs examens; ceux-ci trouveront dans mes « *Tableaux synoptiques* » une préparation complète aux épreuves de l'Ecole ; le texte, si concis qu'il soit, contient *autant de détails* que les *Manuels* en usage ; il en contient même souvent davantage; car sa méthode *toute spéciale* de rédaction lui permet de remplacer par des faits intéressants les phrases inutiles que nécessite une rédaction plus polie, et même, je l'avoue, plus correcte.

Mais, si cet ouvrage est suffisant pour présenter une table raisonnée et méthodique des différentes matières qui composent le Droit Romain, ou pour préparer, j'en ai la conviction, un *bon* examen de licence romaine, il ne saurait suffire à ceux qui veulent approfondir les difficultés du droit, et s'initier à un grand nombre de questions fort intéressantes, mais qui ne sont demandées qu'aux examens de doctorat ; à ces zélés je dirai : lisez les ouvrages de M. Ortolan, de M. Demangeat et *surtout* le *Précis* de M. Accarias, professeur à la Faculté de droit de Paris.

Je crois devoir, en quelques mots, justifier cette préférence sans qu'on puisse voir dans mes paroles le moindre sentiment critique envers deux Jurisconsultes, qui savaient unir à la science la plus profonde, les qualités du cœur qui provoquent et fixent les affections. Un tel sentiment, qui dans aucun cas ne serait justifié, constituerait, de ma part, un acte d'ingratitude envers deux hommes qui ont bien voulu m'honorer de leur bienveillante et affectueuse estime !

Mais chacun d'eux est tombé dans les inconvénients des méthodes absolues qu'il avait adoptées.

M. Ortolan, en s'astreignant à suivre pas à pas l'ordre si souvent défectueux des Institutes de Justinien, n'a pu réunir, dans une commune explication, certaines matières qui, séparées, ne peuvent être facilement comprises par les débutants.

M. Demangeat, de son côté, pénétré de la grande science allemande, suit peut-être moins que M. Ortolan, l'ordre des Institutes ; mais son ouvrage manque de divisions qui permettent à l'esprit de *respirer ;* l'érudition incontestable et profonde avec laquelle certaines questions sont traitées, est parfois un peu obscure pour ceux qui n'ont pas déjà une certaine habitude du droit romain ; enfin certaines matières, et notamment les *pactes* et les *actions* (1) ne me semblent pas avoir reçu les développements suffisants.

J'arrive enfin au *Précis de Droit Romain* de M. Accarias, que ses études littéraires exceptionnelles mettaient plus à même que tout autre de pénétrer le véritable sens des textes les plus difficiles. Cet ouvrage me paraît être le plus parfait que nous possédions. L'éminent professeur a su trouver le juste milieu entre l'exposition trop servile de M. Ortolan, et l'exposition trop savante de M. Demangeat. Ses développements, loin d'éluder aucune difficulté, creusent toutes les questions, sur quelques-unes desquelles on trouve des aperçus tout nouveaux.

Mais l'incontestable supériorité de cet important ouvrage, qui se dissimule sous le titre modeste de *Précis,* consiste dans la méthode ingénieuse avec laquelle l'éminent professeur appuie de textes heureusement groupés, les raisonnements personnels les plus savants.

Enfin, s'il convient de parler de détails presque matériels, le lecteur trouvera dans des *sommaires* concis, un guide précieux qui le conduira sûrement à travers le dédale des grandes théories juridiques.

Et maintenant, quoiqu'en vérité je n'ose presque plus le faire après avoir parlé de ces Maîtres en Droit romain, il faut bien dire deux mots de ce modeste ouvrage.

Le lecteur s'habituera sans peine à cette méthode spéciale dite : de *Tableaux synoptiques.* Les titres des matières, au lieu de se trouver dans le texte même, où ils risquent parfois de se perdre, sont apposés à une *accolade,* qui embrasse tous les développements. Mais ces développements peuvent, et c'est le cas le plus fréquent, ne pas présenter une théorie absolument homogène ; ils comportent des distinctions, qui se rangent, à leur tour, dans des *accolades* secondaires.

Il est facile maintenant de se rendre compte de la façon d'étudier ces tableaux.

On commencera par lire le premier *réseau* d'accolades, et on reconnaîtra ainsi les grandes divisions des matières. Puis on descendra chaque échelon d'accolades secondaires, pour se rendre compte des subdivisions et arrière-subdivisions, et on arrivera enfin au texte proprement-dit.

Rien de plus facile qu'un tel système ; mais il y a quelques difficultés pratiques, qui nous conduisent aux observations suivantes :

Certaines matières contiennent tant de ramifications, que, les exposer absolument d'après le

(1) Pour l'étude de cette théorie capitale des *Actions*, je recommande aux travailleurs le « *Traité des Actions* » du Président Bonjean, mon père, publié en 1843, et qui est encore aujourd'hui, de l'avis des personnes les plus compétentes, le traité le plus complet que nous possédions.

système synoptique, eût été multiplier à l'excès les accolades générales. J'ai dû, en conséquence, me borner à faire commencer l'*exposition synoptique* à un certain degré de subdivision d'une matière générale. De là, une série de matières secondaires qui sont présentées comme des sujets principaux et isolés. Mais, pour rattacher tous ces chapitres à la théorie unique qu'ils constituent par leur réunion, j'ai rédigé des *tableaux d'ensemble*, qui, indiquant chaque matière secondaire par quelques mots seulement, permettent à l'œil d'embrasser tout l'ensemble.

C'est ainsi qu'on trouvera un *Tableau général* de tout le Droit romain; puis un Tableau général spécial en tête de chacune des grandes divisions : PERSONNES, CHOSES, ACTIONS. — Chaque détail de ces Tableaux généraux correspond à de grandes matières soustraites, à raison de leur importance, au régime unique des accolades, et qui se classent dans des sections, chapitres, articles et paragraphes.

Exemple. — Je veux étudier la matière des personnes en *tutelle.* — Le tableau général du Droit renvoie, pour l'étude des *personnes* au livre I. — En tête du livre I, un *Tableau Résumé des Personnes* m'indique que la matière de la *tutelle* est traitée dans le § 1er de l'article 2, du chapitre 2, de la section deuxième; il indique aussi, que la *tutelle* est (avec la *curatelle*), une des subdivisions des *incapables*, lesquels constituent avec les *capables*, les PERSONNES SUI JURIS, qui sont précisément l'une des branches de la deuxième classification des personnes.

Je suis ainsi fixé sur la place que la *tutelle* occupe dans la science du Droit romain.

Mais ce n'est pas assez. En tête de certaines matières secondaires, mais compliquées, j'ai placé, quand je le jugeais nécessaire, de petits tableaux très-sommaires, indiquant les principales divisions du sujet spécial.

On en trouvera, notamment, en tête : des *fils de famille* (L. I, s. 2, ch. 1, art. 2) et : des *Personnes sui juris* (L. I, s. 2, ch. 2.).

Pour faciliter encore davantage l'exacte perception de la place que certaines matières secondaires occupent dans des théories plus importantes, je mets, en tête de chaque tableau et *en vedette*, quelques mots de caractères typographiques gradués, dont les moins saillants indiquent le point spécial traité dans le *Tableau*, et les plus saillants, les matières plus ou moins importantes dont ce point spécial fait partie.

Exemple : En tête du tableau n° 9, se trouvent, en gros caractères : PERSONNES ALIENI JURIS ; — en caractères plus petits : FILS DE FAMILLE; en caractères plus petits encore : *Enfants issus ex justis nuptiis* (*suite*). — J'en conclus : que ce tableau traite avec *le ou les précédents (suite)*, des *Enfants issus du mariage ;* que ces enfants font partie des FILS DE FAMILLE, qui sont eux-mêmes compris dans la classe des PERSONNES ALIENI JURIS. Or cette dernière classification est de celles que tout le monde connait et que je suis d'ailleurs assuré de trouver dans les *Tableaux généraux.*

Par ce concours des *titres en vedette* et des *Tableaux d'ensemble*, je puis toujours descendre d'une grande division à ses subdivisions, ou remonter des subdivisions aux divisions principales. C'est là précisément le but du travail.

Remarques : 1° Lorsqu'une matière exige plusieurs tableaux, chacun d'eux, énonce au commencement ou à la fin, et *par un seul mot*, les matières développées dans les tableaux précédents, ou qui seront expliquées dans les suivants. Par ce petit procédé de rattachement, chaque tableau présente une *matière complète*, dont une partie développée, forme le sujet principal dudit tableau, et dont les autres parties sont résumées de la façon la plus concise.

On peut ainsi, tout en étudiant les détails d'un point spécial, se rendre compte de ce qui précède et de ce qui suit.

Exemple: Dans le tableau 7, la première accolade porte en tête : *Définition, Elément constitutif du mariage*; et, à la fin, *Dissolution du mariage.— Appendice.* Ces mots, qui renvoient pour les détails, aux tableaux précédents ou suivants, montrent, d'un seul coup, que la matière *du mariage* (source du fils de famille), se divise en cinq points secondaires : *définition, élément constitutif, condition particulière* (point expliqué en partie dans le tableau dont il s'agit), *dissolution et appendice.*

D'un autre côté, dans la seconde accolade, les mots *puberté, consentement,* qui se trouvent en première ligne, et renvoient pour les détails au Tableau précédent, indiquent que *les conditions particulières du mariage* sont, avec le *connubium* (objet du tableau dont s'agit), la *puberté* et le *consentement.*

2° On remarquera certaines parties du texte composées en caractères de *notes ;* on doit les laisser de côté à une première lecture.

3° Les chiffres, placés immédiatement après la citation d'un auteur ou d'un ouvrage, concernent cette citation ; autrement, ces chiffres renvoient aux *Tableaux synoptiques* eux-mêmes.

En terminant cette explication dont l'utilité fera excuser la rédaction compliquée, je dois avertir que ce n'est pas à mon insu que mes *Tableaux* renferment un grand nombre de phrases qui paraîtront bizarres, voire même incorrectes ; mais j'ai préféré renoncer à une rédaction châtiée, pour éviter des longueurs fleuries incompatibles avec le caractère et le but de cet ouvrage.

NOTIONS PRÉLIMINAIRES

I. — DÉFINITIONS.

Il y a dans toute science, certaines expressions capitales, qui s'interprètent souvent d'une façon différente et qu'il est indispensable de bien déterminer pour prévenir beaucoup d'obscurités. Tels sont les mots *jus* (droit); morale ; droit naturel ; équité ; *jurisprudentia* ; justice.

Jus (droit). Ce mot a plusieurs acceptions.

1° Le mot *jus* vient de *jubere, jussus*, et réveille l'idée de commandement, d'ordre. Il y a certaines actions qui nous sont défendues ; il en est d'autres que nous pouvons ou devons faire ; c'est le droit qui les détermine, et, dans ce sens, on peut le définir : *l'ensemble des préceptes auxquels l'homme doit obéir*. Mais il faut assurer l'obéissance à ces principes déterminateurs par l'organisation d'une contrainte matérielle, qui résulte d'un certain nombre de règles spéciales, dites : *droits sanctionnateurs*.

2° Le mot *jus* signifie aussi l'ensemble des préceptes destinés à montrer comment les règles abstraites de la science du droit doivent être appliquées aux espèces variées qui résultent du conflit des intérêts privés.

3° Enfin, on entend par *jus* ou plutôt *jura*, certaines prérogatives ou facultés garanties par la loi. Dans ce sens, un droit a pour corrélatif un devoir. Par exemple le *droit* de propriété (qui permet à quelqu'un de jouir exclusivement de sa chose), suppose nécessairement, chez les autres, le *devoir* de respecter cette propriété et cette jouissance.

Si, dans ce sens, un *droit* a pour corrélatif un *devoir*, ce devoir lui-même, pour être respecté, doit avoir à côté de lui une sanction déterminée. Ainsi, un droit de créance suppose nécessairement l'obligation de payer ; mais ce n'est pas assez, et le créancier peut forcer le débiteur à exécuter son obligation, au moyen d'une *condictio* qui, au besoin, mettra toute la puissance publique en œuvre pour assurer le succès du droit et l'accomplissement du devoir.

Morale. — Comme le droit, la morale est l'ensemble des préceptes auxquels l'homme doit conformer sa conduite ; mais elle diffère du droit proprement-dit, en ce qu'elle manque de *sanction légale*. Celui qui ne se conformera pas aux principes de la morale, encourra sans doute la mésestime publique et la responsabilité éternelle ; mais ce sont là des sanctions qui n'ont aucun rapport avec la sanction du droit positif. Il est vrai que certaines règles fondamentales de morale ont été revêtues par les législateurs, d'un caractère légalement obligatoire ; mais alors le jurisconsulte n'a plus à les considérer au point de vue moral, mais uniquement au point de vue du droit strict.

Déjà Paul avait indiqué cette différence profonde entre le droit et la morale en disant : *non omne quod licet, honestum est....* Tout ce que permet le droit n'est pas conforme à la morale ; et Bentham a vivement fait sentir cette idée dans une forme imagée. Il a comparé ces deux règles des actions humaines à deux cercles concentriques : le plus petit, c'est celui du droit, le plus grand, c'est celui de la morale, qui comprend : d'abord tout ce que comprend celui du droit et encore beaucoup d'autres principes exclusivement moraux.

Est-il nécessaire, pour le jurisconsulte, de connaître les règles de morale, qui n'ont pas été reconnues et sanctionnées par le droit civil ? Sans doute :

Par exemple, il est de principe que deux personnes peuvent, par des conventions particulières, déroger à une loi générale, pourvu que cette loi n'intéresse pas les *bonnes mœurs*, c'est-à-dire la *morale*.

Pour juger si telle ou telle obligation est valable, le jurisconsulte est donc obligé de rechercher si elle est conforme ou contraire à la morale.

Droit naturel. — On a donné à cette expression bien des significations. On a voulu d'abord y voir l'ensemble des règles auxquelles était soumis l'homme vivant comme les animaux, en dehors de toute civilisation. Je n'insiste pas sur cette idée bizarre, sur laquelle je reviendrai plus loin, et je me contente de dire que notre amour-propre, notre dignité d'homme suffisent pour repousser une telle conception.

En second lieu, on considère le *droit naturel* comme synonyme de la morale.

Enfin, le *droit naturel* serait le *beau idéal*, le type abstrait de la perfection en matière de droit ; chaque fois que le législateur modifie une règle de droit, il vise à se rapprocher du droit naturel, en s'efforçant de faire passer dans le domaine des faits humains un type abstrait de perfection.

Equité. — Ce mot est un de ceux qu'il est difficile de définir, mais que l'honnête homme perçoit profondément. Il me paraît se confondre à peu près complètement avec le *droit naturel* considéré comme le type idéal du droit, de la justice. Ainsi on oppose souvent le droit proprement-dit à l'équité, et c'est dans ce sens que Quintillien a dit : *pugnare jure aut æquo.*

2

Etymologiquement, on donne au mot équité le sens d'*égalité*, et bien entendu d'égalité devant la loi ; cette idée n'est pas juste. Il faut en effet se rendre compte que tous les êtres humains n'ont pas reçu du ciel, ou des circonstances, la même dose d'intelligence, d'instruction, et par suite, de juste perception du bien et du mal et de liberté d'action.

Peser un fait commis par deux personnes différentes dans la même balance, sans tenir compte d'une multitude de circonstances indépendantes de leur volonté, qui, chez l'une a aggravé, et chez l'autre a diminué la responsabilité, serait juger conformément à l'*égalité*, mais contrairement à l'*équité*.

L'équité se rapproche donc beaucoup du droit naturel, si elle ne se confond pas avec lui. Elle existe dans toutes les bonnes consciences. Mais cette perception ne suffirait pas pour permettre de juger un procès ; non pas, comme le disent quelques auteurs, parce que cette notion puissante du juste et de l'injuste serait insuffisante, sans la connaissance de la philosophie et du droit positif; mais bien, parce que le droit positif autorise des actions contraires à l'équité, et que, juger d'après l'équité, serait souvent violer une règle formellement écrite dans les corps de droit.

Jurisprudentia. — Jurisprudentia est divinarum atque humanarum rerum notitia, justi atque injusti scientia. (Inst. J., l. 1, t. I, § 1).

La jurisprudence est la connaissance des choses divines et humaines, la science du juste et de l'injuste.

Le mot *jurisprudence*, dans son sens ordinaire, veut dire : la connaissance acquise du droit. C'est la même combinaison de mots qui a formé l'expression *jurisprudentes*, ceux qui savent le droit *(juris-prudentia-prudentes)*.

Evidemment la jurisprudence est bien la science du juste et de l'injuste; mais que veut dire cette phrase de la définition : *rerum humanarum atque divinarum notitia?*

D'après une première interprétation, ce serait une allusion à la division des choses en *res divini juris*, comme les tombeaux, les temples, etc., et les *res humani juris*, c'est-à-dire les choses proprement dites, susceptibles d'appropriation publique ou privée. Cette explication nous semble trop restreindre la pensée élevée, trop élevée même qu'exprime le texte.

Une seconde opinion, qui pèche par l'excès contraire, prend le texte au pied de la lettre ; il en résulte que la jurisprudence serait la science universelle ! — C'est tout-à-fait inadmissible.

M. Accarias voit dans notre expression, une allusion aux principes qui régissent l'organisation du culte et des sacerdoces ; mais c'est là un *droit public* qui n'a aucun rapport avec la jurisprudence.

M. Demangeat émet cette opinion, qui est tout au moins fort ingénieuse :

La science du juste et de l'injuste résulte de la connaissance des principes qui tiennent à l'humanité et à la divinité. En effet, selon que, sur ces grands problèmes de morale : Dieu existe-t-il ? L'homme n'est-il que matière ? Peut-il se déterminer librement? etc., on aura adopté telle ou telle solution, il est évident que l'appréciation des actions, en tant que justes et injustes, variera beaucoup.

Justice. — Justitia est constans et perpetua voluntas jus suum cuique tribuendi (Inst. J., l. I t. 1, § 2).

La justice est la volonté *ferme* et *persévérante* de rendre à chacun ce qui lui est dû.

Cette définition se comprend facilement. Celui-là, en effet, ne serait pas juste chez qui la volonté dont il s'agit ne serait pas permanente et incapable de céder à des menaces ou à une considération d'intérêt personnel.

Préceptes constitutifs du droit. — Pour terminer ces nombreuses généralités, examinons quels devoirs généraux l'homme doit observer, d'après les Romains, pour obéir à cette direction sociale qu'on appelle le *jus*.

Juris præcepta sunt hæc : honeste vivere, alterum non lædere, suum cuique tribuere (Inst. J., l. I, t. 1, § 3).

Les préceptes de droit sont ceux-ci : *vivre honnêtement, ne pas léser autrui ; donner à chacun ce qui lui appartient.*

Encore une définition dans laquelle on ne retrouve pas la justesse de pensée et d'expression, si remarquable dans les écrits des jurisconsultes romains. — Ulpien, et après lui Justinien, posent comme premier principe de *droit* : HONESTE VIVERE, et ce principe fait exclusivement partie de la *morale*. Aussi Paul dit-il formellement : *Non omne quod licet honestum est ;* tout ce qui est permis n'est pas honnête (l. 144, de reg. jur. 4. 17). Il est en effet un grand nombre d'actions mauvaises que la loi ne saurait rechercher et punir, sans devenir tracassière et vexatoire.

Le second précepte : « ALTERUM NON LÆDERE », est faux ou inutile ; en effet, d'un côté on peut impunément porter préjudice à autrui, si, en le faisant, on ne fait qu'user de son droit : *nemo injuria* (contrairement aux droits) *facere creditur, qui jure suo utitur* ; et, d'un autre côté, ce précepte rentre dans le suivant.

Le troisième précepte : « *suum cuique tribuere* », est le seul important. En effet, dès que je m'efforce de respecter le droit d'autrui, j'obéis absolument au *jus*, qui détermine précisément ce droit de mon prochain. — En l'écrivant, on pourrait se dispenser de mentionner les deux premiers.

II. — DIVISIONS DU DROIT ROMAIN

QUANT A SA SPHÈRE D'ACTION ET A SON MODE DE FORMATION. — SOURCES DU DROIT ROMAIN.

N. B. — On entend par *Sources du Droit* les procédés divers par lesquels une règle devient *obligatoire*.
Avant d'étudier les règles du droit romain dans leurs principes, leurs transformations et leurs applications, il est indispensable de savoir comment une règle passait dans le domaine du droit positif, aux différentes époques de la civilisation romaine. C'est ce qu'on verra dans l'étude des *sources du Droit romain*.

TABLEAU GÉNÉRAL (d'après les Institutes de Justinien).

- CHAPITRE Ier. — **Droit public** : ORGANISATION DES CULTES. — ORGANISATION POLITIQUE ET ADMINISTRATIVE. — RAPPORTS INTERNATIONAUX.
- CHAPITRE II. — **Droit privé.**
  - ART. 1er. DROIT NATUREL : UNION DES SEXES. — PROCRÉATION ET ÉDUCATION DES ENFANTS. (Commun aux hommes et aux animaux).
  - ART. 2. DROIT DES GENS
    - ESCLAVAGE PAR CAPTIVITÉ. — DROIT DE PROPRIÉTÉ.
    - PRINCIPAUX CONTRATS : Prêt à consommation, à usage; échange; vente; louage; société; mandat; dépôt; gage.
  - ART. 3. DROIT CIVIL.
    - § 1er. DROIT NON ECRIT *ou* Droit coutumier.
    - § 2. DROIT ECRIT *ou* promulgué.
      - Lois. — Pléhiscites
      - Sénatus-Consultes.
      - Constitutions impériales
        - Edits.
        - Rescrits.
        - Décrets.
        - Mandats.
      - Edits des magistrats.
      - Réponses des prudents.
    - § 3. Appendice.

  (Sources du droit.)

Le droit se divise en deux grands chapitres :

Hujus studii duæ sunt positiones : *publicum* et *privatum*.

Cette étude a deux objets : le *droit public* et le *droit privé*.

CHAPITRE Ier. — *Droit public.*

Publicum jus est quod ad statum rei romanæ spectat.....

Le droit public concerne le gouvernement de l'empire.

Justinien, qui va s'occuper exclusivement du *droit privé*, se contente de définir le droit public. — Ulpien réduisait ce *droit public* aux trois termes : *sacra, sacerdotes, magistratus,* objets certainement très-importants, mais auxquels il faut ajouter sous certains points de vue, le droit administratif et le droit criminel, et dans tous les cas, les règles qui présidaient aux rapports de Rome avec les autres nations.

Un tel sujet est naturellement en dehors de nos études qui ne doivent porter que sur le droit privé.

CHAPITRE II. — *Droit privé.*

..... *Privatum* quod ad singulorum utilitatem (spectat).

Dicendum est igitur de jure privato quod tripartite est collectum; est enim ex naturalibus præceptis, gentium et civilibus.

Le droit privé règle les rapports qui intéressent les particuliers.

Nous n'avons à nous occuper que du droit privé qui a une origine *tripartite;* car il se compose de préceptes tirés du *droit naturel*, du *droit des gens* et du *droit civil.*

Cette division *tripartite* du droit privé, que Justinien a eu grand tort d'emprunter à Ulpien, a été vivement critiquée, et avec raison. Pour s'en convaincre, il suffit de considérer ce que le texte entend par ce *droit naturel* qu'il prétend être une des sources du droit privé.

« Le droit naturel, dit Justinien, est celui que la nature enseigne à tous les animaux. Ce droit n'est pas particulier aux hommes; il est commun à tous les êtres animés qui vivent dans l'air, sur la terre et dans les eaux. De là vient l'union du mâle et de la femelle, union que nous appelons mariage; de là vient encore la procréation et l'éducation des enfants. Nous voyons en effet que les animaux agissent comme s'ils connaissaient ce droit. (Inst. J., l. 1, t. 2, proœ.). »

Il nous semble qu'il était difficile de présenter une idée plus bizarre. Quel honneur pour l'homme que d'être assimilé à un mollusque ou à un insecte! Quelle haute philosophie de jurisconsulte que celle qui confond des nécessités physiologiques, auxquelles le ver de terre ne sait se soustraire, avec cette grande idée du *droit*, de la *loi*, c'est-à-dire du devoir, du libre arbitre, de la responsabilité devant Dieu et devant les hommes, — éléments grandioses mais essentiels de toute idée juridique.

Et encore sont-elles vraies ces prétendues lois inviolables que la nature aurait mises au fond de tout être animé ? Il est malheureux que Justinien n'ait pas connu les notions les plus élémentaires d'histoire naturelle ; puisqu'il parle des habitants des mers, il aurait vu que pour l'immense majorité d'entre eux, il n'y a ni *conjunctio maris et feminæ*, ni le moindre rudiment d'*educatio* ; il aurait vu que l'hôte le plus charmant des airs, le papillon, et, avec lui, tous les autres insectes, n'ont pas la moindre pensée pour ces *enfants* posthumes qui sortiront de leurs œufs, abandonnés la saison précédente.

Sans insister davantage, il suffit de résumer les principes vrais, en ces termes :

Le mot *droit* suppose nécessairement l'idée de *devoir ;* or il ne peut y avoir devoir que s'il y a libre arbitre ; donc, les nécessités, qui sont obéies instinctivement et sans libre arbitre, ne sauraient, à aucun point de vue, rentrer dans la science du droit.

Remarquons d'ailleurs que les textes prouvent, de la façon la plus formelle, que les Romains considéraient l'expression *droit naturel*, comme synonyme de *droit des gens*.

En conséquence, nous diviserons le *droit privé* en deux classes seulement : le *droit des gens (jus gentium)*, et le *droit civil.*

Art. 2. — Droit des gens.

.... Quod vero naturalis ratio inter omnes homines constituit, id apud omnes populos peræque custoditur, vocaturque *jus gentium*, quare quo jure omnes gentes utuntur..... (Inst. J., l. I, t. 2, § 1.)

.... Jus autem gentium omni humani generi commune est, nam usu exigente et humanis necessitatibus, gentes humanæ, (jura) quædam sibi constituerunt ; bella etenim orta sunt, et captivitates secutæ, et servitutes ;.... Et ex hoc jure gentium omnes pene contractus introducti sunt, ut emptio-venditio, locatio-conductio, societas, depositum, mutuum et alii innumerabiles. (Inst. J., l. I, t. 2, § 2).

Le droit que les simples lumières de la raison ont fait établir chez tous les hommes, et qui est également observé chez tous les peuples, est appelé *droit des gens*, c'est-à-dire droit dont l'usage est commun à toutes les nations.

Le droit des gens est commun à tous les hommes, parce que partout l'usage et les besoins de la vie les ont obligés à établir certaines règles ; des guerres, en effet, ont surgi, et de là, la captivité et l'esclavage. C'est de ce droit des gens que viennent presque tous les contrats : la vente, le louage, la société, le dépôt, le *mutuum*, et d'autres innombrables.

Justinien aurait pu ajouter : la propriété.

Le mot *droit des gens* n'a donc pas ici la signification de droit international; il désigne l'ensemble des lois communes à tous les hommes, aux pérégrins comme aux citoyens.

Art. 3. — Droit civil.

.... Quod quisque populus ipse sibi jus constituit, id ipsius civitatis proprium est, vocaturque *jus civile*, quasi jus proprium ipsius civitatis. (Inst. J., l. I, t. 2, § 1).

.... Sed jus quoque civile ex unaquaque civitate appellatur.... Sic enim jus, quo populus romanus utitur, jus civile romanorum appellamur, vel jus Quiritium, quo Quirites utuntur.... Sed quoties non addimus nomen cujus sit civitatis, nostrum jus significamur (Inst. J., l. I, t. 2, § 2).

Le droit que chaque nation a établi lui devient particulier, et on l'appelle *droit civil*, c'est-à-dire droit propre à la cité.

Le droit civil prend le nom du peuple auquel il appartient. Ainsi, le droit propre au peuple romain, est appelé droit des Romains ou droit des Quirites..... Mais quand nous disons le droit civil, sans ajouter le nom du peuple auquel il est particulier, c'est notre droit que nous désignons.....

L'expression *droit civil* ne signifie pas, comme aujourd'hui dans le langage usuel, droit *privé* et ordinaire des particuliers, par opposition au droit criminel, administratif, commercial, etc.; mais bien le droit du civis, du citoyen romain, par opposition au droit des gens, ou droit *simultanément* applicable aux citoyens romains et aux étrangers.

Après avoir montré ce qu'est le droit civil, il faut étudier les sources d'où il dérive. Ces sources se rattachent à deux grands principes :

Constat autem jus nostrum aut *ex scripto* aut *ex non scripto*... (Inst. J., l. I, t. 2, § 3).

Or notre droit se compose de *droit écrit* ou de *droit non écrit*...

Il ne faut pas prendre ces mots : *droit écrit*, — *droit non écrit*, au pied de la lettre, comme une allusion à une distinction toute matérielle, entre des règles écrites et d'autres qui ne le seraient jamais. Il faut entendre : 1° par *jus scriptum*, un droit formulé et promulgué par une autorité compétente, quant même il n'aurait pas été consigné par écrit; 2° par *jus non scriptum*, un droit établi peu à peu par l'usage, véritable droit national, qui n'émane d'aucune autorité, et qui n'a point reçu de sanction officielle; ce caractère n'est pas modifié par la circonstance que les règles, qui le composent, auraient été recueillies par écrit.

Ces deux origines du droit se subdivisent en *sept sources* secondaires, *une* correspondant au *droit non écrit*, et *six* au *droit écrit*.

Ces sept sources du droit civil n'ont pas pris naissance simultanément ; elles se sont au contraire présentées et ont disparu successivement. Enfin, quand elles ont coexisté, elles n'avaient pas toutes la même importance.

Pour faciliter l'étude de cette matière compliquée, on exposera d'abord chacune de ces sept sources dans leur ordre chronologique; puis, dans un appendice, on les groupera, pour montrer, suivant les périodes historiques, l'importance relative de chacune d'elles.

§ 1er. *Droit non écrit* (une source).

Les coutumes (Mores, usus, consuetudo), tirent leur autorité de la volonté tacite du peuple, dont elles sont réputées être la manifestation éclatante. Elles proviennent, en grande partie, de décisions judiciaires répétées sur une même question, ainsi que des édits des magistrats et des réponses des prudents, avant que ces éléments du droit ne fussent réglementés comme sources de *droit écrit*.

Constantin décide que la coutume ne doit plus être reçue à abroger les dispositions explicites ou implicites des lois ; et quoiqu'il y ait, sur ce point, contradiction dans les textes de Justinien, on doit penser que ce dernier a voulu conserver le principe posé par Constantin.

§ 2. *Droit écrit* (six sources).

I. La Loi.

Lex est quod populus romanus, senatorio magistratu interrogante, veluti consule, constituebat (Inst. J., l. I, t. 2, § 4).	La loi est ce que le peuple romain établissait sur la proposition d'un magistrat sénatorial, par exemple d'un consul.

Il faut distinguer les lois *curiates* et les lois *centuriates*.

Lois curiates (votées par les *curies*). — Les lois curiates sont les plus anciennes ; trois pouvoirs concouraient à leur confection. 1° *Le roi* présentait le projet de loi, convoquait et présidait les comices, et désignait les augures qui devaient prendre les auspices. 2° *Le sénat*, consulté sur le projet de loi, sanctionnait la loi votée. 3° *Les comices*, composés de 30 curies, (10 pour chacune des 3 tribus entre lesquelles se partageaient le territoire et la population de Rome), sont réunis au forum ; le vote est fait par *curie* et, dans chaque curie, *par tête*.

(On ne peut expliquer que par des conjectures ce fait que, dans ces comices, où le vote par *tête* était la règle, la prépondérance appartint néanmoins aux patriciens c'est-à-dire à la minorité.)

Lois centuriates (votées par les *centuries*). PREMIÈRE ÉPOQUE. — Les centuries, à la différence des curies, se réunissent au champ de Mars. Chaque centurie exprime (à la majorité des avis recueillis *par tête*), un suffrage. Le résultat général est déterminé par les suffrages des centuries.

Ce nouveau mécanisme des centuries, dû à Servius Tullius (1), fonctionnait de la façon suivante :

1° Par les opérations du CENS on détermine l'*âge* et la *fortune* de chaque citoyen.

2° On répartit ensuite tous les citoyens d'après *leur fortune*, en *cinq classes*, suivant qu'ils possèdent au moins : pour la première classe, 100,000 as ; pour la 2e, 75,000 ; pour la 3e, 50,000 ; pour la 4e, 25,000 ; pour la 5e, 11,000 ; — (ajoutons que tous les citoyens ayant moins de 11,000, constituent *une seule* centurie, dispensée de tout impôt et du service militaire).

3° On divise enfin, d'après leur âge, les citoyens qui composent chaque classe, en un nombre égal de centuries de *juniores* (de 17 à 45 ans), et de *seniores* (âgés de plus de 45 ans).

La 1re classe comprend 98 centuries, y compris 18 de chevaliers ; les 2e, 3e et 4e, chacune 20 centuries ; la 5e, 30 ; soit 188 centuries, auxquelles il faut ajouter, celle des *capite censi* (ayant une fortune inférieure à 11,000 as), deux centuries d'artisans et deux de musiciens, soit comme total général : 193 centuries.

Par ce moyen, la prépondérance est assurée à la *fortune*, puisque la 1re classe seule, comprend plus de la moitié du nombre total des centuries ; et à l'*âge*, au moins indirectement, puisque les *seniores*, quoique moins nombreux que les *juniores*, représentent autant de centuries et par suite de suffrages.

Ces comices par centuries sont convoqués avec l'autorisation du sénat, et présidés par un magistrat *senatorius*, qui propose la loi et prend les auspices ; la loi votée doit être ratifiée, peut-être par une loi curiate, ou tout au moins par un sénatus-consulte ; dès 416 cette ratification devient de pure forme, et même elle est donnée, avant le vote, *dans le senatus-consulte qui autorise la réunion des comices*.

DEUXIÈME ÉPOQUE. — L'organisation des comices par centuries fut modifiée dans les derniers temps de la République. — On ne connaît pas exactement cette modification. M. Demangeat pense : 1° que Rome (et son territoire), fut divisée en 35 tribus, au lieu de 30 (nombre fixé par Servius Tullius) ; 2° que dans chaque tribu on distinguait les 5 classes de Servius Tullius, ce qui donnait 175 groupes ; 3° que chacun de ces groupes se dédoublait en deux centuries, une de *juniores*, l'autre de *seniores* ; le total des centuries aurait ainsi été porté à 350. Dans chaque classe le nombre des centuries est uniformément de 70, ce qui enlève à la fortune, la prépondérance qu'elle obtenait dans l'organisation primitive ; ceci explique l'expression « *μεταβέβληται εἰς τὸ δημοτικώτερόν* » par laquelle Denys d'Halicarnasse qualifie ce changement. (Remarquons cependant que les 18 centuries de chevaliers se réunissaient à la première classe, qui en comptait ainsi 88).

M. Accarias repousse cette explication, en disant que certaines tribus, et notamment les quatre urbaines, ne pouvaient pas contenir des membres des 5 classes. — Il explique le changement, en supprimant la distinction par classes : chacune des 35 tribus se diviserait en deux centuries, une de *juniores*, l'autre de *seniores*. Il n'y aurait donc en tout que 70 centuries, auxquelles il faudrait ajouter les 18 centuries de chevaliers. — Il me semble difficile d'admettre cette diminution considérable du nombre des centuries, surtout si on conserve les 18 centuries de chevaliers, ce qui donnerait à cette caste restreinte plus du quart des suffrages attribués à la population toute entière.

Le vote continue à se faire par tête, dans chaque centurie, au moyen de deux bulletins portant, l'un : U. R. (*uti rogas* — acceptation du projet), l'autre : A (*antiquo* — rejet de la proposition). Le vote de chaque centurie constaté, le résultat général est proclamé par le président.

La loi prend ordinairement le nom du magistrat qui la proposait ; il en fut de même pour le plébiscite.

II. Le plébiscite.

Plebiscitum est quod plebs, plebeio magistratu interrogante, veluti tribuno, constituebat. (Inst. J., l. I, t. 2, § 4).	Le *plébiscite* est ce que les plébéiens établissaient, sur la proposition d'un magistrat plébéien, par exemple d'un tribun.

Sans rechercher l'origine de cette division des citoyens romains en *patriciens* et *plébéiens*, il suffit de savoir qu'il y eut

(1) Servius Tullius divise de plus le territoire de Rome en 30 tribus (4 urbaines et 26 suburbaines).

toujours un grand antagonisme entre ces deux classes sociales. — Les plébéiens cherchèrent promptement à se soustraire à l'autorité des patriciens ; leur première conquête fut celle des tribuns de la plèbe (1), qui inaugurent le système des *plébiscites*, ou décisions rendues par les plébéiens seuls. Ces décisions, votées dans des *comitia tributa* (comices par tribus), n'obligèrent primitivement que la plèbe seule ; ce n'est qu'en 567 que la loi HORTENSIA, renouvelant les dispositions abandonnées des lois *Valeria* et *Publilia*, donne aux *plébiscites* force de loi à l'égard de tous. Dès lors, les comices par tribus furent ouverts aux patriciens, et le *plébiscite* ne désigne plus qu'une disposition votée dans les *comices par tribus*. On y votait par tribus : et le vote de chaque tribu se formait des voix réunies de la majorité de ses membres.

Vers 450, on substitue une division personnelle à la division locale qui constituait les tribus. Les propriétaires fonciers composent 31 tribus rurales ; la classe pauvre est rejetée toute entière dans les 4 tribus urbaines. — Aussi la prépondérance finit par revenir à la richesse, comme dans l'organisation de Servius Tullius.

Dès lors les patriciens ne s'opposent plus aux plébiscites qui deviennent la principale source de droit privé.

III. Sénatus-Consultes. — Les sénatus-consultes sont : *quod senatus jubet atque constituit.*

Sans remonter aux origines du sénat institué par Romulus, remarquons qu'au moment où les sénatus-consultes deviennent une des sources du droit privé, le sénat est composé au gré (2) du prince, en sa qualité de *præfectus moribus*. Primitivement, le sénat ne s'occupait que du droit public et administratif et des questions politiques. Mais il arriva bientôt que l'empereur, redoutant de convoquer les comices, et n'osant pas encore se proclamer souverain législateur, dissimula ses prétentions derrière un pouvoir public toujours docile à ses volontés. Le sénatus-consulte se place donc comme transition entre le *plébiscite* (définitivement abandonné sous Tibère), et les *constitutions impériales*. L'empereur proposait au sénat les sénatus-consultes, dans une *epistola* ou *oratio* (projet rédigé par écrit et accompagné d'un exposé de motifs). Cette *oratio principis*, qui était toujours acceptée, finit par devenir synonyme de *senatus-consultum*.

On donnait aux sénatus-consultes le nom des consuls ou des empereurs sous lesquels ils avaient été rendus.

IV. Constitutions impériales. — Les constitutions impériales, émanant de l'empereur, ont force de loi comme conséquence de l'*imperium* (pouvoir exécutif) que la *lex*, dite *Regia*, conférait au prince à chaque avénement. Par suite de cette abdication entre les mains de l'empereur, de tous les pouvoirs du peuple, la puissance législative du prince était sans limites.

Les constitutions se présentent sous quatre formes : 1° Les *édits* (edicta), qui statuaient d'une manière générale et pour l'avenir ; 2° les *rescrits* (rescripta) par lesquels l'empereur, consulté sur un point de droit douteux par des magistrats inférieurs ou des particuliers, leur signifiait sa décision.

(Ces rescrits s'appelaient *subscriptiones* ou *epistolæ*, suivant qu'ils étaient consignés au bas de la demande ou dans un écrit séparé).

3° Les *décrets* (decreta), par lesquels l'empereur statuait en dernier ressort, dans certains procès dont il se constituait le juge de fait et de droit ; 4° Enfin, les *mandats* (mandata), ou instructions adressées à un fonctionnaire, le plus souvent dans un ordre politique, mais quelquefois dans des questions de droit privé.

Les *rescrits* et *décrets*, dans le principe, n'avaient d'autorité que dans l'espèce même à laquelle ils s'appliquaient. Mais Justinien veut que ces décisions aient force de loi générale.

V. Edits des Magistrats. — Plusieurs magistrats avaient le droit de rendre des *édits* ; et comme ces personnages étaient *in honore*, on appela droit *honoraire*, la jurisprudence résultant de ces diverses décisions. Toutefois cette expression a fini par s'appliquer à tort au droit *prétorien*, qui n'était qu'une partie du droit honoraire.

Cela s'applique par l'immense prépondérance du droit *prétorien*, le seul dont il soit nécessaire de parler. (A côté des édits prétoriens, et sur le même niveau, il faut mentionner également ceux des présidents des provinces).

En 387, le consulat perdit les attributions qui concernaient l'administration de la justice ; ces fonctions furent confiées à un magistrat spécial, le PRÉTEUR. Quand le nombre des étrangers s'accrut à Rome, on créa un second préteur, appelé *prætor peregrinus* par opposition au *prætor urbanus*.

Le nombre des préteurs s'accrut successivement à mesure que la nation romaine grandissait.

Le préteur avait bientôt été obligé d'introduire certaines règles nouvelles ou de modifier les anciennes, pour maintenir la législation au niveau des nécessités nouvelles, résultant des progrès de la civilisation romaine. Ces innovations, le préteur les introduisit dans ses *édits*, d'abord avec timidité, en aidant au développement du droit civil, ensuite, avec plus d'audace, en comblant ses lacunes, enfin, quelquefois, en en corrigeant la rigueur : — (*adjuvandi, vel supplendi, vel corrigendi juris civilis gratia, propter utilitatem publicam*, dit Papinien, en parlant du but et du résultat du préteur).

On distinguait deux sortes d'édits : 1° l'*edictum perpetuum* (non interrompu), que le préteur rendait au moment de son entrée en fonctions pour toute la durée de sa magistrature (un an) ; édit que la loi Cornelia (pour éviter les décisions inspirées par la haine ou la complaisance), défendait à son auteur de modifier ; 2° les *edicta repentina*, rendus au cours de sa magistrature, par le préteur, pour une circonstance non prévue dans l'*edictum perpetuum*.

(L'édit total ou partiel par lequel un préteur conservait les doctrines de son prédécesseur, s'appelait *edictum translatitium* ; on appelait *edictum novum* la partie d'un édit qui présentait une innovation).

AUTORITÉ DES ÉDITS. — *1re époque*. — La mission, toute *judiciaire* dans le principe, du préteur, étant de faire respecter le droit civil, il ne pouvait être question pour lui de s'ingérer dans les fonctions *législatives* ; et cependant le préteur, agran-

(1) On oppose *plèbe* à *peuple*. Le *peuple*, *populus*, comprend les patriciens comme les plébéiens ; la *plèbe* ne désigne que les plébéiens.

(2) La qualité de sénateur suppose toujours certaines conditions d'âge et de fortune. — On prenait ordinairement les sénateurs parmi les personnages ayant exercé ou exerçant une magistrature. — Enfin le nombre des sénateurs, d'abord assez restreint, fut probablement illimité à partir d'Auguste.

dissant sa mission, se fit bientôt législateur dans ses édits ; mais ces édits, faits pour un an, ne pouvaient prendre place dans le droit civil.

(Toutefois, comme les décisions prétoriennes se transmettaient le plus souvent d'édit en édit, elles acquéraient une véritable force de *coutume*.)

2e époque. — Sous le règne d'Adrien et par son ordre, Julien fut chargé de condenser, dans un édit appelé : EDICTUM PERPETUUM, toutes les décisions contenues dans les édits antérieurs et que la pratique avait consacrées. Un sénatus-consulte sanctionna ce travail, et convertit ainsi en *droit écrit*, la jurisprudence prétorienne. — A partir de cette époque, les préteurs conservèrent le *jus edicendi*, à condition qu'ils ne contrediraient pas l'*Edit perpétuel ;* mais ils usèrent probablement fort peu de ce droit, désormais sans objet ou à peu près.

VI. Réponses des Prudents. — Ces réponses étaient des consultations orales ou écrites données par des jurisconsultes aux particuliers — et même, aux juges dont ils étaient les *assessores* ou les *comites*. Les jurisconsultes *consultants* ne sont soumis à aucune réglementation et il n'y avait d'autre distinction entre eux que celle résultant du talent.

Auguste, le premier, confère à certains jurisconsultes le *jus respondendi publice*, c'est-à-dire, au nom du peuple ou de l'empereur qui le personnifie. Mais cette innovation, sans enlever le droit de consultation aux autres jurisconsultes, ne donne pas même *force de loi* aux décisions des jurisconsultes ainsi *diplômés*. — Jusqu'alors les réponses des prudents ne comptent donc pas comme source du droit écrit, mais seulement comme élément important du droit coutumier.

A partir d'Adrien, le titre purement honorifique résultant du *jus publice respondendi*, se transforme, sous le nom de *permissio jura condendi*, en une véritable participation au pouvoir législatif. — Dès lors, les réponses des jurisconsultes officiels (consultations ou décisions émises spontanément dans des écrits juridiques), lient le juge, mais seulement si elles sont *unanimes* dans leur appréciation. Remarquons toutefois que les jurisconsultes ne peuvent qu'interpréter les lois ou en combler les lacunes.

Loi des citations : (œuvre de Théodose-le-Jeune). — Cette loi : I. supprime toute autorité aux écrits des jurisconsultes, à l'exception de ceux de Gaius, Papinien, Paul, Ulpien et Modestin, qu'elle sanctionne en masse, moins les notes de Paul et d'Ulpien sur Papinien ; II. en cas de divergence entre ces jurisconsultes, la majorité l'emporte ; III. en cas de partage : 1° l'avis de Papinien prédomine, s'il s'est prononcé ; 2° s'il ne s'est pas prononcé, le juge reste parfaitement libre. — Cette loi facilite la besogne du juge, mais elle encourage leur ignorance.

Observation. C'est d'Adrien à Alexandre Sévère que brille de son plus vif éclat la jurisprudence romaine, représentée par les deux fameuses écoles : Sabiniens et Proculiens. — A partir d'Alexandre Sévère, l'insuffisance des jurisconsultes et l'accaparement des empereurs enlèvent à cette source de droit, toute influence sur la législation.

§ 3. *Appendice.*

Répartition et importance relative des sept sources du droit privé, aux diverses époques de la civilisation romaine.

1re PÉRIODE. — DES ORIGINES DE ROME A LA LOI DES XII TABLES (302 ET 303).

Sous la royauté, les sources du droit sont *la coutume* et *les lois curiates*. Ces dernières, appelées *leges regiæ*, sont réunies, sous Tarquin, dans le *jus civile papirianum*, mais abrogées en masse à la chute des rois. Dès lors, la coutume (seule règle de droit avec quelques lois centuriates, et des tentatives de plébiscites méconnus), ne peut plus assurer, au grand préjudice des plébéiens, une fixité suffisante à l'administration de la justice. Aussi, sur les réclamations des tribuns de la plèbe, tous les pouvoirs sont suspendus pour un an, et *dix décemvirs*, investis d'une autorité absolue, sont chargés de rendre la loi notoire pour tout le monde, en établissant le droit sur la base de l'égalité. Au bout de la première année, les décemvirs ont publié dix tables ; l'œuvre ne paraissant pas complète, leurs pouvoirs sont prorogés pour une année, pendant laquelle ils publient deux nouvelles tables. — Cette loi des XII Tables règle l'ensemble du droit romain classique.

2e PÉRIODE. — DE LA LOI DES XII TABLES A L'AVÈNEMENT DE L'EMPIRE (724).

Dans cette période les sources du droit sont : 1° *la coutume*, qui a cependant perdu de son importance ; 2° *les lois*, surtout les lois centuriates ; 3° *les plébiscites*, munis par la loi Hortensia d'une force obligatoire absolue.

Les *édits des magistrats* et les *réponses des prudents* influent sur la *coutume* sans entrer encore dans le *droit écrit*.

3e PÉRIODE. — DEPUIS AUGUSTE JUSQU'A CONSTANTIN (306 AP. J.-C.).

L'usurpation du pouvoir absolu fait disparaître complètement les lois et les plébiscites qui cessent, en fait, d'être des sources du droit écrit.

Les sources du droit privé sont : 1° les *sénatus-consultes ;* 2° les *Constitutions impériales*. (Ces dernières quittent peu à peu le second rang pour monter au premier, que leur cèdent les sénatus-consultes). 3° A partir d'Adrien, *l'édit du préteur ;* 4° Egalement à partir d'Adrien : les *responsa prudentium ;* 5° Enfin la *coutume* continue à subsister, au moins en théorie, comme source indiscutable du droit privé ; mais elle n'a guère d'application pratique.

4e PÉRIODE. — DEPUIS CONSTANTIN JUSQU'A JUSTINIEN. (527 AP. J.-C.).

Les lois et plébiscites étaient depuis longtemps abandonnés.

Le sénatus-consulte disparaît à son tour.

Et dès lors il n'y a plus que les CONSTITUTIONS IMPÉRIALES, qui ont pris le nom de *leges*.

Le *jus edicendi* existe encore, mais il a perdu toute influence réelle ; tandis que, d'un autre côté, la *loi des citations* (426 après Jésus-Christ), enlève aux jurisconsultes la *permissio jura condendi*, dont ils ne profitaient plus d'ailleurs, depuis longtemps.

Quant à la *coutume*, si la théorie en reconnaît encore l'influence, la pratique n'en trouve guère d'application, si ce n'est peut-être en province ?

FIN DU CHAPITRE II.

APPENDICE

TRAVAUX LÉGISLATIFS DE JUSTINIEN[1].

Justinien a pour objectif de trier, dans tout l'immense chaos du droit antérieur, ce qui était encore applicable à son époque. De là viennent le *Code*, les *Pandectes*, les *Institutes*. De plus il proclame, dans ses NOVELLES, des règles nouvelles, souvent fort importantes.

1° Code. — Le Codex Justinianeus contient toutes les constitutions impériales encore applicables. L'œuvre de Théodose est ainsi continuée. — Le Code est promulgué en 529. — On le complète ensuite par cinquante constitutions (*quinquagenta decisiones*) destinées à trancher les questions débattues entre les anciens jurisconsultes, et à indiquer les institutions qui doivent être considérées comme n'étant plus en vigueur.

Le Code de 529 (désigné plus tard par l'épithète : *vetus*) offrait bien des lacunes ; aussi on lui enleva force de loi ainsi qu'aux *quinquagenta decisiones*, et on promulgua, en 534, le *Codex repetitæ prælectionis* qui, entre autres modifications, contient un assez grand nombre de constitutions émanant de Justinien. — Ce nouveau Code se divise en 12 livres, dont chacun comprend plusieurs titres dans lesquels les constitutions sont rangées d'après un ordre chronologique.

2° Digeste (mis en ordre) ou PANDECTES (qui contient tout). — Si le code concerne les constitutions impériales, le Digeste s'occupe du *jus*, c'est-à-dire du droit résultant des *responsa prudentium*. Tribonien est chargé de ce travail ; il doit écarter toutes les décisions qui ne sont plus applicables, éviter les répétitions et les contradictions, et faire les corrections nécessaires.

Le *Digeste*, achevé en trois ans, et promulgué en 533, se divise en cinquante livres. Chaque livre se subdivise en titres, qui comprennent à leur tour un certain nombre de fragments de jurisconsultes, appelés *lois*, et dont l'origine est mentionnée dans une *inscriptio* qui les précède. Chaque loi peut se diviser en un *principium* et un ou plusieurs paragraphes. Dans chaque titre, les matières se rangent d'après l'ordre suivi pour l'enseignement du droit dans les trois années d'études juridiques classiques. Ainsi on trouve d'abord des extraits d'Institutes et surtout de commentaires sur Sabinus ; ensuite viennent des extraits de commentaires sur l'Édit ; enfin des fragments tirés des différents ouvrages de Papinien.

3° Institutes. — Pendant qu'on travaillait encore au *Digeste*, Tribonien, Théophile et Dorothée, composent un ouvrage élémentaire, dans le genre des anciennes Institutes, qu'il doit remplacer. Ce sont les Institutes de Justinien, promulguées en 533. — Cet ouvrage se divise en quatre livres, divisés en titres qui se subdivisent presque tous en plusieurs sections appelées, la première : *principium*, les autres § 1, § 2, § 3, etc.

4° Novelles (Novellæ Constitutiones). — Justinien avait promis dans sa constitution *Cordi*, de réunir les nombreuses novelles qu'il rendit postérieurement au *Codex repetitæ prælectionis*. (Le professeur Julien avait fait, du vivant même de Justinien, un abrégé de 125 novelles, tandis qu'un recueil, contenant 134 constitutions traduites en latin, était employé en Italie. On désigne ce dernier monument sous le nom d'*Authenticum* ou *liber authenticorum ;* on l'appelle aussi la *Versio Vulgata* ou Vulgate).

Ces quatre ouvrages distincts : Institutes, Digeste, Code et Novelles, constituent, avec quelques autres documents étrangers à Justinien, un ensemble qu'on appelle le CORPUS JURIS (*civilis romani*).

L'époque de Justinien présente des caractères déjà trop certains de l'abaissement absolu de la science du droit. On est heureux de n'avoir pas à contempler le spectacle de la décadence et de la stérilité sans cesse croissantes.

(1) La compilation Justinienne ne se place pas la première en date, dans l'histoire du droit Romain. Animé du même esprit qui avait inspiré la *loi des citations*, (voir plus haut), Théodose-le-Jeune réunit dans le *Code Théodosien* toutes les constitutions impériales qu'il voulait conserver et abrogea les autres. Ce Code ne remonte que jusqu'à Constantin. — Avant Théodose, IVe siècle, et pour l'époque antérieure à Constantin, deux jurisconsultes, Gregorius et Hermogènes, avaient rédigé deux codes (Codes Grégorien et Hermogénien), analogues à celui de Théodose, mais sans caractère officiel.

FIN DES NOTIONS PRÉLIMINAIRES.

DIVISION GÉNÉRALE DU DROIT PRIVÉ

Omne autem jus quo utimur, vel ad **personas** pertinet, vel ad **res** vel ad **actiones**. (Inst. J, l. I, t. 3, pr.).

Le droit que nous appliquons se réfère tout entier aux *personnes*, aux *choses*, ou aux *actions*.

On critique cette division du droit privé, et avec raison; toutefois, il est difficile d'en trouver une meilleure; il convient donc de l'accepter telle qu'elle est, en constatant seulement que les choses humaines se plaisent à déjouer les aspirations des classificateurs absolus.

— Les **Personnes** ne présentent d'intérêt, au point de vue du *droit*, qu'autant qu'elles sont *sujets* ou *objets* de droits *actifs* ou *passifs*, c'est-à-dire de **choses** (ce mot étant pris dans un sens très-étendu); mais il ne suffit pas de constater ces droits des *personnes* envers d'autres *personnes* ou envers des *choses*; il faut encore faire respecter ces droits si divers : c'est la mission des **actions**, ou droits sanctionnateurs.

OBJETS DU DROIT PRIVÉ (Renvois aux tableaux entre crochets)

- **LIVRE Ier. PERSONNES.**
  - SECTION Ire. PREMIÈRE CLASSIFICATION.
    - CHAPITRE Ier. — **Esclaves.** [2]
    - CHAPITRE II. — **Libres.**
      - ARTICLE 1er. *Première subdivision.* — Citoyens romains. [»] — Pérégrins. [2-3]
      - ARTICLE 2. *Deuxième subdivision.* — Ingénus. [4] — Affranchis. [4 à 6]
  - SECTION II. DEUXIÈME CLASSIFICATION.
    - CHAPITRE Ier. — **Personnes** *alieni juris*. — ART. 1er : Esclaves (t. 7). — ART. 2 : Fils de famille (t. 7 à 12). — ART. 3 : Femme *in manu* (t. 13). — ART. 4 : Individu *in mancipio* (t. 13). [7 à 13]
    - CHAPITRE II. — **Personnes** *sui juris*.
      - ART. 1er : Capables. [14]
      - ART. 2 : Incapables.
        - Tutelle. [14 à 17]
        - (Tutelle des femmes). [17]
        - Curatelle. [17-18]
        - Règles communes à la tutelle et à la curatelle. [19]
  - APPENDICE : De la *Capitis deminutio*. [20]
- **LIVRE II. CHOSES.**
  - GÉNÉRALITÉS. — Tableau général des choses. [21]
  - PREMIÈRE PARTIE. **ÉLÉMENTS QUI COMPOSENT LE PATRIMOINE** (OU QUI EN SONT EXCLUS).
    - 1re DIVISION DES CHOSES : *Res humani juris.* — *Res divini juris : — res sacræ, religiosæ, sanctæ.* [22] [»]
    - 2e DIVISION DES CHOSES : *Res mancipi* et *res nec mancipi.* [»]
    - 3e DIVISION DES CHOSES : *Res in patrimonio* et *res extra patrimonium.* [»]
    - 4e ET PRINCIPALE DIVISION DES CHOSES.
      - PREMIÈRE SECTION : *Res corporales* : meubles, immeubles. [23]
      - DEUXIÈME SECTION : **Choses incorporelles** *ou* **Droits.**
        - CHAPITRE Ier. — **Droits réels.**
          - ART. 1er. — RECONNUS PAR LE DROIT CIVIL.
            - § 1er. DROIT DE PROPRIÉTÉ.
              - N° 1 : NOTIONS GÉNÉRALES. [23-24]
              - N° 2 : DE LA POSSESSION. [»]
              - N° 3. MANIÈRES D'ACQUÉRIR LA PROPRIÉTÉ. (Modes d'acquérir à titre particulier.)
                - D'APRÈS LE DROIT DES GENS. — Occupation : (Mode originaire.) — Tradition [25] [»]
                - D'APRÈS LE DROIT CIVIL. (Modes dérivés) — *Mancipatio*, *In jure cessio* (Volontaires); *Usucapio*, *Adjudicatio*, La loi (Involontaires). [»] [26-27] [28] [25]
                - Appendice. — Accession. [28-29-30]
              - N° 4 : EXTINCTION DU DROIT DE PROPRIÉTÉ. [30]
            - § 2. SERVITUDES
              - N° 1 : GÉNÉRALITÉS. [»]
              - N° 2 : S. RÉELLES. [30-31]
              - N° 3 : S. PERSONNELLES. [32-33]
            - § 3. GAGE ou *pignus* (V. Hypothèque). [33-34]
          - ART. 2. — RÉGLEMENTÉS PAR LE PRÉTEUR.
            - § 1er. EMPHYTÉOSE. [34]
            - § 2. SUPERFICIE. [»]
            - § 3. HYPOTHÈQUE. [»]
            - § 4. DOMAINE BONITAIRE. [35]
          - ART. 3. — CAPACITÉ D'ALIÉNER ET RESTRICTIONS A CE DROIT. [»]
          - ART. 4. — CAPACITÉ D'ACQUÉRIR OU PAR QUELLES PERSONNES ON ACQUIERT. [36]
          - ART. 5. — APPENDICE : *Des Donations.* [37-38]
        - CHAP. II. — **Droits personnels** *ou* OBLIGATIONS : Contrats, quasi-contrats; Délits, quasi-délits[1]. [38]
  - DEUXIÈME PARTIE. **TRANSMISSION DU PATRIMOINE.** (Modes d'acquérir à titre universel.)
    - PREMIÈRE SECTION **Hérédités testamentaires**
      - PREMIER TABLEAU GÉNÉRAL. [39]
      - CHAPITRE Ier. **Du Testament.**
        - ART. 1er. — CONDITIONS NÉCESSAIRES A LA VALIDITÉ DU TESTAMENT (Appendice. — Substitutions). [40 à 45]
        - ART. 2. — CAUSES QUI ANNULENT UN TESTAMENT VALABLEMENT FAIT. [45]
        - ART. 3. — TESTAMENT INOFFICIEUX. [45-46]
      - CHAPITRE II. **De l'Hérédité.**
        - ART. 1er. — ACQUISITION DE L'HÉRÉDITÉ. [47-48]
        - ART. 2. — RÉPARTITION. — ACCROISSEMENT. [48]
        - ART. 3. — LOIS CADUCAIRES. [49]
        - ART. 4. — CHARGES IMPOSÉES AUX HÉRITIERS. — § 1er. Legs. — § 2. Fidéicommis particulier. [50 à 54]
        - APPENDICES : Codicilles. [55-56]
    - DEUXIÈME SECTION : **Hérédités ab intestat** : HÉRÉDITÉS LÉGITIMES PROPREMENT DITES. — *Bonorum possessiones.* [56]
    - TROISIÈME SECTION : **Autres modes d'acquérir à titre universel.** — *In jure cessio.* — *Bonorum addictio.* — *Confiscation.* — *Adrogation* — *Manus.* — *Dominica potestas.* — *Bonorum sectio.* — *Bonorum venditio.* [57 à 65]
- LIVRE III. — **ACTIONS** (V. p. suivante). [66-67]

[1] Cette matière des obligations est reportée, dans les Institutes de Justinien, après les *modes d'acquérir à titre universel*, quoique ce ne soit pas sa place *logique* : c'est là où nous l'étudierons, car cette matière fait partie du second examen (V. T. général 68).

OBJETS DU DROIT PRIVÉ (*Suite*)

LIVRE III. ACTIONS.

	RENVOIS AUX TABLEAUX.
TABLEAU GÉNÉRAL.	95
PREMIÈRE PARTIE. — **Du pouvoir judiciaire et de l'organisation des tribunaux civils.**	96
DEUXIÈME PARTIE. **Procédure devant les tribunaux civils.** — SECTION Ire : **Procédure** des *Legis Actiones*.	97
SECTION II : **Procédure** FORMULAIRE.	98-99
SECTION III : **Procédure** EXTRAORDINAIRE.	99
TROISIÈME PARTIE. **DIVERSES ESPÈCES D'ACTIONS.** — SECTION Ire. **Actions proprement dites.** — CHAPITRE Ier. — **Actions** : CIVILES. — PRÉTORIENNES.	100
CHAPITRE II. — **Actions** : QUI VALENT PAR ELLES-MÊMES. — FICTICES.	»
CHAPITRE III. — **Actions** : DIRECTES. — UTILES.	»
CHAPITRE IV. — **Actions** : *In jus*. — *In factum*.	»
CHAPITRE V. **Actions** : ART. 1er. — RÉELLES. CIVILES : Revendication. — Actions confessoire, négatoire. — Pétition d'hérédité.	101-102
PRÉTORIENNES : Publicienne. — Contre-publicienne — Paulienne. — Servienne. — Quasi-servienne.	103-104
ART. 2. — PERSONNELLES *ou* CONDICTIONES.	104-105
ART. 3. — MIXTES : *Familiæ erciscundæ*. — *Communi dividundo*. — *Finium regundorum*.	105
CHAPITRE VI. — **Actions** : PRÉJUDICIELLES.	»
CHAPITRE VII. — **Actions** : *rei, pœnæ, tam rei quam pœnæ persecutoriæ*.	106
CHAPITRE VIII. — **Actions** : AU SIMPLE, AU DOUBLE, AU TRIPLE, AU QUADRUPLE.	»
CHAPITRE IX. — **Actions** : DE DROIT STRICT. — DE BONNE FOI. — ARBITRAIRES.	107-108
CHAPITRE X. — **Actions** : QUI FONT OBTENIR MOINS; *ou* CIRCONSTANCES QUI EMPÊCHENT D'OBTENIR TOUT CE QUI EST DU.	108-109
CHAPITRE XI. — **Actions** : PERPÉTUELLES, TEMPORAIRES.	109
CHAPITRE XII. — **Actions** : QUI PASSENT OU NE PASSENT PAS AUX HÉRITIERS OU CONTRE LES HÉRITIERS.	»
CHAPITRE XIII. — **Actions** : *Noxales* — et : *quod jussu*, — *institoria*, — *exercitoria*, — *de peculio*, — *tributoria*, — *de in rem verso*.	110-111
SECTION II : **Exceptions** : *doli* — *in factum*; *rei* — *personæ cohærentes*; péremptoires, — dilatoires.	112-113
SECTION III : **Prescriptions** : *præscriptio fori*; *præjudicia*; *præscriptio longi temporis*.	114
SECTION IV : **Interdits** — CHAPITRE Ier. **Divisions des interdits.** De dol. — *In factum*.	»
Prohibitoires. — Restitutoires. — Exhibitoires.	»
Simples. — Doubles.	»
Adipiscendæ; Retinendæ; Recuperandæ possessionis; tam adipiscendæ quam recuperandæ possessionis.	115-116
CHAPITRE II. — **Procédure des interdits.**	116
SECTION V : **Restitutions en entier** : *metus causa*, — *ob dolum*, — pour cause de minorité, changement d'état, erreur, absence.	117
SECTION VI : **Stipulations prétoriennes** *ou* CAUTIONS : *Damni infecti*. — *Legatorum servandorum causa*. — *Rem salvam pupilli fore*.	»
SECTION VII : *Novi operis nuntiatio*.	»
QUATRIÈME PARTIE. — **De la personne et de la représentation des plaideurs. — Des satisdations.**	118
CINQUIÈME PARTIE. — **Voies de droit contre les décisions judiciaires** : APPEL, SUPPLIQUE, VOIES DE NULLITÉ ET DE RESCISION, REVOCATIO IN DUPLUM.	119
SIXIÈME PARTIE. — **Exécution forcée des jugements.**	»
SEPTIÈME PARTIE. — **Peines contre les plaideurs téméraires ou de mauvaise foi.**	»
HUITIÈME PARTIE. — **De l'office du juge.**	»

LIVRE PREMIER

DES PERSONNES

TABLEAU résumé des Personnes.

- DÉFINITIONS
- **SECTION Ire.** PREMIÈRE CLASSIFICATION.
  - CHAPITRE Ier : Esclaves.
  - CHAPITRE II : Libres.
    - ARTICLE 1er. *Première subdivision.* — Citoyens romains. Pérégrins.
    - ARTICLE 2. *Deuxième subdivision.* — Ingénus. Affranchis.
- **SECTION II.** DEUXIÈME CLASSIFICATION.
  - CHAPITRE Ier : Alieni juris. — ART. 1er : Esclaves. — ART. 2 : Fils de famille. — ART. 3 : Femme in manu. — ART. 4 : Mancipium.
  - CHAPITRE II : Sui juris.
    - ART. 1 : Capables.
    - ART. 2 : Incapables. — Tutelle. Curatelle.

DÉFINITIONS. — Le mot *persona* désigne : 1° L'*être humain*, considéré comme *sujet de droit*, c'est-à-dire comme capable d'avoir des droits et d'être soumis à des obligations ;

(Quelquefois le sujet de droit est un *être fictif* : communauté, hérédité, l'Etat, le fisc ; ces personnes, de création légale, s'appellent personnes morales, civiles, ou de raison, c'est-à-dire personnes auxquelles la loi reconnaît une existence juridique qui leur confère des droits et les soumet à des obligations.... *Personæ vice funguntur*).

2° *Le rôle* (PERSONNAGE) *juridique* (de tuteur, de pupille, de libre, d'esclave, d'acheteur, d'échangiste, etc.), que chaque individualité juridique est appelée à jouer dans la société ou la famille.

SECTION Ire. — PREMIÈRE CLASSIFICATION DES PERSONNES : LIBRES. ESCLAVES.

Observation. — La *summa* (principale) *divisio* des personnes, dit Justinien, est celle en *libres* et *esclaves* ; l'esclave est-il donc une personne ? OUI, car il peut figurer comme intermédiaire de son maître dans des actes juridiques ; il peut s'obliger personnellement par ses délits, contracter une obligation naturelle, être institué héritier, légataire, etc., toutes choses que ne pourrait faire un cheval ou un bœuf ; et cependant, comme ce cheval et ce bœuf, il fait partie du patrimoine du maître, il peut être vendu, légué, donné en usufruit, etc., absolument comme une *chose*.

CHAPITRE Ier. — ESCLAVES.

PRÉLIMINAIRES. — DÉFINITION DE L'ESCLAVAGE. — L'esclavage est une institution du droit des gens, contraire au droit naturel, par laquelle un homme est soumis à la domination d'un autre. (Inst. I, 3, 2.) En d'autres termes : est *esclave* celui qui n'est pas *libre* ; or la liberté est.... (V. plus bas). — La guerre est proclamée comme l'origine de l'esclavage ; c'est pourquoi on appelle les esclaves *mancipia* (de *manu capta* — pris de force) ; ou bien *servi* (de *servati*) parce que les vainqueurs avaient l'habitude de vendre les prisonniers, et par là de les conserver (*servare*) au lieu de les tuer comme ils en avaient le droit !

ON EST ESCLAVE

Par la naissance. — Est esclave celui qui naît d'une esclave (*ex ancillis nostris*) ; on ne s'occupe pas de la qualité du père, qui n'influe sur le sort de l'enfant que dans le cas de *justes noces* ; or il n'y a pas de *justes noces* possibles entre un homme libre et une esclave.

Il y a des exceptions au principe précédent. — (V. ch. II, art. 2. — *Ingenus*).

Par un événement postérieur à la naissance.

D'APRÈS LE DROIT DES GENS. — La *captivité* est, chez tous les peuples, une cause d'esclavage, pourvu qu'elle résulte d'une guerre entre deux nations ennemies. — En effet, les prisonniers faits par des brigands ou dans une guerre civile ne deviennent pas esclaves. — Cet esclavage cesse en droit comme en fait, par la fuite de l'esclave.

(Privilège du *postliminium*. — V. L. I, s. 2, ch. 1, art. 2 : Perte de la puissance paternelle par la perte de la liberté).

D'APRÈS LE DROIT CIVIL.

1° Le citoyen romain *junior* qui *refuse le service militaire*, devient esclave.

(Abrogé sous l'Empire qui établit l'enrôlement volontaire).

2° Le citoyen romain qui *néglige de se faire inscrire au recensement*, perd sa liberté, comme l'esclave, qu'on fait inscrire, devient libre. (V. art. II, *Affranchis*, § 1).

(Cette disposition cesse de produire effet quand le système du recensement disparaît).

3° D'après la loi des XII T. l'homme libre, *pris en flagrant délit de vol*, est *addictus* (attribué) à celui qui a failli être victime du vol.

(Cette peine est remplacée, dans le droit postérieur, par la condamnation au quadruple de la valeur de l'objet volé).

4° D'après la loi des XII T. le *débiteur condamné*, qui ne paie pas après un certain délai, est *addictus* au créancier qui peut le tuer ou *le vendre* trans Tiberim.

(La loi Petitia Papiria oblige seulement le débiteur à donner son travail au créancier jusqu'à ce que la dette soit amortie).

5° La femme libre qui a *contubernium* avec un esclave, *malgré la défense* du maître de ce dernier, perd à la fois sa liberté et ses biens au profit du maître de l'esclave.

(Cette disposition de Sentc. Claudien est abrogée par Justinien : L. unica C. de Sc. Claud. toll)..

6° L'homme condamné *au dernier supplice*, *aux mines* ou *aux bêtes* (*ad metallum*, *ad bestias*), perd la liberté mais sans avoir de maître ; il est *servus pœnæ*, *servus sine domino*.

(D'après la novelle XXII, le damnatus in metallum reste libre, ce qui notamment laisse subsister son mariage).

7° L'*affranchi*, *ingrat* envers son patron, si les actes d'ingratitude sont bien caratérisés, perd la liberté par une décision du magistrat, rendue sur la plainte du patron.

(Décidé exceptionnellement par Claude ; proposé en vain par le sénat, sous Néron, comme mesure générale ; définitivement reconnu par Commode.)

8° Un *homme libre* s'est laissé *vendre comme esclave*, pour partager le prix (*ad pretium participandum*) ou le dissiper avec son complice ; puis, comme la liberté n'est pas dans le commerce, il revendique sa liberté (*proclamat ad libertatem*), et l'acheteur perd son prix et son esclave. Pour remédier à cette fraude, le SC. Claudien (probablement ?) défend au *vendu* de réclamer sa liberté, mais aux quatre conditions suivantes :

A : Que le vendu fût majeur de XX ans au jour de la vente ou au jour du partage du prix ; B : qu'il fût de mauvaise foi ; C : que l'acheteur fût de bonne foi, c'est-à-dire ignorât la véritable situation ; D : que l'acheteur eût payé le prix, car jusque-là il ne souffre pas de la proclamatio ad libertatem.

(Si l'acheteur de mauvaise foi ou qui n'a pas payé son prix (cas dans lesquels la proclamatio serait permise) a recédé le vendu à un second acheteur de bonne foi et qui a payé son prix, ce dernier acquéreur a droit, à ce double titre, à la protection de la loi, et le vendu restera son esclave).

CONDITION DES ESCLAVES. — In servorum conditione *nulla* est differentia (Inst. I, 3, 5). Il y a cependant quelques différences (V. Sect. 2, chap. 1, art. 1er).

CHAPITRE II. — HOMMES LIBRES.

Définition et Subdivisions. — Libertas est naturalis facultas ejus quod cuique facere libet, *nisi quid aut* JURE *aut* VI *prohibetur* (Inst. I, 3, 1).

(Celui qui obéit à la loi ne fait qu'un noble usage de sa liberté ; d'un autre côté une violence de fait ne saurait détruire l'état juridique de liberté).

— A la différence des *esclaves*, on distingue parmi les *personnes libres* de nombreuses catégories qui se classent, d'après les Inst., en deux subdivisions : les *citoyens romains* et *les pérégrins*, d'une part ; les *ingénus* et les *affranchis* d'autre part.

(On pourrait aussi diviser les LIBRES en *sui juris* et *alieni juris*, en *capables* et *incapables*. — V. sect. 2, chap. 1 et 2). — (Remarquons d'ailleurs que les Inst. donnent ici la définition d'une liberté qui ne constitue pas la contre partie de l'esclavage. En effet, est *esclave* celui qui est la *propriété* d'autrui ; donc est *libre* celui qui *n'est la propriété de personne*).

LIBRES. — CITOYENS ROMAINS ET PÉRÉGRINS.

ARTICLE PREMIER. — **Première subdivision des hommes libres : CITOYENS ROMAINS, PÉRÉGRINS.**

DÉFINITIONS et GÉNÉRALITÉS.

Le titre de CITOYEN ROMAIN avait une valeur inappréciable, car les *citoyens* seuls jouissaient de la plénitude des droits politiques et des droits civils.

Le mot *peregrini* comprend : 1° Les étrangers complètement soumis à Rome (*provinciales*) ; 2° Les peuples qui ont conclu des traités d'alliance avec Rome (*peregrini socii*); enfin les peuples absolument indépendants. (D'abord appelés *hostes*, puis *peregrini*).

La distinction des *cives* et des *peregrini* eut longtemps une grande importance qui *disparaît complètement sous Justinien.*

Dans le principe, celui qui n'était pas *civis* ne pouvait avoir, à Rome, aucun droit. Plus tard, les *peregrini* furent admis à jouir des règles civiles dérivées du droit des gens, mais ils furent toujours exclus du droit de suffrage et des honneurs.

CITOYENS ROMAINS.

La nationalité romaine s'acquiert par la naissance ou par un fait postérieur. 1° EST CITOYEN ROMAIN PAR LA NAISSANCE : A. l'enfant conçu, *ex justis nuptiis*, d'un citoyen romain; B. l'enfant conçu *vulgo*, et dont la mère est romaine au moment de l'accouchement, quelle qu'ait été sa condition au moment de la conception.

La qualité de pérégrin chez l'un ou l'autre des deux auteurs, fait naître l'enfant pérégrin, alors même que la mère accoucherait *romaine*. Cette dernière décision, contraire aux principes, résultait d'une loi qui a disparu sous Justinien.

2° DEVIENT CITOYEN ROMAIN. A. L'esclave affranchi par un citoyen romain (sauf les exceptions qui constituent la matière des Latins-Juniens — (Voir ce mot aux affranchissements), ou par le magistrat à titre de récompense. B. L'homme libre, en vertu d'une concession expresse émanant, sous la République, du peuple, du Sénat ou d'un magistrat autorisé à cet effet; sous l'Empire, du Sénat ou du prince.

La *civitas romana* peut être accordée : 1° A des individus (voir plus bas : Jus Latii — et : Affranchis Latins-Juniens, *in fine*). 2° A des cités entières (voir plus bas : populi fundi — municipes).

PÉRÉGRINS.

On divise en général les *peregrini* en trois classes : 1° Le LATIN (intermédiaire entre le citoyen romain et le pérégrin proprement-dit), qui jouit du *jus commercii*, de la *factio testamenti*, de certaines facilités pour acquérir la cité. 2° LE PEREGRIN PROPREMENT DIT, qui n'a ni droits politiques, ni droits civils autres que ceux que l'on croyait fondés sur l'équité naturelle, sur le *jus gentium*. 3° LES PEREGRINS DEDITICES, peuples qui, après avoir pris les armes contre Rome, se sont rendus à discrétion ; ils sont au dernier degré de l'échelle des hommes libres, perdent leur existence politique, ne sauraient aspirer à la cité et ne peuvent même paraître à Rome ou dans un rayon de 100 milles autour de Rome, sans perdre leur liberté et leurs biens.

Voici une autre division empruntée à M. Demangeat (T. I, p. 153 et suiv.).

Populi fundi.

On appelle ainsi des populations qui abandonnent librement leurs lois pour adopter le droit romain comme règle de leurs rapports personnels; ces populations n'acquièrent point pour cela la *civitas romana*, mais elles ont accompli, paraît-il, une des conditions nécessaires pour l'obtenir plus tard.

(M. Accarias donne le nom de *populi fundi*, aux villes qui reçoivent la cité, *à la condition* d'adopter le droit romain).

Jus latii

Entre les pérégrins et les romains on trouve les *latini* (latinitas, — jus latii) qui se divisent en trois classes :

1° LATINI VETERES — LE LATIUM, quand Rome entra en relations avec lui, était une association de 30 peuples, ayant *Albe* comme capitale. Après la chute d'Albe, Rome prétend dominer à sa place; de là, guerre qui se termine (sous Tarquin le Superbe), par la soumission complète du *Latium*. Mais celui-ci, après la chute des rois, se révolte de nouveau contre la domination romaine; la bataille au lac Régille (261) met fin à la guerre par un traité d'après lequel Rome et le *Latium* partageront le butin fait en commun, et auront alternativement le commandement des troupes. En 416, nouvelle guerre où succombe définitivement la ligue latine. Les villes du *Latium*, qui ne reçoivent pas le *jus civitatis*, continuent à être désignées par l'expression *nomen latinum*.

Ces *Latini*, appelés *Latini veteres*, paraissent bien avoir eu le *commercium*, (droit d'acquérir la propriété romaine, de s'obliger *jure civili*, de figurer dans une mancipation, etc.) et le *connubium* (droit de contracter de *justes noces*), ainsi peut-être que le droit de voter à Rome quand ils assistaient aux comices.

2° LATINI COLONARII. Les Romains, à l'origine, avaient établi dans les pays conquis des colonies composées de citoyens romains tirés au sort ou volontaires, qui conservaient la *cité* dans toute sa plénitude.

Par analogie, après la soumission du *Latium*, Rome fonda des *colonies latines* avec les privilèges du *nomen latinum*; toutefois, à la différence des *latini veteres*, les habitants des colonies latines n'avaient pas le *connubium* avec les Romains.

LATINI JUNIANI, (voir aux affranchissements).

3° OBTENTION DE LA CITÉ. Le latin peut devenir citoyen R. : 1° Lorsque, résidant à Rome, il a laissé dans sa ville *Stirpem ex se*, 2° Lorsqu'il a géré une magistrature dans sa cité ; 3° lorsqu'il a accusé un magistrat de concussion et qu'il l'a fait condamner.

EXTENSION GRATUITE DU JUS LATINITATIS ET DU JUS CIVITATIS. — En 584, on commence à donner le *jus latii* à des contrées entières et Vespasien l'accorde en bloc à toute l'Espagne.

Ces cités latines n'avaient pas le *jus civitatis* ; or des individus nombreux usurpaient ce titre précieux en se faisant inscrire sur les tables du cens. La loi *Licinia Mucia* (659) réprime cet abus, mais soulève la *guerre sociale*, à la suite de laquelle César accorde le *jus civitatis* à toute l'Italie en échange de sa soumission.

(Ces nouveaux citoyens furent répartis d'abord dans huit tribus spéciales, puis dans les 35 tribus ordinaires).

Les empereurs, pour rendre les impôts plus productifs en augmentant le nombre des contribuables, concèdent largement la cité et une constitution de Caracalla l'accorde en bloc à tous les habitants de l'Empire.

(Cette constitution ne s'applique ni aux esclaves, ni aux affranchis latins-juniens et dediticcs, ni à ceux qui ont perdu la cité à titre de peine, ni peut-être aux habitants des provinces conquises depuis Caracalla).

Jus italicum

On a cru que ce droit était intermédiaire entre celui des *Latins* et celui des *Pérégrins* en général. M. de Savigny pense, au contraire, que c'était un titre spécial qui pouvait être accordé à une ville, à une colonie, à un municipe et qui leur conférait certains privilèges.

AVANTAGES QUE PROCURE CE TITRE. — I. *Quant aux habitants :* 1° ils sont dispensés de certaines charges, lorsqu'ils ont quatre enfants.

(Il en fallait 5 dans les provinces).

2° Probablement comme en Italie, aux termes de la loi *Furia*, les *sponsores et les fidepromissores* sont libérés *biennio* et ne sont tenus envers le créancier que *pro partibus virilibus*.

(Dans les provinces ils étaient tenus *in solidum* et *in perpetuum*).

3° Les habitants sont recensés à Rome et exempts d'impôts.

II. *Quant aux biens :* 1° Les immeubles d'une ville, qui jouit du *jus italicum*, sont susceptibles du *dominium ex jure quiritium*, et sont soumis aux modes civils d'acquisition de ce domaine. 2° Ils participent à toutes les règles de droit applicables aux fonds italiques.

(On peut considérer Jules-César comme l'auteur de cette combinaison. — Une ville peut jouir du droit de cité indépendamment du *jus italicum*).

Municipes

On appelle *municipium* la cité qui reçoit la *civitas romana* tout en conservant son droit et ses lois propres. — Les habitants du *municipium*, appelés *municipes*, sont soumis aux charges des Romains, mais aussi ils jouissent de leurs droits (*commercium, connubium, etc.*); le *jus suffragii et honorum* est excepté.

(Toutefois certains municipes reçoivent la cité, *cum suffragio*).

Le *municipium* a une certaine autonomie; il conserve une administration indépendante, une justice locale, ses magistrats et son sénat (*Ordo, Curia*). Les habitants sont recensés et le cens est envoyé à Rome. Ils ont donc deux patries : leur municipe et Rome. — Dans un même *municipium*, il y a souvent des citoyens romains et des latins; dans ce cas, les deux classes doivent être représentées au sénat et dans l'administration.

Provinces.

Les provinces sont à la discrétion de Rome; leur territoire est divisé en districts, dont chacun possède une capitale dans laquelle le gouverneur tient des assises (*conventus*).

Préfectures.

On appelle ainsi les villes auxquelles on enlève toute administration indépendante ; elles sont gouvernées par des *préfets*, nommés à Rome, et qui s'y rendent *ad jura reddenda*.

(Il y a d'ailleurs des nuances très-diverses, et certaines préfectures se confondent avec les municipes).

Condition des enfants nés de parents de classes différentes.

1re RÈGLE.

Lorsqu'il y a *connubium* entre le père et la mère, l'enfant suit la condition du père; sinon il suit celle de la mère.

Exceptions. 1° La loi *Mensia* décide que l'enfant né d'un *pérégrin* et d'une *civis romana*, *entre lesquels il n'y a pas connubium*, naît pérégrin.

(M. Demangeat croit que la loi *Mensia* vise seulement les *latini veteres* et non les *colonarii*).

2° L'enfant né d'un affranchi latin et d'une citoyenne romaine, *meliorem conditionem sequetur ;* il sera donc citoyen romain.

2e RÈGLE.

Lorsque la condition du père ou de la mère a changé pendant la gestation? 1° Si l'enfant doit suivre la condition du père, on considérera l'époque de la *conception ;* 2° s'il doit suivre la condition de la mère, on considérera l'époque de l'accouchement.

OBSERVATION. — L'enfant qui, d'après ces dispositions, naît Latin ou Pérégrin, peut devenir, à son insu, citoyen romain. Ainsi, un *civis romanus* épouse une femme qu'il croyait romaine; il en a un enfant qui sera, comme sa mère, latin ou pérégrin; on permet au père de *causam erroris probare*, et l'enfant et sa mère obtiendront la *cité ;* même décision si c'est une *civis romana* qui a épousé, par erreur, un latin ou un pérégrin.

LIBRES. — INGÉNUS ET AFFRANCHIS.

ARTICLE II. — **Deuxième subdivision des hommes libres : INGÉNUS, AFFRANCHIS.**

GÉNÉRALITÉS.

Cette subdivision est encore mentionnée dans les textes de Justinien, tandis que la précédente a disparu.

L'INGÉNU est l'homme qui est né libre et *n'a jamais cessé de l'être*. Cependant : 1° l'homme libre devenu esclave *captivitate apud hostes*, sera considéré comme *ingénu* par l'effet du *postliminium*, s'il peut s'échapper; 2° Un *ingénu* passe pour *esclave*, et est affranchi *en fait*; il n'en continuera pas moins *en droit* à être ingénu.

L'AFFRANCHI est celui qui est devenu libre après avoir été esclave.

Différences entre l'ingénu et l'affranchi. — Les affranchis et leurs descendants sont peu considérés; ils s'occupent de commerce, d'arts et de sciences, occupations délaissées par les ingénus. — Ils ne pouvaient servir dans l'armée, ni, par suite, voter dans les centuries, ni occuper aucune magistrature. Ils n'avaient pas, jusqu'à Auguste, *connubium* avec les ingénus, et, depuis Auguste, avec les sénateurs et leurs enfants.

L'affranchi n'a pour famille civile que son patron et ses enfants. — ENVERS LE PATRON : l'affranchi est tenu à l'*obsequia* (devoirs de respect, d'obéissance, de *reconnaissance*, car s'il est ingrat il perd sa liberté); il doit des aliments à son patron malheureux, ne peut le traduire en justice sans permission du magistrat, ni intenter contre lui une action infamante; — il lui doit les *operæ* (soins domestiques, travaux manuels, etc), quand ils ont été stipulés dans l'acte d'affranchissement; — enfin le patron a certains droits sur la *succession de ses affranchis* (V. L. II, 2° P., sect. II, chap. 1, art. 2).

L'affranchi n'a pas le droit de porter l'*anneau d'or*. (*Jus aureorum annulorum*.)

Les affranchis furent, dans le principe, placés dans les quatre tribus urbaines; puis, sous Tiberius Gracchus, centralisés dans une seule tribu ; ensuite, au VII° siècle, répartis de nouveau dans les quatre tribus urbaines; enfin, sous l'Empire, ils ont la tribu de leur patron.

Jus aureorum annulorum.* — *Restitutio natalium. — L'empereur peut relever l'affranchi de ses incapacités en lui accordant le *jus aureorum annulorum*, ou la *restitutio natalium*; — avec le consentement du patron, la *restitutio natalium* détruit le droit de ce dernier à la succession de l'affranchi, droit qui subsisterait malgré la concession du *jus aureorum annulorum*. — L'empereur pourrait du reste se passer du consentement du patron.

Dans sa Novelle 78, Justinien décide que tout affranchissement implique pour l'affranchi le *jus aureorum annulorum et regenerationis;* mais il ajoute que, malgré cette décision, les droits du patron subsisteront, s'il n'en a pas fait remise lui-même.

N. B. — Cette assimilation presque complète de l'affranchi à l'ingénu, enlève presque tout intérêt à notre deuxième subdivision.

INGÉNUS.

Ingenuus est qui, statim ut natus est, liber est, sive ex duobus ingenuis matrimonio editus est, sive ex libertinis duobus, sive ex altero libertino et altero ingenuo (Inst. I, IV, pr.). — La qualité d'affranchi chez l'un des conjoints ou chez les deux n'empêche donc pas l'enfant de naître ingénu.

(Cependant l'enfant né d'affranchis participe un peu à la *libertina conditio*; notamment, d'après une const. de Théodose et d'Honorius, il peut être privé de la liberté pour ingratitude.)

L'ingénu étant celui qui naît libre, il faut savoir quand on naît libre. Sur ce point quatre règles.

1° QUAND IL Y A MARIAGE l'enfant suit la condition de son père ; 2° quand l'enfant suit la condition du père, cette condition et par suite celle de l'enfant se fixe au moment de la *conception;* 3° EN DEHORS DU MARIAGE, l'enfant suit la condition de la mère; 4° cette condition se détermine au moment de *l'accouchement*.

D'après ces principes. — I. L'enfant conçu des justes noces d'un homme libre, naîtra ingénu, quand même son père serait devenu esclave au moment de l'accouchement.

(Toutefois, si le père est pérégrin au moment de la conception et citoyen romain au moment de la naissance, l'enfant naîtra citoyen romain.)

II. L'enfant, conçu hors mariage, naîtra libre et ingénu, si sa mère est libre, fût-elle, elle-même, affranchie. (Const. de Gordien, 239.)

Exceptions. — 1° D'après les principes précédents, une femme libre au moment où elle a conçu *hors mariage*, et esclave au moment de l'accouchement, devrait mettre au monde un enfant esclave; on décide que cet enfant sera libre, pourvu que sa mère ait été libre au moment de la conception ou même *à un moment quelconque* de la gestation.

(Ce système, repoussé par Gaïus (C. I, §§ 89 et 91), appliqué dans deux ressorts d'Adrien et de Caracalla, formulé par Paul, fut solennellement consacré par Justinien. Inst. I, 4, pr.)

2° Le SC. Claudien dispose qu'une *civis romana* qui vit avec un esclave, *volente domino ejus*, peut convenir avec le maître qu'elle mettra au monde des enfants *esclaves*. (Disposition abrogée par Adrien).

3° Une loi décidait que, parmi les enfants nés d'un homme libre et d'une esclave qu'il croit libre, les mâles seront libres et les autres, esclaves. (Disposition abrogée par Vespasien.)

4° La loi précédente décidait également que les enfants nés d'un esclave et d'une *peregrina* seront esclaves.

(Cette loi, qui subsiste sous Adrien, est probablement une loi locale; d'ailleurs, comme elle vise seulement les *peregrinæ*, elle n'est pas en désaccord avec la décision d'Adrien, qui abroge une disposition semblable du SC. Claudien, lequel ne visait qu'une *civis romana vel latina*.)

AFFRANCHIS. — Généralités.

Libertini sunt qui ex JUSTA servitute manumissi sunt. — De cette définition et du mot *justa* on peut conclure : 1° qu'on peut être *affranchi* quoiqu'on soit né *libre*, si on a perdu la liberté *en droit (justa)*; 2° qu'un homme libéré de la servitude (*manumissus*), n'est frappé de la qualité d'*affranchi* que si sa servitude était *réelle* et de *droit*; sinon la *manumissio* ne nuirait ni à sa *liberté* ni à son *ingénuité*. — En sens inverse, on peut être *affranchi*, sans avoir été *manumissus*.

(Ainsi : 1° L'esclave abandonné par son maître, *ob gravem infirmitatem*, obtient de plein droit la liberté, en vertu d'un édit de Claude, mais il n'en a pas moins la qualité d'affranchi ; 2° même résultat quand un esclave ayant été vendu sous condition d'être affranchi, l'acheteur n'exécute pas la condition; 3° même résultat pour l'esclave qui découvre le meurtre de son maître; 4° enfin, sans qu'il y ait eu *esclavage* ni *manumissio*, le SC. Claudien inflige la qualité d'*affranchie* à la femme ingénue qui vit, volente domino, avec un esclave.)

La *manumissio* (mise hors de main, de puissance), est le don de la liberté, fait par le maître à son esclave. La *manumissio* dérive du droit des gens, comme conséquence de l'esclavage. Ainsi, avant l'institution de l'esclavage, il n'y a qu'une classe d'hommes, les *libres;* et après, il y en a trois : les libres ingénus, les libres affranchis, les esclaves.

Cette matière compliquée des affranchissements se divisera en 3 § : Les affranchissements dans l'ancien droit; les modifications apportées par Justinien ; enfin : les affranchissements impossibles ou nuls.

§ 1, § 2, § 3. (Voir les deux tableaux suivants).

LIBRES. — AFFRANCHIS (Suite).

AFFRANCHIS (Suite).

Généralités.
(Voir le tableau précédent).

§ 1er. — Affranchissements dans l'ancien droit.

Comme pour les hommes libres, l'ancien droit reconnaissait trois classes d'affanchis : les *citoyens romains*, les *latins*, les *déditices*.

Affranchis citoyens romains.

L'affranchi est *citoyen romain*, quand *majeur de trente ans*, il est affranchi *dans des formes solennelles* par un *citoyen romain* qui en est *plein propriétaire* et qui est *capable d'aliéner*.
(L'affranchissement fait entrer par la *cité* un membre nouveau ; de là, intérêt pour la cité à être consultée dans un pareil acte ; c'est ce qu'on obtient, théoriquement au moins, par l'emploi des *actes solennels*, dans lesquels interviennent, le magistrat, le censeur, le peuple, des licteurs, des témoins, plus tard, sous Justinien, l'évêque. — Ce caractère s'effacera lorsque le droit de cité sera accordé à tous les affranchis.)

Les modes solennels d'affranchissements sont les suivants :

VINDICTA. — C'est un procès fictif en revendication de la liberté, porté devant le magistrat qui, faisant acte de *juridiction gracieuse*, peut intervenir *in transitu*, sans siéger dans le tribunal. Les parties, dans ce procès fictif, sont : le maître, l'esclave et un tiers appelé : *assertor libertatis* ; ce dernier affirme que l'esclave est libre : *Hunc hominem liberum esse dico*. Le maître ne contredisant pas le magistrat déclare l'esclave libre : *aio te liberum more quiritium*.
(Le mot *vindicta* désigne, comme les mots *festuca, hasta*, une lance en bois qui figure, comme symbole de la propriété, dans les procès de revendication. L'*Assertor libertatis*, armé de cette baguette est censé mettre la liberté de l'esclave sous la protection de la force. — C'est ce détail de la cérémonie qui a donné son nom à ce mode d'affranchissement.)

CENSUS. — Comme l'homme libre perd la liberté en négligeant de se faire inscrire sur les registres du cens, on affranchit l'esclave en l'inscrivant parmi les hommes libres, lors du recensement quinquennal.
(Le cens, comme la vindicte, exclut l'apposition d'un terme ou d'une condition.)
Ce mode disparaît avec le cens, sous Vespasien.

TESTAMENTUM.
- **Libertas directa :** On peut affranchir par testament, en disant : *Stichus, liber esto ; S. liber sit ; Stichum liberum esse volo*, et ce don de la liberté a le caractère d'un legs *per vindicationem* ; d'où résulte que l'esclave devient libre à l'instant même où son maître expire. On appelle cet affranchi *orcinus*, parce que son patron est déjà *ad orcum*, quand il devient libre, ce qui fait, qu'en réalité, il n'a pas de patron.
- **Libertas fideicommissaria :** — Le testateur s'est exprimé ainsi : *fidei committo heredis mei ut iste cum servum manumittat*.
  L'héritier devient propriétaire de l'esclave, et, en l'affranchissant, il acquerra sur lui les droits de patron.
- L'affranchissement testamentaire, à la différence des deux précédents, admet le *terme* ou la *condition* tendant à reculer l'effet du legs de liberté. Dans ce cas, l'esclave, dont la position est ainsi en suspens, est appelé *statuliber*, et appartient provisoirement à l'héritier.

Affranchis Latins-Juniens.

LOI JUNIA NORBANA.
- Dans *la rigueur* des principes l'affranchissement est NUL : 1° quand il est fait par un mode non solennel, *inter amicos* ou *per epistolam* ; (dans ce cas le *manumissor* est considéré comme se réservant sur l'affranchi le *nudum jus quiritium*.) 2° quand il est fait par celui qui n'avait sur l'esclave que l'*in bonis* ; (on sait que si un esclave, comme toute chose *mancipi* a été vendu sans *mancipatio* ni *cessio in jure*, l'acquéreur n'obtient que la propriété dite *in bonis*, et le *nudum jus quiritium* reste sur la tête du vendeur).
- Le préteur avait déjà corrigé la rigueur de ces principes en maintenant *de fait* en liberté (*non patiebatur manumissum servire*) l'affranchi incomplet que son maître veut reprendre en sa puissance ; mais cette protection cesse avec la vie de l'affranchi qui *meurt esclave* avec les conséquences légales de cet état (G. III, 56.)
- La loi JUNIA *Norbana* (671 de Rome) *complète ce système protecteur* en transformant en *liberté de droit* la *liberté de fait* donnée par le préteur ; toutefois elle n'assimile ces affranchis qu'aux *Latini colonarii*, tout en leur donnant de grandes facilités pour acquérir la cité. — (Ces affranchis, *latins* par suite de la loi *Junia*, s'appellent *Latins-Juniens*.)

LOI ŒLIA-SENTIA. — La loi Œlia-Sentia (757 de Rome), voulant réprimer la multiplicité excessive des affranchissements, — à la différence de la loi Junia Norbana, — *augmente la rigueur* des anciens principes. Entres autres dispositions (Voir plus bas : Déditices et : § 3, affranchissements impossibles ou nuls), elle décide : 1° que l'esclave *mineur de trente ans* ne peut être affranchi que *vindicta* ou *testamento* ; 2° qu'affranchi par testament il sera *latin-junien* ; 3° qu'il en sera de même s'il est affranchi *vindicta*, sans que la *justa causa* ait été approuvée par le conseil (Voir au § 3, la composition du *Conseil* et les *justes causes* d'affranchissement).

AUTRES CAS. — Etaient également Latins-Juniens : 1° l'esclave abandonné par son maître *ob gravem infirmitatem* ; 2° les enfants issus d'une ingénue et d'un servus fiscalis.

CONDITION DES LATINS-JUNIENS. — 1° Le Latin-Junien est complètement exclu des droits publics et politiques ; 2° il n'a pas en principe le *connubium* avec les citoyens Romains ; cependant, si l'enfant né d'un Latin et d'une Romaine, arrive à l'*âge d'un an*, le père, par une procédure appelée *causæ probatio*, obtient en même temps la cité et la puissance paternelle sur son enfant ; 3° il a le *jus commercii* et, en général, tous les droits civils qui ne lui ont pas été formellement enlevés par une loi ; 4° il a la *factio testamenti*, en ce sens qu'il peut figurer dans un testament comme *emptor familiæ*, *libripens*, *testis*, et recueillir un fideicommis ; mais il ne peut recevoir une hérédité ou un legs, et ne peut tester lui-même, de sorte que son patron prend sa succession *jure peculii*. (G. c. I, § 23 et c. III, §§ 56, 58.)

LE LATIN-JUNIEN ACQUIERT LA CITÉ :
- *Iteratione* : s'il est affranchi de nouveau avec toutes les conditions qui manquaient à son premier affranchissement.
- *Liberis*, etc.
  - 1° *Causæ probatio*. — Si, ayant contracté mariage et ayant un enfant âgé d'un an, il se présente devant le magistrat et *prouve ce fait* : causæ probatio ; (le magistrat accordera la cité au père, ou bien au père et à la mère, et à l'enfant).
  - 2° *Erroris causæ probatio*. — Si, par erreur, un citoyen romain a épousé une latine, si un latin a épousé une pérégrine, ou vice versa : comme il n'y a pas *connubium*, le mariage devrait être nul ; un SC. décide que, s'il naît un enfant, l'homme ou la femme pourront *prouver l'erreur*, et tous, enfants, père et mère, latins ou même pérégrins obtiendront la cité.
  - 3° *Vulgo quæ sit ter enixa*. — Si une femme latine a eu trois enfants illégitimes, elle obtient la cité. (Cela remplace pour les femmes latines la *causæ probatio* qui ne s'applique qu'au latin.)
- *Beneficio principali*. L'empereur peut donner *la cité* à un affranchi latin, (mais sans que cela puisse nuire aux droits du patron). Cette faveur peut se cumuler avec les moyens précédents pour produire tous les effets de l'affranchissement le plus complet.
- *Militia*.
  (S'il a servi dans les gardes de Rome.)
- *Nave ; ædificio ; pistrino*.
  (S'il a construit un navire et importé du blé ; s'il a construit un édifice, créé une boulangerie.)

Affranchis Déditices.

La loi Œlia-Sentia établit une troisième classe d'affranchis très-mal partagés : les *déditices* (*dedititii*). Cette situation est produite uniquement par le fait que l'esclave avait été puni d'une peine assez grave (*emprisonnement, marque, torture et criminalité reconnue*), pour le rendre indigne d'être citoyen romain. Le Déditice n'a ni droits politiques, ni *connubium*, ni *commercium*, ni *patriapotestas*. Il ne peut résider à Rome, ni dans les cent milles, autour de Rome. S'il manquait à cet ordre, il serait vendu au profit du Trésor, et, affranchi de nouveau, il ne serait que *servus publicus*. Il ne peut jamais améliorer sa position.

La Romaine, mariée par erreur à un déditice qu'elle croyait romain, ne peut, par l'*erroris causæ probatio*, donner la cité qu'*à l'enfant*. Le père reste *in sua conditione*.

§ 2. — Modifications à l'époque de Justinien.

Quant aux modes d'affranchissement. — 1° Modes solennels : La *vindicta* et le *testamentum* subsistent encore parmi les modes solennels d'affranchissement ; l'affranchissement censu, disparu sous Vespasien, est remplacé sous Constantin, par une *déclaration*, *in sacrosanctis ecclesiis*, devant le peuple et l'évêque qui inscrit l'acte sur les registres de l'Église.

2° Modes non solennels : On peut affranchir *per epistolam*, signée de cinq témoins, quand l'esclave est absent ; *inter amicos*, devant cinq témoins, si l'esclave est *présent* ; *par codicile* ou *donation à cause de mort* ; *par quelqu'autres manifestations de volonté*, ainsi : si le maître, dans un acte, a appelé l'esclave : *son fils*, s'il marie son *ancilla* à un homme libre et la dote, etc., etc. (V. Const. *de latina libertate tollenda*.)

Quant à la condition des affranchis. — Justinien décide que *tout affranchi* sera citoyen romain.
(Voir le tableau suivant.)

LIBRES. — AFFRANCHIS (Suite et fin).

AFFRANCHIS (Suite et fin).

Généralités. § 1, § 2. (Voir les trois tableaux précédents.)

§ 3. — Affranchissements impossibles ou nuls.

Loi Œlia-Sentia.

AFFRANCHISSEMENT FAIT IN FRAUDEM CREDITORUM.

Un principe fondamental est que : *libertas semel percepta nunquam revocatur*; or, comme l'affranchissement est précisément la perception de la liberté, le principe s'opposait à ce que les créanciers, lésés par des affranchissements faits par leur débiteur, pussent attaquer ces affranchissements par l'action Paulienne, qui leur permettait de faire révoquer tous autres actes faits à leur préjudice. — Pour respecter le principe et veiller en même temps aux intérêts des créanciers, la loi Œlia-Sentia décide que l'affranchissement fait *in fraudem creditorum* est *nul*; dès lors il n'y a pas lieu de révoquer l'affranchissement.
(On voit que c'est là une de ces subtilités de mots aimées des Romains. En réalité, le résultat est absolument le même.)

Pour que cette disposition s'applique, il faut le concours de deux éléments : 1° l'*animus fraudandi*, c'est-à-dire la connaissance, chez le *manumissor*, qu'il commence ou augmente son insolvabilité ; 2° et l'*eventus*, c'est-à-dire un préjudice causé aux créanciers. (Néanmoins l'affranchissement sera nul, même si la succession est acceptée par un solvable. Il n'y a cependant pas l'*eventus* ; mais la loi Œlia-Sentia s'applique, dans ce cas spécial, pour encourager l'héritier à accepter.) De la nécessité du *concours* des deux éléments précédents résultent les décisions suivantes : 1° Titius se sait insolvable envers *Sempronius*, et affranchit son esclave ; puis il désintéresse *Sempronius*, et devient débiteur insolvable de Tertius. L'affranc. est valable, car il y a eu seulement *animus* envers Sempronius, et *eventus* envers Tertius. 2° Titius a promis à Sempronius, son esclave ; il l'affranchit, et se trouve *volontairement* dans l'impossibilité de remplir son obligation ; l'affranc. sera cependant valable, si Titius peut donner une compensation à Sempronius ; en effet, il y aura eu l'*animus fraudandi*, mais aucun *eventus* ou dommage réel.

Qui peut invoquer cette nullité ? Les créanciers seuls, et non pas les héritiers du *manumissor*, ou le *manumissor* lui-même, s'il désintéresse ses créanciers d'un autre côté. Ce n'est que les créanciers qu'on veut protéger, et encore, d'après Paul, ils ne peuvent invoquer cette nullité que pendant 10 ans. (L. 16, §§ 3, Dig. 50, IX.)

Observations. — 1° Cette disposition de la loi Œ.-S. s'applique même aux *pérégrins* ;
(Bien que Gaius dise en général que cette loi ne concerne que les citoyens romains.)

2° Si le débiteur insolvable avait *donné* l'esclave, il n'y aurait lieu qu'à l'action Paulienne ;

3° L'affranchissement fait par un affranchi *in fraudem patroni* est assimilé à celui fait *in fraudem creditorum*, et nul par conséquent.

AFFRANCHISSEMENT FAIT PAR UN MINEUR DE XX ANS.

MINORI XX ANNORUM *domino non aliter manumittere permittitur quam si* VINDICTA, — APUD CONSILIUM, — JUSTA CAUSA *manumissionis* ADPROBATA *fuerit*.
(On est majeur de XX ans, dès qu'on atteint la première seconde du vingtième anniversaire.)

Si la *causa* est approuvée, le maître pourra affranchir, mineur de XX ans, et même *infans*, mais dans ce dernier cas avec l'*autoritas tutoris*. — Même avec la *causa adprobata*, il faut employer la *vindicta* ; sinon l'affranchi serait latin.

Ainsi : 1° avec la *causa adprobata* et la *vindicta*, l'affranchi est citoyen romain ; 2° avec la *causa* seule et un autre mode que la *vindicta*, il est latin ; 3° sans la *causa adprobata*, l'affranchissement est nul, alors même qu'il serait fait par un mode solennel.

Du Consilium. — Il se compose : *à Rome*, de cinq sénateurs et de cinq chevaliers, pubères, présidés par le consul ou le préteur ; *en province*, de vingt *recuperatores* présidés par le Gouverneur.
(Le président du conseil ne peut déléguer son autorité.)

De la juste cause. — Elle existe quand il s'agit pour le maître d'affranchir son père, sa mère, son fils, sa fille, sa sœur ou son frère naturels, son précepteur, sa nourrice, un esclave, pour en faire son mandataire, une *ancilla* pour l'épouser, etc. Quant à ces deux derniers points, remarquons, pour le premier qu'il faut que l'esclave ait 17 ans accomplis, car cet âge est exigé pour postuler en justice ; pour le second, que l'*ancilla* ne devient libre que si le mariage a lieu dans les six mois.

La cause une fois approuvée, l'affranchissement aura lieu, même si le Conseil avait été trompé.
(**Gaius** fait remarquer la bizarrerie qu'il y a à défendre à un mineur de XX *ans* de laisser la liberté à un esclave, quand depuis XIV ans il peut disposer par testament de tous ses biens. Justinien s'indigne à son tour de cette prétendue anomalie, parce qu'il ne comprend pas l'esprit de la loi Œ. S. qui est d'empêcher des affranchissements faits à la légère ; il veut remédier à cette prétendue anomalie, qu'il laisse d'ailleurs subsister en partie, en décidant que le majeur de XVII *ans* pourra affranchir. Ce n'est que par la novelle 118 qu'il fait disparaître toute anomalie, en permettant au majeur de *XIV ans*, d'affranchir à son gré ; bien entendu cette innovation ne s'applique qu'à l'affranchissement *testamento* ; pour l'affranchissement *entre-vifs*, la disposition de la loi Œ.-S. demeure entière.)

Loi Furia-Caninia.

1° L'affranchissement testamentaire est le plus libéral, parce qu'il ne dépouille pas le maître de son vivant. La loi F.-C. veut réprimer les abus qui peuvent résulter de cette situation, et elle décide ce qui suit : Le maître a-t-il deux esclaves ? il peut les affranchir ; en a-t-il 3 ? il peut en aff. 2 ; de 4 à 10, la moitié ; de 10 à 30, un tiers et toujours au moins 5 ; de 30 à 100, le quart et toujours au moins 10 ; de 100 à 500, le cinquième et toujours au moins 25 ; jamais plus de 100. Si le nombre est dépassé, on donne la liberté aux *premiers inscrits* ; si le testateur a écrit les noms en rond, pour qu'on ne puisse savoir par lequel commencer, tous les affranchissements sont nuls.

2° La loi F.-C. veut, sous peine de nullité, que les affranchis soient désignés, *nominatim*.
(Par leur nom, mais aussi par leur fonction, pourvu qu'il n'y ait aucun doute.)

Ces deux dispositions sont abrogées par Justinien.

AUTRES DISPOSITIONS.

Empêchements du chef du maître. — Le maître, sous le coup d'une accusation capitale ; la femme divorcée, dans les 60 jours qui suivent le divorce ; la femme accusée d'adultère (s'il s'agit ici d'un esclave impliqué dans l'accusation), ne peuvent affranchir, de peur que cet affranchissement l'empêche de mettre à la torture comme *témoin*, l'esclave affranchi.

Empêchements du chef de l'esclave. — Ne peut être affranchi : 1° l'esclave vendu sous la condition qu'il restera toujours esclave ; 2° l'esclave privé du droit d'acquérir la liberté, par une sentence du préfet ou du président ; 3° l'esclave condamné pour *plagium* (séquestration), mais seulement pendant *dix ans*, à partir de la condamnation ; 4° l'esclave condamné à la prison, pendant la durée de l'emprisonnement ; 5° enfin, l'esclave légué sous condition, (quoiqu'il appartienne provisoirement à l'héritier qui a fait *adition*), à moins que la condition ne vienne à défaillir.

EXCEPTION.

La loi Œlia-Sentia contient quatre dispositions principales : 1° L'affranchi mineur de XXX ans est *latin* quand il n'a pas été affranchi *vindicta, causa apud consilium adprobata* ; 2° l'esclave qui a été dans une position infamante devient *déditice*, par l'affranchissement ; 3° et 4° l'affranchissement fait en *fraude des créanciers* ou *par un mineur de* XX *ans* (*causa non apud consilium probata*), est nul.

Ces quatre dispositions NE S'APPLIQUERONT PAS dans le cas où, si l'esclave ne devenait pas *libre et citoyen romain*, le maître n'aurait pas d'*héritier testamentaire*.

On sait, en effet, que c'est un déshonneur chez les Romains que de mourir sans laisser d'héritier, surtout quand le *de cujus* est insolvable, cas dans lequel ses biens sont vendus sous son nom. — Pour remédier à ces inconvénients, on établit d'abord que l'esclave, institué par son maître, ne pourrait refuser cette hérédité. Mais ce serait empêcher le testateur d'éviter le déshonneur que d'empêcher l'institué (en le déclarant latin, déditice ou esclave), de recueillir l'hérédité. — Voilà le motif qui, dans l'espèce, suspend les quatre dispositions de la loi Œlia-Sentia.
(Mais c'est là une mesure toute exceptionnelle qui ne s'appliquera qu'à défaut de tout autre moyen, et notamment si aucune des autres personnes qui auraient été instituées concurremment avec l'esclave, ou à son défaut, ne pouvait ou ne voulait faire adition.)

Dans l'ancien droit, le testateur devait non seulement instituer l'esclave, mais l'affranchir formellement. Justinien décide que l'institution implique l'affranchissement.

PERSONNES ALIENI JURIS. — ESCLAVES ; FILS DE FAMILLE.

SECTION II. — DEUXIÈME CLASSIFICATION DES PERSONNES : ALIENI JURIS ; SUI JURIS.

Toute personne est libre ou esclave ; toute personne est *sui* ou *alieni juris* ; mais cette seconde classification a trait principalement à l'organisation de la *famille*. Ce mot de *famille* signifie : 1° l'ensemble des personnes unies par l'*agnation* ; 2° l'ensemble des personnes unies par la *cognation* ; 3° le *patrimoine appartenant à une personne* ; 4° spécialement *les esclaves* faisant partie d'un patrimoine.

CHAPITRE Ier. — ALIENI JURIS.

Toute personne qui n'est pas *paterfamilias* (ou *materfamilias*) est *alieni juris* ; les personnes *alieni juris* sont : 1° LES ESCLAVES ; 2° LES FILS DE FAMILLE ; 3° *les femmes in manu* ; 4° *les personnes in mancipio*. — Les deux dernières catégories ont disparu sous Justinien.
(*Remarque* : les expressions, *paterfamilias* (*mater familias*) ne visent pas une idée de filiation ; mais elles indiquent la qualité de chef de maison ; en d'autres termes est *paterfamilias* celui qui n'est soumis à aucune puissance autre que la sienne propre).

ARTICLE Ier. — **Esclaves.** (**Puissance dominicale**).

POTESTAS DOMINICA.

La *potestas dominica* est la seule institution romaine du droit des gens, qui soit contraire au droit naturel. Elle s'exerce sur les biens et les personnes.

SUR LES BIENS : Toute acquisition faite par l'esclave profite au maître. — L'esclave est incapable de posséder. Cependant, le maître peut lui laisser un *pécule* qui, en principe, continue à appartenir au maître, mais qui, en pratique, est presque traité comme le patrimoine d'un homme libre.
(Étant incapable d'être propriétaire, l'esclave ne peut songer à *se racheter* lui-même. Cependant, s'il trouve un tiers qui consente à l'acheter, et promette de l'affranchir quand le prix d'achat sera remboursé, un rescrit des Emp. Verus et Marc-Aurèle décide que cet esclave *in eam conditionem redigitur ut libertatem adipiscatur*).

SUR LES PERSONNES : Le pouvoir du maître sur la personne de l'esclave était d'abord illimité ; mais il reçut successivement de nombreux tempéraments : déjà sous Auguste, la loi Petronia enlève au maître le droit de condamner son esclave *ad bestias depugnandas* ; Adrien lui défend ensuite de condamner son esclave *à mort*, et même il frappe de 5 ans de relégation une femme qui, sans motifs graves, avait maltraité ses esclaves. Enfin, deux constitutions d'Antonin-le-Pieux complètent le progrès. D'après la première, le maître qui tue son esclave est puni comme s'il avait tué l'esclave d'autrui ou un homme libre (L. Cornelia, *de sicariis*) ; d'après la deuxième, adressée au préteur de Bétique (au sujet d'esclaves qui, par suite de mauvais traitements excessifs, s'étaient réfugiés *ad fana deorum vel ad statuas principum*), il décide que les esclaves, qui auront trop à souffrir, s'adresseront au proconsul qui, la cause entendue, les fera vendre au profit du maître, de façon à ce qu'ils ne puissent jamais retomber sous sa puissance. Cette vente doit être faite *bonis conditionibus*, en faveur du maître, mais aussi en faveur de l'esclave ; ainsi : le maître recevra une *indemnité suffisante* ; mais il ne pourra insérer, dans la vente, des clauses défavorables à l'esclave.
(Antonin-le-Pieux dit qu'il y va de l'intérêt des maîtres (et Justinien ajoute : de l'intérêt public), de réprimer les sévices graves des maîtres ; en effet, la *major asperitas* peut pousser les esclaves à la révolte, ce qui atteindrait en même temps la sécurité des maîtres et celle de l'État.
Quant le *dominium* est scindé, la puissance appartient à celui qui a la propriété bonitaire.
N.-B. L'esclave peut contracter, en empruntant la *personnalité juridique* de son maître.

Conditions intermédiaires entre la liberté et l'esclavage proprement dit.

Les textes disent qu'il n'y a aucune différence dans la condition des esclaves. Ce n'est pas exact ; sans compter les différences *de fait* qui résultent du caprice du maître, il y a des différences *de droit*, correspondant à certaines classes spéciales d'esclaves.

SERVUS POENÆ. Le *servus pœnæ* ou *sine domino* n'est pas soumis à la puissance dominicale ; de là plusieurs conséquences et surtout celle-ci : comme cet esclave n'a pas de maître dont il puisse emprunter la personnalité juridique pour contracter, il est incapable de rien acquérir. Il ne saurait non plus être affranchi. (Il en est de même des *servi derelicti*).

SERVUS PUBLICUS. L'État possède des *servi publici* affectés à certains emplois assez élevés (entretien des routes, garde des prisons, recouvrement de l'impôt, service des magistrats) ; ces esclaves peuvent posséder un pécule et disposer par testament *de la moitié* de leurs biens. — Sont ordinairement *servi publici*, les prisonniers de guerre, ou les *déditices* vendus comme esclaves (pour avoir pénétré à Rome ou dans la zone qui leur est interdite), et qui ont été affranchis.

APPENDICE. — COLONS. Ces personnes (appelées *coloni*, *originarii*, *adscriptitii vel censiti*), étaient établies dans les domaines des grands propriétaires, presque à titre de *serfs*. Elles ne pouvaient quitter le *fonds*, mais par contre on ne pouvait les en détacher ni augmenter leur redevance. — Les premières règles sur le colonat furent établies, d'abord, dans l'intérêt de l'agriculture, pour réprimer l'arbitraire des propriétaires fonciers ; mais surtout ensuite, quand, à partir de Dioclétien et de Constantin, le gouvernement prit l'habitude de répartir les captifs entre les propriétaires fonciers. — Les colons peuvent *contracter mariage* ; ils *restent propriétaires* de ce qu'ils acquièrent, mais ne peuvent en disposer. — Ils sont soumis à la *potestas*, ne peuvent citer leur maître en justice, et, s'ils s'enfuient, sont poursuivis comme esclaves.
Condition des enfants. — Les enfants nés : 1° de deux colons ? Sont colons et attachés au même fonds que leurs parents ;
(Si les parents appartiennent à deux fonds différents, les enfants se partagent entre les deux fonds).
2° d'une personne *adscriptitiæ conditionis* et d'une personne esclave ? Suivent la condition *de la mère* ; 3° d'une *adscriptitia* et d'un père libre ? Sont colons comme leur mère ; 4° d'un *adscriptus* et d'une mère libre ? Sont libres, mais restent attachés au fonds ; toutefois ce qu'ils acquièrent n'est pas un pécule.
La qualité de colon s'acquiert par 30 ans ; mais ces colons par prescription, et leurs descendants, conservent la disposition de leurs biens.
On peut devenir colon en épousant une *adscriptitia* et en faisant sa déclaration *gestis municipalibus*.
Autrefois on pouvait s'affranchir du colonat par prescription ; mais, sous Justinien, l'épiscopat *seul* libère de cette condition.

La puissance dominicale se dissout de différentes manières. (Voir aux AFFRANCHISSEMENTS.)

ARTICLE II. — **Fils de famille.** (**Puissance paternelle.**)

SUBDIVISION DE L'ART. II : **Fils de famille.**

- § 1er. En quoi consiste la puissance paternelle.
- § 2. Sur qui s'exerce la puissance paternelle.
  - Enfants issus du mariage : (*ex justis nuptiis*).....
    - Définition du mariage. — Élément constitutif. — Conditions particulières (Puberté, consentement, *connubium*).
    - Dissolution du mariage. — (Appendice. — *Concubinatus*, etc.)
  - Enfants légitimés.
  - Enfants adoptés ou adrogés. (Différences. — Ressemblances).
- § 3. Comment finit la puissance paternelle.

PERSONNES ALIENI JURIS. — FILS DE FAMILLE. — *De la puissance paternelle.* — *Enfants issus ex justis nuptiis*

§ 1er. — En quoi consiste la puissance paternelle.

La puissance paternelle, institution de droit civil, s'exerce seulement dans le domaine privé, de telle sorte qu'un fonctionnaire, fils de famille, n'a pas d'ordres à recevoir de son père, quant à ses fonctions.

La puissance paternelle n'appartient qu'aux hommes et jamais aux femmes, ni aux ascendants mâles de la ligne maternelle; elle est organisée dans l'intérêt du père et non dans celui des enfants; jamais l'âge ne libère de la puissance paternelle.

Elle consiste, comme la puissance dominicale, en certains droits sur la personne et sur les biens:

SUR LA PERSONNE. Dans l'ancien Droit, le père avait le droit : 1° de tuer ses enfants; 2° de les vendre, aliéner, donner en gage; 3° de les exposer; 4° de les abandonner en réparation du préjudice causé par eux (Abandon noxal). — Divers lois restreignent successivement cette puissance si absolue. — Depuis Trajan, le père qui maltraite son fils est tenu de l'émanciper et perd tout droit à sa succession. Constantin décide que le père, qui tue son fils, subira la même peine que le fils qui tue son père et l'enfant exposé passera sous la puissance de celui qui le recueille. Dioclétien défend au père, même réduit à la misère, de vendre son enfant; Constantin le lui permet, mais seulement s'il s'agit de nouveaux-nés, que le père conserve d'ailleurs le droit de reprendre en indemnisant l'acquéreur. — La misère ayant fait encore violer la loi, Valentinien décide que les enfants, qui auraient été vendus, recouvreront leur qualité d'*ingénus*. — Justinien supprime le droit d'*abandon noxal*, mais il conserve au père, en cas d'extrême misère, le droit de vendre ses enfants qui *viennent de naître*, en réservant au père et à tout le monde le droit de libérer l'enfant en indemnisant l'acheteur.

SUR LES BIENS. A l'origine, sous la République, le fils est traité comme un esclave : il peut acquérir par les modes permis aux citoyens romains *sui juris*, mais l'acquisition profite toujours au père; il pouvait avoir un pécule, mais ce pécule était toujours à la disposition du père. — Sous l'Empire ces principes changent et le fils peut, dans certains cas, être propriétaire ou créancier pour son propre compte, et posséder un véritable patrimoine. (V. L. II. Droits réels : Capacité d'acquérir.)

Remarque : Le fils de famille s'oblige valablement, par ses délits et même ses contrats, mais sans que son obligation puisse, en principe, réfléchir contre son père.

§ 2. — Sur qui s'exerce la puissance paternelle.

Le citoyen romain exerce la puissance paternelle : 1° sur les enfants issus de son mariage légitime (ex justis nuptiis); 2° sur les enfants légitimés; 3° sur les enfants adoptés. Le *fils* de famille *ex justis nuptiis*, adopté ou légitimé, n'a pas la puissance paternelle sur ses propres enfants; ces derniers sont sous la puissance de leur aïeul, car les *sui juris* seuls sont aptes à l'exercer. — C'est la descendance mâle qui forme le lien; d'où résulte que les petits-enfants sont sous la puissance du père de leur père, et n'appartiennent en rien à la famille civile de leur aïeul maternel. (Voir, de plus, sur ces liens de famille, aux successions *ab intestat* : les *héritiers siens*, les *agnats*, les *cognats*).

Il faut maintenant étudier : 1° le MARIAGE, 2° la LÉGITIMATION, 3° l'ADOPTION.

Fils de famille issus ex justis nuptiis. — DU MARIAGE :

DÉFINITION. *Nuptiæ sunt* CONJUNCTIO *maris et feminæ*, CONSORTIUM OMNIS VITÆ, *divini et humani juris communicatio.* — L'idée fondamentale du mariage est donc la *communauté d'existence*; c'est une condition d'égalité, car la femme partage le rang, la condition sociale de son mari, et même, sous le paganisme, elle adopte ses dieux domestiques.

ÉLÉMENT CONSTITUTIF. L'*élément constitutif* du mariage est la volonté, chez deux personnes de *sexe différent*, de vivre ensemble comme mari et femme ; cette volonté *doit être réalisée* par un commencement d'exécution. Cette dernière proposition paraît contraire à la règle : « *nuptias non concubitus* SED CONSENSUS *facit*... » Malgré cette règle (qui pourrait d'abord s'expliquer en ce sens, parfaitement exact, que le *concubitus seul* ne peut produire le mariage), il y a des arguments probants qui montrent que le consentement *seul* ne suffit pas; mais ce n'est pas à dire que la *cohabitation* proprement-dite soit indispensable :

1er argument. VIR ABSENS *uxorem ducere potest*; FEMINA ABSENS *nubere non potest*... La cohabitation n'est donc pas nécessaire, mais le consentement ne suffit pas non plus. Il faut un élément matériel, qui est *la présence de la femme au domicile conjugal avec* POSSIBILITÉ *de cohabitation.*

2e argument. Il ne peut y avoir concubinat *solo consensu* (Les textes le montrent formellement). Si donc le mariage pouvait avoir lieu *solo consensu*, on n'aurait pas manqué de noter une différence aussi importante.

3e argument. Le mariage est rompu par la *captivité* du mari, *alors même* que les deux conjoints auraient la *volonté* (consensus) de rester mariés, et que la femme continuerait à habiter le domicile conjugal. Pour que le mariage subsistât, il faudrait donc, avec le *consentement*, non-seulement la présence de la femme au domicile conjugal, mais encore la *possibilité de cohabitation*. Or, comment admettre que le *consentement* seul, incapable de maintenir un état de chose préexistant, ait le pouvoir de le créer ?

Caractère et preuve du mariage. — Le mariage est un contrat purement civil; il n'y a pas de *célébration* du mariage jusqu'à Léon le Philosophe qui exige une cérémonie religieuse. (Nov. 89, de Léon). Il ne pouvait donc y avoir qu'une *présomption de mariage*, dérivant des circonstances. Ainsi on suppose que le mariage existe entre deux personnes *honnêtes* qui *vivent en commun*. — Justinien, (nov. 74), exige, pour les *personnes illustres*, la rédaction d'*instrumenta dotalia*; pour les personnes de condition moyenne, une déclaration devant le *defensor ecclesiæ*, qui en dresse un acte en présence de trois témoins. (Cette seconde disposition est supprimée par la nov. 117).

CONDITIONS PARTICULIÈRES. Les textes mentionnent trois conditions particulières du mariage : la *puberté*; le *consentement de certaines personnes*; le *connubium*. Ils en oublient une essentielle : que les conjoints ne soient pas déjà engagés dans les liens du mariage (bigamie).

PUBERTÉ. L'homme doit être pubère et la femme *viripotens*. (Même condition pour sortir de tutelle et tester). Autrefois, pour les hommes certainement, et peut-être pour les filles) il n'y avait pas d'âge fixe d'où résultât la preuve de cette première condition ; tout dépendait du développement physique solennellement constaté (fête des *liberalia* — 17 mars. — Toge virile). De bonne heure la femme fut considérée comme viripotens, à douze ans, et Justinien décide que l'homme sera réputé pubère à quatorze ans. Pas de mariage sans cette condition. Cependant, s'il y a eu antérieurement *volonté* et *cohabitation*, l'état de mariage légal commencera aussitôt l'âge accompli, mais sans effet rétroactif.

CONSENTEMENT. Le premier consentement exigé, est celui des *futurs conjoints*, qu'ils soient *sui* ou *alieni juris*. Le fou, ne pouvant consentir, ne peut se marier. — (Le consentement du père ne saurait remplacer celui de l'enfant; bien plus, le père ne pourrait contraindre la volonté de son fils ou de sa fille; le patron même ne pourrait épouser son affranchie, *invitam* (malgré elle), que s'il l'avait affranchie spécialement dans cette intention).

Le consentement des futurs conjoints ne suffit pas s'ils sont en puissance; dans ce cas, ils doivent obtenir le consentement du *père de famille*.

Si le futur conjoint a encore son aïeul, père de famille, et son père Secundus : le consentement du grand-père suffit pour la fille; mais pour le *fils* le consentement de l'aïeul doit être complété par celui du père Secundus, pour obéir au principe *nemini invito heres suus agnascitur*. En effet, l'aïeul venant à mourir, Secundus acquerra la puissance sur son fils, et aussi sur les enfants de son fils; il est donc convenable que le père soit intervenu dans le mariage qui a produit ces petits-enfants qui tombent sous sa puissance, et seront peut-être ses *héritiers siens*. (Voir *Adoption* — *Succession ab intestat*). Le consentement du père devait même être, dans l'ancien droit, donné pour le *mariage* DU FILS, d'une façon expresse. Plus tard le consentement tacite suffit pour le fils comme pour la fille.

L'homme et la femme *sui juris*, si jeunes qu'ils soient, n'ont le consentement de personne à demander. Sous le Bas-Empire seulement la fille mineure de vingt-cinq ans doit avoir le consentement du père; à défaut du père, celui de la mère et des proches parents; enfin, à défaut de père et de mère, si elle n'ose choisir entre les prétendants honorables qui se présentent, c'est le juge qui choisira *coram propinquis*.

EXCEPTIONS À LA NÉCESSITÉ D'OBTENIR LE CONSENTEMENT DU PÈRE DE FAMILLE.

1° Si le père *refuse systématiquement* son consentement, la loi Julia permet à l'enfant de s'en passer avec l'intervention du magistrat, qui peut même forcer le père à constituer une dot.

2° Un père *furiosus* ne peut consentir; toutefois l'*ancien droit* autorisait déjà la fille à se passer du consentement paternel, mais refusait cette faculté au fils, par suite de la règle: *nemini invito heres suus agnascitur.* Ensuite *Marc-Aurèle* assimila le fils à la fille, lorsque le père était *mente captus*; car dans ce cas on ne pouvait espérer qu'un intervalle lucide permît d'obtenir le consentement. Enfin Justinien supprime toute distinction et permet au fils comme à la fille de se passer du consentement du père, *furiosus* ou *mente captus*, et, dans ce cas, c'est le curateur du père qui constitue la dot.

3° *Le père est captif* chez l'ennemi ou *disparu*. En principe, le mariage des enfants ne serait pas possible; mais les jurisconsultes admettent ces enfants à se marier sans un consentement qu'il est matériellement ou légalement impossible d'obtenir. Il en résulte que le père revenant, les mariages contractés par ses enfants, demeureront valables, malgré l'effet du *postliminium*. — (Les compilateurs de Justinien ont ajouté que cette faculté n'était concédée aux enfants qu'après trois ans écoulés depuis la capture ou la disparition du père.)

Remarque : — Si en dehors de ces cas spéciaux, le mariage a été contracté en fait, sans le consentement du père, il est absolument nul; toutefois il deviendra valable, *mais seulement pour l'avenir*, soit à la mort du père, soit au moment où il donne son consentement. — Concluons qu'il ne peut jamais y avoir de mariage valable sans le consentement du père, sauf les cas spéciaux signalés plus haut.

(Un texte de Paul (Sentences, L. II, T. XIX, § 2) *paraît* contredire ce principe, et admettre que l'absence de consentement forme un empêchement prohibitif et non dirimant. Mais il est impossible de concevoir une pareille idée en droit romain, — sans compter les textes formels qui disent le contraire. Il faut comprendre, dans le texte de Paul, que la volonté du père est nécessaire pour que le mariage soit contracté, mais qu'*elle ne suffit pas* pour *dissoudre* un mariage valablement contracté).

Connubium. (Voir le t. suivant.)

Dissolution du mariage. — Appendice. (Voir le t. 10.)

PERSONNES ALIENI JURIS. — FILS DE FAMILLE. — *Enfants issus ex justis nuptiis (Suite).*

Fils de famille issus ex justis nuptiis (Suite). DU MARIAGE :

Définition / Élément constitutif } Du mariage. } (Voir le tableau précédent).

CONDITIONS PARTICULIÈRES DU MARIAGE.

Puberté / Consentement } (Voir le tableau précédent).

CONNUBIUM

La capacité, résultant de la *puberté* et du *consentement*, est ABSOLUE. Le *connubium* est la capacité RELATIVE de s'unir à telle ou telle personne. Ainsi, un citoyen romain, qui a la capacité absolue de se marier, ne peut néanmoins épouser sa sœur, parce qu'il n'y a pas *connubium* entre frère et sœur. Les empêchements au mariage se rangent en 3 classes : 1° la parenté; 2° l'alliance; 3° certaines considérations civiles ou politiques. — Les deux premières classes ont seules une grande importance pratique.

Notions générales sur la parenté et l'alliance; ligne, degré. I. La PARENTÉ est *civile* ou *naturelle*. — La *première*, appelée *agnatio*, résulte du lien civil de puissance paternelle; elle unit tous ceux qui sont, ont été, ou auraient été, s'ils étaient nés plus tôt : les posthumes), sous la puissance paternelle d'un même auteur commun. Ce lien *civil* existe sans considération des liens du sang, par exemple, entre deux personnes adoptées par un même *paterfamilias*. *La seconde* ou parenté *naturelle*, dite *cognatio*, unit tous ceux qui descendent l'un de l'autre ou d'une souche commune. — Ces deux parentés peuvent se cumuler et deux personnes peuvent être : agnats seulement, (l'adoptant et l'adopté) ; cognats seulement (frères utérins, ou même consanguins, si l'un d'eux est passé sous la puissance d'un autre paterfamilias) ; enfin : agnats et cognats, (frères consanguins, *ex justis nuptiis* et restés en puissance). — II. L'ALLIANCE est un lien qui existe entre un conjoint et les parents de l'autre conjoint, et même entre les parents d'un conjoint et les parents de l'autre conjoint.

Le DEGRÉ de *parenté* ou d'*alliance* se mesure d'une façon identique. On distingue d'abord : 1° la ligne *directe*, ou série des parents qui descendent l'un de l'autre (père et fils); 2° la ligne *collatérale*, ou série des parents qui descendent d'un auteur commun, sans descendre eux-mêmes les uns des autres (frères, cousins, etc.). — En *ligne directe* on compte les degrés de parenté par le nombre des générations. (Le grand-père et le petit-fils sont au second degré); — en *ligne collatérale* : chacun des parents descend de l'auteur commun par une ligne directe *particulière* dont on compte les degrés ; l'addition de ces deux nombres indique la distance entre les collatéraux. (Ainsi l'oncle et le neveu, l'un au 1er degré de l'auteur commun et l'autre au 2e, sont parents entre eux au 3e degré).

PARENTÉ.

En ligne directe, la parenté est *toujours* un obstacle au mariage, même si elle n'a existé que par un lien civil qui s'est rompu.

En ligne collatérale, la parenté est un empêchement, s'il n'y a pas *au moins* deux degrés entre chacun des futurs conjoints et l'auteur commun.

(Pour que le mariage soit permis, il faut qu'il y ait quatre degrés au moins, mais répartis en *deux* degrés *de chaque côté* ; aussi un oncle ne pourrait épouser son arrière-petite-nièce quoiqu'ils soient au 4e degré. En effet celui qui touche immédiatement à l'auteur commun, représente cet auteur commun (*loco parentis habetur*), pour tous ceux qui en descendent).

L'obstacle résultant de la parenté collatérale surgit ou cesse avec le *lien civil* qui créait cette parenté.

Ainsi, le mariage est certainement prohibé entre frères et sœurs, même simplement agnats; de sorte que, si je veux adopter mon gendre, je dois préalablement émanciper ma fille; (et si je ne le fais pas, le mariage est dissous de plein droit); mais par contre, deux personnes devenues frère et sœur, par l'effet d'une adoption, (lien civil), peuvent se marier si l'une d'elles est émancipée. — Il faut bien examiner si un *lien civil* existe réellement : ainsi, tout en étant l'agnat d'une femme, je pourrai épouser ses enfants, qui, étant dans la famille de leur père, ne sont pas mes agnats. — C'est ainsi que je puis épouser : 1° la fille de ma sœur adoptive ou de mon frère adoptif, si cette fille, conçue avant l'adoption, est restée sous la puissance de son aïeul; 2° la fille adoptive de mon aïeul maternel; 3° la sœur utérine de mon père adoptif; 4° enfin mon *amita adoptiva*, si toutefois, dans ce dernier cas, le lien est rompu.

Oncles, tantes, neveux, nièces. En dehors des exemples précédents, où il n'y a pas de lien *réel* civil ou naturel d'oncle et tante, à neveu et nièce, l'ancien droit défendait le mariage entre tante et neveu, oncle et nièce. La première prohibition n'a jamais varié : *amitam* (tante paternelle) *vel materteram* (tante maternelle) *uxorem ducere non licet*. — Quant à la seconde, on établit une distinction sous l'empire : Claude voulant épouser sa nièce Agrippine, fit décider que l'oncle pourrait épouser la fille *de son frère* (ce qui était son cas), *mais non* la fille de sa sœur. En 342, Constance supprime cette bizarre distinction et revient à l'ancienne prohibition générale.

ALLIANCE.

En ligne directe.

(*Remarque préliminaire* : l'alliance ne produit empêchement entre un conjoint et les parents de l'autre conjoint, *que lorsqu'elle a cessé d'exister* ; tant que le mariage subsiste, l'affinité qui en résulte ne peut rien ajouter à l'impossibilité absolue où est chacun des époux de se marier avec une autre personne, ce qui constituerait la *bigamie*).

Il n'y a pas *connubium* entre les alliés en ligne directe: *Quia loco parentum liberorumque habentur*. On ne peut épouser : *au premier degré :* la fille de sa première femme *(privigna)*; sa bru (*nurus*); la mère de sa femme (*socrus*); ou sa marâtre (*noverca*); et, *au second degré* : la grand-mère ou la petite-fille de sa femme ; la femme de son grand-père ou de son petit-fils.

(Dans ces exemples on suppose un homme en présence *de ses alliées* ; il en serait de même pour une femme dans ses rapports avec ses alliés mâles).

En ligne collatérale, le mariage entre beaux-frères et belles-sœurs est prohibé, mais seulement depuis les empereurs chrétiens. Il est bien entendu permis entre les enfants d'un premier lit de deux personnes remariées l'une avec l'autre, alors même que de cette union seraient nés des enfants, frères utérins des enfants de leur mère, et frères consanguins des enfants de leur père.

Par un motif de décence publique, quoiqu'il n'y ait ni parenté, ni alliance, civile ou naturelle, je ne puis épouser : 1° la fille que ma femme aurait eue après notre divorce ; 2° la fiancée de mon père ou de mon fils, (et réciproquement).

OBSERVATIONS COMMUNES DE L'ALLIANCE A LA PARENTÉ.

Peu importe que la parenté ou l'alliance soit le résultat de *justes noces*, d'un *concubinatus*, d'un *contubernium*, ou même d'une union passagère ; en effet: *in conjunctionibus non solum quid liceat considerandum est sed et quid honestum*.

La **sanction** de ces règles est : *d'abord* la NULLITÉ du mariage, avec toutes ses conséquences ; puis la PEINE DE L'INCESTE.

LA PEINE est : 1° *pécuniaire*, perte de tous les avantages dotaux, et, sous Justinien, confiscation générale; 2° *corporelle ;* — dans le principe, déportation ou relégation; sous Justinien, dégradation militaire, s'il y a lieu, *exil*, et dans la nov. 84, peine de mort.

On distingue d'ailleurs l'*inceste du droit des gens*, (entre ascendants et descendants, parents ou alliés), et l'inceste du droit civil (entre collatéraux). Le premier, commis *ouvertement* ou *en secret*, est également puni dans la personne de l'homme et de la femme; le second est excusé en partie s'il a été *secret*, et *la femme* n'est jamais punie.

EMPÊCHEMENTS CIVILS ET POLITIQUES, ETC.

1° *Prohibition du mariage entre patriciens et plébéiens* (L. des XII T.). — Disposition supprimée par la loi *Canuleia* (310 de R.).

2° — — *entre ingénus et affranchis*. Supprimée par les lois Julia et Papia Poppæa, qui maintiennent cependant la défense faite : 1° aux ingénus d'épouser des femmes de mauvaise vie, comédiennes, etc ; 2° et aux sénateurs, leurs enfants et descendants *mâles*, d'épouser des affranchis (Ces prohibitions supprimées, à leur tour, par Justinien qui avait épousé une comédienne, mais qui exige un *instrumentum dotale* pour que le mariage soit valable.)

3° — — *entre le tuteur, le curateur ou leur fils*, et *la pupille* qui n'a pas 26 ans accomplis ; (disposition protectrice sanctionnée par l'infamie et la nullité, frappant seulement le mari et non la femme).

4° — — *entre un magistrat provincial* ou *son fils* et *une femme de la province*, sous la sanction de nullité ; toutefois, l'accord persévérant, le mariage vaudra *post depositum officium*).

5° — — *entre membres de religions différentes* : Théodose va jusqu'à punir du *crimen adulterii* le mariage avec des Juifs. (Supprimée par Justinien).

6° — — *entre un barbare et un sujet de Rome;* Valentinien (355) punit les contrevenants, de la peine de mort; Justinien supprime la pénalité, mais laisse subsister la prohibition.

7° — — *entre la femme adultère et son complice;* mais cette prohibition n'a plus guère d'intérêt quand l'adultère, sous Constantin, est puni de mort.

8° — — *entre le ravisseur et la femme enlevée.*

N.-B. Les unions, contractées au mépris des lois Julia et Papia Poppæa, étaient valables, mais dénuées de certains effets des *justes noces*.

Dissolution du mariage. — Appendice. — (Voir le tableau 10).

PERSONNES ALIENI JURIS. — FILS DE FAMILLE. — *Enfants issus ex justis nuptiis (fin).* — *Enfants légitimés.*

Fils de famille issus DU MARIAGE : ex justis nuptiis (fin).

Définition / Elément constitutif / Conditions particulières — Du mariage (t. 8 et 9).

DISSOLUTION DU MARIAGE.

Dirimitur matrimonium *divortio, morte, captivitate* utriusque eorum.

La mort. — La veuve ne peut se remarier que *dix mois* après la mort du mari ; on évite ainsi la *turbatio sanguinis*, c'est-à-dire l'incertitude de savoir si un enfant, né quelques mois après la dissolution du premier mariage, est du premier mari ou du second. Aussi, sans attendre les dix mois, la femme peut se remarier, dès que son accouchement supprime toute incertitude pour l'avenir. — Le mariage contracté au mépris de cette disposition est valable, mais l'*infamie* frappe les époux, s'ils sont *sui juris*, et les pères de famille qui ont autorisé le mariage, si les époux sont *alieni juris*. (Le délai de viduité est porté à douze mois par Gratien, Valentinien et Théodose).

La captivité. — Si la servitude est ineffaçable, le mariage est dissous et, sans aucun doute, l'autre conjoint peut se remarier. Mais s'il s'agit du cas de captivité *apud hostes* (dont les effets peuvent disparaître, en général, même rétroactivement, par le bénéfice du *postliminium*), il faut distinguer deux époques : dans le principe, le conjoint pouvait se remarier, et le privilège du *postliminium* n'avait aucune influence sur ce point spécial ; sous le Bas-Empire, le conjoint ne peut convoler en secondes noces, aussi longtemps que la mort du captif n'est pas prouvée.

Le divorce. — Admis par Romulus, appliqué probablement, pour la première fois, vers 520 de Rome, le divorce devient très-fréquent vers la fin de la République. — Il est de principe qu'un conjoint (sauf des questions d'indemnité à régler), peut toujours répudier l'autre ; (exceptionnellement l'*ancilla affranchie* par son maître *pour être épousée par lui*, ne peut le répudier contre sa volonté). — La loi Julia *de adulteriis*, prescrit des formalités : sept témoins, citoyens romains et pubères, et un acte appelé *libellus repudii*. — Autrefois le père de famille pouvait, par sa seule volonté, répudier le conjoint de son enfant fils de famille ; (abrogé par Antonin-le-Pieux et Marc-Aurèle).

— *Le divorce sans cause légitime* expose celui, qui l'a provoqué, à certaines peines pécuniaires ; et, en outre, une constitution de Constantin, le condamne à un célibat perpétuel.

(La femme qui a répudié son mari, même pour cause légitime, ne peut, d'après une Const. de Théodose et Valentinien, se remarier avant le délai d'un an, *ne quis de prole dubitet.*)

Analogies. — Un ingénu (ou ses enfants) a épousé une *affranchie*, depuis la loi Julia et Papia Poppœa, et il devient sénateur ; son mariage (ou celui de ses enfants) est immédiatement rompu. De même un père de famille adopte son gendre ou sa belle-fille, sans avoir émancipé au préalable sa fille ou son fils ; le mariage est dissous, car le *connubium* cesse d'exister entre les deux conjoints devenus désormais frère et sœur.

APPENDICE. *Concubinatus*, etc., etc.

Concubinat. — (Supprimé par Léon VI, le philosophe). C'est une union qui, s'appuyant sur des affections sérieuses, offre par sa permanence un certain caractère de moralité qui la distingue du **stuprum** (union passagère). — Les enfants nés du *concubinatus*, sont appelés *naturales liberi*, ont un père reconnu et peuvent être légitimés par mariage subséquent ; les enfants nés du *stuprum* sont *spurii, vulgo quæsiti*, sans père reconnu. — Le *concubinatus* cesse, comme il naît, par la simple volonté des parties.

Contubernium. — C'est l'union des esclaves, ou d'une personne libre avec une personne esclave. Il ne crée ni parenté ni alliance civile ; il ne devient un obstacle au mariage qu'après l'affranchissement.

Mariage du droit des gens. — Un romain peut épouser une latine ou une pérégrine. Cette union est intermédiaire entre les justes noces et le concubinat. I. Elle est SUPÉRIEURE *au concubinat*. Ainsi : 1° Le mari a contre sa femme coupable une action en adultère qu'il peut exercer sans craindre de se voir écarter par les fins de non-recevoir qu'on pourrait opposer à un accusateur *extraneus* ; (il ne jouit pas cependant du délai de soixante jours pendant lequel le mari, *in justis nuptiis*, peut seul intenter l'action) ; 2° la femme peut se constituer une dot, et les enfants ne sont pas *naturels*. II. Elle est INFÉRIEURE aux *justes noces*, car la femme ne prend pas la condition, ni le domicile du mari, qui de son côté n'acquiert pas la puissance paternelle sur ses enfants. (Ces distinctions ont peu d'intérêt, quand Caracalla eût accordé la cité à tous ses sujets).

ENFANTS LÉGITIMÉS.

Il y a *légitimation* quand un père acquiert la puissance paternelle sur un enfant conçu *hors mariage*.

Dans l'ancien droit. — On acquérait déjà la puissance paternelle sur les enfants nés en dehors du mariage, par la *causæ probatio*, l'*erroris causæ probatio* (V. T. 5), et par la déclaration du prince.

(Ce dernier mode pour le cas où un pérégrin acquiert la cité avec ses enfants ou sa femme enceinte).

Sous Justinien. — Il y a quatre modes de légitimation :

1° OBLATION A LA CURIE.

Dans chaque ville, les membres de *la curie* étaient soumis à des charges fort lourdes. Ils devaient, sous leur responsabilité, faire rentrer les impôts, ils étaient soumis aux contributions extraordinaires, etc., etc. ; aussi beaucoup s'efforçaient-ils de se dérober à ce coûteux honneur. Pour recruter la *curie* et combler les vides produits par la désertion, une constitution de Théodose et Valentinien (442) permet au père de légitimer son enfant, en l'offrant à la curie, dont cet enfant fera désormais partie. — **Restriction :** Le père ne pouvait se servir de ce mode de légitimation, qu'autant qu'il n'avait pas de postérité légitime. — Cette restriction fut supprimée par Justinien.

Cette légitimation ne produit de lien qu'entre le père et le légitimé ; celui-ci reste étranger à la famille de son père ; s'il se trouve avoir des frères légitimes, il aura la part de l'enfant le moins prenant.

La fille naturelle est légitimée, si on la marie à un décurion.

2° MARIAGE SUBSÉQUENT.

Ce mode introduit par Constantin, favorisé transitoirement par Zénon, et définitivement par Anastase, prend un caractère de permanence sous Justinien. Il est soumis à ces conditions : 1° que l'enfant soit né du concubinat ; 2° que le mariage fût possible au moment de la conception ; 3° que le père n'eût pas de descendance légitime (supprimée par Justinien) ; 4° que la mère soit ingénue ; mais Justinien étend le bénéfice à l'affranchie et même à l'*esclave* ; 5° qu'il y ait un *instrumentum dotale*, formalité qui indique la transition du concubinat aux *justæ nuptiæ* ; (Point spécial qui est une dérogation à la règle : qu'il devait y avoir *connubium* au moment de la conception.) 6° que l'enfant, qu'on veut légitimer, y consente, ou tout au moins qu'il ne s'y oppose pas.

Ce mode de légitimation a les effets les plus étendus ; l'enfant légitimé, considéré absolument comme un légitime, devient le parent de la famille de son père, ce qui n'avait pas lieu dans la légitimation par oblation à la curie.

3° RESCRIT DU PRINCE. — Ce mode introduit par Justinien (nov. 74), est soumis à deux conditions : 1° absence d'enfant légitime ; 2° impossibilité d'épouser la mère de ses enfants naturels, soit par suite de la mort ou de la disparition de la concubine, soit par toute autre raison valable.

4° TESTAMENT. — Le père n'a laissé que des enfants naturels, et son testament exprime le désir de les légitimer. Ces enfants pourront eux-mêmes solliciter de l'empereur la légitimation qui les rendra habiles à succéder à leur père. (Nov. 74).

Remarque : Autrefois le père pouvait rendre *suus* un enfant naturel en l'adrogeant. Justin supprime cette faculté, et Justinien confirme cette prohibition.

PERSONNES ALIENI JURIS. — FILS DE FAMILLE. — *Enfants adoptés.*

L'adoption est un acte solennel, qui, faisant tomber un citoyen sous la puissance d'un autre, crée entre eux un lien civil aussi fort que le lien formé par la procréation naturelle *ex justis nuptiis.* — L'adoption est très-fréquente en droit romain : elle continue le nom et les *sacra privata* qui s'éteindraient faute d'héritiers.

Il y a deux espèces d'adoption : l'ADOPTION PROPREMENT DITE et l'ADROGATION.
(Le mot adrogatio vient de ce qu'on interroge (*rogatur*) pour demander leur assentiment, celui qui veut adroger, celui qu'on veut adroger, et enfin le peuple représenté dans la suite par 30 licteurs).

ENFANTS ADOPTÉS.

Différences entre l'adoption proprement dite et l'adrogation.

QUANT AUX FORMES.

L'ADOPTION PROPREMENT DITE (qui s'applique seulement aux personnes *alieni juris*) comprenait deux éléments : une vente solennelle (mancipatio) et une cession en justice (in jure cessio).

I. La *mancipation* a pour objet de dissoudre la puissance paternelle, et la *cessio in jure* de la reconstituer au profit de l'adoptant. — A l'égard d'un fils la mancipation doit être répétée 3 fois ; et, à l'égard d'une fille ou d'un petit-fils, une seule fois (L. des XII T.). Après une première vente faite par le père naturel, le fils, affranchi par l'acheteur, retombe sous la puissance du père naturel ; même résultat après une seconde vente suivie d'un nouvel affranchissement. Une troisième vente met fin à la puissance paternelle ; mais l'acheteur, au lieu d'affranchir le fils qui deviendrait *sui juris*, le remancipe au père naturel, et par suite le fils se trouve *in mancipio*.

On sait que s'il s'agit d'une fille ou d'un petit-fils, une seule mancipation, suivie d'un affranchissement et d'une rémancipation, suffit pour arriver au même point.

II. Pour la *cessio in jure*, les opérations précédentes étant terminées, on va devant le magistrat qui, en de telles causes, fait acte de juridiction gracieuse : l'adoptant revendique l'enfant comme son fils, ce que consacre le magistrat, devant la non-opposition du père naturel investi *du mancipium.* (Le magistrat ne fait pas d'enquête comme dans l'adrogation).

Sous Justinien. — La *mancipation* et la *cessio in jure* ont disparu. L'adoption s'opère *imperio magistratus*. Les parties comparaissent devant le magistrat, lequel constate l'intention des parties dans un acte qui constitue l'adoption.

L'ADROGATION, qui s'applique aux *sui juris* (lesquels disparaissent en tant que chefs de famille, en même temps que leurs sacrifices propres et leurs dieux domestiques, pour s'absorber dans une autre famille), intéresse l'Etat et la religion ; cette circonstance nécessite des formes plus solennelles, que l'adoption qui n'intéresse que la famille.

Première époque. — L'adrogation doit être approuvée par les pontifes, *après une enquête*, et sanctionnée par une loi curiate. — *Deuxième époque.* De bonne heure, en ce qui concerne la loi curiate, les curies sont remplacées par trente licteurs, dont la présence tient lieu de l'assentiment du peuple. — *Troisième époque.* Probablement à partir de Dioclétien, le simulacre même d'une loi curiate est supprimé, et l'adrogation se fait par un rescrit du prince. Elle peut dès lors s'appliquer dans les provinces. — Remarquons que l'on pouvait adroger *par testament*, avec l'intervention *posthume* d'une loi curiate ou d'un rescrit.

QUANT AUX EFFETS.

Dans l'ancien droit l'adoptant acquiert la puissance paternelle sur la personne seule de l'adopté, qui laisse dans sa famille naturelle ses biens et ses enfants nés ou conçus. — L'adrogeant au contraire acquiert les biens de l'adrogé et la puissance paternelle sur l'adrogé et *sur ses enfants* en puissance ou conçus.

Sous Justinien. — L'*adrogation* reste à peu près la même, si ce n'est que l'adrogeant n'acquiert qu'un droit d'usufruit sur les biens de l'adrogé, la nue-propriété restant à ce dernier (Inst. § 1 et 2. L. III, t. X.).

L'*Adoption* au contraire est profondément modifiée, par des considérations d'équité, que voici : Dans le droit primitif, l'enfant donné en adoption perd tous ses droits d'agnation dans sa famille naturelle, et par suite tout droit à la succession de son père naturel ; dès lors, si plus tard l'adopté est renvoyé par émancipation de sa famille adoptive, ou déshérité par son père adoptif, il n'appartient plus à aucune famille, et a perdu sans compensation les droits d'hérédité qu'il eût conservés sans l'adoption. Pour remédier à cet état de choses, Justinien décide que l'adopté reste dans sa famille naturelle, et ne fait qu'acquérir un droit à la succession *ab intestat* de l'adoptant.

Exception : L'ancienne règle subsiste néanmoins, si l'adoptant est un ascendant de l'adopté ; en effet, les sentiments affectueux d'un ascendant, enlèvent la crainte de voir l'enfant adopté lésé par une émancipation ; et, d'un autre côté, si cet ascendant est un ascendant paternel, l'enfant ne perd pas ses droits à la succession de son père naturel, dont il continue à être l'agnat.

Remarque : Si le petit-fils *ex filio* est donné en adoption à un étranger, son état reste en suspens jusqu'à la mort de l'aïeul. A ce moment, si son père est encore en puissance, l'adopté passe définitivement dans la famille adoptive, car primé par son père, il n'a aucun droit à conserver dans la succession de son aïeul. — Si, au contraire, le père est sorti de la puissance de l'aïeul, l'adopté est réputé être resté dans sa famille naturelle, conformément à l'innovation Justinienne.

QUANT AUX PERSONNES (adrogation des impubères).

L'adoption s'applique aux *alieni juris*, l'adrogation aux *sui juris*. — Peuvent être adrogées, en général, toutes les personnes qui, si elles étaient *alieni juris*, pourraient être adoptées. Cependant, ne peuvent être adrogés :

1° **Le mineur de XXV ans**, par celui qui a été son tuteur ou son curateur (L. 17. pr. D. de adop. L. VII), à moins que le pupille ne soit le *privignus* du tuteur (décision de Titus Antonin) ;

2° **Les femmes.** — La forme primitive de l'adrogation rendait impossible celle des femmes, qui ne pouvaient paraître devant le peuple assemblé dans ses comices. (Gaïus, C. I, § 101). Cet empêchement disparaît avec la forme primitive d'adrogation.

3° **Adrogation des impubères.** — D'abord absolument défendue (parce qu'il ne peut entrer dans l'office du tuteur d'aider son pupille à devenir *alieni juris*), l'adrogation des impubères est permise par Antonin, mais avec des conditions tutélaires et notamment une enquête tout spécialement scrupuleuse. — Si cette enquête est favorable, l'adrogation est permise, mais l'adrogeant est tenu : **A.** — de restituer à l'adrogé tous ses biens, s'il l'émancipe même *cum justa causa.* **B.** — de lui restituer, s'il l'émancipe sans juste cause, ou l'exhérède (avec ou sans juste cause) non seulement tous les biens qui lui sont arrivés par le fait de l'adrogation, mais encore le quart des biens qu'il laissera à sa mort. Naturellement cette part, appelée QUARTE ANTONINE, ne peut jamais être réclamée qu'après la mort de l'adrogeant ; mais, à ce moment, elle peut l'être par l'adrogé *ou* ses ayants cause. **C.** — de restituer, si le pupille meurt avant l'âge de puberté, tous les biens de l'adrogé, à ceux qui seraient ses héritiers naturels, si l'adrogation n'avait pas eu lieu. — Ces diverses obligations de l'adrogeant sont garanties par un engagement pris, dans l'ancien droit, envers un *servus publicus*, et sous Justinien, envers un *tabularius*, tabellion, qui remplace le *servus publicus*. — On employait le *servus publicus*, *utilitatis causa*; car, réputé appartenir en commun à tous les citoyens romains, la stipulation faite par lui, pourra être invoquée par les futurs héritiers de l'adrogé, héritiers qui, au moment de la stipulation, n'étaient pas connus, et ne pouvaient stipuler eux-mêmes. **D.** — L'adrogeant doit enfin fournir une caution (*satisdatio*) qui garantisse les engagements précédents. —

Sous Justinien, l'adrogeant n'acquiert que la jouissance des biens de l'adrogé ; dès lors les engagements de l'adrogeant se bornent à garantir : 1° qu'il ne gardera pas l'usufruit après la mort de l'impubère ; 2° que, s'il se trouve appelé comme *pater* à la succession *ab intestat* de l'adrogé, il ne la gardera pas au détriment de ceux qui y auraient été appelés sans l'adrogation. — Dans tous les cas, si l'impubère arrive à la puberté, sans réclamer, il retombe dans le droit commun. Toutefois, s'il a à se plaindre de l'adrogation il pourrait encore demander la *restitutio in integrum*, qui est accordée aux mineurs de XXV ans.

Ressemblances.

1° L'adopté-adrogé prend le nom de l'adoptant, en y ajoutant le sien sous forme d'adjectif. 2° On finit par admettre que l'adoptant doit avoir la « pubertas plena » ou 18 ans de plus que l'adopté. 3° Je puis adopter quelqu'un *quasi filium*, ou *quasi nepotem*, alors même que je n'aurais pas d'enfants ; je ne puis pas adopter quelqu'un quasi nepotem ex Sempronio, (c'est-à-dire, comme devant être considéré comme le fils de mon fils *Sempronius*) sans l'assentiment de ce dernier, par suite de la règle : nemini invito heres suus agnascitur. 4° La puissance paternelle n'appartenant qu'aux *hommes*, et parmi les hommes aux individus capables d'engendrer, la femme et le castrat ne peuvent adopter, jusqu'à l'empereur Léon, qui le leur permet, mais seulement de façon à créer au profit de l'adopté, un droit à la succession *ab intestat* de l'adoptant. 5° L'adoptant, acquérant la puissance paternelle, peut, comme le père naturel, donner à son tour en adoption l'enfant qu'il a adopté ou adrogé. Toutefois, depuis les innovations de Justinien, en ce qui concerne l'adoption proprement dite, l'adoptant *extraneus* n'acquérant pas la puissance, ne peut la transmettre par adoption ou autrement.

PERSONNES ALIENI JURIS. — FILS DE FAMILLE. *Comment finit la puissance paternelle.*

§ 3. — Comment finit la puissance paternelle.

La puissance paternelle est éteinte par les sept événements suivants :

1° LA MORT. Soit du fils, soit du père. La mort du père de famille ne libère de la puissance paternelle que ceux qui sont immédiatement sous sa puissance, comme ses fils, filles, petits-enfants dont le père serait mort ou sorti préalablement de la famille ; s'il y a un intermédiaire, par exemple, un père, qui se trouve avec son propre fils sous la puissance de l'aïeul, la mort de ce dernier rend le fils *sui juris*, mais le petit-fils passe sous la puissance de son père.

2° PERTE DE LA CITÉ.

La puissance paternelle, étant exclusivement de droit civil, sera dissoute si le père ou le fils perd la cité. — La perte de la cité est la conséquence : 1° De l'*interdiction de l'eau et du feu*, peine très-ancienne ; 2° de la *déportation*, qui remplace peu à peu la précédente ; 3° d'une troisième peine, ainsi mentionnée dans Marcien : quidam απολιδες sunt, hoc est *sine civitate*, ut sunt in opus publicum perpetuo dati, et in insulam deportati.

Celui qui a perdu la cité et la puissance paternelle, par suite d'une condamnation, peut obtenir de l'Empereur une *restitutio in integrum*, ou *per omnia*, qui lui rend sa dignité, son rang, ses biens et sa puissance paternelle.
(Si *cette restitution* n'était que *pure et simple* et non *entière*, le déporté ne recouvrerait pas la puissance paternelle).

La *relegatio in insulam*, n'entraine ni la perte de la cité, ni celle de la puissance paternelle.

3° PERTE DE LA LIBERTÉ. A plus forte raison, la puissance paternelle est rompue par la perte de *la liberté* qui résulte : 1° Dans l'ancien droit, des condamnations *ad bestias*, *ad metallum* ou *in opus metalli* : (ces condamnations, sous Justinien, cessent de produire l'esclavage, et par suite très-probablement la perte de la puissance paternelle) ; 2° de la captivité, *apud hostes*, du père (ou du fils). On sait d'ailleurs, qu'en vertu du bénéfice du *postliminium*, si le captif parvient à s'échapper, il est réputé *avoir dormi* depuis sa capture ; sa délivrance produit un effet rétroactif au jour où il a été fait prisonnier et dès lors il recouvre en fait une puissance qu'en droit il est réputé n'avoir pas perdu.

Remarque : Pendant la captivité du père, l'état des enfants reste en suspens : 1° s'il revient il recouvrera la puissance sur les enfants qu'il avait (nés ou conçus) au moment de sa capture (et même sur l'enfant conçu et né pendant sa captivité, *si la cohabitation est restée possible* avec sa femme) ; 2° s'il meurt dans les fers, d'après la fiction de la loi Cornelia, les enfants seront réputés avoir été *sui juris*, *exinde ex quo captus est pater*.

4° Obtention DE CERTAINES DIGNITÉS. Dans l'ancien droit, les dignités de flamine, de vestale, de consul, etc. ; sous Justinien, celle de patrice seulement, puis à partir de la novelle 87, celles de consul, préfet du prétoire, maître de cavalerie, questeur du palais, évêque, rendent *sui juris* les personnes qui en sont investies.

5° ÉMANCIPATION.

L'émancipation est un acte par lequel le père de famille abdique sa puissance paternelle sur un de ses enfants. Le paterfamilias, qui a sous sa puissance des enfants et des petits-enfants, peut les émanciper tous, ou les uns indépendamment des autres, sans que pour émanciper un petit-fils, il ait besoin de l'assentiment du père de ce petit-fils.

L'émancipation peut être rescindée pour cause d'ingratitude (Théodose et Valentinien. — 368).

En principe, le fils ne peut forcer le père à l'émanciper. Toutefois : 1° l'*adopté* mineur de XXV ans peut demander la *restitutio in integrum* ; 2° d'un autre côté, les Empereurs ordonnent l'émancipation de l'enfant maltraité par son père (Trajan), ou des filles que leur père veut prostituer (Théodose et Valentinien). Le consentement au moins tacite de l'enfant, que l'on veut émanciper, est toujours nécessaire.

Formes de l'émancipation. — I. Dans l'ancien droit. Les formes de l'émancipation ressemblent à celles de l'adoption ; le père éteint sa puissance par trois ventes ou une seule suivant les cas (trois pour les fils, une pour les filles et petits-enfants), et l'enfant se trouve *in mancipio* de l'acheteur. Ici deux alternatives : Si l'ami, qui intervient comme acheteur, affranchit l'enfant, il aura sur lui les droits de patron, tutelle et hérédité ab intestat ; si au contraire, on désire, comme c'est naturel, conserver au *pater naturalis* les droits de patron sur l'enfant émancipé, l'acheteur, au lieu d'affranchir lui même après la dernière vente, remancipe l'enfant au père, qui alors l'affranchit, et consomme ainsi l'émancipation sans perdre les droits du patronage, ce qui a une grande importance, notamment au point de vue de la tutelle et de la succession *ab intestat*. — Si le père avait oublié le *contrat du fiducie*, par lequel l'acheteur s'est obligé de lui remanciper l'enfant, il obtiendrait du préteur, en cas de mort intestat de son enfant affranchi, la *bonorum possessio unde decem personæ*. II. En 503, l'empereur *Anastase* (d'où émancip. Anastasienne), décide que le père pourra émanciper ses enfants *même absents* (ce qui ne se pouvait pas dans la forme précédente), par un *rescrit du prince* insinué près du juge compétent. Il faut d'ailleurs le consentement de celui qu'on veut émanciper, à moins qu'il ne soit *infans*. III. Justinien innove en décidant que, tout en laissant subsister l'émancip. Anastasienne, on pourra se borner à une simple déclaration devant le magistrat qui prend acte du consentement des parties. — Dans ce cas, le *contrat de fiducie* est toujours supposé au profit du père émancipateur.

6° ADOPTION. Le père qui donne un de ses enfants en adoption, perd naturellement la puissance sur cet enfant, au moins dans l'ancien droit ; en effet, sous Justinien, il la conserve, à moins que l'adoptant ne soit un ascendant. — Le *sui juris* qui, ayant des enfants, se donne en adrogation, perd sur ses enfants la puissance paternelle immédiate, qui passe à l'adrogeant. (V. T. 11).

OBSERVATION COMMUNE A L'ADOPTION ET A L'ÉMANCIPATION. Comment régler le sort des enfants de celui qui se donne en adoption ou est émancipé ? S'ils sont conçus au moment de l'adoption ou de l'émancipation, ils restent sous la puissance du père de famille primitif. S'ils sont conçus depuis, ils naissent sous la puissance de l'adoptant ou de l'émancipé. (Dans l'ancien droit, l'enfant qui naissait dans un des intervalles, souvent considérables, qui séparaient les ventes successives de leur père, tombaient sous la puissance *de leur aïeul*, s'ils étaient conçus avant la troisième mancipatio ; quant à l'enfant conçu après la troisième mancipation, mais avant l'affranchissement ou la *cessio in jure*, et qui devrait naître *in mancipio* d'après la rigueur des principes, son état sera en suspens tant que son père sera *in mancipio* ; mais il tombera immédiatement après l'affranchissement ou la *cessio in jure*, sous la puissance paternelle de l'émancipé, ou sous celle de l'adoptant.

7° COEMPTIO. — La fille qui passe *in manum mariti* (voir le tab. suiv.) sort bien entendu de la puissance de son père.

N.-B. — L'enfant, qui cesse d'être en puissance, reste l'agnat des agnats de son père, quand la rupture du lien paternel a lieu par la mort, la privation des droits de cité, la perte de la liberté *du père*, ou par l'obtention de certaines dignités par *le fils*. — Il perd son agnation, quand la puissance paternelle est dissoute par une autre cause.

PERSONNES ALIENI JURIS (*fin*). — FEMME IN MANU. — PERSONNE IN MANCIPIO.

ARTICLE III. — **Femme** *in manu*.

Cette puissance spéciale est modelée sur la puissance paternelle, et exercée sur *les femmes* seules. Elle peut être constituée *matrimonii causa* ou *fiduciæ causa*. — Dans l'un comme dans l'autre cas, la femme ne peut tomber *in manum*, qu'avec le consentement de son père, si elle est *alieni juris* ; avec l'*auctoritas tutoris* si elle est *sui juris*.

§ 1er. — De la *manus* établie *matrimonii causa*.

Dans ce premier cas la *manus* appartient au mari ; la femme entre ainsi dans la famille de ce dernier en devenant pour lui *loco filiæ*, ce qui lui donne tous les droits d'un enfant.— Remarquons que la *manus* n'est pas une conséquence nécessaire du mariage, quoiqu'elle l'accompagne habituellement.

La *manus* s'acquiert de trois manières :

1° *USUS*. — La femme qui est restée un an entier dans la maison conjugale *sans la quitter plus de trois nuits*, tombe *in manum mariti*. Il n'y avait pas *usus*, si une absence de trois nuits hors du domicile conjugal venait interrompre cette véritable *usucapion* de la femme. Celle-ci en découchant trois nuits chaque année, avait donc un moyen de ne pas tomber *in manum*. Ces règles étaient, déjà au temps de Gaïus, tombées en désuétude.

2° *CONFARREATIO*. — C'est une cérémonie dans laquelle intervient un gâteau de farine (*farreus*); elle n'était, paraît-il, accessible qu'aux patriciens, et les enfants issus de mariages ainsi contractés pouvaient seuls être flamines de Jupiter. Déjà du temps de Gaïus, la *confarreatio* ne produisait plus la *manus*.

3° *COEMPTIO*. — La *coemptio* est une vente fictive, devant cinq témoins et un *libripens* (porte-balance), dans laquelle la femme est venderesse autant qu'objet vendu, et passe sous la puissance du *coemptionator*, mais sans tomber *in servili causa*. — La *coemptio* est faite valablement par la *filiafamilias*, avec l'autorisation de son père, et par la femme en tutelle, *tutoribus auctoribus*.

Observation. — Tandis que le fils de famille ne peut exiger son émancipation, la femme *in manu* trouve dans le divorce un moyen de forcer son mari à l'affranchir de la *manus* ; ce résultat s'obtient par la *diffareatio* quand la *manus* a été constituée par la *confarreatio*, ou bien par une mancipation suivie d'un affranchissement, si elle a été constituée par *coemptio* ou par *usus*.

Suppression de la manus. — A la fin de la République, la manus avait presqu'entièrement disparu. La femme mariée conserve ses droits dans la famille de son père; par contre elle reste une ETRANGERE, au point de vue civil, pour son mari et ses enfants; le préteur adoucit cette situation rigoureuse par les *bonorum possessiones unde vir et uxor* et *unde cognati* ; l'adoucissement augmente avec les SC. Tertullien et Orphitien (V. suc. ab intestat), et ce système protecteur de la femme est complété par l'*action rei uxoriæ*.

§ 2. — De la *manus* établie *fiduciæ causa*.

Ce genre de *manus* ne s'établit *que* par *coemptio* sur une femme *sui juris*, au profit d'un *tiers* (coemptionator), qui s'engage à restituer à la femme ses biens, à l'affranchir, ou à la remanciper aussitôt à un autre tiers, qui l'affranchira *vindicta*, en vertu d'un contrat de fiducie. Ce n'est qu'un moyen détourné d'obtenir les trois résultats suivants :

1 *Sacrorum interimendorum causa*. — Une femme appelée à une hérédité, pour éviter la charge des *sacra* du défunt, fait *coemptio* avec un vieillard ; celui-ci ordonne à la femme de faire addition, et devient ainsi héritier en même temps que chargé des sacra ; puis le coemptionator, après avoir affranchi la femme de la *manus*, lui restitue les biens de l'hérédité, moins les *sacra* qui sont éteints quand il meurt.

2° *Testamenti faciendi gratia*. — Anciennement aucune femme (sauf les vestales), ne pouvait tester sans avoir subi une *capitis deminutio*. La femme, pour acquérir cette capacité, fait coemptio avec un tiers qui l'affranchit aussitôt (Cet usage est supprimé par Adrien.).

3° *Tutelæ evitandæ causa*. — La femme qui n'est pas sous la tutelle légitime des agnats ou du patron, peut changer de tuteur à son gré, de la façon suivante: elle fait, *tutore auctore*, coemptio avec un tiers qui la remancipe à l'homme qu'elle veut avoir pour tuteur. Cet homme l'affranchit aussitôt et devient son tuteur en qualité de patron.

— Ces applications de la coemptio disparaissent avec les règles qu'elles avaient pour but d'éluder, c'est-à-dire avec les *sacra*, la tutelle des femmes et l'incapacité de tester pour les femmes non *capite minutæ*.

ARTICLE IV. — **Personne** *in mancipio*.

Comme la manus ressemble à la patria potestas, le *mancipium* ressemble à la *dominica potestas* ; car il est la puissance exercée par un homme libre sur une personne libre qui lui a été mancipée par le père de famille (ou par le *coemptionator* s'il s'agit d'une femme *in manu*).

Le mancipium intervient: 1° comme condition de forme dans l'émancipation, l'adoption, la libération de la femme in manu; 2° comme consécration de l'abandon noxal (par la personne investie de la puissance paternelle ou de la *manus*), des personnes in *patria p.* ou *in manu* poursuivies pour un fait délictueux ; 3° *Très-exceptionnellement* comme vente de l'enfant par des parents dans la misère. (V. Fils de famille, § 1, *sur la personne*).

L'individu in mancipio est :

Loco servi	Mais non *servus*.
A ce titre :	Il en résulte que :
1° Il est tenu de travailler pour le compte de l'acquéreur.	1° L'individu investi du mancipium ne peut injurier la personne in mancipio sans être tenue de l'action *injuriarum*.
2° Il acquiert pour le compte de l'acquéreur.	2° N'étant pas un objet de possession véritable, on conteste qu'il puisse acquérir *la possession* à son maître.
3° Il ne devient sui juris que par l'affranchissement.	3° Affranchi, il recouvre ses droits politiques et d'ingénuité, sauf les droits de tutelle et successoraux du manumissor. (Cet affranchissement n'est pas soumis aux règles restrictives: sur l'âge du maître ou de l'esclave, de la loi Furia Caninia, et sur l'affranchissement fait in fraudem creditorum). Il peut exiger son affranchissement, à moins que l'acquéreur ne fût convenu de le remanciper au père, ou que la mancipation ne résulte d'un délit. Même dans ce dernier cas, il pourra réclamer son affranchissement, dès que son travail, etc., aura réparé le dommage causé par son délit.
4° Cet affranchissement confère au manumissor les droits d'un patron.	4° Enfin la mancipatio ne produit que la *maxima capitis deminutio*, ce qui, entre autres conséquences, laisse subsister le mariage. Mais *quid* quant aux enfants de l'individu in mancipio? S'ils sont conçus avant la troisième mancipation, ils naissent sous la puissance de leur grand-père. — S'ils sont conçus après la troisième mancipation, la pratique admettait que leur situation était *in pendenti* : Leur père mourait-il in mancipio? ils devenaient *sui juris* ; était-il affranchi? ils tombaient sous sa puissance.
5° La personne investie du mancipium ne peut tester en faveur de l'individu in mancipio, sans lui laisser la liberté, ce qui en fait un héritier nécessaire.	

PERSONNES SUI JURIS. — CAPABLES. INCAPABLES. — *Tutelle.* — Tutelle testamentaire.

CHAPITRE II. — SUI JURIS.

TABLEAU D'ENSEMBLE DES Sui juris.

ARTICLE Ier. — **Sui juris** CAPABLES. — Sont capables toutes les personnes qui ne sont pas incapables. — Il n'y a pas de développement à donner sur ce point.

ARTICLE II. **Sui juris** INCAPABLES.

- § 1er. TUTELLE.
  - Tutelle en général.
  - Comment sont désignés les tuteurs : Tutelle : testamentaire, des agnats, du patron, des ascendants, fiduciaire, déférée par le magistrat.
  - Fonctions du tuteur.
  - Comment finit la tutelle.
  - Tutelle des femmes.
- § 2. CURATELLE.
  - Des *prodigi* et *furiosi*, etc.
  - Des mineurs de XXV ans.
  - Des pupilles.
- § 3. RÈGLES communes à la TUTELLE ET A LA CURATELLE.
  - I, II, III, IV, V.
  - VI. Garanties accordées aux personnes en tutelle ou en curatelle.
  - VII. Excuses dispensant de la tutelle. — Incapacité. — Exclusion. — Tuteurs suspects.

ARTICLE II. — Sui juris Incapables.

§ 1er. — Tutelle.

TUTELLE EN GÉNÉRAL.

Tutela est *vis ac potestas in capite libero, ad tuendum* eum qui *propter ætatem* se defendere nequit, *jure civili data ac permissa.* — Dans cette définition, empruntée à Servius, il y a plusieurs expressions à noter : 1° *Vis ac potestas* exprime l'espèce de subordination à laquelle est soumis le pupille dans ses rapports avec son tuteur. Mais cette autorité de tuteur est *ad tuendum*; c'est donc la pensée de protection qui domine ; 2° *in capite libero*, veut dire, soit que le tuteur doit être libre, soit que la tutelle ne peut exister que sur une personne libre. 3° *Jure civili data ac permissa ;* ceci comprend la tutelle *légitime*, déférée directement par la loi et la tutelle *testamentaire* donnée par le testateur, en vertu de la *permission* que la loi civile lui confère. 4° Enfin les compilateurs ont supprimé l'expression *vel propter sexum* qui se trouvait jointe, dans le texte primitif, aux mots *propter ætatem*, et qui appliquait alors la définition aussi bien à la *tutelle des femmes* qu'à celle des impubères.

(La tutelle des femmes a disparu sous Justinien (T. 17). Aussi les Institutes définissent le *pupille* : ... *qui, cum impubes sit,* desiit in patris potestate esse aut morte aut emancipatione).

Il y a trois classes générales de tutelles : 1° La tutelle *testamentaire ;* 2° la tutelle *légitime* déférée directement par la loi aux agnats, au patron, aux ascendants, au fils de l'émancipateur (Tut. fiduciaire) ; 3° la tutelle *dative*, ou déférée par le magistrat.

COMMENT SONT DÉSIGNÉS LES TUTEURS — TUTELLE TESTAMENTAIRE

La tutelle testamentaire est préférée à toute autre ; aussi ce n'est qu'à son défaut qu'on a recours aux autres tutelles. En principe le droit de donner un tuteur est une prérogative de la puissance paternelle, d'où résulte que les femmes ne peuvent désigner de tuteur à leurs enfants.

(N. B. Rien n'empêche de donner à un seul pupille plusieurs tuteurs ; mais à condition qu'ils aient identiquement la même mission ; autrement on violerait la règle : *tutor personæ non rei datur.* (Voir plus loin : fonctions du tuteur).

***Par qui* ET *à qui* UN TUTEUR TESTAMENTAIRE PEUT-IL ÊTRE DONNÉ ?**

Le père de famille peut, dans son testament, donner un tuteur à ses enfants ou petits-enfants, qui deviendront SUI JURIS par sa mort.

(Un père ne pourrait donc nommer de tuteur à ses filles passées *in manum mariti*, à ses petits-enfants *ex filiabus*, ou aux petits-enfants *ex filio*, qui, au lieu de devenir *sui juris*, à la mort de l'aïeul, ne feront que passer sous la puissance paternelle de leur père resté jusque là en puissance avec eux, mais qui seul deviendra *sui juris*).

La *datio tutoris*, accordée au père, remonte à la loi des XII Tables ; mais dans le texte « *Uti pater legassit super pecunia tutelave, ita jus esto,* » il faut remplacer la disjonctive *ve* par la conjonctive *que ;* il n'y a pas en effet de nomination de tuteur sans institution d'héritier.

Le père de famille peut également nommer un tuteur : 1° à *la femme in manu* (de lui-même ou de son fils), laquelle est *loco filiæ* ou *loco neptis.*

(De plus le mari peut donner à sa femme l'*optio tutoris plena* ou *angusta.* (V. T. 17. Tutelle des femmes).

2° Au *posthume* conçu, à la condition que, s'il était né du vivant du testateur, il aurait été sous sa puissance immédiate.

(Cette décision est remarquable, parce qu'il est de principe qu'on ne peut insérer dans un testament une disposition quelconque, qu'autant qu'elle intéresse une personne *certaine*).

La nomination d'un tuteur à un enfant EMANCIPÉ ou *sui juris*, est nulle en principe ; mais 1° faite par l'*émancipateur*, elle *devra* être confirmée par le magistrat *omni modo, id est sine inquisitione* (sans enquête). 2° faite par le père naturel, ou même par la mère (ce qui est une dérogation aux principes fondamentaux de la tutelle), elle *pourra* être confirmée, mais seulement *cum inquisitione*, et si le testateur a laissé quelque chose à l'enfant. 3° Faite par un *extraneus*, elle sera confirmée si, aux deux conditions du 2°, s'ajoute cette circonstance que l'enfant n'a pas d'autres biens que ceux qui lui sont laissés par le testateur.

FORMES.

La volonté du testateur doit être exprimée en termes *impératifs*, dans un *testament* valable, ou, plus tard, dans un codicille confirmé par le testament.

Les Proculiens et les Sabiniens discutaient si la nomination du tuteur, faite dans le testament avant l'*heredis institutio*, était ou non valable.

(On verra en effet que, dans la rigueur des principes, toute disposition écrite avant l'institution d'héritier est nulle).

Justinien déclare avec les Proculiens, valables, non-seulement la nomination d'un tuteur, mais aussi les legs et affranchissements écrits avant l'hér. inst.

La volonté du testateur doit être non équivoque ; pas de question si le testateur a désigné nommément l'enfant auquel il veut donner un tuteur. Mais s'il s'est servi d'un *terme général* il y a quelques règles d'interprétation :

Les mots *fils* ou *filles* comprennent les posthumes, mais non les petits-enfants.

Le mot *liberi* comprend les enfants et les petits-enfants ; le mot *posthumi* comprend les petits-enfants aussi bien que l'enfant posthume.

QUI PEUT ÊTRE NOMMÉ TUTEUR ?

On applique la règle qu'une disposition testamentaire n'est valable, qu'autant qu'elle concerne une personne avec laquelle le testateur avait la *factio testamenti ;* cette première règle exclut tout d'abord le pérégrin, le déditice, le déporté, la personne incertaine.

Parmi les personnes qui ont la *factio testamenti*, il en est qui ne peuvent être investies de la tutelle ; par exemple le Latin-Junien et la femme.— Cependant, quant à cette dernière, les premiers principes furent modifiés. D'abord elle put être exceptionnellement, par une décision de l'empereur, relevée de cette incapacité en ce qui concerne la tutelle de ses enfants. Puis Théodore et Valentinien décident que la mère sera, sur sa demande, tutrice de ses enfants, si elle prend l'engagement de ne pas se remarier. Enfin Justinien appelle de plein droit à la tutelle, la grand-mère ou la mère, d'après l'ordre de succession, si elles renoncent à se remarier et à invoquer le Sen.-C. Velleien.

Un FURIOSUS ne peut être tuteur, tant que dure son état ; cependant, sous Justinien, d'après Paul et Ulpien, la nomination n'est pas nulle, mais on sous-entend la condition : *cum furere desierit.*

Il en est de même du MINEUR DE XXV ans, qui, sous Justinien, ne peut exercer la tutelle ; on sous-entend la condition : *cum major factus erit.* Toutefois, si le pupille doit arriver à la puberté, avant que le tuteur nommé n'atteigne XXV ans, la nomination est nulle.

ESCLAVE NOMMÉ TUTEUR.

Deux hypothèses :

L'esclave appartient au testateur. — I. Pas de difficulté si le testateur donne la liberté à l'esclave qu'il nomme tuteur. — II. Mais s'il n'a pas donné la liberté? Dans l'ancien droit, quelques jurisconsultes admettaient qu'il y avait là une *libertas fideicommissaria*, et les Institutes sous-entendent formellement la volonté d'affranchir. — III. Si le testateur a nommé son esclave, *cum liber erit* (pour le temps où il sera libre), la nomination est nulle, car une telle disposition n'indique pas, chez le testateur une volonté arrêtée ni même un désir suffisant.

Le tuteur nommé est un servus alienus. — I. Si le testateur a ajouté la clause *cum liber erit*, ou s'il a chargé quelqu'un d'acheter l'esclave et de l'affranchir, la nomination est valable. — II. Si au contraire le *servus alienus* est nommé purement ? 1° Le testateur l'a-t-il nommé ignorant sa qualité d'esclave, la nomination est nulle ; 2° Le testateur a-t-il connu cette qualité d'esclave ? A. Ulpien sous-entend la condition *cum liber erit*, et même la *libertas fideicommissaria*, opinion qui est consacrée par Valérien et Gallien ; B. mais Justinien déclare nulle une telle nomination.

Modalités (T. 13).

Tutelle des agnats, — du patron, — des ascendants, — fiduciaire, — déférée par le magistrat (T. 15).

Fonctions du tuteur (T. 16).

Comment finit la tutelle (T. 17).

Tutelle des femmes (T. 17).

PERSONNES SUI JURIS. — INCAPABLES. — *Tutelle.* — Tutelle testamentaire *(fin)*. — Tutelle des agnats, etc.

Tutelle en général.

COMMENT SONT DÉSIGNÉS LES TUTEURS.

TUTELLE TESTAMENTAIRE *(fin)*

A qui et par qui la tutelle testamentaire peut-elle être donnée? } (T. 14).
Formes. } (T. 14).
Qui peut être nommé tuteur.

MODALITÉS.

On peut nommer un tuteur en spécifiant qu'il n'entrera en fonctions qu'à partir de telle époque (ex die) ou de l'arrivée de telle condition (sub conditione); et en sens inverse, que la tutelle commencera de suite, mais qu'elle prendra fin à telle époque (ad diem), ou à l'arrivée de telle condition (usque ad certam conditionem). — Pour régler la situation du pupille pendant la période dans laquelle (par suite des diverses modalités insérées dans le testament), il n'y a pas lieu à la tutelle testamentaire, on pose le principe : il n'y a pas lieu à la tutelle *légitime*, (c'est-à-dire : déférée par la loi), aussi longtemps qu'on peut espérer un tuteur testamentaire. — Il en résulte que la tutelle des agnats cédera le pas à la tutelle déférée par le magistrat : 1° S'il a été nommé un tuteur testamentaire *sub conditione* ou *ex die*, bien que la condition soit encore en suspens ou le terme non arrivé; 2° et par analogie, si le tuteur testamentaire est fou ou captif apud hostes. (V. d'autres cas : *tutelle légitime des agnats*).

La condition peut être *potestative* de la part du tuteur, ce qui lui permet de refuser la tutelle sans avoir besoin d'excuses.

Observation. — Certæ rei vel causæ tutor dari non potest quia *personæ datur*. — Ceci veut dire que le tuteur a pour mission (non pas, comme on pourrait le croire, *de prendre soin de la personne* du pupille, car ce soin est le plus souvent confié à d'autres qu'au tuteur), mais *de compléter la personnalité juridique* du pupille par l'*auctoritatis interpositio*. (V. plus loin : Fonctions du tuteur). Si donc le testateur a nommé un tuteur *certæ rei vel causæ*, TOTA *datio nihil valebit* : la nomination est absolument nulle.

(Par exception, si le pupille a des biens trop éloignés les uns des autres pour être administrés par un seul tuteur, on pourra nommer un tuteur pour chacun de ces différents centres d'intérêts).

TUTELLE LÉGITIME DES AGNATS.

Il y a tutelle *légitime*, quand c'est la loi elle-même qui indique celui qui doit être tuteur. — Tel est le caractère de la *tutelle des agnats*.

Le pupille, qui n'a pas de tuteur testamentaire, a pour tuteur son plus proche agnat, *proximus agnatus*, qui d'après la loi des XII tables, est l'héritier présomptif du pupille et qui a, par conséquent, un intérêt direct à ne pas laisser gaspiller une fortune à laquelle il peut être appelé. On formule ce principe en ces termes : *Ubi emolumentum successionis, ibi tutelæ onus*. Néanmoins, malgré cette corrélation, l'*agnate* qui vient à la succession, ne vient pas à la tutelle, laquelle n'appartient jamais qu'aux agnats *mâles*.

On verra aux *hérédités ab intestat*, ce qu'on entend par AGNATS; mais on sait déjà que l'*agnatio* se lie étroitement à la *potestas patria*. Ainsi : sont agnats entre eux, tous ceux : 1° qui ont été sous la puissance paternelle du même chef de famille (sans en sortir par émancipation ou dation en adoption); 2° ou qui auraient été sous cette puissance s'ils fussent nés plus tôt. Le lien civil appelé *potestas patria* est la seule base de l'*agnatio*, laquelle ne dépend en rien des liens du sang.

Quand y a-t-il tutelle des agnats? — 1° S'il n'y a pas eu de testament ou de tutelle donnée dans le testament; 2° si, avant ou après la mort du testateur, tous les tuteurs, même après leur entrée en fonctions, sont morts ou sont devenus incapables; 3° si la condition suspensive apposée à la nomination du tuteur est défaillie; 4° si la nomination a été faite *ad diem* ou *ad conditionem*, et que le *terme* ou la *condition* soit arrivé.

Quand n'y a-t-il pas tutelle des agnats? — Nous avons vu plus haut (*modalités*) deux cas dans lesquels la nomination testamentaire, bien qu'elle puisse se réduire à une simple expectative, frappe la famille de déchéance et confie le soin des enfants à la sollicitude du magistrat. Il faut ajouter à ces deux cas trois nouvelles hypothèses; ainsi la tutelle *des agnats* s'effacera encore devant la tutelle *dative* : 1° Si la succession n'est encore ni acceptée ni répudiée; 2° si de plusieurs tuteurs testamentaires l'un ou quelques-uns seulement sont morts ou devenus incapables, ont été destitués ou se sont excusés; 3° et (par une décision du Sénat, prise dans un sens de réaction contre la tutelle des agnats), si *le* tuteur ou *tous les* tuteurs sont excusés ou destitués, mais *non s'ils sont morts*, ce qui est une bizarrerie.

Tutelle légitime sur les femmes. — La loi des XII T. confiait aux agnats la tutelle des femmes. Cette disposition fut abrogée par la loi Claudia. Celle-ci, à son tour, qui avait été interprétée comme supprimant la tutelle des agnats même sur les *jeunes filles impubères*, fut abrogée par Constantin. (V. plus loin : *tutelle des femmes*).

La tutelle appartient, comme la succession, au plus proche agnat, ou simultanément à tous les agnats du même et plus proche degré. — En cas de mort ou de *capitis deminutio* (V. à la fin des Personnes) du ou des plus proches agnats, la tutelle, avec l'espoir de la succession, passe aux agnats du degré subséquent.

(Cette dévolution aux agnats du degré subséquent n'aurait pas lieu, si le ou les agnats primitivement investis, étaient excusés, destitués, ou tombaient au pouvoir de l'ennemi; en effet, dans ces trois cas, tout en perdant la tutelle, les premiers agnats conservent la succession (ou pour le captif l'espoir d'y arriver par l'effet du *postliminium*); or, on sait que (sauf le cas d'une femme agnate), les agnats ne puisent leur vocation à la tutelle que dans la vocation à l'hérédité).

A défaut d'agnats. — Il est probable que la loi des XII T. déférait la tutelle aux *gentiles*, car c'est à eux que, dans l'espèce, appartient 1° l'hérédité, 2° la *potestas in furioso pecuniave ejus*.

Rupture de l'agnation. — La rupture de l'agnation, qui, entre autres conséquences, met fin à la tutelle de l'agnat, se produit par des événements divers compris sous le titre de *capitis deminutio*. Justinien enclave cette importante théorie dans l'exposé de la tutelle dont elle n'est qu'un incident. Il sera plus rationnel de l'étudier *à la fin des Personnes*.

TUTELLE LÉGITIME DU PATRON.

Cette tutelle, quoique non formellement établie par la loi des XII T., est appelée *légitime*; en effet elle dérive immédiatement de la loi des XII T. qui appelait le patron et ses descendants même exhérédés à l'hérédité légitime de l'affranchi; or : *ubi emolumentum successionis, ibi onus tutelæ*.

Par suite de cette corrélation, la tutelle appartient, comme pour les agnats, à ceux-là même qui sont ou seraient appelés à l'hérédité.

Ainsi : 1° S'il y a plusieurs patrons, la tutelle leur est commune; 2° l'un des patrons meurt, ou bien perd la liberté ou la cité, ses enfants ne lui succèderont pas dans la tutelle; 3° si le patron unique ou tous les patrons communs meurent ou deviennent incapables, la tutelle est dévolue *aux plus proches* descendants, de telle sorte que le fils d'un patron excluera le petit-fils de l'autre; 4° si le patron est excusé ou destitué (ce qui ne lui fait pas perdre le droit à la succession de l'affranchi), la tutelle ne passe pas à ses descendants.

Par exception à la règle *ubi emolumentum*... 1° Une femme affranchit son esclave : elle sera appelée à son hérédité, mais n'aura pas la tutelle; 2° il en est de même de la fille à laquelle son père a assigné un affranchi; 3° une femme a été co-propriétaire d'un esclave aujourd'hui affranchi; le fils du patron prédécédé aura seul la tutelle; 3° le propriétaire *bonitaire*, qui affranchit son esclave, a droit à son hérédité; mais la tutelle appartient au détenteur du *nudum jus*.

Par contre : Un homme chargé d'affranchir son esclave, en vertu d'un fideicommis, a cherché à éluder cette obligation; il aura la tutelle, mais non l'hérédité.

Tutelle fiduciaire et des ASCENDANTS.

Celui qui affranchit une personne *in mancipio*, est assimilé à un patron, et aura, si l'affranchi est impubère, la tutelle de ce dernier. On appelle ce tuteur : *fiduciaire*, parce que sa vocation à l'hérédité, et par suite à la tutelle, ne résulte pas d'un texte des XII T. mais est la conséquence d'un affranchissement qui intervient ordinairement *fiduciæ causa*. **Néanmoins,** pour *honorer* le père *émancipateur* autant que le patron, on décide que, si le père a fait l'affranchissement final, il est tuteur *légitime*; mais ses descendants rentrent dans la règle et *ne* sont *que* tuteurs fiduciaires, tandis que les descendants du patron sont comme leurs ascendants, tuteurs légitimes. Dans le droit de Justinien, l'affranchissement final est toujours réputé fait par le père, et il n'est plus question de la tutelle du *manumissor extraneus* ni de ses descendants. Il n'y a plus dès lors d'autre tutelle *fiduciaire* que celle des descendants du *père émancipateur*.

(**Observation :** Justinien décide que le nouvel ordre de succession, établi dans sa novelle 118, s'applique à la tutelle. La vocation à la tutelle devrait dès lors être calquée sur la vocation à la succession. Néanmoins, cette novelle 118, qui supprime la tutelle des agnats, conserve la tutelle légitime du *pater manumissor*, et la tutelle fiduciaire de ses descendants, sur l'impubère émancipé, bien que l'espérance de la succession aille également aux cognats; mais ceux-ci n'auront aucun droit à la tutelle).

TUTELLE DÉFÉRÉE PAR LE MAGISTRAT.

Les tuteurs datifs, appelés *Atiliens* ou *Julio-Titiens*, ont été organisés 1° *à Rome*, par la loi *Atilia* qui confie leur nomination au préteur et à la majorité de dix tribuns du peuple; 2° *en province*, par la loi Julia-Titia (sous Auguste), qui confie leur nomination aux Présidents.

Ces règles de nomination furent modifiées. I. A ROME, 1° *sous Claude*, les tuteurs datifs sont nommés par les Consuls après une enquête sur leur moralité, leur capacité, leur fortune; 2° *sous Marc-Aurèle* par un *prætor tutelaris*; 3° plus tard par le préteur *tutelaris*, OU, quoique plus rarement, par le *præfectus urbi*. Ce dernier même, mais assisté de dix sénateurs et du *prætor tutelaris*, peut *seul*, à Rome, nommer des tuteurs aux enfants des *illustres* et des *clarissimi*.

II. EN PROVINCE, déjà sous Domitien, les magistrats municipaux avaient le *jus dandi tutores* sur l'ordre du président; Justinien décide ensuite que : 1° si la fortune du pupille ne dépasse pas 500 solides, le tuteur sera nommé par les *defensores civitatum*, ou les magistrats municipaux, *sine inquisitione* (sans enquête), mais *sous l'obligation*, par le tuteur, de fournir un fidejusseur; 2° si la fortune du pupille dépasse 500 solides, le tuteur sera nommé *sans caution*, mais par le Président lui-même, et *cum inquisitione*.

Doivent provoquer la nomination : La mère, les affranchis; *peuvent* la provoquer : les amis, parents, instituteurs des enfants.

Il y a lieu à la tutelle dative : 1° Si le pupille n'a pas de tuteur; 2° s'il a reçu un tuteur mais *ex conditione* ou *ex die certo*, ou si l'héritier n'a pas fait adition; 3° si le tuteur est *apud hostes*; 4° si le tuteur désigné est fou, sourd, muet, excusé, suspect; 5° si plusieurs tuteurs testamentaires ayant été nommés, il y a lieu d'en remplacer un pour une cause quelconque, ou si tous ont été écartés, excusés ou destitués; 6° enfin toutes les fois qu'il y a lieu de nommer un tuteur *certæ causæ*.

(Si la disposition testamentaire vient à défaillir, il y aurait lieu à la tutelle légitime).

Fonctions du tuteur (T. 16).
Comment finit la tutelle (T. 17).
Tutelle des femmes (T. 17).

PERSONNES SUI JURIS. — INCAPABLES. — *Tutelle.* — Fonctions du tuteur.

Tutelle en général
Comment sont désignés les tuteurs } (T. 14 et 15.)

FONCTIONS DU TUTEUR

Le tuteur, en cette seule qualité, demeure étranger à tout ce qui concerne l'éducation de l'impubère; il se contente de verser périodiquement une somme déterminée entre les mains de la personne (ordinairement parente ou alliée) désignée par le préteur ou le président de la province, en présence et sur la demande du tuteur, des parents, alliés ou amis, pour veiller à la garde, à l'entretien et à l'éducation du pupille.

Les *obligations* et *pouvoirs* du tuteur se bornent donc *au patrimoine*, de l'intégrité duquel il est responsable à partir du jour où il connaît sa qualité, ou, s'il a proposé une excuse, à partir du jour où elle est rejetée. Cette responsabilité est sanctionnée par diverses garanties : (V. *règles communes à la tutelle et à la curatelle*.

Obligations du tuteur.

L'*Administration* des biens, qui doit, non seulement *conserver intact le patrimoine* du pupille, mais encore *chercher à l'augmenter*, comprend un grand nombre d'obligations, dont voici les principales :

1° Le tuteur doit vendre au plus tôt toutes les choses appartenant au pupille; *quæ sunt periculo subjectæ*, (sujettes à dépérissement ou qui sont improductives). S'il ne le fait pas, il est responsable. Néanmoins les choses *nécessaires* au pupille doivent être conservées; de plus, à partir de Constantin, les *maisons* et les *meubles d'un certain prix* ne sauraient être vendus sans l'autorisation du magistrat.

2° Il prend possession de l'argent comptant, recouvre les créances, et doit (sous la sanction d'en payer lui-même les intérêts), placer ces fonds à intérêt ou en achat d'immeubles, dans le délai de *six mois* pour les sommes touchées au début de la tutelle, et de *deux mois* pour les autres.

3° Il doit payer les créanciers du pupille; et, s'il est lui-même créancier, il se paie de ses propres mains.

4° Il doit représenter le pupille dans les actions en justice, veiller à l'acceptation des successions avantageuses, des legs et donations entre-vifs ou *mortis causa*.

5° En principe, les frais d'entretien et d'éducation du pupille ne doivent pas excéder ses revenus. Toutefois le tuteur peut prendre sur le capital, si cela est nécessaire, pour faire vivre le pupille et lui assurer une éducation conforme à son rang.

(On sait que la dépense du pupille est déterminée, à l'ouverture de la tutelle, par le magistrat, opération qui a le double avantage pour le tuteur, 1° de lui éviter les demandes excessives de la personne chargée de la personne du pupille; 2° de ne pas voir contester comme inutiles ou exagérées, les dépenses qu'il aura faites et dont il demandera le remboursement à la fin de la tutelle).

Pouvoirs du tuteur.

Les fonctions du tuteur se présentent sous deux aspects : il administre — *negotia gerit*; — il complète la personnalité du pupille — *interponit auctoritatem*.

I. Negotia gerit. — Dans ce cas, il agit comme s'il était le véritable intéressé; c'est en sa personne que naissent les obligations actives ou passives résultant des contrats qu'il conclut.

Mais cette conséquence forcée du principe romain de non représentation, produit en pratique : 1° Une *complication*, puisqu'après être devenu, pour un fait de la tutelle, créancier ou débiteur d'un tiers, le tuteur devient en même temps débiteur ou créancier du pupille, ce qui nécessite deux actions et un double déplacement de valeurs; 2° quelquefois une *iniquité*, car dans ces rapports d'intérêts du pupille avec le tuteur, chacun d'eux est exposé à souffrir de l'insolvabilité de l'autre. — Ces inconvénients étaient si réels que pendant longtemps, le tuteur était autorisé à s'abstenir d'une administration dans laquelle il s'obligeait personnellement sans recours possible ou certain contre le pupille. Mais bientôt ce recours fut permis, et dès lors le tuteur fut responsable de son inaction. — Enfin, dès le IIe siècle, on décida qu'à la fin de la tutelle, le tuteur serait dessaisi des actions actives ou passives nées en sa personne et que ces actions vaudraient dès lors *directement*, à titre d'actions utiles, pour ou contre le pupille parvenu à la puberté.

II. Interponit auctoritatem. — Dans ce cas c'est le pupille qui intervient directement, et envers lequel naissent les actions activement ou passivement. Dès lors le tuteur, en interposant son autorité, n'engage plus sa responsabilité, et par conséquent est responsable d'avoir refusé son *auctoritas* quand elle était utile ou nécessaire.

L'*auctoritas tutoris* est un acte solennel qui doit être fait *dans certaines formes déterminées*, sous peine de nullité, et *en même temps* que l'acte principal. — Cependant s'il s'agit d'un acte où le tuteur aurait pu remplacer absolument le mineur, sa ratification postérieure validera ce qui aura été fait par le pupille seul.

La plupart des actes peuvent être faits par le tuteur comme administrateur; mais il y en a d'autres, les *legis actiones*, la *manumissio vindicta*, l'*in jure cessio*, la *mancipatio*, l'*acceptilatio*, l'*aditio* ou la *repudiatio* d'une hérédité, l'*adrogatio*, qui, à raison de leur nature, ou de certaines formalités particulières, doivent être accomplis par la partie intéressée *elle-même*, c'est-à-dire, dans l'espèce, par le pupille; le pupille capable en droit, s'il est incapable en fait, peut avoir besoin de l'*auctoritas tutoris*, et doit figurer personnellement dans l'acte, dont il réalise directement les conséquences dans sa personne.

REMARQUE : — L'*auctoritatis interpositio* constitue le caractère *distinctif* de la tutelle : Ainsi, un curateur qui remplace provisoirement un tuteur, ne fait et ne peut qu'administrer; dès lors il faudra nommer un tuteur spécial, *certæ causæ*, chaque fois qu'il s'agira d'*autoriser* le pupille dans un acte qui nécessite son fait personnel.

Capacité du pupille. — Le pupille ne peut pas toujours et à tout âge figurer en personne dans les actes qui nécessitent sa présence, même avec l'auctoritas tutoris. On distingue plusieurs périodes : 1° *Première période — Incapacité absolue ou* INFANTIA : L'*infans* (ou le pupille absent) ne peut jamais intervenir utilement dans aucun acte. Dans ce cas : 1° Le tuteur doit tout d'abord agir comme administrateur, toutes les fois que la loi le lui permet; 2° S'il s'agit d'actes que le tuteur ne peut accomplir en sa qualité d'administrateur, l'esclave du pupille, empruntant la capacité de droit de son maître, prononcera pour lui l'interrogation ou la réponse, et l'effet de l'obligation se réalisera dans la personne du pupille. (V. par quelles personnes on acquiert). 3° Enfin s'il s'agit d'actes qui ne peuvent être accomplis ni par le tuteur en sa qualité d'administrateur, ni par l'esclave, et qui exigent la participation directe du pupille? A. Dans la rigueur des principes, il y avait une impossibilité absolue à les accomplir. B Mais bientôt on admit successivement certains tempéraments, en créant des moyens détournés d'arriver au résultat définitif, puis en donnant au tuteur une capacité exceptionnelle. C'est ainsi, qu'après bien d'autres procédés plus ou moins compliqués, une constitution de Théodose et Valentinien décide que le tuteur peut *accepter une hérédité* pour son pupille, tout en faisant directement supporter à ce dernier les effets juridiques de cette acceptation. De même, sous Justinien, le tuteur peut représenter le pupille dans un procès, et ce qui est jugé pour ou contre le tuteur, réfléchit directement pour ou contre le pupille.

Cette première période d'*incapacité absolue* se termine, d'après l'opinion ordinaire, à sept ans accomplis.

2° *Seconde période. — Incapacité relative.* — Après sept ans l'impubère a une demi-capacité. Il peut *toujours* agir avec l'*auctoritas*; quelquefois même il peut s'en passer. — Voici sur ce point les règles principales.

1re règle. — L'*Infans* autorisé ou non, ne peut jamais faire aucun acte juridique, même susceptible de rendre sa position meilleure.
(Cette première règle concerne la première période mais se place ici pour constituer une vue d'ensemble de la matière.)

2e règle. — Le pupille *infantiæ proximus* (1) ne peut s'obliger même ex delicto.

3e règle — Le pupille *pubertati proximus* peut s'obliger ex delicto et même il a une certaine capacité en matière d'actes juridiques. I° Il peut, *sans auctoritas*, rendre sa position meilleure, c'est-à-dire, acquérir la propriété, la possession, un droit réel quelconque, un droit de créance; cesser d'être débiteur. II° Il ne peut, *sans auctoritas*, rendre sa condition pire, c'est-à-dire aliéner, s'obliger, cesser d'être créancier, quand même ces opérations lui seraient, au fond, avantageuses. III° Si le pupille a figuré dans un contrat synallagmatique, une vente, par exemple, (Acte qui constitue en même temps la position du pupille, *pire* et *meilleure*), on distingue trois hypothèses :

1° Le contrat n'est pas exécuté? La poursuite de la partie qui a contracté avec le pupille, sera repoussée; mais, par contre, le pupille ne pourra poursuivre l'exécution sans se voir opposer son obligation naturelle qui (si elle ne peut être invoquée par voie d'action), peut l'être par voie d'exception (exception doli mali). 2° Le contrat a été exécuté? A. par le pupille? Ce dernier peut revendiquer la chose livrée, mais alors il ne pourra plus poursuivre l'autre partie; B. par l'autre contractant? Si le paiement a été fait au pupille autorisé ou devenu pubère, la vente est ratifiée et produit tous ses effets; si le paiement a été fait au pupille seul et impubère? L'autre partie pourra poursuivre le pupille *quatenus locupletior factus est*, jusqu'à concurrence de l'enrichissement réel obtenu par le pupille. 3° Le contrat a été exécuté des deux côtés sans que le pupille fût autorisé ou pubère? Le pupille pourra revendiquer, mais sera actionné pour l'enrichissement dont il aura profité.

Pluralité de tuteurs. — I° Quant à l'*administration* : 3 hypothèses. 1° Tous les tuteurs gèrent ou sont réputés gérer indivisément? Ils sont tous compétents et par suite solidairement responsables; le pupille peut poursuivre l'un d'entre eux, à son choix; mais le tuteur poursuivi peut demander la division de la poursuite entre tous les tuteurs *solvables*, ou, tout au moins, la *cession des actions* du pupille.
(Ce qui lui permettra, après avoir payé au pupille tout ce qui lui est dû, de poursuivre à son tour ses co-tuteurs pour la part qu'ils doivent supporter dans la dette par lui acquittée).

2° La gestion a été divisée par le père de famille ou le magistrat? Chaque tuteur n'est responsable que de sa gestion.

3° L'un des tuteurs gère seul en fait et en droit? Les autres (tuteurs honoraires) sont responsables et peuvent être poursuivis, mais après discussion, par le pupille, des biens du gérant.

II. Quant à *l'auctoritas*. — Le concours de tous les tuteurs est nécessaire en principe. Mais, s'ils sont testamentaires, ou nommés par le magistrat, *cum inquisitione*, l'*auctoritas* de l'un suffit.

Limites des pouvoirs du tuteur. — Le tuteur ne peut : 1° faire pour le pupille une donation entre-vifs ou *mortis causa*, ou des affranchissements (sauf les cas exceptionnels de la loi *Œlia Sentia*); 2° à partir de Septime-Sévère, aliéner ou grever de gage, d'usufruit, etc., même à titre onéreux, les *prædia rustica vel suburbana*, à moins que l'aliénation n'ait une cause nécessaire indépendante de l'initiative du tuteur.

Responsabilité du tuteur. — Tous les actes du tuteur, pour lesquels il était compétent, et qui ont été faits de bonne foi, lient le pupille, et sont inattaquables, à l'égard des tiers dont il faut assurer la sécurité. Mais le tuteur sera responsable envers le pupille, s'il lui a causé un dommage, par dol ou même par faute légère.

Remarque. — Si un tuteur a un procès avec son pupille, ou tout autre intérêt opposé à celui de son pupille, on nomme à ce dernier un curateur pour l'assister dans cette affaire, et exceptionnellement un tuteur *certæ rei*, si l'*auctoritas* est nécessaire. — C'est une application de la règle : PERSONÆ, *non* REI *vel* CAUSÆ *tutor datur*.

Comment finit la tutelle
Tutelle des femmes } (T. 17).

(1) Les enfants sortis de l'*infantia*, c'est-à-dire majeurs de sept ans, mais non encore pubères, se divisent en deux classes : 1° les *infantiæ proximi* et les *pubertati proximi*. C'est l'état intellectuel seul de l'enfant qui fait décider s'il appartient à l'une ou l'autre classe.

PERSONNES SUI JURIS. — INCAPABLES. — *Tutelle.* — Extinction de la tutelle. — Tutelle des femmes. — *Curatelle.* — Généralités.

Comment finit la tutelle.

La tutelle finit par des causes relatives, soit au pupille (ex parte pupilli), soit au tuteur (ex parte tutoris). Dans le premier cas, le pupille sortant de tutelle, celle-ci finit d'une façon *absolue;* dans le second cas, au contraire, le pupille ne fait que changer de tuteur ; la tutelle finit donc alors d'une *façon relative*... au tuteur.

EX PARTE PUPILLI. La tutelle prend fin d'une façon *absolue:*
1° Si le pupille meurt; 2° s'il atteint l'âge de la puberté; 3° s'il encourt l'esclavage *jure civili;* 4° s'il perd la cité; 5° s'il change de famille, en se donnant, par exemple, en adrogation. — (Dans l'ancien droit la tutelle de la femme prenait fin : pour l'*ingénue*, quand elle avait trois enfants; pour l'*affranchie*, quand elle en avait quatre).

EX PARTE TUTORIS. Les pouvoirs du tuteur cessent, quoique le pupille reste en tutelle :
1° Si le tuteur décède; 2° s'il devient esclave *jure civili;* 3° s'il perd la cité; 4° si le *terme* arrive ou si la *condition* se réalise dans les deux hypothèses suivantes : — A. quand il s'agit d'un tuteur testamentaire donné *usque ad certum tempus*, ou *usque ad certam conditionem;* B. quand il s'agit d'un tuteur donné par le magistrat en attendant la vocation d'un tuteur testamentaire ayant été nommé *ex die* ou *sub conditione;* 5° si le tuteur fait accepter une excuse *a suscepta tutela;* 6° s'il est destitué comme suspect; 7° Enfin (mais seulement en ce qui concerne la tutelle fiduciaire ou légitime), si le tuteur encourt la *minima capitis deminutio*. (V. t. 20.)

APPENDICE : COMPTES DE TUTELLE. Lorsqu'un tuteur est dessaisi de la tutelle, il y a lieu à des règlements de comptes réciproques, appelés *comptes de tutelle;* cette opération est garantie, tout d'abord, par deux actions : l'une au profit du pupille, pour exiger la reddition de comptes : c'est l'action *tutelæ directa ;* l'autre, au profit du tuteur, pour se faire indemniser, s'il y a lieu : c'est l'action *tutelæ contraria*.
(Cette dernière est de création prétorienne, et tout en protégeant les intérêts du tuteur, a pour conséquence d'augmenter sa responsabilité : en effet, ayant un moyen de se faire indemniser, il n'a plus de prétexte pour se dispenser d'administrer ; (V. T. 16, *pouvoirs du tuteur* ; *negotia gerit* :), et il répond de son *inaction* aussi bien que de sa mauvaise gestion).
Indépendamment de l'action *tutelæ directa*, le pupille est protégé : 1° par l'action *de distrahendis rationibus*, qui fait condamner le tuteur *au double* de la valeur qu'il aurait détournée; 2° par l'action *ex stipulatu*, contre les fidejusseurs qui ont promis *rem pupilli salvam fore ;* 3° enfin, si les précédentes n'arrivent pas à faire indemniser le pupille, par l'action *subsidiaria*, donnée contre les magistrats municipaux qui devaient, en province, recevoir les *cautions*, et qui auraient négligé de les exiger ou en auraient reçu d'insolvables. (V. t. 15, *Tutelle déférée par le magistrat*). (V. de plus T. 18, la *restitutio in integrum*).

TUTELLE DES FEMMES, SUI JURIS, NUBILES.

Dans le principe, les femmes étaient toujours en tutelle. On voulait ainsi, en enlevant à la femme sa capacité, l'empêcher de diminuer le patrimoine de la famille, par des générosités irréfléchies ; cette tutelle était donc surtout établie dans l'intérêt du tuteur.

Cette tutelle est gouvernée, en général, par les mêmes règles que la tutelle des impubères, mais avec certaines différences :

§ 1. Quant aux genres et caractères de la tutelle.

I. TUTELLE TESTAMENTAIRE. — 1° Le tuteur testamentaire peut être donné par le père de famille, mais aussi par le mari qui a la *manus* sur la femme, ou par le père de ce mari ; 2° le tuteur testamentaire peut décliner cette charge à son gré ; 3° le mari peut léguer à la femme l'*optio tutoris* (droit de choisir son tuteur) ; l'*optio* est-elle *plena?* la femme a le droit de changer de tuteur autant qu'elle le veut; est-elle *angusta?* la femme ne peut changer son tuteur que le nombre de fois fixé dans le testament. — Le tuteur ainsi choisi, s'appelle *tutor optivus*.

II. TUTELLE LÉGITIME : des agnats, pour l'*ingénue;* du patron ou de ses enfants pour l'*affranchie* — 1° Sont seules soumises à la tutelle *légitime*, les femmes qui ont recueilli l'hérédité *ab intestat* d'un ascendant, dont la mort les a rendues *sui juris*; 2° La tutelle de la femme peut appartenir à un impubère, à un muet, à un sourd ; 3° La tutelle de la femme est transmissible par *in jure cessio ;* le cessionnaire, *tutor cessitius*, venant à mourir, ou subissant une *capitis deminutio*, la tutelle retourne au cédant ; mais par contre, le cédant mourant ou *capite minutus*, le cessionnaire est dessaisi.

Sous le règne de Claude, la tutelle légitime des agnats fut supprimée et confiée à un tuteur nommé par le magistrat.

III. TUTELLE FIDUCIAIRE. — Elle appartient au *manumissor* à qui la femme avait été mancipée sous la condition d'un affranchissement postérieur. D'après Gaius, les tuteurs fiduciaires ne peuvent *céder* la tutelle ; et cela s'explique, car il ne s'agit pas d'une charge imposée aux *tuteurs fiduciaires*, ceux-ci n'étant devenus tels, que de leur plein gré.

§ 2. Quant aux pouvoirs et fonctions des tuteurs.

La femme nubile gère elle-même ses affaires ; dès lors, le tuteur n'est pas responsable du défaut de gestion, et n'est pas obligé de rendre compte. — Le tuteur ne fait que donner son *auctoritas*, qui n'est nécessaire que pour les cas suivants : 1° agir en justice dans les procès régis par le droit civil (judicium legitimum) ; 2° contracter une obligation ; 3° faire acceptilatio ; 4° aliéner une *res mancipi ;* 5° tester ; 6° se marier ; 7° se constituer une dot ; 8° faire une addition d'hérédité; 9° permettre à son affranchie de vivre en *contubernium* avec l'esclave d'un tiers. — D'un autre côté, à la différence du pupille, la femme peut 1° agir en justice dans les *judicia non legitima;* 2° recevoir un paiement valable ; 3° aliéner des *res nec mancipi*.

§ 3. Quant à l'extinction de la tutelle. — 1° Sauf le cas où la femme tombe *in manum*, la tutelle ne peut prendre fin que *a parte tutoris ;* 2° Le tuteur, nous l'avons vu, n'a pas de comptes à rendre, et n'est pas tenu de l'action *tutelæ directa*.

Disparition de la tutelle des femmes : Le tuteur n'administrant pas, et ne pouvant refuser son *auctoritas* (que le préteur le forçait à donner, quand la femme la demandait), une telle tutelle n'avait aucun effet pratique sérieux. — Les lois caducaires portent le premier coup à cette institution, en dispensant : 1° de la tutelle légitime, l'ingénue ayant trois enfants ; 2° et de la tutelle du patron et de ses enfants, l'affranchie, mère de quatre enfants. — Sous Claude, un Sénatus-Consulte supprime la tutelle des agnats ; enfin un édit de Théodose, en octroyant à toutes les femmes le *jus liberorum*, les affranchit toutes de la tutelle.

§ 2. — Curatelle.

GÉNÉRALITÉS.

La curatelle est, *comme la tutelle*, une charge publique établie pour protéger les personnes qui sont totalement ou partiellement incapables de se protéger elles-mêmes. — *Mais elle diffère de la tutelle :* 1° en ce que le curateur étant donné, non à la personne, mais aux biens, n'a pas à *interponere auctoritatem*, mais seulement à donner son *consensus ;* ce *consensus* n'est point soumis à des formes solennelles, et peut être transmis par lettre ou par intermédiaire, tandis que l'*auctoritas* exige la présence du tuteur et une formule spéciale ; de plus l'*auctoritas* doit être donnée au moment même de l'acte, tandis que le *consensus* peut intervenir postérieurement ; 2° la tutelle est générale et stable, la curatelle peut être spéciale et intermittente ; 3° la curatelle correspond, non pas à une incapacité normale, mais à une incapacité accidentelle ; 4° il n'y a pas de curatelle testamentaire ; 5° La curatelle donne naissance, en faveur de l'incapable, à une action *utilis negotiorum gestorum directa ;* et en faveur du curateur, à l'action *utilis negotiorum gestorum contraria*. (Il y a quelques autres différences peu importantes en matière d'excuses, d'incapacité, d'extinction, etc.).

Variétés de la curatelle.— Il y a deux classes de curateurs : 1° les curateurs *legitimi*, qui tiennent leur pouvoir de la loi des XII Tables; 2° les curateurs *honorarii (honoraires)*, nommés, par les magistrats compétents pour nommer les tuteurs. (Il n'y a pas de curatelle testamentaire. Toutefois si un testateur a désigné un curateur, ce dernier est confirmé par un décret du préteur ou du président de la province).

Personnes en curatelle. — Ce sont : 1° *nécessairement* les pubères *sui juris*, qui sont atteints d'aliénation mentale ou interdits comme dissipateurs ; 2° *ordinairement*, les mineurs de vingt-cinq ans ; 3° *exceptionnellement*, les pupilles.

Curatelle des fous, prodigues, etc.
— des mineurs de XXV ans.
— des pupilles.
APPENDICE : Capacité personnelle des fous, prodigues, mineurs de XXV ans ; — *In integrum restitutio*.
(T. 18).

PERSONNES SUI JURIS. — INCAPABLES. — *Curatelle :* diverses espèces de...; *In integrum restitutio.*

Généralités (T. 17).

CURATELLE DES FURIOSI, PRODIGI, etc.

Il faut remarquer tout d'abord que cette curatelle ne s'applique qu'aux *majeurs de XXV ans;* quant au pupille en démence? il a son tuteur; quant au mineur de XXV ans? *Curator ei non ut* FURIOSO *sed ut* ADOLESCENTI *dabitur*... distinction qui a pour conséquence d'exclure la tutelle légitime des agnats ou des gentiles.

Système de la loi des XII Tables. — Cette loi confie la curatelle du *furiosus* ou du *prodigus* à ses agnats, et, à leur défaut, à ses *gentiles*. Ces curateurs légitimes sont les héritiers présomptifs du *prodigus* ou du *furiosus*, et c'est dans leur intérêt seul que la curatelle est organisée; en voici plusieurs conséquences :

1° S'il n'y a ni agnats ni gentiles, il n'y a pas lieu à curatelle.

2° Quant au *furiosus* (fou qui a des intervalles lucides), il reçoit seul un curateur et non le *mente captus*. Ce dernier en effet, étant absolument incapable de faire un acte *valable*, ne saurait compromettre son patrimoine.

3° Quant au *prodigus*, il n'est soumis à la curatelle que s'il dissipe les biens provenant de la *succession légitime de son père* (ou d'un ascendant mâle paternel); en effet s'il dissipe des biens acquis par son travail ou d'un tiers, il ne fait point perdre à ses héritiers présomptifs quelque chose sur quoi ils devaient compter; et, d'un autre côté, s'il dissipe la succession testamentaire de son père, les héritiers présomptifs ne peuvent se plaindre, car le père, en testant, a montré qu'il faisait peu de cas de la succession *légitime*.

Modifications prétoriennes. — Le préteur, au rebours de la loi des XII Tables, songe surtout aux intérêts de l'incapable. De là trois conséquences :

1° On assimile au *furiosus*, le *mente captus*, le sourd, le muet, celui qui a des infirmités incurables.

2° On assimile au *prodigus* des XII Tables, tous ceux qui dissipent leurs biens, quelle que soit l'origine de ces biens.

3° Enfin, les *furiosi* et les *prodigi* sont en curatelle, même s'ils n'ont ni agnats, ni gentiles.

Mais le préteur n'abrogeant pas la loi des XII Tables, il y a lieu à la tutelle légitime des agnats, dans tous les cas prévus par cette loi.

Pour les autres cas, le curateur est désigné, comme un tuteur, par le magistrat.

(Il est probable qu'au temps de Justinien, quoique la curatelle *légitime* subsistât en principe, les curateurs étaient toujours désignés par le magistrat).

Remarque. — Dans l'une comme dans l'autre époque, le prodigue ne tombait en curatelle qu'une fois dessaisi de l'administration de ses biens par une sentence d'interdiction, tandis que la folie donne, de plein droit, et sans formalités, ouverture à la curatelle. — Le prodigue ne reprenait sa capacité qu'après main-levée de l'interdiction.

Capacité comparée du fou et du prodigue. — I. Le *furiosus*, s'il est dans un intervalle lucide, est absolument capable; s'il est dans un moment de démence, il est absolument incapable aussi bien pour rendre sa condition pire que pour la rendre meilleure. II. Le *prodigus*, comme le pupille, ne peut rendre sa condition pire, mais il peut la rendre meilleure.

CURATELLE DES MINEURS DE XXV ANS.

Dans le système de la loi des XII Tables, l'enfant, qui venait d'atteindre l'âge de puberté légale, acquérait une capacité pleine et entière. Mais il y avait souvent du danger à abandonner à eux-mêmes des enfants trop jeunes pour bien administrer leurs intérêts. De là une succession de moyens de protection en faveur du *pubère, mineur de XXV ans*.

I. Loi Plœtoria. — Cette loi, qui paraît remonter au VIe siècle, fixe l'âge de XXV ans comme celui de la capacité entière.

(Cet âge est appelé dès lors *ætas legitima*, et la loi qui le détermine, est surnommée *lex quinavicennaria*).

Elle décide de plus : 1° que celui, qui aura abusé de l'inexpérience d'un mineur de XXV ans, sera l'objet d'une poursuite qui entraîne l'infamie; 2° et que le mineur trompé, pourra invoquer la nullité de ses engagements par voie d'exception, — et *peut-être* par voie d'action. — Mais ce système de protection tournait contre le pupille, car personne n'osait plus contracter avec ce dernier. Aussi la loi Plœtoria décide que le pupille, qui veut faire un acte juridique, peut, en invoquant des raisons sérieuses (redditis causis), se faire donner un curateur *ad hoc*, et dès lors, tout soupçon de fraude étant écarté, l'acte est parfaitement valable.

II. In integrum restitutio. — La loi Plœtoria était insuffisante : en effet elle ne s'appliquait pas, quand le pupille ne pouvait prouver l'intention frauduleuse, et quand il était lésé dans un acte loyal. D'un autre côté la loi Plœtoria ne prononçait pas la nullité *absolue* de l'acte frauduleux.

Pour combler cette lacune, le préteur, mettant de côté l'application du droit commun, accorde au mineur de XXV ans l'*in integrum restitutio* qui rétablit le mineur dans la position qu'il avait avant l'acte dommageable, lequel est réputé non avenu. (On étudiera plus complètement cette in integrum restitutio, plus bas : *Appendice*).

III. Marc-Aurèle. — La loi Plœtoria, et les innovations du préteur, avaient fait le vide autour des mineurs de XXV ans, avec lesquels on n'osait pas contracter, sans qu'ils fussent assistés d'un curateur. Ceci conduisit Marc-Aurèle à décider que le mineur *peut* demander un curateur, pour *toutes ses affaires* en général, et sans avoir besoin d'alléguer des causes déterminées (non *redditis causis*). Ce n'était qu'une faculté pour les mineurs, mais en fait ils en profitaient tous.

Curateur obligatoire. — L'assistance d'un curateur fut rendue obligatoire dans trois cas : 1° lorsque le mineur a un procès à soutenir; 2° s'il a un paiement à recevoir; 3° lorsque le tuteur rend à son pupille, devenu pubère, ses comptes de tutelle.

(Il résulte de ces trois décisions que l'adversaire peut refuser le débat, le débiteur de payer, le tuteur de rendre compte, jusqu'à la nomination d'un curateur spécial).

4° Si le mineur de XXV ans est atteint d'aliénation mentale. (Voir plus haut, curatelle des *furiosi*, etc.).

Nomination des curateurs. — Il n'y a point de curatelle *légitime*; c'est donc le magistrat qui nomme les curateurs, d'après les règles suivies pour la nomination des tuteurs.

Venia ætatis. — L'homme à XX ans, la femme à XVIII, peuvent obtenir de l'empereur la *venia ætatis;* dès lors ils sont aussi capables que le majeur de XXV ans; il ne peut plus être question d'*in integrum restitutio*, et leur crédit ne laisse plus rien à désirer. — Toutefois le mineur, quoique muni de la *venia ætatis*, ne peut, conformément à un sénatus-consulte rendu sur la proposition d'Alexandre Sévère, aliéner ou hypothéquer certains immeubles sans un décret.

Remarque. — On verra dans l'article suivant quelle est la capacité du mineur de XXV ans, agissant sans curateur.

CURATELLE DES PUPILLES

On sait que le *pupille* reçoit un curateur, 1° si le tuteur fait valoir une excuse temporaire; 2° pendant l'appel porté par le tuteur devant le magistrat supérieur, d'une décision qui repousse une excuse qu'il invoquait; 3° quand le tuteur se trouve en conflit d'intérêts avec son pupille. Les Institutes (§ 5 et 6, L. 1, T. XXIII) donnent un autre cas : « Les pupilles reçoivent des curateurs, s'ils ont un tuteur *légitime inhabile;* car, à qui est pourvu d'un tuteur on n'en peut donner un autre... De même, quand un tuteur testamentaire ou donné par le magistrat est impropre à l'administration, et que pourtant il administre sans fraude (ce qui entraînerait sa destitution).

Adjutor tutelæ ou actor. — Si un obstacle absolu empêche le tuteur d'administrer les affaires du pupille, et que celui-ci soit absent ou *infans* (sans cela le pupille constituerait lui-même un procureur, avec l'*auctoritas tutoris*), le magistrat constitue, par décret, un agent choisi par le tuteur et à ses risques. Cet *adjutor tutelæ* diffère du curateur. 1° En ce qu'il peut être nommé par le magistrat, sur la désignation du tuteur, et par le tuteur avec l'autorisation du magistrat, tandis que le curateur est désigné directement et seulement par le magistrat. 2° En ce que le tuteur n'est pas responsable de la gestion du curateur, tandis qu'il répond de celle de l'*actor*.

APPENDICE : CAPACITÉ PERSONNELLE DES FOUS, PRODIGUES, MINEURS DE XXV ANS, PUPILLES. — *In integrum restitutio.*

Furiosi et prodigi. — Il n'y a rien à ajouter à ce qui a été dit plus haut (curatelle des *prodigi, furiosi*, etc., *in fine*).

Mineurs de XXV ans. Pupilles. — On a vu plus haut les mineurs de XXV ans avoir une capacité absolue d'après la loi des XII Tables, puis on a vu cette capacité protégée contre la fraude par la loi Plœtoria; enfin on a vu le préteur créer, en faveur du mineurs, l'*in integrum restitutio*. Cette *restitutio* ne s'applique d'abord qu'aux actes faits par le mineur lui-même; puis aux actes faits par le mineur assisté d'un curateur spécial (d'après la loi Plœtoria) et, plus tard, d'un curateur général. — D'un autre côté on ne distingua pas entre les mineurs de XXV ans et les pupilles; aussi ces derniers obtiennent l'*in integrum restitutio* contre les actes faits par eux-mêmes avec l'auctoritas tutoris, ou par le tuteur seul.

Les mineurs obtiennent l'*in integrum restitutio* à deux conditions :

I. Qu'il y ait *lésion*. — La lésion consiste 1° *dans un fait positif*, soit qu'il diminue le patrimoine, soit qu'il manque de l'augmenter.

(Aliénation. — Répudiation d'une hérédité avantageuse. — Vente d'un objet à un prix même raisonnable, s'il y avait des offres supérieures).

2° Et même dans *une omission*.

(Si le mineur a laissé usucaper une chose qui lui appartient; s'il a négligé d'invoquer un moyen de défense dans une action en justice; s'il a laissé s'écouler le délai fixé pour réclamer la bonorum possessio, etc., etc.).

Malgré cette grande extension de l'*in integrum restitutio*, elle ne sera pas accordée; 1° si le mineur est lésé par son délit ou son dol; 2° si la lésion résulte d'un pur cas fortuit, ou de l'application d'une règle de droit à laquelle nul ne peut se soustraire; 3° enfin si la lésion n'a point une certaine gravité : *de minimis prætor non curat.*

II. L'*in integrum restitutio* n'est accordée que *subsidiairement*, en l'absence de toute action ou voie de droit équivalente : en effet on doit restreindre à ses dernières limites l'emploi d'une mesure qui réagit contre les tiers de bonne foi et à l'égard d'actes valables. Toutefois, si le consentement du mineur a été extorqué par violence ou par dol, il peut opter entre l'action *quod metus causa* ou la *restitutio in integrum*, et bien plus il ne peut intenter l'action *de dolo*, quand il peut se faire restituer.

L'*in integrum restitutio* peut être demandée pendant la minorité ou dans une année *utile*, à partir de la majorité.

(Non comptés les jours où ne siége pas le magistrat.).

Modifications apportées par le droit civil. — 1° On applique par un *a fortiori* au mineur, le SC. de Septime-Sévère, qui défend au curateur d'aliéner certains biens (Voir plus haut : *venia ætatis*).

2° On distingue entre le mineur qui a demandé un curateur, et le mineur qui n'en a pas demandé. Le premier reconnaît lui-même son défaut de maturité, et la loi le déclare incapable de faire sa condition pire. Le second conserve sa capacité en droit civil.

PERSONNES SUI JURIS. — INCAPABLES. — *Règles communes à la tutelle et à la curatelle.*

I. — Nomination du tuteur ou curateur par le magistrat. — Les règles sont identiques dans les deux cas.
(On sait qu'il n'y a pas de curatelle fiduciaire, testamentaire, ni légitime, excepté pour les fous et les prodigues).

II. — Obligations et responsabilité du tuteur ou curateur. — Identité.

III. — Pouvoirs du tuteur ou curateur. — Ces pouvoirs sont en général identiques; ainsi : 1° les actes que le tuteur ne peut faire seul, *eu égard à leur nature*, ne peuvent être faits par le curateur seul, mais par la partie intéressée elle-même avec le *consensus* du curateur; 2° les actes qui, *eu égard à leur but*, ne peuvent être ni faits, ni autorisés par le tuteur *seul*, ne peuvent l'être par le curateur *seul*.
(On sait qu'une différence capitale entre le tuteur et le curateur résulte de ce que le premier, *datur personæ*, et doit dans certains cas *interponere auctoritatem*, tandis que le second, *datur rei*, et n'intervient que pour donner son *consensus*.)

IV. — Cessation de la tutelle ou de la curatelle. — Identité, si toutefois, en ce qui concerne la curatelle, on substitue à la *puberté*, l'*ætas legitima* (XXV ans), la *venia ætatis*, la levée de l'interdiction, la cessation de la folie.

V. — Actions résultant de la tutelle ou curatelle. — Dans la curatelle il n'y a point d'action de *distrahendis rationibus;* d'un autre côté l'action *tutelæ directa*, est remplacée, pour la curatelle, par l'action *utilis directa negotiorum gestorum*. Sauf ces points, identité absolue.

VI. Garanties accordées aux personnes en tutelle ou en curatelle.

Déjà du temps des grands jurisconsultes, les tuteurs et curateurs étaient obligés de s'engager (avec l'adjonction de cautions-fidéjusseurs), à veiller aux intérêts du mineur. Cet engagement est pris, nous l'avons vu, envers la partie intéressée elle-même, ou bien, si elle est absente ou *infans*, envers son esclave ou un *servus publicus*.

Il n'y a que les tuteurs ou curateurs légitimes ou nommés par les magistrats municipaux, *sine inquisitione*, qui doivent donner caution.

S'il y a plusieurs tuteurs ou curateurs testamentaires ou nommés par le magistrat sur enquête, l'un d'eux peut être chargé *seul* de l'exercice de la tutelle ou curatelle, mais il fournit aux autres une caution *rem pupilli vel adolescentis salvam fore*.
(Si les co-tuteurs ou curateurs ne s'entendent pas pour choisir un seul administrateur, le magistrat les convoque à cet effet, et s'ils ne peuvent encore faire un choix, le magistrat choisit *causa cognita*. — Les tuteurs qui ne sont pas chargés de l'administration, s'appellent *honorarii*, et demeurent, mais subsidiairement, responsables de la gestion envers le mineur).

Si le tuteur ou curateur refuse de fournir caution *rem pupilli vel adolescentis salvam fore*, le préteur fait saisir les biens du récalcitrant, pour servir de garantie au mineur.

PRIVILÉGE ET HYPOTHÈQUE. — L'action *tutelæ directa*, était, au temps des jurisconsultes, *privilégiée*, parmi les *personales actiones*. Constantin va plus loin et établit, au profit du mineur, une hypothèque tacite sur les biens du tuteur ou curateur.

Le mineur ou pupille qui est mécontent du *compte* qu'on lui rend, peut poursuivre : 1° le tuteur ou curateur principal; 2° les co-tuteurs ou curateurs; 3° les fidejusseurs; 4° enfin le magistrat qui devait faire fournir une caution solvable. (V. nomin. du tuteur par le magistrat, t. 15). Si le magistrat est mort sans avoir été poursuivi, mais seulement s'il y a eu faute grave de sa part, l'action est donnée contre ses héritiers.

VII. Incapacité. — Exclusion. — Excuses. — Tuteurs suspects.

Les règles sur les *incapacités*, les *excuses*, les *motifs d'exclusion* s'appliquent également au tuteur et au curateur, sauf ces deux différences : 1° Le mari et le père du mari ne peuvent être curateurs, l'un de sa femme, l'autre de sa bru; 2° l'ex-tuteur peut refuser la curatelle de son ex-pupille devenu majeur.

INCAPACITÉ. EXCLUSION.

L'*incapacité* d'être tuteur ou curateur résulte soit d'une considération générale d'ordre public, ou de l'intérêt du mineur. **I.** — Il y a, dans l'ancien droit, cinq classes de personnes in capables : 1° les pérégrins; 2° les esclaves; 3° les femmes; 4° les impubères; 5° les sourds et muets.
(Pour ces deux dernières classes, l'incapacité ne s'étend pas à la tutelle *légitime*).

II. — Justinien crée trois nouvelles classes d'incapables : 1° Les mineurs de XXV ans; 2° les militaires (autrefois ils n'étaient qu'*excusables*); 3° les évêques et les moines.

Les motifs d'*exclusion* (laquelle est établie dans l'intérêt seul du mineur), se confondent avec les causes de *destitution* qu'on trouvera plus bas au *crimen suspecti;* il y a toutefois cette différence, qu'ils sont invoqués avant l'entrée en gestion du tuteur ou curateur.

EXCUSES.

Le mot *excuse* (excusatio) indique un motif qu'on invoque pour se dispenser du *munus publicum* qu'on appelle la tutelle ou la curatelle.

(Remarque. — Il y a une personne qui ne peut jamais faire valoir d'excuses; c'est l'affranchi chargé de la tutelle, ou curatelle, des enfants de son patron).

On classe les différentes causes d'excuse, selon plusieurs aspects différents :

1° — Les excuses sont *perpétuelles*, lorsqu'elles doivent dispenser pour toujours; ou *temporaires* lorsqu'elles ne doivent dispenser que pour un certain temps.

2° — Certaines excuses sont *complètes*, quand elles dispensent absolument de la tutelle; d'autres *partielles* quand elles ne dispensent que d'une partie de l'administration.

3° — Il y a des excuses que le magistrat est obligé d'admettre, dès qu'elles sont prouvées; et d'autres sur lesquelles il a presqu'un pouvoir discrétionnaire.

4° Enfin les excuses sont : *a suscipienda tantum tutela* ou bien : *etiam a suscepta tutela vel cura;* les premières ne peuvent être invoquées par le tuteur ou curateur qu'autant qu'il n'a fait aucun acte de gestion; les secondes profitent même au tuteur en exercice.

REMARQUE. — Quelques auteurs distinguent les excuses *volontaires* et les excuses *nécessaires;* mais ces dernières ne sont autre chose que des incapacités ou des motifs d'exclusion, et nullement des excuses.
(Du reste dans l'une et l'autre hypothèse, le tuteur excusé, comme l'incapable, est remplacé par un tuteur nommé par le magistrat. — Toutefois, si la délation même de la tutelle peut être considérée comme non-avenue (par exemple; dans la tutelle légitime, si l'agnat le plus proche est une femme), la tutelle passe à l'agnat suivant).

DIFFÉRENTES CAUSES D'EXCUSE.

1° *Le nombre d'enfants*... trois à Rome, quatre en Italie, cinq en province. (Cette distinction n'a plus d'intérêt dans le droit de Justinien, puisque le droit de cité a été étendu à tout l'empire). — On ne compte que les enfants légitimes *vivants*, qu'ils soient en puissance ou sortis de puissance, par émancipation ou dation en adoption. — On ne compte pas les enfants adoptés ou adrogés. — On compte les enfants morts sur le champ de bataille. — Les petits-enfants comptent seulement pour leur père prédécédé. — (Cette première excuse est une excuse *a suscipienda tantum tutela*).

2° *La fonction d'administrateur du fisc*, mais seulement pendant la durée de cette fonction.

3° *L'absence pour un service public*. (Excuse valable pendant la durée de la fonction et même une année après, aussi bien *a suscipienda* que *a suscepta tutela*).

4° *L'exercice d'une magistrature* quelconque, mais seulement *à suscipienda tutela*.

5° *L'exercice de professions libérales*. (Grammairiens, Rhéteurs, Médecins, etc).

6° *La gérance de trois tutelles ou curatelles distinctes* (non compris les tutelles acceptées, quoiqu'il y eût des excuses à faire valoir).

7° Le procès que le tuteur ou le curateur soutient contre le mineur, si toutefois la contestation s'étend à tous les biens ou à une hérédité. (Autrement il y aurait lieu à la nomination d'un curateur). Justinien (nov. LXXII), décide que le simple titre de créancier ou de débiteur sera un motif d'exclusion.

8° *La contestation de l'état du tuteur* ou curateur, intentée par le père de famille.

9° *Une inimitié grave* entre le père du mineur, et celui qui est appelé comme tuteur ou curateur.

10° *La pauvreté*.

11° *La maladie*.

12° *L'âge de soixante-dix ans*. — Le mineur de XXV ans pouvait autrefois s'excuser; Justinien le déclare incapable.

L'excuse est présentée au magistrat qui forme le premier degré de juridiction, et qui est compétent pour nommer les tuteurs ou curateurs. Ce n'est qu'en cas de rejet de l'excuse par le premier juge, qu'on en appelle au juge supérieur. Du reste on peut invoquer successivement plusieurs excuses, sans avoir à suivre un ordre déterminé, et sans que la première instance forclose pour les autres. Toutefois celui qui, dans l'ancien droit, avait invoqué tout d'abord le *jus nominandi potioris*, ne pouvait plus invoquer aucune autre excuse.
(*Le jus nominandi potioris*, disparu sous Justinien, permettait au tuteur Atilien ou *Julio-Titien*, — si toutefois il était, quant au mineur, à un degré de parenté inférieur à celui de *sobrinus*, ou sans aucun lien de parenté, — d'indiquer un tuteur *potior necessitudine*, — préférable à raison de sa parenté ou d'une parenté plus proche avec le mineur, — mais à la condition que ce tuteur proposé présentât des garanties de fidélité et de solvabilité).

LE DÉLAI, pour invoquer une excuse, est de cinquante jours continus, si l'on demeure à moins de cent milles de l'endroit où l'on a été nommé. Si on demeure à plus de cent milles, on fixe un délai invariable de trente jours, plus un jour par vingt milles, mais de façon à ce qu'il y ait toujours au moins cinquante jours. Le délai court du jour où l'intéressé a eu connaissance de sa vocation à la tutelle ou curatelle.

TUTEURS SUSPECTS.

Le *crimen suspecti*, institué par la loi des XII Tables, est intenté contre tout tuteur ou curateur testamentaire, légitime, etc., qui donne des soupçons d'immoralité ou d'infidélité. — Le co-tuteur est tenu d'intenter cette action; elle peut être intentée d'office par le magistrat, et par toute personne quelconque, même par une femme; (toutefois l'impubère ne peut accuser lui-même son propre tuteur). — L'affaire est portée, à Rome, devant le préteur, en province devant le président ou son lieutenant.

Le premier effet de l'*accusation seule*, est d'enlever l'administration au suspect; la condamnation peut entrainer l'infamie (mais la mort du suspect clot la procédure).

Analogie de motifs. — Quand le tuteur ne se présente pas pour déterminer la somme à allouer annuellement au mineur, ce dernier est envoyé en possession des biens du récalcitrant, et un curateur spécial administre.

FIN DES PERSONNES EN TUTELLE OU CURATELLE.

APPENDICE AUX PERSONNES. — CAPITIS DEMINUTIO.

APPENDICE A LA MATIÈRE DES PERSONNES : DE LA CAPITIS DEMINUTIO.

Définitions et généralités.

Les personnes, sans perdre l'existence physique, peuvent être considérées, en droit, comme anéanties ou transformées. C'est là l'effet de la *capitis deminutio.*

Le mot *caput* désigne l'état des personnes; cet état peut comprendre trois éléments : la *liberté*, la *cité*, la *famille*. Réunir ces trois éléments, c'est avoir la plénitude du *caput*. Tel est le cas du citoyen romain; le pérégrin, au contraire, n'a que la *libertas* et quelquefois un droit de cité inférieur; l'esclave n'a pas d'état. Le mot : *deminutio* ou *minutio* indique une *déchéance;* le *capite minutus* est donc celui qui a perdu un des éléments qui composent le *caput* ou *status.*
(Il faut remarquer toutefois que cette perte peut être compensée immédiatement : ainsi l'enfant, qui est adopté, perd son ancienne famille, mais par cela même il en acquiert une autre).

La *capitis deminutio*, étant une déchéance d'état, il en résulte : 1° Qu'elle n'est produite ni par la perte de l'exercice des droits civils, ni par des peines diminuant la considération de la personne; 2° qu'elle ne peut atteindre l'esclave, puisqu'il n'a pas d'état; 3° que le pérégrin, n'ayant au plus que deux éléments de *status*, ne peut jamais subir que deux *cap. deminutiones;* 4° que le citoyen romain ayant la plénitude du *status*, peut subir trois sortes de *cap. dem.* suivant qu'il perd l'un ou l'autre des trois éléments du *caput*. On distinguera donc : la *maxima capitis deminutio*, ou perte de la liberté; la *media c. d.*, ou perte de la cité; la *minima c. d.*, ou changement de famille.

Diverses espèces de Capitis deminutiones.

Maxima capitis deminutio. — C'est un anéantissement complet de la personnalité juridique; — elle atteint toute personne libre qui tombe en servitude, *jure civili* (V. T. 2). Quant au *prisonnier de guerre*, qui perd la liberté d'après le droit des gens, il ne subit pas de *capitis deminutio*; en effet : ou il meurt chez l'ennemi, et il est réputé être mort au moment même où il a perdu la liberté; ou il rentre sur le territoire romain, et en vertu du *postliminium*, il est réputé n'avoir jamais perdu la liberté. Toutefois, dans le cas où le captif, tout en rentrant sur le territoire romain, ne pourrait profiter du bénéfice du *postliminium*, il y aurait lieu de lui appliquer la *maxima capitis deminutio.*

La maxima capitis deminutio entraîne, bien entendu, les deux autres.

Media capitis deminutio. — Elle n'anéantit pas la personnalité juridique, puisqu'elle laisse subsister la liberté. D'ailleurs, si elle diminue la situation du Romain qui devient pérégrin, elle augmente le *caput* du pérégrin qui devient Romain et qui acquiert la cité.

Elle est subie par toute personne qui perd son droit de cité. Tel est le cas : 1° du Romain qui perd la cité Romaine par l'effet d'une condamnation criminelle, (Principalement l'interdiction de l'eau et du feu, remplacée, sous Justinien, par la relegatio in insulam), ou par suite de son émigration dans une colonie latine;

2° Du pérégrin qui subit à Rome une condamnation qui lui ferait perdre la cité romaine, s'il la possédait, ou, *au contraire*, qui acquiert ce même droit de cité romaine.

La *media capitis deminutio* entraîne la *minima.*

Minima capitis deminutio. — Elle consiste à changer de famille sans perdre la liberté ni la cité; elle est, à la différence des deux premières, exclusivement de *droit civil*, car le droit civil reconnait la *familia* aux seuls citoyens romains.

Sont *capite minuti* : 1° Les pères de famille qui se donnent en adrogation; 2° les enfants de l'adrogé;
(Quoique les interprètes modernes l'aient, à tort, contesté).

3° l'enfant légitimé par mariage subséquent ou rescrit du prince; 4° la femme *sui* ou *alieni juris*, qui tombe *in manum mariti*; 5° Le fils de famille, mancipé pour une cause quelconque; 6° les enfants donnés en adoption; 7° les enfants émancipés.
(On sait que sous Justinien, les anciens effets de l'adoption, et, par suite, la capitis deminutio, ne se produisent que si l'adoptant est un ascendant).— (Dans les : 4°, 5°, 4° (quant à la f. *sui juris*), il y a une diminution véritable d'état, puisqu'un *sui juris* devient *alieni juris*; dans les 2°, 4° (quant à la f. *alieni juris*), 5°, 6°, il n'y a qu'une substitution d'une puissance à l'autre; dans le 7°, il y a amélioration de l'état de l'émancipé qui, d'*alieni juris*, devient *sui juris*).

Remarque.— Celui, qui devient *sui juris* par émancipation (7°), subit la *minima capitis d.*; celui qui devient *sui juris* par la mort, la servitude, ou la perte de la liberté, encourues par le père de famille, n'est pas *capite minutus.*

Effets de la Capitis deminutio.

Les effets de la *capitis deminutio* se rattachent à cette idée fondamentale que l'ancienne personnalité juridique est éteinte.

M. Accarias distingue les *droits appréciables* ou *non appréciables en argent.*

DROITS NON APPRÉCIABLES EN ARGENT.

I. Dissolution de l'agnation, et par suite : 1° Extinction de la puissance paternelle; 2° Cessation de la tutelle légitime de l'agnat; 3° Perte de l'expectative des successions légitimes non encore ouvertes, et du droit d'accepter une hérédité légitime déjà ouverte. (Mais Anastase décida que l'émancipé conserverait ses droits à la succession légitime et à la tutelle de ses frères et sœurs).

II. Dissolution de la gentilitas, et des droits et obligations qui en résultent.

III. Extinction des jura patronatus, c'est-à-dire des droits du patron et des obligations de l'affranchi. (V. aux affranchissements). Peu importe d'ailleurs que la *capitis deminutio* se soit produite dans la personne du patron ou dans celle de l'affranchi.

IV. Extinction du testament antérieurement fait par le *capite minutus*. Ce testament, dit *irritum*, est absolument non avenu.

DROITS APPRÉCIABLES EN ARGENT.

DROITS ACTIFS.

Il est de principe que les droits subsistent, soit qu'ils continuent à résider en la personne du *capite minutus*, soit qu'ils changent de titulaire. Il y a cependant plusieurs exceptions.

1° La cap. dem. éteint les droits d'*usufruit et d'usage*, ou la *créance* qui a pour objet la constitution de ces droits;

2° Si le cap. minutus était engagé comme demandeur dans un *judicium legitimum*, son droit est absolument éteint;

3° Les *operæ*, que le capite minutus avait fait promettre à ses affranchis, cessent d'être exigibles;

4° La *société*, dont faisait partie le cap. minutus, est dissoute;

5° La *créance* résultant d'un *adstipulatio*, s'éteint.

DETTES.

Les dettes résultant d'un délit ou d'un quasi-délit subsistent.

Si elles dérivent d'un contrat ou quasi contrat, elles s'éteignent d'après le droit civil. Pour corriger cette théorie spoliatrice, on distingue : 1° S'il s'agit d'une *maxima* ou *media c. d.*, (cas où le débiteur a presqu'infailliblement perdu ses biens au profit d'un particulier ou du fisc), le patrimoine du capite minutus reste tenu des dettes, dans les mains de l'acquéreur. 2° Contre celui qui n'a subi que la *minima capitis d.*, l'action que les créanciers perdent en droit civil, est remplacée par une action prétorienne (*fictitia*), qui a effet jusqu'à concurrence de la valeur des biens.

DROITS QUI SUBSISTENT MALGRÉ LA CAP. DEM.

1° *La cognatio* ne peut jamais être rompue par aucune capitis deminutio, si bien que le capite minutus, redevenu romain, ne pourrait contracter un mariage que la *cognatio* eût rendu impossible avant la cap. deminutio.

2° Par elle-même, la cap. dem. laisse subsister le *mariage*. (La servitude le dissout, et la perte de la cité le convertit en mariage du droit des gens).

3° La cap. dem. ne détruit pas le *droit porté en justice*, s'il ne s'agit pas d'un *legitimum judicium.*

4° Elle n'éteint pas la *servitude* personnelle d'*habitation.*

5° Le mari, capite minutus, continue à être *débiteur de la dot.*

6° Les *obligations naturelles*, et celles qui sont garanties par une action *in factum*, subsistent.

Fin des personnes.

LIVRE II

DES CHOSES

TABLEAU GÉNÉRAL DES CHOSES CONSIDÉRÉES AU POINT DE VUE DU PATRIMOINE

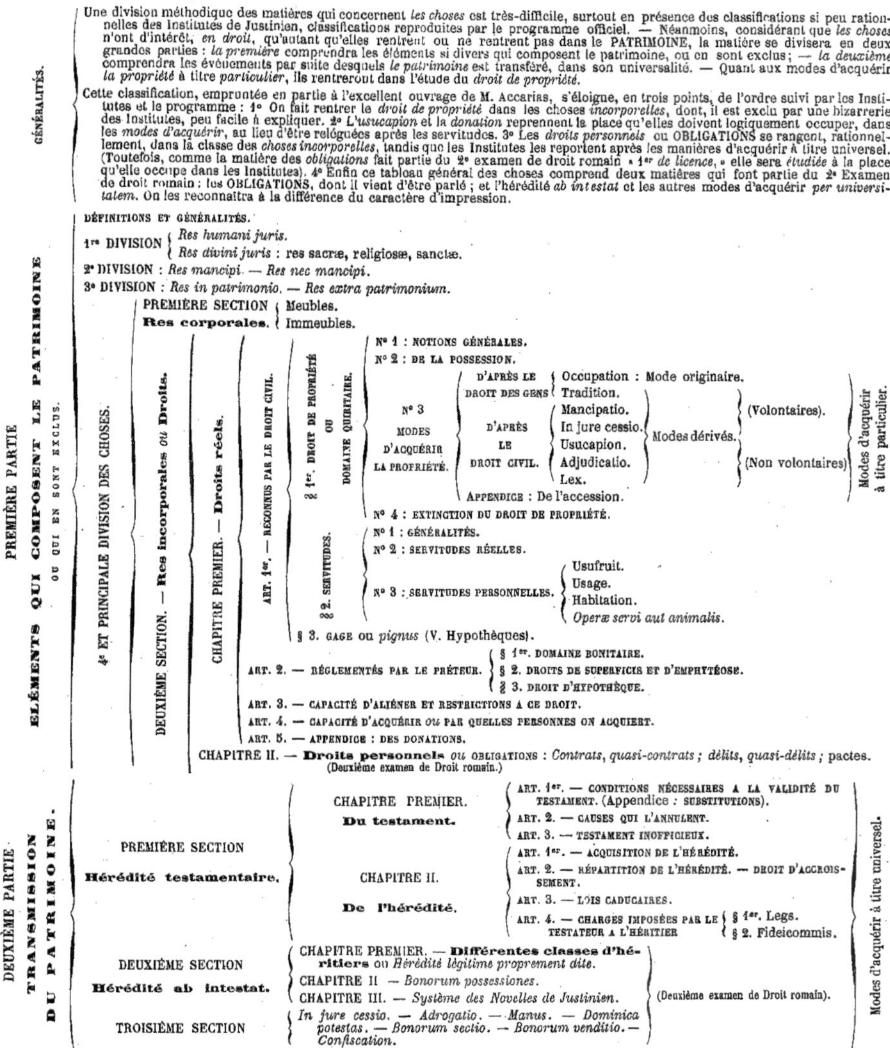

GÉNÉRALITÉS.

Une division méthodique des matières qui concernent *les choses* est très-difficile, surtout en présence des classifications si peu rationnelles des Institutes de Justinien, classifications reproduites par le programme officiel. — Néanmoins, considérant que *les choses* n'ont d'intérêt, *en droit*, qu'autant qu'elles rentrent ou ne rentrent pas dans le PATRIMOINE, la matière se divisera en deux grandes parties : *la première* comprendra les éléments si divers qui composent le patrimoine, ou en sont exclus ; — *la deuxième* comprendra les événements par suite desquels *le patrimoine* est transféré, dans son universalité. — Quant aux modes d'acquérir *la propriété* à titre *particulier*, ils rentreront dans l'étude du *droit de propriété*.

Cette classification, empruntée en partie à l'excellent ouvrage de M. Accarias, s'éloigne, en trois points, de l'ordre suivi par les Institutes et le programme : 1° On fait rentrer le *droit de propriété* dans les choses *incorporelles*, dont, il est exclu par une bizarrerie des Institutes, peu facile à expliquer. 2° *L'usucapion* et la *donation* reprennent la place qu'elles doivent logiquement occuper, dans les *modes d'acquérir*, au lieu d'être reléguées après les servitudes. 3° Les *droits personnels* ou OBLIGATIONS se rangent, rationnellement, dans la classe des *choses incorporelles*, tandis que les Institutes les reportent après les manières d'acquérir à titre universel. (Toutefois, comme la matière des *obligations* fait partie du 2ᵉ examen de droit romain « 1ᵉʳ *de licence*, » elle sera *étudiée* à la place qu'elle occupe dans les Institutes). 4° Enfin ce tableau général des choses comprend deux matières qui font partie du 2ᵉ Examen de droit romain : les OBLIGATIONS, dont il vient d'être parlé ; et l'hérédité *ab intestat* et les autres modes d'acquérir *per universitatem*. On les reconnaîtra à la différence du caractère d'impression.

PREMIÈRE PARTIE — ÉLÉMENTS QUI COMPOSENT LE PATRIMOINE OU QUI EN SONT EXCLUS.

- DÉFINITIONS ET GÉNÉRALITÉS.
- 1ʳᵉ DIVISION : *Res humani juris.* / *Res divini juris* : res sacræ, religiosæ, sanctæ.
- 2ᵉ DIVISION : *Res mancipi.* — *Res nec mancipi.*
- 3ᵉ DIVISION : *Res in patrimonio.* — *Res extra patrimonium.*
- 4ᵉ ET PRINCIPALE DIVISION DES CHOSES.
  - PREMIÈRE SECTION. **Res corporales.** — Meubles. / Immeubles.
  - DEUXIÈME SECTION. — **Res incorporales** *ou* **Droits.**
    - CHAPITRE PREMIER. — **Droits réels.**
      - ART. 1ᵉʳ. — RECONNUS PAR LE DROIT CIVIL.
        - § 1ᵉʳ. DROIT DE PROPRIÉTÉ OU DOMAINE QUIRITAIRE.
          - Nᵒ 1 : NOTIONS GÉNÉRALES.
          - Nᵒ 2 : DE LA POSSESSION.
          - Nᵒ 3 MODES D'ACQUÉRIR LA PROPRIÉTÉ.
            - D'APRÈS LE DROIT DES GENS : Occupation : Mode originaire. — Tradition.
            - D'APRÈS LE DROIT CIVIL. : Mancipatio. In jure cessio. Usucapion. Adjudicatio. Lex.
            - (Tradition, Mancipatio, In jure cessio, Usucapion, Adjudicatio, Lex : Modes dérivés. — (Volontaires). (Non volontaires).)
            - APPENDICE : De l'accession.
            - Modes d'acquérir à titre particulier.
          - Nᵒ 4 : EXTINCTION DU DROIT DE PROPRIÉTÉ.
        - § 2. SERVITUDES.
          - Nᵒ 1 : GÉNÉRALITÉS.
          - Nᵒ 2 : SERVITUDES RÉELLES.
          - Nᵒ 3 : SERVITUDES PERSONNELLES. — Usufruit. Usage. Habitation. *Operæ servi aut animalis.*
        - § 3. GAGE ou *pignus* (V. Hypothèques).
      - ART. 2. — RÉGLEMENTÉS PAR LE PRÉTEUR.
        - § 1ᵉʳ. DOMAINE BONITAIRE.
        - § 2. DROITS DE SUPERFICIE ET D'EMPHYTÉOSE.
        - § 3. DROIT D'HYPOTHÈQUE.
      - ART. 3. — CAPACITÉ D'ALIÉNER ET RESTRICTIONS A CE DROIT.
      - ART. 4. — CAPACITÉ D'ACQUÉRIR *ou* PAR QUELLES PERSONNES ON ACQUIERT.
      - ART. 5. — APPENDICE : DES DONATIONS.
    - CHAPITRE II. — **Droits personnels** *ou* OBLIGATIONS : *Contrats, quasi-contrats ; délits, quasi-délits* ; pactes. (Deuxième examen de Droit romain.)

DEUXIÈME PARTIE — TRANSMISSION DU PATRIMOINE. (Modes d'acquérir à titre universel.)

- PREMIÈRE SECTION. **Hérédité testamentaire.**
  - CHAPITRE PREMIER. **Du testament.**
    - ART. 1ᵉʳ. — CONDITIONS NÉCESSAIRES A LA VALIDITÉ DU TESTAMENT. (Appendice : SUBSTITUTIONS).
    - ART. 2. — CAUSES QUI L'ANNULENT.
    - ART. 3. — TESTAMENT INOFFICIEUX.
  - CHAPITRE II. **De l'hérédité.**
    - ART. 1ᵉʳ. — ACQUISITION DE L'HÉRÉDITÉ.
    - ART. 2. — RÉPARTITION DE L'HÉRÉDITÉ. — DROIT D'ACCROISSEMENT.
    - ART. 3. — LOIS CADUCAIRES.
    - ART. 4. — CHARGES IMPOSÉES PAR LE TESTATEUR A L'HÉRITIER — § 1ᵉʳ. Legs. § 2. Fideicommis.
- DEUXIÈME SECTION. **Hérédité ab intestat.** (Deuxième examen de Droit romain).
  - CHAPITRE PREMIER. — **Différentes classes d'héritiers** ou *Hérédité légitime proprement dite.*
  - CHAPITRE II — *Bonorum possessiones.*
  - CHAPITRE III. — *Système des Novelles de Justinien.*
- TROISIÈME SECTION — *In jure cessio.* — *Adrogatio.* — *Manus.* — *Dominica potestas.* — *Bonorum sectio.* — *Bonorum venditio.* — *Confiscation.*

CHOSES. — DÉFINITIONS ET GÉNÉRALITÉS — 1re, 2e, 3e DIVISION DES CHOSES.

PREMIÈRE PARTIE. — ÉLÉMENTS QUI CONSTITUENT LE PATRIMOINE (ou qui en sont exclus).

DÉFINITIONS ET GÉNÉRALITÉS.

Après avoir parlé des *personnes*, il est tout naturel de parler des CHOSES, avant d'étudier les *actions*, au moyen desquelles sont sanctionnés les droits des personnes sur les choses.

Le mot **res** désigne tout ce qui a une utilité pour l'homme, et qui, par conséquent, peut être l'objet d'un droit. Le mot *res* ne désignait primitivement que des objets matériels ; mais, par extension, on l'applique aux droits, ou choses incorporelles, qui offrent souvent plus d'intérêt que les objets matériels.

On divise les choses d'après plusieurs points de vue ; mais chacune de ces divisions est *complète*, en ce qu'elle embrasse *toutes* les choses.

PREMIÈRE DIVISION.

Res humani juris. — Ce sont toutes les choses qui ne sont pas *divini juris*. Or ces dernières constituent l'exception.

Res divini juris.

Les res *divini juris* ne sont plus mentionnées, que d'une manière incidente, par Justinien, au sujet des *res nullius* (V. plus bas : *res extra patrimonium*). Le grand intérêt qu'elles présentaient autrefois, dans l'organisation sacerdotale païenne, a disparu avec le christianisme. — Les *res divini juris* sont encore *hors du commerce*, mais ce caractère, le seul qui les fasse remarquer, leur est commun avec certaines choses *humani juris*.

On distingue trois classes de choses *divini juris* : les *res sacræ* ; les *res religiosæ* ; les *res sanctæ*, assimilées aux deux premières.

RES SACRÆ.

Les RES SACRÆ sont des choses *consacrées* aux *dieux supérieurs* et à leur culte : pour les immeubles, en vertu d'une loi, suivie d'une cérémonie religieuse; pour les meubles, en vertu de l'autorité des pontifes. — Elles sont imprescriptibles, inaliénables, et ne peuvent être l'objet d'un droit réel ou d'une obligation.

Elles sont protégées contre tout envahissement, par un *interdit*, et contre toute profanation, par une action criminelle qui peut aboutir à une peine, — qui varie selon la qualité des coupables, et la nature du *sacrilège*, — mais qui peut aller jusqu'à la mort.

Le *res sacræ* cessent de l'être : 1° provisoirement, tant qu'elles sont occupées par l'ennemi ; 2° définitivement par l'*exauguratio*, cérémonie inverse de celle qui leur avait donné leur caractère sacré.

Le Christianisme modifie ces règles : 1° d'abord en remplaçant les faux dieux par le Dieu véritable ; 2° en remplaçant les pontifes par les évêques ; 3° en permettant aux évêques, *sans autorisation préalable*, de consacrer une chose dont ils ont la disposition ou de rendre profane une chose sacrée ; 4° en permettant l'aliénation des *meubles*, mais seulement pour payer les dettes de l'établissement auquel ils appartiennent, ou pour racheter les captifs.

RES RELIGIOSÆ.

Les RES RELIGIOSÆ sont consacrées aux *dieux manes*, c'est-à-dire, aux morts dont elles sont la sépulture. Cinq conditions sont exigées pour qu'un terrain devienne religieux.

1° Il faut une inhumation réelle d'un homme libre ou d'un *esclave* ; (la sépulture d'un ennemi reste profane).

2° — que l'inhumation ait été faite à perpétuité, et non à titre provisoire.

3° — que le terrain puisse légalement recevoir une inhumation, ce qui exclut Rome, et, à partir d'Adrien, toutes les cités.

4° — que l'auteur de l'inhumation ait eu le droit de la faire.

5° — que l'inhumation ne blesse aucun droit. Ainsi, faite, — par un nu-propriétaire, un usufruitier, un propriétaire indivis, un propriétaire dont le fonds est grevé d'une servitude prédiale ou d'hypothèques, — dans un terrain sur lequel ils n'ont pas un droit absolu, — ce terrain ne deviendra religieux qu'après le consentement de la personne lésée. — Si celle-ci ne donne pas son consentement, elle doit solliciter l'autorisation d'enlever le cadavre, ou demander réparation du préjudice par une action *in factum*.

L'emplacement seul du tombeau devient religieux, et non tout le fonds dans lequel il est situé.

Un terrain cesse d'être religieux : *provisoirement* par l'occupation ennemie ; *définitivement*, par l'enlèvement du corps, avec autorisation du magistrat.

La violation des choses religieuses est poursuivie par l'action *sepulcri violati*, ouverte à tous les citoyens (*popularis*), et qui peut entraîner des peines pécuniaires et même l'infamie.

RES SANCTÆ.

Ces choses ne sont ni profanes, ni sacrées ou religieuses, mais assimilées à ces dernières.

On place dans cette catégorie, les *portes*, *murailles* et *limites* des villes, probablement parce qu'elles étaient établies ou déterminées dans des cérémonies religieuses. — Elles étaient protégées par des peines c'est-à-dire munies d'une sanction; de là le mot de *sanctæ*. — (Cette circonstance conduisit à faire rentrer dans les choses *sanctæ* toutes celles qui sont garanties par une peine contre les attaques des hommes, ainsi : les *lois criminelles*). Le caractère des choses *sanctæ*, comme celui des choses *sacræ* et *religiosæ* disparaît devant l'occupation de l'ennemi, parce que les règles qui protègent ces trois classes de choses, appartiennent au *jus civile*.

DEUXIÈME DIVISION.

I. Les choses *Mancipi* étaient celles qui étaient possédées par les Romains des premiers temps, et qui étaient considérées comme les plus précieuses. Ce sont : 1° Les fonds italiques ; 2° les servitudes rurales ; 3° les esclaves ; 4° les animaux domestiques qui sont domptés au service de l'homme.

II. Tout ce qui n'est pas chose *mancipi*, est *res nec mancipi*, ce qui comprend : les animaux sauvages ; les servitudes urbaines ou personnelles. (On fait en général rentrer les *fonds provinciaux* dans les choses *nec mancipi* ; c'est vrai, en ce que les fonds ne sont pas des *res mancipi* ; mais on ne peut les assimiler complètement aux *res nec mancipi* puisque, théoriquement, les particuliers sont incapables d'avoir sur ces fonds autre chose qu'une sorte de possession ou d'usufruit prolongé).

Intérêt de la distinction. 1° La propriété des choses *mancipi* ne peut être transmise que par la *mancipation*, ou un autre mode de droit civil ; celle des choses *nec mancipi* par les modes du droit des gens, aussi bien que par ceux du droit civil, (si ce n'est par la *mancipatio*, exclusivement réservée aux choses *mancipi*).

2° La *tradition* ne suffit jamais pour transférer la propriété d'une *res mancipi*. Toutefois, comme cette règle eut entraîné des résultats iniques, on fut conduit à reconnaître, dans une telle espèce, deux sortes de propriété : la propriété *bonitaire*, et le *nudum jus Quiritum* (V. T. 34). — De là, des complications que Justinien évite, en supprimant les *res nec mancipi*.

TROISIÈME DIVISION.

Res in patrimonio nostro. Les choses *in patrimonio*, appelées souvent *bona* ou *pecunia*, sont des choses qui, susceptibles d'appropriation privée, peuvent constituer la fortune, le patrimoine d'un individu. Les Institutes les qualifient de *res singulorum* (qui peuvent appartenir à des particuliers). Nous nous en occuperons, désormais, en étudiant les choses corporelles et incorporelles (4e division).

Res extra patrimonium nostrum.

Sont *extra patrimonium*, les choses qui peuvent être utiles à l'homme, mais qui ne sont pas susceptibles d'appartenir à une personne déterminée. — On en distingue quatre classes :

I. — **Res communes.** — Les choses communes sont considérées comme appartenant à tous les hommes, sans distinction de nationalité ; tout le monde a le droit de s'en servir. Tels sont : l'air, l'eau courante, la mer et ses rivages. (Est litus maris, quatonus hibernus fluctus maximus excussit).

II. — **Res publicæ.** — Les choses publiques appartiennent à tous les membres d'une cité ou d'une nation. (Les étrangers peuvent au besoin user de ces choses, par tolérance). Tels sont : les fleuves, les routes, les ports, etc. (Le mot fleuve est ici envisagé dans sa forme et sa destination de fleuve ; en effet l'eau elle-même, *aqua profluens*, est *communis* et non *publica*, et le lit est tantôt la propriété des riverains, tantôt une *res nullius*). Les rives du fleuve appartiennent aux riverains, mais sont soumises à un droit de servitude pour les besoins de la navigation ; (attache des bateaux aux arbres des rives, halage, etc.). Les choses publiques imprescriptibles et inaliénables, sont protégées par des interdits, dits *populares*, parce que tout le monde peut les exercer.

Remarque. — Il ne faut pas confondre avec les choses publiques proprement-dites, celles qui, sans être destinées à un usage public, sont dans le patrimoine de l'État (*in patrimonio populi*), au même titre que dans celui d'un particulier ; il en résulte que ces biens sont prescriptibles et aliénables.

III. **Res universitatis.** — Ces choses appartiennent à une agrégation de personnes, considérée par la loi comme ayant une certaine personnalité. Sont *res universitatis* : les théâtres, stades, édifices, etc., etc., qui appartiennent à des villes, des collèges de prêtres, des corporations de scribes, des associations d'artisans, etc.

IV. **Res nullius.** — Cette expression désigne : 1° une chose *commune* ou *publique* (V. plus haut); 2° une chose *divini juris*. C'est dans ce sens que les Institutes étudient ici les *res sacræ*, *religiosæ*, *sanctæ*. Nous les avons déjà vues plus haut (1re division). 3° Enfin (mais dans un sens absolument étranger à cette matière), *une chose* qui, actuellement, n'appartient à personne, mais qui peut être l'objet d'un droit de propriété (V. T. 25. — Occupation, etc.).

QUATRIÈME ET PRINCIPALE DIVISION DES CHOSES.

PREMIÈRE SECTION. — RES CORPORALES.

Les choses *corporelles* sont celles que l'on peut percevoir au moyen des sens : un fonds, un vêtement, etc.; elles sont susceptibles d'être l'objet d'un droit de propriété ou d'une possession.

Les choses corporelles se divisent en deux classes : les *meubles* et les *immeubles*.

Meubles. — On appelle *meubles* les choses *mobiles*, c'est-à-dire susceptibles de se déplacer elles-mêmes, comme un cheval, ou d'être déplacées par une force extérieure, comme une table.

Immeubles. — On appelle *immeubles*, les choses qui ne peuvent être déplacées, comme les fonds de terre, — et les choses qui font corps avec eux : constructions, etc.

Cette distinction offre un certain intérêt, notamment dans les matières : 1° de la *possession*; 2° de l'*usucapion*; 3° de la *mancipation*; 4° des biens dotaux; 5° du *furtum*.

— Les *meubles* se subdivisent en : 1° choses qui se consomment par le premier usage (*choses fongibles*); 2° choses dont on peut jouir sans les détruire (*choses non fongibles*). On verra des applications de cette distinction dans l'*usufruit* et le *mutuum*.

— Les *immeubles* se subdivisent en : 1° *immeubles italiques* (situés en Italie ou spécialement assimilés); et : 2° immeubles provinciaux. Les premiers seuls étaient susceptibles d'une véritable propriété romaine.

— Les CHOSES CORPORELLES, n'offrent d'intérêt, au point de vue du droit, que si l'on envisage les *droits* dont elles peuvent être l'objet.

DEUXIÈME SECTION. — RES INCORPORALES ou DROITS.

Les choses incorporelles sont des conceptions juridiques, des *abstractions*, qui peuvent être conçues par l'intelligence, mais ne peuvent être perçues par les sens.

Laissant de côté les choses incorporelles, *non appréciables en argent* (agnation, tutelle, lien du mariage, puissance paternelle, etc.), on ne doit s'occuper ici que des choses *incorporelles*, APPRÉCIABLES EN ARGENT, et susceptibles d'entrer dans le patrimoine : droits d'usufruit, d'usage, servitudes prædiales, hérédités jacentes, etc. Peu importe d'ailleurs, que ce soit une chose *corporelle* qui fasse l'objet du droit; ce droit, sur une chose *corporelle*, n'en est pas moins, personnellement, une chose *incorporelle*.

Les choses incorporelles ou **droits**, se présentent sous deux aspects bien différents : les droits *réels* et les droits *personnels*. Ceci nous amène à la théorie des *jura in re* (droits réels) et des *jura ad rem* (droits personnels).

Théorie des jura in re, et des jura ad rem. — Les droits sont des bénéfices garantis à chaque citoyen par la puissance publique; mais un droit peut exister : 1° AU PROFIT D'UNE PERSONNE, PAR RAPPORT A UNE CHOSE, lorsqu'une personne a le droit de retirer directement et sans aucun intermédiaire, d'une chose, une certaine utilité plus ou moins étendue.

2° AU PROFIT D'UNE PERSONNE, PAR RAPPORT A UNE PERSONNE, lorsque ce droit confère, à celui qui le possède, la faculté d'exiger, *d'une autre personne*, la *remise d'une chose*, *un fait* ou *une abstention*.

(Nous ne parlons pas des droits concédés à une personne sur une autre personne, comme la *dominica*, la *patria potestas*, etc. — Ces droits ne font pas partie du patrimoine, et nous n'avons pas à nous en occuper ici).

— Pour désigner les deux espèces de *droits* ci-dessus définis et qui constituent le patrimoine, on emploie plusieurs expressions : 1° droits *adversus omnes*. — *Droits adversus certam personam*; 2° droits *absolus*, droits *relatifs*; 3° droits *réels*, droits *personnels* ou de *créance*; 4° *jura in re*, *jura ad rem*. Chacune de ces expressions peut donner lieu à certaines critiques, mais toutes rendent cependant suffisamment la pensée, quoique sous des aspects différents.

— Constatons maintenant l'idée que les Romains se faisaient de cette distinction :

I. — **Jura in re.** — Ces droits s'exercent envers et contre tous, mais ils n'imposent aux autres hommes qu'un devoir *négatif* : celui de les respecter; dès lors, on peut faire abstraction de l'*obligé*, pour ne considérer que l'*ayant-droit*, d'un côté, et la *chose*, de l'autre côté. De là résulte qu'un *jus in re* s'énonce comme l'assujettissement d'une chose à une personne; *quasi rei subjectio*.

La propriété, par exemple, nous apparaît bien comme le type du *jus adversus omnes*; en effet, elle ne constituerait plus qu'un avantage précaire, si *une seule personne* était dispensée de la respecter. Mais d'un autre côté, l'obligation qui s'impose à tous, ne peut être que *négative*, car on ne comprendrait pas que *tous* fussent tenus envers *un seul* d'un service actif quelconque. — L'idée de ce droit négatif est si peu nécessaire à la notion exacte du droit lui-même, que les jurisconsultes n'y voyaient pas une obligation proprement dite : ainsi, en parlant de celui qui est actionné comme détenteur du bien d'autrui, disaient-ils, qu'il n'est nullement *obligé* envers le propriétaire : *nullo jure ei obligatus est*.

II. — **Jura ad rem.** — Le droit qui résulte immédiatement d'une convention ne peut s'exercer que contre une certaine personne déterminée (débiteur). — C'est un *vinculum juris* qui met le DÉBITEUR dans la nécessité de *donner*, de *faire* ou de *s'abstenir*, le tout dans l'intérêt du CRÉANCIER. Ce lien de droit constitue l'**obligation.**

Il est clair qu'un tel droit ne serait pas suffisamment énoncé si on ne désignait pas la *personne obligée*. C'est encore ici la nature des choses qui avait conduit les jurisconsultes à désigner le *jus ad rem*, comme le devoir d'une personne envers une autre personne : *officium personæ*.

Conséquence pratique. — Tandis que le détenteur d'un *droit réel* peut, en général, revendiquer la chose elle-même, en quelques mains qu'elle se trouve, par une action *in rem*; le *créancier* n'a sur l'objet de sa créance aucun pouvoir direct, et ne peut y arriver que par l'intermédiaire du débiteur; de telle sorte que si ce dernier a perdu la possession de la chose due, le créancier ne pourra obtenir qu'une indemnité pécuniaire. — La *créance* est garantie, à l'encontre du débiteur, par une action *in personam*.

REMARQUE. — A la distinction du *jura in re* et du *jura ad rem*, se rattache une importante théorie, qui est analysée dans cette phrase : *Traditionibus et usucapionibus, non nudis pactis dominia rerum transferuntur...* — On comprend en effet que pour que le droit, résultant d'une convention, devienne *opposable à tous*, il faut qu'il ait été porté à la connaissance du public, par un élément matériel ou extérieur. A Rome, cet élément *réalisateur* du droit, consistait dans les formes solennelles exigées pour la constitution des droits réels; en France, la loi de 1855 sur la *transcription* a commencé à donner satisfaction à cette nécessité de sécurité publique.

N. B. — La matière *des obligations* ou *jura ad rem*, qui, logiquement, devrait prendre place à la suite des *droits réels* ou *jura in re*, est reportée par les Institutes après les *manières d'acquérir per universitatem*, à *la fin* des CHOSES, et par le programme officiel, dans le premier examen de licence. C'est là où nous étudierons ce deuxième chapitre de notre deuxième section, et nous n'examinerons, quant à présent, que le chapitre premier.

CHAPITRE Ier. — DROITS RÉELS.

Les droits réels se divisent en deux classes : les uns sont reconnus et organisés par le *droit civil ;* les autres ont été conçus et réglementés par le préteur. Ces derniers, qui sont au nombre de quatre (domaine bonitaire, droits de superficie, d'emphythéose et d'hypothèque), sont naturellement plus récents et plus compliqués que les premiers, lesquels, régissant une société plus primitive, comptaient seulement : en première ligne, la propriété *ex jure quiritium ;* puis les servitudes réelles et personnelles ; enfin le droit de gage (*pignus*).

ARTICLE Ier. — **Droits réels reconnus par le Droit civil.**

§ 1er. — Droit de propriété, ou *Dominium ex jure Quiritium.*

N° 1. — GÉNÉRALITÉS.

Le Droit de propriété est le droit réel par excellence. Il consiste à permettre au *propriétaire* de retirer de sa chose toute son utilité. On analyse le droit de propriété en ces trois termes : JUS UTENDI, FRUENDI, ABUTENDI. Le *jus utendi*, consiste à se servir de la chose ; le *jus fruendi* consiste à profiter des fruits naturels ou civils qu'elle produit ; le *jus abutendi* consiste dans la faculté de transformer, d'aliéner et même de détruire la chose dont on est propriétaire.

La propriété est incontestablement *un droit ;* on peut donc justement s'étonner que les Institutes ne le mentionnent pas parmi les choses *incorporelles*. On cherche à expliquer cela en disant : qu'habituellement on se borne à nommer la chose dont on est propriétaire, tandis que pour indiquer qu'on a un autre droit que la propriété, il faut nommer le droit lui même. Cette explication est sans doute fort ingénieuse, mais elle ne peut pas faire que la propriété ne soit un *droit* et par conséquent une *chose incorporelle*.

Le droit de propriété ne peut exister que sur une chose corporelle.

Le droit de propriété peut être *démembré*, c'est-à-dire que les avantages divers, qui y sont attachés, peuvent appartenir à plusieurs personnes. Cela se présente tout d'abord au cas de *co-propriété par indivis* qui attribue à chaque co-propriétaire un droit égal (et par suite la moitié du droit complet), sur chaque parcelle de l'objet indivis. Le droit de propriété est également démembré ou restreint, si la chose qui m'appartient est grevée d'une servitude quelconque, d'une hypothèque, ou se trouve dans le domaine *bonitaire* d'un tiers.

(Remarquons que des motifs d'intérêt général ne permettent pas au propriétaire d'user de sa propriété d'une façon nuisible au bien public, et l'obligent même quelquefois à céder sa propriété (*expropriation*).

Il y a enfin une propriété spéciale sur les fonds provinciaux.

Qui peut être propriétaire. — La condition essentielle de l'aptitude au droit de propriété, c'est d'être *sui juris*, c'est-à-dire : susceptible d'avoir un patrimoine. Il en résulte que l'esclave (sauf le *servus publicus*), ne peut jamais être propriétaire ; même décision pour la femme *in manu* et l'individu *in mancipio*, ce qui d'ailleurs cesse de s'appliquer quand la *manus* et le *mancipium* disparaissent ; même décision pour le *fils de famille*, incapable dans le principe de posséder un patrimoine ; toutefois la législation arriva bientôt à reconnaître à ce dernier le droit d'être propriétaire de certaines natures de biens. (V. art. 4 : par quelles personnes on acquiert).

N° 2. — DE LA POSSESSION.

Sens général du mot possession. — Posséder une chose, c'est l'avoir à sa disposition ; la possession n'est donc autre chose que l'exercice du droit de propriété, et, par suite, ne peut exister que sur une chose corporelle. Toutefois, comme l'exercice d'un droit autre que la propriété, d'un droit d'usufruit par exemple, offre bien de l'analogie avec la possession proprement dite, on a été amené à désigner l'exercice de ce droit sous le nom de *quasi-possessio*, ou *possessio juris*.

Différents degrés de possession. — La possession proprement dite suppose : non-seulement *le fait* d'avoir une chose matériellement à sa disposition, mais aussi l'*intention*, de la part du possesseur, de garder la chose pour lui, dans son propre intérêt, *rem sibi habendi ;* cette invention s'appelle l'ANIMUS DOMINI.

Aussi reconnait-on trois sortes de possessions. **I.** Etat dit : *esse in possessione*. Un dépositaire possède matériellement la chose mise en dépôt ; mais il n'a pas la moindre pensée de la posséder à titre de propriétaire ; on dit alors qu'il est *in possessione*. Il n'a aucun interdit pour protéger cette possession spéciale, de fait. **II.** *Possession proprement dite*. — Un voleur possède la chose volée dans toute la plénitude du mot ; car à l'élément matériel se joint l'*animus rem sibi habendi*. Tel est aussi le cas de celui auquel une chose a été livrée en exécution d'une vente, etc., du créancier gagiste quant au gage, du précariste, etc. — Ces possesseurs obtiennent du préteur des interdits *retinendæ vel recuperandæ possessionis*. **III.** — *Civilis possessio*. — La possession civile est une possession telle que, *prolongée pendant un certain temps*, elle se transforme en *propriété* reconnue par le droit civil. Cette possession comprend bien entendu le fait matériel, *corpus*, et l'*animus*, mais, de plus, certaines autres conditions : *le juste titre* et *la bonne foi* (V. Usucapion). On oppose souvent à la *possessio civilis*, la *possessio naturalis*, qui comprend la possession proprement dite et la situation d'être *in possessione*.

Comment s'acquiert la possession. — Deux éléments sont nécessaires à l'acquisition de la possession : 1° *La prise de possession* matérielle ; 2° *l'animus rem sibi habendi*.

(Dans la rigueur des principes, l'*infans*, incapable d'avoir l'*animus*, ne pourrait acquérir la possession ; mais on finit par admettre que : « *infans possidere recte potest si tutore autore cœpit*. » L'*auctoritas* remplace donc l'*animus*. L'empereur Décius va plus loin, en décidant que l'*infans* acquerra la possession *Corpore tantum*, sans qu'il soit besoin de l'*auctoritas*).

Comment se perd la possession. — Pour retenir la possession comme pour l'acquérir, il faut les deux éléments : l'*animus* et le *corpus*. — Toutefois, les jurisconsultes sont arrivés à décider que, *pour les immeubles*, la possession se retient *animo tantum*, et que, par conséquent, elle ne disparaît que si on perd simultanément le *corpus* et l'*animus*.

N° 3. — MODES D'ACQUÉRIR LA PROPRIÉTÉ.

GÉNÉRALITÉS.

Les modes d'acquisition de la propriété peuvent être envisagés sous différents points de vue : On distingue :

I. — Les modes d'acquérir à *titre particulier* ou *per universitatem*. L'acquéreur *per universitatem*, à la différence de l'acquéreur à titre particulier, est tenu des dettes qui grèvent les biens qu'il reçoit.

II. Les modes d'acquérir *inter vivos* (comme l'usucapion), ou *mortis causa* (comme le legs).

III. Les modes *originaires* ou *dérivés*. — Dans les seconds, je deviens propriétaire, mais en dépouillant quelqu'un de sa propriété ; dans le premier (l'occupation), j'acquiers une chose qui n'appartient à personne. — Les modes dérivés se divisent en *volontaires* et *involontaires :* Les premiers (Tradition, mancipatio, in jure cessio) n'exigent, pour leur accomplissement, que des conditions qu'il dépend de nous de réaliser. Les seconds (usucapion, adjudication, loi) opèrent dans des circonstances, jusqu'à un certain point, indépendantes de notre volonté.

IV. — Enfin, on distingue les modes d'acquérir du *droit des gens* et les modes d'acquérir du *droit civil*. Les premiers sont accessibles aux pérégrins comme aux citoyens Romains ; les seconds ne sont accessibles qu'aux citoyens Romains. Cette distinction n'a du reste aucune importance pratique, dans le droit de Justinien, sous lequel le *jus civitatis* appartient à tous les sujets de l'empire.

Il y a sept modes d'acquisition : *deux* du droit des gens : l'*occupation* et la *tradition ;* et *cinq* du droit civil ; la *mancipatio*, l'*in jure cessio*, l'*usucapion*, l'*adjudication*, la *loi*. Tous ces modes sont des modes d'acquérir à titre particulier.— L'occupation est un mode originaire, les six autres sont dérivés.

Remarque I. — Les sept modes d'acquisition se réduisent à *cinq* sous Justinien, qui supprime la *mancipatio* et l'*in jure cessio*. — Le tableau des modes d'acquérir (V. T. 21) est dès-lors modifié de la façon suivante :

MODES D'ACQUÉRIR SOUS JUSTINIEN.	D'APRÈS LE DROIT DES GENS.	Occupation.	Mode originaire	
		Tradition.		Volontaire.
	D'APRÈS LE DROIT CIVIL.	Usucapio.	Modes dérivés.	Non volontaires.
		Adjudicatio.		
		Lex.		

Remarque II. — La *donation*, que Justinien présente à tort, comme un mode d'acquérir, et l'*accession* qui n'est, dans la majorité des cas, qu'une extension du droit de propriété, seront étudiées, *en appendices*, après les *sept* modes véritables d'acquérir la propriété.

Modes d'acquérir du droit des gens. (T. 25).

Mode d'acquérir du droit civil (T. 25, 26, 27).

APPENDICE : DE L'ACCESSION (T. 28, 29, 30).

DROIT DE PROPRIÉTÉ. — MODES D'ACQUÉRIR. — *Du Droit des gens :* (Occupation ; Tradition). — *Du Droit civil :* (Mancipatio ; In jure cessio ; Adjudicatio ; Lex).

Généralités (T. 24).

Modes d'acquérir du Droit des gens.

OCCUPATION.

L'occupation est le fait, de la part d'une personne, de prendre possession d'une *res nullius*, c'est-à-dire d'une chose qui, tout en étant susceptible d'appropriation privée, est actuellement sans propriétaire.

Chasse et pêche. — On devient propriétaire des animaux sauvages, pris à la chasse ou à la pêche, dès qu'on met la main dessus. L'animal blessé par Primus mais pris par Secundus, appartient à ce dernier. (Trébatius soutenait qu'il suffisait d'avoir blessé l'animal *ita ut capi possit*) — Dès lors, celui qui s'emparait de l'animal blessé par autrui, commettait un vol. Si l'animal, une fois pris, s'échappe ou est délivré, le droit de propriété s'éteint.

Les *Abeilles* en liberté sont considérées comme des animaux sauvages et appartiennent au premier occupant.

Butin de guerre. — Je deviens propriétaire des objets mobiliers, y compris les hommes, dont je me suis emparé individuellement à la guerre. — Les immeubles et le butin fait par l'armée entière appartiennent à l'Etat. — *Remarquons*, quant aux prisonniers de guerre, que les Romains reconnaissent en leur faveur le *postliminium.* Je perdrai donc ma propriété en fait et en droit si mon esclave, prisonnier de guerre, s'échappe et retourne *apud suos*.

Productions de la mer. — Les objets, (pierres, corail, perles, etc.), que l'on trouve au bord et, *à fortiori*, au fond de la mer, ainsi que les îles qui se forment dans la mer, appartiennent au premier occupant.

Res derelicta. — Un objet abandonné par son propriétaire, *sans esprit de le recouvrer*, devient *res nullius*, et appartient au premier occupant. (V. plus bas : *Tradition, in fine*).

La prise de possession, dans l'occupation, doit, bien entendu, réunir les éléments de la possession *ad interdicta* : le *corpus* et l'*animus*.

TRADITION.

Généralités. — La *tradition* est la remise de la possession d'une chose. — Cette remise peut être faite, par exemple à un locataire, sans abdiquer l'*animus domini ;* c'est la *nuda traditio*. Nous n'avons pas à nous en occuper, mais bien de la *traditio* proprement dite qui est un mode d'acquérir du droit des gens : *nihil enim tam conveniens est naturali æquitati quam* VOLUNTATEM *domini volentis rem suam in alium transferre, ratam haberi ;* cependant, la volonté seule ne suffit pas : *non nudis pactis dominia rerum transferuntur ;* il faut de plus un élément matériel, extérieur, qui, dans l'espèce, est précisément la tradition.

Conditions nécessaires pour que la tradition transfère la propriété. — 1° Il faut que le *tradens* soit capable d'aliéner ; 2° il faut que l'*accipiens* soit capable d'acquérir ; 3° il faut que la tradition soit faite *ex justa causa*, c'est-à-dire : que le *tradens* ait l'intention d'aliéner, et l'*accipiens* celle d'acquérir ; 4° il faut enfin que la chose ait été mise d'une manière quelconque, matériellement ou symboliquement, à la disposition de l'*accipiens*.

Il est sous-entendu que la tradition ne peut s'appliquer qu'à des choses susceptibles de propriété privée, ce qui excluait, entre autres : les *fonds provinciaux* stipendiaires ou tributaires, qui ne purent devenir la propriété des particuliers, qu'à partir de Dioclétien et surtout de Justinien.

La tradition, étant un mode d'acquérir du droit des gens, produit, quand elle est appliquée à une chose *mancipi*, un effet singulier : le *nudum jus quiritium* reste au *tradens ;* et l'*accipiens* reçoit seulement la propriété bonitaire (V. T. 34). Toutefois, si l'une des parties est un *pérégrin*, le domaine quiritaire est complètement transféré. De même, quand la tradition s'applique à un *res nec mancipi*, elle transmet la plénitude du domaine quiritaire.

Cette distinction a disparu sous Justinien, avec celle des choses *mancipi* et *nec mancipi*, et la tradition s'applique avec la même efficacité à toutes les choses corporelles.

Modalités. — A la différence de la *mancipatio* et de l'*in jure cessio*, les parties peuvent convenir, dans la *Tradition*, que la propriété sera transférée à telle époque ou sous telle condition.

Tradition faite en matière de vente. — L'acheteur ne devient propriétaire de la chose vendue, que si elle lui a été *livrée* et s'il en a payé le prix (ou donné quelque satisfaction équivalente au paiement). — *Remarque*. L'acheteur, qui n'a pas payé le prix, et qui a reçu la chose, est considéré tout au moins comme possesseur, car il a le *corpus* et l'*animus*. (V. T. 24. *Possession*).

Tradition faite A NON DOMINO. — La tradition peut être valablement faite, par un *non dominus ;* en d'autres termes, on peut, par ce mode, acquérir ou aliéner par un tiers. Tel est le cas du mandataire spécial ou général.

Tradition non apparente. — Dans certains cas, la propriété est transférée, quoiqu'il n'y ait pas de tradition apparente. Ainsi : 1° Je vous vends la chose que vous possédiez comme mon fermier. La tradition est réputée faite, et en effet elle a, quoique pour un autre objet, précédé la vente. 2° En sens inverse : je vends à Titius une chose qui m'appartient et que je possède actuellement ; puis, nous convenons que je continuerai à la posséder pour le compte de Titius, à titre de fermier. C'est comme s'il y avait eu une double tradition : de moi vendeur à Titius, à titre de vente, et de Titius à moi à titre de louage. On appelle cette opération : le *constitut possessoire.* 3° La remise des clefs d'un magasin tient lieu de la tradition des objets qu'il contient.

Remarque. — Le magistrat qui lance des pièces de monnaies dans la foule, fait bien tradition aux personnes qui les ramassent, quoiqu'il ne connaisse pas ces personnes. — Au contraire il n'y a pas tradition, dans le cas où j'abandonne une chose, dans l'intention de ne point la reprendre. Cette chose devient un *res nullius* qui appartiendra au premier occupant. — V. plus haut : *Occupation*.

(On ne doit pas d'ailleurs considérer comme abandonnées les marchandises que, dans un désastre maritime, on jette par dessus bord, pour alléger le navire, ou bien les objets que l'on perd sans le vouloir. Celui qui s'en emparerait commettrait un *furtum*).

Erreur dans la tradition. — 1° La chose que je vous livre n'est pas celle que je crois vous livrer, ou que vous croyez recevoir ? Il n'y a rien de fait. 2° Le *tradens* livre une chose qu'il croit appartenir à une autre personne, son mandant par exemple, tandis qu'elle lui appartient à lui même ? Il n'y aura pas transport de propriété, car : *nemo errans rem suam amittit.* — 3° Je vous livre une chose avec l'intention de vous la prêter, et vous la recevez croyant que je veux vous la donner ? Il n'y aura pas transport de propriété.

Mais *quid*, si je vous l'avais donnée à titre de *mutuum*, — qui entraîne l'aliénation, — et que vous ayiez cru la recevoir à titre de donation ? La question est plus délicate ; mais Ulpien décide, conformément à l'équité, qu'il n'y a pas transport de propriété.

Modes d'acquérir du Droit civil.

Mancipatio. — C'est une vente fictive faite par le *mancipans* à l'*accipiens*, en présence de cinq témoins et d'un *libripens* (porte-balance), citoyens romains et pubères. — L'acheteur affirme sa propriété sur l'objet *mancipi*, (un esclave par exemple), en disant : *aio hunc hominem esse meum ex jure quiritium, isque mihi emptus est hoc ære, æneaque libra* (Symbole du *pesage* du prix, avant l'invention des monnaies).

Nous avons vu la *mancipatio* s'appliquer au fils de famille, et à la femme qui tombe *in manum ;* elle serait nulle appliquée à une *res nec mancipi*.

In jure cessio. — C'est un procès fictif. L'acquéreur revendique devant le magistrat la chose dont il veut devenir propriétaire ; l'aliénateur ne contredit pas ; et le magistrat adjuge. Ce mode est commun aux *res mancipi* et *nec mancipi*.

Adjudicatio. — Ce mode, qui s'applique aux choses *mancipi* et *n. m.*, est l'attribution de propriété faite par le magistrat dans les trois actions divisoires : en partage d'une hérédité, d'une chose commune ou en bornage (V. ACTIONS *mixtes*).

Lex. — Il y a acquisition *lege* quand on devient propriétaire directement en vertu d'une disposition de la loi. (*V. aux testaments :* Droits d'accroissement. — Jus caduca vindicandi. — Legs per vindicationem).

TRÉSOR. — Le trésor est : *vetus quædam depositio pecuniæ*, CUJUS NON EXSTAT MEMORIA, *ut jam dominium non habeat.* 1° Celui qui trouve un trésor dans son fonds ou dans un lieu qui n'appartient à personne, en devient propriétaire. — 2° Le trésor trouvé, après des recherches *ad hoc*, appartient à l'inventeur. — 3° Le trésor trouvé *fortuito* (par hasard) dans le terrain d'*autrui*, appartient pour moitié à l'inventeur, et pour l'autre moitié, au propriétaire du terrain.

Usucapion. — (T. 26 et 27).

APPENDICE : DE L'ACCESSION. (T. 28, 29, 30).

DROIT DE PROPRIÉTÉ. — MODES D'ACQUÉRIR *du Droit civil :* Usucapion.

Généralités (T. 24).

Manière d'acquérir du Droit des gens. } (T. 25).
Mancipatio. — In jure cessio. — Adjudicatio. — Lex. }

Modes d'acquérir du Droit civil (*Suite*).

USUCAPIO. — PRÆSCRIPTIO LONGI TEMPORIS.

DÉFINITION ET CARACTÈRE DE L'USUCAPION.

L'usucapion (*capio usu*), est un mode civil d'acquérir la propriété, par la *possession prolongée pendant un certain temps.* C'est là le caractère distinctif de l'usucapion ; mais on verra plus loin des conditions secondaires auxquelles elle est soumise.

L'usucapion est une institution du droit civil, qui ne peut profiter qu'aux citoyens. — Elle ne s'applique qu'aux choses susceptibles de *domine quiritaire* (ce qui exclut les fonds provinciaux). — Fondée sur la *possession*, elle ne peut s'appliquer aux *choses incorporelles*, qui ne sont point susceptibles de possession.

CAS D'APPLICATION DE L'USUCAPION.

Elle avait, en principe, deux applications distinctes : 1° quand une chose *mancipi*, dont on veut transférer la propriété, est livrée, sans qu'on ait employé un des modes de transmission du domaine quiritaire, l'*accipiens* n'acquiert provisoirement sur cette chose que l'*in bonis* (V. *Domaine bonitaire*); mais il transformera ce domaine incomplet, en *dominium ex jure quiritium*, en *usucapant* la chose ; — 2° lorsqu'une chose a été livrée par une personne qui n'avait pas le droit de l'aliéner, l'*accipiens* DE BONNE FOI en deviendra propriétaire, s'il l'usucape.

Ces deux cas se ressemblent en ce que, dans l'un comme dans l'autre : 1° la tradition doit avoir été faite *ex justa causa;* 2° le délai est uniformément de *deux ans* pour les immeubles, d'*un an* pour les meubles; 3° le possesseur est protégé par l'action publicienne (V. ACTIONS REELLES *prétoriennes*) : — **Mais ils diffèrent** en ce que : 1° La bonne foi est exigée dans le second cas, tandis qu'il ne peut en être question dans le premier; — 2° dans le second cas, le possesseur peut être évincé par le véritable propriétaire; tandis que dans le premier, l'action du propriétaire serait repoussée par l'exception *rei venditæ et traditæ*. (V. Exceptions).

Remarque : Sous Justinien, la première application de l'usucapion a disparu avec la distinction des choses *mancipi* et *nec mancipi* ; quant à la seconde application, elle subsiste, quoique modifiée (V. plus loin : *Modifications de Justinien*).

CONDITIONS AUXQUELLES EST SOUMISE L'USUCAPION.

Plusieurs conditions sont nécessaires pour usucaper : *Le juste titre* ou *justa causa ; la bonne foi; la possession civile ; le délai légal ; l'absence de tout vice*, (cette dernière condition sera étudiée, T. 27 : *Choses qui peuvent être usucapées*).

JUSTA CAUSA.

Posséder **ex justa causa**, c'est posséder en vertu d'un acte qui révélait, chez le possesseur (tradens) l'intention d'*aliéner*. Ainsi, on usucape *pro emptore, pro donato, pro dote, pro legato*, etc., suivant qu'on a reçu la chose à la suite d'une vente, d'une donation, d'un legs, ou d'une constitution de dot.

Mais, il y a certains cas plus compliqués. Ainsi je possède *pro herede*, une chose qui fait partie d'une hérédité, et que le *de cujus* ne possédait pas lui-même; je pourrai néanmoins usucaper. On est dit posséder *pro suo*, quand on n'a aucun autre titre à invoquer ; tel est le cas de celui qui possède l'enfant d'une esclave *furtiva* (volée), qui elle ne peut être usucapée.

Lorsqu'il n'y a que L'APPARENCE d'une justa causa, peut-il y avoir usucapion? Non, en principe, (Tel est le cas d'une personne qui croit posséder pro emptore, quand en réalité, il n'y a point eu d'achat). Mais les jurisconsultes ont admis que, dans le cas où l'erreur est de telle nature que toute personne raisonnable y serait tombée, ce *titre putatif* équivaudra à la *juste cause*.

Telle est l'espèce suivante : j'ai chargé Titius de m'acheter une chose; Titius me dit l'avoir achetée, et me la livre ; or il n'y a point eu d'achat ; je pourrai néanmoins usucaper.

Preuve. — En cas de débat sur l'existence de la *juste cause*, le fardeau de la preuve incombe à celui qui prétend avoir une *justa causa* possidendi.

BONNE FOI.

Le possesseur est de bonne foi quand il croit que celui dont il tient la chose en était propriétaire ou avait le droit de l'aliéner. — En d'autres termes, la bonne foi c'est l'*erreur;* or il peut y avoir erreur *de fait* ou erreur *de droit;* la première seule permet d'usucaper ; si, au contraire, on commet une erreur de droit, par exemple en croyant qu'un pupille peut valablement aliéner, on ne saurait usucaper, car nul n'est censé ignorer la loi.

A quel moment doit exister la bonne foi. — En principe la bonne foi doit avoir existé, et cela suffit, au moment où la possession *a commencé;* peu importe que l'erreur ait cessé postérieurement. Toutefois, 1° il paraît que les jurisconsultes exigeaient la bonne foi pendant toute la durée du temps requis, chez celui qui possède *pro donato*. — 2° Chez celui qui possède *pro emptore*, on exige la bonne foi non-seulement au moment de la tradition, mais encore au moment de la vente.

Cette seconde anomalie s'explique par cette disposition de la loi des XII Tables, qui, à propos de l'usucapion (comme le préteur dans la publicienne), exige de l'usucapant qu'il ait *acheté* de bonne foi : *bona fide emit*); pour obéir à la loi, les jurisconsultes exigent la bonne foi à l'origine de la possession et aussi au moment du contrat.

Preuve. A la différence de la *justa causa*, la bonne foi est toujours présumée, et c'est à l'adversaire à prouver qu'elle n'existe pas.

Cas dans lesquels la bonne foi n'est pas exigée. — I. USUCAPIO LUCRATIVA PRO HEREDE. — Une succession est ouverte; Titius possède une chose héréditaire, dont l'héritier n'a pas pris possession ; Titius, quoique sans bonne foi ni juste titre, usucapera. Cette usucapion, dite *lucrativa*, a été établie pour accélérer les aditions d'hérédité, dont les retards préjudicient à la *religion*, à cause des *sacra*, et aux créanciers de la succession, qui ne savent à qui s'adresser. De ce motif résulte que, s'il s'agit d'un héritier, investi de plein droit, *sien et nécessaire*, l'*usucapio lucrativa* ne s'applique plus. — Remarquons que, par un surcroît de faveurs, l'*usucapio lucrativa* n'était soumise, quant aux immeubles, qu'à un délai d'un an. — DISPARITION DE L'USUCAPIO LUCRATIVA. Un S. C. rendu sous Adrien, décide d'abord que l'usucapion *pro herede* sera révoquée sur la demande de l'héritier qui réclamera les biens héréditaires; puis Marc-Aurèle punit criminellement (*crimen expilatæ hereditatis*) ceux qui s'emparent des choses héréditaires, avant l'adition et la prise de possession par l'héritier.

II. USURECEPTIO. — Un débiteur *transfère la propriété* d'un gage à son créancier. Celui-ci s'engage, par un contrat de fiducie, à rendre au débiteur le gage, s'il est payé à l'échéance. Si le débiteur rentre en *possession* du gage, il pourra sans juste titre ni bonne foi, après un an de possession, reconquérir la *propriété* de sa chose par l'usucapion, qui prend ici le nom d'*usureceptio*.

III. USURECEPTIO EX PRÆDIATURA. — Elle a lieu sans juste titre ni bonne foi, quand l'ancien propriétaire d'une chose aliénée par le Trésor public, pour défaut de paiement de l'impôt, rentre en possession de cette chose et la possède pendant deux ans.

POSSESSION CIVILE. — Nous avons vu (T. 24), au sujet de la *possession*, ce qu'était la *possessio civilis* (*corpus* et *animus*).

DURÉE DE LA POSSESSION.

La possession doit durer *sans interruption, un an* pour les meubles, *deux ans* pour les immeubles. Toutefois on n'exige pas que celui qui veut usucaper, ait possédé lui-même pendant tout le temps requis. De là les hypothèses suivantes :

I. *Continuation de la possession du défunt par son héritier ou successeur à titre universel.* L'héritier *sustinet personam defuncti*, et par suite continue la possession du défunt. Si la possession du défunt était entachée de mauvaise foi, le successeur ne pourrait usucaper ; mais, par contre, la mauvaise foi du successeur n'empêcherait pas de s'achever l'usucapion commencée de bonne foi par le défunt.

II. *Jonction de la possession du successeur à titre particulier à la possession de l'auteur* : ACCESSIO POSSESSIONUM. — Il n'y a point de continuation de personne, et le successeur particulier commence une possession nouvelle, celle du défunt étant considérée comme non avenue. Toutefois un rescrit de Sévère et d'Antonin permet au successeur particulier de joindre sa possession à celle de son auteur (*conjungi tempora*), mais seulement si les deux possessions sont de bonne foi. — Ainsi : 1° Le successeur particulier est de *mauvaise foi* ; il ne peut commencer une possession utile, et ne pourra profiter de la possession de bonne foi de son auteur ; 2° s'il est de *bonne foi*, il pourra usucaper malgré la mauvaise foi de son auteur ; mais il ne pourra se servir de la possession vicieuse de son auteur ; 3° mais si le successeur particulier et son auteur sont tous deux de bonne foi, le premier aura intérêt à joindre les deux possessions pour arriver plus vite à l'usucapion.

III. *Interruption de la possession.* L'usucapion résulte d'une possession *non interrompue*. L'interruption de la possession (*usurpatio*) résulte uniquement de la *dépossession* DE FAIT. La revendication même n'interrompt pas l'usucapion, qui peut s'accomplir *pendente lite*.

— Quelles choses peuvent être usucapées. — Præscriptio longi temporis. — Modifications de Justinien. (T. 27).

APPENDICE : DE L'ACCESSION (T. 28, 29, 30).

DROIT DE PROPRIÉTÉ. — modes d'acquérir : *du Droit civil* (usucapion).

Modes d'acquérir du Droit civil. (Fin.)

Généralités (T. 24).

Modes d'acquérir du Droit des gens.

Mancipatio. — In jure cessio. — Adjudicatio. — Lex. } (T. 25).

USUCAPIO. — PRÆSCRIPTIO LONGI TEMPORIS. (Fin.)

Définition et caractères. — Cas d'application. — Conditions. (T. 26).

QUELLES CHOSES PEUVENT ÊTRE USUCAPÉES.

Les choses *extra commercium* ne peuvent jamais être usucapées (*V. choses extra patrimonium.* — T. 22).

Quant aux choses qui sont dans le commerce, elles peuvent toujours en général s'acquérir par usucapion (ou præscriptio longi temporis).

Exceptions. — 1° La loi Scribonia prohibe l'usucapion des servitudes. 2° Les choses *mancipi*, qui appartiennent à la femme en tutelle, ne peuvent être usucapées, que si elles ont été livrées par la femme avec l'*auctoritas tutoris*. 3° La chose du pupille peut, jusqu'à Dioclétien, être usucapée, à moins qu'il ne s'agisse de *prædia rustica vel suburbana*. Dioclétien accorde le *restitutio in integrum* au pupille dont la chose a été usucapée, et Justinien suspend en sa faveur toute prescription. 4° La chose donnée à un gouverneur de province et vendue par lui, ne peut être usucapée, bien que le possesseur gagne les fruits. 5° Le *fonds dotal* ne peut être aliéné par le mari, ni usucapé, sans le consentement de la femme. (Toutefois le possesseur d'un fonds, *in causa usucapiendi*, ne verra pas sa possession interrompue par cela seul que le propriétaire aura constitué ce fonds en dot).

6° *Res furtiva.* — (L. des XII T.-L. Atinia. — L. Plautia et Julia). Un possesseur de bonne foi ne peut usucaper les choses volées ni, par analogie, l'esclave fugitif, qui est considéré comme s'étant volé lui-même. Il est clair que cette prohibition ne vise pas le voleur, puisque ce dernier, étant de *mauvaise foi*, est déjà dans l'impossibilité légale d'usucaper. Or il résulte de ceci que l'usucapion ne peut guère s'appliquer aux meubles; en effet, ou un meuble m'a été livré par le véritable propriétaire, et alors, je n'ai pas besoin de l'usucapion pour en devenir propriétaire; ou il a été volé, avant de m'être livré, et l'usucapion est impossible. Toutefois, l'usucapion s'appliquera aux meubles, si par exemple la tradition a été faite par un propriétaire *apparent* de bonne foi, la chose n'étant pas furtive.

Quant aux immeubles, ne pouvant être considérés comme *furtifs*, ils n'étaient pas soumis à la loi Atinia et pouvaient être usucapés, sinon par celui qui les avait occupés, et qui n'avait pas la bonne foi, au moins par l'acquéreur de bonne foi. Plus tard, les lois Plautia et Julia décident que les immeubles seront assimilés aux meubles et incapables d'être usucapés, mais seulement s'ils ont été occupés par violence.

EFFETS DE L'USUCAPION. { L'usucapion fait acquérir la propriété quiritaire, telle qu'elle se trouvait dans le patrimoine du précédent propriétaire, c'est-à-dire grevée des mêmes droits de servitude, gage, hypothèque, etc.

PRÆSCRIPTIO LONGI TEMPORIS.

La prescription ou possession de long temps est une institution du droit prétorien destinée à compléter les lacunes de l'usucapion.

Comparaison de l'usucapion et de la *præscriptio longi temporis*.

RESSEMBLANCES.	**DIFFÉRENCES.**
Dans l'une comme dans l'autre: on exige:	1° Quant aux personnes. — L'usucapion protége les citoyens Romains; la præscriptio longi temporis s'étend aux pérégrins comme aux citoyens romains.
1° une possession prolongée sans interruption pendant un certain temps.	2° Quant aux biens. — L'usucapion ne s'applique qu'aux fonds situés en Italie.
2° La transmission en vertu d'une juste cause.	La præscriptio longi temporis s'applique également aux fonds provinciaux.
3° La *bonne foi* chez le possesseur.	3° Quant à la durée. — L'usucapion exige *un an* pour les meubles, et *deux ans* pour les immeubles.
	La præscriptio longi temporis est, sans distinction de meubles ou d'immeubles, de dix ans entre présents (domiciliés dans la même province); et de vingt ans entre absents.
	4° Quant à l'interruption. — La possession n'est pas interrompue dans l'usucapion, par l'action en revendication du propriétaire; elle est interrompue, dans la præscriptio longi temporis, dès que la réclamation est portée en justice.
	5° Quant aux effets. — L'usucapion transfère la propriété avec les charges qui la grevaient dans les mains du précédent propriétaire.
	La præscriptio longi temporis, plus favorable en ce point, éteint les servitudes et hypothèques.
	6° Quant aux moyens de défense. — Celui qui a usucapé a une action en revendication contre les tiers ou même contre l'ancien propriétaire.
	La præscriptio longi temporis n'accordait, dans le principe, qu'une exception; mais, avec le temps, elle fut munie d'une action *utile*, *la publicienne*, équivalant à la revendication.

MODIFICATIONS DE JUSTINIEN.

Justinien, sous le nom d'**usucapion**, adopte un système éclectique entre l'usucapion primitive et la præscriptio longi temporis.

A cette époque, la première application de l'usucapion a disparu avec la distinction des choses en *res mancipi* et *nec mancipi*. — La seconde application seule (V. plus haut, T. 26), a un intérêt d'actualité.

De son côté, toute distinction s'efface entre *citoyens* et *pérégrins*, entre *propriété quiritaire* et *propriété bonitaire*, entre *fonds italiques* et *fonds provinciaux*; ce qui diminue l'intérêt de la præscriptio longi temporis proprement-dite.

Dans sa nouvelle création, Justinien prend : I à l'ancienne usucapion : la nécessité 1° du juste titre; 2° de la bonne foi; 3° de la continuité; II à la præscriptio longi temporis : le délai de 10 ou 20 ans, mais seulement pour les immeubles; quant aux meubles, il établit un délai spécial de 3 ans; III quant aux effets : il unit celui de l'usucapion : translation de propriété, à celui de la præscriptio longi temporis : extinction des droits de servitude et d'hypothèque.

(Dans les points qui ne sont pas formellement réglés par Justinien, les interprètes admettent qu'il faut appliquer, de préférence, les principes de l'ancienne usucapion).

Justinien maintient la prescription de trente ans, établie par Théodose II, dans un but de sécurité sociale, pour paralyser, sauf quelques exceptions, toute recherche de propriété, ainsi que les effets des actions perpétuelles.

Remarques. — Anastase avait établi une *prescription de 40 ans*, s'appliquant à tout ce qui échappait à la prescription de 30 ans. (Action hypothécaire; biens patrimoniaux de l'empereur; biens des églises ou établissements de bienfaisance).

Appendice : de l'accession. (T. 28, 29, 30).

DROIT DE PROPRIÉTÉ. — MODES D'ACQUÉRIR. — De l'Accession.

Généralités (T. 24).

Modes d'acquérir du Droit des gens. (T. 25).

Modes d'acquérir du Droit civil (T. 25, 26, 27).

Appendice aux manières d'acquérir la propriété : Événements divers compris sous le nom d'Accession.

Aux sept modes d'acquérir que nous venons d'étudier, on en ajoute souvent un huitième, qui se rattacherait au droit des gens, l'*accession*, laquelle consiste en général à acquérir une chose comme *accessoire* d'une chose qui nous appartient déjà. On s'est demandé si l'accession est, en droit et à proprement parler, un mode d'acquérir, ou si ce n'est qu'une extension du droit de propriété. La question présente peu d'intérêt pratique ; toutefois, comme ce mode anonyme d'acquérir ne figure dans aucune énumération, et qu'il n'a pas même un mot spécial pour le désigner, (car *accessio* s'applique uniquement à la chose accessoire), nous l'étudions en *appendice* ; il était difficile, en effet, de faire rentrer tous les cas, qui se groupent sous le nom d'*accession*, soit dans les modes d'acquérir du droit des gens, soit dans les modes d'acquérir du droit civil ; le *trésor* notamment, que l'on considère comme un des cas d'accession, s'acquiert bien par occupation (droit des gens) mais aussi ex lege (droit civil). C'est même dans l'acquisition ex lege, qu'avec M. Accarias, nous avons étudié *le trésor*.

DROIT DU PROPRIÉTAIRE SUR CE QUE PRODUIT LA CHOSE.

Les fruits et autres produits d'une chose continuent, quand ils sont détachés, à appartenir au propriétaire ; ce n'est qu'un fractionnement d'une chose unique en plusieurs choses. Il en est de même des petits des animaux et des enfants nés d'une esclave ; car le croît des animaux et le part d'une esclave fait partie de la mère, jusqu'à la naissance, comme les récoltes font corps avec le sol, tant qu'elles ne sont pas détachées.

Remarque. — Si la chose est possédée par un tiers de bonne foi, si elle est soumise à un droit d'usufruit ou donnée à ferme, les fruits appartiennent à celui qui possède matériellement la chose, *animo domini* ou à titre précaire, et non au propriétaire. Toutefois les enfants de l'esclave appartiennent, dans tous les cas, au véritable propriétaire de l'esclave. On en donne pour raison, peu décisive selon moi, que l'enfant de l'esclave n'est pas un fruit proprement-dit, parce qu'on n'achète pas une esclave dans le but de la faire produire.

ACCESSION RÉSULTANT DU VOISINAGE D'UN FLEUVE, RIVIÈRE, ETC.

I. ALLUVION.

Des parcelles de limon venant se déposer successivement le long d'un fonds riverain, cet *incrementum latens* finit par constituer une surface qui appartient toujours, au fur et à mesure qu'elle se forme, au propriétaire du fonds. (Dans les provinces, il faut distinguer les *agri limitati* (portions géométriques de terrain resserrées dans des limites fixes et invariables et qui ont été vendues ou concédées par l'État), et les *agri occupatorii* ou *arcifinales* (concédés ou vendus sans désignation de contenance, et qui ne sont bornés que par des limites naturelles plus ou moins variables). Ces derniers seuls jouissent de l'alluvion ; — les *agri limitati*, au contraire ne peuvent modifier leurs limites ; l'alluvion qui se forme sur leurs rives, est une *res nullius*, appartenant au premier occupant, et par suite, dans la pratique, au propriétaire de l'ager limitatus.

II. JUXTAPOSITION D'UNE PORTION reconnaissable.

Si au lieu d'être un *incrementum latens*, c'est une portion de terrain *reconnaissable* qui a été détachée d'une rive, par la force des eaux, et va se juxtaposer à un fonds inférieur, il n'y a point de modification dans le droit des propriétaires ; toutefois, si cette portion de terrain possède des arbres, et que ces arbres poussent leurs racines dans le fonds voisin, il y a contradiction entre les Institutes et un texte du Digeste. (Version Florentine). D'après les Institutes, les arbres seulement, et, d'après le Digeste, le terrain lui-même, seraient acquis au propriétaire riverain.

III ILES OU ILOTS.

L'île née dans une rivière ou un fleuve, appartient aux riverains, selon les règles suivantes. On suppose tout d'abord une ligne idéale tirée au milieu du fleuve, dans le sens de sa longueur. — I. *Ire règle.* Toute la partie de l'île qui se trouve à gauche de cette ligne idéale, appartient aux riverains de gauche; toute la partie qui se trouve à droite, appartient aux riverains de droite. — *IIe règle.* Entre les riverains *de chaque côté*, s'il y en a plusieurs, la portion de l'île qui concerne leur rive, se divise proportionnellement à la longueur du côté riverain de leur champ. — II. Si l'île se trouve toute entière d'un côté de la ligne médiane, elle appartiendra exclusivement aux riverains du côté desquels elle se trouve, et se partagera entre eux d'après la deuxième règle ci-dessus.

N.-B. — Comme pour l'*alluvion*, les *agri limitati* ne profitent pas des îles ou portions d'îles qui leur appartiendraient, s'ils n'étaient pas *limitati*, et qui deviennent alors la propriété du premier occupant.

Si un fleuve se sépare en deux bras pour se réunir plus loin, ce qui produit une île, le terrain reconnaissable, dont cette île est formée, continuera à appartenir à celui qui en était propriétaire avant la bifurcation du fleuve.

IV. LIT ABANDONNÉ D'UN FLEUVE.

On ne considère pas comme lit d'un fleuve les terrains temporairement occupés par une inondation. Ces terrains continuent à appartenir à leur propriétaire.

Mais si un fleuve quitte son lit pour en creuser un autre ? Le lit abandonné se partage, comme une île formée par dessèchement, entre les riverains, d'après les règles qui président au partage des îles. Quant au lit nouvellement creusé, il devient immédiatement *res publica ;* dès lors, s'il vient à son tour à être abandonné, il ne retournera pas à ses anciens propriétaires, mais il se partagera entre les riverains immédiats. Cette solution, il faut le reconnaître, est fort rigoureuse, et Pomponius la repoussait en proposant d'attribuer le lit abandonné au propriétaire, *cujus antea fuit*.

INCORPORATION.

Dans les espèces suivantes, deux choses appartenant à des propriétaires différents, sont unies l'une à l'autre, de telle sorte que la moins importante disparait dans la plus importante. La chose *accessoire* est toujours mobilière, la chose principale peut être mobilière ou immobilière.

INCORPORATION À UN OBJET MOBILIER OU ADJONCTION.

Titius a brodé un vêtement qui lui appartient avec la pourpre de Sempronius ; ou bien il a mis à un vase qui lui appartient une anse appartenant à Sempronius ?

La pourpre et l'anse, considérées comme accessoires, s'absorbent dans l'objet principal dont elles deviennent partie intégrante. La propriété de ce vêtement brodé, de ce vase complété, reste à Titius, propriétaire de l'objet principal : *vase* ou *vêtement*. — Mais, comme il ne faut pas que Titius s'enrichisse aux dépens des Sempronius, qui perd en fait l'objet accessoire, il y aura lieu à une indemnité. Voilà comment se règle cette nouvelle question :

I. — Si par hasard Sempronius possède la chose principale, à la revendication de Titius il opposera l'exception de dol, et Titius, pour avoir sa chose, sera obligé de payer la valeur de l'accessoire.

II. — Mais si, comme c'est le cas le plus ordinaire, Sempronius ne possède pas ? Il faut savoir si par une séparation matérielle, il est possible de *rendre à la chose accessoire son individualité*. 1° Si OUI, Sempronius, par l'action *ad exhibendum*, fera séparer la chose, et aussitôt il pourra la revendiquer. — 2° Si NON, il n'aura qu'une action *in factum*, tendant à se faire indemniser. (Dans tous les cas, si la chose accessoire avait été *volée*, Semponius aurait les actions résultant du *furtum* : c'est à-dire, non-seulement la *condictio furtiva* et l'*actio furti*, mais encore l'action *ad exhibendum* qui aura pour résultat, dans le cas où la séparation est impossible, de faire condamner le voleur à la somme fixée sous serment par le demandeur.

Incorporation à un immeuble. (T. 29).

Spécification. (T. 29).

Mélange et Confusion. (T. 30).

DROIT DE PROPRIÉTÉ. — MODES D'ACQUÉRIR : *De l'accession.*

Généralités (T. 24).

Modes d'acquérir du Droit des gens (T. 25).

Modes d'acquérir du Droit civil (T. 25, 26, 27).

Appendice aux manières d'acquérir la propriété : Événements divers compris sous le nom d'accession.

- Droit du propriétaire sur ce que produit sa chose.
- Accession résultant du voisinage d'un fleuve, rivière, etc. } (T. 28).
- Incorporation à un meuble ou adjonction. }

INCORPORATION.

INCORPORATION A UN IMMEUBLE.

LE CONSTRUCTEUR A BATI SUR SON TERRAIN AVEC LES MATÉRIAUX D'AUTRUI.

Question de propriété. — La propriété de la construction appartient, sans aucun doute, au propriétaire du sol : *quod solo inædificatur, solo cedit.* — Quant au propriétaire des matériaux, il ne perd pas son droit abstrait de propriété ; mais : 1° *d'un côté*, il ne peut revendiquer ses matériaux; en effet, quoiqu'ils constituent la maison, ils n'existent plus comme matériaux ; 2° et, *d'un autre côté*, il ne peut intenter l'action *ad exhibendum* (à l'effet de faire démolir la maison, et, par suite de rendre aux matériaux une personnalité qui permette une revendication), car l'intérêt public s'y oppose. — Il ne lui reste d'autre ressource, quant à la propriété des matériaux, que de les revendiquer, si la maison vient à s'écrouler d'elle-même.

Mais si le propriétaire perd le plus souvent, en fait, la propriété de ses matériaux, il aura droit ordinairement à une *indemnité*. C'est la question suivante :

Question d'indemnité. — I. LES MATÉRIAUX N'ONT PAS ÉTÉ VOLÉS ? — 1° *Le constructeur de bonne foi* n'est tenu que d'une action *in factum*. — 2° Le constructeur de *mauvaise foi* est considéré comme voleur. (V. plus loin).

II. LES MATÉRIAUX ONT ÉTÉ VOLÉS (*Tignum furtivum*) ? — 1° *Le constructeur de mauvaise foi* est tenu simultanément : A. de l'action *de tignojuncto*, par laquelle le propriétaire des matériaux se fait donner le *double* de leur valeur ; B. de l'action *ad exhibendum*, qui donne au propriétaire dépouillé le droit, non de faire démolir la maison, mais de fixer lui-même, sous serment, le prix des matériaux.

2° *Le constructeur de bonne foi* n'est tenu que de l'action de *tigno juncto* ; il paiera le double de la valeur estimative des matériaux, qu'il sera dès lors réputé avoir achetés ; d'où résulte que si, plus tard, la maison s'écroule, l'ancien propriétaire des matériaux ne pourra plus les revendiquer, ce qu'il aurait pu faire dans le cas d'un constructeur de mauvaise foi.

LE CONSTRUCTEUR A BATI SUR LE TERRAIN D'AUTRUI AVEC SES MATÉRIAUX.

Question de propriété. — Toujours en vertu de la règle : *quod solo inædificatur, solo cedit*, la construction appartiendra au propriétaire du sol, et le constructeur ne pourra que se faire indemniser.

Question d'indemnité. — Deux hypothèses.

PREMIÈRE HYPOTHÈSE. — LE CONSTRUCTEUR POSSÈDE LA CONSTRUCTION : I. *S'il est de bonne foi* : il opposera à la revendication du propriétaire, l'exception de dol, qui oblige le propriétaire du terrain à ne pas s'enrichir aux dépens du constructeur, et, par suite, à lui rembourser suivant les cas, ou la plus-value résultant, pour le sol, de la construction, ou les impenses du constructeur.

Remarque. — Si le revendiquant ne rembourse pas le constructeur, on distingue trois cas : 1° Si le revendiquant est riche, il perdra tout droit; 2° s'il est pauvre, mais ne tient pas à son immeuble, le constructeur pourra garder ce dernier, en en payant la valeur actuelle, déduction faite de la plus-value résultant de la construction ; 3° si le revendiquant est pauvre et tient à son terrain, il le reprendra purement et simplement ; et la seule consolation accordée au constructeur, est de reprendre ses matériaux, en remettant les choses dans leur état précédent.

II *Si le constructeur est de mauvaise foi*, — il ne peut opposer l'exception de dol, car il savait à quoi il s'exposait en construisant sur un terrain qu'il savait appartenir à autrui. Toutefois l'empereur Gordien lui permet d'enlever ses matériaux, en remettant les choses dans leur ancien état.

DEUXIÈME HYPOTHÈSE. — LE CONSTRUCTEUR A CESSÉ DE POSSÉDER : I. Si la maison est démolie, le propriétaire des matériaux peut les revendiquer, qu'il soit de bonne ou de mauvaise foi.

II. En dehors de ce cas spécial : 1° Si le propriétaire des matériaux, ayant possédé la construction, en a été expulsé par force, ou dépouillé clandestinement, il aura envers le possesseur actuel les interdits *unde vi* ou *uti possidetis* ; dès lors, reconquérant la possession, il rentrera dans la première hypothèse. — 2° Mais s'il n'a pas cette ressource il n'en a aucune autre.

Remarque. — Dans toutes ces hypothèses, si un contrat de bonne foi était intervenu entre le propriétaire et le constructeur, ce dernier, un fermier par exemple, pourrait invoquer son action de bonne foi pour se faire indemniser.

PLANTATIONS D'ARBRES.

Les règles qui viennent d'être exposées, quant aux constructions, s'appliquent au moins en partie, aux plantations d'arbres.

Question de propriété. — L'arbre transplanté appartiendra au propriétaire du sol, mais seulement quand les racines auront poussé dans le terrain.

A la différence de la maison démolie, si l'arbre est abattu ou renversé, le droit du propriétaire n'est aucunement modifié. (Les arbres appartiennent au propriétaire du sol, non d'où ils sortent de terre, mais où ils poussent leurs racines ; de telle sorte qu'un arbre, qui a l'air d'être sur mon terrain, peut appartenir à mon voisin).— S'il pousse ses racines dans les deux champs voisins, il est indivis.

Question d'indemnité. — (On fait abstraction du cas où l'arbre transplanté aurait été volé, car il y aurait alors lieu à l'action *furti* ou à la *condítio furtiva.*)

PREMIÈRE HYPOTHÈSE. — J'ai planté sur mon terrain un arbre qui vous appartient ; je serai tenu d'une revendication *utilis*.

DEUXIÈME HYPOTHÈSE. — J'ai planté un arbre qui m'appartient dans votre terrain que je possède de bonne foi ; je pourrai opposer à votre revendication l'exception de dol, de façon à ce que vous ne vous enrichissiez pas à mes dépens.

SEMENCES. — Si j'ai semé mon champ avec vos graines, ou le vôtre avec les miennes, on applique absolument les mêmes règles que pour la plantation d'arbres.

SPÉCIFICATION.

La spécification, qu'il ne faut pas confondre avec l'adjonction (V. T. 28), consiste à transformer une matière en un objet nouveau qui ne porte plus le nom de la matière, par exemple, du vin avec du raisin, une statue avec un lingot.

Question de propriété. — PREMIÈRE HYPOTHÈSE : *Avec une chose appartenant à autrui, je fais un objet nouveau?* A qui appartient la *nova species* ? au propriétaire de la matière, ou au spécificateur ? Les Sabiniens, considérant la matière comme l'élément essentiel, attribuent la *nova species* au propriétaire de la matière. — Les Proculiens, au contraire, décidant que la forme, la main-d'œuvre est l'élément essentiel, attribuent la *nova species* au spécificateur.

Justinien adopte un système éclectique : si l'objet peut reprendre son ancien état (une statue qui peut redevenir lingot) il suit l'avis des Sabiniens ; sinon celui des Proculiens.

DEUXIÈME HYPOTHÈSE. — *Avec une chose appartenant à autrui, et* LA MIENNE, j'ai fait un objet nouveau ? Justinien attribue la *nova species*, au spécificateur ; mais, dans tous les exemples offerts par Justinien, le retour à la forme primitive, étant *impossible*, on peut conclure que cette décision ne déroge pas à la règle générale qui vient d'être exposée à l'alinéa précédent.

Question d'indemnité. — 1° *Si le spécificateur de bonne foi, doit perdre la propriété de la nova species*, il se fera indemniser en opposant l'*exception de dol* à la revendication du propriétaire. 2° *Si le propriétaire doit perdre la propriété*, il aura une action *in factum* jusqu'à concurrence de l'enrichissement du spécificateur ; ou bien l'action *ad exhibendum* ; ou encore, mais seulement s'il s'agit d'un *furtum*, l'*actio furti* et la *condictio furtiva*.

Analogie. — J'écris sur le parchemin d'autrui ou je peins sur la toile appartenant à autrui ? Justinien, frappé de la disproportion qui existe entre la valeur du tableau et celle de la matière sur laquelle il est peint, attribue LA PROPRIÉTÉ du tableau au peintre, tandis qu'il laisse celle du parchemin au propriétaire antérieur.

QUANT A L'INDEMNITÉ. — I. Le propriétaire du *parchemin*, le revendiquant, sera forcé, par une exception de dol, d'indemniser l'écrivain de son travail. — II. *Quant au tableau.* 1° S'il est en la possession du peintre : le propriétaire de la toile revendique en offrant un prix pour la peinture ; mais le peintre pourra garder le tableau en payant la toile. 2° S'il est en possession du propriétaire, le peintre peut le revendiquer en offrant le prix de la toile.

Mélange. — Confusion. (T. 30).

DROIT DE PROPRIÉTÉ. — MODES D'ACQUÉRIR : *Accession.* — EXTINCTION DU DROIT DE PROPRIÉTÉ. — SERVITUDES. — SERVITUDES : RURALES.

GÉNÉRALITÉS (T. 24).

MODES D'ACQUÉRIR DU DROIT DES GENS (T. 25).

— DU DROIT CIVIL (T. 25, 26, 27).

APPENDICE : de l'Accession

Droit du propriétaire sur ce que produit sa chose } (T. 28).
Accession résultant du voisinage d'un fleuve, rivière, etc. }

Incorporation (T. 28-29).

Spécification (T. 29).

CONFUSION. MÉLANGE. Il y a 1° *confusion* quand deux choses ont été mêlées à l'état liquide, 2° et *mélange* s'il s'agit de solides. — La substance nouvelle est en général indivise entre les propriétaires des diverses matières. Ceci doit être complété par 3 exemples : 1° On a mélangé du vin et du miel sans le consentement mutuel des deux propriétaires? D'après Pomponius et Ulpien, ce cas rentre dans celui de la *spécification*, et le spécificateur est propriétaire. 2° Du plomb et de l'argent ont été fondus ensemble? La séparation étant possible, chaque propriétaire peut revendiquer ce qui lui appartient, sauf à intenter préalablement l'action *ad exhibendum.* 2° De l'or et du cuivre ont été fondus ensemble? La séparation étant impossible, la masse est indivise ; chaque propriétaire peut intenter la *vindicatio pro parte*, pour faire déterminer le *quantum* de ce qui lui appartient, puis l'action *communi dividendo*, pour faire cesser l'indivision.

N° 4. EXTINCTION DU DROIT DE PROPRIÉTÉ.

Le droit de propriété, s'éteint, quant à l'ancien propriétaire, toutes les fois qu'il passe à un autre propriétaire. — Mais quelquefois le dépouillement du propriétaire n'a pas, pour corrélatif, l'acquisition par un tiers. En voici des exemples :

1° — La chose *cesse d'exister*, soit matériellement quand elle périt, soit juridiquement quand elle s'incorpore à une autre.

2° — La chose *sort du commerce;* comme un esclave qui devient libre, une chose qui devient sacrée ou religieuse, etc.

3° — La chose *devient res nullius*, par abandon du propriétaire, ou, par un effet analogue à celui du *postliminium*, si un animal sauvage capturé recouvre sa liberté.

§ 2. — Servitudes.

N° 1. GÉNÉRALITÉS.

Une chose est considérée comme *libre* quand le droit du propriétaire sur cette chose n'est aucunement restreint; elle est considérée comme *esclave*, si le droit absolu du propriétaire est restreint, soit au profit d'un *fonds* voisin (servitude *prédiale*), soit au profit d'une *personne* (servitude *personnelle*).

Le droit de servitude est donc un démembrement du droit de propriété, mais, à la différence des autres démembrements, emphytéose, hypothèque, superficie, il peut varier à l'infini dans ses manifestations. — Fraction de la propriété, il ne devrait pouvoir exister que sur une chose corporelle. Néanmoins on a admis le legs : de l'*usufruit* d'une *servitude* prédiale, c'est-à-dire d'une servitude grevant une autre servitude.

La propriété comporte deux éléments : 1° un élément POSITIF, la jouissance absolue; 2° un élément NÉGATIF, le droit d'exclure toute personne des avantages de la chose.

Ces deux éléments se retrouvent naturellement dans la servitude qui, *au point de vue* ACTIF, consiste soit à faire (*in faciendo*) soit à empêcher de faire (*in prohibendo*), ce qui restreint : dans le premier cas, l'élément *négatif*, dans le second cas, l'élément *positif* du droit du propriétaire du fonds servant. Celui-ci de son côté (c'est-à-dire quant à la servitude considérée au point de vue *passif*), est obligé à souffrir l'intrusion d'un tiers (*in patiendo*) ou à ne pas faire de sa propriété tout ce qu'il veut (*in non faciendo*). — De tout ceci il résulte que jamais une servitude ne peut consister comme charge, *in faciendo*. En effet la partie ne peut contenir plus que le tout; et le tout, c'est à-dire le droit de propriété, ne peut jamais contraindre personne *ad faciendum*.

La servitude constitue un rapport défini entre la chose asservie, et le fonds ou la personne à qui elle appartient. — Ce rapport entre deux termes peut subsister autant que les deux termes eux-mêmes; mais ceux-ci, ou l'un des deux, disparaissant ou se modifiant, le rapport, c'est-à-dire la servitude, périt nécessairement.

Les servitudes reposent toujours *passivement*, sur un fonds; mais *activement* elles profitent soit à un autre fonds, soit à une personne; de là deux classes : les servitudes PRÉDIALES et les servitudes PERSONNELLES.

N° 2. SERVITUDES PRÉDIALES OU RÉELLES.

Généralités.

NATURE. Une servitude prédiale existe sur un immeuble, appelé fonds *servant*, au profit d'un autre immeuble, appelé fonds *dominant*. (Ces fonds doivent naturellement appartenir à deux propriétaires différents, car : *nemini sua res servit*). De là trois principes : 1° La servitude doit profiter au fonds dominant, indépendamment du propriétaire de ce fonds; — C'est ainsi que la servitude de *prospect* peut exister au profit d'un fonds qui appartient à un aveugle. — 2° La servitude prédiale suppose une *causa perpetua*, c'est-à-dire doit être telle que le fonds dominant en jouisse sans que le propriétaire du fonds servant soit tenu de faire pour cela un seul mouvement. — 3° Toute servitude prédiale est *indivisible*, en ce sens qu'elle ne peut exister pour ou contre une fraction indivise d'un fonds. On ne peut supposer en effet chaque molécule scindée en deux parties, l'une grevée, l'autre non, l'une jouissant d'un droit et l'autre n'en jouissant pas.

DIVISION ET DIFFÉRENCES. Les servitudes prédiales sont : *urbaines* ou *rurales*. — Les serv. pr. urbaines, (*jura prædiorum urbanorum*), sont celles qu'on ne peut concevoir sans que l'idée d'une *construction* se présente à l'esprit; *in superficie consistunt;* — Les serv. pr. rurales au contraire affectent le sol même : *in solo consistunt.*

Différences.

Servitudes prédiales rurales.	*Servitudes prédiales urbaines.*
Elles sont *res mancipi.*	Elles sont *res nec mancipi.*
Elles se perdent par le non usage : *non utendo tolluntur.*	Elles ne se perdent que si le propriétaire du fonds servant usucape la liberté de ce fonds, après avoir fait un acte contraire à la servitude.
(Il y a aussi, au point de vue du mode de constitution, certaines différences entre les serv. rurales, et les serv. urbaines).	
Elles peuvent être l'objet d'une hypothèque.	Elles ne peuvent être l'objet ni d'un *pignus* ni d'une *hypotheca.*

Servitudes prédiales rurales.

Toutes les servitudes prédiales rurales sont positives, c'est-à-dire consistent *in faciendo*, au point de vue actif, *in patiendo*, au point de vue passif.

Il y a quatre principales serv. rurales anciennes :

1° **Iter** : est le droit de passer à pied, à cheval, en litière, mais non de conduire des bestiaux ou des chariots.

2° **Actus** : complète l'*iter* en permettant de faire passer troupeaux ou chariots. Quoiqu'il y ait certain doute sur ce point, l'*actus* comprend nécessairement l'*iter*, au moins s'appliquant au passage de la *personne*, sans quoi l'*actus* ne pourrait s'exercer.

3° **Via** : comprend les deux premières, et, de plus, permet de se servir du chemin pour toute espèce d'usage; la *via* doit avoir une certaine largeur déterminée ; enfin, et c'est là le principal signe distinctif, elle suppose sur le fonds servant l'existence d'un *chemin*, tandis que celui, qui a l'*actus* ou l'*iter*, passe comme il peut à travers le fonds servant, sous la condition de ne pas endommager les récoltes.

(Ces trois premières serv. rurales ne sont que des formes diverses du droit de passage).

4° **Aquæductus** : est le droit de faire passer de l'eau à travers le fonds d'autrui.

Les Institutes mentionnent des serv. rurales plus récentes : 1° le droit de puiser de l'eau, ou de faire boire son troupeau; 2° le droit de faire paître un troupeau ; 3° de faire cuire de la chaux ; 4° de tirer du sable.

Servitudes prédiales urbaines. (T. 31).

SERVITUDES. — SERVITUDES PRÉDIALES. — *Servitudes urbaines.*

Généralités. — Servitudes prédiales rurales (T. 30).

Servitudes prédiales urbaines.

Au point de vue *actif* elles sont *positives* ou *négatives* ; d'où résulte qu'au point de vue *passif*, elles consistent *in patiendo* ou *in non faciendo*. Les Institutes mentionnent cinq servitudes urbaines : on en ajoutera une sixième.

1° Serv. oneris ferendi. — C'est le droit d'appuyer mon bâtiment sur le mur du voisin ; cette servitude a ce caractère tout spécial, que, contrairement aux principes généraux en matière de servitude, le voisin, c'est-à-dire le propriétaire du fonds *servant*, est tenu *à faire* ; en effet, il est *obligé d'entretenir* son mur en bon état, et de le faire réparer, s'il se dégrade. Il peut toutefois s'en dispenser, en abandonnant le fonds servant.

2° Serv. tigni immittendi. — C'est le droit de faire reposer des poutres dans le mur du voisin (Ici le voisin n'est pas tenu *à faire*, comme dans le cas précédent).

3° Serv. stillicidii vel fluminis recipiendi, ou : **avertendi.** — C'est le droit ou le devoir d'envoyer chez le voisin, l'eau d'un toit, soit que l'eau coule librement goutte à goutte (*stillicidium*) soit que, réunie dans une gouttière, elle tombe par masse (*flumen*). Le mot *recipiendi* ou *avertendi* s'emploie, selon que l'on considère la servitude comme un droit ou comme une charge.

4° Serv. stillicidii vel fluminis NON recipiendi. — C'est le droit de *ne pas* recevoir les eaux et l'égout du voisin Mais l'inverse d'une servitude est le droit commun ; or on a vu, au 3°, la servitude *stillicidii vel fluminis recipiendi* ; la non obligation de recevoir le *stillicidium* ou le *flumen* devrait donc constituer, non une servitude, mais *le retour au droit commun*. Plusieurs explications. 1° Allusion à des statuts locaux qui, établissant, comme droit commun, l'obligation de recevoir l'eau du fonds voisin, donnent bien le caractère de servitude, à l'obligation de ne pas l'envoyer sur le voisin. 2° M. Demangeat, qui suit Théophile, pense que cette servitude consiste, non pas à supprimer totalement l'effet de la servitude *stillicidi vel fluminis recipiendi*, mais à la modifier, par exemple à obliger le propriétaire du fonds dominant à envoyer ses eaux recueillies dans une gouttière, au lieu de les laisser tomber goutte à goutte. Il y aurait dans ce cas d'un côté, servitude active, *fluminis avertendi*, et de l'autre servitude, également active, *stillicidii non recipiendi*.

5° Serv. non altius tollendi. — Ce droit me permet d'empêcher mon voisin d'élever sa maison à une hauteur qui me nuirait. (On remarque, comme dans le cas précédent, une servitude *altius tollendi*, qui consiste, non pas à forcer mon voisin à élever sa maison, mais probablement à me permettre soit d'élever la mienne plus haut que les usages locaux ne le permettent, soit de modifier une servitude *non altius tollendi*.— Même question et même explication que dans le cas précédent, de la serv. *stilli. vel fluminis non recipiendi*). A côté de la servitude, *non altius tollendi*, se place la servitude *ne luminibus officiatur*, qui me permet d'empêcher mon voisin de faire des plantations qui gêneraient ma vue.

6° Serv. luminum. — Elle n'est pas mentionnée aux Institutes, et consiste à me donner le droit d'ouvrir des jours sur mon voisin à une distance moindre que la distance règlementaire de 10 pieds.

REMARQUE. On sait que la mancipation s'applique spécialement aux servitudes prédiales *rurales* ; l'intérêt de cette observation disparait avec la distinction des choses en *res mancipi* et *nec mancipi*.

Comment s'établissent les servitudes prédiales.

Les servitudes s'établissent par voie de *translatio*, si elles sont créées directement, ou par voie de *deductio*, si, en léguant ou vendant un fonds, on réserve une servitude sur ce fonds au profit d'un autre fonds. — Les servitudes s'établissent aussi *mortis causa* ou *inter vivos*. Il faut distinguer trois époques :

Ancien droit civil.

1° L'*in jure cessio* (ou la *mancipatio*, en ce qui concerne les serv. rurales) peut constituer une servitude, *inter vivos*, par *translatio* ou par *deductio*.

2° Le juge peut *deducere* une servitude dans l'action en partage, pourvu que les deux fonds, dont l'un servant et l'autre dominant fassent partie de la masse indivise et que l'instance soit un *judicium legitimum*.

3° Le testament peut, *mortis causa*, créer une servitude par *deductio* et même par *translatio*.

La loi Scribonia, venant probablement proscrire un usage antérieur, décide que l'*usucapion* ne s'appliquera pas aux servitudes prédiales ; ce qui n'empêche pas celui qui usucape un fonds, d'acquérir en même temps les servitudes qui en font partie.

Droit prétorien.

1° Ulpien enseigne que les servitudes préd. s'établissent directement par une *quasi-tradition*, ou par voie de *deductio* si on en fait la réserve dans la tradition de la propriété.

Elles s'établissent aussi :

2° Par la *quasi-possessio longi temporis*, soumise, quant à la durée, aux règles du droit commun.

3° Par l'adjudication du juge dans les instances non-légitimes, mais régies par le droit prétorien.

4° Et toujours par testament.

Droit de Justinien.

Les principes du droit prétorien sont sanctionnés par le droit civil.

La *mancipatio* et l'*in jure cessio* ont disparu. Dès lors les servitudes s'établissent *jure civili* :

1° Par la quasi-tradition ; **2°** par la rétention ou réserve dans la tradition de la propriété ; **3°** par l'adjudication ; **4°** par legs, dans un testament ; **5°** par la *præscriptio longi temporis*, sous les trois conditions : A. qu'il y ait quasi-possession de la servitude ; B. que cette possession ait une juste cause ; C. qu'elle ait été continuée *nec vi, nec clam, nec precario*, et, sans interruption, pendant 10 ans entre présents et 20 ans entre absents.

Modalités.

La servitude considérée en elle-même est, en droit civil, perpétuelle comme le fonds lui-même, et ne peut recevoir un *terme*.— Quant aux modes de constitution, la *mancipatio*, l'*in jure cessio*, l'*adjudicatio* ne comportent ni *dies ex quo*, ni *conditio ex qua*, et comportaient au contraire le *dies ad quem* ou *conditio ad quam*, tendant à produire l'extinction du droit. Mais on admit par la suite diverses modalités qu'on faisait respecter par l'exception de pacte ou de dol.

Dans tous les cas, même en droit civil, le *modus* (ou manière d'user de la servitude), peut être utilement ajouté. (Le *modus* diffère, entre autres, du *dies*, en ce que sous les jurisconsultes, l'omission du premier, dans une action tendant à faire reconnaître la servitude, constituerait une plus-pétition ; il n'en serait pas de même de l'omission du *terme*.

Le droit prétorien admet le terme et la condition.

Appendice : fonds provinciaux.

Sur les fonds provinciaux il ne peut y avoir plus de servitude que de *dominium*. Mais on y suppléait par un pacte et une stipulation : le pacte qui règle l'exercice de la servitude, et la stipulation qui sanctionne le pacte au moyen d'une clause spéciale, en cas de trouble survenant dans l'exercice de la servitude. (Ce procédé s'applique, sous Justinien, à tous les immeubles).

On pouvait du reste également établir sur les fonds provinciaux une *quasi-servitude*, par la tradition (en laissant le voisin l'exercer), ou par la *præscriptio longi temporis*.

Comment elles s'éteignent.

1° PAR LA CONFUSION. — Quand le fonds dominant et le fonds servant se trouvent réunis dans les mains d'un même propriétaire ; car : *nemini sua res servit*. (Il faut remarquer d'ailleurs que, après cette confusion opérée, la servitude est à jamais éteinte et ne serait pas rétablie *ipso jure*, si les deux fonds venaient à être séparés de nouveau.

2° PAR LA RÉSOLUTION DU DROIT DE CELUI QUI A CONSTITUÉ LA SERVITUDE : *resoluto jure concedentis, resolvitur jus concessum*. (La résolution du droit de celui qui s'est fait concéder la servitude, n'anéantirait pas celle-ci).

3° PAR LA REMISE OU RENONCIATION, expresse ou tacite du propriétaire du fonds dominant.

4° PAR LE NON-USAGE. — La durée de cette prescription libératoire d'abord fixée à *deux ans*, fut fixée par Justinien à 10 ans entre présents, et 20 ans entre absents. — Le point de départ de ce délai court : pour les *servitudes prédiales rurales*, du jour où l'ayant-droit a cessé de les exercer ; pour les *servitudes urbaines* lorsqu'un acte contraire à l'existence de la servitude a été accompli par le propriétaire du fonds servant. C'est ce qu'on appelle l'*usucapio libertatis* ; la libération ne se produit qu'autant que l'état résultant de cette *usucapio libertatis* se maintient jusqu'au moment où expire le délai de l'usucapion.

Remarque. — Un usage irrégulier de la servitude, contraire au *modus*, équivaut à un non-usage.

5° PAR LA PERTE, LA DESTRUCTION OU LA TRANSFORMATION complète de l'un des deux fonds, dominant ou servant. Mais à l'inverse du 1° (*confusion*), si les choses sont rétablies dans l'état primitif, par exemple si la maison démolie est reconstruite, la servitude reprendra naissance, pourvu qu'elle ne se soit pas, dans l'intervalle, éteinte par non-usage.

6° Enfin, *jure prætorio*, PAR L'ARRIVÉE DU TERME ou de la condition résolutoire.

SERVITUDES. — SERVITUDES PERSONNELLES. — *Usufruit.*

N° 3. — SERVITUDES PERSONNELLES.

Les servitudes personnelles sont établies, au profit d'une personne physique ou morale, sur des choses mobilières ou immobilières, et s'éteignent de plein droit après un certain laps de temps, ou à la mort de la personne qui en jouit.

Il y a trois servitudes personnelles : l'*usufruit*, l'*usage*, l'*habitation*.

USUFRUIT.

Nature. — Définition.

L'usufruit est la plus importante des servitudes personnelles. Les Institutes la définissent : *jus alienis rebus utendi fruendi* SALVA RERUM SUBSTANTIA. — L'usufruit comprend donc presque tous les bénéfices de la propriété, et c'est pourquoi il a dû être limité quant à sa durée; sans cela la nue-propriété n'eût été qu'un vain nom.

Les mots qui terminent la définition « *salva rerum substantia* » ont donné lieu à quatre principales interprétations : 1° Les uns y voient l'obligation, pour l'usufruitier, de jouir de la chose en *bon père de famille, d'en conserver la substance*; mais cette obligation, qui résulte d'une stipulation accessoire, ne dérive pas de la nature même de l'usufruit. 2° D'autres pensent que ces mots veulent dire que l'usufruit dure tant que dure la substance de la chose; et cette explication, qui est adoptée à la Faculté de Paris, est confirmée par cette définition que les Institutes donnent de l'usufruit : *est enim jus in corpore, quo sublato et ipsum tolli necesse est.* 3° D'après d'autres interprètes, ces mots se traduiraient par : « Tant que la chose conserve sa destination primitive » ; en effet, au point de vue juridique, le mot *substance* s'applique, non à l'existence même de la chose, mais à la *destination* au point de vue de laquelle on l'envisage. Dès lors, celui qui aura l'usufruit d'une maison n'aura pas l'usufruit du sol, si la maison est démolie. — 4° Enfin, ces mots signifieraient que l'usufruit n'est possible que sur des choses dont on peut user et jouir sans les consommer ou les détruire.

Remarque. — Le *jus fruendi* (mais non le *jus utendi*), peut s'exercer sur une chose indivise.

Constitution de l'Usufruit.

MORTIS CAUSA.

Le testateur, après avoir institué un héritier, lègue à Titius l'usufruit d'un fonds ? L'héritier sera nu-propriétaire.

Le testateur institue un héritier, et lègue la nue-propriété d'un fonds, *deducto usufructu* ? L'héritier sera usufruitier.

Le testateur a légué l'usufruit du fonds Cornélien à Primus, et le même fonds Cornélien à Secundus, *deducto usufructu* ? Primus aura l'usufruit et Secundus la nue-propriété. — Si la mention *deducto usufructu* manquait, Primus aurait la moitié de l'usufruit, et Secundus l'autre moitié de l'usufruit et la nue-propriété du tout.

Justinien : 1° conserve le legs comme mode de constitution de l'usufruit, et même il confère au légataire, non plus seulement des actions personnelles, mais des actions réelles ou hypothécaires ; — 2° reconnaît le *fideicommis*, comme mode constitutif de l'usufruit.

INTER VIVOS.

Dans l'ancien Droit, on pouvait constituer directement l'usufruit par *in jure cessio*; mais comme l'usufruit n'était pas une chose *mancipi*, on ne pouvait le constituer par *mancipatio*; on arrivait toutefois au même résultat, en mancipant un fonds et en en déduisant l'usufruit, de sorte que la nue-propriété appartenait à l'un et l'usufruit à l'autre.

En Droit prétorien. — L'usufruit pouvait être *translatus* par une quasi-tradition, sanctionnée par la Publicienne et des interdits, ou *deductus* dans une tradition proprement dite.

Sous Justinien, il y a trois modes principaux de constitution de l'usufruit *inter vivos* auxquels il faut ajouter les deux modes de constitution *mortis causa*, précédemment énoncés.

1° *La tradition*, consacrée comme moyen commun d'établir l'usufruit.

2° *Les pactes et les stipulations*, qui s'appliquaient, dès le principe, aux fonds provinciaux, mais sans constituer un droit réel.

3° A partir de Constantin, le père a *l'usufruit légal* du pécule adventice de son enfant.

Remarque. — L'usufruit peut être constitué par un acte judiciaire, par une *adjudicatio*.

N. B. — L'usufruit sous Justinien peut-il être acquis par prescription de dix ou vingt ans ? C'est une question des plus controversées.

MODALITÉS.

L'usufruit, en lui-même, ayant essentiellement une durée limitée, comprend nécessairement des modalités, *terme ou condition*. Mais *quid* quant aux modes qui servent à l'établir ? — I. Dans le cas de *translatio* ? il peut y avoir un *dies ad quem* : dans l'*in jure cessio*, dans l'*adjudication*, dans le legs. — (Dans ce dernier cas même, on peut insérer un *dies ex quo*) — II. Dans le cas de *deductio* ? Paul admet qu'on peut insérer le *dies ad quem*, dans l'*in jure cessio* et la *mancipatio*, mais Pomponius tient la négative.

Sur quelles choses s'établit l'usufruit.

L'usufruit proprement dit s'établit sur toutes les choses corporelles, meubles ou immeubles, qui sont dans le commerce, et qui ne se consomment pas *primo usu*. C'est un *jus in corpore*.

Du quasi usufruit. — En principe, l'usufruit ne pouvait s'établir sur les choses qui se consomment *primo usu*, car, pour elles, *user* serait *abuser*. Mais comme souvent, des dispositions testamentaires attribuaient l'usufruit de telles choses : vin, huile, blé, argent monnayé, un sénatus-consulte, probablement rendu sous Auguste, vint valider *utilitatis causa*, ces dispositions, nulles en principe. Dans ce cas, l'usufruitier recevait la pleine propriété de la chose léguée; mais il s'engageait, avec la garantie de débiteurs accessoires, (*fidejusseurs*) de restituer, à l'extinction de l'usufruit, soit une chose de même espèce et qualité, quand le legs avait été délivré sans estimation, soit, au cas d'estimation, le prix déterminé d'avance.

Cet équivalent de l'usufruit prenait le nom de *quasi-usufruit*.

Différences entre l'usufruit et le quasi-usufruit. — Le *quasi-usufruit* : 1° ne s'établit que par testament ; 2° transfère à l'usufruitier la pleine propriété, et non pas seulement le démembrement du droit de propriété, *jus utendi fruendi* ; 3° il ne s'éteint que par la mort, ou la *capitis deminutio* de l'usufruitier, et non pas par les différentes causes résultant de la perte ou dégradation de la chose, etc. 4° Enfin, *quant aux risques*, l'usufruitier rend la chose même ; d'où résulte qu'il n'a rien à rendre, si la chose périt par cas fortuit ; tandis que l'obligation du quasi-usufruitier reste la même, sans aucun changement, quel que soit le sort des choses qu'il a reçues.

Remarque. — On applique la théorie du quasi-usufruit au legs de choses incorporelles. Ainsi, je puis léguer à mon voisin l'usufruit d'une servitude à exercer sur mon fonds. Ce legs, en droit strict, est nul. Mais on lui donne effet, soit en exigeant le passage de l'héritier, soit en obligeant celui-ci à constituer la servitude, — l'usufruitier fournissant caution de la restituer à sa mort ou à sa *capitis deminutio*.

Droits de l'usufruitier.

L'usufruit est le droit d'user et de jouir DES FRUITS — On entend par FRUITS, tout ce qu'une chose produit *périodiquement*, comme la part des animaux, les loyers ou fermages, les récoltes, les coupes de bois, etc.; mais non les produits non périodiques, comme un *trésor* trouvé dans un fonds.

On distingue les fruits : 1° *civils*, ou revenus que la chose ne produit pas, mais que l'on gagne à son occasion, comme des loyers; 2° et *naturels*, fruits que la terre ou les animaux produisent d'eux-mêmes, part, récoltes, etc.

L'usufruitier acquiert les *fruits naturels* par le fait, et au moment de la *perception*. Aussi, s'il meurt au milieu de la récolte, les fruits *perçus* appartiennent à ses héritiers ; et les autres au nu-propriétaire.

L'usufruitier acquiert les *fruits civils* jour par jour, en proportion du temps qu'a duré l'usufruit ; si celui-ci a duré trois mois, le nu-propriétaire aura droit aux 3/4 du loyer annuel.

(Toutefois, si les fruits de la chose sont perçus par un preneur ou fermier, l'usufruitier n'a droit au prix du fermage, qu'après la récolte faite ; s'il meurt avant, quoique l'usufruit ait duré peut-être la plus grande partie de l'année, il n'a droit à rien. *Il y a, dans ce cas, une véritable assimilation des fruits civils aux fruits naturels*).

Remarque. L'usufruitier peut vendre son droit, mais la durée de ce droit continue à dépendre de la vie ou de la *cap. dem.* du cédant.

En effet, l'usufruitier ne saurait ALIÉNER ; d'où résulte notamment que, même avec le concours de l'usufruitier, le nu-propriétaire ne pourrait constituer, sur le fonds grevé, une servitude prédiale.

APPENDICE. POSSESSEUR de bonne foi.

Les fruits appartiennent quelquefois à un autre qu'au propriétaire sans qu'il y ait usufruit. Ainsi, le *possesseur de bonne foi. ex justa causa* : « loco domini est », et acquiert tous les fruits, de quelque nature qu'ils soient, dès qu'ils sont détachés, pourvu que la bonne foi existe à l'origine de la possession et au moment où les fruits sont détachés.

Dans le droit de Justinien, le possesseur de bonne foi est tenu de restituer au propriétaire revendiquant, tous les fruits qui subsistent encore, c'est-à-dire qui n'ont pas été consommés de bonne foi avant la revendication.

Devoirs de l'usufruitier.
Extinction de l'usufruit. } (T. 33).

SERVITUDES. — SERVITUDES PERSONNELLES. — *Usufruit. (Fin).* — *Usage, Habitation.* — GAGE.

USUFRUIT.

Nature, définition.
Constitution de l'usufruit.
Sur quelles choses s'établit l'usufruit.
Droits de l'usufruitier.
(T. 32).

Obligations de l'Usufruitier.

L'usufruitier doit jouir en *bon père de famille*; et à ce titre, veiller à la garde et à la conservation de la chose dont il a la jouissance. Ainsi :

1° Il doit respecter la destination de la chose, et, par exemple, ne point transformer en propriété d'agrément, une propriété de produit.

2° Il doit dénoncer au nu-propriétaire toute usurpation commise par un tiers.

3° Il doit exercer les servitudes actives pour ne pas les laisser perdre par non-usage.

4° Il doit prendre sur les fruits, de quoi entretenir le fonds, et notamment, s'il s'agit d'un troupeau, le maintenir au complet, en prélevant tout d'abord sur le croît.

5° Il doit payer les impôts et les frais des procès qui concernent l'usufruit.

6° Enfin il doit, comme garantie des obligations précédentes, *donner caution*, c'est-à-dire présenter une personne solvable (fidejusseur), qui s'oblige à payer, au cas où l'usufruitier ne le pourrait, toutes les sommes dont il pourrait, comme usufruitier, devenir débiteur envers le nu-propriétaire.

Si l'usufruitier avait été mis en possession, sans avoir donné caution, le nu-propriétaire pourrait la réclamer : 1° soit *directement* par une *condictio* ; 2° soit en revendiquant la chose grevée d'usufruit, et en paralysant, par une réplique, l'exception *de re ususfructus nomine tradita*.

Remarque. — Le propriétaire (mais non le testateur) peut dispenser l'usufruitier de donner caution.

Extinction de l'usufruit.

D'après les Institutes, l'usufruit s'éteint de six manières :

1° Par la *mort* de l'usufruitier.
(Si celui-ci est une *personne morale*, la mort est remplacée par la dissolution de la société ou l'arrivée d'un terme de 100 ans).

2° Par la *minima*, *media*, *maxima capitis deminutio* de l'usufruitier. (Sous Justinien, la *minima capitis deminutio* n'éteint plus l'usufruit).

3° Par le *non-usage* prolongé : DANS L'ANCIEN DROIT, deux ans pour les immeubles, un an pour les meubles ; SOUS JUSTINIEN : dix ans entre présents, vingt ans entre absents. (D'après la majorité des interprètes, le non-usage suffit, sans qu'il y ait besoin, de la part du propriétaire, à une *usucapio libertatis*. Un texte de Justinien a fait penser à quelques interprètes que cette *usucapio* était nécessaire).

Bien entendu l'usufruitier conserve son droit en l'exerçant, soit par lui-même, soit par un tiers.

4° Par la *perte* ou *la transformation* de la chose.

5° Par la *cessio in jure* de l'usufruit au nu-propriétaire. Sous Justinien, la renonciation expresse ou tacite suffit.

6° Par la *consolidation*, ou réunion sur une même tête des qualités d'usufruitier et de propriétaire : *nemini res sua servit.*

Paul ajoute un septième mode.

7° Par l'*arrivée du terme* ou *de la condition*, apposés à la durée de l'usufruit.

Remarque. — L'adjonction d'un terme ne peut jamais prolonger l'usufruit au-delà des événements qui l'interrompent ordinairement, comme la mort de l'usufruitier. A ce sujet, plusieurs espèces : 1° L'usufruit constitué jusqu'à ce que un tiers ait 25 ans, continuera, en l'absence d'autres causes d'extinction, jusqu'à l'époque où ce tiers aurait eu 25 ans, quand même il serait mort avant. 2° L'usufruit acquis par une personne alieni juris : *inter vivos?* s'éteint par la mort, etc. du maître ou du père : — *mortis causa?* par celle de l'esclave ou du fils. Justinien décide dans ce cas que la mort du fils ou de l'esclave n'éteint jamais l'usufruit ; et que le père mort, son fils lui succède.

8° Enfin, bien entendu, par la *résolution* du droit du constituant.

USAGE.

L'*usage* est le droit d'user d'une chose, sans en percevoir les fruits : USUI *fructus deest.*

Dans l'ancien droit, l'usage offrait seulement le pouvoir d'user de la chose par soi-même ou les siens, exemple : pour un champ, de s'y promener ; pour une maison, de s'y loger, mais non d'y avoir des locataires.

Modifications successives. — Ainsi restreint, l'usage n'avait que peu de valeur ; aussi les jurisconsultes l'ont-ils étendu à deux points de vue :

1° L'usager pourra profiter des fruits de la chose, jusqu'à concurrence de ses besoins ; prendre le fumier, le lait d'un troupeau, et même, sous Adrien, en ce qui concerne un bois taillis, faire des coupes et les vendre.

2° L'usager d'une maison, qui d'abord ne pouvait que s'y loger seul, peut ensuite y recevoir un ami, puis enfin louer ce dont il n'a pas besoin pour lui-même.

L'usager doit entretenir la chose et donner caution : *se boni viri arbitratu usurum.*

Celui à qui on a légué l'usage de choses qui se consomment *primo usu*, est assimilé au quasi-usufruitier.

Les modes de constitution et d'extinction sont les mêmes que pour l'usufruit ; toutefois, tandis qu'il y a un usufruit légal, l'usage ne dérive jamais de la *loi seule.*

HABITATION.

L'*habitation* ne se confond ni avec l'usufruit ni avec l'usage. Elle se rapproche du legs *in singulos annos ;* en effet, c'est un avantage quotidien ouvert et acquis jour par jour, d'où résulte qu'il ne s'éteint ni par non-usage, ni par la *capitis deminutio*, car on ne peut perdre ce qui n'est pas né.

On avait discuté si ce droit était annuel ou viager ; cette dernière opinion prévalut.

Le légataire de l'habitation donnait caution.

Quant à l'étendue de ce droit, les opinions étaient divisées. Justinien efface toute controverse en décidant, avec Marcellus, que le légataire de l'habitation aurait la faculté d'habiter avec sa famille la maison, ou de la louer.

N. B. Constitué *inter vivos*, il paraît que ce droit s'éteignait, non-seulement par la mort du donataire, mais même par celle du donateur.

Appendice. *Operæ servi aut animalis.* — Le legs des travaux d'un esclave ou d'un animal peut à peine être rangé parmi les servitudes. C'est un droit qui s'exerce chaque jour ; qui passe aux héritiers du légataire ; qui s'éteint quand l'esclave est usucapé par un tiers, mais non par non-usage ou *capitis deminutio*.

Le légataire peut louer les travaux de l'esclave ; il fournit à son entretien, et doit donner caution.

§ 3. — Gage ou *Pignus.*

Le gage est le dernier des *droits réels* reconnus par le droit civil. C'est l'embryon de l'*hypothèque*, avec laquelle il arrive à se confondre ; c'est donc au titre de l'hypothèque qu'on l'étudiera.

DROITS RÉELS PRÉTORIENS. — EMPHYTÉOSE. — SUPERFICIE. — HYPOTHÈQUE. — DOMAINE BONITAIRE.

ARTICLE II. — **Droits réglementés par le préteur.**

Avec la transformation du monde romain prirent naissance quelques démembrements nouveaux du droit de propriété, établis par le préteur. Ce sont : l'*Emphytéose*, la *Superficie*, l'*Hypothèque*, le *Domaine bonitaire.*

§ 1er. — Emphytéose.

Les cités ou certaines *universitates* prirent l'habitude de donner à bail leurs immeubles ; les preneurs, ou leurs héritiers, devaient garder la possession de ces biens tant qu'ils paieraient régulièrement le prix du bail : *vectigal ;* ces immeubles prenaient le nom d'*agri vectigales*. — Les Empereurs appliquèrent cette méthode à leurs *fundi patrimoniales* ; puis les particuliers l'adoptèrent à leur tour ; dans ce cas particulier, le contrat prit le nom d'*emphytéose* ; mais la condition de l'emphytéose et du possesseur de l'*ager vectigalis*, était la même.

Cette combinaison, qui ressemblait si bien à la *propriété*, reçut le caractère de droit réel. Il en résulte que : 1° Le preneur a contre tout le monde, même contre le propriétaire, des actions *in rem* utiles, pour réclamer la chose elle-même, ou les servitudes dont elle est investie. 2° La possession du preneur est protégée par les *interdits*, et même par l'action *publicienne*, si ce n'est contre le *dominus*. 3° Le preneur peut transmettre son droit à titre particulier, et même établir des servitudes *jure prætorio*.

§ 2. — Superficie.

La *superficie* est le droit de jouir à perpétuité ou pendant un très-long temps d'une construction située sur le terrain d'autrui. C'est une servitude qui paralyse l'application du principe : *superficies solo cedit.*

Ce droit réel résulte : le plus souvent d'un bail à perpétuité ou à longue échéance, mais aussi de tout acte obligatoire d'après le droit civil : vente, testament, possession *longi temporis*, tradition faite *a domino.*

Le caractère *de droit réel* produit des avantages spéciaux, énumérés au sujet de l'emphytéose.

§ 3. — (Pignus). — Hypothèque.

Généralités. — Historique.

Généralités. — L'hypothèque est un droit réel sur un bien affecté à l'acquittement d'une dette.

Il faut savoir que, dans la rigueur des principes : 1° le patrimoine du débiteur forme le gage *commun* — des créanciers, — et se partage entre eux au prorata de leurs créances, *quelle que soit la date* de celles-ci ; 2° les aliénations consenties par le débiteur, sont opposables aux créanciers ; 3° ceux-ci, pour se faire payer, ne peuvent faire vendre tel ou tel bien du débiteur, mais sont obligés de procéder à la *vente en masse.*

L'hypothèque remédie à ces inconvénients : 1° en donnant aux *premières* créances un droit de préférence ; 2° en donnant aux créanciers un droit de *suite* quant aux aliénations postérieures à la constitution de l'hypothèque ; 3° et, enfin, en permettant de vendre *individuellement* la chose grevée. L'hypothèque fut le dernier perfectionnement apporté à une organisation longtemps élaborée.

Aliénation fiduciaire. Dans l'origine, le débiteur, qui veut donner des sûretés au créancier, lui transfère la propriété d'un fonds (res fiduciaria) et le créancier s'engage, *par un contrat de fiducie*, à retransférer cette propriété au débiteur, au moment du paiement. — Ainsi : le créancier retient la chose jusqu'à parfait paiement ; il en *use*, sauf à ne pas la détériorer et à compenser les fruits ou autres produits avec les intérêts ou le capital de la créance ; — non payé à l'échéance, il vend la chose et en garde le prix jusqu'à concurrence du montant de sa créance.

Inconvénients de ce système : le débiteur perdait l'usage de la chose ; de plus il risquait de ne la recouvrer que détériorée, ou même de la perdre entièrement, si par exemple le créancier l'avait aliénée, et était insolvable.

Pignus. — Le *pignus* cherche à remédier aux inconvénients précédents, en transportant seulement au créancier la *possession* de la chose, jusqu'à parfait paiement, sans que le créancier puisse, à peine d'être réputé *voleur*, se servir de la chose ou la vendre, sans le consentement du propriétaire-débiteur.

Inconvénients de ce système : — Ce *pignus* primitif était encore insuffisant : il laissait le créancier sans action au cas où il aurait perdu la possession, et il ne lui permettait pas de vendre de plein droit en cas de non-paiement à l'échéance. — On corrigea ces deux défauts.

I. — SUR LE PREMIER POINT : On accorda au créancier les interdits possessoirs et la *procuratio in rem suam* pour recouvrer la possession de la chose.

II. — SUR LE DEUXIÈME POINT : 1re *Epoque :* On inséra la clause que le créancier pourra vendre, et même on la sous-entend, mais alors la vente ne pourra avoir lieu qu'après trois sommations faites au débiteur ; — 2e *Epoque :* Pour éviter les effets de cette clause tacite, on permit d'insérer la clause contraire : que le créancier ne pourra vendre ; — 3e *Epoque :* Le créancier peut toujours vendre, même si la clause contraire a été insérée, mais dans ce dernier cas il doit faire trois significations ; en cas de clause tacite, ces significations ne sont plus nécessaires.

Même avec ces perfectionnements, le *pignus* laisse à désirer, puisqu'il *inutilise* la chose, le créancier ne devant pas, et le débiteur ne pouvant pas s'en servir. C'est à quoi notamment remédie l'hypothèque.

HYPOTHÈQUE PROPREMENT DITE.

Hypothèque. — Ce contrat vient remplir toutes les lacunes ; le débiteur ne perd ni la propriété ni la possession de la chose ; le créancier, de son côté, acquiert les droits *de préférence, de suite*, et *de vente.*

I. — Le premier pas fut fait par le préteur *Servius*, qui, au moyen de l'*action Servienne*, permet au propriétaire d'un héritage rural de revendiquer contre tout possesseur les objets affectés par les fermiers à la sûreté des fermages ; cette affectation s'opère au moyen d'une simple convention, sans qu'il soit nécessaire que les choses grevées aient été apportées dans la ferme.

II. — L'action Servienne se généralisa dans l'action *quasi-Servienne*, qui permet au propriétaire d'un fonds urbain, sans qu'il y ait convention à cet égard, de réclamer, contre tout possesseur, les objets qui auraient été *apportés* par le locataire pour garnir les lieux loués.

III. — L'action quasi Servienne s'appliqua ensuite à tous les cas où, par la simple convention, et sans tradition, un débiteur affecte une chose quelconque mobilière ou immobilière, comme garantie de sa dette.

Cette action quasi Servienne s'appelle indifféremment, action Servienne *utile*, *hypothecaria* ou *pigneratitia in rem.*

Conditions exigées pour la validité d'une constitution d'hypothèque. — Outre les conditions nécessaires à la validité de toute convention, on exige ici : 1° qu'il y ait une dette, sans laquelle le contrat accessoire d'hyp. ne se comprendrait pas ; 2° que la chose hypothéquée puisse faire l'objet d'une vente ; car le droit de préférence *ne s'exerce que sur le prix* ; 3° que le constituant soit propriétaire et capable d'aliéner, car l'hyp. est une aliénation conditionnelle ou partielle.

Quelles choses peuvent être hypothéquées. — On peut hypothéquer tous les biens meubles ou immeubles, susceptibles d'être vendus, et même les biens *futurs*, qui sont frappés dès qu'ils tombent dans le domaine du débiteur.

Etendue et effets de l'hypothèque. — 1° L'hyp. est indivisible, en ce sens que chaque portion divise ou indivise de la chose garantit l'*intégralité* de la dette ; — 2° l'hyp. frappe la chose elle-même et tous ses accessoires ou améliorations.

On a vu que l'hyp. donne au créancier le droit de préférence, non-seulement contre les créanciers chirographaires, mais encore contre les créanciers hyp. postérieurs en date : *potior tempore, potior jure* (on considère la date de l'hyp. et non celle de la créance). Cette règle de priorité donnait lieu à des fraudes et à des embarras multiples, par suite du caractère occulte des hypothèques. Ce système était donc une conception très-juste, mais sans organisation pratique utile, malgré le timide essai de Léon, qui décide : que les hyp. constatées par acte public ou par acte privé, revêtu de la signature de trois témoins irréprochables, primeraient le simple titre. (*Idiochirium*).

Extinction des hypothèques. — L'hyp. s'éteint : I. *Par voie de conséquence*, lorsque la dette qu'elle garantit s'éteint elle-même d'une façon *absolue*, sans même laisser subsister une obligation naturelle.

II. *Par voie principale* : 1° lorsque la chose est régulièrement vendue par le créancier non payé ; 2° en cas de renonciation des créanciers ; 3° de confusion ; 4° de perte entière de la chose ; 5° de résolution du droit du constituant ; 6° de prescription acquisitive de 10 à 20 ans ; 7° de prescription libératoire de 40 ans.

Hypothèques tacites ou légales. Les principales sont : 1° celle du propriétaire d'un fonds rural sur la récolte de ce fonds ; 2° celle du propriétaire d'un fonds urbain sur les objets *invecta et illata ;* 3° celle du fisc sur les biens de son débiteur ; 4° celle des mineurs de XXV ans sur les biens de leurs tuteurs ou curateurs ; 5° celle des légataires sur les biens de la succession ; 6° celle de la femme mariée pour la reprise de sa dot (cette dernière hyp. est privilégiée et prime toutes les autres).

§ 4. — Domaine bonitaire. (Voir T. 35.)

DROITS RÉELS PRÉTORIENS. — DOMAINE BONITAIRE. — CAPACITÉ D'ALIÉNER.

§ 4. — Domaine bonitaire.

Cette face du droit de propriété, (imaginée sans doute pour protéger celui qui avait reçu une chose *mancipi* par simple tradition, en lui permettant d'usucaper sous la protection de l'action publicienne et de l'exception *rei venditæ et traditæ*), constitue un important démembrement de la propriété, accessible aux pérégrins eux-mêmes. Plus tard, le préteur s'en servit pour accorder un droit de propriété à des personnes auxquelles l'ancienne législation n'en voulait pas reconnaître (*Bonorum possessiones*). Avec la disparition de la *mancipatio* et de l'*in jure cessio*, la propriété bonitaire se confond avec la propriété quiritaire, qui, (n'ayant plus d'intérêt, quand les choses *mancipi* sont dépouillées de leur caractère spécial), finit par disparaître entièrement sous Justinien. Dès lors, la tradition d'une chose quelconque faite *a domino* en transfère la propriété entière ; il en est de même des fidéicommis et des legs, qui opèrent toujours la translation de la propriété.

FIN DES DROITS RÉELS.

ARTICLE III. — **Capacité d'aliéner et restrictions à ce droit.**

EN PRINCIPE, le propriétaire peut aliéner, et le non-propriétaire ne le peut pas. Ce principe reçoit exception à deux points de vue.

§ 1er. — Cas où le propriétaire ne peut pas aliéner la chose qui lui appartient.

Le mari. Le mari est incontestablement le propriétaire des immeubles dotaux de sa femme. Mais la loi Julia, rendue sous Auguste, lui défend de les aliéner sans le consentement de sa femme.

(Excepté dans le cas où les immeubles dotaux ont été *estimés*, lors de leur apport, car il n'y a plus ici de *fonds* dotal ; ce qui est dotal, c'est le montant de l'estimation.

Une servitude, étant une portion active ou passive de la propriété, le mari ne peut grever le fonds dotal d'une servitude passive, ni abdiquer une servitude active existant au profit du fonds dotal.

Toute aliénation consentie par le mari, contrairement aux dispositions de la loi Julia, est nulle à l'égard de la femme, qui conserve le droit de revendiquer contre l'acquéreur.

Le mari ne peut *hypothéquer* le fonds dotal, *même* avec le consentement de la femme. Cela paraît bizarre, puisque l'hypothèque n'est qu'un démembrement de la propriété, et devrait être soumise à des règles moins sévères. Mais on a craint que la femme ne comprît moins facilement la gravité d'une constitution d'hypothèque, qui ne dépossède pas de suite, et ne consentît trop facilement à la laisser constituer.

Il faut remarquer d'ailleurs que la prohibition de la loi Julia ne s'applique qu'aux *fonds italiques* et non aux fonds provinciaux.

Justinien modifie le système de la loi Julia en deux points : 1° Il soumet à ses prescriptions les *immeubles provinciaux* comme les immeubles italiques ; 2° Il assimile l'aliénation à l'hypothèque, en décidant qu'elle sera impossible même avec le consentement de la femme.

L'inaliénabilité du fonds dotal commence avant le mariage, si la dot a été livrée au fiancé, et subsiste après, tant que le fonds dotal, qui doit être restitué, ne l'a pas été.

Les dispositions de la loi Julia ne s'appliquent pas : 1° *aux aliénations nécessaires* ; — (Ex. : expropriation par suite d'une demande en *cautio damni infecti*, intentée par le voisin de la maison dotale qui menace ruine ; — attribution par le *judex*, à celui qui intente l'action *communi dividundo*, de tout ou partie du fonds dotal indivis). 2° *Aux transmissions* PER UNIVERSITATEM (si le mari est adopté).

Homme en démence, prodigue interdit, mineur de XXV ans, pupille. — On a vu plus haut, au chapitre : *tutelle* et *curatelle*, que ces diverses personnes n'avaient pas la capacité absolue d'aliéner. Occupons-nous spécialement du *pupille*.

Le pupille est propriétaire, et cependant il ne peut aliéner. Voici trois applications de ce principe mentionnées aux Institutes.

I. — Le pupille ne peut seul, sans l'autorisation du tuteur, faire un *mutuum*, (prêt de consommation), car le mutuum suppose une aliénation, et l'aliénation est un de ces actes qui, rendant la condition du pupille pire, exigent l'intervention du tuteur. Si donc, en fait, le pupille a prêté des écus, le *mutuum* n'a pu se former, et le pupille étant, en droit, resté propriétaire des écus, peut les revendiquer ; pas de difficulté, si les écus conservent leur individualité distincte ; — (vindicari possunt sicubi exstent) ; — mais si les écus ont été consommés, son droit théorique subsiste sans doute, mais il ne peut l'exercer par la revendication, parce qu'il n'y a pas de corps certain ; ici deux hypothèses. — A. *Si les écus ont été employés de* BONNE FOI, le pupille obtiendra, par la *condictio certi*, qui est une action personnelle, le remboursement d'une somme égale à la valeur des écus livrés. — B. *Si les écus ont été dépensés de* MAUVAISE FOI, le pupille, par l'action *ad exhibendum*, obtiendra condamnation pour la somme qu'il fixera lui-même, comme représentant le dommage qu'il a éprouvé faute d'avoir gardé ses écus. Il y a donc ici une sanction plus forte que dans la *condictio*.

II. — Le pupille ne peut rendre sa condition pire sans l'*auctoritas tutoris*, mais il peut la rendre meilleure ; d'où résulte que : Titius devant 100 à un pupille, et les lui payant, le pupille deviendra propriétaire des écus (condition meilleure), mais la dette ne sera pas éteinte, car la créance serait perdue (condition pire). Le pupille pourra donc, comme si rien ne s'était passé, actionner Titius en paiement, et Titius pourra seulement opposer l'exception de dol pour faire diminuer la condamnation jusqu'à concurrence de l'avantage RÉEL que le pupille a retiré de la somme qu'il a touchée. Si donc le pupille l'a dissipée, le débiteur payera une seconde fois.

Le débiteur qui veut payer est-il tranquille en payant au tuteur seul ou au pupille autorisé ? Non, jusqu'à Justinien ; car, si le tuteur insolvable a dissipé la somme, le pupille se fera restituer *in integrum* contre le premier paiement, lequel est considéré dès lors comme non-avenu. Justinien remédie à cet état de chose en décidant que le débiteur aurait pleine sécurité, en payant au tuteur (ou curateur), en vertu d'une *judicialis sententia*, délivrée sans frais.

III. — Le pupille, seul, ne peut payer valablement, car il ne peut transférer au créancier la propriété des écus qu'il donne en paiement. Mais par contre, il peut revendiquer les écus qu'en fait il a livrés. Il faut d'ailleurs distinguer : A. Si le créancier possède encore les écus, il sera, sans hésitation, soumis à la revendication du pupille, à moins qu'il ne puisse repousser celle-ci par une exception de dol ; (par ex., dans le cas où la dette serait exigible, auquel cas il y a dol au pupille à réclamer quelque chose dont il devrait immédiatement retransférer la propriété). B. Mais si les écus ont été consommés ? 1° L'accipiens était-il de bonne foi ? la consommation libère, comme un paiement translatif, le pupille qui ne saurait dès lors revendiquer. 2° Le créancier était-il de mauvaise foi (c'est-à-dire sachant que le pupille avait un intérêt quelconque, mais sérieux à ne pas payer) ? il sera tenu de l'action ad exhibendum ou de la revendication. (V. M. Accarias, I. 678).

§ 2. — Cas où le non propriétaire a le droit d'aliéner une chose qui ne lui appartient pas.

Créancier gagiste ou hypothécaire. — Nous avons vu précédemment comment le *pignus* antique se transforma en pacte d'hypothèque. Dans l'un ou l'autre cas, comme l'objet, donné en gage ou hypothéqué, sert de garantie à la créance, il faut vendre cet objet en cas de non-paiement. Voici comment on opérait : 1° Dans le *pignus* proprement dit, le détenteur du gage, qui en a reçu la propriété, peut le vendre directement à l'échéance. — 2° Dans la seconde période, le créancier n'acquiert que la possession de la chose ; dès lors il ne peut l'aliéner ; mais on ajoute ordinairement au contrat de *pignus* une convention aux termes de laquelle le créancier, non-payé, pourra vendre ou aliéner le gage. Plus tard cette convention est sous entendue, puis finit par devenir l'essence même du contrat de gage, si bien que, *malgré une clause contraire*, le créancier pouvait toujours vendre, sous la seule condition d'annoncer la vente au débiteur par trois dénonciations préalables. — Dans ces différents cas, le créancier vend donc une chose dont il n'est que possesseur. — 3° Dans la troisième période, le créancier hypothécaire, comme le créancier gagiste, non payé à l'échéance, peut vendre la chose.

Justinien introduit un système tout nouveau. D'abord toutes les conventions en matière d'hypothèques doivent être observées. — A défaut de conventions spéciales, la vente ne peut avoir lieu que deux ans après la sommation faite ou le jugement obtenu par le créancier ; au bout de deux ans, si aucun acquéreur ne se présente, on laisse écouler deux nouvelles années, au bout desquelles l'empereur accorde la propriété au créancier. — Mais dans cette situation même, le débiteur peut encore, pendant deux années, reprendre le gage en désintéressant le créancier.

Autres cas. — Le mandataire ou procurateur, qui a reçu le pouvoir d'aliéner, — le tuteur d'un impubère, — le curateur agnat d'un insensé, — et, en général, tous les curateurs, — peuvent vendre les biens du mandant, de l'insensé, du pupille ou du mineur, bien qu'ils n'en soient pas propriétaires.

ARTICLE IV. — Capacité d'acquérir, ou : par quelles personnes nous pouvons acquérir.

I. Une personne *sui juris* (sauf le fou, et le pupille infans en ce qui concerne les acquisitions exigeant un acte de volonté), peut toujours acquérir pour elle-même. Ceci n'a pas besoin de commentaires. — Mais une personne *sui juris* peut aussi acquérir, par les personnes qui sont sous sa puissance; ces personnes *alieni juris*, n'ayant pas en principe de patrimoine, ne peuvent acquérir pour elles-mêmes, et ne sont que des instruments d'acquisition au profit des personnes desquelles elles dépendent. C'est ce second principe que nous avons à développer, en distinguant parfois entre l'acquisition de LA PROPRIÉTÉ et celle de la POSSESSION.

II. Vous acquérez la propriété par les personnes que vous avez sous votre puissance (*per eos quos in potestate habetis*), même à votre insu et contre votre gré (*vobis ignorantibus et invitis*), parce qu'un droit de propriété ne peut s'arrêter même un instant sur leur tête. — Il en est quelquefois de même pour l'acquisition de la possession.

Les personnes, *par lesquelles on acquiert*, sont : le FILS DE FAMILLE; la *femme* IN MANU, l'*individu* IN MANCIPIO, l'ESCLAVE, l'HOMME LIBRE POSSÉDÉ DE BONNE FOI, EX IN JUSTA CAUSA, COMME ESCLAVE ; l'ESCLAVE IN BONIS. — A la différence de la *possession* (V. plus bas), on ne peut jamais acquérir la propriété par une *persona extranea*, personne libre *sui juris*.

1° Fils de Famille.

Ancien droit. I. La puissance paternelle étant sans limites, tout ce qui était acquis par un fils de famille profitait au père, sans exception.

Il faut remarquer que le fils ne pouvant revendiquer une chose comme sienne, ne pouvait acquérir ni par *cessio in jure*, ni par *adjudicatio*. — Mais il peut acquérir la propriété à son père par *mancipatio* ou par legs.

Dans tous les cas où le père acquiert ainsi par son fils, l'acquisition a lieu à son profit même sans qu'il en ait conscience.

II. Le fils acquérait aussi *la possession* à son père; mais, des deux éléments qui constituent la possession, le *corpus* pouvait exister chez le fils, tandis que l'*animus* devait nécessairement résider chez le père. Toutefois le père acquiert la possession, même à son insu, et, le fils étant de bonne foi, il pourra usucaper sans le savoir, s'il a confié à son fils un pécule; car il est présumé avoir eu, une fois pour toutes, l'*animus possidendi* quant aux choses dont le fils prendrait possession à l'occasion du pécule.

III. Le fils institué, qui fait adition, par l'ordre de son père, acquiert pour ce dernier.

Droit nouveau. — Successivement on adoucit cette situation du fils de famille, en lui permettant d'acquérir pour lui-même, et non plus pour le *paterfamilias*, certaines natures de biens : ce fut l'institution des PÉCULES. Il y en a trois :

1° PÉCULE CASTRENSE. — Ce pécule, probablement institué sous Auguste, comprend tout ce que le fils de famille acquiert en qualité de militaire. Le fils de famille a la pleine propriété sur ce pécule; comme un *paterfamilias*, il peut en disposer entre-vifs, ou même par testament, mais seulement à partir d'Adrien. Jusqu'à cette époque, le fils mourant testat ou non, son pécule se confondait, *jure peculii*, dans le patrimoine du père. Toutefois, malgré cette faveur accordée par Adrien, le fils, s'il n'use pas de la faculté de tester, ne laisse pas une hérédité ab intestat; son pécule passe dans le patrimoine du père, comme, avant Adrien, *jure peculii*, d'où résulte 1° que le père en devient immédiatement propriétaire, sans faire adition; 2° qu'il ne répond des dettes que par l'action *de peculio*; 3° qu'il doit revendiquer individuellement les objets compris dans le pécule, sans pouvoir recourir à l'action *generalis* en pétition d'hérédité; 4° que toute soustraction commise au préjudice du pécule lui permet d'intenter l'action *furti*.

— *Justinien* décide que le pécule *castrense*, si le fils meurt intestat, n'appartiendra aux ascendants qu'à défaut de descendants ou de frères ou sœurs du défunt, et qu'il leur appartiendra *jure communi*. Ces mots, qui pourraient signifier *jure peculii*, sont interprétés par la majorité des auteurs, comme synonymes de *jure hereditario*. Le pécule serait dès lors absolument assimilé à un patrimoine ordinaire, ce qui offre un grand intérêt. (V. alinéa précédent, les caractères de la dévolution, *jure peculii*).

2° PÉCULE QUASI-CASTRENSE. — Introduit par Constantin, il comprend les biens acquis par les fils à l'occasion de leurs offices ou emplois dans le palais de l'Empereur. Plus tard, les gains des avocats, et, à partir de Justinien, les traitements de tous les fonctionnaires publics, rentrèrent dans le pécule *quasi-castrense*.

Comme son nom l'indique, ce pécule doit être régi par les mêmes règles que le pécule *castrense*. Toutefois ce n'est qu'à partir de Justinien que le fils put, d'une façon générale, en disposer par testament.

3° BONA ADVENTITIA ou *pécule adventice*. — Ce pécule, dérivant de l'idée que le père ne doit pas s'enrichir d'une fortune qui ne lui est pas destinée, est également institué par Constantin et comprend seulement, à l'origine, les biens recueillis par le fils dans la succession testamentaire ou *ab intestat* de sa mère; Arcadius et Honorius y font entrer toutes les libéralités entre-vifs ou *mortis causa* provenant à l'enfant d'un ascendant maternel; Théodose et Valentinien y ajoutent ce qu'un époux reçoit de son conjoint, puis Léon et Anthémius les donations faites entre fiancés; enfin Justinien y fait entrer tout ce qui ne vient pas du père, et qui ne rentre pas déjà dans le pécule *castrense* ou *quasi-castrense*.

Le père a l'usufruit du pécule adventice, et, s'il émancipe son fils, il retient le tiers du pécule adventice en toute propriété; Justinien ne lui permet d'en retenir que la moitié en usufruit.

2° Femme in manu ou individu in mancipio. — On pouvait certainement acquérir la propriété par ces personnes, assimilées : l'une à une *filia familias*, l'autre à un *esclave*. On pouvait même probablement acquérir par elles une hérédité. Mais, quant à la possession, il y avait controverse parmi les jurisconsultes romains. — D'ailleurs l'intérêt disparaît sous Justinien, avec l'existence de ces deux institutions.

3° Esclaves.

Le caractère absolu de la puissance dominicale fait que le plein propriétaire d'un esclave profite, sans aucun doute, de toutes les acquisitions faites par cet esclave, même à titre héréditaire. Quant à la *possession*, je ne l'acquiers que si je possède moi-même mon esclave. Si le *dominium* n'est pas complet, il naît plusieurs questions :

I. — ESCLAVE INDIVIS. — Il acquiert à chacun de ses maîtres proportionnellement à leur droit sur sa personne. Toutefois l'acquisition profite à un seul des co-propriétaires de l'esclave, si elle est fondée sur un motif spécial à ce maître, ou bien si elle ne peut profiter qu'à celui-là, ou bien si l'esclave a déclaré vouloir acquérir pour Primus, ou bien encore si la chose a été acquise par ordre de Primus. — Mêmes règles pour l'acquisition de la possession.

II. — ESCLAVE GREVÉ. 1° *D'un droit d'usage*. Celui qui a l'*usage* d'un esclave, n'acquiert que ce qui provient *ex re sua*, par exemple ce que l'esclave a acheté avec les deniers de l'usager. — 2° *D'un droit d'usufruit*. Par cet esclave j'acquiers la propriété de ce qui provient *ex re mea* (par ex. ce qui est payé de mes deniers), — ce qui correspond au *jus utendi*, — ou *ex operis ejus* (en échange de son travail), — ce qui correspond au *jus fruendi*. — Le nu-propriétaire de cet esclave, au contraire, profite de toutes les acquisitions de l'esclave, qui n'ont pas le caractère de fruits (donations, legs); à moins que ces libéralités n'aient été faites à l'esclave en considération de l'usufruitier, par ex. par un ascendant de ce dernier. On respecte dans ce cas la volonté exprimée ou présumée du disposant.

N. B. On discutait pour savoir si je puis acquérir la possession par l'esclave dont j'ai l'usufruit ou l'usage, car je ne le *possède pas* lui-même. On a admis l'affirmative et il n'y a plus même sous Justinien de mention de controverse.

III. ESCLAVE IN BONIS. (V. division suiv.).

4° Individu libre ou esclave possédé de bonne foi, *ex justa causa*.

I. Je possède *ex justa causa* et de *bonne foi*, comme étant mon esclave, un homme libre ou l'esclave d'autrui. Par cet individu, comme par l'esclave dont j'ai l'usufruit, j'acquiers ce qui provient *ex re mea* ou *ex operis ejus*. Tout ce qu'il acquiert autrement est pour lui, s'il est libre, ou pour son maître, s'il est esclave. — Bien entendu je cesse d'acquérir dès que j'ai perdu la *bona fides*.

II. Si cet individu est appelé à une hérédité? 1° Est-ce le *servus alienus?* L'ordre que je lui donne de faire adition est nul, à moins qu'il ne soit prouvé qu'il a été institué *contemplatione mei*. — 2° Est-ce l'individu libre? S'il a été institué *contemplatione mei* : — **A** D'après Ariston, je ne puis jamais acquérir par lui une hérédité. **B** Pomponius ajoute qu'il acquiert l'hérédité pour lui-même; **C** Julien décide que j'acquiers l'hérédité. — Mais si l'institution n'a pas été faite *contemplatione mei*, Labéon distingue : **A** l'adition faite, sur mon ordre, sera valable, suivant l'opinion de Trébatius, et l'individu deviendra héritier *s'il fait adition dans cette intention*. **B**. Si, au contraire, il ne fait adition que pour m'obéir, l'adition sera nulle.

III. L'individu que je possède de bonne foi, *ex justa causa*, peut m'acquérir la *possession*, comme la propriété, *ex re mea*, ou *ex operis ejus*, mais, en dehors de ces deux cas, il ne peut acquérir la possession ni pour lui ni pour un autre.

Remarque. Je puis, à la différence du *servus* dont j'ai l'usufruit, usucaper le *servus alienus* que je possède de bonne foi, *ex justa causa*, et, l'usucapion accomplie, j'acquerrai par lui *ex omni causa*. S'il s'agit d'un esclave que j'ai *in bonis*, j'acquerrai par lui *ex omni causa*, que je puis avant que l'usucapion ne soit accomplie.

5° Persona extranea.

Nous avons vu, au commencement, que par une *persona extranea*, c'est-à-dire par une personne *sui juris*, ou par le *servus alienus* (hors le cas précédent de possession de bonne foi *ex justa causa*), je ne puis, en principe, acquérir la propriété; mais Justinien déclare acquérir la *possession*.

Remarquons que cette dernière règle existait déjà sous Auguste, et tout au moins sous Trajan et Adrien ; et Septime-Sévère n'innove pas en décidant que le mandataire acquérait pour son mandant, même à son insu. — Ainsi : 1° si la tradition est faite à mon mandataire par le *dominus*, *ex justa causa*, je deviens en même temps possesseur et propriétaire; 2° si, au contraire, le *tradens* n'a pas pouvoir d'aliéner, j'acquiers seulement la possession, même à mon insu, et la faculté de la compléter par l'usucapion; d'ailleurs si je puis commencer à posséder à mon insu, je ne pourrai commencer à usucaper, car l'usucapion suppose la bonne foi, et je ne puis avoir la bonne foi que si je sais que je possède. (Il en serait autrement pour l'esclave ou le fils muni d'un pécule).

Dans tous les cas, je ne puis acquérir la possession à mon insu, que s'il y a eu, à cet effet, concours préalable de ma volonté et de celle du mandataire; du reste, si la volonté du mandant et du *tradens* concouraient, la volonté contraire du mandataire infidèle n'empêcherait pas l'acquisition.

APPENDICE. — DES DONATIONS.

La DONATION est un avantage procuré *gratuitement*, par une personne à une autre personne, dans une intention libérale.

Justinien la présente comme étant une manière d'acquérir, *genus acquisitionis*. Ces termes sont trop généraux. Sans doute la translation de propriété à titre de donation, exigeant des formes particulières, peut paraître une manière d'acquérir *sui generis*. Mais elle n'est point un mode d'acquérir, parce qu'elle ne saurait transférer la propriété, et que, d'ailleurs, elle peut résider dans une remise de dette, ou dans la naissance d'une obligation de faire ou de ne pas faire. Il faut en conclure que la donation n'est autre chose qu'une JUSTA CAUSA *acquisitionis*, qui ne transfère pas la propriété par elle-même, mais qui est le motif déterminant la translation qui en est opérée au moyen des modes ordinaires d'acquisition.

Caractères constitutifs. — 1° Enrichissement du donataire ; 2° appauvrissement du donateur ; 3° volonté mutuelle de produire ces résultats. — Il y a intérêt à savoir si tel acte est ou non une donation. (Formes particulières. — Prohibition, en principe, entre époux. — Révocation pour causes non admises en d'autres matières).

Division des donations. — 1° Donations entre vifs ; 2° donations à cause de mort ; 3° donations entre époux. (Les *donationes ante* ou *propter nuptias* ne sont pas de véritables donations. C'est pourquoi on les a étudiées dans *la dot* (T. 38.).

DONATIONS ENTRE VIFS.

La donation entre vifs est opposée à la donation à cause de mort ; elle est faite *sine ulla mortis cogitatione* ; elle produit un effet *actuel* et *irrévocable*.

ACTUEL, en ce que, même dans une donation a terme ou conditionnelle, le donataire acquiert, *hic et nunc*, un certain droit qui, bien qu'imparfait, compte dans son patrimoine, d'une façon irrévocable, droit qu'il peut défendre par des actes conservatoires, vendre à des tiers, transmettre à ses héritiers.

IRRÉVOCABLE, en ce qu'il n'est pas permis au donateur d'insérer des clauses qui lui donneraient un moyen direct ou indirect de revenir sur sa libéralité.

Formation de la donation.

En principe, la convention de donner n'est pas par elle-même obligatoire ; elle doit être munie d'action au moyen des modes ordinaires mis par la loi à la disposition des personnes qui veulent, en général, faire une aliénation, contracter un engagement, renoncer à un droit. Disons toutefois que, dès que cette convention est munie d'action par un motif ou un autre, elle produit tous ses effets. — Sous Antonin le Pieux, une première exception décide qu'entre ascendants et descendants, la convention de donner, faite dans une intention libérale, est obligatoire et munie d'une action. — Justinien généralise la règle. Cette convention, dit *pacte légitime*, est obligatoire entre toutes personnes, et garantie par une *condictio ex lege*.

On sait que la donation entre vifs, comme en général toute donation, peut consister en une *aliénation*, un *engagement* que le donateur prend envers le donataire, une *remise* par le donateur d'une dette dont le donataire était tenu envers lui.

Restrictions à la liberté des donations.

Il y en a deux : l'une de fonds, l'autre de forme.

LOI CINCIA.

Dans une première disposition, elle défendait aux avocats de recevoir des libéralités pour les causes qu'ils plaidaient.

Dans une seconde disposition, elle déterminait un taux (*certum modum*) que les donations ne devraient pas dépasser. Toutefois cette restriction disparaissait en faveur de certaines personnes : proches parents ; personnes en puissance dominicale, *in mancipio*, *in manu*.

Il faut remarquer que la loi Cincia était *imperfecta*, dépourvue de sanction. Si donc le taux avait été dépassé, le donateur ne pouvait revendiquer l'excédant par voie d'action ; il pouvait seulement, s'il n'avait pas encore exécuté, repousser l'action du donataire, par l'exception *legis Cinciæ*, dite quasi-populaire, parce qu'elle pouvait être présentée par tout intéressé.

La mort du donateur, arrivée sans qu'il eût protesté contre la donation, paralysait cette exception. (*Morte donatoris Cincia removetur*).

La loi Cincia disparut sous le Bas-Empire.

INSINUATION.

Introduite sous Constantin, mais sans que la nullité frappât l'inobservation de la règle, elle vise deux buts : 1° diminuer le nombre des donations honteuses en leur imposant la publicité ; 2° porter les donations à la connaissance des tiers, et en faciliter la preuve. Cette formalité était la mention écrite de l'acte constatant la donation, et la remise de la chose, le tout en présence de témoins. Des constitutions impériales prescrivirent l'insinuation, *actis intervenientibus* (c'est-à-dire dans des registres tenus par le juge), mais, probablement, pour les seules donations excédant 200 solides.

Justinien dispense de l'insinuation, (par une extension de droit antérieur), les donations inférieures à 500 solides, ainsi que les donations : 1° ayant pour objet une rente viagère dont les arrérages sont inférieurs à 500 solides ; 2° faites à ou par l'empereur ; 3° faites en vue de la reconstruction d'une maison incendiée, du rachat de captifs, d'une constitution de dot.

A la différence de la loi Cincia, le défaut d'insinuation entraîne la nullité absolue de la donation, pour tout ce qui excède le taux légal. Dès lors, non seulement le donateur pouvait en exciper, s'il était poursuivi par le donataire, mais de plus, il pouvait, si la donation avait été exécutée, réclamer l'excédant par voie *d'action*.

Révocation.

En principe, la donation ne peut être révoquée à la volonté du donateur. Il y a trois causes de révocation.

INGRATITUDE.

Primitivement on avait admis que le patron pouvait révoquer arbitrairement la donation faite à l'affranchi. Cette faculté fut plus tard soumise à la condition de survenance d'un enfant au donateur, puis à l'ingratitude de l'affranchi. C'est ce principe de révocation pour cause d'ingratitude qui fut étendu : d'abord à l'ascendant donateur, puis à la mère, et enfin à tout donateur, par Justinien, qui fixe à cinq les cas d'ingratitude, parmi lesquels figure l'inexécution des charges imposées au donataire. (Les quatre autres sont : les injures graves, les violences contre la personne du donateur, le préjudice considérable contre ses biens, l'attentat contre sa vie).

L'action en révocation s'exerce par une *condictio ex lege*. Elle ne passe aux héritiers du donateur que si celui-ci a manifesté, avant de mourir, l'intention de reprendre les biens donnés. De même, il est probable que la révocation ne peut être poursuivie que contre le donataire, et non ses héritiers, excepté dans le cas d'inexécution des charges ; car alors il y a une véritable donation *sub modo*, qui tombe sous le principe de la transmissibilité des actions pour ou contre les héritiers.

INEXÉCUTION DES CHARGES IMPOSÉES AU DONATAIRE.

On vient de voir que cette cause de révocation était placée par Justinien dans les cas d'ingratitude. Elle en diffère cependant quant aux effets : 1° Il vient d'être dit qu'à la différence des actions résultant de l'ingratitude proprement dite, elle est transmissible pour ou contre les héritiers ; 2° Il faut ajouter que la révocation, pour inexécution des charges, a un effet rétroactif et peut-être opposée aux tiers qui ont traité avec le donataire, comme à ce donataire lui-même. Au contraire, la révocation pour cause d'ingratitude, ne produit effet que pour l'avenir ; et par conséquent les droits constitués par le donataire restent valables dans les mains des tiers qui les ont acquis.

SURVENANCE D'ENFANT. — Cette cause de révocation, on l'a vu plus haut, est *spéciale* aux rapports de patron et d'affranchi.

REMARQUE. Une donation ne peut valablement être faite par un père à l'enfant qu'il a en puissance. Les Constitutions Impériales admirent que si le père, qui a fait une pareille donation, meurt sans manifester l'intention de la révoquer, cette donation aura tout son effet. Justinien distingue : 1° *en cas de confirmation* TACITE, cette donation est soumise à l'insinuation, si elle dépasse 500 solides ; 2° *en cas de confirmation* EXPRESSE, *in suprema voluntate*, elle vaut sans insinuation.

DONATIONS A CAUSE DE MORT.

Il y a *mortis causa donatio*, quand l'existence de la libéralité dépend, comme d'une condition, de la mort du donateur arrivant soit dans une circonstance spécifiée, soit, tout au moins, du vivant du donataire. Une donation m. c. est donc caduque par le prédécès du donataire ; de plus elle est révocable à la volonté du donateur Mais ce second caractère ne fait pas partie de l'essence de la don. m. c., car il peut être plus ou moins modifié au gré des parties. Une restriction au principe de caducité au cas des prédécès, annulerait la don. m. c., mais laisserait subsister une donation entre vifs.

La don. m. c. peut consister en une *décharge consentie*, une *obligation contractée*, une *aliénation*. — I. Dans les *deux premières hypothèses*, si le donataire prédécède, ses héritiers sont tenus d'une *condictio* à l'effet de remettre les choses dans l'état où elles auraient été s'il n'y avait eu ni décharge consentie, ni obligation contractée envers leurs auteurs. — II. *Seconde hypothèse*. 1° La propriété peut être transférée par *mancipatio* ou *in jure cessio*, mais un contrat de fiducie oblige le donataire à retransférer la chose, s'il y a révocation ou caducité ; 2° le donateur peut aussi faire tradition de la chose, et, suivant sa volonté, ou la propriété sera immédiatement transférée, ou ne sera transférée qu'à son prédécès à lui donateur ; dans ce dernier cas, pas de difficulté : si le donateur se repent, échappe au danger prévu, ou survit il pourra toujours revendiquer sa chose ; une fois mort, la revendication passe au donataire. — Dans le premier cas, il y a plus d'hésitation. — Si le donateur échappe au danger prévu, survit ou se repent, Ulpien, dont l'opinion fut consacrée, soutient que la propriété reviendra de plein droit au *tradens* en vertu de la volonté exprimée dans la première tradition. — Si le donataire survit, il conserve irrévocablement son droit de propriété.

Comme les Legs, la donation à cause de mort : 1° est caduque par le prédécès du donataire ou légataire ; 2° est soumise aux restrictions de la loi Julia et Papia (jus capiendi) ; 3° est soumise aux réductions des lois Furia, Voconia, Falcidia ; 4° ne peut être réclamée qu'après paiement des dettes du donateur ; 5° est anéantie par la *bonorum possessio contra tabulas* ; 6° n'a jamais besoin d'être insinuée si elle est faite devant cinq témoins, ou en forme de codicille.

A la différence des legs, mais comme la donation entre vifs, la donation à cause de mort : 1° ne présuppose pas l'existence d'un testament, dans l'ancien droit, — et, sous Justinien, ne suppose pas que le donateur laisse un héritier ; 2° peut être faite par un *peregrinus* ou un fils de famille (même en l'absence d'un pécule castrense ou quasi-castrense) ; 3° n'est pas perdue pour le donataire, qui prétend, mal à propos, que les dernières volontés du donateur ne doivent pas être exécutées ; 4° n'est ni un mode d'acquérir *sui generis*, ni même un pacte légitime conférant un droit de créance ; 5° enfin, dans la don *mortis causa*, le donateur peut, dès à présent, transférer la propriété au donataire, ou bien renoncer plus ou moins complètement au droit de révoquer. Au contraire, jamais la propriété ne peut être transférée ex legato avant le décès du testateur, et jamais celui-ci ne peut renoncer au droit de révoquer le legs.

Donations entre époux. (T. 38).

DONATIONS. (*Suite*).

Donations entre vifs. } (T. 37).
Donations à cause de mort. }

DONATIONS ENTRE ÉPOUX.

La coutume avait prohibé les donations entre époux, de peur qu'elles ne fussent le résultat d'un entrainement irréfléchi, ou qu'un époux avide n'abusât de la faiblesse de son conjoint pour s'enrichir à ses dépens. — Cette règle ne remonte pas à une haute antiquité, puisque la loi Cincia (550 ab U. C.) favorisait ces donations, en mettant l'époux du donateur au nombre des *personæ exceptæ* qui pouvaient recevoir *ultra modum*.

Dans tous les cas, cette règle ne s'applique qu'à l'hypothèse où le mari n'a pas la *manus* sur la femme; autrement, si la femme est *in manu*, n'ayant rien à elle, elle ne peut rien donner, et son mari ne saurait lui donner, puisqu'alors il se donnerait indirectement à lui-même. (T. 36). L'effet de la prohibition est la nullité radicale et absolue.

Exception. — Les donations de revenus; les donations *exilii causa*, *divortii causa*; les donations *mortis causa*, restent en dehors de cette règle prohibitive, et produisent tout leur effet, même entre époux.

Modification. — Un SC. d'Antonin Caracalla décide que toute donation entre époux sera confirmée, si le donateur meurt avant le donataire sans avoir révoqué la libéralité.

I. DE LA DOT. — II. DONATIO ANTE NUPTIAS.

DOT.

On appelle *dot* en général toute valeur fournie au mari pour l'aider à supporter les charges du mariage. La dot peut être constituée soit par la femme elle-même, soit par ses parents, soit par un tiers quelconque; — avant ou même pendant le mariage; mais si elle est constituée avant le mariage, elle est soumise à la condition du mariage.

La personne, qui constitue la dot, peut le faire soit en aliénant sa chose, soit en s'obligeant, soit en libérant le mari d'une dette dont il est tenu.

(On verra aux obligations verbales, la *dictio dotis*, mode tout spécial de s'obliger au sujet d'une dot).

A la différence de la donation, la constitution de dot ne fut jamais soumise aux formalités de l'insinuation.

Caractère de la dot; ce qu'elle devient au cas de dissolution du mariage. — La dot est la propriété du mari. — Toutefois le mari ne peut aliéner le fonds dotal (V. T. 35).

La dot doit être restituée à la femme si elle survit au mariage. — *Quid* si le mariage est dissous par la mort de la femme?

I. AVANT JUSTINIEN. Le mari, en principe, garde la dot (*Lucro mariti cedit dos*), sauf deux exceptions: 1° La dot profectice — profectitia —émanée du père ou de l'ascendant paternel de la femme, leur fait retour (*ne filiæ amissæ et pecuniæ damnum sentiret*). 2° La dot adventice — adventitia — constituée par la femme ou tout autre personne, (sauf le père ou l'aïeul paternel de la femme), qui, en principe, resterait au mari, sera restituée aux héritiers de la femme, si, au moment de sa constitution, elle a été l'objet d'une convention spéciale, par laquelle le mari s'engage à la restituer à la dissolution du mariage. Cette dot adventice ainsi frappée d'une clause de restitution, s'appelle dot receptice (*receptitia*).

II. SOUS JUSTINIEN. — Le mari ne gagne plus la dot. De quelque manière que cesse le mariage, la dot est restituée à la femme ou à ses héritiers.

DONATIO ANTE NUPTIAS.

La *donatio ante nuptias* est une donation faite à la femme par son futur mari, ou par un tiers dans l'intérêt du mariage.

Dans l'ancien droit, c'est une donation ordinaire, que l'on oppose à la donation *inter virum et uxorem*, pour exprimer qu'elle est valable quand celle-ci est nulle.

Elle est réputée conditionnelle: *si nuptiæ secutæ fuerint*; et ne peut être faite qu'avant le mariage (V. néanmoins plus bas: 6°).

Plus tard seulement, elle cesse d'être une donation ordinaire, conférant dès à présent un droit certain, pour devenir une véritable contre-partie de la dot, avec cette différence qu'elle demeure soumise à la formalité de l'insinuation.

Ressemblances entre la donatio ante nuptias et la dot. — 1° L'une et l'autre sont destinées à faciliter les mariages; 2° le mari tombant en déconfiture, la femme obtient, contre les créanciers du mari, la restitution de sa dot, et la prise de possession des biens donnés *ante nuptias*; 3° la femme, à laquelle le divorce est imputé, perd sa dot; de même le mari perd, en pareil cas, la donation *ante nuptias*; 4° lorsqu'un gain de survie est accordé au mari sur la dot, un autre gain de même valeur est assuré à la femme par le mari, sur le montant de la donation *ante nuptias*; 5° à la dissolution du mariage, la dot, sous Justinien, est restituée à la femme ou à ses héritiers, et la donation *ante nuptias* doit faire retour au mari ou à ses héritiers; 6° enfin, la dot étant augmentée pendant le mariage, la donation *ante nuptias*, à partir de Justin, peut être augmentée dans la même proportion; Justinien va plus loin: il décide qu'on pourra, pendant le mariage, faire de prime abord une telle donation, qui s'appellera DONATIO PROPTER NUPTIAS.

FIN DU CHAPITRE PREMIER : DROITS RÉELS.

CHAPITRE II. — DROITS PERSONNELS OU OBLIGATIONS.

Avant d'étudier la théorie des acquisitions *per universitatem*, il serait naturel d'étudier ici la matière des *obligations*, ce qui compléterait notre Première Partie : *Eléments qui composent le patrimoine.* — Mais les programmes officiels nous forcent à rejeter cette matière, après les hérédités *ab intestat*. (T. 68 et suiv).

Fin de la première Partie.

DEUXIÈME PARTIE. — TRANSMISSION DU PATRIMOINE.

Il y a *onze* modes de transmission du patrimoine : 1° hérédité ; 2° fidéicommis d'hérédité ; 3° bonorum possessio ; 4° in jure cessio ; 5° bonorum addictio libertatum conservandarum causa ; 6° adrogation ; 7° manus ; 8° dominica potestas ; 9° bonorum sectio ; 10° bonorum venditio ; 11° confiscation. Tous ces modes, sauf le 3° et le 10°, sont civils. Le 2° et le 5° ne remontent qu'à l'Empire. Les cinq premiers s'appliquent au patrimoine d'une personne décédée ; les trois suivants à celui d'un vivant ; les trois derniers tantôt à celui d'un vivant tantôt à celui d'un mort.

Le premier mode, HÉRÉDITÉ, se divise en deux sections : la première, *hérédité testamentaire*, comprendra le 2° mode ou fidéicommis d'hérédité.

La deuxième section, *hérédités ab intestat*, comprendra le 3° mode ou Bonorum possessiones.

Les huit derniers modes n'ont guère qu'un intérêt de nomenclature, car, pour la plupart, ils ont été ou seront étudiés dans d'autres matières. Les rejetant donc tous ensemble, à la fin, dans une seule section (III S.), nous donnons de suite le tableau général des trois premiers modes, qui constituent la grande matière de la **succession au droit Romain.**

PREMIER TABLEAU GÉNÉRAL DES SUCCESSIONS EN DROIT ROMAIN.

Préliminaires. — L'*héritier* est celui qui succède selon le droit civil au patrimoine d'un défunt.

En principe, la loi des XII T. autorise le père à désigner lui-même son héritier, dans un acte qui s'appelle *testament*.

A défaut d'héritier institué ou valablement institué, la loi elle-même désigne un ou plusieurs héritiers dit *légitimes* ou *ab intestat*.

Il y a donc deux sortes d'hérédités : Hérédité testamentaire et hérédité ab intestat ; mais elles ne peuvent se cumuler : *Nemo paganus partim intestatus, partim testatus decedere potest*. Nul (si ce n'est le militaire, T. 40), ne peut avoir, en même temps, un héritier légitime et un héritier testamentaire ; si donc j'ai institué un héritier pour une partie seulement, on supprime cette mention et l'institué aura toute l'hérédité.

Les Romains ont une préférence marquée pour l'hérédité testamentaire ; mourir intestat était presqu'une tache. L'hérédité testamentaire seule permettait au père de nommer un tuteur à ses enfants, d'affranchir des esclaves *mortis causa*, de faire des legs ; et, d'un autre côté, elle empêchait l'héritier de transmettre à un tiers indifférent, avec l'hérédité, les *sacra privata*, culte spécialement affecté à la mémoire des ancêtres.

Les BONORUM POSSESSIONES sont un véritable système successoral, introduit par le préteur dans la succession testamentaire comme dans la succession ab intestat, tantôt pour *confirmer*, tantôt pour *augmenter*, tantôt pour *combattre* le droit civil.

PREMIÈRE SECTION. — **HÉRÉDITÉ TESTAMENTAIRE.**

- CHAPITRE PREMIER. **DU TESTAMENT.** **Validité. — Nullité. — Rescision, etc.**
  - ARTICLE Ier. **Conditions nécessaires à la validité du testament.**
    - I. — FORMES DU TESTAMENT.
      - Formes générales.
      - Règles relatives aux témoins.
      - Forme de l'institution et de ses modalités.
      - Testament militaire.
    - II. — CAPACITÉ DE TESTER.
    - III. — INSTITUTION ET EXHÉRÉDATION DES *sui heredes*.
      - Exhérédation d'après le droit civil.
      - — — prétorien.
      - — sous Justinien.
    - IV. INSTITUTION D'HÉRITIER.
      - De l'institution d'héritier.
      - Personnes capables d'être instituées.
      - Institution des esclaves.
      - Répartition de l'hérédité entre plusieurs institués. (Renvoi au chapitre II).
      - Distinction entre la capacité d'être institué et le *jus capiendi*.
      - Appendice : des substitutions
        - vulgaire.
        - pupillaire.
        - quasi-pupillaire ou exemplaire.
  - ARTICLE II. **Causes qui annulent un testament valablement fait.**
    - NOTIONS GÉNÉRALES.
    - RUPTURE DU TESTAMENT PAR LA SURVENANCE D'UN ENFANT. — INSTITUTION ET EXHÉRÉDATION DES POSTHUMES, QUASI-POSTHUMES.
    - RUPTURE DU TESTAMENT PAR LA CONFECTION D'UN NOUVEAU TESTAMENT.
    - TESTAMENT *irritum* PAR LA *capitis deminutio*.
    - DROIT PRÉTORIEN, QUANT AUX TESTAMENTS ROMPUS OU *irrita*.
  - ARTICLE III. **Rescision du testament inofficieux.**
    - § 1er.
      - A QUI APPARTIENT LA *querela inofficiosi testamenti*.
      - CONDITIONS QU'ELLE EXIGE.
      - NATURE ET EFFETS DE LA *querela*.
      - COMMENT ELLE S'ÉTEINT.
    - § 2. — LÉGISLATION DES NOVELLES.
    - § 3. — (DONATIONS INOFFICIEUSES).
- CHAPITRE II. **DE L'HÉRÉDITÉ.** **Acquisition. — Répartition. — Modification. Charges.**
  - ARTICLE Ier. **Acquisition de l'hérédité.**
    - CLASSEMENT DES HÉRITIERS.
      - Héritiers nécessaires.
      - Héritiers siens et nécessaires.
      - Héritiers externes ou volontaires.
    - ADITION. — RÉPUDIATION. — LEURS EFFETS.
  - ARTICLE II. — **Répartition de l'hérédité entre les institués et du partage. — Du droit d'accroissement.**
  - ARTICLE III. — **Théorie des lois caducaires.**
  - ARTICLE IV. **Charges imposées par le testateur à l'héritier.**
    - § 1er. — LEGS.
      - Différentes espèces de legs.
      - Du *Dies cedens*.
      - Modalités.
      - Personnes à qui l'on peut léguer.
      - Choses qui peuvent être léguées.
      - Règle Catonienne.
      - Droit d'accroissement.
      - Révocation, extinction des legs.
      - Loi Falcidie.
    - § 2. FIDEICOMMIS.
      - Notions générales.
      - Fidéicommis d'hérédité.
      - — particulier.
      - Comparaison du legs et du fidéicommis.

DEUXIÈME SECTION. — **HÉRÉDITÉS AB INTESTAT.** (Second examen de Droit romain). — (T. 57 à 65).

PREMIÈRE PARTIE. — 1re SECTION. — HÉRÉDITÉ TESTAMENTAIRE.

Du testament. — Le testament est un acte solennel, de dernière volonté, par lequel une personne dispose de son hérédité en entier.

C'est un *acte solennel*, car il est soumis à des formalités nombreuses.

C'est un *acte de dernière volonté*, car il ne doit produire effet qu'après la mort du testateur.

C'est un *acte par lequel une personne dispose de son hérédité toute entière*. On a vu en effet (T. p.) qu'un citoyen romain ne pouvait laisser simultanément un héritier testamentaire et un héritier *ab intestat*. — *Remarquons* que cette institution d'héritier est la partie fondamentale : *caput et fundamentum totius testamenti*; c'est elle qui rend valable le testament et par suite toutes les dispositions qu'il contient.

Les Institutes disent du testament: *ex eo appellatur quod* TESTATIO MENTIS *est*... Certes le testament implique une déclaration de volonté devant témoins, *testari*, mais *mentum* ne se rapporte pas à *mens*. Cette étymologie est d'ailleurs universellement repoussée.

CHAPITRE Ier. — DU TESTAMENT. — VALIDITÉ. — NULLITÉ. — RESCISION.

ARTICLE PREMIER. — Conditions nécessaires à la validité du testament.

I. — FORMES DU TESTAMENT.

Formes générales.

Les formes du testament ont varié suivant les époques:

1re ÉPOQUE. Dans le très-ancien droit romain, le testament se faisait 1° sous forme d'une loi : *calatis comitiis*, dans des comices qui se réunissaient à Rome, deux fois par an, pour cet objet. 2° *in procinctu*, en temps de guerre, par une déclaration formelle devant l'armée prête à commencer le combat.

2e ÉPOQUE.

Testament per æs et libram. Les deux formes précédentes, peu pratiques, furent bientôt supplantées, par le testament *per æs et libram*. Le testateur vend, avec les formes ordinaires de la mancipation, en présence d'un *libripens* et de cinq témoins, citoyens romains et pubères (qui représentent sans doute les cinq classes des comices, *classici testes*), vend, dis-je, son hérédité à un tiers, un ami ordinairement, appelé *familiæ emptor*, qu'il charge de la retransférer après sa mort à l'héritier qu'il désigne pour plus tard.

Modification du testament per æs et libram. — On reconnut sans doute qu'il y avait danger pour le testateur à désigner d'avance son héritier; aussi on lui permet de désigner cet héritier dans un écrit qui ne sera ouvert qu'après sa mort. — Les formes restent les mêmes; mais l'*emptor familiæ* n'intervient plus que comme une formalité, *dicis gratia*. — Il y a donc deux parties dans ce testament *per æs et libram* modifié : 1° la *mancipatio* de l'hérédité à l'acheteur fictif; 2° la *nuncupatio*, seul élément sérieux et réel, c'est-à-dire la déclaration solennelle par laquelle le testateur proclame que les tablettes (*Tabulæ testamenti*) cachetées, qu'il tient entre les mains (et qui ne seront ouvertes qu'après sa mort), contiennent l'expression de sa volonté. — Dans ce système, les dispositions du testament restent secrètes du vivant du testateur.

Plus tard, comme, dans la forme précédente, la *mancipatio* et l'*emptor familiæ* ne sont plus qu'un vain formalisme, le préteur permet de tester sans *mancipatio*, pourvu que les *tabulæ testamenti*, présentées par le testateur, soient revêtues des cachets de sept témoins.

Testament nuncupatif. — En dehors du testament *per æs et libram* le droit civil avait introduit une forme de testament, dit nuncupatif, qui se bornait à une déclaration orale, en présence de sept témoins. Ce mode est confirmé par Justinien.

3e ÉPOQUE.

Testament tripartitum. — Le droit civil, les constitutions impériales et le droit prétorien se fondent, sous Théodose et Valentinien III, dans le testament *tripartite* qui emprunte : 1° au *droit civil*, la présence de témoins *uno contextu* (ce qui veut dire, qu'une fois le testament présenté aux témoins, toutes les formalités nécessaires doivent être accomplies d'un trait, sans interruption); 2° au *droit prétorien* : l'apposition des cachets sur l'enveloppe extérieure, et le nombre des témoins, sept; 3° aux *constitutions impériales*, la signature du testateur et des témoins au bas du testament, sous l'enveloppe.

Si le testateur ne sait signer, on appelle un huitième témoin. (Justinien ajouta puis supprima bientôt, par la novelle CXIX, ch. XI, l'obligation pour le testateur d'écrire de sa main le nom de l'héritier dans le testament; et, s'il ne sait écrire, l'obligation de déclarer le nom de l'héritier aux témoins qui l'inscrivent à côté de leur signature).

Testament nuncupatif. — Il continue à subsister comme dans la période précédente. Il est même confirmé par Justinien.

Témoins.

Tout d'abord on décida, dès le principe, que les témoins pouvaient se servir du même cachet; mais alors chaque témoin, à côté de l'empreinte qu'il marque sur le testament, doit inscrire son nom et celui du testateur.

Quant à la capacité d'être témoin, elle est générale ou relative.

I. **Capacité générale.** En principe, peuvent être témoins tous ceux que le testateur pourrait instituer, c'est-à-dire, avec lesquels il a la *factio testamenti*; mais ce principe reçoit les exceptions suivantes:

Les *femmes*, les *impubères*, les *esclaves*, les *fous*, les *prodigues*, les *muets* ou *sourds*, les *infâmes*, quoiqu'ils puissent être institués, ne peuvent être témoins.

La capacité est requise au moment de la confection du testament; peu importe qu'elle soit perdue après. — S'il se trouve que l'un des témoins est incapable, le testament est nul en principe; toutefois, si le témoin, par exemple un esclave, passait universellement pour libre, Adrien et Sévère décident que le testament ne sera pas vicié (*Error communis facit jus*). — Du moment que chaque témoin est individuellement capable, on ne s'inquiète pas des relations qui peuvent exister entre eux.

II. **Capacité relative.** — Sont frappés d'incapacité relative ceux qui, capables *en général* de servir de témoins dans un testament, ne peuvent figurer comme témoins dans le testament de telle personne déterminée. Ainsi le fils ne peut être témoin dans le testament de son père. Mais le père peut-il être témoin dans le testament de son fils, au cas où celui-ci disposerait de son pécule *castrense*? Justinien et Gaïus sont pour la négative; Marcellus et Ulpien pour l'affirmative.

Autrefois, le fils du *familiæ emptor* ne pouvait être témoin, puisque l'*emptor familiæ* était le véritable héritier; mais la règle fut maintenue quand l'*emptor familiæ* devint un simple figurant et rien ne s'opposait à ce que le véritable héritier ou son fils fussent témoins; *Gaïus* conseille néanmoins de s'en abstenir; et *Justinien* défend d'être témoins : à l'héritier constitué; à ceux qui se trouvent sous sa puissance, ou, à l'inverse, à celui sous la puissance duquel il se trouve, ainsi qu'à ceux qui s'y trouvent avec lui.

Les légataires et fideicommissaires, et, à plus forte raison, leurs parents, peuvent être témoins, car ils ne jouent pas un rôle principal.

Remarque. Peu importe la matière sur laquelle le testament est écrit.

Formes de l'institution; ses modalités. Ce sont là des questions si importantes qu'elles seront traitées plus loin dans un paragraphe spécial.

Testament militaire.

Un grand nombre de prérogatives ont été accordées aux militaires, en matière de testament. Voici les principales :

1° **Formes.** Il est dispensé des formalités de droit commun; il suffit que sa volonté soit clairement manifestée, soit par écrit, auquel cas il n'est pas besoin de témoins, soit verbalement si une ou deux personnes peuvent en témoigner. Il est probable que cette dispense remonte à Jules César; elle ne s'applique d'abord qu'aux militaires, puis aux personnes qui, sans être militaires, remplissent des fonctions dans l'armée et périssent *in hosticolo*.

Pendant combien de temps les militaires jouissent-ils de ce privilége? 1. *Avant Justinien*, il paraît certain que la dispense des formes était accordée au militaire pendant toute la durée du service, même en temps de paix; elle était même accordée au vétéran (*post missionem*). Dans tous les cas, quoique cela ait été à tort contesté, Justinien innove (*Nostra constitutio* INTRODUXIT...) en décidant que la dispense des formes ne s'applique qu'au testament fait pendant le cours d'une expédition. Mais ce testament, fait *in expeditione*, va-t-il rester valable indéfiniment? Oui, si le testateur meurt soit étant encore militaire, soit dans l'année qui suit le retour dans ses foyers, ou, à partir de Justinien, la fin de l'expédition. S'il meurt après ce délai, le testament sera nul. En effet, après un an de repos, il doit trouver le temps de faire son testament dans les formes ordinaires.

Remarque. — Un citoyen a fait un testament nul en la forme ; plus tard, militaire en campagne, il le confirme, ou manifeste l'intention de donner force à ces dispositions; ce testament vaudra évidemment comme testament militaire.

2° **Capacité de tester.** — Le fils de famille, sur son pécule *castrense*, même sans autorisation du père de famille, et, dans le droit classique, le muet le sourd, peuvent tester s'ils sont militaires.

3° **Capacité de recevoir.** — Les pérégrins, les déportés, etc., incapables en général de recevoir *ex testamento*, peuvent recevoir d'un militaire.

4° **Validité du testament.** — Le testament d'un militaire, n'est pas infirmé, ne devient pas *irritum*, dans le cas où le testament d'un *paganus* le serait.

5° **Étendue des dispositions testamentaires.** — Les militaires peuvent laisser un héritier testamentaire et un héritier *ab intestat*; et par suite instituer un héritier *ex certo die*, ou *ad certum diem*; ils peuvent laisser plusieurs testaments qui tous seront exécutés; ils diposent de leur hérédité par codicilles; et, ce qui rentre plutôt dans les *formes*, ils sont dispensés de la nécessité d'instituer ou d'exhéréder les héritiers siens; il leur suffit de les passer sous silence pour les exhéréder.

II. Capacité des tester. — III. Institution et exhérédation de *Heredes sui*. — IV. De l'institution d'héritier. — Appendice : Des substitutions.

DU TESTAMENT. — CONDITIONS DE VALIDITÉ. — *Capacité de tester.* — *Institution et exhérédation des heredes sui.*

I. Formes du testament (T. p.).

II. — CAPACITÉ DE TESTER.

On retrouve ici une distinction comme en matière de capacité : *le droit* et l'*exercice* de ce droit. (Cette division est empruntée à l'ouvrage de M. Ruben de Couder).

Du Droit de tester.

Pour avoir le droit de tester, il ne suffit pas d'être propriétaire; il faut avoir le *jus commercii*, de plus, être *sui juris*, ne dépendant de personne, enfin, avoir reçu du législateur la faculté de tester. Aussi ne peuvent tester :

1° L'*esclave*, puisqu'il n'a rien en propre. (Toutefois le *servus publicus* populi Romani peut disposer de la moitié de son avoir (T. 7.).
2° Le *Latin-Junien*; 3° le *pérégrin déditice*; 4° *le citoyen romain, qui a perdu la cité* comme conséquence de la déportation.
5° Les *apostats*, et plusieurs sectes d'hérétiques.
6° Le *fils de famille*, même avec l'autorisation de son père, car, n'ayant rien, il ne peut rien laisser par testament. Mais, quand les fils de famille eurent obtenu les droits d'un propriétaire *sui juris* sur le pécule *castrense*, on leur accorda, comme conséquence, le droit de tester sur ce pécule, d'abord en limitant cette concession à la durée du service militaire, puis à partir d'Adrien, en l'étendant aux vétérans. — Quant au pécule *quasi-castrense*, les fils de famille avaient, dès l'époque de Constantin, obtenu la faveur de le posséder en propre; toutefois, c'est seulement sous Justinien que le droit de tester sur ce pécule leur fut accordé.

Quant au pécule *adventice*, les fils de famille ne reçurent jamais le droit d'en disposer par testament; ils pouvaient seulement en faire des donations *mortis causa*, lesquelles étaient considérées comme étant du droit des gens.

Remarque spéciale au pécule castrense. Que décider si le fils meurt sans avoir disposé par testament de son pécule *castrense*? I. *Dans l'ancien droit* le père le prenait *jure peculii*, comme en ayant toujours été propriétaire. II. Mais *Justinien* a-t-il modifié cet état de choses? Il décide que le pécule, *si intestati decesserint, nullis liberis vel fratribus superstitibus, ad parentes eorum* JURE COMMUNI *pertinebit*. On est divisé sur le sens des mots *jure communi*. Les uns, dont Cujas, les traduisent : *jure communi peculii, jure pristino*. D'autres, dont Vinnius, les traduisent : *jure communi successionis*. M. Demangeat penche pour cette dernière interprétation ; il s'appuie sur ce que les enfants et les frères du filiusfamilias, venant certainement à titre d'héritier, le père, à leur défaut, doit venir au même titre.

Du reste, cette discussion n'est pas sans un grand intérêt pratique; en effet : I. Le père vient-il *jure successionis?* 1° Il est tenu des dettes au-delà des biens du pécule, s'il n'a pas accepté sous bénéfice d'inventaire; 2° l'action des créanciers durera trente ans; 3° la revendication des biens du pécule aura lieu en masse par la *petitio hereditatis*. II. Le père vient-il au contraire *jure peculii?* 1° il n'est tenu des dettes que dans la limite du pécule; 2° il n'est tenu de l'action *de peculio* que pendant l'année qui suit le décès du fils; 3° il sera obligé de revendiquer tous les biens du pécule, chacun en particulier, car la revendication proprement dite ne peut s'appliquer à une *universitas juris* comme le pécule.

De l'exercice du droit de tester.

Ne peuvent exercer le droit de tester :

1° *Les impubères*; 2° *les fous*; (néanmoins le testament fait dans un intervalle lucide est réputé valable); 3° *les prodigues*, parce qu'ils sont interdits; 4° *les sourds* et *les muets* : dans l'ancien droit, à cause de la *nuncupatio* et de la *mancipatio*, dans le testament *per æs et libram*, et de la déclaration solennelle et *orale*, pour le testament *calatis comitiis* et *procinctu*; la preuve que cette incapacité provient de la forme que nécessitait le testament, c'est que, dès qu'il n'exigea plus de paroles solennelles, de demandes et de réponses, on permit (Justinien) au muet de tester par écrit, et au sourd de tester dans la forme ordinaire. Il n'y a plus que les sourds-muets de naissance qui restent incapables, probablement parce qu'on doute qu'ils puissent bien comprendre l'acte du testament. 5° *Les aveugles*. Par une application contraire du raisonnement précédent, quand le testament se fait sous la forme orale, l'aveugle peut tester; quand il est fait *par écrit*, Justin ne permet à l'aveugle de tester que si, outre les sept témoins, un *tabularius* assiste à la confection du testament. C'est une garantie contre la falsification des volontés de l'aveugle, comme le huitième *subscriptor*, dans le testament de celui qui ne sait pas signer. 6° *Les femmes*. Dans l'ancien droit elles ne pouvaient tester *calatis comitiis*, parce qu'elles n'ont pas le droit d'y pénétrer; c'est par la même raison qu'elles ne pouvaient être adrogées; ainsi l'introduction du test. *per æs et libram* leur permet de tester sous la seule condition qu'elles aient subi un *capitis deminutio* (V. T. 13). Cette condition est supprimée par Justin, mais il faut l'autorisation du tuteur, si la femme est en tutelle.

Remarque. — La folie, l'interdiction, la surdité, le mutisme, survenus depuis la confection du testament, ne l'annulent pas; mais à l'inverse, la disparition de ces causes d'incapacité et l'arrivée à la puberté, ne valident pas le testament fait par l'impubère, le fou, l'interdit, le sourd, le muet.

A quel moment la capacité de tester est-elle nécessaire ? I. D'après le droit civil : 1° au moment du testament; 2° au moment de la mort; 3° pendant le temps intermédiaire. II. D'après le droit prétorien et les constitutions impériales, on n'exige que le 1° et le 2°; il n'est plus nécessaire que la capacité ait existé pendant le temps intermédiaire. (V. par analogie, la situation de l'enfant dont la mère a changé de condition entre la conception et l'accouchement T. 4.).

Influence de la captivité et du postliminium sur le testament du Captif.

Le *jus postliminii* rend à l'ex-captif la situation juridique qu'il avait avant sa captivité, sans qu'elle ait pu être modifiée par les actes qu'il aurait personnellement accomplis pendant sa captivité; en d'autres termes, le *jus postliminii* n'a pas de prise sur les faits. Or le testament est un fait. De ceci résulte :

I. Le testament, *fait pendant la captivité*, est toujours nul, que le testateur revienne ou qu'il meurt en captivité.

II. Un citoyen romain, après avoir fait son testament, tombe au pouvoir de l'ennemi? 1° Strictement le testament devrait être nul à cause de la *maxima captis deminutio*.
2° Si le captif revient à Rome, le *jus postliminii* efface toutes les traces de la captivité, et le testament fait *ante captivitatem*, se trouve être resté valable.
3° Si le captif meurt chez l'ennemi, la loi Cornelia, proposée par Sylla, suppose qu'il est mort au moment où il a été pris; dès lors il est mort dans l'intégrité de son droit, et a pu laisser un testament valable, qui prend date au jour de la captivité.

III. — INSTITUTION ET EXHÉRÉDATION DES HEREDES SUI.

Pour qu'un testament soit valable, il ne suffit pas de se conformer aux prescriptions diverses qui précèdent. Il serait absolument nul (*injustum*, — *imperfectum*), faute par le testateur d'instituer ou d'exhéréder certaines personnes. — On distingue quatre périodes :

I. **Loi des XII Tables.** — Le paterfamilias est absolument libre de faire ce qu'il veut de son hérédité : *Uti legassit... ita jus esto*. — Mais cette omnipotence engendre des abus, car il n'est pas juste que les enfants qui ont concouru, par leurs gains, à former le patrimoine, en puissent être absolument exclus purement et simplement par l'institution d'un tiers.

II. — Droit civil.

Les jurisconsultes considèrent les enfants en puissance et qui doivent devenir sui juris à la mort du paterfamilias, comme co-propriétaires du patrimoine paternel. Dès lors la simple institution d'un étranger ne suffit plus pour dépouiller les enfants de ce droit de co-propriété, qui survit à la mort du père. Toutefois, la vénération pour l'autorité du père fait qu'on permet encore à celui-ci de dépouiller ses enfants, mais par une déclaration formelle, *l'exhérédation*, qui démontre que telle est bien son absolue et raisonnée volonté.

L'introduction de cette règle spéciale remonte à une époque antérieure à Cicéron.

Remarque. — Le droit civil n'imposait pas la nécessité d'exhéréder l'enfant que j'avais émancipé ou donné en adoption, car cet enfant n'est plus *heres suus* à mon égard; par contre, je dois instituer ou exhéréder l'enfant que j'ai adopté, puisqu'il est devenu mon *heres suus*.

Pour l'application de cette règle, deux cas doivent être étudiés séparément :

1er CAS. — LE TESTATEUR, AU MOMENT OU IL FAIT SON TESTAMENT, A DES ENFANTS EN PUISSANCE.

1re hypothèse. — Le testateur a un fils en puissance au moment de la confection du testament. — Ce fils doit être institué héritier ou exhérédé *nominativement*; faute de quoi le testament est nul. (*L'exhérédation nominative* : « *Titius filius meus exheres esto* » est opposée à l'exhérédation *inter cæteros* : « *cæteri exheredes sunto* »).

Mais si le fils ainsi omis ou exhérédé *inter cæteros*, vient à mourir avant le testateur, comme la règle est établie dans son intérêt, il a paru raisonnable aux Proculiens de décider que le testament sera désormais validé. Les Sabiniens, au contraire, suivis en cela par la pratique et par Justinien, s'en tiennent à la rigueur des principes; dès que le testateur a violé la règle, il n'a rien été fait de valable, et dès lors, le fils disparaissant, il n'y a pas de raison pour valider un acte nul dans le principe.

L'institution ou l'exhérédation doit être *pure et simple*; en effet, si elle était conditionnelle, la condition venant à défaillir, le fils n'aurait été ni institué ni exhérédé; et même, la condition se réalisant, le testament serait nul, puisqu'au moment, où il a été fait, on ne pouvait affirmer que le fils fût institué ou exhérédé. — (Par exception, la condition potestative de la part du fils ne rend pas nul le testament, même s'il ne l'accomplit pas).

Bien plus si le testateur a formulé la condition de la façon suivante : « J'institue mon fils si tel événement arrive; et je l'exhérède si cet événement n'arrive pas. » Le testament n'est pas nécessairement valable, car, le fils mourant *pendente adhuc conditione*, il se trouve n'avoir été ni institué ni exhérédé, et le testament sera nul.

2e hypothèse. — Le testateur a sous sa puissance des personnes autres qu'un fils, fille, femme *in manu*, petits-enfants d'un fils prédécédé, etc. Le testateur doit les exhéréder; mais s'il ne le fait pas, le testament ne sera pas nul; voici quelle sera la sanction. Les omis seront considérés comme institués et arriveront à la succession, chacun pour une part virile, si l'institué est un *heres suus*, et pour la *moitié* si les institués ne sont pas des *sui*. « *Valet testamentum, sed præteritæ personæ in partem adcrescunt: si sui instituti sint, in virilem; si extranei, in dimidiam.* »

(Que décider si le testateur a institué en même temps des *sui* et des *extranei*. — Le problème est insoluble, car la part de la personne omise doit être simultanément égale à celle des institués *sui*, et la moitié de la part totale des institués *extranei*. Paul propose une solution qui aboutit à un résultat absurde. M. Demangeat propose de donner à la personne omise, la *moyenne* entre ce qu'elle aurait, si tous les intéressés étaient *sui*, et ce qu'elle aurait si tous étaient *extranei*).

Pour exhéréder les *sui* autres que le fils, il suffit de les exhéréder *inter cæteros*.

Il y a donc deux différences entre le fils et les autres *sui* : le fils doit être exhérédé *nominatim*; son omission annule le testament. Les autres sont exhérédés *inter cæteros*, et leur omission ne leur donne que le droit de concourir.

2e cas (T. 42).

III. **Droit prétorien.** — IV. **Droit de Justinien.**

IV. Institution d'héritier. — Appendice : Substitutions.

DU TESTAMENT. — CONDITIONS DE VALIDITÉ. — *Institution et exhérédation des heredes sui.*

I. — Formes du Testament. (T. 40).

II. — Capacité de tester. (T. P.).

III. — INSTITUTION ET EXHÉRÉDATION DES SUI HEREDES.

Droit Civil.

Loi des XII Tables.

1er Cas : Le testateur, au moment du testament, a des enfants en puissance.

2e CAS : SURVENANCE DE POSTHUMES OU QUASI-POSTHUMES APRÈS LA CONFECTION DU TESTAMENT.

L'omission d'un posthume, de quelque sexe qu'il fût, *entraînait la rupture absolue* du testament ; et comme, d'un autre côté, le posthume, étant une personne incertaine, ne pouvait ni être institué, ni être exhérédé, il en résultait que le testateur, qui savait sa femme enceinte, n'avait aucun moyen d'éviter la rupture du testament, à la survenance du posthume : *constat agnascendo rumpi testamentum.*

Voilà l'idée dans sa généralité. On va l'étudier en détail dans les quatre classes de posthumes qui furent organisées pour remédier à la rigueur des principes.

POSTHUMES LÉGITIMES.

On entend par *posthumes légitimes* ou *siens*, les enfants qui naissent *sui juris* après la mort du testateur, mais qui, nés au moment du testament, auraient été les héritiers siens du testateur. Celui-ci n'avait aucun moyen de prévenir la rupture du testament. (Si l'enfant naissait mort, mais seulement dans ce cas, le testament n'était pas rompu).

Bientôt les Prudents, considérant l'enfant conçu comme déjà né, permettent au père de famille d'instituer ou d'exhéréder à l'avance les posthumes héritiers siens.

Ce n'était pas assez. En effet, si le testateur, après avoir ainsi institué ou exhérédé l'enfant conçu, était encore vivant au moment de sa naissance, le testament était rompu *agnatione sui*. De même, au moment du testament, le testateur a un fils en puissance et l'uxor de ce fils enceinte. Il ne peut qu'inst. ou exh. son fils. Si celui-ci meurt, et que le testateur meurt à son tour, la naissance du petit-fils posthume, qui maintenant est devenu héritier sien par le prédécès de son père, rendra le testament *ruptum*. — Dans le premier cas, le testateur pouvait bien, à la rigueur, refaire son testament, quoiqu'il pût exister des empêchements de fait ; mais dans le second, la difficulté est plus grave, car la mort du testateur peut avoir suivi celle du fils, d'un laps de temps matériellement insuffisant, pour permettre au testateur de refaire un nouveau testament tendant à instituer ou exhéréder le petit-fils posthume, désormais son héritier sien. — Ce sont ces deux dangers que vint supprimer la création des posthumes Aquiliens et Velleiens.

POSTHUMES AQUILIENS

Le jurisconsulte Aquilus (d'où *Aquiliens*) Gallus, contemporain de Cicéron, combine une formule qui permet au testateur d'instituer ou d'exhéréder les posthumes qui, s'ils fussent nés au moment de la confection du testament, auraient été précédés dans la famille par leur père, mais qui, par la mort de leur auteur, pouvaient naître plus tard, après le décès du testateur, héritiers siens ; ces posthumes, sans la formule aquilienne, auraient entraîné, par cette *agnatione sui*, la rupture du testament.

POSTHUMES Velleiens

La loi Junia Velleia (fin du règne d'Auguste), permet d'instituer ou d'exhéréder les enfants dits *posthumes velleiens*, qui, conçus lors de la confection du testament, naissaient héritiers siens *du vivant même du testateur* (tandis que les posthumes Aquiliens naissent *après la mort* du testateur). Ces posthumes auraient entraîné la rupture du testament, ce qu'évite la formule velleienne.

QUASI POSTHUMES VELLEIENS.

La même loi Junia Velleia créait une autre classe de posthumes : les *quasi-posthumes velleiens*. Ce sont les petits-enfants que le paterfamilias a sous sa puissance du vivant de son fils. Si ce fils, du vivant du testateur, meurt ou sort de la famille, ses enfants deviennent héritiers siens de leur aïeul ; il y a là une *quasi-agnatio* qui rompt le testament. La loi Junia Velleia permettait d'éviter ce résultat, en donnant la faculté d'instituer ou d'exhéréder cette classe de posthumes, — appelés quasi-posthumes velleiens, pour les distinguer des posthumes velleiens proprement dits.

Comment se fait l'exhérédation des posthumes. — Les posthumes du sexe masculin, fils ou petit-fils, doivent être exhérédés *nominatim : Quicumque mihi filius meus genitus fuerit, exheres esto.* — Les posthumes du sexe féminin peuvent être exhérédés *inter cæteros*, pourvu que, dans ce cas, on leur laisse quelque chose, *ne videantur præteritæ esse per oblivionem.*

Droit Prétorien.

Le testateur doit, comme en droit civil, instituer ou exhéréder *nominatim* le fils sous sa puissance. Le fils omis ou exhérédé *inter cæteros* obtiendrait du préteur la *bonorum possessio contra tabulas*, si le testament est fait en forme prétorienne (sept cachets) ; et la *bonorum possessio unde liberi*, si l'on n'a pas observé cette forme.

Quant au petit-fils, *ex-filio mortuo*, et à la fille, s'ils sont omis? Originairement, ils pouvaient faire tomber le testament par la *bonorum possessio contra tabulas*. Mais à partir d'Antonin-le-Pieux, le petit-fils, traité comme le fils, enlèvera toute la succession à l'*extraneus* ; la fille, au contraire, ou la petite-fille, ne prendront à l'*extraneus* que la moitié de la succession.

Le posthumus suus omis peut demander la *bonorum possessio contra tabulas* ou *unde liberi* suivant la distinction précédente.

Remarque. — La *bonorum possessio* n'appartient pas de plein droit aux enfants omis ; ils doivent la demander. — Cette *bonorum possessio* laisse d'ailleurs subsister quelques dispositions du testament : l'institution d'un *extraneus* réduite à moitié par le concours d'une fille omise ; certains legs, etc.

Jusqu'à présent, le droit prétorien suit à peu près le droit civil ; voilà plusieurs points où il en diffère :

I. En droit civil, les petits-fils comme les filles et petites-filles peuvent être exhérédés *inter cæteros*. — En droit prétorien, fils et petits-fils doivent être exhérédés *nominatim*.

II. En droit civil, le fils omis rend nul le testament, lors même qu'il mourrait avant le testateur. — En droit prétorien, le testament n'est nul que si le fils omis survit au testateur, et même il faut qu'il se plaigne de l'omission.

III. En droit civil, le testateur n'est tenu d'instituer que les enfants ou petits-enfants qu'il a encore sous sa puissance, ce qui comprend les enfants adoptifs. — En droit prétorien, le testateur doit instituer ou exhéréder :

1° les enfants ou petits-enfants qui ne sont plus sous sa puissance, sans être dans une autre famille, ce qui comprend ceux qu'il a émancipés, ceux qu'il avait donnés en adoption, et qui ont été émancipés ; ceux-là sont sortis de leur famille adoptive, sans y conserver une seule attache, si bien que l'émancipateur pourra, dans son testament, omettre complètement l'adopté qu'il a émancipé. Le père naturel, au contraire, qui, tant que l'enfant est in adoptiva familia (et non in adoptiva potestate : par exemple, s'il est devenu sui juris par la mort de l'adoptant) peut omettre cet enfant, ne le pourra plus sans entraîner la nullité de son testament, si cet enfant a été émancipé par le père adoptif. Cet enfant est dès lors assimilé à l'enfant émancipé directement par le père naturel ; c'est comme une émancipation par procuration.

2° Le testateur doit instituer ou exhéréder les enfants, qu'émancipé par son père, il avait laissés sous la puissance de ce dernier ;

3° A l'inverse, le testateur resté en puissance, doit ins. ou exh. ses enfants émancipés par son père, leur aïeul.

4° Enfin, le testateur doit ins. ou exh. les enfants que son fils a eus depuis son émancipation, bien que, conçus depuis l'émancipation, ils n'aient jamais été sous la puissance de leur aïeul.

L'enfant institué, même pour une part insignifiante, ne peut demander une *bon. possessio contra tabulas* ; mais il profitera de celle qui aura été obtenue par un autre descendant omis. Il pourra même prendre les devants, et demander la *bon. possessio* ouverte du chef de l'autre descendant omis.

Concours de deux bonorum possessores qui devraient s'exclure. — Un testateur omet son fils émancipé, et le fils de celui-ci, que lui, testateur, a gardé en sa puissance. — En droit civil, le petit-fils concourrait avec les institués, et le fils n'aurait rien ; en droit prétorien, le fils exclurait le petit-fils et les institués ; par transaction, le préteur donne moitié au fils, moitié au petit-fils.

Rapport. — Par la *bon. possessio contra tabulas*, l'émancipé vient concourir avec les *sui* restés en puissance. Mais comme ceux-ci ont contribué à former le patrimoine, et que l'émancipé, au contraire, a gagné pour lui, l'émancipé devra verser dans la masse commune ce qu'il a gagné depuis qu'il est *sui juris* : c'est le rapport ou *collatio bonorum*. — Ce rapport ne sera dû qu'au suus qui souffre de la bonorum possessio accordée à l'émancipé.

Droit de Justinien.

Justinien modifie le système précédent à trois points de vue principaux :

I. L'exhérédation *inter cæteros* n'est plus admise dans aucun cas.

II. L'omission d'un enfant ou petit-enfant *per virilem sexum*, quel que soit le sexe et le degré, annule le testament, si l'enfant omis avait le droit de venir ab intestat.

(Il n'est plus question du *jus accrescendi ad certam portionem* accordé aux filles ou petits-enfants ex filio).

III. Enfin, par suite des modifications de l'adoption, le père naturel doit instituer ou exhéréder le fils donné en adoption, et encore dans la famille adoptive (à moins que l'adoptant ne soit l'ascendant de l'enfant), et, à l'inverse, l'adoptant, non ascendant de l'adopté, n'est jamais tenu de l'instituer ou de l'exhéréder. (Voir adoption sous Justinien. T. 11).

Exhérédation tacite. — Le silence du militaire, de la femme, quant à leurs enfants, de l'aïeul et autres ascendants maternels, quant à leurs descendants par les filles, vaut exhérédation ; et cependant ces enfants ou descendants auraient été appelés à la succession *ab intestat*, dont ils sont exclus par cela seul que le testament les omet.

La seule ressource de ces enfants ou descendants sera la plainte d'*inofficiosité*.

IV. Institution d'héritier. — Appendice : substitutions. (T. suivants).

DU TESTAMENT. — CONDITIONS DE VALIDITÉ. — *Institution d'héritier.*

I. — Formes du testament (T. 40).
II. — Capacité de tester (T. 41).
III. — Institution et exhérédation des héritiers siens (T. 42).

IV. — INSTITUTION D'HÉRITIER.

De l'institution proprement dite.

L'institution d'héritier est la partie fondamentale du testament ; elle le constitue à elle seule, et sans elle il n'y a pas de testament.

Dans l'ancien droit l'institution ne pouvait être faite que dans certaines formes : *Titius heres esto.... ; Titium heredem esse jubeo... ;*

Constantin II a supprimé la nécessité de ces formules solennelles.

Dans le pur droit romain, l'institution d'héritier doit être placée en tête du testament ; toute disposition qui le précède est non avenue. Toutefois l'exhérédation, et, d'après les Proculiens, la dation d'un tuteur à des enfants ou descendants, peuvent précéder l'institution. — Justinien décide qu'à l'avenir la validité d'une disposition ne dépendra plus du rang qu'elle occupe dans le testament.

Quelles personnes on peut instituer.

Le testateur peut instituer héritiers ceux avec qui il a la *factio testamenti*, dite *active*, si ceux-là ont de leur côté le droit d'être institués, c'est-à-dire la *factio testamenti* dite *passive*.

Ne peuvent être institués : 1° Les *pérégrins*, les *déportés*, les *déditices*. 2° Jusqu'à Justinien (qui leur accorde la *factio testamenti*) les *personnes incertaines* dont le testateur ne peut avoir une idée déterminée : (*qui primus ad funus venerit*) ; un posthume. — V. néanmoins sur ce dernier point le T. pr.) 3° Les *municipes*, jusqu'à Léon qui permet d'instituer les villes ; 4° Les *Dieux*, c'est-à-dire, leurs temples, sauf quelques exceptions, jusqu'à Constantin qui permet d'instituer une église ; 5° Les *femmes*, en vertu de la loi Voconia (585 ab U.C.), si le testateur a plus de 100,000 as (1re classe de Servius Tullius). Cette loi a pour but d'empêcher les femmes d'acquérir une trop grande fortune ; cependant elle ne s'applique pas aux actes entre-vifs ni aux successions ab intestat. Sous Justinien la loi Voconia a cessé d'être en vigueur. 6° La *femme* qui n'a pas observé l'année de deuil. 7° Un *enfant incestueux*, par ses père et mère, ni *ceux-ci* par l'enfant incestueux.

Différence entre la *factio testamenti* et le *jus capiendi*.

Certaines personnes peuvent être instituées, mais ne peuvent recueillir, en totalité ou en partie, le bénéfice de l'institution. C'est la différence entre la *testamenti factio*, et le *jus capiendi ex testamento*.

Il y a un grand intérêt à cette distinction. La *testamenti factio* doit exister, sous peine de nullité, au jour de la confection du testament ; le *jus capiendi* doit seulement se réaliser, soit au décès du testateur, si l'institution est pure et simple, soit au jour de l'avènement de la condition ou dans les 100 jours suivants, si l'institution est conditionnelle.

1° La loi Junia Norbana enlève le *jus capiendi* aux Latins-Juniens. Mais cette prescription tombe sous Justinien avec la classe des Latins Juniens.

2° Les célibataires (*cœlibes*), sauf l'impubère, et le parent ou l'allié du testateur au 6me degré (et même au 7me, *Sobrinus* : fils du cousin issu de germain), n'ont pas le *jus capiendi*, alors même qu'ils seraient veufs ou divorcés.

3° L'*orbus* (qui, marié, n'a pas au moins un enfant vivant), n'a le *jus capiendi* que pour moitié des libéralités testamentaires qui lui sont faites. Ces deux dernières dispositions font partie du système des *lois Caducaires*, destinées à encourager la famille légitime. (V. T. 49). Ces lois Julia et Pappia Poppæa, ou Caducaires, sont supprimées par les fils de Constantin.

Du reste, sous Justinien, toute différence a disparu entre la *factio testamenti* et le *jus capiendi*.

Institution d'un esclave.

On peut instituer un esclave comme un homme libre. Mais la question se divise en six espèces.

I. *J'institue un esclave dont je suis plein propriétaire?* **Dans l'ancien droit,** cette institution est valable si j'affranchis en même temps l'esclave ; **Justinien** sous-entend toujours un affranchissement tacite. Toutefois, si la dation de la liberté est impossible, l'institution sera nulle. (Tel est le cas d'une femme accusée d'adultère avec son esclave, qu'elle voudrait vainement instituer et affranchir).

Si l'esclave institué est resté en puissance jusqu'à la mort de son maître, il deviendra à la fois libre et héritier nécessaire ; s'il a été affranchi du vivant du testateur, l'institution subsiste, mais, n'étant plus héritier nécessaire, l'institué pourra accepter ou répudier la succession ; — s'il a été aliéné, l'affranchissement est révoqué, mais l'institution subsiste et l'esclave pourra faire adition de l'hérédité sur l'ordre de son nouveau maître

(L'esclave peut être affranchi et institué sous condition ? L'affranchissement venant à être révoqué par l'aliénation ou l'affranchissement entre-vifs, l'institution reste conditionnelle. — Il peut être aff. sous condition, et institué purement ? La condition vient frapper également l'institution ; mais celle-ci serait pure et simple, si l'affran. était révoqué. — Il peut être affr. purement et institué sous condition ? Si la condition est pendante à la mort du *de cujus*, l'esclave n'aura ni liberté ni hérédité ; si, plus tard, elle défaille, il aura la liberté ; si elle se réalise, il aura liberté et hérédité).

II. — *J'institue un esclave dont je suis nu-propriétaire?* **Sous Justinien,** cette institution est valable ; l'esclave continuera à servir l'usufruitier ; à l'expiration de l'usufruit il acquiert liberté et hérédité. — Si un usufruitier instituait l'esclave dont il jouit, l'institution profiterait au nu-propriétaire.

III. *J'institue un esclave dont je suis co-propriétaire par indivis?* **Dans l'ancien droit** l'institution est valable, qu'elle soit ou non accompagnée du don de la liberté. Institué *cum libertate*, l'esclave, à la mort du de cujus, appartiendra ainsi que l'hérédité, exclusivement au co-propriétaire, *jure accrescendi* ; — même décision s'il est institué seul *sine libertate*. — Mais s'il est institué avec un autre, *sine libertate*, le co-propriétaire n'aura ni la totalité de l'esclave, ni la totalité de l'hérédité. — **Dans le droit de Justinien :** si l'esclave a été institué *cum libertate*, il sera libre et héritier nécessaire, sauf à indemniser de sa valeur le co-propriétaire ; s'il est institué *sine libertate*, on cherche si l'intention du testateur a été d'affranchir l'esclave ou de faire parvenir la succession au co-propriétaire. La présomption est pour la première hypothèse.

IV. *J'institue l'esclave d'autrui?* L'institution profitera à celui qui sera maître de l'esclave au moment de mon décès, et qui lui donnera ordre de faire adition. — Si par hasard cet esclave tombait sous ma puissance, l'institution serait nulle.

V. *Je puis instituer l'esclave appartenant à une hérédité jacente non acceptée.* Cette hérédité *sustinet personam defuncti*, pourvu que j'aie eu *la factio testamenti* avec le défunt ; peu importe que je ne l'aie pas avec le futur héritier. Ainsi le défunt, étant militaire, a pu instituer un pérégrin ; j'avais la *factio testamenti* avec le défunt ; je ne l'ai pas avec le pérégrin ; néanmoins, tant que l'hérédité est jacente, je pourrai instituer un esclave de cette hérédité.

VI. *J'institue un esclave qui appartient à plusieurs maîtres.* — L'esclave acquerra l'hérédité à chacun des maîtres par l'ordre desquels il fera adition, proportionnellement à leur part de propriété sur l'esclave.

Distribution de l'hérédité entre plusieurs institués. (On reportera cette matière à l'article 2 du chapitre II).

Modalités apposées à l'institution.

L'institution d'héritier peut être faite *purement et simplement* ; elle peut aussi être faite *sous condition suspensive*, mais non *à terme* (V. plus bas).

CONDITION.

Elle est *sub conditione* quand elle est subordonnée à un événement futur et incertain. Ceci ne viole pas la règle : *nemo paganus partim testatus partim intestatus decedere potest*. En effet, tant que la condition est pendante, l'hérédité est jacente, n'appartient à personne. Puis : si la condition se réalise, l'héritier est réputé avoir toujours été héritier ; si la condition défaille, l'institution disparaît, pour faire place à la succession *ab intestat*, qui rétroagit également au jour du décès.

(Il en serait autrement de la condition résolutoire, qui violerait le principe précédent, et celui : qu'une fois héritier on ne peut cesser de l'être).

Condition impossible, contraire aux lois et aux bonnes mœurs. *Si cœlum digito tetigerit... Si homicidium fecerit.... ;* à la différence des conventions entre-vifs, que de telles conditions rendraient nulles, ces conditions sont ici simplement considérées comme non écrites. On justifie cette distinction en disant : 1° Les actes entre-vifs peuvent toujours être recommencés ; il n'en est pas de même du testament ; 2° le contractant qui, dans un acte entre-vifs, laisse insérer de telles conditions, est au moins coupable de négligence ; l'institué au contraire, n'étant pas intervenu au testament, ne doit pas souffrir de ce qu'il ne pouvait empêcher.

Institution subordonnée à plusieurs conditions. Sont-elles insérées *cumulativement ? (si illud et illud factum fuerit)*, il faudra que toutes soient accomplies ; — si au contraire elles sont insérées *séparément* ? (*si illud aut illud factum fuerit*), il suffira que l'une ou l'autre s'accomplisse.

Conditions perplexæ, ou contradictoires : *Si Titius heres erit, Seius heres esto ;* l'institution est nulle ; elle le sera également si elle est soumise à la pure volonté d'un tiers, ou si elle est captatoire (faite pour s'attirer des avantages de la part de l'institué).

TERME.

Le *terme* est *certain* ou *incertain*. I. *Le terme certain* (dies certus), que l'on peut calculer à coup sûr, qu'il soit suspensif (*ex die certo*) ou résolutoire (*ad diem certum*), violerait, comme la condition résolutoire, la règle : *nemo paganus partim test. partim intest. decedere potest.* On le considérera comme non écrit, et l'institution demeurera pure et simple. — Le *dies incertus*, qui doit arriver certainement, mais on ne sait quand (la mort d'un tiers), est assimilé à la condition suspensive dans les actes mortis causa.

Cette différence entre le dies certus et le dies incertus est ainsi expliquée : Dans le premier cas, il n'y a aucune incertitude sur l'effet de la disposition ; on sait que jusqu'à tel délai, ou à partir de tel délai, il n'y aura pas d'hérédité testamentaire. — Dans le second, au contraire, rien n'est fixé ; à chaque instant le *dies incertus* peut arriver, et avec lui, l'ouverture du droit de l'institué. (V. M. Demangeat, I, 644, pour cette subtilité vraiment bien inutile).

APPENDICE : DES SUBSTITUTIONS.

DU TESTAMENT. — CONDITIONS DE VALIDITÉ. — *Institution d'héritier.* — Appendice : Substitutions.

APPENDICE. — **Des Substitutions.**

N. B. — Le mot *substitution* (de *sub institutio*), dans son sens le plus large, désigne une institution d'héritier subsidiaire et subordonnée à une autre institution d'héritier. Il était donc logique de placer cette matière comme appendice à l'*Institution d'héritier*.

On distingue aux Institutes trois espèces de substitutions.

SUBSTITUTION VULGAIRE.

La *substitution vulgaire* est celle par laquelle un testateur, dans la crainte de mourir *intestat*, au cas où l'institué ne pourrait ou ne voudrait se porter héritier, désigne une ou plusieurs personnes (substituées), qui prendront dans cette hypothèse la place du premier institué. Ex.: *Titius heres esto* (institution). *Si Titius heres non erit*, — *Seius heres esto* (substitution). On appelle cette substitution : vulgaire, parce qu'elle est le plus ordinairement employée.

(Le testateur peut inscrire à la suite les unes des autres, un aussi grand nombre de substitutions qu'il le désire et, en dernier lieu, appeler un de ses esclaves, qui sera héritier nécessaire ; dès lors, il n'aura plus à craindre de mourir intestat).

Application des règles sur l'exhérédation des sui. — Le père, qui a un fils en puissance, peut-il se contenter de l'instituer ou de l'exhéréder une seule fois, ou doit-il le faire à chaque degré de substitution ? Si le fils est institué au premier degré, ou exhérédé avant l'institution du premier degré, le père pourra l'omettre dans tous les degrés subséquents ; mais, si le testateur a dit : *Titius heres esto ; filius meus exheres esto*, il devra, à chaque degré, renouveler l'exhérédation. (Ce qui est vrai du fils, à l'époque des Jctes, s'applique sous Justinien à tous ceux qu'on doit instituer ou exhéréder.

Différentes manières de faire une substitution. — On peut nommer : un substitué à un institué ; un substitué à plusieurs institués ; plusieurs substitués à un institué ; enfin on peut substituer les institués entre eux. Cette dernière espèce demande seule des explications.

Substitution des institués entre eux. — L'un venant à manquer, les institués, qui existent encore au moment de la défaillance du premier, viendront comme institués à leur part, mais prendront comme substitués celle du défaillant, proportionnellement aux parts qu'ils ont dans l'institution ; — (bien entendu on suppose que le testateur n'a pas fixé, pour la substitution, une répartition différente de celle de l'institution). — Mais le droit d'accroissement ne produirait-il pas les mêmes résultats ?

DIFFÉRENCE ENTRE LE DROIT D'ACCROISSEMENT et le droit du substitué. — On peut se demander si le *droit d'accroissement* (T. 48), en l'absence de toute substitution, ne produirait pas le même résultat que la substitution. Dans certains cas, oui ; mais dans d'autres, le droit de substitution est préférable au droit d'accroissement.

1er *Exemple.* — Sous l'empire des lois caducaires, les parts caduques ne sont dévolues qu'aux *patres ;* tous les substitués, même *non patres*, profitent de la part caduque ; (compléter par la distinction des parts caduques, in causa caduci, pro non scriptis, combinée avec les droits des patres, le jus capiendi, etc. Les espèces peuvent varier à l'infini. (V. T. 49).

2e *Exemple.* — Même après l'abolition des lois caducaires : La substitution est une institution conditionnelle, une cause nouvelle d'institution, qui exige, chez celui qui doit en profiter, des conditions de capacité, au moment où elle se produit. L'accroissement, au contraire, n'est qu'un développement naturel d'un droit antérieur, qui n'exige pas, au moment où l'événement se produit, une nouvelle présence des conditions de capacité. Ainsi, *Primus*, *Secundus*, *Tertius* sont institués ; tout d'abord *Primus* accepte et meurt avant que *Secundus* et *Tertius* n'aient pris parti ; puis *Secundus* fait adition, et *Tertius* renonce. La part de celui-ci, par le droit d'accroissement, profiterait à *Secundus* ainsi qu'aux héritiers de *Primus*, qui ont reçu de leur père un droit *extensible*. S'il y a substitution, au contraire, *Secundus* prendra seul la part de *Tertius*, parce que l'autre substitué n'existant plus, le droit de ce substitué ne peut prendre naissance dans la personne de ses héritiers.

3e *Exemple.* — De deux héritiers institués l'un est esclave ; celui-ci fait adition sur l'ordre de son maître, qui acquiert l'hérédité ; l'esclave passe ensuite sous la puissance d'un autre maître, et le cohéritier de l'esclave fait défaut. Cette part défaillante, par le droit d'accroissement, appartiendrait à l'ancien maître de l'esclave, comme extension du droit précédemment transmis ; si, au contraire, il y a eu substitution réciproque, un nouveau droit s'ouvre, en la personne de l'esclave, et c'est le maître de l'esclave, en ce moment-là, qui en profitera.

Substitutus substituto tacite censetur substitutus instituto. — Cette règle, généralisée par Sevère et Antonin, produit les résultats suivants :

SOUS L'EMPIRE DES LOIS CADUCAIRES. — Deux personnes ont été instituées : Primus et Secundus ; puis Secundus est substitué à Primus, et Tertius à Secundus. Primus et Secundus font défaut ; Tertius est un cælebs favorisé qui a le *jus capiendi*, mais non le *jus caduca vindicandi*. Avec notre règle, il est réputé substitué non-seulement à Secundus, mais encore à l'institué Primus, et il prendra les deux parts ; sans la règle, il n'obtiendrait que la part de Secundus.

SOUS JUSTINIEN. — Trois institués, Primus, Secundus, Tertius ; Secundus est substitué à Primus, et Quartus à Secundus. Primus et Secundus ne viennent pas à la succession. Sans notre règle, la part de Secundus passerait à Quartus, *jure substitutionis*, et la part de Primus profiterait, *jure accrescendi*, à Tertius et à Quartus. — Avec notre règle, Quartus prendra les deux parts de Primus et de Secundus.

Cas où le substitué exclut l'institué. — En principe, le substitué n'arrive qu'à défaut de l'institué. Toutefois, d'après la loi *Ælia-Sentia*, si un testateur insolvable a institué son esclave en première ligne, et lui a substitué d'autres héritiers, ceux-ci pourront passer les premiers, et l'esclave ne sera appelé qu'à défaut de tous les substitués.

Concours des institués et des substitués. — Il arrive quelquefois que le substitué et l'institué viennent en même temps à la succession.

Ainsi : 1° Le *de cujus* a institué un *servus alienus* qu'il croyait *paterfamilias*, et lui substitue un tiers. L'institution est valable, car rien ne prouve que, même connaissant la servitude de l'institué, le testateur eût pris d'autres dispositions ; d'un autre côté, le substitué doit venir ; il peut en effet soutenir que la condition apposée à la substitution est réalisée, car si l'institué devient héritier, il ne le devient pas dans le sens de la volonté du testateur, c'est-à-dire pour son avantage personnel. Pour trancher la difficulté, Tibère accorde la moitié de l'hérédité à l'institué, l'autre moitié au substitué.

2° Le testateur a dit : *Titius heres esto, cernitoque in diebus centum proximis quibus scies poterisque ; si non creveris, tum Mævius heres esto.* — Si Titius ne fait pas *cretio* (adition solennelle) dans le délai, la substitution sera ouverte ; mais si, d'un autre côté, Titius avait fait un acte de gestion, comme, somme toute, il n'est point exhérédé et reste héritier, on lui accorde la moitié de l'hérédité, et le substitué aura l'autre moitié.

SUBSTITUTION PUPILLAIRE.

La substitution pupillaire est l'institution d'un héritier faite par le père de famille, dans son propre testament, pour l'hérédité du fils qu'il a sous sa puissance, au cas où ce fils, devenu *sui juris* après sa mort, mourrait avant d'avoir atteint l'âge de puberté. — Cette substitution dérive de la coutume. Cette faculté donnée au père a pour but d'enlever aux agnats de l'enfant toute espérance à la succession *ab intestat* de cet enfant, et par suite tout intérêt à la faire ouvrir par un crime. Mais comme le substitué, connaissant sa vocation, pourrait être également une menace pour l'enfant, on permet au père, dans une première partie de son testament, ouverte après sa mort, de dire qu'il y a un substitué pupillaire, ce qui désintéresse les agnats ; et néanmoins de laisser le nom de ce substitué dans une partie du testament, qui ne sera ouverte qu'après la mort de l'enfant.

Le testateur qui a un enfant sous sa puissance peut faire à la fois une substitution vulgaire, et une substitution pupillaire : *Titius filius meus heres esto ; si Titius filius meus heres non erit* (condition de la substitution vulgaire), *sive heres erit et prius moriatur quam in tutelam suam venerit* (condition de la substitution pupillaire), *tunc Seius heres esto* (substitution à la fois vulgaire et pupillaire, suivant les cas).

Qui peut faire une substitution pupillaire. — Ce droit appartient au *père de famille seul*, et par conséquent n'appartient ni à la mère, ni aux ascendants dépourvus de puissance.

Le père, qui a plusieurs enfants sous sa puissance, peut donner un substitué à chacun d'eux, ou au dernier mourant d'entre eux. Dans le premier cas, aucun des enfants ne mourra *intestat ;* dans le second, les enfants se succéderont entre eux, *jure legitimarum hereditatum*, et le substitué recueillera la succession du dernier mourant grossie de toutes les autres.

A quelles personnes le père de famille peut-il donner un substitué pupillaire. — Aux enfants et petits-enfants qui sont sous sa puissance immédiate et qui, à sa mort, deviendront *sui juris*, ainsi qu'aux *posthumi sui* et aux posthumes velleiens. — La substitution ne s'applique pas aux enfants émancipés.

OBSERVATION. — Un impubère a reçu de son père un substitué pupillaire ; puis, après la mort de son père, il est adrogé par un tiers qui, à son tour, lui donne un substitué pupillaire ; l'adrogeant prédécède et l'impubère meurt. Il y aura deux substitués pupillaires simultanés, celui qui arrive *ex testamento adrogatoris*, garde les biens venant de l'adrogeant ; l'autre substitué reçoit les biens émanés du père naturel, peut-être même la quarte Antonine. (V. M. Demangeat, I, 658-659).

Nullité de la substitution pupillaire. — La substitution pupillaire n'est valable, que si le père a fait un testament pour sa propre hérédité, quand même ce testament exhéréderait l'impubère. La substitution pupillaire n'est donc qu'un accessoire du testament du père. Aussi, le testament du père, annulé ou privé d'effet, la substitution s'évanouit. Toutefois, le moindre effet conservé au testament par le droit civil ou le droit prétorien, suffit pour que la substitution pupillaire soit valable et efficace.

Remarque. — Le militaire peut faire le testament de son fils, sans faire le sien propre. Si donc il les a fait tous deux, et que le sien soit infirmé, la substitution pupillaire ne sera pas infirmée.

Déchéance de la subtitution pupillaire. — Elle s'évanouit : 1° si l'enfant, devenu *sui juris* à la mort de son père, atteint l'âge de puberté (14 ans pour les garçons, 12 pour les filles) ; 2° s'il meurt avant le testateur ; 3° s'il subit une *diminution de tête*, avant ou après la mort du testateur (V. une exception : M. Demangeat, I, 663) ; 4° si le substitué néglige de faire nommer un tuteur à l'impubère, dans l'année qui suit la mort du testateur.

Il y a-t-il : I. Un ou deux testaments ? II. Une ou deux hérédités ? — I. 1° *Il y a deux testaments :* en effet, la substitution n'est pas nécessairement dans le même acte que la nomination de l'héritier du père. — En second lieu, l'un peut être écrit et l'autre nuncupatif. — 2° *Il n'y a qu'un testament :* en effet, il suffit d'employer les formes nécessaires pour un seul ; d'un autre côté, l'infirmation du testament du père, entraîne celle de la substitution. — Si le substitué était héritier nécessaire du père, il sera héritier nécessaire du fils. — II. *Il y a deux hérédités :* en effet, le substitué vendant l'une, n'est pas réputé vendre l'autre ; il peut n'avoir pas le *jus capiendi* envers l'une, et l'avoir envers l'autre, etc. — Si le testateur a désigné le substitué en ces termes : *quisquis mihi heres erit*, celui qui a recueilli sa succession pourra ne pas recueillir celle du fils ; ainsi : *Stichus* institué est *servus alienus ;* il fait adition de l'hérédité du testateur, sur l'ordre de son maître, qui recueille l'hérédité ; puis il est affranchi (ou passe à un autre maître), et l'impubère meurt ; c'est l'esclave affranchi (ou son nouveau maître), qui recueillera l'hérédité du fils.

Substitutions fidéicommissaire, quasi-pupillaire ou exemplaire (T. suiv.).

DU TESTAMENT. — CONDITIONS DE VALIDITÉ. — *Institution d'héritier.* — Appendice : Substitutions.

TESTAMENT RUPTUM — IRRITUM. — INOFFICIEUX.

Substitution vulgaire. } (T. P.)
Substitution pupillaire. }

Substitution exemplaire ou quasi-pupillaire.

Le père de famille qui a un enfant pubère, mais privé de raison, muet, etc., doit craindre que, par suite de son état de démence, cet enfant ne décède *intestat.*

Aussi le père peut, mais avec la permission de l'empereur, tester pour cet enfant, *à l'exemple* de ce qu'il peut faire pour l'enfant *impubère*; c'est pourquoi on appelle cette subst. *exemplaire* ou *quasi-pupillaire*, (*ad exemplum* pupillaris substitutionis). Justinien réglemente la matière pour le cas où l'enfant est *mente captus*. Les règles posées par Justinien ressortiront du paragraphe suivant.

Différences entre la substitution pupillaire et quasi-pupillaire. — 1° La s. p. ne peut être faite que par le père de famille; — la s. q.-p. peut être faite par tout ascendant paternel ou maternel. 2° Dans la première, le père choisit librement l'héritier qu'il donne à son fils; dans la seconde, le père, comme les ascendants, ne peuvent prendre le substitué que *inter certas personas*, c'est-à-dire: d'abord parmi les enfants du fou; à leur défaut, parmi ses frères et sœurs; mais à défaut de ceux-ci, ils ont liberté de choisir un étranger. — 3° La s.-p. s'éteint dès que l'enfant arrive à la puberté; — la s. q.-p. s'éteint quand le fou recouvre la raison.

Question. — Un fou a plusieurs ascendants, et chacun d'eux lui substitue *quasi-pupillairement* une personne différente. Chacun des substitués prendra probablement, dans la succession du fou, les biens provenus de l'ascendant qui l'a nommé.

Substitution fidéicommissaire.

Le testateur qui institue un étranger pubère ou impubère, ou son fils pubère, ne peut lui désigner un successeur pour le cas où il viendrait à mourir *intestat*. Il peut seulement charger l'institué, sous telle ou telle condition, de restituer son hérédité à lui testateur, à une personne désignée.

Quand la restitution doit se faire à la mort de l'institué, on dit qu'il y a là une *substitution fidéicommissaire*. Voyons en quoi elle diffère de la substitution pupillaire.

Différences entre la substitution fidéicommissaire et la subst. pupillaire. — 1° Le substitué pup. devient l'héritier du pupille, recueille tout ce qui se trouve dans sa succession, est tenu de ses dettes et des actes qu'il a contractés; le subst. fidei. ne recueille dans la succession du grevé, dont il n'est pas héritier, que les seuls biens provenant du testateur, sans s'occuper des dettes ou des actes du grevé. 3° De la différence précédente, il résulte que le testateur peut donner un héritier au pupille qu'il exhérède; tandis qu'il ne peut faire un fidéicommis qu'à condition d'instituer le grevé.

Remarque. — Si le testateur est militaire, on cherche à exécuter autant que possible sa volonté. Dès lors, s'il a fait une sub. pupillaire, qui ne peut valoir comme telle, on lui donnera l'effet d'une subst. fidéicommissaire. Ainsi, il a substitué Titius à son fils, si celui-ci meurt avant XXV ans : — Le fils meurt-il avant XIV ans? Le substitué prendra ses biens comme substitué pupillaire. — Meurt-il entre XIX et XXV? Le subtitué prendra, dans sa succession, les biens du père testateur.

ARTICLE II. — Causes qui annulent un testament valablement fait.

Un testament valablement fait dans le principe (*jure factum*), peut être invalidé par des causes postérieures : *test. ruptum; test. irritum.* — Il faut ajouter le cas où personne ne recueille la succession en vertu du testament : *testamentum destitutum*. Ce troisième cas est placé par Papinien dans celui du test. *irritum*.

Testament rompu (ruptum).

I. — **Agnatione sui.** — Le test. est rompu par l'agnation ou la quasi-agnation d'un héritier sien, qui n'a été ni institué, ni légalement exhérédé. (Posthume sien; adoption ou adrogation d'un enfant; acquisition de la *manus* sur la femme; agnation d'un petit-fils, qui devient *suus*, par la mort du père qui le précédait dans la famille; enfant mancipé par son père, qui, affranchi, retombe sous la puissance paternelle). Dans tous ces cas, lors même que le nouveau *suus* aurait été institué en fait, le testament était néanmoins rompu par son agnation; en effet, il avait été institué, *non comme suus*, mais à un autre titre. Cette subtilité disparut probablement à l'époque de la loi *Junia Velleia*. Dès-lors, du moment où ce *suus* a été institué, à un titre quelconque, le testament ne souffre pas de son agnation.

Sous Justinien, la naissance d'un *posthumus suus*, qui n'a été ni institué, ni exhérédé, l'adrogation d'un enfant, ou l'adoption par un ascendant, et probablement la légitimation d'un enfant naturel, rompent le testament.

II. — **Posteriore testamento.** — Un deuxième testament, *pourvu qu'il soit régulier*, rompt le premier. (Toutefois, si le testateur, même par un acte informe, a institué précisément son héritier légitime, le premier test. est rompu).

Le premier test. est rompu par un second testament régulier, quel que soit le sort de ce dernier testament, quand même il deviendrait inefficace, ou serait annulé, ou laisserait ouverte la succession ab intestat. (Exemples.— L'héritier du 2e Test. ne veut ou ne peut venir. — L'institué *cum cretione*, sous peine d'exhérédation, n'a pas fait, dans le délai voulu, cette *cretio* ou adition solennelle; il n'arrivera pas à la succession. — L'institué du second test. est *cœlebs*; les lois caducaires l'excluent de la succession. — Dans un autre ordre d'idées, le second testament est fait, sans les formes ordinaires par un militaire en campagne. Ce test., qui est parfaitement valable, annulera un test. précédent; et cependant, si, dans l'année *post missionem*, le testateur ne régularise pas la situation, le second test. disparaîtra; eh bien, dans ce dernier cas comme dans les précédents, le premier testament, qui a été une fois éteint, ne saurait revivre par l'inefficacité ou la disparition du second).

Testament inutile (irritum).

Le testament est *irritum*, quand le testateur subit une *capitis deminutio*. — *Irritum* veut dire inutile, mais il s'appliquerait aussi bien aux cas dont on dit que le testament est *ruptum* et réciproquement. On a adopté deux mots différents pour mieux percevoir les hypothèses.

On a vu (T. 41), que la capture par l'ennemi, quoiqu'étant une *maxima cap. deminutio*, n'entraîne pas rupture du testament. — Loi Cornelia.

De même, le fils de famille militaire, qui a testé sur son pécule *castrense*, vient-il à encourir la *minima cap. deminutio*, son testament subsiste néanmoins.

Exceptions du droit prétorien communes au testament *ruptum*, ou *irritum*, ainsi qu'au testament *injustum*. — 1° *Test. injustum :* Une femme fait son testament sans l'*auctoritas tutoris*; ce test. est nul. 2° *Test. ruptum :* Un homme fait un test.; puis il lui naît un enfant *qui meurt*. Le test. n'en est pas moins rompu en droit civil. — 3° *Test. irritum :* Le testateur a subi une *minima cap. deminutio*, mais il est *civis romanus et suæ potestatis* au moment de sa mort. Le testament est néanmoins *irritum* en droit civil. — Dans ces trois cas, malgré les prescriptions du droit civil, le préteur fera produire effet au testament, *s'il a été fait en forme prétorienne*, en donnant aux institués la *bonorum possessio secundum tabulas*.

Remarque. — Théodose-le-Jeune avait décidé que le testament serait nul, si le testateur ne mourait pas dans les dix ans à dater de sa confection. Justinien ajoute à cette condition celle que le testateur ait manifesté l'intention de révoquer ce testament.

ARTICLE III. — Testaments inofficieux.

§ 1er. — Période avant Justinien.

Origine et but de la querela inofficiosi testamenti. — La Loi des XII Tables permet au père de disposer, comme il le veut, de son patrimoine. Une première restriction à ce droit absolu résulte de l'obligation que les Prudents lui imposent d'instituer ou d'exhéréder ses héritiers siens; mais le père conservait encore le droit d'exhéréder ses enfants, même sans juste cause.

C'était là un droit exorbitant, contraire à tous les sentiments d'équité et de piété que des parents doivent avoir les uns envers les autres. C'est pour corriger une telle situation, que ces Prudents (et non la Loi Glitia, comme le pense Cujas), introduisent la *querela inofficiosi testamenti*. Elle est fondée sur la fiction que le testateur, qui manque ainsi aux devoirs de la parenté, n'a pas eu sa raison en agissant ainsi; et on annule son testament comme une œuvre de démence.

Le testament inofficieux, qui ouvre la *querela inof. testamenti*, est donc celui qui, bien que conforme aux règles du droit civil et du droit prétorien, blesse les sentiments et les obligations de famille : *non ex officio pietatis videtur esse conscriptum*. — La *querela inoff. test.* est l'action donnée aux héritiers légitimes pour faire prononcer l'infirmation du testament inofficieux. Elle ressemble à la *petitio hereditatis*, et se portait comme elle, dans le principe, devant le tribunal des centumvirs.

A quelles personnes la querela in. test. est-elle accordée. — 1° *Aux descendants*, exhérédés *ou omis* sans juste cause, — contre le testament de leur ascendant. (On sait que, de la part de la mère, de la grand-mère et du grand-père paternel, l'omission équivaut à une exhérédation).

2° *Aux ascendants* omis sans juste cause, contre le testament de leurs enfants.

Ces deux premières classes de personnes peuvent intenter la *querela* contre tout institué.

3° *Aux frères et aux sœurs.* — La *querela* ne fut d'abord accordée qu'aux frères et aux sœurs germains, *agnatione durante*; — Justinien supprime cette condition, et accorde la *querela* aux germains qui auraient cessé d'être agnats du de cujus. — (Les frères ou sœurs utérins restent exclus de la *querela*). A la différence des ascendants ou descendants, les frères et sœurs ne peuvent utilement intenter la *querela* que si les institués sont des gens vils ou notés d'infamie.

Les collatéraux, plus éloignés que frères et sœurs, ne sont jamais admis à se plaindre.

Preuve. — Pour que l'ascendant ou le descendant triomphe dans la *querela*, il faut que l'exhérédation ou l'omission dont il se plaint soit inique : *sine causa*. Mais à qui incombera la charge d'en faire la preuve?

Si la *querela* est intentée par un ascendant, l'inofficiosité est présumée; et c'est à l'institué à prouver qu'il y avait de justes motifs d'exhérédation.

Si la *querela* est intentée par un descendant, c'est à lui à prouver l'inofficiosité, l'iniquité de l'exhérédation ou de l'omission.

Les règles précédentes, qu'on croit trouver dans une constitution de Constantin, ne sont pas, suivant M. Demangeat, des règles certaines. Le fardeau de la preuve appartiendrait, en cette matière comme en toute autre, au demandeur.

(V. la suite au tableau suivant).

TESTAMENTS *(fin)*. — RESCISION POUR CAUSE D'INOFFICIOSITÉ *(suite et fin)*.

Origine et but de la querela inofficiosi testamenti.
A quelles personnes la querela inofficiosi test. est-elle accordée. (T. p.)
Preuve.

A quelles conditions est soumis l'exercice de la querela inofficiosi testamenti ?

I. — La *querela inofficiosi testamenti* est un moyen extraordinaire qui n'est accordé qu'à défaut de tout autre moyen contre le testament. Celui qui pourra arriver à l'hérédité par une autre voie (par exemple la fille omise qui a le *jus accrescendi*, ou l'héritier qui obtient la *bonorum possessio contra tabulas*), ne pourra obtenir la *querela*.

II. — On a vu que la *querela* n'est admise que si l'exhérédation est injuste. Dans le principe, les juges avaient d'ailleurs un pouvoir discrétionnaire pour apprécier cette injustice.

III. — La personne exhérédée ou non instituée, qui a reçu du testateur, par une disposition *mortis causa*, (legs, fideicommis, donation *mortis causa*), le quart au moins de la part qu'elle aurait eue en venant à la succession *ab intestat*, ne peut obtenir la *querela*. Cette réserve, appelée *quarta legitimæ partis*, — *portio legitima*, — ou, d'après les commentateurs, *légitime*, — se calcule sur l'actif net au moment de la mort du testateur. — L'actif net se compose de la masse totale active, dont on déduit les dettes, les frais funéraires, la valeur des esclaves affranchis.

Remarquons qu'on ne peut imputer sur la quarte que les libéralités *mortis causa* ; les libéralités *inter vivos* n'empêchent donc pas l'exercice de la *querela*, à moins que le donateur n'ait inséré la clause formelle que la donation sera imputée sur la légitime. Et, en effet, le donateur est libre de mettre à la donation telle restriction qui lui convient.

Zénon assimile aux dispositions *mortis causa* la constitution de dot et la donation *ante nuptias*, et Justinien, à son tour, ajoute à cette nomenclature la donation faite *ad militiam emendam*, ou pour acheter une charge.

Les héritiers, qui n'ont pas leur *portio legitima*, avaient en principe, non pas seulement le droit de la faire compléter, mais encore celui de faire tomber le testament pour le tout, par la *querela in. test.*, et de recueillir ainsi en entier l'hérédité ab intestat.

A ce principe, Constantin apporte une importante modification, en décidant que le testateur, qui laisse moins que la quarte légitime, peut ajouter qu'il entend que le quart sera complété *boni viri arbitratu* ; dans ce cas il n'y a plus lieu à *querela in. test.*, mais seulement à une action en supplément. — Justinien généralise cette règle raisonnable, en sous-entendant la prescription précédente du testateur ; il n'y a plus dès lors lieu à la *querela* que si les héritiers n'ont rien reçu du testateur par son testament.

IV. De l'action en supplément. — L'action en supplément, légalement introduite par Constantin, s'exerce par une *condictio ex lege*. Elle diffère de la *querela*, en ce qu'elle est *personnelle* ; qu'elle dure le temps ordinaire des actions ; qu'elle est transmissible aux héritiers ; que, repoussée, elle laisse intacte la disposition testamentaire au profit du légitimaire. — TANDIS QUE la *querela* est réelle ; s'éteint par un délai de deux ans (cinq sous Justinien) ; n'est transmissible aux héritiers que sous certaines conditions ; fait perdre la légitime de l'héritier, si ce dernier l'a mal à propos intentée.

Comment se perd la querela inofficiosi testamenti. — Le droit d'attaquer un testament comme inofficieux, ayant une fois pris naissance au profit d'une personne, peut être résolu dans les circonstances suivantes :

I. Si le légitimaire a transigé avec l'institué, et que celui-ci ait exécuté la transaction.

II. Lorsque le légitimaire, ayant commencé la poursuite, s'est désisté.

III. S'il a approuvé le testament d'une manière quelconque, par exemple en réclamant un legs fait à son profit par le de cujus ; ou s'il l'a réclamé comme avocat ou procureur d'un tiers. (S'il le réclame ou l'accepte comme tuteur d'un pupille, cette acceptation ou cette réclamation, étant pour le tuteur un acte qu'il est *obligé* de faire, n'implique par approbation du testament. Il pourra donc ensuite attaquer le testament comme inofficieux, *suo nomine*).

IV. Si le légitimaire a laissé passer sans agir, *deux ans* à partir de la mort du testateur, ou, sous Justinien, *cinq ans* à partir de l'adition de l'hérédité.

V. Si le légitimaire vient à mourir, sans avoir commencé les poursuites. Cette intransmissibilité est modifiée sous Justinien, qui accorde la *querela* aux enfants du légitimaire, lorsque celui-ci est le descendant du testateur, et est mort *deliberante adhuc herede*.

Effets de la querela inofficiosi testamenti. — **I.** Supposons d'abord un seul légitimaire et un seul institué.

1° Si le juge déclare qu'il y a inofficiosité, il en résulte immédiatement la rescision de plein droit du testament. Dès lors, si le *querelans* était sous la puissance du testateur, il devient *suus heres* ; s'il était émancipé, il aura la *bonorum possessio unde liberi*. — **Chose remarquable** et contraire à la règle : « *res inter alios acta aliis neque nocet neque prodest* », la rescision du testament réagira contre les légataires, bien qu'ils n'aient pas été mis en cause, parce qu'on les suppose représentés de plein droit par l'intéressé principal, l'institué. (Il n'en serait pas ainsi si l'institué ne s'était pas défendu, et *a fortiori* si on prouvait une collusion entre lui et le *querelans*).

Que décider si des legs ont été payés ? — L'institué a-t-il payé de *bonne foi*, avant la querela ? N'ayant pas à restituer au légitimaire la valeur des legs payés, ce sera le légitimaire qui exercera à ses risques et périls une *condictio indebiti* utile, contre les légataires qui ont reçu à tort. — L'institué au contraire a-t-il payé en son nom, mais sachant qu'il y aurait querela, c'est-à-dire de *mauvaise foi* ? Il doit rendre la succession y compris la représentation des valeurs employées ; il pourra seulement poursuivre les légataires par la *condictio indebiti* directe, et rentrer ainsi dans ses débours.

2° Si le *querelans* a succombé dans sa plainte, il perd immédiatement tout droit à ce que le testateur lui avait laissé. (Il n'est pas réputé succomber s'il se désiste ou meurt avant la sentence).

II. — Il y a un institué et plusieurs héritiers, dont un seul intente la *querela* et triomphe. — Celui-ci obtiendra sa part ab intestat, mais le testament vaudra pour le reste et l'institué prendra l'hérédité moins la part *intestat* du *querelans*. — Il est d'autres cas où le testament n'est annulé qu'en partie, ce qui constitue le testateur *partim testatus partim intestatus*. Exemple : 1° Il y a deux exhérédés : l'un injustement exhérédé, triomphe dans la querela, — l'autre, justement exhérédé, succombe. — 2° Réciproquement : un querelans, un frère, par exemple, succombe dans son action contre l'un des deux institués qui est honorable, et triomphe dans son action contre l'autre, qui est une personne vile. — Dans ces deux hypothèses une partie de la succession sera déférée *ab intestat*, et l'autre *ex testamento*.

§ 2. — Innovations de Justinien (système des Novelles et Institutes).

D'après ce que nous avons vu plus haut (passim) :

1° Justinien ne donne jamais que l'action en supplément si le légitimaire a reçu une portion quelconque de l'hérédité.

2° Il impute sur la légitime, non-seulement la libéralité *mortis causa*, etc., mais ce que le légitimaire a reçu pour l'achat d'un office ou d'un grade militaire.

3° Il transmet la querela aux enfants de l'exhérédé, si celui-ci est le descendant du testateur, mort : deliberante adhuc herede. Voici cinq autres innovations introduites par les novelles.

4° On avait porté à cinq ans le délai passé lequel la querela ne peut être intentée ; Justinien décide que ce délai partira du jour de l'adition, et non du jour de la mort du de cujus.

5° La légitime est augmentée (nov. 18). Elle est *du tiers*, si le testateur laisse quatre enfants au moins ; *de moitié* s'il en laisse davantage. — Ceci produit ce résultat bizarre que le nombre des héritiers étant plus grand, la légitime de chacun pourra être plus forte ; ainsi étant donnés 4 héritiers, chacun d'eux aura un tiers de la part qu'il aurait eue ab intestat, soit 1/12 de la succession totale. — Tandis que : étant donnés 5 héritiers, chacun d'eux aura droit à la moitié de ce qu'il aurait eu ; soit 1/10. — Justinien ne parle que des enfants, mais son innovation s'étend sans doute à tous les légitimaires.

6° Dans la nov. 115, Justinien exige que le légitimaire recueille sa légitime, complète ou à compléter, *à titre d'héritier*, c'est-à-dire que le testateur l'ait institué héritier ; le testateur ne peut donc pas écarter le légitimaire de l'hérédité, par un legs ou un fideicommis, etc., équivalant à sa légitime.

7° Justinien détermine (Nov. 115 et 22), au nombre de quatorze pour les descendants, de huit pour les ascendants, de trois pour les frères et sœurs, les causes d'exhérédation ou d'omission qui sont admissibles. Le testateur ne peut omettre ou exhéréder que ceux qui se trouvent dans un de ces cas, et, de plus, il doit exprimer le cas spécial qui justifie, dans l'espèce, l'exhérédation ou l'omission ; si le légitimaire conteste la réalité du motif, c'est à l'institué à prouver la légitimité de l'exhérédation.

8° Par la nov. 115, Justinien décide que l'inobservation des règles, posées dans cette novelle, ne fera tomber que l'institution d'héritier, laissant intactes les autres dispositions testamentaires, legs, fideicommis, etc., en tant qu'ils n'atteignent pas la légitime.

§ 3. — Appendice : Des donations inofficieuses.

La *querela inofficiosæ donationis* se développa concurremment avec la querela in. test., et il faut en conclure qu'elle s'applique aux mêmes personnes ; qu'elle assure au querelans la même légitime. Elle a pour but de remédier au détour que prenait une personne pour déshériter en fait ses héritiers, en donnant, *entre vifs*, son patrimoine à d'autres personnes.

DE L'HÉRÉDITÉ. — ACQUISITION. — *Héritiers : Siens; siens et nécessaires; externes ou volontaires.*

CHAPITRE II. — DE L'HÉRÉDITÉ : ACQUISITION. — RÉPARTITION. — LOIS CADUCAIRES. — CHARGES.

ARTICLE Ier. — Acquisition de l'hérédité.

On divise les héritiers testamentaires en trois grandes classes : les *héritiers nécessaires ;* les *héritiers siens et nécessaires ;* les *héritiers externes ou volontaires.* Suivant que vous appartiendrez à l'une ou l'autre de ces trois classes, vous n'acquerrez pas l'hérédité de la même façon ; et le parti que vous aurez à prendre au sujet de l'hérédité (adition ou répudiation), ne sera pas le même. C'est donc en expliquant chaque classe d'héritiers qu'on trouvera les détails qui les concernent dans la théorie générale de l'adition, de la répudiation, et de certains bénéfices destinés à garantir les intérêts de l'héritier ou des tiers.

Héritiers nécessaires.

Nous avons vu (T. 43), que l'esclave institué et affranchi par son maître, était l'héritier *nécessaire* de ce dernier ; *nécessaire*, parce que : « *sive velit, sive nolit, omnimodo post mortem testatoris, protinus liber et necessarius heres fit.* » L'esclave, qui reçoit ainsi de son maître la liberté et l'hérédité, n'a pas le droit de répudier celle-ci ; il n'a même pas besoin de l'accepter ; il devient héritier à son insu, malgré sa volonté contraire ; en effet, ne faut-il pas que le maître, qui se sent insolvable, ait la certitude d'avoir un héritier sous le nom duquel les biens seront vendus par les créanciers, et qui seul encourra l'ignominie attachée à la *bonorum venditio*, laissant intacte la mémoire du défunt. (Cette rigueur de l'ancien droit, qu'on va voir modifiée par le préteur, ne s'appliquait d'ailleurs à l'esclave, que s'il devait sa liberté à la même cause que l'institution. Dès lors, s'il avait été affranchi entre-vifs (avant la mort du testateur), ou si son maître avait été tenu, par un autre motif, de l'affranchir, ou s'il avait obtenu la liberté *aliunde*, par exemple : pour avoir dénoncé le meurtre de son maître, — dans ces différents cas, l'affranchi serait héritier, mais non *nécessaire*).

Bénéfice de séparation de biens. — Dans les anciens principes, la personnalité de l'esclave, s'absorbant dans celle du défunt, il en résulte que les biens et les dettes se confondent. Si donc les biens héréditaires ne suffisent pas à payer les créanciers du *de cujus*, l'esclave restera tenu, sur les biens qu'il a acquis personnellement, depuis l'ouverture de la succession, et aussi sur les biens qu'il acquerra dans la suite. Pour éviter cet inique résultat, le préteur accorde à l'héritier nécessaire, SUR SA DEMANDE, le *bénéfice de séparation des biens*.— En conséquence, les biens et les dettes du défunt forment un patrimoine distinct de celui de l'héritier nécessaire. Les biens, que ce dernier a pu ou pourra acquérir après son affranchissement, ne répondront plus des dettes héréditaires, dont le paiement ne pourra être poursuivi que sur les biens laissés par le de cujus. — L'héritier nécessaire n'est plus lésé dans ses intérêts pécuniaires, mais il encourra encore, pour le compte du de cujus, l'ignominie attachée à la bonorum venditio. — Du reste, à partir de Justinien, la vente en masse est remplacée par la *distractio bonorum*, qui ne produit plus l'ignominie.

Première remarque. — On a vu, T. 43, que l'institution de l'esclave devait primitivement être accompagnée du don de la liberté ; plus tard, on admit que la première disposition sous-entendait *a fortiori*, la seconde. — Mais, pour que l'esclave institué devienne héritier *nécessaire*, il faut qu'il ait appartenu au testateur au moment de la confection du testament et au moment de la mort du testateur. Peu importe qu'entre ces deux époques il ait changé de maître.

Deuxième remarque. — Il y a une autre espèce de séparation de biens que celle demandée par l'héritier nécessaire ; voici dans quels cas : Par l'application du principe de la confusion des deux patrimoines, du de cujus et de l'héritier, si celui-ci est, quant à ses créanciers personnels, dans une position plus obérée, que le de cujus ne l'était à l'égard de ses créanciers également personnels, ces derniers ont intérêt à demander la séparation de biens, pour venir seuls sur les biens du de cujus. Ainsi, le de cujus a 100 et doit 200 ; ses créanciers auront moitié de leur créance ; l'héritier, au contraire, a 100, mais doit 300 ; si les deux masses étaient réunies activement et passivement, il y aurait : actif, 200 ; passif, 500 ; et les créanciers du de cujus ne toucheraient plus que les deux cinquièmes de leur créance, au lieu de la moitié. — La séparation des biens, demandée par les créanciers héréditaires, les empêchera de souffrir du concours des créanciers de l'héritier. Mais, d'après Papinien, les créanciers héréditaires, qui ont demandé la séparation, conservent le droit, s'ils ne sont pas entièrement soldés sur les biens du de cujus, de poursuivre l'héritier sur ses biens personnels, si, du moins, tous les créanciers propres de ce dernier sont désintéressés. — Gaïus, cependant, prétend que la demande de séparation des biens implique renonciation à toute poursuite contre l'héritier.

Héritiers siens et nécessaires.

Les héritiers *siens et nécessaires (sui necessarii)*, sont ceux qui se trouvent sous la puissance *immédiate* du testateur au moment de sa mort, et qui deviennent ses héritiers. (Fils, fille. — Petits-enfants dont le père n'est plus en puissance.)

(Toutefois, quant à ces derniers, étant donné : un testateur, son fils, et son petit-fils issu de ce fils ; — le testateur a institué son petit-fils et exhérédé son fils ; celui-ci acquerra néanmoins l'hérédité, par son fils institué, qui tombe sous sa puissance, et lui empruntant sa qualité, sera héritier *nécessaire* du de cujus).

On appelle ces héritiers, 1° **siens,** parce qu'ils sont réputés avoir été, du vivant du père, comme les co-propriétaires du patrimoine commun, et qu'ainsi, à la mort du père, ils paraissent plutôt consolider un droit préexistant, se *succéder à eux-mêmes*, qu'ils ne paraissent acquérir un droit nouveau. — 2° **nécessaires,** parce que, sans adition, bon gré mal gré, ils deviennent héritiers du *de cujus*. A ce titre, ils sont tenus des dettes de la succession, même sur leurs biens personnels, car ils continuent la personne du défunt.

Mais, par les mêmes motifs, qui l'engagèrent à donner à l'héritier nécessaire le bénéfice de séparation de biens, le préteur donne aux héritiers siens et nécessaires le *bénéfice d'abstention*.

Bénéfice d'abstention. — Le bénéfice d'abstention diffère de la séparation des biens : 1° en ce qu'il s'opère de plein droit, sans qu'il soit nécessaire de le demander au magistrat ; il suffit à l'héritier de ne pas s'immiscer dans les affaires de l'hérédité, et de manifester sa volonté de s'abstenir ; 2° en ce qu'il empêche toute poursuite contre l'héritier, de telle sorte que les biens sont vendus sous le nom du *de cujus* ; ainsi il ne saurait être question d'infamie contre l'héritier sien et nécessaire.

En droit civil, l'abstention laisse subsister la qualité d'héritier ; mais, *en droit prétorien*, elle équivaut à une répudiation de l'hérédité, quand cette répudiation est permise. Du reste, celui qui s'est abstenu peut se repentir et prendre l'hérédité tant que les biens n'ont pas été vendus, et, d'après Justinien, s'il ne s'est pas écoulé trois ans depuis l'abstention.

L'héritier sien et nécessaire ne peut plus invoquer le bénéfice d'abstention, s'il a détourné ou fait détourner des choses héréditaires.

Le bénéfice d'abstention est accordé également à la femme *in manu* du testateur ou de son fils en puissance, qui est pour lui *loco filiæ* ou *loco neptis ;* — ainsi qu'à l'individu *in mancipio*, bien qu'il ne soit pas héritier sien.

Héritiers externes ou volontaires.

NOTIONS GÉNÉRALES.

Tout héritier, qui ne rentre pas dans les deux classes précédentes, est : *externe* (en dehors de la famille du testateur), ou *volontaire* (parce qu'il ne devient héritier de fait que par un acte de volonté, l'acceptation ou *adition de l'hérédité*).

Celui-là seul peut acquérir une hérédité, qui a, avec le testateur, cette factio testamenti, que nous avons appelée passive (T. 43). La factio testamenti doit exister : 1° au moment de la confection du testament ; 2° à la mort du testateur, si l'institution est pure et simple, ou à l'arrivée de la condition, si elle est conditionnelle ; 3° enfin, au moment où l'institué fait adition, mais (à l'inverse de la *testamenti factio active*), cette *testamenti factio passive* peut avoir été suspendue, sans qu'il y ait pour cela déchéance, dans l'intervalle qui s'écoule entre la confection du testament et la mort du testateur, ou l'arrivée de la condition. Au contraire, la même suspension, se produisant dans l'intervalle qui s'étend — de la mort du testateur ou de l'arrivée de la condition, à l'aditio, — entraînerait la perte irrémédiable du droit de faire adition.

DE L'ADITION ET DE LA RÉPUDIATION.

Dans l'ancien droit, l'héritier pouvait avoir été institué *cum cretione ;* dans ce cas il devait manifester son intention d'acquérir, dans un certain délai, et en prononçant certaines paroles solennelles.— Cette institution *cum cretione* fut abolie, au moins en partie, par Arcadius et Honorius, et complètement sous Justinien.

De l'aditio hereditatis. — C'est la manifestation de la volonté : *re vel verbis*.— La seconde, ou adition proprement dite, consiste en une déclaration parlée ou écrite ; la première, ou *gestio pro herede*, est manifeste dès que l'héritier a fait acte de maître sur les choses héréditaires, en les vendant, les louant, les cultivant. (On a vu que cette immixtion enlève au *suus necessarius* le bénéfice d'abstention).

Validité de l'aditio. — 1° Elle ne peut être que *pure et simple*, comme tous les *actus legitimi*. 2° Elle n'est valable que si elle est faite par une personne qui comprend ce qu'elle fait, ce qui exclut l'*infans* et le *furiosus*. Mais, à partir de Théodose et Valentinien, le père de famille ou le tuteur peuvent faire *aditio* pour l'*infans*, et, à partir de Justinien, le curateur peut faire adition pour le *furiosus*. 3° Elle n'est valable que si elle se rapporte à une hérédité ouverte et déférée, et que l'institué sait lui être déférée à lui-même en vertu de tel testament.

Repudiatio. — A l'aditio, il faut assimiler la *répudiation* : Celle-ci résulte d'une manifestation quelconque de la volonté ; si toutefois, dans l'ancien droit, l'institution avait eu lieu *cum cretione*, l'institué pouvait se raviser jusqu'à l'expiration du délai.

La répudiation est soumise, quant à sa validité, aux règles générales pour la validité de l'*aditio*. Ainsi, elle est nulle, si elle est faite *ante delatam hereditatem*.

Délais dans lesquels on peut faire adition.
Effets de l'*aditio*.
Acceptation sous bénéfice d'inventaire.
} (T. 48).

DE L'HÉRÉDITÉ. — ACQUISITION. — *Héritiers externes ou volontaires.* — RÉPARTITION. — ACCROISSEMENT.

Héritiers nécessaires.
Héritiers siens et nécessaires.
Notions générales.
De l'aditio hereditatis. — Validité de l'aditio. — Répudiation.
} (T. 47).

Héritiers externes ou volontaires.

DE L'ADITION ET DE LA RÉPUDIATION.

Délais dans lesquels on peut faire adition. — I. Rien de plus simple, quant au moment à partir duquel on peut faire adition ; on sait en effet que l'adition est nulle si elle est faite avant la dévolution de l'hérédité ; or, *a contrario*, on peut valablement faire adition, à partir de la dévolution, c'est-à-dire à la mort du testateur, si l'institution est *pure et simple*, à l'arrivée de la condition, si elle est conditionnelle.

Remarquons que, sous l'empire des lois caducaires, la dévolution de l'hérédité ne date que de l'ouverture des Tables du testament, ce qui recule un peu le moment de faire adition, au cas d'une institution pure et simple. Du reste, cette restriction, destinée à augmenter les chances de caducité des dispositions testamentaires, est tombée en désuétude dans le dernier état du droit.

II. — Mais jusqu'à quel moment peut-on faire adition? L'adition, comme la répudiation, est un acte fort grave, et l'institué doit avoir le temps de réfléchir sur le parti à prendre ; mais, de leur côté, les créanciers et légataires, qui ne savent à qui s'adresser pour se faire payer, ont intérêt à ce que l'institué se décide promptement. Aussi, tout en donnant, en principe, un temps illimité à l'héritier pour faire adition, on le forçait à se décider plus vite : tout d'abord, on avait permis l'usucapion *pro herede* par un tiers possesseur sans bonne foi ni juste cause (T. 26) ; puis le magistrat s'attribua le droit de fixer, sur la demande des intéressés, un délai dans lequel l'institué devait faire adition. Ce délai était d'abord de 100 jours *au moins* ; Justinien le porte à neuf mois ou un an, suivant qu'il est accordé par le magistrat ou par l'empereur. — Si à l'expiration de ce délai, l'institué n'a pas fait adition ? 1° *Dans l'ancien droit*, il est réputé *renoncer* à l'hérédité ; dès-lors, ou il y a un substitué : son droit s'ouvre, et les créanciers héréditaires peuvent agir contre lui ; ou il n'y a pas de substitué, et les créanciers héréditaires peuvent faire vendre les biens du défunt. 2° *Sous Justinien*, au contraire, l'expiration du délai, sans manifestation, de la part de l'institué, de la volonté de répudier, est considérée comme impliquant l'*acceptation*.

Dans tous les cas, l'*adition d'hérédité* ou la *répudiation*, une fois faite, est irrévocable ; (toutefois, le préteur peut accorder au mineur de 25 ans la *restitutio in integrum* contre l'acceptation ou la répudiation qui lui serait préjudiciable).

Effets de l'adition d'hérédité et de la répudiation. — Dès que l'hérédité est acceptée, elle devient d'ors et déjà transmissible aux héritiers de l'acceptant, comme dépendance du patrimoine de ce dernier. Mais *quid* si l'institué meurt, sans avoir fait adition, étant encore dans les délais où il avait le droit de délibérer? *Dans l'ancien droit*, n'ayant rien acquis, il ne transmet rien à ses héritiers. *Sous Justinien*, il transmet à tous ses héritiers indistinctement : ascendants, descendants, etc., le droit de faire adition en son lieu et place.

On sait que l'institué, qui fait adition, continue la personne du défunt, et par suite est tenu des dettes et charges de la succession, même *ultra vires hereditatis* ; c'est-à-dire que les biens héréditaires, étant insuffisants, il serait poursuivi sur ses biens personnels. C'est à cette rigueur de l'ancien droit, que Justinien porte remède (Loi 22 au Code, — de jure deliberandi), à l'instar de la *séparation de biens* et de l'*abstention*, par l'*acceptation sous bénéfice d'inventaire*.

L'institué qui répudie devient absolument étranger à l'hérédité.

ACCEPTATION SOUS BÉNÉFICE D'INVENTAIRE.

L'institué a deux partis à prendre : *accepter*, mais il devient personnellement tenu de dettes et charges de l'hérédité, même *ultra vires* ; *renoncer*, ce qui a l'inconvénient de laisser un patrimoine sans représentant légal. Or, l'institué est exposé : ou à accepter sous des apparences trompeuses une hérédité obérée, ou, dans le doute, à y renoncer, alors même qu'au fond elle est bonne. — Pour remédier à cet état de choses : Adrien avait accordé la *restitutio in integrum*, mais dans un cas unique, à un majeur de XXV ans ; Gordien avait étendu cette exception au profit des militaires ; enfin, Justinien permet au successible de faire adition, et, néanmoins, de n'être tenu des dettes héréditaires que jusqu'à concurrence des biens recueillis ; bien plus, les créances de l'héritier contre le défunt resteront intactes, et ne seront pas éteintes par confusion.

Mais le successible ne jouit de ces privilèges, qu'autant qu'il a fait dresser, par lui-même ou par son mandataire, un inventaire des biens héréditaires. Cet inventaire n'a de valeur que : 1° s'il est fidèle et exact ; 2° s'il est commencé dans les 30 jours qui suivent le moment où la personne a su que l'hérédité lui était déférée, et terminé en soixante jours, 3° s'il a été fait sous la surveillance des tiers intéressés, ou eux dûment appelés.

Le bénéfice d'inventaire rend inutile le délai pour délibérer ; si donc on a demandé le délai d'un an, on restera soumis à l'ancien droit, et il faudra répudier à temps pour n'être pas tenu des dettes même *ultra vires*.

N.-B. — L'héritier, qui n'a pas fait inventaire, ne peut invoquer la loi Falcide contre le légataire.

ARTICLE II. — **Répartition de l'hérédité entre plusieurs institués. — Du droit d'accroissement.**

Division et distribution de l'hérédité. — Le testateur est libre d'instituer autant d'héritiers qu'il le veut, et de répartir entre eux l'hérédité dans la proportion qui lui semble préférable.

Pour faciliter cette distribution de l'hérédité, on admet l'*as* pour unité. Ainsi l'institué, appelé à toute l'hérédité, est institué *ex asse*. Mais l'as se divise en douze parties égales, ou onces (*uncia*) ; des termes spéciaux caractérisent des groupes de plusieurs onces ou fractions de l'as ; ainsi :

Uncia. —	Sextans. —	Quadrans. —	Triens. —	Quincunx. —	Semis. —	Septunx. —	Bes. —	Dodrans. —	Dextans. —	Deunx. —	As.
$\frac{1}{12}$	$\frac{2}{12}$ ou $\frac{1}{6}$	$\frac{3}{12}$ ou $\frac{1}{4}$	$\frac{4}{12}$ ou $\frac{1}{3}$	$\frac{5}{12}$	$\frac{6}{12}$ ou $\frac{1}{2}$	$\frac{7}{12}$	$\frac{8}{12}$ ou $\frac{2}{3}$	$\frac{9}{12}$ ou $\frac{3}{4}$	$\frac{10}{12}$ ou $\frac{5}{6}$	$\frac{11}{12}$	$\frac{12}{12}$
Une once.	2 onces.	3 onces.	4 onces.	5 onces.	6 onces.	7 onces.	8 onces.	9 onces.	10 onces.	11 onces.	12 onces ou l'unité.

Ainsi le testateur a institué deux personnes : à l'une, il a assigné trois onces : et n'a pas fixé la part de l'autre ; cette dernière aura le complément de l'as, soit 9 onces.

Le testateur peut néanmoins prendre une autre division. Ainsi : 1° il a institué Primus pour 3 onces et Secundus pour 5. On partage l'hérédité en 8 parties, dont on donne 3 à Primus et 5 à Secundus. 2° Le testateur a distribué plus de 12 onces : 9 à Primus, 6 à Secundus ; on partage l'hérédité en quinzièmes, dont on donne 9 à Primus et 6 à Secundus. 3° Le test. a institué Primus pour 9, Secundus pour 6, et Tertius sans désignation de part. On suppose qu'il a entendu diviser 2 as, soit 24 onces ; dès-lors, Primus aura 9/24 ; Secundus 6/24 ; Tertius le reste, soit 9/24. De même, si les parts inscrites dépassaient 24, et qu'il y eût une part indéterminée, on supposerait 3 as, soit 36 onces, etc.

Dans ces diverses hypothèses, s'il y a deux personnes instituées *conjointement*, ce groupe compte pour un seul institué. Ainsi Titius et Mævius sont institués *ex semisse*, et Sempronius sans désignation de part ; — les deux premiers *conjuncti*, n'auront à eux deux que la moitié de la succession, et Sempronius aura l'autre moitié.

Bien entendu, — s'il n'y avait aucune désignation de part, — l'hérédité se diviserait par portions égales, entre tous les institués.

Du partage. — Du concours de plusieurs héritiers naît la nécessité du partage. Les *créances* et les *dettes* se partagent de plein droit entre les héritiers dont chacun peut agir ou être actionné pour sa part. Les choses *corporelles* ne peuvent, au contraire, être ainsi divisées ; l'adition, faite par les héritiers, entraîne donc l'indivision des choses héréditaires ; pour faire cesser cette indivision, les intéressés demandent le partage. Cette opération leur enlève le droit indivis sur certains objets et consolide en leur faveur un droit complet sur certains autres. Il y a donc *échange* de deux ou plusieurs parties indivises contre un tout complet, représentant les autres parties indivises. Cet échange peut se faire *à l'amiable* par des traditions ou des mancipations réciproques, ou par l'*adjudication* du juge dans l'action *familiæ erciscundæ*.

Du droit d'accroissement. — Etant donnés plusieurs héritiers, dont l'un, pour une cause quelconque, n'arrive pas à l'hérédité, sa part est de plein droit dévolue ou acquise à ses cohéritiers : c'est le *jus accrescendi*. Ce droit repose sur la nature indivisible de l'hérédité, qui ne saurait être acquise pour partie et rester abandonnée pour partie : *nemo paganus partim testatus, partim intestatus decedere potest*. Le droit de chaque institué est donc un droit absolu et élastique ; il est resserré par l'institution d'autres co-institués ; mais, ceux-ci disparaissant, il se dilate et reprend son étendue essentielle. Le droit d'accroissement est donc plutôt, comme on l'a dit, un *jus non decrescendi* ; aussi ne constitue-il pas un droit nouveau ; c'est le droit primitif qui s'exerce sans entraves. De là, plusieurs conséquences :

1° La part du défaillant accroît aux autres institués, *proportionnellement* à leurs parts d'institution. (Toutefois, dans le cas des *conjuncti*, la part d'un des conjuncti défaillant, accroît exclusivement à l'autre, car la part qui leur était attribuée, à tous deux, est considérée comme une petite hérédité spéciale, à laquelle les autres institués n'ont rien à voir.

2° L'accroissement est forcé. Il ne saurait être accepté ou répudié, indépendamment de la part personnelle de l'institué, qui doit accepter ou répudier pour le tout. De plus, il est réputé accepté d'avance par toute adition antérieure à son ouverture ; c'est pourquoi l'on dit que l'accroissement a lieu *portionis portioni* (et non *portionis personæ*). Ainsi j'ai fait adition antérieurement? La part du défaillant : m'est acquise à mon insu ; passe à mes héritiers, quoique je sois mort avant l'événement qui l'amène ; profite au père ou maître de l'institué, bien qu'avant l'événement, qui donne ouverture à l'accroissement, l'institué, fils ou esclave, soit passé sous la puissance d'un autre que celui qui avait recueilli la part de l'institué.

3° L'accroissement *s'opère sine onere*, en ce que l'héritier, qui recueille la part du défaillant, n'est pas tenu des legs et fideicommis imposés *personnellement* (*nominativement*), au défaillant. Toutefois, un rescrit de Septime Sévère et Caracalla, (qui s'appliquait d'abord aux substitués) fut étendu aux cohéritiers, qui, désormais, considérés comme substitués les uns aux autres, furent tenus des charges imposées personnellement au défaillant.

DE L'HÉRÉDITÉ. — LOIS CADUCAIRES.

ARTICLE III. — Théorie des lois caducaires.

Lois caducaires.

Généralités. — Les lois caducaires, (Lois Julia, 757, et Papia Poppœa, 762), avaient pour but de pousser les citoyens au mariage et à la procréation légitime, — en punissant le célibat et la stérilité, par une incapacité totale ou partielle de recueillir les libéralités testamentaires, — et en récompensant la paternité, par l'attribution des libéralités ainsi atteintes ou qui échappaient à leurs destinataires par d'autres motifs. — On comprend combien de telles prescriptions apportaient de perturbations profondes dans la matière des testaments et dans celle de l'accroissement.

Incapacités des lois caducaires. — Aux termes de la loi Julia, les célibataires ne peuvent recueillir ni hérédités testamentaires, ni legs; et, d'après la loi Papia-Poppœa, les *orbi* sont frappés de la même incapacité, mais seulement pour moitié; ils pouvaient donc recueillir la moitié de la disposition testamentaire faite en leur faveur. Par *célibataire*, *cælebs*, on entend l'homme et la femme qui ne sont pas mariés en justes noces; par *orbus*, l'homme et la femme qui, mariés, n'ont pas au moins un enfant légitime vivant ou conçu, quels que soient d'ailleurs le sexe et le degré de cet enfant, alors même qu'il ne serait pas *in potestate*. L'enfant *adoptif* continue donc à compter au père naturel, et, par contre, ne compte pas au père adoptif.

Si l'institué est un *esclave*, on considère si son maître est *cælebs* ou *orbus*. Si au contraire l'institué est un *fils de famille*, on considère si le fils est lui-même *cælebs* ou *orbus*; mais, ne le fût-il pas, son père ne profitera de la disposition que si, *lui-même*, ne tombe pas sous le coup des lois caducaires.

Dans tous les cas, on ne s'occupe des lois caducaires, qu'au moment de la dévolution du droit successoral. Dès lors un institué, *cælebs* ou *orbus* au moment de la confection du testament, échappe aux déchéances du célibat ou de l'orbitas, s'il est marié ou père au moment de la mort du testateur ou de l'arrivée de la condition (institution conditionnelle). On voit par cela que les lois caducaires ne touchent pas à la *factio testamenti* (T. 43), et ne font qu'enlever à certaines personnes le *jus capiendi*.

Exceptions. — La femme avant 20 ans, l'homme avant 25; la femme à 50 et l'homme à 60, qui sont arrivés à cet âge, mariés; les cognats du testateur, jusqu'au 6e degré (et même au 7e, enfant d'un petit-cousin : *sobrinus*); les veuves pendant les deux premières années de leur veuvage; et les divorcées pendant les 18 premiers mois après leur divorce; toutes ces personnes sont excusées, sont *solidi capaces*, et échappent par conséquent aux peines du célibat et de l'*orbitas*.

Attribution des parts caduques. — Toutes les parts ou fractions de part qui échappent aux *cælibes*, ou aux *orbi*, s'appellent *caduca*; sont dévolues comme *præmia*, (récompenses), aux héritiers ou légataires *patres*, et, à leur défaut, au trésor public. — On va voir d'autres classes de *caduca*.

Præmia patrum. — Jus caduca vindicandi.

Les dispositions testamentaires, qui manquent leur effet, se divisent en trois classes : *Caduca ; in causa caduci; pro non scriptis.*

CADUCA.

On appelle ainsi toute disposition valable dans l'ancien droit, mais qui manque son effet par l'application des *leges novæ*. Ce sont : 1° celles qui, aux termes de la loi Junia Norbana, échappent aux affranchis Latins Juniens : 2° celles que les lois caducaires enlèvent au *cælebs* ou à l'*orbus*; 3° celles dont le destinataire est mort ou a perdu la *factio testamenti* dans l'intervalle qui s'écoule entre le décès du testateur et l'ouverture du testament.

Ces parts caduques sont réclamées par les *patres*, inscrits au testament comme héritiers ou légataires. — Est *pater* celui qui, marié (ou dispensé de l'être à raison de son âge), a au moins *un enfant légitime né ou conçu*, au premier degré ou au second degré *per masculos*, bien que la puissance paternelle ne soit pas exigée. Ainsi un petit-fils ex filia évite à son grand-père maternel les déchéances de l'*orbitas*, mais ne lui donne pas le *jus patrum*. — Par un motif analogue, on refusait toujours aux femmes ce *jus patrum*.

Les légataires *patres* n'arrivent qu'à défaut de cohéritiers *patres*; mais dans chacune de ces deux classes, tous arrivent concurremment. Cette règle souffre des exceptions, notamment aux cas de legs *conjunctim*.

Entre les différents cohéritiers, ou les différents légataires *patres*, les *caduca* se partagent proportionnellement à la part pour laquelle chacun est institué, ou à la valeur estimative des legs.

A défaut d'héritiers ou de légataires *patres*, les *caduca* vont au fisc.

Condition essentielle. — Les règles précédentes sur les dispositions caduques ne s'appliquent que si le testament est maintenu dans une au moins de ses parties, par l'arrivée d'un *pater*, d'un *solidi capax*, ou tout au moins d'un *orbus*. Autrement, si tous les institués étaient écartés comme Latins-Juniens ou célibataires, le défunt serait réputé mort intestat.

Dévolution des caduca. — La propriété en appartient de plein droit aux personnes appelées par la loi; toutefois l'acquisition ne s'opère que 100 jours après le décès et peut être répudiée; elle entraîne soumission aux charges qui grevaient le défaillant.

IN CAUSA CADUCI.

On appelle ainsi toutes les dispositions qui manquent leur effet par des circonstances indépendantes des *leges novæ*: (l'institué ou le légataire répudie ou meurt du vivant du testateur; la condition suspensive de leur droit défaille; l'institué meurt après l'*apertura tabularum*). Ces dispositions sont assimilées aux caduca parce qu'elles sont dévolues aux mêmes personnes, dans le même ordre et de la même manière.

Toutefois la loi Papia-Poppœa conserve aux ascendants ou descendants, jusqu'au troisième degré inclusivement, le *jus antiquum*, c'est-à-dire le droit de recueillir par accroissement les parts *in causa caduci*.

Exemple : 3 héritiers, Primus, Secundus, Tertius; Primus répudie, Secundus est simplement *pater*, Tertius a le *jus antiquum*, sans être *pater* ni marié; si la part de Primus était proprement *caduque*, elle appartiendrait à Secundus, ou, à son défaut, aux légataires patres; mais comme elle est seulement *in causa caduci*, Tertius, en vertu de son *jus antiquum*, en recueillera la moitié d'après les règles du *jus accrescendi*.

PRO NON SCRIPTIS.

On appelle ainsi les dispositions nulles dès le principe; (par ex. : parce que l'institué ou le légataire était mort au moment du testament).

Jamais ici le *jus patrum* ne s'exerce. Tout est régi par l'ancien droit; la nullité de l'institution ouvre la substitution ou le jus accrescendi; le legs, également nul, peut donner lieu à accroissement, sinon il reste in hereditate.

Du reste on ne saurait profiter des disp. non écrites, conformément au droit ancien, que si on a déjà, de son chef, le jus capiendi.

Disparition des lois caducaires.

Les lois caducaires étaient impopulaires à leur origine. On les violait fréquemment au moyen de divers subterfuges, notamment par le fideicommis oral; l'insertion de la condition : *Quum capere poterit* ou *quum liberos habuerit*; la substitution vulgaire et surtout la substitution réciproque des héritiers. (T. 44).

Le Christianisme, avec Constantin, abrogea les peines du célibat et de l'*orbitas*. Mais le *jus patrum* continuait à s'exercer sur les dispositions laissées à des Latins-Juniens, ou, défaillant après le décès et avant l'*apertura tabularum*, et enfin, sur toutes les dispositions in causa caduci.

En dernier lieu, Justinien abrogea tous les effets des lois Caducaires, et rendit son ancien intérêt à la théorie de l'accroissement entre cohéritiers, ou colégataires conjoints.

N. B. On recommande tout particulièrement, sur cette difficile matière, l'ouvrage de M. Accarias. T. I. p. 893 et suiv. dont ce tableau n'est qu'un résumé.

ARTICLE IV. — **Charges imposées par le testateur à l'héritier.**

§ 1er. — Legs.

Le legs est une libéralité de dernière volonté, — à titre particulier, — laissée en forme impérative, — par testament ou par codicille confirmé, — mise à la charge d'un ou de plusieurs institués, — et destinée à ne produire effet qu'après la mort du testateur.

Il est essentiellement gratuit, comme l'institution d'héritier, mais il diffère de cette dernière en ce qu'il est nécessairement à titre particulier.

Il ne produit effet qu'après la mort, et émane de la volonté seule du disposant, ce qui le distingue de la donation.

On peut dire que le legs est une : *donatio testamento relicta.*

DIFFÉRENTES ESPÈCES DE LEGS.

Dans l'ancien droit, on rangeait, pour leur donner des effets différents, toutes les formules de legs, en quatre catégories distinctes.

Legs per vindicationem.

Forme et caractère. — Le legs est conçu dans une des formes suivantes, (s'il s'agit d'un esclave, par exemple). Do, lego Titio Stichum ; Titius Stichum sumito, capito, sibi habeto. On comprend qu'une telle formule a pour effet de transférer directement la propriété de la chose léguée au légataire, sans qu'elle entre un instant dans le patrimoine de l'héritier.

Quelles choses peuvent être léguées per vindicationem. — De ce qui précède résulte, qu'on ne peut léguer *per vindicationem* qu'une chose dont on est propriétaire *ex jure quiritium*. — Toutefois, s'il s'agit d'une chose *quæ pondere, numero, mensurave constat*, il suffit que le testateur soit propriétaire au moment de sa mort ; si, au contraire, il s'agit d'une *certa res*, le testateur doit être propriétaire au moment de la confection du testament et au moment de sa mort.

Effet. La propriété passe *recta via* au légataire ; mais à quel moment ? **I.** *Si le legs est pur et simple*, 1° d'après les Proculiens, la chose est *nullius* jusqu'au moment où le légataire manifeste l'intention d'accepter le legs ; 2° D'après les Sabiniens, le légataire acquiert à son insu, au moment précis où l'institué fait adition, mais il reste libre de répudier ; c'est ce dernier avis qui a prévalu. — **II.** *Si le legs est conditionnel.* 1° S'il s'agit d'un legs de liberté, l'esclave, *pendente conditione*, est dit STATULIBER, mais appartient à l'héritier ; 2° Dans les autres cas, le légataire ne devient propriétaire qu'au moment de la réalisation de la condition ; mais jusque là ? A. D'après les Proculiens, la chose était res nullius ; B. d'après les Sabiniens, dont l'avis avait probablement aussi prévalu, elle appartenait à l'héritier comme le *statuliber*.

Legs per damnationem.

Forme. *Heres meus damnas esto dare Titio Stichum* ; ou : *Heres meus dato, facito*, etc., ou : *Heredem meum dare, facere jubeo.* — Ces formes, à l'inverse de la précédente, indiquent que le testateur a voulu seulement assurer au légataire une créance contre l'héritier. Cette créance naît au moment de l'adition d'hérédité, si le legs est pur et simple, et, s'il est conditionnel, au moment de l'arrivée de la condition ; mais, dans les deux cas, elle naît à l'insu même du légataire. On poursuivra l'exécution du legs par la *condictio ex testamento.*

Quelles choses peuvent être léguées per damnationem. — De la nature de ce legs, le plus large de tous, qui lui a donné le nom d'*optimum jus legati*, il résulte que le testateur peut léguer toute espèce de chose susceptible d'être léguée, sa chose propre, la chose de l'héritier, une chose future, la chose d'autrui. Dans ce dernier cas, l'héritier devra se procurer la chose et la livrer au légataire ; s'il ne peut se la procurer, il en paiera la valeur au légataire. Il y a donc toujours besoin d'un fait de l'héritier pour faire acquérir au légataire.

Legs sinendi modo.

Forme : *Heres meus damnas esto* SINERE *Lucium Titium hominem Stichum sumere sibique habere.*

Etendue de l'obligation de l'héritier. — En prenant les mots à la lettre, l'héritier devrait pouvoir se borner à un rôle passif, à laisser le légataire prendre l'objet et l'usucaper. Certains interprètes, au contraire, pensaient que l'héritier devait transférer au légataire la propriété de l'objet légué, par tradition, mancipatio, cessio in jure.

Quelles choses peuvent être léguées sinendi modo. — Plus large que le legs per vindicationem, le testateur peut léguer par cette formule, 1° la chose dont il a, au moment de sa mort, la propriété bonitaire ou quiritaire, (et même le fonds provincial dont il a la possession légitime); 2° tout bien appartenant à l'héritier au jour de l'ouverture de l'hérédité. — On ne considère que le moment de la mort, et non celui de la confection du testament, comme on le ferait pour la *certa res* léguée per vindicationem.

Legs per præceptionem.

Forme : *Lucius Titius hominem Stichum præcipito.* Cette formule était comprise de deux façons différentes. — **I.** Les Sabiniens s'attachent à la forme, qui indique un prélèvement à faire, par un *co-partageant*, sur une chose *commune*. D'où résulte : 1° que ce legs suppose essentiellement plusieurs institués, et ne peut être fait qu'à l'un d'eux ; 2° qu'il ne peut avoir pour objet qu'une chose dont le testateur était propriétaire quiritaire ou bonitaire, et qui, à sa mort, devient chose héréditaire ; 3° que l'exécution du legs se poursuit par l'action divisoire *familiæ erciscundæ*, comme s'il s'agissait d'un héritier institué pour une part supérieure à celle des autres co-héritiers. — **II.** Les Proculiens, au contraire, comprennent *præcipere* comme synonyme de *capere*, et cherchent à assimiler ce legs, au legs per vindicationem. Ainsi 1° il peut être fait à un étranger ; 2° il ne peut, en principe, avoir pour objet qu'une chose dont le testateur était propriétaire quiritaire au moment de sa mort ; 3° on en poursuit l'exécution par la revendication.

Cette seconde doctrine fut confirmée par Adrien ; et la preuve de fait résulte notamment de ce qu'on admettait que l'héritier renonçant pouvait revendiquer la chose léguée per præceptionem, ce qu'on ne comprendrait pas dans la doctrine Sabinienne.

Modifications.

L'inconvénient de la belle théorie qui vient d'être exposée était qu'une erreur, dans la formule qu'il fallait employer pour léguer telle ou telle chose, rendait le legs absolument nul.

I. **Le SC. Néronien** décide que tout legs, nul à raison de l'impropriété de la formule, vaudra comme legs *per damnationem* ; ce qui valide : 1° le *legs per vindicationem* de la chose d'autrui ; 2° le *legs per vindicationem* d'une chose in bonis du testateur ; 3° le *legs per vindicationem* d'une chose dont le testateur n'était pas propriétaire, au moment de la confection du testament ; 4° le legs *sinendi modo*, d'une chose qui n'appartient ni à l'héritier, ni au testateur ; 5° le legs *per præceptionem* d'une chose autre qu'une *res hereditaria.* 6° le legs *per præceptionem*, dans l'opinion des Sabiniens, fait à un autre qu'à l'un des cohéritiers institués. — Toutefois, malgré le SC. Néronien, les anciennes formules subsistent.

II. **Les fils de Constantin** (339), conservent les 4 espèces de legs, mais suppriment la nécessité des paroles consacrées.

III. **Justinien :** 1° Réunit les quatre espèces de legs en une seule, et le legs, sous quelque forme qu'il ait été fait, donne au légataire trois actions : l'action personnelle, l'action hypothécaire, l'action réelle en revendication, mais cette dernière, au seul cas où le legs porte, soit sur un corps certain, soit sur une chose déterminée, soit sur des choses d'un certain genre qui, au décès du testateur, se trouvent dans sa succession.

2° Enfin il assimile en tous points les legs aux fidéicommis.

DIES CEDIT. — DIES VENIT.

Ces expressions n'ont pas absolument le même sens que nous retrouverons en matière d'obligation.

Dies cedit signifie : que le droit éventuel au legs est fixé, est déterminé au profit du légataire, et que l'exigibilité du legs s'avance.

Dies venit signifie : que l'échéance du droit, que l'exigibilité est arrivée.

A quel moment ? I. Le *dies cedit* a lieu : 1° dans les legs purs et simples ou à terme à la mort du testateur. Toutefois, sous l'empire des lois caducaires, ce moment est reculé à l'ouverture des Tablettes du testament. L'abrogation des lois caducaires, par Justinien, ramène les choses aux anciennes règles.

2° Dans les legs conditionnels, ou à terme incertain, le dies cedit a lieu à l'accomplissement de la condition.

Mais, alors même que le dies cedit a lieu, le legs reste encore subordonné à la validité de l'institution d'héritier. Si cette institution ne produit pas d'effet par une cause ou une autre, — ainsi, si l'institué ne fait pas adition, — le legs s'évanouit.

Dans certains cas, par exemple dans un legs d'usufruit, on recule l'ouverture du dies cedit, à l'époque de l'adition de l'hérédité. (V. M. Accarias, T. I, p. 920).

II. Le *Dies venit* a lieu, pour les legs purs et simples, au moment de l'adition de l'hérédité, et, pour les legs conditionnels ou à terme, à l'arrivée du terme ou à l'accomplissement de la condition.

Intérêt et effet du dies cedit. — Ce moment est intéressant à quatre points de vue : 1° pour que le legs produise effet, il faut qu'au *dies cedens* le légataire vive et ait conservé la *factio testamenti* ; 2° Vivant et capable au *dies cedens*, le légataire, même mourant avant l'adition, transmet son droit à ses héritiers ; 3° c'est la personne sous la puissance de laquelle se trouve le légataire, au moment du *dies cedens*, qui recueille l'hérédité, bien qu'au *dies veniens*, le légataire soit devenu *sui juris*, ou ait passé sous une autre puissance ; 4° c'est au *dies cedens*, qu'on détermine si le legs a un objet, et quelle est l'étendue de cet objet.

DE L'HÉRÉDITÉ. — CHARGES DE L'HÉRITIER. — *Legs*.

Différentes espèces de legs.
Dies venit, dies cedit.

Modalités, etc.

GÉNÉRALITÉS.

Forme et Place. — On a vu les formules que le testateur pouvait ou devait employer. Mais jusqu'à Justinien, tout legs, fait avant l'institution d'héritier, était nul, car on ne pouvait strictement concevoir une charge imposée à celui qui n'avait pas encore reçu. Ainsi, un legs per vindicationem, étant fait entre deux institutions d'héritiers, grèvera le premier pour la partie qui le concerne, mais ne frappera pas l'institué postérieur. Le legs per damnationem échappait à cette distinction et frappait pour le tout le premier institué. Justinien supprima toutes ces subtilités en décidant, en 528, qu'on ne s'occuperait plus de l'ordre matériel des dispositions d'un même testament.

Modalités. — Tout legs comporte l'apposition d'un terme *a quo* ou d'une condition *sub qua*. Mais le vieux principe (M. Accarias, T. I, p. 450, 451), qui annulait les transports de propriété temporaire, avait supprimé le terme *ad quem* et la condition *ad quam*, dont l'apposition devait annuler à un certain moment la disposition qui en était affectée. Justinien, modifiant le principe, en supprima les conséquences. — On va étudier les différentes modalités qui peuvent affecter un legs :

CONDITION.

1° Legs fait sous une cond. *affirmative*, impossible ou illicite? Ce legs n'est pas nul. La condition était réputée non écrite, au moins selon l'opinion des Sabiniens qui prévalut. 2° Legs fait sous une condition *négative* : je lègue 100 à Titius, *si in capitolium non ascenderit* ? Comme la condition peut défaillir jusqu'au moment où Titius ne pourra plus monter au Capitole, on décide que l'arrivée de la condition se confondra avec la mort du légataire; et, par suite, ce dernier ne profitera pas personnellement de la libéralité du défunt. — Toutefois, pour donner à la volonté du testateur un certain effet, on admit le légataire à se mettre immédiatement en possession de la chose léguée s'il fournissait à l'héritier la caution *Mutienne* (inventée par Quintus Mutius). Par cette caution, (garantie par des fidejusseurs), le légataire s'engageait, — au cas où il ferait défaillir la condition négative de son legs, — à rendre la chose, objet du legs, et les profits qu'il en aurait retirés, à l'héritier, c'est-à-dire à la personne qui, en cas de contravention, devait profiter de la déchéance du légataire. — Remarquons cependant que ces derniers principes ne s'appliqueront pas si le testateur a légué, « *cum legatarius morietur*, » car ils iraient contre l'intention formelle du testateur. 3° Legs fait sous la condition « *qu'un tiers le voudra bien*. » Ce legs ne produit pas d'effet, car il n'indique pas un désir bien arrêté chez le testateur de gratifier le légataire. Et cependant le legs fait sous la condition qu'un tiers fera telle chose : — « si Mœvius in Capitolium ascenderit, » sera valable, quoique l'action dépende bien de la volonté du tiers.

TERME.

Le *dies incertus* (qui doit certainement arriver, mais on ne sait quand), est considéré comme une condition et soumet la disposition aux règles des legs conditionnels. Toutefois, s'il doit certainement arriver du vivant du légataire, on y voit un terme ordinaire.

Le legs serait nul, s'il devait être exécuté après la mort de l'héritier, ou bien, après la mort du légataire ; car, profitant directement à l'héritier du légataire, c'est comme s'il avait été fait à une personne incertaine. Il est également nul s'il est fait : *pridie quam heres meus morietur*. Mais Justinien abroge ces différentes règles ; dès lors le legs est valablement fait : post mortem heredis, — post mortem legatarii, — pridie quam heres meus morietur, — pridie quam legatarius morietur ; — c'est une conséquence de l'assimilation des legs aux fideicommis.

POENÆ NOMINE.

Le legs doit avoir pour motif un sentiment de bienveillance pour le légataire. Si donc le but du testateur a été de forcer l'héritier à agir de telle ou telle façon, le legs, fait *pœnæ nomine*, même au profit de l'Empereur, est nul. Ex. : *si heres meus filiam suam Titio in matrimonium collocaverit, X millia Seio dato.*

Justinien abroge la règle précédente. Le legs *pœnæ nomine* est valable comme tout autre legs conditionnel, à moins que l'objet n'en soit honteux, immoral ou impossible.

SUB MODO — Le legs est fait, à la charge, par le légataire, de donner ou de faire quelque chose ; malgré cette condition, on n'attend pas l'accomplissement du *modus* pour dire : *dies cessit* ; et le legs est dès à présent exigible, sauf au légataire à donner caution qu'il exécutera ce qui lui est prescrit.

A quelles personnes on peut léguer.

En principe on ne peut léguer qu'à ceux avec lesquels on a la *factio testamenti*, en d'autres termes qu'à ceux qu'on pourrait *instituer*. Il faut d'ailleurs bien distinguer, en matière de legs comme en matière d'hérédité, la *factio testamenti* et le *jus capiendi*. (T. 43). Mais cette distinction disparaît avec les lois caducaires.

Personne incertaine. — Posthume. — I. — La personne incertaine est celle qu'on ne peut connaître dès à présent : *qui primus ad funus venerit ; qui post testamentum consules designati erunt*, etc. — *Dans l'ancien droit*, la personne incertaine n'avait pas la *factio testamenti*, et ne pouvait recevoir un legs. Mais déjà du temps de *Gaius* on admettait la validité du legs fait à une personne *sub certa demonstratione* : Je lègue 100 pièces d'or à celui de mes parents actuellement vivants, qui se présentera le premier à mes funérailles. — Enfin *Justinien* déclare, dans tous les cas, la validité des legs faits à une personne incertaine.

II. — Le *posthume* est l'individu qui n'est pas né au moment de la confection du testament. C'est une personne incertaine qui n'avait pas, en principe, la *factio testamenti*.

Mais ce principe reçut des modifications successives.

1° Déjà *l'ancien droit* admettait qu'on pouvait instituer le et léguer au *posthumus sien* ; mais l'institution du posthumus *alienus*, et le legs qui lui était fait, étaient nuls en droit civil. 2° Cette rigueur fut modifiée par le *droit prétorien* qui accorde au posthume *alienus*, institué, la *bonorum possessio secundum tabulas*. 3° Enfin Justinien décide qu'on peut instituer le posthumus *alienus* et lui faire un legs : *nisi in utero sit ejus quæ jure nostro uxor esse non potest.* Mais cette restriction ne s'applique qu'au posthume adultérin ou incestueux, et nullement à celui qui doit être mon frère ou mon neveu, bien que je ne puisse épouser sa mère (ma propre mère ou ma sœur).

— On peut instituer l'esclave, avec le maître duquel on a la *factio testamenti* ; on peut aussi lui faire un legs ; de même, pour l'esclave d'une hérédité jacente. Et, — alors même que, dans cette hypothèse, il s'agirait d'un legs d'usufruit, et que l'hérédité, à laquelle appartient le légataire, serait encore jacente au moment où l'on fait adition de l'hérédité grevée du legs d'usufruit, — on recule le *dies cedit*, jusqu'au moment où le légataire a un maître sur lequel puisse se fixer le droit d'usufruit.

— Du moment qu'il est certain que le testateur a voulu désigner telle personne pour légataire, peu importe que le testateur se soit trompé sur le nom, le surnom, ou le prénom du légataire ; qu'il se soit trompé sur une qualité de la chose léguée, pourvu qu'il n'y ait pas de doute sur l'objet qu'il a voulu léguer ; qu'il y ait une *falsa causa*, (par exemple, s'il lègue à Titius, en déclarant, *à tort*, que c'est parce que Titius a géré ses affaires) : *falsam causam legato non obesse verius est, quia ratio legandi legato non cohæret.* (Toutefois, il y avait divergence à ce sujet).

Le legs pur et simple, fait à l'esclave ou au fils en puissance de l'institué, est nul, à moins qu'il n'y ait plusieurs institués, car alors il y a un véritable legs *per præceptionem* ; au contraire le legs fait au maître de l'institué est valable, mais il ne pourra s'exécuter que si l'institué, au moment où il fait adition, a cessé d'appartenir au légataire.

Quelles choses on peut léguer.

En principe, on ne peut léguer que les choses qui sont dans le commerce. Ainsi : 1° Le legs d'une chose hors du commerce, *communis*, divini juris, (T. 22); 2° le legs d'une chose qui a cessé d'exister, (un esclave mort) ou qui ne peut exister, un hippocentaure ; Le legs d'un fait contraire aux lois et aux bonnes mœurs ; tous ces legs sont nuls et n'obligent même pas à donner au légataire l'estimation de la chose léguée. Il faut aussi remarquer que l'adjonction d'une condition aux legs d'une chose *extra commercium* n'augmenterait aucunement ses chances de validité, et ce legs sera toujours nul, lors même qu'au moment de l'arrivée de la condition, la chose ne serait plus hors du commerce.

Il y a maintenant certains détails à noter, suivant que l'objet du legs sera une chose corporelle, incorporelle, future, appartenant à autrui, etc., etc.

1° Legs d'une chose future. — Déjà dans l'ancien droit, le legs d'une chose qui n'existe pas maintenant, mais qui existera plus tard (l'enfant qui naîtra de l'esclave Arethuse), est parfaitement valable. Le *dies cedit* arrive immédiatement bien qu'il y ait la condition tacite : que la chose existera.

2° Legs de la chose d'autrui. — A. On a vu que, dans l'ancien droit, on pourrait léguer *per damnationem* la chose d'autrui, et que l'héritier était tenu soit de se procurer la chose, soit tout au moins d'en donner la valeur au légataire, s'il ne peut se la procurer en nature ou si on lui demande un prix exorbitant.

B. Dans le droit de Justinien comme dans l'ancien droit, un tel legs n'est valable que si le testateur sait que la chose qu'il lègue est réellement à autrui ; car il y a toujours dans un tel legs une charge plus lourde pour l'héritier, que dans un legs ordinaire, et il convient de s'assurer que l'intention du testateur était bien raisonnée — La preuve incombe au légataire : *onus probandi incumbit actori*. Cette règle cesse de s'appliquer, et le légataire n'a rien à prouver, s'il est le conjoint ou le proche parent du testateur.

Question. — Le legs d'une *res aliena*, fait valablement, s'évanouira-t-il si le légataire l'a acquise dans l'intervalle qui s'écoule entre la confection du testament et l'ouverture de l'hérédité ? Une distinction. — 1° Si le légataire a acquis la chose léguée *à titre gratuit*, le legs s'évanouira, car l'intention libérale du testateur se trouve remplie, quoiqu'*aliunde* ; et de là cette règle : *duas lucrativas causas in eamdem rem et in eumdem hominem concurrere non posse*. 2° Si, au contraire, le légataire a acquis la chose léguée *à titre onéreux*, le but libéral du testateur n'est pas atteint, et le légataire pourra poursuivre l'héritier en paiement — *du prix* auquel lui revient la chose, — et non de l'estimation ; en effet l'acquisition n'est onéreuse que jusqu'à concurrence du prix versé, alors même que la valeur serait supérieure.

Mais si deux personnes ont légué le même fonds Cornelien, à Titius, sachant qu'il en avait grande envie, les deux legs sont valables tant qu'ils coexistent. Mais quid si l'un des legs a été exécuté ? Distinction : 1° Si le légataire a obtenu *la chose elle-même*, le but est atteint, et il ne peut réclamer l'autre disposition ; 2° Si au contraire il n'a reçu du premier héritier que l'estimation, il pourra obtenir de l'autre héritier la chose elle-même, ou tout au moins son estimation.

Un testateur lègue le fonds d'autrui ; puis le légataire acquiert la nue-propriété de ce fonds ; puis encore l'usufruitier meurt, et le légataire recouvre ainsi *gratuitement* la propriété libre du fonds ; et enfin le testateur meurt. Le légataire pourra réclamer à l'héritier le fonds, mais il n'obtiendra que ce qu'il a dépensé pour obtenir la nue-propriété.

Au delà il y aurait deux causes lucratives.

(Suite : T. s.).

Règle Catonienne. — Droit d'accroissement. — Révocation et extinction des legs. — Loi Falcidie. (T. 53-54).

DE L'HÉRÉDITÉ. — CHARGES DE L'HÉRITIER. — *Legs.*

Différentes espèces de legs. } (T. 50).
Dies cedit.— Dies venit. }

Modalités.
A quelles personnes on peut léguer.
1° **Legs d'une chose future.** } (T. 51).
2° **Legs de la chose d'autrui.**

Choses qui peuvent être léguées.

3° **Legs d'une chose appartenant au légataire.** — Ce legs est nul, car on ne peut devenir propriétaire de ce qu'on a déjà. Lors même que la chose aurait cessé d'appartenir au légataire, au moment de la mort du testateur, l'héritier ne devra, ni la chose, ni sa valeur, à moins, bien entendu, que le legs n'ait été fait précisément sous la condition que la chose léguée ait cessé d'appartenir au légataire : quando dies legati cedit.

4° **Legs d'une chose appartenant au testateur, mais qu'il croit être à autrui.** — Ce legs est valable, car le testateur l'aurait fait *a fortiori*, s'il eût su être propriétaire.

Quid s'il lègue une chose dont il n'est pas plein propriétaire? Ainsi le testateur a légué une chose hypothéquée. On distingue, comme pour le legs d'une *res aliena*. **I.** Si le testateur savait que la chose était hypothéquée, l'héritier sera obligé de dégrever la chose en payant le créancier hypothécaire; mais le fardeau de la preuve incombe au légataire. — **II.** Si, au contraire, il ignorait l'existence de l'hypothèque, on ne présume pas qu'il aurait eu, dans tous les cas, la volonté de mettre cette nouvelle obligation à la charge de l'héritier, et celui-ci doit seulement remettre au légataire la chose telle qu'elle se comporte. (Il en serait *a fortiori* de même si le testateur avait manifesté la volonté qu'il en fût ainsi). Le légataire, poursuivi par le créancier, aura sans doute à payer la dette hypothécaire, mais ce ne sera qu'une avance de fonds, puisqu'il n'est tenu que comme détenteur de la chose, et il exercera son recours contre l'héritier, seul débiteur; il pourra même se faire, dans ce but, céder les actions du créancier.

Décision analogue lorsque la chose léguée est grevée d'usufruit au profit d'un tiers.

5° **Legs d'une chose aliénée ou grevée d'hypothèque depuis la confection du testament.** — **I.** J'ai légué ma chose; ensuite, je l'aliène. 1° *Dans l'ancien droit* je suis réputé avoir tacitement révoqué le legs; et dans tous les cas, même si le legs est fait *per damnationem*, le légataire serait repoussé par l'exception de dol. 2° *Sous Justinien*, la présomption précédente disparaît et on distingue : *A.* si j'ai aliéné la chose, pressé d'argent, il n'y a pas là une manifestation certaine d'une intention de révoquer, et le legs sera valable. *B.* Mais si j'ai aliéné sans motifs urgents, par exemple dans une donation, un tel acte implique *révocation tacite* du legs; *si bien* qu'il restera annulé, *lors même* que, la donation disparaissant plus tard, la chose serait redevenue ma propriété.

II. — J'ai légué ma chose, et ensuite je l'ai grevée d'hypothèque. Comme on n'hypothèque guère que sous l'empire de la nécessité, je ne suis pas réputé par là avoir manifesté une volonté contraire; et le légataire pourra exiger la délivrance de la chose quitte de l'hypothèque.

6° **Legs de libération.** — **I.** Je lègue à Titius mon débiteur ce qu'il me doit. Titius ne sera pas libéré *ipso jure*, puisqu'il est de principe que les obligations ne s'éteignent que par les modes reconnus par le droit civil, parmi lesquels ne se trouve pas le legs. Mais si l'héritier du testateur poursuivait le débiteur, il serait repoussé par *l'exception de dol*; et même le débiteur qui ne veut pas attendre la poursuite, peut agir *ex testamento* contre l'héritier, pour que celui-ci le libère, par exemple en lui faisant *acceptilatio*.

II. — Le créancier, sans léguer au débiteur sa libération complète, peut ordonner à son héritier de ne le poursuivre qu'au bout d'un certain temps; ce qui donne au débiteur une *exceptio temporalis*.

Le legs de libération peut émaner d'un tiers autre que le créancier; l'héritier de ce testateur sera dès-lors actionné *ex testamento*, à l'effet de payer la dette du légataire. Ce dernier, en effet, ne pourrait invoquer l'exception de dol contre la poursuite de son créancier.

Le legs de libération s'applique à toute espèce de dette.

7° **Legs par un débiteur à son créancier de ce qu'il lui doit.** — Ce legs n'est valable que s'il peut procurer quelque utilité au légataire. Ainsi : 1° J'ai légué à Titius « les 100 sous d'or que je lui dois », or il se trouve que je ne devais rien à Titius; ce legs sera valable, car la *falsa demonstratio* ne le vicie pas; 2° l'action primitive du créancier était frappée d'une exception, ou bien elle était prétorienne : il y a intérêt à pouvoir agir en vertu du legs; 3° la créance primitive est conditionnelle ou à terme, et le legs est pur et simple; il sera valable car il y a un intérêt palpable pour le légataire à toucher immédiatement son dû. — *Question* : *Quid* si cette dette conditionnelle ou à terme devient pure et simple, — par l'arrivée du terme ou de la condition, — entre la confection du testament et la mort du testateur? Papinien décidait que le legs était néanmoins valable. Mais quel intérêt le légataire a-t-il à agir *ex legato*, puisque la dette était exigible? A permettre, mais dans le legs *per vindicationem* seulement, au légataire d'agir par action réelle, comme propriétaire, au lieu d'agir par action personnelle.

7 (*bis*). **Legs de la dot par le mari.** — Dans cette espèce de legs, rentre *celui de la dot fait par le mari à sa femme*, puisque la femme est déjà créancière de sa dot. Ce legs est valable; en effet, la femme a un intérêt certain à s'en prévaloir : 1° d'abord, elle pourra exiger immédiatement après l'ouverture de la succession, le paiement du legs, c'est-à-dire la restitution de la dot; tandis que sans le legs et par l'action *rei uxoriæ*, elle ne pouvait, pour les choses fongibles, — et à partir de Justinien, pour tous objets mobiliers, — obtenir la délivrance des dits objets, que dans certains délais déterminés. 2° En agissant *ex testamento*, la femme échappera à la plupart des retenues à opérer par le mari au sujet des biens dotaux, retenues qui seraient opposées en déduction à l'action *rei uxoriæ*.

Question. — Si la femme n'a pas apporté de dot? D'après un rescrit de Sévère et d'Antonin, on distingue : 1° Si le testateur a déclaré léguer à sa femme, *centum aureos*, ou *l'esclave Stichus, qu'elle a apportés en dot*, — le legs sera valable, car la *falsa causa* ne vicie pas la disposition. — 2° Mais si le mari n'a pas déterminé le legs : « Je lègue à ma femme ce qu'elle a apporté en dot, » le legs est nul, car il n'a pas d'objet, et ne saurait être déterminé.

8° **Legs d'une chose principale.** — Le legs d'une maison, par exemple, comprend implicitement les accessoires, colonnes, marbres, etc., qui ont pu y être ajoutés depuis la confection du testament.

9° **Legs de genre.** — On peut léguer une chose *in genere*, par exemple un cheval, mais il faut qu'il y ait une certaine détermination; ainsi, le legs *d'un animal* serait nul. Mais parmi les choses d'un même genre, la question *du choix* est d'une grande importance. AVANT JUSTINIEN, le choix appartenait, dans le legs per vindicationem, au légataire; dans le legs per damnationem, à l'héritier. SOUS JUSTINIEN, le choix appartient toujours au légataire, (sauf, bien entendu, clause contraire du legs). Cette règle est d'ailleurs trop absolue; en effet, l'héritier doit avoir le choix, toutes les fois que l'hérédité ne possède aucun objet du genre légué. — Du reste, dans tous les cas, le choix doit porter sur une qualité moyenne, ni sur la meilleure, ni sur la plus mauvaise.

10° **Legs d'option.** — Un testateur peut léguer à une personne le droit de choisir entre plusieurs choses.

I. AVANT JUSTINIEN, le légataire doit personnellement exercer son choix; s'il meurt avant d'avoir opté, il ne transmet rien à ses héritiers.

II. JUSTINIEN décide : 1° En premier lieu, que ce legs sera valable par cela seul que le légataire succède au testateur. Si le testateur prédécède, le légataire, même mourant avant d'avoir choisi, transmettra à ses héritiers le droit d'option. — 2° En second lieu, il décide que, si le legs d'option a été fait à plusieurs co-légataires, et qu'ils ne s'entendent pas sur le choix à faire, on tirera au sort celui qui devra choisir.

N.-B. — Dans l'ancien droit, *au contraire*, le legs s'évanouissait si les co-légataires ne se mettaient pas d'accord.

11° **Legs d'une chose incorporelle.** — On a vu que les servitudes prédiales ou personnelles pouvaient être léguées. On peut aussi léguer la créance qu'on a sur un tiers. L'héritier devra, dans ce cas, céder au légataire les actions tendant au recouvrement de la créance léguée. Le légataire agira comme mandataire (*procurator*) de l'héritier; mais n'étant pas obligé de lui rendre compte, il sera *procurator in rem suam*.

12° **Legs d'une universitas juris.** — Il y a deux principaux legs dans cette catégorie : le legs *partiaire* (*partitio*); le legs d'un pécule. On pourrait aussi citer le legs d'une hérédité déjà recueillie par le testateur.

I. *Legs partiaire.* — Ce legs a pour objet une quote-part du patrimoine du testateur (*legatum partitionis*). Mais le légataire n'est pas, pour cela, assimilé à un co-héritier, et il ne continue pas la personne du défunt. D'où résulte : 1° que son droit tombe par la répudiation de l'héritier. 2° Qu'il n'est pas co-propriétaire des *res hereditariæ*, et ne peut agir par l'action *familiæ erciscundæ*. 3° Que les actions héréditaires demeurent en droit, activement et passivement sur la tête de l'héritier; — mais en fait, les stipulations *partis et pro parte*, garantissent qu'il bénéficiera, pour sa part, des créances à recouvrer, et qu'il contribuera aux dettes à payer par l'héritier. — DANS LE DROIT DE JUSTINIEN, le legs partiaire disparaît probablement pour se confondre avec le fidéicommis d'hérédité.

II. *Legs d'un pécule.* — En supposant le legs *per vindicationem*, le légataire devient, de plein droit, par l'adition, propriétaire des objets corporels, qu'il peut revendiquer isolément; les dettes et les créances, comme dans le legs partiaire, demeurent en principe sur la tête de l'héritier, sauf des stipulations à intervenir entre lui et le légataire, pour se tenir compte réciproquement des rentrées et des paiements.

Il faut distinguer d'ailleurs si ce legs est fait à l'esclave lui-même ou à un tiers. 1° *fait à un tiers*, le *dies cedens* a lieu à la mort du *de cujus*; 2° *fait à l'esclave*, il a lieu à l'adition; d'où résulte notamment que les augmentations réalisées par *le pécule, jacente hereditate*, profitent à l'esclave, tandis qu'elles ne profiteraient pas au tiers légataire du pécule, à moins qu'elles ne provinssent *ex ipsis rebus peculiaribus*. Le legs du pécule est réputé sous-entendu et en faveur de l'esclave, si le maître déclare qu'il sera libre après avoir rendu ses comptes et acquitté le reliquat; il y a là la meilleure preuve de la séparation des patrimoines qui doit s'opérer.

N.-B. — Le legs du pécule, sauf l'observation précédente, doit toujours être *exprès*; sans cela, il reste dans l'hérédité.

Règle catonienne. — Droit d'accroissement. — Révocation et extinction du legs. — Loi Falcidie. (T. 53 et 54).

DE L'HÉRÉDITÉ. — CHARGES DE L'HÉRITIER. — *Legs.*

Différentes espèces de legs. } (T. 50).
Dies venit, dies cedit. }

Modalités. } (T. 51).
A quelles personnes on peut léguer. }

Quelles choses peuvent être léguées. (T. 51-52).

RÈGLE CATONIENNE.

Règle Catonienne, (ainsi appelée du nom du jurisconsulte qui la fit prévaloir, probablement le fils de Caton le Censeur). Cette règle est ainsi formulée : « *quod, si testamenti facti tempore decessisset testator, inutile foret, id legatum, quandocumque decesserit, non valere.* » Ainsi le legs, qui eût été nul, si le testateur fût mort aussitôt après la confection du testament, reste nul malgré la survie du testateur, sans qu'il puisse devenir valable par la circonstance que les obstacles à sa validité, qui existaient au moment de la confection du testament, ont disparu entre cette époque et la mort du testateur. — On voit facilement que la règle Catonienne n'était qu'une application de ce principe général, (L. 29. D. De reg. jur. L. 17) : « *quod initio vitiosum est non potest tractu temporis convalescere.*

Cette règle détermine implicitement l'*initium* du legs au moment de la confection du testament ; ce qui est fort peu raisonnable, parce qu'elle tend à considérer comme faite pour le présent, une disposition évidemment faite pour l'avenir.

Exception. — Il est manifeste que la règle Catonienne ne s'appliquera pas aux legs dont le *dies cedens* est reculé même au delà de l'ouverture de l'hérédité, par exemple aux *legs conditionnels.* Ces legs s'exécuteront si, au moment du *dies cedens*, les obstacles, qui ont pu exister avant cette époque, ont disparu. La règle pour le legs conditionnel est donc absolument l'inverse que pour le legs pur et simple, que ne saurait valider la disparition du motif existant au moment de la confection du testament.

Remarque. — On voit que le testateur pouvait toujours soustraire le legs qu'il faisait à l'action de la règle Catonienne, en y ajoutant tout simplement une condition qui reculait l'époque du *dies cedens.*

Cas d'application. Les Institutes présentent deux applications remarquables de la règle Catonienne : — **I.** Si je lègue purement et simplement à Titius sa propre chose, ce legs est nul, par suite de la relation entre l'objet légué et le légataire, relation qui, en supposant le décès immédiat du testateur, rendrait la fixation du droit impossible, car nul ne peut acquérir la propriété qu'il a déjà, ni devenir créancier de sa propre chose ; ce legs, qui serait nul dans l'hypothèse du décès immédiat, restera nul, par la règle Catonienne, alors même que Titius aurait aliéné cette chose avant l'ouverture de la succession. — Cette nullité tient évidemment à la règle Catonienne, car nous savons que le legs de la chose d'autrui est parfaitement valable. Il est évident d'ailleurs que, d'après le principe posé plus haut (*Exception*), si le legs était conditionnel, le légataire pourrait toujours le rendre valable, en aliénant la chose léguée avant le *dies cedens.*

II. Le legs pur et simple fait à l'esclave de l'institué est nul. Or, comme cet esclave a parfaitement la testamenti factio, qu'il emprunte à son maître, il est évident que la nullité ne dérive que de la règle Catonienne, qui consacre irrévocablement pour l'avenir la nullité qui frapperait cette disposition, dans l'hypothèse du décès immédiat du testateur ; en effet, dans cette hypothèse, le droit ne pourrait se fixer que sur la tête du maître de l'institué, qui réunirait ainsi le bénéfice et la charge, ce qui est inadmissible.

Remarque. — Logiquement, les Sabiniens admettaient que si, dans ce cas, (comme dans le précédent), le legs était conditionnel, il produira effet, l'esclave étant aliéné ou affranchi avant le *dies cedens* ; mais les Proculiens, dont l'opinion prévalut, déclarent un tel legs nul dans tous les cas.

DROIT D'ACCROISSEMENT.

Une même chose a été léguée à plusieurs personnes ; puis un des légataires, incapable de recevoir, répudiant, etc., ne recueille pas sa part ; — Que devient cette part ? C'est là une question très compliquée, qui demande tout d'abord à être étudiée à trois époques différentes.

Droit ancien *ou* antérieur aux lois caducaires.

(Il faut de nouveau distinguer suivant la forme du legs :

LEGS *per vindicationem.*

La même chose a été léguée à deux personnes, 1° soit *conjunctim*, dans une même disposition, (je donne et lègue Stichus à Titius et à Seïus), 2° soit *disjunctim*, par deux dispositions séparées, (je donne et lègue Stichus à Titius ; — je donne et lègue Stichus à Seïus). Chacun des légataires est, dans les deux cas, appelé à la totalité du legs : *in solidum* ; mais si tous deux arrivent, ils partagent, puisqu'il n'y a qu'un objet : *concursu partes fiunt* ; — au contraire, si l'un ne se présente pas ou ne peut recueillir, l'autre légataire aura la totalité des legs ; il obtiendra donc, en vertu de sa vocation *in solidum*, qui n'est plus restreinte par le concours de son co-légataire, la part de ce dernier ; on dit qu'il y a là : *accroissement.* (Il serait plus logique de dire : *non-décroissement*).

Remarque. — S'il y avait deux co-légataires *conjunctim*, Primus et Secundus, et un troisième *disjunctim*, Tertius ; s'ils viennent tous, Primus et Secundus (considérés, envers Tertius, comme un seul légataire), obtiendront moitié, et Tertius l'autre moitié ; par contre, si *Secundus* fait défaut, sa part profitera à son conjoint immédiat, Primus, et nullement à Tertius.

Comment a lieu l'accroissement? 1° L'accroissement a lieu même à l'insu du légataire et malgré lui, parce qu'il était appelé *in solidum* ; 2° par la même raison il ne supporte pas les charges particulières au défaillant, d'où l'on dit que l'acc. a lieu *sine onere* ; 3° enfin l'acc. a lieu *portionis portioni*, d'où résulte que si, au moment où *Primus* fait défaut, *Secundus* est déjà mort, les héritiers de ce dernier recueilleront la part du défaillant. (Dans le legs d'usufruit, au contraire, l'acc. a lieu *portionis personæ.* — M. Demangeat. I. 721).

LEGS *per damnationem.*

Les co-légataires sont-ils appelés *conjunctim ? Damnatio partes facit* ; l'obligation de l'héritier naît divisée, d'où résulte que *deficientis portio non ad collegatorium pertinet, sed in hereditate remanet.* — Sont-ils au contraire appelés *disjunctim*, la créance de chacun naît entière, et sera exécutée *in solidum*, sans qu'elle puisse être modifiée par la défaillance ou l'arrivée de l'autre légataire — Il n'y a donc jamais, dans ce legs, lieu à accroissement, et c'est toujours et seulement l'héritier, qui profite de la défaillance du legs, puisque son obligation est diminuée.

Cette différence considérable entre les effets du legs *per vindicationem*, et du legs *per damnationem*, provient de la différence constitutive entre ces deux legs, dont l'un transfère un droit de propriété, et dont l'autre ne fait naître qu'un droit de créance.

LEGS *sinendi modo.*

S'il est fait *conjunctim*, c'est l'héritier qui profite, comme dans le legs per damnationem, de la défaillance du co-légataire conjoint. — S'il est fait *disjunctim*, Gaius signale une controverse ; les uns assimilaient ce cas au legs *per damnationem disjunctim* ; les autres au legs *per vindicationem.*

LEGS *per præceptionem.* — C'est une espèce de legs *per vindicationem*, qui est régi par les mêmes règles que ce dernier.

Lois caducaires.

Les lois caducaires, *Julia* et *Papia Poppæa*, ne s'appliquent qu'aux parts caduques (*caduca*) ou quasi-caduques (*in causa caduci*) ; nous ne nous occuperons donc pas ici des dispositions *nulles* dès l'origine (*pro non scriptis*), qui continuent à être régies par les règles du vieux droit d'accroissement.

Caduca. — On appelle ainsi les legs frappés de caducité, parce que le légataire est : latin-Junien, ou *cælebs*, (célibataire), sauf quelques exceptions ; — ou *orbus* (marié sans enfants), — ou parce qu'il meurt, ou devient pérégrin entre la mort du testateur et l'ouverture des tablettes du testament.

In causa caduci. — On appelle ainsi les legs frappés de déchéance, soit parce que le légataire répudie le legs, soit parce qu'il meurt ou devient pérégrin entre la confection du testament et la mort du testateur. On sait qu'ici le *jus antiquum* est conservé aux ascendants et descendants du *de cujus* ; et qu'il n'y a lieu au *jus caduca vindicandi*, que si personne n'invoque le *jus antiquum.*

Quelles personnes peuvent invoquer le jus caduca vindicandi ? Les personnes inscrites au testament, et qui, ayant des enfants légitimes, ont par là le *jus patrum*, c'est-à-dire le *jus caduca vindicandi.*

Mais dans quel ordre ces PATRES sont-ils appelés : 1° Les légataires *conjoints* ; 2° les héritiers institués ; 3° les légataires non conjoints ou conjoints *re tantum* ; 4° ce n'est qu'à défaut de toutes ces personnes, que le fisc revendique les parts caduques ou quasi-caduques.

Des co-légataires conjoints. — Qui doit-on considérer, sous les lois caducaires, comme légataires conjoints ? Ces mots n'ont pas la même signification que dans le langage ordinaire. Ainsi on distingue : 1° Les *conjuncti re et verbis :* (je lègue tel fonds à Titius et à Seïus) ; 2° les *conjuncti verbis tantum :* (je lègue tel fonds à Titius et à Seïus, *à chacun pour une moitié*) ; 3° les *conjuncti re tantum :* (je lègue tel fonds à Titius ; — je lègue le même fonds à Seïus). Ces derniers *conjuncti*, dans le langage ordinaire, s'appelleraient *disjuncti.*

Les deux premières classes seules ont le *jus caduca vindicandi*, en premier ordre.

Les *conjuncti re tantum* ne viennent qu'en troisième ordre.

Remarque. — On voit que, dans tout le système des lois caducaires, il n'y a point place pour la théorie du droit d'accroissement proprement dit, puisque c'est la qualité de *pater* qui domine le droit de vocation aux parts caduques.

Nature du jus caduca vindicandi, et du jus accrescendi. — Le premier diffère du second : 1° en ce qu'il n'appartient pas aux mêmes personnes ; 2° en ce qu'il est facultatif, et n'a pas lieu *invito* ; 3° en ce qu'il a lieu *cum onere*, celui, qui réclame la part caduque, se soumettant aux charges qu'eût subies le défaillant.

DROIT DE JUSTINIEN.

Justinien supprime les lois caducaires, et rétablit les anciens principes du droit d'accroissement en matière de legs *per vindicationem.* Toutefois, s'il s'agit de co-légataires *conjunctim*, il décide, d'après les principes des lois caducaires, que l'accroissement a lieu *cum onere* et est *facultatif.*

Révocation et extinction des legs. } (T. 54).
Loi Falcidie. }

DE L'HÉRÉDITÉ. — CHARGES DE L'HÉRITIER. — *Legs.*

Différentes espèces de legs. / Dies venit. — Dies cedit. } (T. 50).
Modalités. / A quelles personnes on peut léguer. } (T. 51).
Quelles choses peuvent être léguées. (T. 51-52).
Règle Catonienne. / Droit d'accroissement. } (T. 53).

RÉVOCATION ET EXTINCTION DES LEGS.

Révocation des legs.

On distingue sous ce terme : 1° la révocation proprement dite : *ademptio*; — 2° et la révocation partielle : *translatio*.

RÉVOCATION PROPREMENT DITE.

1° Le testateur, qui fait un deuxième testament, révoque le testament antérieur, et, par suite, les legs qu'il contient.

2° Le testateur peut aussi révoquer un certain legs, soit dans le testament même, soit dans un codicille confirmé, au moins dans l'ancien droit, par ce testament. — D'ailleurs, cette révocation, pour opérer de *plein droit*, doit être faite dans des termes précisément *contraires* (*contraria verba*), aux termes employés pour faire le legs. Toute autre manifestation de la volonté laisserait le legs subsister en droit, mais l'héritier pourrait néanmoins, en fait, repousser la demande du légataire par une exception de dol.

Justinien modifie ces principes en décidant : 1° que le codicille, confirmé ou non, suffit pour révoquer un legs ; 2° que la révocation a lieu *ipso jure*, même si on ne s'est pas servi précisément des *verba contraria*.

La révocation peut être *expresse* ou *tacite*. (Elle est tacite, si le testateur détruit la chose léguée, la retire du commerce, etc.).

La révocation peut être *pure et simple*, ou *conditionnelle*.

La révocation *pœnæ nomine*, faite pour exercer une pression sur le légataire, était nulle dans l'ancien droit ; Justinien supprime cette règle.

TRANSLATIO.

Translatio legati fit quatuor modis : aut enim a persona in personam transfertur (*changement de légataire*) ; aut ab eo qui dare jussus est transfertur ut alius det (*changement de l'héritier grevé du legs*); aut cum res pro re datur, ut pro fundo decem aureos (*changement d'objet*) ; aut cum pure datum est, transfertur sub conditione (*apposition d'une modalité*). (Paul).

Il y a donc, dans la *translatio*, deux éléments : 1° révocation d'un legs ; 2° établissement d'un nouveau legs, remplaçant le legs révoqué. Et c'est si vrai, que le premier restera révoqué, alors même que la nouvelle disposition serait inefficace.

Extinction des legs.

Un legs s'éteint : 1° par la défaillance de la condition, s'il est conditionnel ; 2° par la mort ou l'incapacité du légataire, survenue avant le *dies cedens* ; 3° par l'acquisition, à titre gratuit, par le légataire, de la chose léguée ; 4° par la perte de la chose, si l'objet du legs est un *corps certain*. Toutefois, si la perte arrive par le fait de l'héritier, le legs subsistera.

Remarquons : 1° Que la perte de l'objet principal (d'un *fundus instructus, vel cum instrumento*) entraîne la perte des accessoires, on, dans l'espèce, des instruments qui garnissent le fonds. 2° Que le legs de plusieurs choses distinctes, un troupeau par exemple, ne s'éteint que par la perte de *tous* les objets qui y sont compris. Ainsi, quand même il ne resterait qu'une seule tête de bétail de tout le troupeau légué, le légataire pourrait la réclamer.

LOI FALCIDIE.

Préliminaires.

D'après la loi des XII Tables, le testateur a le droit de disposer, par legs, de toute son hérédité ; dès lors, l'institué, n'ayant plus d'intérêt à faire adition, répudie la succession, et, par suite, le testateur meurt *intestat*, ce qui a des conséquences fâcheuses pour diverses personnes (V. h. néce-saires), et surtout pour la mémoire du testateur. — Plusieurs lois cherchent à restreindre la liberté illimitée du testateur, et à laisser toujours à l'institué un certain intérêt à faire adition.

I. — La loi Furia testamentaria, (plébiscite rendu probablement en 571 de Rome), défend, sous les peines les plus sévères, d'accepter un legs ou une donation *mortis causa*, de plus de 1000 *as*. — (On exceptait de cette disposition certains proches parents). Cette loi ne remédiait guère au mal ; car le testateur, en faisant une série de legs inférieurs à 1000 as, échappait à la loi, tout en épuisant son hérédité.

II. — La loi Voconia, (plébiscite rendu en 585 de Rome, sur la proposition de Caton l'ancien), défendait, entre autres dispositions, de faire un legs ou une donation *mortis causa*, dépassant la part de l'héritier. C'était mieux que la loi Furia, mais ce n'était pas encore un remède absolu, puisqu'en éparpillant l'hérédité entre un grand nombre de légataires, la part de l'héritier, tout en n'étant pas inférieure à chacun de ces legs, pouvait néanmoins être insignifiante.

III. — Loi Falcidie. (Voir ce qui suit).

III. — Détails de l'application de la loi Falcidie.

Ce plébiscite, rendu en 714 de Rome, dispose que l'héritier aura toujours, au moins *un quart* de la part qu'il eût eue, s'il n'avait point été fait de legs. Si donc le legs ou la somme des legs dépasse les trois quarts de la fortune du testateur, ce ou ces legs seront, *ipso jure*, réduits aux trois quarts, de telle sorte que le ou les institués obtiendront toujours le *quart* franc de l'hérédité, et ce quart prend le nom : de *Falcidie*, — de *quarte*, — ou de *quarte Falcidie*. Cette réduction, je le répète, a lieu de *plein droit*, d'où résulte que le légataire qui réclamerait, par la revendication ou l'action *ex testamento*, la totalité des legs dépassant les trois quarts, encourrait les peines de la plus-pétition.

Il faut encore observer que la Falcidie s'applique également aux donations *mortis causa* ; — qu'elle n'atteint pas les legs contenus dans le testament d'un militaire ; — que, sous Justinien, l'héritier ne peut invoquer la Falcidie, que s'il a fait inventaire ; — enfin, que le calcul de la Falcidie s'applique à chaque héritier isolément. (V. plus bas : *Pluralité d'héritiers*).

REMARQUE. — La loi Falcidie, plus pratique que les deux lois précédemment étudiées, n'offre pas encore un remède absolu. En effet, on considère, pour savoir s'il y aura lieu à réduction, la valeur des biens héréditaires au moment de la mort du *de cujus*. Or, si les biens diminuent de valeur entre ce moment et celui de l'adition, il se peut que, si on prélève les trois quarts de leur valeur primitive, il n'y ait plus d'intérêt, pour l'héritier, à faire adition. La seule ressource de ce dernier est de menacer les légataires de répudier, (ce qui ferait tomber tous les legs), s'ils ne veulent pas lui laisser telle partie de l'hérédité. — A l'inverse, si les biens héréditaires ont augmenté de valeur, dans la même période, l'institué fait subir aux légataires la même réduction que si on eût opéré au moment de l'ouverture de la succession, et il obtiendra ainsi plus de son quart.

Le principe, qu'on prend la valeur des biens au jour de la mort du testateur, est si formel, qu'il s'applique au cas même où il s'agirait de legs, dont le *dies cedens* est reculé après la mort du testateur, (legs conditionnels).

Calcul de la Falcidie. — On établit l'actif brut de la masse héréditaire, meubles, immeubles, créances, etc. ; on en déduit les dettes du défunt, les frais funéraires, la valeur des esclaves affranchis, et on obtient ainsi l'*actif net*. Le *quart* de cet actif net reste à l'héritier, et les *trois quarts* aux légataires, proportionnellement à ce qui a été légué à chacun d'eux. — S'il y a des legs conditionnels, on n'en tient pas compte provisoirement ; mais les légataires doivent donner caution de restituer à l'héritier ce qu'ils se trouveront avoir reçu de trop, si la condition se réalise, et que l'héritier ait à payer ces legs.

On a vu (*remarque précédente*), que l'on calcule la valeur des biens héréditaires, à la mort du testateur. Si donc les biens augmentent de valeur, c'est l'héritier seul qui en profite ; s'ils diminuent de valeur, c'est l'héritier seul qui pourrait en souffrir ; mais, en menaçant de répudier, il peut toujours se faire accorder sa part par les légataires.

Pluralité d'héritiers. — On considère chaque héritier isolément, ce qui est très-défavorable aux légataires. En effet : le testateur laisse 400 d'actif net ; il a institué Primus et Secundus chacun pour moitié, et laisse 300 de legs à la charge de Primus ; si les deux héritiers étaient réunis en présence des légataires, la part de ceux-ci ne serait pas réduite, puisqu'elle ne dépasse pas les trois quarts de l'actif net ; tandis qu'avec le principe admis, Secundus prendra bien 200, mais Primus, grevé du legs, prendra le quart de sa part, soit 50 ; et les légataires ne recevront que 150.

(On explique cette décision par une analogie avec le droit d'accroissement, qui a lieu *sine onere* ; si donc on n'avait pas autorisé Secundus à invoquer la Falcidie, il aurait répudié et sa part aurait accru à Primus, lequel n'aurait pas eu les legs à supporter ; et les légataires auraient tout perdu ; il est donc encore de leur intérêt de voir Secundus accepter sauf à ce que ce dernier réduise leur legs. — Mais cette explication ne se comprend plus sous Justinien, époque où l'accroissement a lieu *cum onere legatorum*).

Si, maintenant, on suppose que l'un des héritiers fait défaut ? Est-ce Secundus ? Primus arrive seul à l'hérédité totale, et les légataires profiteront de ce que la part du grevé, augmentée de la part non grevée, ne se trouve plus dépassée ; si, au contraire, Secundus recueille la part du grevé Primus, il recueillera d'abord l'intégralité de sa part personnelle, puis la Falcidie de Secundus, dont il exercera envers les légataires le droit de réduction. Dans cette théorie, émise par Gaius, on voit que le jurisconsulte raisonne dans le système des lois caducaires, où l'accroissement a lieu *cum onere*.

Extension du principe de la Falcidie. — 1° Le SC. Pégasien l'applique aux hérédités fidéicommissaires et aux fidéicommis grevant l'héritier institué ; 2° un rescrit d'Antonin le Pieux, aux fidéicommis grevant l'héritier *ab intestat* ; 3° un rescrit de Sévère et d'Antonin aux donations *mortis causa* et entre époux.

Justinien : 1° Permet au testateur, ce qu'il ne pouvait faire auparavant, d'exiger que les legs seront acquittés intégralement, sans tenir compte de la quarte Falcidie ; 2° décide que l'héritier, qui n'a pas fait inventaire, ne pourra invoquer la Falcidie.

Quarte Falcidie et quarte légitime. — 1° La *première* est accordée aux héritiers institués, parents ou non du testateur, et aux héritiers ab intestat, à quelque degré qu'ils soient ; la *quarte légitime* n'est accordée qu'à certains parents ; 2° la *Falcidie* est le quart de la part qu'aurait recueillie l'institué ; la *quarte légitime* est le quart de la part que le légitimaire aurait recueillie *ab intestat*, ce qui fait que l'une peut être plus ou moins élevée que l'autre.

N. B. Comparer ce qui sera dit : (T. 55, SC. Trébellien, in fine, et SC. Pégasien).

§ 2. — Fideicommis.

Le fideicommis est une disposition de dernière volonté, faite en dehors des formes légales, — confiée à la bonne foi de l'héritier (comme l'indique son nom), — et qui se rapproche du legs et de l'institution d'héritier.

Cette forme fut introduite pour permettre au testateur de gratifier certaines personnes qui n'avaient pas la *factio testamenti*, et ne pouvaient recevoir ni par legs, ni comme instituées : pérégrin, déporté, Latin-Junien, célibataires sous les lois caducaires, etc.; toutes personnes qui ne pouvaient recevoir que par un moyen détourné. — Le fideicommis était un mode bien imparfait à l'origine, puisque l'héritier n'était tenu que *pudore*, sans qu'il y eût un moyen légal de le forcer à exécuter cette disposition livrée à sa bonne foi. — Puis Auguste ordonna aux consuls d'interposer leur autorité pour faire respecter la volonté des testateurs; et ces dispositions devinrent si fréquentes qu'on créa le *prætor fideicommissarius*, spécialement chargé de rendre la justice en cette matière.

Il faut remarquer, avec M. Demangeat, que, tandis que dans les autres matières du droit, les entraves imposées d'abord à la volonté des parties vont s'affaiblissant, ces entraves augmentent en matière de fideicommis; ainsi le *pérégrin* et le *cælebs* avaient le *jus capiendi* ex fideicommisso ; plus tard, il leur fut enlevé.

Les fideicommis se rapprochent, avons-nous dit, de l'institution d'héritier et des legs. De là, deux classes de fideicommis : 1° le *fidei. universel* (hereditas fideicommissaria), dans lequel je prie mon héritier de restituer à un tiers tout ou une quote-part de mon hérédité, (ce qui se rapproche beaucoup de l'institution d'héritier); 2° le *fidei. particulier* ou *à titre particulier* (fideicommissum singulæ rei), dans lequel l'héritier doit, comme dans le legs, remettre à un tiers tel ou tel objet déterminé.

Celui qui dispose par f., s'appelle *fideicommittens*; l'héritier fiduciaire ou grevé du f. : *fiduciarius*; — l'héritier fideicommissaire, (ou qui doit bénéficier du f.): *fideicommissarius*.

Fideicommis d'hérédité ou : universel.

Celui qui veut, au moyen d'un fideicommis, faire parvenir tout ou partie de son hérédité à une certaine personne, doit tout d'abord instituer régulièrement un héritier, sans quoi il n'y aurait pas de testament. — Le f., nous l'avons vu, peut porter sur tout ou partie d'une hérédité; il peut être pur et simple, à terme, ou conditionnel.

L'institué fiduciaire, alors même qu'il a restitué l'hérédité, n'en reste pas moins héritier et continue à représenter le défunt; lui seul peut poursuivre les débiteurs héréditaires ; lui seul est poursuivi par les créanciers héréditaires. De là de nombreuses complications, l'obligation de stipulations réciproques, et des risques de pertes en cas d'insolvabilité de l'un ou de l'autre. Ces inconvénients, très-grands en principe, furent successivement évités ; de là quatre périodes.

Droit primitif.

On suppose une vente fictive de l'hérédité (*uno nummo, dicis causa*). Le fideicommissaire est dès lors considéré comme un acheteur de l'hérédité, et non pas comme un héritier ou un légataire. — Par les stipulations réciproques : *emptæ — et venditæ hereditatis*, 1° le fiduciaire s'engage : à tenir compte au fideicommissaire, de tout ce qu'il recevra à l'occasion de la succession, et de l'instituer *procurator* ou *cognitor*, à l'effet d'intenter les actions héréditaires. 2° Le fideicommissaire s'engage à indemniser le fiduciaire de toutes les sommes auxquelles il sera condamné *hereditario nomine*, et à le défendre contre les actions qui lui seraient intentées *hereditario nomine*. — Ces stipulations ne sont qu'un palliatif, dont l'équilibre est rompu par l'insolvabilité de l'une ou de l'autre partie.

Sénatus-consulte Trébellien.

Ce SC., rendu sous Néron, sur la proposition du consul Trébellius, décide que la restitution de l'hérédité fideicommissaire transportera directement les actions héréditaires actives ou passives sur la tête du fideicommissaire, qui sera *loco heredis*, quoique le fiduciaire ne perde pas la qualité d'héritier. Aussi les actions héréditaires ne seront données pour ou contre le fideicommissaire, que comme actions *utiles*, et des actions directes continueront à exister pour ou contre le fiduciaire. Pour éviter les conséquences de cet état de choses, le préteur introduit l'exception *restitutæ hæreditatis* qui sert aussi bien au fiduciaire pour repousser les actions des créanciers héréditaires, qu'à ceux-ci pour repousser les actions du fiduciaire. — Avec cette théorie, on comprend que les stipulations *emptæ et venditæ hereditatis* n'avaient plus de raison d'être.

Dans ce système, l'héritier grevé peut faire adition sans aucune crainte, puisque, dès qu'il a restitué l'hérédité, il n'est plus tenu des dettes héréditaires. Mais comme il est tenu de restituer tout ou au moins une grande partie de l'hérédité, il n'avait que peu ou point d'intérêt à faire adition, répudiait l'hérédité, et faisait évanouir le fideicommis; c'est à quoi vint remédier le SC. Pégasien.

Sénatus-consulte Pégasien.

Ce SC., rendu sous Vespasien, sur la proposition du consul Pégasus, encourage l'adition de l'héritier fiduciaire, en lui permettant de retenir le quart de l'hérédité. Le fideicommissaire, même universel, n'aura donc jamais plus des trois quarts ; c'est une application du principe de la Falcidie (*perinde atque ex lege Falcidia in legatis retinere conceditur*). Ce SC. déroge en outre au système précédent et rentre dans l'ancien droit, en ce que désormais, c'est l'héritier seul, pour ou contre lequel les actions héréditaires sont données. Le fideicommissaire, traité comme un légataire partiaire (T. 52), n'a jamais que les trois quarts de l'actif net, l'autre quart appartenant au fiduciaire (T. 53); à cet effet des stipulations *partis et pro parte* interviennent entre lui et le fiduciaire.

Le SC. Pégasien n'abroge pas entièrement le SC. Trébellien qui reste applicable dans ces deux cas distincts :

I. — Si l'institué refuse de faire adition, prétendant que l'hérédité est mauvaise, le SC. Pégasien permet au préteur, sur la demande du fideicommissaire, de forcer l'institué à faire adition, et de restituer ; mais de telle sorte que les actions héréditaires s'exerceront pour ou contre le fiduciaire, *perinde ac juris est ex SC. Trebelliano*.— Il n'y a plus alors lieu à des stipulations réciproques, et l'institué ne peut rien garder de l'hérédité, pas même les objets que le défunt lui aurait expressément permis de retenir.

II. — Toutes les fois que l'héritier ne doit pas restituer plus des trois quarts, la restitution se fait d'après le SC. Trébellien ; les actions héréditaires sont données, soit pour ou contre le fideicommissaire, *utilitatis causa*, soit directement pour ou contre l'institué, mais *pro rata parte*, en proportion de la part de chacun.

Quid si le fiduciaire, chargé de restituer plus des trois quarts, renonce à profiter de la quarte du SC. Pégasien ? On applique néanmoins le SC. Pégasien.

En effet, dit Gaius, dès que l'héritier a fait adition, *sua voluntate*, qu'il retienne ou non la quarte, c'est lui qui supporte toutes les charges de la succession. Seulement, s'il retient la quarte, les stipulations *partis et pro parte* interviennent comme entre le légataire partiaire et l'héritier ; si, au contraire, il restitue l'hérédité toute entière, il y a lieu à des stipulations analogues « aux stipulations *emptæ et venditæ hereditatis* » pour réaliser, en définitive, en la personne du fideicommissaire, l'effet des actions directement intentées par ou contre l'héritier.

Du reste, cette solution était controversée et repoussée notamment par Modestin.

Justinien.

Justinien fond les deux sénatus-consultes en un seul, qu'il confirme sous le nom de SC. Trébellien, pendant qu'il abroge le SC. Pégasien. Les actions héréditaires pourront donc être exercées pour ou contre le fideicommissaire, qui est loco heredis, — mais — *pro rata parte*, pour la part qu'il prend dans l'hérédité, c'est-à-dire pour le tout, si l'hérédité lui est restituée en entier. Ainsi disparaissent les stipulations partis et pro parte, qui deviennent captieuses, au dire de Papinien, au cas d'insolvabilité de l'une ou l'autre des parties.

Le SC. Pégasien fournit du reste ses deux dispositions principales : 1° l'héritier peut toujours retenir la quarte, et s'il a, par erreur, payé plus, il peut répéter l'excédant. 2° Si l'héritier refuse de faire adition, le fideicommissaire pourra l'y contraindre, *nullo nec damno nec commodo apud heredem remanente*.

Dispositions diverses.

1° S'il y a plusieurs institués, chacun d'eux est considéré comme si sa part formait une hérédité distincte.

2° Si l'institué a été chargé de restituer l'hérédité, *moins un certain objet*? Si cet objet vaut le quart, la restitution se fera d'après le SC. Trébellien, et l'héritier jouera le rôle d'un simple légataire, les actions étant données *in solidum* pour ou contre le fideicommissaire. — Si, au contraire, l'objet vaut moins du quart, l'héritier peut, à son choix, garder l'objet, comme dans le cas précédent, ou se faire compléter sa quarte.

3° Le fideicommis peut, sans testament, mais par un codicille, grever l'héritier *ab intestat*; mais Antonin-le-Pieux permet à ce dernier de retenir la quarte du SC. Pégasien.

4° Le fideicommissaire, qui recueille une hérédité, peut être, à son tour, chargé de restituer à une troisième personne ; mais à la différence de l'héritier, il ne pourra retenir la quarte à l'égard du second fideicommissaire.

N.-B. Ce fideicommis d'hérédité rentre dans les modes d'acquérir à titre universel. (T. 1).

Fideicommis à titre particulier. } (T. 56).
Appendice. Codicilles. }

DE L'HÉRÉDITÉ. — CHARGES DE L'HÉRITIER. — *Fideicommis.* — Ier APPENDICE. — IIe APPENDICE : CODICILLES.

Généralités. } (T. 55).
Fideicommis d'hérédité ou universel. }

Fideicommis à titre particulier.

On peut disposer d'un objet particulier à titre de fideicommis, comme à titre de legs. — Le testateur peut manifester sa volonté comme il l'entend, mais le plus souvent, il se sert des formules : *peto, rogo, mando, fidei tuæ committo.*

Celui-là seul peut faire un fideicommis, qui peut faire un testament ; mais le fideicommis est précisément destiné à avantager certaines personnes incapables de recevoir par legs ou testament ; du reste on apporta des restrictions à ce principe. (T. 55. Généralités).

Le fideicommis, en principe, peut être imposé, et à l'institué et au légataire, tandis qu'un legs ne peut grever un premier légataire ; cette différence disparaît sous Justinien.

Déjà dans l'ancien droit, on pouvait laisser par fideicommis les mêmes choses qu'on pouvait léguer *per damnationem*, et entre autres la *res aliena*, le fideicommissaire ayant d'ailleurs à prouver comme le légataire, que le défunt savait que la chose ne lui appartenait pas. — Dans ce dernier cas, où le fiduciaire est tenu de fournir autre chose que ce qu'il a reçu, il ne peut être tenu de fournir plus que ce qu'il a reçu et même plus que les 3/4, sous le SC. Pégasien. — Si le fiduciaire ne peut se procurer la chose, il en paiera l'estimation ; (selon certains jurisconsultes, le fideicommis s'évanouissait dans ce cas).

On peut par fideicommis charger l'héritier d'affranchir un esclave appartenant : au testateur, à l'héritier, à autrui. — Si ce dernier refuse de se dessaisir de son esclave pour que l'héritier puisse l'affranchir, l'héritier n'a rien à payer à l'esclave, d'autant plus que cela profiterait au maître récalcitrant. Gaius décide que, dans cette hypothèse, le fideicommis s'évanouit ; Justinien, au contraire, reproduisant la doctrine inaugurée par Alexandre, décide que l'effet du fideicommis est seulement différé, c'est-à-dire que le fiduciaire devra attendre une occasion favorable d'affranchir l'esclave.

L'affranchissement fideicommissaire, même s'appliquant à l'esclave du de cujus, diffère de l'affranchissement testamentaire direct. En effet l'affranchi fideicommissaire devient l'affranchi du fiduciaire, tandis que l'affranchi testamentaire est *orcinus*, et a pour patron le *de cujus*. D'un autre côté, l'affranchissement *direct* étant assimilé au legs *per vindicationem*, l'esclave doit avoir déjà appartenu au testateur au moment de la confection du testament ; rien de semblable pour l'affranchissement *fideicommissaire*. Cette différence subsiste sous Justinien, malgré l'assimilation du legs et du fideicommis, parce qu'elle résulte de la nature des choses.

PREMIER APPENDICE. — COMPARAISON DE L'*Institution d'héritier, du Legs, du Fideicommis.*

I. Différences disparues du temps de Gaius : 1° Les pérégrins pouvaient recueillir seulement par fideicommis. Du reste Adrien abroge cette règle et attribue au fisc la part des pérégrins.

2° Le *cælebs* et l'*orbus* peuvent recueillir tout ce qui leur est laissé par fideicommis. Le SC. Pégasien assimile, sous ce rapport, le fideicommis à l'institution d'héritiers et aux legs.

3° On pouvait disposer par fideicommis au profit d'une personne incertaine ou d'un posthumus *alienus*. — Adrien assimile, sous ce rapport, le fideicommis, à l'institution d'héritier et aux legs.

II. Différences qui existaient du temps de Gaius et dont quelques-unes subsistent sous Justinien.

1° L'héritier *ab intestat* ou un premier légataire peut être grevé d'un fideicommis, non d'un legs.

2° Un codicille peut contenir un fideicommis ; il ne peut contenir un legs, à moins qu'il ne soit confirmé par un testament antérieur ou postérieur.

3° On ne peut léguer directement la liberté à l'esclave d'autrui ; on peut la lui donner par fideicommis.

4° Un codicille même confirmé par testament ne peut contenir ni institution d'héritier ni exhérédation.

5° Celui qui, d'après la loi Voconia, ne peut instituer une femme, peut lui laisser toute sa succession par fideicommis. — De même le Latin-Junien peut *capere ex fideicommisso*, mais ne peut recueillir un legs ou une hérédité.

6° On ne peut affranchir et instituer l'esclave âgé de moins de 30 ans ; — on peut ordonner par fideicommis que cet esclave, lorsqu'il aura 30 ans, recevra la liberté et la restitution de l'hérédité.

7° Le fideicommis, à la différence des legs, peut se trouver écrit dans le testament, *ante institutionem ;* il peut être écrit en grec ou simplement fait nutu ; tandis que le legs doit être écrit en latin, *après* l'institution d'héritier.

8° Les questions relatives aux fideicommis sont jugées, toute l'année, et par *cognitio extraordinaria ;* — celles relatives aux legs ne peuvent être jugées qu'à certains jours et d'après la procédure ordinaire.

9° Les intérêts ou fruits des sommes ou choses laissées par fideicommis sont dus dès que le grevé est en demeure ; Adrien décide qu'il en est autrement pour les legs.

10° L'héritier qui nie à tort l'existence d'un legs *per damnationem*, s'il s'agit d'un *legatum certum*, est condamné au double. Rien de semblable pour le fideicommis.

11° La personne, grevée d'un fideicommis, qui paie plus qu'elle ne doit, peut répéter l'excédant. Au contraire, celui, qui paie ce qu'il croit devoir en vertu d'un legs *per damnationem*, ne peut répéter.

12° En général la liberté du disposant par fideicommis est beaucoup plus large que la liberté du disposant direct. Toutefois le tuteur ne peut être donné que *directo.*

Justinien assimile à peu près les legs aux fideicommis, ou plutôt il donne au fideicommis tout ce que le legs pouvait avoir de plus favorable (notamment le transport direct de propriété sur la tête du bénéficiaire, toutes les fois que c'est possible ; — l'application du droit d'accroissement ; — l'impossibilité de répéter ce qui a été payé par erreur, — la condamnation au double *adversus inficiantem*, etc.) ; — et il donne au legs tout ce que le fideicommis avait autrefois de plus avantageux.

DEUXIÈME APPENDICE. — DES CODICILLES.

La matière des codicilles se lie étroitement à celle des fideicommis, puisqu'à l'origine les premiers étaient presqu'exclusivement réservés aux seconds.

Le codicille est un acte de dernière volonté, qui ne peut, en principe, être fait que par celui qui peut valablement tester (exception pour le *captivus*). *Mais il diffère du testament* : 1° En ce qu'il n'exige aucune solennité de formes ; cependant Théodose le Jeune ordonne que le codicille sera fait, *uno contextu* en présence de cinq témoins qui le signent, — ce qui est confirmé par Justinien ; mais ces formes sont prescrites *ad probationem*, mais non *ad solemnitatem*. 2° En ce qu'il ne peut contenir institution d'héritier, exhérédation, substitution vulgaire ou pupillaire, ni révoquer ou modifier une disposition de cette nature préexistant. 3° En ce qu'on admet la coexistence et l'exécution simultanée de deux codicilles, le second ne détruisant que les dispositions contraires du premier.

Le codicille *diffère également du legs*, en ce qu'il peut frapper un héritier *ab intestat.*

Le mot *codicillus*, (diminutif de *codex*), désigne, à proprement parler, les petites tablettes sur lesquelles on écrit de simples notes, et spécialement des dispositions le plus souvent fideicommissaires, — par opposition aux tables solennelles (codex), destinées à recevoir des dispositions importantes telles que des testaments.

Les codicilles n'existaient pas avant Auguste. Mais Lucius Lentulus, mourant en Afrique, écrivit des codicilles, confirmés par testament, qu'il priait Auguste de faire exécuter. L'empereur satisfit à son désir, et cette autorité détermina d'autres personnes à faire des codicilles, et d'autres encore à exécuter ceux dont elles étaient chargées. — En cet état, l'empereur réunit des prudents, et parmi eux Trébatius appuya l'usage des codicilles, si nécessaires pour les citoyens qui, dans les voyages devenus alors si fréquents, ne pouvaient souvent faire de testament, tandis qu'ils pouvaient facilement faire des codicilles. Plus tard Labéon ayant fait des codicilles, personne ne douta de l'excellence du droit qu'il consacrait.

Les codicilles peuvent être laissés soit par une personne mourant *intestat*, soit par celui qui meurt après avoir fait son testament. Dans le premier cas les codicilles portent en eux-mêmes leurs conditions de validité ou d'annulation ; dans le second, ils suivent le sort du testament. Il y a d'ailleurs deux manières de confirmer les codicilles par testament : *in futurum*, quand le testateur exprime dans son testament la volonté qu'on observe les codicilles qu'il pourrait faire plus tard ; — *in præteritum*, lorsque le testament confirme des codicilles antérieurs. Du reste il va sans dire qu'un seul testament peut confirmer *in præteritum* et *in futurum* simultanément. — Si maintenant un testateur fait son testament sans confirmer ni annuler des codicilles antérieurs ? D'après Papinien, ces codicilles sont tacitement abrogés ; mais d'après un rescrit de Sévère et d'Antonin, ces codicilles sont maintenus, toutes les fois qu'il n'est pas prouvé que le testateur a changé de volonté.

Le codicille confirmé ne peut, pas plus que le codicille non confirmé, contenir institution d'héritier, exhérédation, révocation ou modification de telles dispositions précédemment prises. — Mais le premier peut révoquer ou faire un legs, affranchir directement un esclave, nommer un tuteur, ce qui ne peut avoir lieu dans le codicille non confirmé qui ne s'applique qu'aux fideicommis. De plus, le codicille testamentaire exige la capacité actuelle de tester ; le codicille *ab intestat*, quoique fait par un incapable, est valable si son auteur décède investi de la *factio testamenti.*

Un testament, nul comme testament, vaut comme codicille, si le testateur a manifesté cette intention ; cette intention, jusqu'à Théodose le Jeune, peut s'induire de circonstances quelconques ; à partir de Théodose elle doit être constatée dans une *clause expresse.*

FIN DU PREMIER EXAMEN DE DROIT ROMAIN.

DEUXIÈME EXAMEN DE DROIT ROMAIN (PREMIER EXAMEN DE LICENCE).

DEUXIÈME PARTIE (du livre II des Choses. — TRANSMISSION DU PATRIMOINE.

DEUXIÈME TABLEAU GÉNÉRAL DES SUCCESSIONS EN DROIT ROMAIN.

PREMIÈRE SECTION. — **HÉRÉDITÉS TESTAMENTAIRES** (V. au premier examen de Droit romain : — (Baccalauréat), T. 39 à 56).

DEUXIÈME SECTION. — **HÉRÉDITÉS AB INTESTAT.**

- **Généralités.**
- CHAPITRE PREMIER. **DIFFÉRENTES CLASSES D'HÉRITIERS.**
  - ARTICLE PREMIER. **Successions laissées par les ingénus.**
    - HÉRITIERS SIENS.
      - ANCIEN DROIT.
        - Héritiers siens proprement dits.
        - Cas exceptionnels.
        - Epoque à laquelle s'apprécie la qualité d'*heres suus*.
        - De la représentation *ou* concours entre héritiers siens de degrés inégaux.
        - Comment s'acquiert l'hérédité.
      - DROIT PRÉTORIEN.
        - Enfant émancipé.
        - Enfant donné en adoption.
        - Enfant (resté en puissance) d'un fils émancipé, etc.
        - Rapport.
      - CONSTITUTIONS IMPÉRIALES.
      - INNOVATIONS DE JUSTINIEN.
    - AGNATS.
      - ANCIEN DROIT.
      - DROIT PRÉTORIEN ET DES CONSTITUTIONS.
      - PARENTS EN LIGNE DIRECTE.
        - DE L'ASCENDANT PATERNEL.
          - Du *parens manumissor*.
          - Biens laissés par un fils de famille.
            - Pécule adventice.
            - Pécule castrens.
        - DE LA MÈRE : Sénatus-consulte Tertullien.
        - DES ENFANTS D'UNE FEMME : Sénatus-consulte Orphitien.
    - GENTILES : DÉFINITION. — EXPLICATION.
    - COGNATS
      - DROIT HÉRÉDITAIRE DES COGNATS.
      - COGNATS QUI N'OBTIENNENT PAS LA *bonorum possessio unde cognati*.
  - ARTICLE II. **Succession des affranchis.**
    - SYSTÈME DE LA LOI DES XII TABLES.
    - MODIFICATIONS INTRODUITES JUSQU'À JUSTINIEN.
      - AFFRANCHI CITOYEN ROMAIN.
        - Modifications prétoriennes.
        - Modifications de la loi Papia-Poppœa.
      - AFFRANCHI LATIN-JUNIEN.
      - AFFRANCHI DÉDITICE.
    - DROIT DE JUSTINIEN.
    - APPENDICE. — ADSIGNATIO LIBERTORUM.
- CHAPITRE II. **BONORUM POSSESSIONES.**
  - ARTICLE PREMIER. **Droit avant Justinien.**
    - BUT QUE SE PROPOSE LE PRÉTEUR.
    - CIRCONSTANCES DANS LESQUELLES EST MORT LE DE CUJUS.
      - LE DE CUJUS EST MORT TESTAT.
        - Bonorum possessio contra tabulas.
        - Bonorum possessio secundum tabulas.
      - LE DE CUJUS EST MORT INTESTAT.
        - Bonorum possessio unde liberi.
        - Bonorum possessio unde legitimi.
        - Bonorum possessio unde decem personæ.
        - Bonorum possessio unde cognati.
        - Bonorum possessio tum quem ex familia.
        - Bonorum possessio unde patronus et patrona liberique eorum et parentes.
        - Bonorum possessio unde vir et uxor.
        - Bonorum possessio unde cognati manumissoris.
      - LE DE CUJUS EST MORT TESTAT OU INTESTAT : Bonorum possessio uti ex legibus.
    - ÉTENDUE DE LA DISPOSITION PRÉTORIENNE.
      - BONORUM POSSESSIO DECRETALIS.
      - BONORUM POSSESSIO EDICTALIS.
      - INTÉRÊT DE CETTE DISTINCTION.
    - EFFICACITÉ DE LA BONORUM POSSESSIO.
      - BONORUM POSSESSIO *cum re*.
      - BONORUM POSSESSIO *sine re*.
    - GÉNÉRALITÉS SUR LA DEMANDE EN MATIÈRE DE *bonorum possessio*.
  - ARTICLE II. — **Droit de Justinien. — Innovations.**
- CHAPITRE III. **SUCCESSION ab intestat sous Justinien.**
  - ARTICLE PREMIER. —
  - ARTICLE II. —
  - ARTICLE III. —
  - ARTICLE IV. —
  - ARTICLE V. —
  - ARTICLE VI. —
  - **Questions controversées.**

Fin du deuxième tableau général des Hérédités.

TABLEAU GÉNÉRAL DES MODES D'ACQUÉRIR *PER UNIVERSITATEM*

AUTRES QUE L'HÉRÉDITÉ ET LA *BONORUM POSSESSIO*.

TROISIÈME SECTION.

- **Acquisition par adrogation.**
  - TRANSMISSION DE L'ACTIF
  - TRANSMISSION DU PASSIF.
- **Acquisition par la** *manus*.
- **Acquisition par la** *dominica potestas*.
- *In jure cessio* **d'une hérédité.**
- *Addictio bonorum libertatis causa.*
- *Bonorum sectio.*
- *Bonorum venditio.*
- **Confiscation.**

SECTION II. — HÉRÉDITÉS AB INTESTAT OU LÉGITIMES.

Généralités.

L'hérédité légitime n'a lieu qu'à défaut d'hérédité testamentaire. En effet, à Rome on tenait à honneur de ne pas mourir intestat. Aussi, on ne suppose pas qu'un testateur ait jamais pu avoir l'intention de laisser une partie de son patrimoine passer à des héritiers, en vertu de la loi. Si donc, dans son testament, il n'a pas disposé de toute son hérédité, on s'arrange de façon à ce que, néanmoins, tout son patrimoine se trouve déféré *ex testamento*. (T. 43-48, art. 3). C'est du reste l'application, sinon le motif, de cette règle essentielle : « *nemo paganus partim testatus, partim intestatus decedere potest.* » Paganus ici, c'est l'homme qui n'est pas militaire; aussi, le militaire échappe à la règle et peut disposer par son testament d'une partie de son hérédité, laissant à la loi le soin de répartir le reste.

Dans quels cas on meurt intestat. — On meurt intestat quand la succession n'est pas recueillie en vertu d'un testament, c'est-à-dire : 1° Si le *de cujus* n'a pas fait de testament; 2° ou s'il ne l'a pas fait conformément au droit, ce qui le rend nul; 3° ou si le testament, régulier et valable en principe, a été *ruptum* ou est devenu *irritum;* 4° ou si le testament a été abandonné (*destitutum*) par suite de l'incapacité ou du refus de tous les institués ; 5° enfin si le testament a été déclaré inofficieux. (T. 45-46).

Remarque. — On ne peut pas laisser une hérédité ab intestat, sans mourir *intestat;* mais la réciproque n'est pas vraie : ainsi, un homme riche meurt intestat ; puis il est convaincu de haute trahison ; le fisc s'empare de ses biens ; il n'a donc pas laissé une hérédité *ab intestat*.

N.-B. — Cette matière des successions *ab intestat* est très-compliquée. Ma division n'est sans doute pas exempte de défauts ; cependant, je la crois plus capable que toute autre, de permettre d'étudier clairement cette partie du droit romain. — Trois chapitres généraux étudient : 1° Les différentes classes d'héritiers avec les modifications qu'elles reçurent des diverses autorités juridiques; 2° les moyens employés par le préteur pour donner des droits aux héritiers qu'il créait (*bonorum possessiones*); 3° enfin le système tout nouveau inauguré de toutes pièces par Justinien dans ses Novelles.

CHAPITRE Ier. — DIFFÉRENTES CLASSES D'HÉRITIERS.

Ce chapitre, dans lequel on étudie le système successoral établi par les XII Tables et modifié par le Sénat, par les Empereurs et le préteur, se divise lui-même en deux parties, selon que le de cujus est un *ingénu*, ou que le de cujus est un *affranchi*. Dans ce dernier cas, en effet, la constitution des droits du patron forme un droit tout spécial.

ARTICLE PREMIER. — Successions laissées par un ingénu.

L'ingénu, qui meurt intestat, a plusieurs ordres d'héritiers : 1° les héritiers siens; 2° les agnats; 3° les gentiles; 4° les cognats. Dans le principe, la vocation à l'hérédité a pour base, pour fondement essentiel, le lien civil de puissance paternelle ; ce n'est qu'avec l'adoucissement des mœurs, qu'on parvint à donner quelques droits, d'abord bien modestes, puis sans cesse plus étendus, au lien du sang et de la filiation naturelle, qui, dans l'ancien droit, était absolument écarté par le lien civil de *potestas patria* et ses conséquences.

HÉRITIERS SIENS (Heredes sui).

Ancien Droit.

Héritiers siens proprement dits. — *Si intestato decedit, cui* SUUS HERES *nec escit, agnatus proximus familiam habeto...* » (Cette phrase montre que la vocation des héritiers siens, en première ligne, va de soi et n'a pas besoin d'être prescrite).

Comme nous l'avons vu, l'héritier sien est celui qui était sous la puissance immédiate du *de cujus*, au moment de sa mort. C'est donc la puissance paternelle qui constitue ce lien héréditaire, sans qu'il y ait lieu de considérer le lien naturel; d'où résulte que la femme ne peut avoir d'héritiers siens même parmi ses enfants ; et que, par contre, cette qualité s'applique à tous ceux qui étaient sous la puissance du de cujus, sans considérer si cette puissance résulte : 1° de la filiation *ex justis nuptiis ;* 2° de l'adoption ; 3° de la légitimation par oblation à la curie ou mariage subséquent ; 4° dans le droit antérieur à Justinien, de certains modes spéciaux de constitution de la puissance paternelle : *causæ probatio*, *erroris causæ probatio* ; 5° enfin de la *manus*, qui donne la puissance paternelle au chef de famille sur sa femme, ou la femme de son fils.

Pour être *héritier sien* du de cujus, il ne suffit pas d'avoir été sous sa puissance; il faut avoir été sous sa puissance immédiate ; c'est-à-dire être devenu *sui juris* par sa mort. Ainsi le petit-fils précédé de son père est, avec ce dernier, sous la puissance de l'aïeul ; mais celui-ci mourant, le fils seul deviendra *sui juris* et *heres suus*, tandis que le petit-fils ne fera que changer de paterfamilias.

Cas exceptionnels où l'héritier sien n'a jamais été sous la puissance du de cujus. — 1° Le *de cujus* meurt, laissant sa femme enceinte ; ou bien il meurt laissant enceinte sa bru, dont le mari (son fils) meurt avant lui ; ces posthumes seront *héritiers siens* du de cujus, bien qu'ils n'aient jamais été sous sa puissance. En effet : *infans conceptus pro nato habetur quotiens de commodis ejus agitur*. Mais il faut, bien entendu, que ce posthume ait été tout au moins conçu du vivant du de cujus, sans quoi toutes les fictions ne pourraient aboutir à supposer une parenté et une puissance paternelle entre personnes qui n'auraient pas coexisté, même un instant, et à l'état embryonnaire. L'enfant est réputé conçu du vivant du de cujus, s'il naît dans les dix mois qui suivent sa mort.

2° Le fils de famille est captif à la mort de son père, puis il recouvre la liberté ; par la fiction du *postliminium*, il est réputé n'avoir jamais été captif, et, par suite, avoir été sous la puissance de son père au moment de la mort de ce dernier.

Epoque à laquelle s'apprécie la qualité d'heres suus. — Pour savoir qui est héritier sien, il faut attendre le moment où il est certain que le de cujus est mort intestat. Or dans certains cas, par exemple dans une institution conditionnelle, ce moment peut n'arriver que longtemps après la mort du de cujus. — Dans cette hypothèse ou des hypothèses analogues, celui qui aurait été héritier sien, au moment de la mort, peut très-bien ne pas recueillir l'hérédité ab intestat, par lui-même ou ses ayants cause. Ainsi : Je meurs, ayant sous ma puissance Primus et son fils Secundus; ce serait donc Primus qui serait *heres suus*; mais j'ai institué Mævius; Primus meurt, puis Mævius renonce; Secundus sera *heres suus*, et Primus n'aura pu transmettre aucun droit aux ayants cause qu'il a pu laisser. Rappelons, à cette occasion, que, pour succéder ab intestat à une personne, il faut : 1° avoir existé, ou avoir été conçu de son vivant ; 2° être existant, capable de succéder, et en rang utile, au moment où s'ouvre la succession ab intestat c'est-à-dire, s'il y a eu testament, au moment où il devient certain qu'il n'y aura pas d'héritier testamentaire, et, s'il n'y a pas eu de testament, au moment de la mort du de cujus.

Représentation ou concours entre des héritiers de degrés inégaux. — En principe, les héritiers du degré le plus proche succèdent seuls. Ainsi, le petit-fils primé par son père ne peut être *heres suus*. Mais si ce petit-fils, n'étant plus primé par son père, se trouve en présence de ses oncles ou tantes paternels, qui sont au premier degré, tandis qu'il est au second? on admet qu'il pourra concourir avec eux, en empruntant le droit successoral de son père disparu, qu'il *représente*, c'est-à-dire dont il occupe le lieu et place. Ainsi le ou les représentants n'ont droit qu'à la part de la personne qu'ils représentent. Exemple : tous les enfants d'un fils prédécédé prendront seulement à eux tous la part que leur père aurait prise s'il fût venu lui-même. C'est ce qu'on appelle le partage *par souches*, — chaque famille formant une unité.

Cette division par souches se produira même au cas où les héritiers, étant tous au même degré, pourraient venir isolément et partager par têtes.

Ainsi le de cujus meurt laissant deux petits-enfants de Primus prédécédé, et quatre petits-enfants de Secundus également prédécédé ?

On appliquera la représentation (non plus pour faire venir des personnes qui, autrement, seraient exclus par des héritiers plus proches en degré), mais pour opérer le partage par souches, et faire donner la moitié de la succession aux deux enfants de Primus, et l'autre moitié aux quatre enfants de Secundus.

Comment s'acquiert l'hérédité. — L'héritier sien, nous l'avons vu (T. 47), est en même temps *nécessaire ;* il continue la personne du défunt, et, bon gré malgré, sans adition, même à son insu, il devient héritier dès que la succession s'ouvre. L'acquisition a lieu activement et passivement, *ipso jure*, de plein droit, et par conséquent, même à l'égard de l'absent, du fou et du pupille, qui n'ont pas besoin de l'autorisation du curateur ou du tuteur pour acquérir l'hérédité. Mais le préteur (T. 47) accorde aux héritiers siens le bénéfice d'*abstention*, pour le cas où la succession serait onéreuse.

Droit prétorien. — Constitutions impériales. — Innovations de Justinien.

Agnats — Gentiles. — Cognats.

HÉRÉDITÉS AB INTESTAT. — DIFFÉRENTES CLASSES D'HÉRITIERS. — *Héritiers siens.*

HÉRITIERS SIENS (Heredes sui). — (*Fin*).

Ancien droit. (T. pr.)

Droit prétorien.

Le préteur appelle certaines personnes, laissées de côté par le droit civil, au même rang que les *heredes sui*, en leur donnant la *bonorum possessio unde liberi*. Mais le préteur « *heredes facere non potest*, » et ces personnes, qu'il appelle en concours avec les *h. sui*, ne sont pas *héritiers* proprement dits, mais elles sont *bonorum possessores* ou successeurs prétoriens, ce qui leur donne presque les mêmes avantages pratiques. Ainsi :

PERSONNES APPELÉES PAR LE PRÉTEUR AU RANG DES *heredes sui*.

1° *L'enfant émancipé*, relativement à la succession de son père ; 2° *les enfants de l'émancipé*, nés postérieurement à l'émancipation, si leur père prédécède, — relativement à la succession de leur aïeul ; 3° *les enfants nés avant l'émancipation* de leur père, et restés sous la puissance de leur aïeul, — relativement à la succession de leur père émancipé ; 4° *l'enfant donné en adoption*, et qui ne se trouve plus in *adoptiva familia* au moment de la mort de son père naturel,— relativement à la succession de ce dernier ; 5° *les enfants déjà nés du pérégrin* qui obtient la cité, lesquels, tout en devenant citoyens romains, ne tombent pas sous la puissance paternelle de leur père, — relativement à la succession de ce dernier ; — 6° *les enfants du civis* qui a perdu la cité, et la puissance ; mais qui, recouvrant plus tard la cité, ne recouvre pas la puissance paternelle, — relativement à la succession de leur père dont la *media* ou *maxima capitis deminutio* les a rendus *sui juris* ; — toutes ces personnes, ne se trouvant pas sous la puissance du *de cujus* au moment de sa mort, ne peuvent être ses héritiers siens d'après le droit civil ; mais, dans un but d'équité, le préteur leur permet de venir, même en concours avec des *sui*, à la succession de leur père (ou de leur aïeul), en leur accordant la *bonorum possessio unde liberi*.

Remarque. — 1° Quant à l'émancipé : s'il a laissé en puissance des enfants, ceux-ci, qui auraient eu toute la part de leur père, s'il n'obtenait pas la *bonorum possessio*, n'auront absolument rien, puisqu'ils vont être primés par leur père, considéré par le préteur au même rang qu'un *heres suus*. A titre de transaction, le père émancipé, qui vient comme *bonorum possessor*, donnera à ses enfants, *heredes sui* du *de cujus*, la moitié de la part qu'il va recueillir. 2° L'enfant adopté arrive, par la *bonorum possessio*, à la succession de son père naturel, mais seulement s'il est sorti de sa famille adoptive ; l'espèce est sensiblement la même que s'il avait été émancipé directement par son père naturel. Si, au contraire, il est encore dans sa famille adoptive, à la mort de son père naturel, toutes ses espérances reposent sur son père adoptif, et il n'a rien à voir à ce qui se passe dans sa famille naturelle. — On comprend qu'il ne s'agit ici que de l'enfant donné en adoption par son père naturel : en effet, s'il s'agissait d'un père adoptif, Primus, qui aurait à son tour donné son enfant adoptif, *Mævius*, en adoption, tout lien serait rompu, et il n'y aurait plus aucun droit civil ou prétorien à invoquer dans les rapports entre Primus et Mœvius.

DU RAPPORT : *Collatio bonorum.*

Collatio bonorum. — Le préteur, en réparant l'iniquité du droit civil (qui excluait certains enfants du *de cujus*, par cette seule circonstance qu'ils n'étaient pas sous sa puissance au moment de sa mort), en commettait une autre à son tour. En effet, les enfants restés en puissance n'avaient rien gagné pour eux-mêmes ; toutes leurs acquisitions avaient grossi le patrimoine de la famille, et c'est ce patrimoine auquel venaient prendre part des émancipés qui, devenus *sui juris*, avaient pu acquérir pour eux-mêmes. On détruisait ainsi l'équilibre consacré par le droit civil, qui appelait à l'hérédité les *seuls* enfants en puissance du de cujus, pour leur faire retrouver dans le patrimoine commun ce qu'ils n'avaient pu garder pour eux. — Aussi le préteur, en assimilant les émancipés aux *sui* restés en puissance, veut une assimilation complète dans l'avenir, mais aussi dans le passé ; ces émancipés auront les avantages des *sui*, mais ils en supporteront rétroactivement les désavantages, en *rapportant* à la succession tout ce qu'ils ont gagné depuis leur émancipation ; ils se trouvent alors, comme les *sui*, n'avoir rien gagné pour eux-mêmes, et, par conséquent, partager sans injustice le patrimoine commun dans lequel sont venues se fondre toutes les acquisitions des héritiers. Ce *rapport* prend le nom de *collatio bonorum*.

A qui profite la collatio bonorum. — Mais, de ce qui vient d'être dit, on doit conclure que la *collatio bonorum* n'est due qu'à l'*heres suus*, et non aux autres émancipés ; et encore n'est-elle due à l'*heres suus* que s'il souffre de la vocation de l'émancipé. Ainsi le de cujus laisse 1° un fils Primus, resté en puissance ; 2° un fils Secundus émancipé ; 3° les enfants de ce fils Secundus, restés en puissance. Secundus devra le rapport à ses enfants dont il vient restreindre la part, mais nullement à Primus qui n'aurait jamais eu que la moitié de la succession, et dont la part n'est pas diminuée par la vocation de Secundus. Dans certains cas, l'intervention du *bonorum possessor* peut même profiter au *suus* : ainsi le de cujus a testé, instituant son fils pour 1/4 et un *extraneus* pour les 3/4. Mais il a omis l'émancipé, et celui-ci vient, par la *bonorum possessio*, briser l'effet du testament ; dès lors le *suus*, venant en concours avec l'émancipé, aura la moitié de la succession, au lieu d'avoir le 1/4, qui eût été sa part si le testament avait produit effet. Il profite donc de la vocation de l'émancipé, et celui-ci ne devra pas rapporter.

Biens dispensés de la collatio bonorum. — Sont dispensés du rapport les biens ou actions que l'émancipé n'eût pas acquis à son père : 1° le pécule *castrense* ; — 2° le pécule *quasi-castrense* ; — 3° dans le dernier état du droit, les biens qui auraient fait partie du pécule adventice ; — 4° l'usufruit ; — 5° l'usage ; 6° l'*action d'injures* ; ces derniers droits ou actions étant personnels et intransmissibles.

Collatio dotis. La dot est soumise à des règles toutes spéciales. La femme dotée rapporte sa dot, lors même qu'elle est toujours restée en puissance et qu'elle vient comme *heres sua*. On décide toutefois que la dot *adventice* doit être rapportée seulement aux *sui*, tandis que la dot profectice est rapportée même aux émancipés. En 467, Léon soumet au rapport la *donatio ante nuptias* faite par un ascendant.

Constitutions impériales.

Les descendants par les filles n'ont, d'après le droit civil, aucun droit à la succession de leur aïeul maternel, et le droit prétorien ne les appelle qu'en troisième ordre avec les cognats. — En 389, Valentinien, Théodose et Arcadius assimilent aux descendants par les mâles, les descendants par les filles, mais avec les diminutions suivantes : 1° les petits-enfants, qui concourrent avec leurs oncles ou tantes, n'ont droit qu'aux 2/3 de la part qu'aurait eue leur mère, si elle eût été vivante ; 2° en concours avec les agnats, ils ont droit aux 3/4 de la succession, tous les autres agnats n'ayant droit qu'à 1/4.

La première disposition est maintenue par Justinien ; mais la seconde est abrogée par lui au profit des petits-enfants qui excluent complètement les agnats.

Les mêmes règles s'appliquent quand c'est une femme qui est morte *intestat*, laissant des petits-enfants issus d'un fils ou d'une fille prédécédés.

Remarque. — Quand les petits-enfants *ex filia* viennent ainsi en concours avec leurs oncles ou tantes, ou des cousins issus d'oncles ou tantes prédécédés, la succession se divise *in stirpes*, par souches, comme s'il s'agissait de petits-enfants *sui* ; mais ceux-ci sont héritiers nécessaires et n'ont pas besoin de faire adition, tandis que ceux dont nous parlons doivent faire adition.

Droit de Justinien.

Dans le droit civil, nous l'avons vu, l'enfant, *in adoptiva familia* à la mort de son père naturel, n'a aucun droit sur la succession de ce dernier, et même le droit prétorien ne lui accorderait que la *bonorum possessio unde cognati*, à défaut d'héritiers siens et d'agnats. Si donc, après la mort de son père naturel, il est émancipé par son père adoptif, il perd tout droit à la succession de ce dernier, et n'en est pas moins définitivement exclu, par les héritiers siens ou les agnats, de la succession de son père naturel.

Il y avait déjà deux exceptions : 1° pour le cas où l'enfant avait été adopté par son ascendant paternel, le préteur lui donnait la *bonorum possessio unde liberi*, pour concourir sur la succession de son père naturel. 2° Si l'enfant avait été adopté *ex tribus maribus*, c'est-à-dire donné en adoption par un père qui avait trois fils sous sa puissance, le SC. Sabinien obligeait l'adoptant à laisser à l'adopté au moins le quart de ses biens ; s'il ne le faisait pas, l'adopté pouvait réclamer cette quarte aux héritiers de l'adoptant. Cette *quarte sabinienne* a quelque analogie avec la quarte Antonine.

Justinien va plus loin. Il décide que l'adopté ne change pas de famille et qu'il reste sous la puissance de son père naturel. Il faut excepter le cas où l'adoptant est un ascendant paternel ou maternel de l'adopté ; dans ce cas il y a *adoptio plena* : l'enfant change de famille et acquiert tous les droits d'un *suus* proprement dit, à la succession de l'adoptant, que ses liens de parenté avec l'adopté empêcheront d'ailleurs de vouloir léser ce dernier.

Dans ce système, établi par Justinien, l'enfant donné en adoption conserve tous ses drois de *suus* à la succession de son père naturel ; de plus il aura un droit à la succession *ab intestat* du père adoptif ; mais si ce père adoptif fait un testament qui ne donne rien à l'adopté, celui-ci ne pourra rien réclamer, ni en droit civil, ni en droit prétorien, ni même par la *querela inofficiosi testamenti*.

En 528, Justinien décide que les fils ou filles du de cujus devront aux petits enfants le rapport de la dot ou de la *donatio ante nuptias* ; et que, de leur côté, les petits-enfants rapporteront ces mêmes libéralités qui auraient été faites à leur père ou mère.

En 529, il décide que ceux, qui profiteront des rapports précédents, devront rapporter toute donation ; mais, en 530, il ordonne que les biens adventices ne seront plus rapportés.

On a vu plus haut que Justinien maintient la constitution de Théodose, Valentinien et Arcadius pour les petits-enfants *ex filia*, en concours avec les *sui* ; mais que les agnats seront toujours exclus par les petits-enfants.

Agnats.

Gentiles.

Cognats.

HÉRÉDITÉS AB INTESTAT. — DIFFÉRENTES CLASSES D'HÉRITIERS. — *Agnats.*

Héritiers siens. (T. 58, 59).

DES AGNATS. — AGNATI.

Agnats proprement dits, — collatéraux du de cujus.

ANCIEN DROIT.

Des Agnats. — A défaut d'héritiers siens, la loi des XII T. appelait à l'hérédité le plus proche agnat du de cujus. On a déjà vu sommairement (T. 15), ce qu'étaient les agnats. Rappelons qu'à la différence de la *cognation*, l'*agnation* reposait essentiellement sur le lien civil de puissance paternelle. Ainsi : étaient agnats l'un de l'autre, ceux qui avaient été ou auraient été, s'ils fussent nés plus tôt (les posthumes par exemple), sous la puissance paternelle du même chef de famille. Les héritiers siens de quelqu'un sont donc agnats entre eux ; tels sont : deux frères consanguins ; le neveu et l'oncle paternel ; les enfants nés de deux frères consanguins ; — du reste, comme la puissance paternelle n'émane pas essentiellement du sang, l'agnation est produite et existe entre des adoptés ; ainsi des enfants *ex justis nuptiis* ont pour agnats ceux que leur père a adoptés ou qui ont été adoptés par leur frère, leur oncle paternel, ou tout autre agnat.

Vocation des agnats. — Tous les agnats du même degré viennent en concours et excluent ceux du degré suivant; d'où résulte qu'il n'y a pas de *représentation*. Ainsi le de cujus laisse un frère, et un neveu *ex fratre*: le frère exclura le neveu.

De la non-représentation. — Une conséquence de ce principe de non-représentation, c'est que l'hérédité se divise *in capita*, et non pas *in stirpes*, comme pour les *heredes sui;* car chaque personne, qui vient à l'hérédité, n'arrive que par suite d'un droit de vocation propre. Ainsi, le de cujus laisse deux neveux issus de son frère Primus, et quatre neveux issus de son frère Secundus. L'hérédité se partagera en six parts, une pour chacun de ces six cousins germains : *Ita ut singuli singulas portiones habeant.* Au contraire, si ces cousins étaient appelés comme *heredes sui* à la succession de leur aïeul, les deux premiers, frères entre eux, prendraient la 1/2 de la succession, et les quatre autres, également frères entre eux, n'auraient que l'autre 1/2.

Époque à laquelle s'apprécie la qualité d'*agnatus proximus*. — Pour reconnaître quel est le *proximus agnatus*, on se place, comme pour les héritiers siens, non pas au moment de la mort du *de cujus*, mais au moment *quo certum est sine testamento decessisse*. A ce moment seul, en effet, on peut dire que la succession *ab intestat* s'ouvre. Celui qui était le plus proche agnat au moment de la mort, peut donc, dans certains cas, n'être pas celui qui sera appelé à la succession, si, par exemple, il décède avant que l'institué n'ait répudié.

De la non dévolution. — Du principe de la loi des XII T. « *Agnatus PROXIMUS familiam habeto*, » il résultait que l'*agnatus proximus*, venant à mourir ou à répudier la succession, qui s'est ouverte en sa faveur, l'agnat du degré suivant n'avait aucun droit à l'hérédité, parce qu'en principe l'hérédité n'était déférée qu'une fois dans chaque ordre d'héritiers légitimes : *successio in suis heredibus non est.* Si donc celui qui, dans un ordre, a été appelé, ne recueille pas, la succession passera, non dans le le même ordre au degré suivant, mais au degré le plus proche dans l'ordre suivant.

Comme ce résultat était néanmoins fort dur pour les agnats du degré suivant, on en corrigeait la rigueur de deux manières: 1° l'agnat le plus proche, qui ne voulait pas de la succession, la vendait à l'agnat du degré suivant, qui la désirait; 2° le préteur accordait à cet agnat exclu la *bonorum possessio unde cognati*, mais elle ne lui était utile que s'il n'y avait pas de cognats préférables.

Jurisprudence intermédiaire. — La loi des XII Tables ne tenait aucun compte du sexe dans la vocation des agnats. Mais les prudents, par une interprétation et une extension de la loi *Voconia*, décident que les agnates sont, en principe, exclues du droit de succéder *agnationis jure*. Une seule exception est faite pour la *consanguinea* (sœur germaine ou consanguine), et pour la *noverca* du de cujus, qui était in *manu mariti;* car la femme, qui est pour mon père *loco filiæ*, est pour moi *loco consanguineæ*.

DROIT PRÉTORIEN. — Le droit prétorien n'assimile personne aux agnats, et laisse le droit civil dans toute sa rigueur. Toutefois, il donne la *bonorum possessio unde cognati*, à défaut d'héritiers siens et d'agnats, à ces agnates qui, en principe, comme on vient de le voir, sont exclues du droit de succéder *agnationis jure*. (V. plus loin : Justinien).

CONSTITUTIONS IMPÉRIALES. — L'empereur Anastase, (498), ordonne que les frères et sœurs émancipés (*mais non leurs enfants*), viendront comme agnats, malgré l'émancipation, à la succession du de cujus, au même rang que, et en concours avec les frères et sœurs restés dans la famille, c'est-à-dire agnats du de cujus. Le texte de cette constitution ne nous est pas parvenu, mais il paraît, au dire de Théophile, que ces émancipés ne recueillaient que la moitié de ce qui revenait aux frères et aux sœurs restés en puissance.

JUSTINIEN.

Justinien innove, en plusieurs points, dans un sens libéral. — 1° Il supprime la jurisprudence intermédiaire au sujet des agnates, qui désormais succéderont comme les agnats, d'après les principes de la loi des XII T. 2° De plus, il appelle les frères ou sœurs utérins, et leurs enfants (mais non leurs petits-enfants), à concourir comme agnats avec des frères et sœurs réellement agnats. 3° En 534, il décide que les frères et sœurs émancipés concourront avec les non-émancipés, sans *diminution de part*, et il accorde la même faveur, après eux, à leurs enfants, mais seulement au premier degré. 4° Enfin, remarquant qu'il y a anomalie à admettre la dévolution de degré en degré dans la tutelle, et à la repousser dans l'hérédité, il décide qu'elle sera admise dans l'ordre des agnats, comme elle l'était déjà, d'ailleurs, dans l'ordre des cognats.

Agnats assimilés : Ascendants et descendants du de cujus.

Dans cet ordre des agnats on a successivement fait entrer certains parents en ligne directe :

ASCENDANT PATERNEL.

Le père émancipateur a sur l'émancipé des droits analogues à ceux du patron sur l'affranchi. Aussi, bien qu'il soit exclu par les descendants légitimes (*heredes sui*) de l'émancipé de cujus, le *parens manumissor*, à défaut de descendants légitimes, vient à l'hérédité de l'émancipé, excluant les frères ou sœurs du défunt, qui n'appartiennent pas à la même famille civile que ce dernier.

Dans le droit de Justinien, le *parens manumissor* est primé, non-seulement par les *heredes sui*, mais encore par les frères et sœurs du de cujus. Toutefois, si le de cujus laisse : des frères ou sœurs, son père et sa mère, ceux-ci reçoivent les deux tiers de la succession *en usufruit*, qu'ils se partagent ; par une singulière bizarrerie, si le de cujus laisse des frères ou sœurs et un père seul, la mère étant prédécédée, le père aura, non plus les 2/3, mais la totalité de l'usufruit. C'est évidemment l'inverse qui serait logique.

APPENDICE. Biens laissés par un filius familias.

PÉCULE ADVENTICE. Une constitution de Théodose décide que les *Lucra nuptialia*, qui appartiennent au filiusfamilias, seront déférés aux enfants du de cujus, et, à leur défaut, à son père, lors même que ce père serait lui-même filius familias, l'aïeul, dans ce cas, ayant l'usufruit. Léon restreint le droit du père, qui est dès lors primé par les enfants et les frères ou sœurs germains, consanguins ou utérins.

Justinien décide que cette réglementation sera étendue aux biens qui viennent de la ligne maternelle, auquel cas la mère survivante vient en concours avec les frères ou sœurs ; puis il étend la même règle à tous les biens adventices, le père, investi de la puissance paternelle, ayant toujours au moins l'usufruit.

PÉCULE castrense. Le fils de famille peut disposer par testament du pécule *castrense* ; à défaut de testament, et si le de cujus ne laisse ni enfants, ni frères ou sœurs, son père prend le pécule ; mais est-ce jure peculii ou jure hereditatis? Ce dernier sens paraît préférable, puisque le père arrive au pécule adventice, sans aucun doute, jure hereditatis. — Le père qui, pendant la vie de son fils, n'a aucun droit d'usufruit, sur les bona castrensia de ce dernier, n'en aura pas davantage après sa mort s'il n'est pas appelé à la propriété de ces biens.

DROIT SUCCESSORAL DE LA MÈRE QUANT A SES ENFANTS : SÉNATUSCONSULTE TERTULLIEN.

Dans l'ancien droit, la mère n'était appelée à la succession de ses enfants que dans le cas où, étant *in manu*, elle était *loco sororis* de ses enfants. Sans cette condition, elle n'avait aucun droit. Toutefois le préteur lui accordait la *bonorum possessio unde cognati*, mais seulement dans le cas où personne ne demandait la *bonorum possessio unde liberi* ou *unde legitimi*. — Claude, pour la première fois, appelle exceptionnellement une mère à la succession de ses enfants, *ad solatium liberorum amissorum*.

SC. Tertullien. Enfin le SC. Tertullien, sous Antonin le Pieux, réglemente cette matière de la façon suivante : 1° La mère n'arrive à la succession de ses enfants que si elle a le *jus liberorum* (si, ingénue elle a mis au monde, vivants et à terme, 3 enfants, et affranchie, 4), et si, étant en puissance, elle fait adition *jussu parentis*.

Ordre de vocation de la mère. — Dans le système du SC. Tertullien, la mère : I. est primée : 1° par les *heredes sui* ou assimilés de son fils ; 2° puis, à partir d'une constitution de Gratien, Valentinien et Théodose, par les enfants de sa fille prédécédée, qu'elle excluait avant cette innovation, puisqu'ils n'étaient que les cognats de leur mère ; (elle vient donc seulement dans l'ordre des agnats, et même, dans cet ordre, elle est encore *primée*:) 3° par le frère *consanguineus* du *de cujus*; 4° par son mari, père du *de cujus* (V. alinéa suivant). — II. Elle concourra avec la ou les sœurs *consanguineæ* du de cujus. — III. Elle exclura tous les autres agnats. — *Observation* — Si le *de cujus* laisse un *consanguineus* et une *consanguinea*? La présence du frère *consanguin* exclut tout d'abord radicalement la mère, et la sœur viendra dès-lors, sans obstacle, en concours avec son frère.

Quant au père du *de cujus*, qui est sorti de la famille primitive par émancipation ou dation en adoption, il ne vient que comme cognat. Néanmoins, s'il se trouve seulement en présence de la mère, il la primera absolument, bien qu'elle vienne dans l'ordre des agnats. Mais si le père est déjà primé et exclu radicalement par un agnat proprement dit, la mère pourra bénéficier du SC. Tertullien, car elle ne se trouve plus en présence des droits du père.

(On a vu quelque chose d'analogue à l'alinéa précédent). — Du reste cette préférence du père sur la mère ne s'étend ni à l'aïeul ni, *a fortiori*, au bisaïeul.

Remarque. — La mère, on vient de le voir, qui prime tous les agnats autres que le consanguineus ou la consanguinea, et qui reçoit du préteur la *bonorum possessio unde legitimi* (la même qu'il donne aux agnats), est donc bien complètement assimilée aux agnats.

Toutefois, bien que le principe de dévolution soit exclu, comme nous l'avons vu, de la succession agnatique, la mère recevra, *par dévolution*, la succession répudiée par le *consanguineus*, et transmettra également *par dévolution*, si elle répudie, la succession à l'agnat suivant.

On ne distingue pas pour l'application du SC. Tertullien entre les enfants légitimes ou naturels de la mère ; la mère ne vient en effet qu'en vertu du lien *naturel* qui la relie à ses enfants.

Modifications. — *Constantin* décide que la mère, qui n'a pas le *jus liberorum*, enlèvera néanmoins *un tiers* de la succession à l'agnat du troisième degré, ou d'un degré ultérieur ; mais, par contre, la mère, qui a le *jus liberorum*, devra laisser un tiers de la succession au *patruus*, à son fils ou petit-fils (fussent-ils sortis de la famille civile du *de cujus*), tandis qu'elle les aurait complètement exclus d'après le SC. Tertullien.

Valentinien et *Théodose* décident que la mère, privée du *jus liberorum*, peut enlever au patruus les 2/3 de la succession ; mais que, par contre, eût-elle le *jus liberorum*, elle laissera 1/3 au frère sorti de la famille civile du *de cujus*.

Enfin *Justinien* supprime entièrement la nécessité du *jus liberorum* ; — la mère prime tous les collatéraux ordinaires ; en présence des *sœurs*, celles-ci prennent à elles toutes une moitié de la succession, et la mère prend l'autre moitié ; en présence de *frères* ou de *frères et sœurs*, la mère prend une part virile.

Enfant mort impubère. — La mère n'est appelée à la succession de son enfant mort impubère, que si elle a, dans l'année qui suit l'événement donnant ouverture à la tutelle (intra annum), provoqué la nomination d'un tuteur ou le remplacement du tuteur exclu ou excusé. C'est le devoir que le SC. Tertullien lui impose en échange de la faveur qu'il lui accorde. Si elle ne l'accomplit pas, elle est déchue, à moins toutefois qu'elle ne fût agée de moins de XXV ans (cas auquel elle n'est pas réputée être en faute), ou que l'enfant n'ait atteint la puberté, événement qui relève la mère de la déchéance encourue.

Sénatus-Consulte Orphitien.

Gentiles. — Cognats.

HÉRÉDITÉS AB INTESTAT. — DIFFÉRENTES CLASSES D'HÉRITIERS. — *Agnats.* — *Gentiles.* — *Cognats.*

Héritiers siens (T. 58, 59).

AGNATS. — AGNATI. — (Suite).

Agnats proprement dits, collatéraux du *de cujus*. (T. 60).

Agnats assimilés : Ascendants et descendants du de cujus.

Ascendant paternel. (T. 60).

Droit successoral de la mère quant à ses enfants : Sénatus-consulte Tertullien. (T. 60).

DROIT SUCCESSORAL DES ENFANTS A LA SUCCESSION DE LEUR MÈRE. SÉNATUS CONSULTE ORPHITIEN.

Ancien droit. — Dans l'ancien droit, les enfants ne pouvaient être appelés à la succession de leur mère, qu'au rang des cognats, car ils ne font pas partie de la même famille civile. Il faut excepter le cas où la mère est *in manu mariti* et, par conséquent, *loco consanguineæ* pour ses enfants.

Le SC. Orphitien (rendu sous le règne de Marc-Aurèle et de Commode), imitant le SC. Tertullien, appelle les enfants (mais non les petits-enfants), à la succession de leur mère, qu'ils soient *sui juris* ou en puissance, de l'un ou de l'autre sexe, légitimes ou naturels ; et il les appelle de préférence, soit aux agnats, soit au père émancipateur, soit, dans l'hypothèse où la mère est une affranchie, au patron de cette dernière.— Toutefois, on exige des enfants qu'ils soient citoyens romains, et qu'ils fassent adition ; s'ils ne font pas adition, il y a dévolution au plus proche agnat, ou au patron — Si la mère décédée avait laissé sa propre mère (SC. Tertullien), et des enfants, ces derniers, d'après une const. de Gratien, Valentinien et Théodose, excluraient leur aïeule maternelle, qui les excluait dans le SC. Tertullien.

SUCCESSION DE L'AIEULE. — Une constitution de Théodose, Arcadius et Valentinien étend à la succession de l'aïeule maternelle ou paternelle, les principes qu'elle établissait pour l'aïeul maternel ; or voilà quels étaient ces principes : un homme meurt, laissant des enfants et petits-enfants d'une fille prédécédée : ces petits-enfants auront, dans la succession de leur aïeul maternel, les deux tiers de la part qu'aurait eue leur mère ; — d'un autre côté, si le de cujus a laissé des petits-enfants issus d'une fille prédécédée, et des agnats, les petits-enfants auront les trois quarts de l'hérédité de leur aïeul. — *Justinien* commence par supprimer cette dernière restriction et les petits-enfants excluront totalement les agnats ; plus tard, en 537, il supprima la première restriction, et les petits-enfants, concourant avec des enfants, auront toute la part qu'aurait eue leur auteur.

Nature des héritiers ex SC. Orphitiano. — Les enfants, appelés en vertu du SC. Orphitien, ne sont ni héritiers *siens*, ni *nécessaires* ; ils doivent donc faire adition pour être mis en possession de l'hérédité.

Enfants naturels.— Les règles précédentes s'appliquent aux enfants naturels ; ces derniers, cependant, *sous Justinien*, sont exclus au profit des légitimes, mais pour le cas unique où la mère est une personne *illustris*.

Droit d'accroissement. — La part du renonçant accroît à ceux qui ont déjà fait adition, et à leurs héritiers s'ils sont morts. Il en est de même de la part de celui qui meurt sans avoir fait adition ; il ne transmet pas à ses héritiers le *jus adeundi vel repudiandi*.

Une constitution de Théodose dispose cependant que le descendant institué, qui meurt *ante apertas tabulas*, transmet son droit à ses héritiers.

Enfin, *Justinien* complète la matière, en décidant que l'héritier testamentaire ou légitime, s'il a obtenu le *jus deliberandi*, transmet son droit à ses héritiers, mais ceux-ci doivent se décider dans l'espace d'une année.

Effet de la capitis deminutio *sur les successions déférées par les SC. Tertullien et Orphitien.* — L'hérédité étant un droit civil, il faut, pour succéder, être citoyen au moment de l'adition d'hérédité. La *maxima* ou la *media capitis deminutio*, encourue avant l'adition, détruit, avec le droit de cité, le droit successoral résultant des SC. Tertullien et Orphitien. Quant à la *minima capitis deminutio*, elle n'a aucune influence en cette matière, puisqu'elle ne touche qu'à l'agnation, et que les SC. Orphitien et Tertullien sont précisément destinés à réagir contre la faveur en laquelle le droit civil tient les agnats, et à y substituer le lien de parenté naturelle, que ne saurait modifier la *minima capitis deminutio* ; (on pourrait dire, il est vrai, la même chose de la *media* et de la *maxima capitis deminutio*).

Remarque. — Les héritiers *ex SC. Orphitiano* sont assimilés à des agnats ; c'est donc la *bonorum possessio unde legitimi* qu'ils obtiendront du préteur.

GENTILES.

Après les héritiers siens, la loi des XII Tables appelle les agnats ; après les agnats, elle appelle à la succession : les *gentiles*. Or, qu'est-ce que les Gentiles ? Voici la définition qu'en donne Scévola, et qui est jugée par Cicéron, comme le modèle des définitions exactes : « *Gentiles sunt qui inter se eodem nomine sunt.* — Non satis est : *qui ab ingenuis oriundi sunt.* Ne id quidem satis est : *quorum majorum nemo servitutem servivit.* Abest etiam nunc : *qui capite non sunt deminuti.* Hoc fortasse satis est. » Les *gentiles* sont donc ceux : 1° qui ont le même nom commun entre eux ; 2° qui sont d'origine ingénue ; 3° dont aucun ancêtre n'a été en esclavage ; 4° qui n'ont pas subi de diminution de tête. — Malgré la perfection de cette définition, on ne sait pas du tout ce qu'étaient les *gentiles*. Les trois opinions suivantes ne sont donc que des conjectures.

1re *Explication.* — On a cru d'abord que le rapport de gentilité présupposait une parenté naturelle, un lien du sang. Mais cette opinion est abandonnée, et, en effet, il est constant que les *gentiles*, appelés à la succession ou à la tutelle légitime, ne font pas nécessairement partie de la même famille que le pupille ou le *de cujus*.

2e *Explication.* — La *gens* romaine, ou décurie, est une subdivision de la curie, dont tous les membres sont unis par un lien politique, religieux et même civil, car il y a entre eux une espèce de solidarité. A l'origine, les ingénus (patriciens), entraient seuls dans la *gens*, laquelle était commandée par un décurion : *princeps gentis* ; c'est ce *princeps gentis* qui était sans doute chargé d'administrer les tutelles afférentes à la *gens*, tutelles qui ne pouvaient évidemment être, comme les hérédités, déférées à toute la *gens*. — Cette explication serait en désaccord avec la définition de Scévola, puisque les affranchis entrent dans la curie, et feraient par suite partie de la *gens*.

3e *Explication* (développée par M. Ortolan). — Les membres d'une famille perpétuellement ingénue, dont aucun ancêtre n'a jamais été esclave ou client, sont *gentiles*, par rapport à toute famille dont l'auteur a été l'esclave ou le client d'un de leurs ancêtres. Les membres de la famille principale sont agnats entre eux ; les membres de la famille secondaire sont aussi agnats entre eux ; mais les membres de la première ont, de plus, un certain rapport de *suzeraineté* (*gentilitas*) sur les membres des familles secondaires.

Toutes les familles, dérivées de la famille principale, prennent son nom et ses *sacra* ; leurs membres sont des gentiles *passifs*, qui n'ont ni la qualité, ni les droits d'hérédité ou de tutelle attachés à cette qualité. — Chacune de ces nouvelles familles peut, à son tour, devenir la souche : *stirps*, de nouvelles familles secondaires, mais sans pouvoir acquérir sur ces dernières les droits de gentilité.

Remarquons que les femmes affranchies, ou issues d'affranchis, ne peuvent épouser qu'un homme ayant les mêmes *gentiles* qu'elle-même, afin que ses biens ne puissent être enlevés à la *gens* à laquelle appartient son mari et appartiendront ses enfants. — Il faut du reste constater, quelles que soient les opinions en matière de gentilité, que cette institution avait complètement disparu du temps de Gaius.

COGNATS. — COGNATI.

Les cognats, unis entre eux par les liens du sang, s'ils n'étaient pas en même temps agnats ou héritiers siens, étaient absolument sans vocation successorale dans l'ancien droit. Sous le préteur, ils ne sont que *bonorum possessores*, car le préteur « *heredes facere non potest* ».

La *cognatio* est le seul lien qui, à défaut d'*agnatio*, existe pour les personnes suivantes :

1° la mère du de cujus ou les enfants de la défunte. 2° Les agnats *capite minuti* et leurs descendants, mais seulement si l'agnation était doublée de la *cognatio*. (Ainsi, l'adrogé, qui est *capite minutus*, n'est plus agnat, mais ne devient pas cognat de ses ex-agnats). — (On a vu que les frères et sœurs émancipés, malgré leur diminution de tête, concourent, dans le nouveau droit, avec leurs frères et sœurs restés en puissance, excluant les autres agnats et, à fortiori, les cognats). 3° Les parents par les femmes, *en ligne directe ou collatérale*, dans le droit antérieur à Justinien ; *en ligne collatérale* seulement, à partir de la constitution de Théodose, Arcadius et Valentinien, qui assimile les descendants en ligne directe *ex filia*, aux descendants en ligne directe *ex filio* ; Justinien va plus loin en appelant *secundo ordine*, c'est-à-dire parmi les agnats, certains collatéraux (frères et sœurs utérins, ou leurs descendants). 4° L'enfant *in adoptiva familia* (modifié par Justinien). 5° Les agnats autres que les sœurs germaines ou consanguines, jusqu'à Justinien, qui les assimile à ces dernières. 6° L'enfant naturel dans ses rapports avec sa mère, ses frères, sœurs et autres parents maternels ; cet enfant naturel pourra avoir des héritiers siens, mais il n'a jamais d'agnats.

Tous ces cognats arrivent à la succession au moyen de la *bonorum possessio unde cognati*, mais ils ne l'obtiennent jamais qu'à défaut d'héritiers siens et d'agnats. En effet, on considère l'*ordre* avant le *degré*, d'où résulte, par exemple, qu'un arrière-petit-fils (3e degré), passe avant le père (1er degré), ou le frère (2e degré), du *de cujus*.

La dévolution a toujours été admise dans l'ordre des cognats.

COGNATS QUI N'OBTIENNENT PAS LA BONORUM POSSESSIO. — **I.** La *cognatio servilis* ne produit en principe, aucun lien de succession, même après l'affranchissement. Mais Justinien décide que la *cognatio servilis* suffit aux enfants pour succéder à leur père et mère et pour se succéder entre eux. **II.** De même, la parenté naturelle ne produit pas de droit successoral vis-à-vis de la famille paternelle. **III.** Enfin, on ne donne la *bonorum possessio unde cognati* aux cognats, que jusqu'au 6e degré, et même au 7e : *Sobrinus*, tandis que les agnats ont toujours droit à la *bonorum possessio unde legitimi*, à quelque degré qu'ils soient.

ARTICLE II. — Succession des Affranchis.

Il faut tout d'abord distinguer trois époques : 1e celle de la loi des XII Tables ; 2e celle qui comprend les modifications apportées aux principes des XII Tables, jusqu'à Justinien ; 3e enfin l'époque de Justinien. — En second lieu, il faut distinguer, dans la *deuxième* période, le cas où l'affranchi est citoyen romain, latin-Junien ou déditice. (On sait que, sous l'empire de la loi des XII Tables, aussi bien qu'à partir des innovations de Justinien, il n'y a que des affranchis citoyens romains).

HÉRÉDITÉS AB INTESTAT. — SUCCESSION DES AFFRANCHIS. — *Lois des XII Tables.* — *Modifications.*

§ 1er. — Système de la loi des XII Tables. *(Jus antiquum).*

Les affranchis peuvent *tester* librement ; s'ils meurent *intestats*, leurs biens passent à leurs *heredes sui*, (parmi lesquels on place les adoptés et les femmes *in manu*).

A défaut de sui, la succession passe *au patron*, et, à son défaut, à ses descendants, comme à des *agnats*, et d'après les mêmes règles que celles qui régissent, pour les ingénus, la succession des agnats. Ainsi : 1° Sans avoir égard au *sexe*, la patronne, est appelée au même titre que le patron, et la fille du patron au même titre que son fils. — 2° Ne sont considérés comme agnats et par suite comme héritiers de l'affranchi, que les descendants du *manumissor*, qui étaient sous la puissance immédiate dudit manumissor au moment de sa mort; ce qui exclut les descendants de la patronne, les descendants par les filles, les enfants émancipés ou donnés en adoption. — 3° Les descendants du *manumissor* succèdent à l'affranchi, indépendamment de leur vocation à l'hérédité de leur auteur.

Il faut ajouter : 1° que le partage de la succession se fait *par têtes* entre héritiers au même degré ; 2° que le *proximus* exclut les autres, sans qu'il puisse y avoir de *représentation*. (Ainsi de deux patrons, dont l'un est mort, le survivant exclut les enfants du prédécédé; si tous deux sont morts laissant l'un un fils, l'autre un petit-fils, ce dernier sera exclu par le fils).

N. B. — 1° S'il s'agit de la succession d'*une affranchie* : A. Comme elle ne peut tester que tutore patrono auctore, le patron n'a pas à se plaindre d'un testament qui l'omettrait, et qui pourra ainsi valablement instituer même des étrangers. — B. L'affranchie, ne pouvant avoir d'*heredes sui*, sa succession va au patron, si elle meurt intestat.

2° Les règles précédentes s'appliquaient à l'individu libéré du *mancipium*. (V. d'ailleurs : *bonorum possessio unde decem personæ*).

§ 2. — Modifications successives aux principes de la Loi des XII Tables.

Dans cette période il faut distinguer : 1° les *citoyens romains*; 2° les *Latins-Juniens* ; 3° les *déditices*.

N° 1. — AFFRANCHIS CITOYENS ROMAINS.

La loi des XII Tables était fort rigoureuse envers le patron puisqu'elle permettait à l'affranchi de l'omettre dans son testament, et qu'elle ne l'appelait à la succession *ab intestat* qu'à défaut d'héritiers siens. Ces rigueurs sont modifiées 1° par le préteur (mais seulement pour l'hypothèse d'un homme affranchi par un homme) ; 2° et par la loi *Papia* (pour diverses hypothèses). **N. B.** Il faudra distinguer plusieurs combinaisons, et notamment : 1° s'il s'agit d'un patron ou d'une patronne en présence d'un affranchi ou d'une affranchie ; 2° si le patron est prédécédé ce qui donne lieu à la question de *représentation* ; ces questions ne se rencontrent pas s'il s'agit d'une patronne, par la raison qu'elle n'a pas d'héritiers siens (V. le 2° du § 1er ci-dessus).

		1° Modifications prétoriennes.	2° Modifications de la loi Papia Poppæa.
Patron dans ses rapports avec :	UN AFFRANCHI.	I. *S'il y a un testament.* 1° Le patron n'est exclu que par les véritables descendants de l'affranchi restés en puissance ou ayant *droit à la bonorum possessio contra tabulas*. 2° Si l'affranchi n'a pas de tels descendants ou s'il les exhérède, il doit laisser *au moins la moitié* de ses biens au patron, sinon ce dernier peut demander cette moitié par une *bonorum possessio contra tabulas dimidiæ partis*. II. *S'il n'y a pas de testament.* Le patron est absolument exclu par les descendants véritables, restés en puissance ou ayant droit à la *bonorum possessio unde liberi* : — en présence d'un enfant adoptif ou d'une femme *in manu*, le patron a droit à une *bonorum possessio dimidiæ partis*.	— La loi Papia n'innove que si l'affranchi est *locupletior* (a une fortune supérieure à 100,000 sesterces). 1° Si l'affranchi a *un* ou *deux* enfants, qu'il ait ou n'ait pas testé, le patron prend une part virile 2° Si l'affranchi laisse au moins *trois* enfants, la législation antérieure est maintenue.
	UNE AFFRANCHIE.	Pas de modification au jus antiquum (tout au moins jusqu'au Sénatus-Consulte Orphitien. V. supra T. 61).	— La loi des XII Tables, laissant l'affranchie en tutelle de son patron, sans lequel elle ne pouvait tester, sauvegardait les intérêts du dit patron. Mais la loi Papia, décidant que l'affranchie, *mère de quatre enfants*, échappe à la tutelle et peut tester librement, sent la nécessité de protéger le patron. Pour cela elle décide que : quelles que soient les dispositions testamentaires de l'affranchie, le patron prend une part virile calculée sur le nombre des enfants survivants. Mais si l'affranchie est morte intestat ? Il paraît que la loi Papia ne prévoyait pas le cas, et dès lors le patron recueille toute la succession, au détriment des enfants de l'affranchi. Plus tard le Sénatus-Consulte Orphitien appelle les enfants avant le patron.
Patronne dans ses rapports avec :	UN AFFRANCHI.	Pas de modification au *Jus antiquum*.	— La loi Papia n'innove qu'en faveur de la patronne, qui a un certain nombre d'enfants. 1° Est-elle elle-même affranchie ? 3 enfants lui donnent la *bonorum possessio* DIMIDIÆ PARTIS dans tous les cas où le préteur l'accorde au patron. 2° Est-elle ingénue ? A. 2 enfants lui donnent le bénéfice précédent. B. 3 enfants lui donnent le droit de prendre une part virile dans la succession de l'affranchi *locupletior*, (V. plus haut.) mort avec deux enfants au plus.
	UNE AFFRANCHIE.	Pas de modification au *Jus antiquum*.	— Le droit des XII Tables est maintenu : 1° si l'affranchie (jusqu'au SC. Orphitien), meurt sans testament ; 2° ou si la patronne n'a pas le jus liberorum, (à moins que la patronne ou l'affranchie n'ait subi une *capitis deminutio* ; dans ce cas le lien civil est rompu, et les enfants de l'affranchie excluent la patronne). Si l'affranchie a testé : la loi Papia donne à la patronne, *munie du jus liberorum*, ou à sa fille également *liberis honorata*, la *bonorum possessio dimidiæ partis*, contre le testament qui la dépouille.
Patron prédécédé.		Le préteur applique aux fils et descendants mâles « *per masculos* » du patron, les prérogatives qu'il confère à ce dernier; mais il laisse subsister l'ancien droit à l'égard des filles ou petites-filles du patron, qui ne pourront par conséquent demander la *bonorum possessio dimidiæ partis*.	— La loi Papia supprime la distinction établie par le préteur ; elle veut que la fille ou petite-fille, si toutefois elles ont le *jus liberorum*, soient traitées comme le fils du patron. En ce qui concerne *les droits du patron sur la succession de l'affranchie*, la loi Papia assimile au patron lui-même (*V.* plus haut) : 1° les fils ou descendants mâles ; 2° les descendantes, mais seulement si elles étaient investies du *jus liberorum*, et, de plus, à la condition que l'affranchie n'eût pas aussi le *jus liberorum*. Dans cette hypothèse certains jurisconsultes déniaient tout droit aux descendantes du patron, même munies du *jus liberorum*, à la succession de l'affranchie, mère de 4 enfants; mais Gaius leur donne : 1° *s'il n'y a pas de testament*, une part virile ; 2° *s'il y a un testament*, le droit qui appartient au patron ou à ses descendants mâles.

N° 2. — AFFRANCHIS LATINS-JUNIENS.

Dans le principe, l'esclave affranchi, par un mode non solennel, ou par le propriétaire bonitaire, n'est libre *que de fait* ; ce qu'il acquiert est un pécule, dont la libre jouissance lui est garantie par le préteur pendant sa vie, mais qui, à sa mort, passe directement à l'émancipateur. — La loi *Junia Norbana*, en les assimilant aux Latins, les faits libres *en droit*, et convertit le pécule en patrimoine; dès lors le *manumissor* ne pouvait plus, d'après les anciens principes, être considéré comme patron, et n'avait aucun droit quelconque sur la succession de l'affranchi prédécédé. Pour obvier à cette situation, la loi *Junia* décide que le Latin-Junien vit libre, mais meurt esclave; d'où résulte que ses biens font, comme par le passé, retour au manumissor. (Cette disposition s'applique aux Latins-Juniens de la loi *Œlia-Sentia*).

Cette qualité de pécule, attribuée aux biens du Latin-Junien et qui les fait se confondre dans la succession du *manumissor*, produisit plusieurs différences importantes avec les règles suivies pour la succession des affranchis citoyens romains.

1° Les *heredes extranei* du manumissor viennent à la succession de l'affranchi, même à l'exclusion des héritiers siens exhérédés.

2° S'il y a deux patrons? A. co-propriétaires, le pécule se divise entre eux, proportionnellement à leur part de propriété.

— B. dont l'un est mort laissant des héritiers quelconques ? Ces derniers ne sont pas exclus par le patron survivant.

3° S'il y a lieu à représentation, la division se fait par souches, et proportionnellement à la part de propriété du représenté, et non par têtes comme pour la succession de l'affranchi citoyen romain.

4° Le *proximus* n'exclut pas les autres.

5° La part du *renonçant* est caduque, tandis qu'elle appartient au survivant, par droit d'accroissement, s'il s'agit d'un affranchi citoyen romain.

Le Sénatus-Consulte Largien (sous le règne de Claude), favorisant *les enfants* du patron, décide qu'ils seront préférés aux héritiers externes, à moins qu'ils n'aient été *exhérédés nominatim*.

Remarque. — Si le Latin-Junien obtient la *cité*, sa succession est régie comme celle de l'affranchi citoyen romain. — Toutefois *Trajan* décide que la règle précédente cessera de s'appliquer si le Latin-Junien a obtenu la cité par un rescrit impérial rendu contre le gré ou à l'insu du patron, dont il convient alors de maintenir les anciennes prérogatives ; à son tour, *Adrien* décide que si le Latin-Junien, qui obtient la cité *rescriptio principis*, fait ensuite la *causæ probatio*, il sera assimilé à l'affranchi citoyen romain.

N° 3. — AFFRANCHIS DÉDITICES.

En principe, comme pérégrins, les déditices ne peuvent laisser aucune hérédité légitime ou testamentaire. Toutefois, comme ils peuvent acquérir, la loi Œlia-Sentia, tout en leur refusant le droit de tester, décide du sort de leurs biens, en distinguant, suivant que l'affranchi, abstraction faite du vice qui produit la qualité de déditice, eût été citoyen romain, ou Latin-Junien : au premier cas, ses biens sont régis comme ceux de l'affranchi citoyen romain ; au second cas, comme ceux du Latin-Junien.

§ 3. — Modifications de Justinien. (T. 63).

HÉRÉDITÉS AB INTESTAT. — SUCCESSION DES AFFRANCHIS. — *Modifications de Justinien.* — BONORUM POSSESSIONES.

§ 3. — Modifications de Justinien.

1° Justinien supprime les Latins-Juniens et les déditices. Dès lors, tous les affranchis sont citoyens romains et leur succession est uniformément réglée.

2° Il supprime toute différence entre le patron et la patronne, entre les enfants du sexe masculin et les enfants du sexe féminin, nés du patron ou de la patronne ; entre la succession d'une *liberta* et la succession d'un *libertus*.

3° Il supprime encore toute différence entre le cas où le patron survit et celui où il prédécède. Le droit du patron prédécédé sera exercé par ses descendants, ou, à leur défaut, par les collatéraux jusqu'au 5° degré. Il n'y a pas d'ailleurs de *représentation*, de sorte que le plus proche prime tous les autres.

EN RÉSUMÉ — I. Si l'affranchi meurt intestat : on appelle : 1° En *premier ordre*, ses enfants, même ceux qu'il aurait eus *in servili conditione*, pourvu qu'ils soient libres au moment de la mort de leur père. 2° En *second ordre*, les ascendants, père et mère de l'affranchi, et même ses frères et sœurs, bien que nés *in servili conditione*, si toutefois ils sont libres à la mort du *de cujus*. 3° En *troisième ordre*, le patron, la patronne ou leurs enfants. 4° En *quatrième ordre*, les cognats du patron ou de la patronne jusqu'au 5° degré. 5° Enfin, le conjoint du *de cujus*.

II. Si l'affranchi faisait un testament : 1° il pouvait toujours, en instituant ses enfants, exclure entièrement patron ou patronne. 2° Mais, s'il n'a pas d'enfants, ou s'il les a exhérédés ? A. — A-t-il laissé une fortune inférieure à 100 sous d'or ? Il a pu tester librement ; B.— A-t-il laissé plus de 100 sous d'or ? Le patron obtiendra, non plus la moitié, mais le *tiers* de la succession à titre de *légitime*.

APPENDICE : **Adsignatio libertorum.**

L'adsignatio libertorum rentre dans la matière des successions des affranchis, puisqu'elle a pour but d'empêcher certaines règles générales de cette matière de s'appliquer.

En principe, l'affranchi, qui meurt après son patron, laisse une hérédité qui se partage entre tous les enfants au même degré de ce dernier. Or, le Sénat fut d'avis de permettre au patron d'*assigner son affranchi* à un seul (ou à certains) de ses enfants ou descendants qui, à la mort de l'affranchi, sera considéré comme son unique patron, et recueillera, par conséquent, toute son hérédité.

Cette *adsignatio* peut être faite au profit d'un fils, d'une fille, d'un petit-fils, d'une petite-fille, et sans formes solennelles.

Elle peut avoir pour objet un *libertus* ou une *liberta*.

Pour faire une telle disposition, il faut avoir la puissance paternelle sur l'enfant qu'on favorise, d'où résulte que la patronne ne peut exercer ce droit. Néanmoins, on avait admis que le père, qui a des enfants en puissance et un émancipé, peut faire *adsignatio* collectivement en faveur de l'émancipé et d'un des enfants en puissance. Mais, si ce dernier venait à être à son tour émancipé, la disposition s'évanouirait.

L'*adsignatio* s'évanouit et on revient au droit commun : 1° lorsqu'une volonté contraire a été manifestée par celui qui a assigné ; 2° lorsque l'enfant, en faveur duquel elle est faite, est plus tard émancipé ; 3° lorsqu'il meurt sans postérité.

CHAPITRE II. — BONORUM POSSESSIONES.

Le mot *bonorum possessio* désigne la succession déférée, non par le droit civil, mais par le préteur. Tandis que l'héritier civil, qui peut très-bien ne pas être *possesseur* des choses héréditaires, en est du moins *dominus* au moment où la succession s'ouvre en sa faveur, le bonorum possessor n'est pas d'ors et déjà *dominus* des choses héréditaires, car le préteur « heredes facere non potest », mais il en est du moins *possesseur*, et pourra les usucaper. On peut donc dire, selon la pensée de M. Demangeat, que la bonorum possessio est à l'hereditas, comme l'in bonis est au domaine quiritaire.

ARTICLE PREMIER. — **Droit antérieur à Justinien.**

On peut envisager la matière de la *bonorum possessio* sous les quatre points de vue suivants :

1° But que se propose le préteur : *confirmer*, *compléter*, *modifier* ou *corriger* le droit civil.

2° Circonstances dans lesquelles est mort le de cujus : *testat* ou *intestat*.

3° Etendue de la disposition prétorienne : bonorum possessio *edictalis*, bonorum possessio *decretalis*.

4° Efficacité de la *bonorum possessio* : bonorum possessio *cum re*, bonorum possessio *sine re*.

1° But que se propose le préteur.

1° Le préteur *confirme* le droit civil, quand il donne la *bonorum possessio* à des personnes déjà appelées par le droit civil ; (tel est le cas : de la *bonorum possessio unde liberi*, et *unde legitimi*, accordées aux héritiers siens ou aux agnats appelés à l'hérédité par le droit civil ; — de la *bonorum possessio secundum tabulas*, accordée à une personne valablement instituée en droit civil). En ces circonstances, le seul avantage que procurait la *bonorum possessio* était de permettre à l'héritier d'user de l'interdit *quorum bonorum*, à l'effet de se faire mettre en possession des choses héréditaires.

2° Le préteur *complète* le droit civil, pour éviter qu'on ne mourût sans successeur, en étendant le système du droit civil, qui laissait de nombreuses successions en déshérence. Tel est le but de la *bonorum possessio unde cognati*, — *unde vir et uxor*.

3° Le préteur *corrige* le droit civil, en accordant : la *bonorum possessio contra tabulas* à l'émancipé omis ; la *bonorum possessio secundum tabulas*, à un posthumus *alienus*, institué dans un testament, quoique ce posthume « jure civili hereditatem adire non poterat » ; en appelant, par la *bonorum possessio unde liberi*, les émancipés à concourir avec leurs frères ou sœurs, héritiers siens, restés en puissance.

Si l'on examine la timidité avec laquelle le préteur débutait dans ses innovations, il est à croire qu'il commença par donner les *bonorum possessiones*, tendant à confirmer le droit civil ; ensuite, il étendit son système, à côté du droit civil, à des personnes laissées de côté par le droit civil, mais qui, équitablement, pouvaient prétendre à l'hérédité ; enfin, et ce fut sa dernière audace, il arriva à refuser la *bonorum possessio* à certains héritiers du droit civil, pour l'accorder à d'autres personnes qu'il lui paraissait plus équitable d'appeler, de préférence, à l'hérédité.

Il est probable que la première origine des *bonorum possessiones* date des procès sur l'hérédité : *petitio hereditatis*. Il est à présumer que le préteur accordait les avantages du rôle de défendeur (*vindicias dicebat*...), en faveur de l'héritier qui lui paraissait préférable ; celui-ci était constitué possesseur, *bonorum possessor*, et sa position était très-avantageuse, puisque le fardeau de la preuve retombait sur l'adversaire, qui, le plus souvent, échouait ; si bien qu'on dût arriver à considérer le *bonorum possessor* comme l'héritier définitif.

2° Circonstances dans lesquelles est mort le de cujus.
3° Etendue de la disposition prétorienne. } (T. 64).

4° Efficacité de la bonorum possessio.
Généralités sur la demande de la bonorum possessio. } (T. 65).

HÉRÉDITÉS AB INTESTAT. — BONORUM POSSESSIONES.

But que se propose le préteur. (T. 63).

Circonstances dans lesquelles est mort le de cujus.

Le de cujus est mort testat.

Bonorum possessio contra tabulas.

Cette *bonorum possessio* est accordée : 1° aux enfants omis dans le testament de leur père ou de leur aïeul paternel; 2° au fils ou petit-fils *ex filio* exhérédés *inter cæteros*. L'effet de cette *bonorum possessio* est de faire considérer le testament comme non avenu. De ceci résulte que toutes les dispositions, que contient ce testament, sont annulées. Toutefois : 1° la substitution pupillaire ne sera pas annulée si c'est un émancipé qui a obtenu la *bonorum possessio*. 2° Il en est de même des legs ou fidéicommis faits à certaines personnes, à des parents, à la femme. 3° Enfin, d'après un décret d'Antonin, la *bonorum possessio* demandée par une femme a pour effet, non de dépouiller l'institué, mais de faire attribuer à la femme omise la part qu'elle aurait eue en vertu du *jus accrescendi*.

La *bonorum possessio*, mentionnée aux Institutes, est uniquement celle qu'on donnait aux *præteriti liberi*. On donne encore, mais seulement *contra heredem* et non *contra lignum*, la *bonorum possessio contra tabulas dimidiæ partis* : 1° au patron omis dans le testament de son affranchi, si celui-ci meurt sans laisser de descendants; 2° au père qui a émancipé son fils *contracta fiducia*.

Bonorum possessio secundum tabulas.

Cette *bonorum possessio* est d'abord donnée : 1° à celui qui est héritier d'après le droit civil, alors même que le testament ne serait pas fait dans la forme prétorienne (Elle serait même donnée, mais *secundum nuncupationem*, s'il n'y avait eu qu'un testament nuncupatif); 2° à celui qui est institué régulièrement d'après le droit prétorien, bien que l'institution ne valût pas en droit civil.

La seule condition à la délivrance de cette *bonorum possessio*, c'est qu'il n'y ait pas lieu à la *bonorum possessio contra tabulas*. L'avantage qu'elle procure est de faire accorder à celui qui l'obtient l'interdit *quorum bonorum*.

Le de cujus est mort **intestat.**

Il y a dans le droit antérieur à Justinien, huit *bonorum possessiones* données *ab intestat*.

1° **Bonorum possessio unde liberi.** — Elle est donnée aux héritiers siens et aux enfants assimilés, par exemple aux émancipés qui, d'après le droit civil, ne sont pas appelés à l'hérédité. — Elle n'a pas lieu dans la succession des *femmes*, qui ne peuvent avoir d'*heredes sui*.

Pour qu'il y ait lieu à cette *bonorum possessio*, il faut que le *de cujus* n'ait pas fait de testament, ou que celui, qu'il aurait fait, ait manqué de produire effet. En effet, le fils omis aurait, non pas la *bonorum possessio unde liberi*, mais la *bonorum possessio contra tabulas*.

2° **Bonorum possessio unde legitimi.** — On a vu dans quels cas elle était donnée : agnats assimilés ; Sénatus-Consultes Tertullien et Orphitien ; patron appelé par la loi des XII Tables à la succession de l'affranchi ; héritiers siens qui ont négligé de demander dans le délai voulu la *bonorum possessio unde liberi* à laquelle ils avaient droit. — En cette matière, le droit prétorien est calqué sur le droit civil, et cette *bonorum possessio* ne fait que *confirmer* le droit de ceux qui sont *civilement* appelés à la succession *ab intestat*.

3° **Bonorum possessio unde cognati.** — Elle est accordée aux cognats selon leur degré de proximité (V. T. 61).

4° **Bonorum possessio unde decem personæ.** — Elle est donnée, par préférence au *manumissor extraneus*, à *dix parents* du *mancipium* affranchi, lesquels, simples cognats, seraient, sans elle, primés par l'affranchissant, qui a tous les droits du patronage. Ces parents sont : le père et la mère ; le grand-père ou la grand-mère tant paternels que maternels ; le fils et la fille ; le petit-fils et la petite-fille issus d'un fils ou d'une fille ; le frère ou la sœur consanguins ou utérins.

5° **Bonorum possessio tum quem ex familia.** — Elle ne concerne que la succession des affranchis. Elle est donnée au plus proche agnat du patron (prédécédé sans enfants), de l'affranchi qui meurt lui-même, sans laisser de postérité, et *intestat*.

6° **Bonorum possessio unde patronus et patrona liberique eorum et parentes.** — Elle est donnée au patron du patron de l'affranchi, ainsi qu'au père émancipateur du *manumissor*, ou à leurs enfants. Mais ceci ne se présente qu'au cas où l'affranchi *de cujus* avait pour patron un autre affranchi dont le patron exerce les droits.

7° **Bonorum possessio unde cognati manumissoris.** — Elle est donnée aux cognats du patron jusqu'au 6e degré, et même au 7e degré si le cognat est l'enfant du *sobrinus*, c'est-à-dire du cousin issu de germain du patron.

8° **Bonorum possessio unde vir et uxor.** — Elle est donnée à l'époux survivant non divorcé, si toutefois la femme n'était pas *in manu mariti*. En effet, dans ce dernier cas, elle était *loco filiæ* pour son mari, et alors d'autres règles s'appliquaient.

RÉSUMÉ.

1° Le de cujus est *ingénu*, mais il est devenu *sui juris* par la mort de son père ou par une émancipation *contracta fiducia*? *Quatre bonorum possessiones* : unde liberi, unde legitimi, unde cognati, unde vir et uxor.

2° Le de cujus est *ingénu*, mais il avait été *émancipé sans fiducie*? *Cinq bonorum possessiones* : unde liberi, unde decem personæ, unde legitimi (donnée au *manumissor extraneus*), unde cognati, unde vir et uxor.

3° Le de cujus a été *affranchi* par un *ingénu*? *Cinq bonorum possessiones* : unde liberi, unde legitimi, tum quem ex familia, unde vir et uxor, unde cognati manumissoris.

4° Le de cujus a été *affranchi* par un *affranchi* ou un *émancipé*? *Quatre bonorum possessiones* : unde liberi, unde legitimi, unde patronus et patrona, unde vir et uxor.

APPENDICE : SITUATION MIXTE, ou : *bonorum possessio uti ex legibus*.

On vient de voir les *bonorum possessiones* précédentes accordées à certaines personnes, dans des cas absolument déterminés, les unes dans l'hypothèse où le de cujus est mort *testat*, les autres dans l'hypothèse où il est mort *intestat*.

Il y a une autre *bonorum possessio*, qui se donne aussi bien *ex testamento* que *ab intestato*, comme une ressource extraordinaire, « *quasi ultimum et extraordinarium auxilium*, » en vertu d'une disposition spéciale d'une loi, d'un Sénatus-Consulte, ou de tout autre acte législatif, qui ordonne de déférer la possession de biens à telle ou telle personne ; c'est la *bonorum possessio uti ex legibus*.

Ainsi le de cujus est l'affranchi d'une femme : il meurt *intestat* laissant un enfant adoptif ; dans l'ancien droit, la patronne n'avait aucun droit à la succession de l'affranchi ; mais la loi *Papia* lui fait donner la *bonorum possessio uti ex legibus*, si elle a deux enfants.

Mais c'est là une ressource extrême dont on ne doit user qu'à défaut de toute autre.

Étendue de la disposition prétorienne.

La *bonorum possessio* peut-être accordée, sans examen préalable, en vertu d'une disposition expresse de l'édit, et pour une situation préalablement spécifiée. Elle peut, au contraire, être accordée, non plus en vertu d'une disposition de l'édit, mais après enquête (*causa cognita*), en vertu d'un décret du préteur et eu égard à certaines circonstances de la cause. La première s'appelle *bonorum possessio edictalis*, la seconde, *bonorum possessio decretalis*.

A la première classe appartiennent les *bonorum possessiones* que nous venons d'étudier dans le paragraphe précédent. La seconde ne comporte pas une énumération, car les espèces, où le préteur accorde la *bonorum possessio decretalis*, sont infinies. Deux exemples seulement : 1° Celui qui est appelé en première ligne est un *furiosus* : pour que la bonorum possessio puisse lui être définitivement donnée, il faut que, devenu *mentis compos*, il la demande lui-même ; mais provisoirement, elle peut être donnée *ex decreto* à son curateur. 2° Le de cujus laisse un testament instituant son fils, et sa femme que l'on croit enceinte. Si elle accouche d'un enfant viable, il y aurait eu omission d'un posthume (T. 42). Dans l'incertitude, on refuse l'hérédité au fils, et celui-ci meurt ; puis, après cette mort, on constate que la femme n'était pas enceinte. Le préteur donnera *ex decreto* la *bonorum possessio* aux enfants du fils décédé.

Intérêt de cette distinction. — I. En donnant la *bonorum possessio edictalis*, le préteur fait acte de juridiction gracieuse, et peut l'accorder *de plano*, sans examen préalable, en quelque lieu que ce soit et dans toutes circonstances. Au contraire, en donnant la *bonorum possessio decretalis*, le préteur fait acte de juridiction contentieuse et ne peut l'accorder que *causa cognita*, siégeant dans son tribunal.

II. — Celui, qui a obtenu la *bonorum possessio edictalis*, peut toujours présenter l'interdit *quorum bonorum* ; le *possessor decretalis* ne peut quelquefois intenter que l'interdit : *ne vis fiat ei qui in possessionem missus erit*.

III. — Les *bonorum possessiones edictales* étaient définitives ; les *bonorum possessiones decretales* n'étaient souvent, dans un procès, qu'un expédient provisoire.

4° Efficacité de la bonorum possessio. } (T. 65).
Généralités sur la demande de la bonorum possessio. }

HÉRÉDITÉS AB INTESTAT. — BONORUM POSSESSIONES.

But que se propose le préteur. (T. 63).

Circonstances dans lesquelles est mort le de cujus. } (T. 64).
Etendue de la disposition prétorienne.

Efficacité de la *bonorum possessio*

La bonorum possessio est 1° **cum re,** lorsque celui qui l'obtient est assuré de ne pas être plus tard évincé par un héritier du droit civil; 2° **sine re** dans le cas contraire. — Mais quel avantage procurait alors cette dernière? Un considérable; en effet celui qui l'obtenait pouvait immédiatement se faire mettre en possession des biens héréditaires, même en évinçant l'héritier Celui-ci, dès lors, était obligé, pour faire valoir son droit, d'intenter la *petitio hereditatis;* mais, devenu ainsi demandeur, c'était à lui qu'incombait le fardeau de la preuve de son droit; et, s'il ne pouvait donner cette preuve, le *bonorum possessor* gardait la succession.

La *bonorum possessio* était donnée *cum re,* en principe, dans deux cas: 1° si celui, qui la demandait, était en même temps héritier d'après le droit civil; 2° lorsqu'il n'y avait pas d'héritier d'après le droit civil. En dehors de ces deux cas, et de quelques autres, où l'on finit par donner la *bonorum possessio cum re*, les *bonorum possessiones* étaient toujours données *sine re*.

Généralités sur la demande de la *bonorum possessio*

La possession de biens doit toujours être demandée au magistrat du peuple romain, préteur de Rome ou gouverneurs des provinces. Elle n'opère jamais de plein droit au profit des personnes qui y sont appelées. Elle doit être demandée en certains termes déterminés, et dans un certain délai. Ce délai, qui ne comprend que des *jours utiles*, part du moment où l'intéressé a pu demander la *bonorum possessio.* Il est de *un an* pour les descendants ou ascendants naturels aux adoptifs; de *cent jours* pour les autres cas.

Si la personne, qui avait droit à une *bonorum possessio*, laisse passer le délai sans accepter, s'il répudie ou s'il meurt, il y aura, suivant les cas: *accroissement* de sa part aux *bonorum possessores* qui ont demandé et accepté la *bonorum possessio;* ou *dévolution* à un degré suivant, dans le même ordre, si c'est possible, ou à l'ordre suivant.

Une constitution de Constance fait disparaître la solennité des paroles, et simplifie encore en permettant de demander la *bonorum possessio* non-seulement au *magistratus populi romani*, mais à tout autre juge.

ARTICLE II. — Innovations de Justinien.

Les innovations de Justinien, en matière de bonorum possessio, se ramènent à trois:

I. Sous Justinien, la *bonorum possessio* SINE RE a entièrement disparu, et, par conséquent, toute *bonorum possessio* est donnée *cum re.*

II. Justinien étend la constitution de Constance. Non-seulement aucune solennité n'est exigée, mais il n'y a pas même à demander la *bonorum possessio.* — On est *bonorum possessor*, comme on était héritier, et il suffisait de manifester d'une manière quelconque, dans le délai voulu, l'acceptation de la *bonorum possessio* à laquelle on avait droit.

III. Enfin, et c'est là le point le plus important, Justinien, modifiant les anciennes règles sur la succession des affranchis et de l'émancipé *non contracta fiducia*, supprime par cela même les possessions de biens établies pour ces situations spéciales, c'est-à-dire la *bonorum possessio: unde decem personæ,— tum quem ex familia, — unde patronus et patrona, liberique eorum et parentes, — unde cognati manumissoris.* — Il n'y a donc plus que SEPT *bonorum possessiones*: 1° POUR LES SUCCESSIONS TESTAMENTAIRES, les *bonorum possessiones: contra tabulas; secundum tabulas.* — 2° POUR LES SUCCESSIONS AB INTESTAT, les *bonorum possessiones: unde liberi; unde legitimi; unde cognati; unde vir et uxor.* 3° enfin POUR LES DEUX NATURES DE SUCCESSION, suivant les cas: *la bonorum possessio uti ex legibus.*

CHAPITRE III.— SUCCESSION AB INTESTAT SOUS JUSTINIEN: NOVELLES 118 (543 DE J.-C.) ET 127 (547 DE J.-C.).

Ces deux novelles refondirent complètement le système successoral qui vient d'être étudié.

Dans la Novelle 118, Justinien supprime notamment la distinction entre l'*agnation* et la *cognation*, distinction qui, malgré plusieurs modifications importantes, n'en était pas moins restée le principe dominant en matière de succession. — Le nouveau système repose sur la parenté naturelle (légitime, bien entendu, par opposition à la parenté civile). Il n'y a plus que quatre ordres de successibles:

1° les descendants; 2° les ascendants, les frères germains et leurs enfants; 3° les frères ou sœurs *ex uno latere* (consanguins, ou utérins) et leurs enfants; 4° les autres collatéraux.

Etudions les différents chapitres de la Novelle 118.

CHAPITRE Ier. Descendants.

Tout descendant légitime prime les ascendants et les collatéraux, dans la succession du de cujus, sans qu'on tienne compte ni du sexe ni de la qualité de *sui* ou *alieni juris*, des uns ou des autres. — La *représentation* est toujours admise, à l'infini, et alors, naturellement, la succession se partage *in stirpes*.

Question. — Lorsqu'il n'y a qu'une seule branche composée de petits-enfants, ceux-ci viennent-ils par représentation de leur père prédécédé? Exemple: Il y a une veuve pauvre, en présence de six petits-enfants. Suivant que l'on considérera ces derniers comme venant personnellement ou par représentation, la veuve pauvre aura 1/7 ou 1/4 de la succession. — On admet que les petits-enfants viendront par représentation.

CHAPITRE II. Ascendants seuls ou en concours.

A défaut des précédents, la succession est déférée aux *ascendants* les plus proches en degré, qui excluent tous les collatéraux, autres que les frères ou sœurs germains et leurs enfants.

1° *Le de cujus n'a laissé que des ascendants?* Dans cet ordre, la *représentation* n'est pas admise. L'ascendant le plus proche exclut tous les autres, sans qu'il y ait à distinguer entre les ascendants paternels ou maternels. Mais s'il y a des ascendants du même degré dans les deux lignes, on commence par partager la succession entre les deux lignes, moitié à l'une, moitié à l'autre, et, dans chaque ligne, on attribue des parts égales aux ascendants du même degré.

2° *Le de cujus a laissé des ascendants et des frères ou sœurs germains?* On divise exactement la succession en parts égales *secundum personarum numerum*, sans même qu'il y ait, en faveur de l'ascendant investi de la puissance paternelle, un droit d'usufruit sur la part attribuée à ses enfants en puissance, c'est-à-dire aux frères ou sœurs du de cujus.

Novelle 127. — *S'il y a, avec les ascendants et des germains, des enfants de germains prédécédés?* Ces enfants arrivent en *représentation* de leur père ou mère, pour la part que ces derniers auraient eue s'ils eussent survécu. Mais, *s'il y a des ascendants et des enfants de germains prédécédés?* on décidera comme s'il y avait également en présence des germains vivants, quoiqu'on ne rentre plus rigoureusement dans les termes de la *Novelle* 127.

CHAPITRE III. Collatéraux.

Les frères ou sœurs germains priment tous les autres collatéraux, même les frères ou sœurs consanguins ou utérins, qui sont néanmoins, comme les germains, au premier degré; mais les germains ont ce qu'on appelle le *privilège de double lien.*

Entre germains, le partage se fait *par têtes*; les enfants d'un germain prédécédé le représentent pour la part qu'il eût eue; il en est de même si tous les germains sont prédécédés: auquel cas le partage se fait par souches, quoique tous les successibles soient au même degré.

2° A défaut de frères ou sœurs germains, le partage se fait par têtes, sans distinction de l'origine des biens, entre les frères et sœurs consanguins ou utérins et leurs enfants.

3° A défaut de frères ou sœurs, les autres collatéraux sont appelés à la succession, toujours d'après la proximité du degré et par têtes.

CHAPITRE IV. — Il supprime toute différence entre la parenté *per femininam* ou *per masculinam personam*, autrement-dit entre agnats et cognats.

CHAPITRE V. Les cognats étant, comme les agnats, appelés à la succession, sont également appelés à la tutelle, pourvu qu'ils soient du sexe masculin et de l'âge voulu, — sauf la mère ou la grand-mère qui, dans certaines conditions, peuvent être tutrices.

CHAPITRE VI. Pour succéder, il faut être catholique.

N. B. 1° La Novelle 118, complétée par la Novelle 127, ne parle pas de filiation illégitime. En effet, les Novelles 18 et 89 décident que toute postérité légitime, et même la femme légitime du *de cujus*, excluent les enfants illégitimes, lesquels n'ont droit qu'à des aliments. Mais si le de cujus ne laisse ni femme légitime, ni enfants légitimes, les enfants illégitimes prendront le *sixième* de la succession, sur lequel ils donneront à leur mère, si elle était libre au moment de leur naissance, une part virile.

SECTION III. — AUTRES MODES D'ACQUÉRIR *PER UNIVERSITATEM.*

Ces modes d'acquérir *per universitatem*, autres que les hérédités testamentaires ou *ab intestat*, sont, d'après l'expression heureuse de M. Gide, des successions extraordinaires.

I. — Acquisition per adrogationem. — Ce mode d'acquérir résulte de la coutume. — Cette succession universelle au patrimoine de l'adrogé comprend deux transmissions, celle de l'*actif* et celle du *passif*.

Transmission de l'actif

Du temps de Gaius, cette transmission porte sur tous les biens de l'adrogé, choses corporelles ou incorporelles, peu importe.

Il faut toutefois en excepter : 1° certains droits qui s'éteignent radicalement par la *capitis deminutio* du titulaire (usufruit, usage, services dus par les affranchis, *jus agnationis*); 2° les biens qui, acquis avant l'adrogation, constituent, après l'adrogation, un pécule *castrense* pour l'adrogé.

Justinien assimile l'adrogeant au père naturel ; l'adrogeant n'aura donc que l'usufruit des biens, provenant à l'adrogé *aliunde quam ex re patris adoptivi*. — Mais si l'adrogé meurt *in adoptiva familia*, sans laisser de postérité, ni frères ni sœurs, l'adrogeant succède même à la propriété des *bona adventitia*.

L'adrogeant n'acquiert, bien entendu, comme du temps de Gaius, que les droits qui ne s'éteignent pas par la *capitis deminutio*, mais il y a, en cette matière, des modifications : ainsi l'usufruit ne s'éteint plus par la minima capitis deminutio, etc.

Transmission du passif.

I. DETTES HÉRÉDITAIRES. — L'adrogeant est bien entendu tenu des dettes de la succession dont l'adrogé a fait adition sur son ordre. Il est également tenu des dettes qui grèvent une succession acceptée avant l'adrogation. On ne considère pas ces dettes comme des dettes proprement dites, lesquelles seraient éteintes par la capitis deminutio.

II. DETTES CONTRACTÉES PAR L'ADROGÉ PROPRIO NOMINE. — 1° *En droit civil*: les dettes s'évanouissent faute de débiteur, puisque l'adrogation produit la rénovation juridique de l'adrogé, dont l'ancienne personnalité disparaît entièrement.

2° *Sous le droit prétorien*, il en est de même, en principe; mais on suppose l'adrogation rescindée, et les actions, qui seraient éteintes *jure civili*, sont accordées *utilitatis causa* aux créanciers, directement contre l'adrogé, ce qui frappe indirectement l'adrogeant; en effet, si celui-ci ne défend pas l'adrogé contre ces actions, les créanciers obtiennent l'envoi en possession des biens qui ont appartenu à l'adrogé, et peuvent les faire vendre pour se payer sur le prix.

3° Enfin *sous Justinien*, les créanciers peuvent agir directement contre l'adrogeant, *nomine filii*, ce qui les conduit au même résultat. (V. Action de peculio. T. 110).

III. DETTES RÉSULTANT D'UN DÉLIT COMMIS PAR L'ADROGÉ. — Ces dettes, même d'après le droit civil, subsistent contre l'adrogé.

II. — Acquisition par la Manus. — La *manus* produit identiquement les mêmes effets que l'adrogation, en ce qui concerne les biens de la femme *quæ convenit in manum*; c'est pourquoi Gaius les confond ensemble; il y a cependant quelques différences, mais peu importantes; d'autant plus que ce mode de transmission n'existe plus sous Justinien.

III. — Acquisition par la dominica potestas; — du SC. Claudien. — Par application des principes généraux qui régissent les deux matières précédentes, si un homme *sui juris* devient l'esclave d'un tiers, soit pour désobéissance au SC. Claudien, soit pour ingratitude envers son patron, soit pour s'être laissé vendre *ad pretium participandum*, la propriété acquise sur la personne emporte nécessairement la propriété des biens. *L'actif* suit le sort de celui du père de famille qui se donne en adrogation; quant *aux dettes*, si elles résultent d'un délit, le créancier a l'action noxale contre le maître; si elles dérivent d'un contrat ou quasi-ex-contractu, l'édit prétorien donne aux créanciers, sans actions d'après le droit civil, des actions utiles contre le maître, qui doit défendre *in solidum*, ou voir l'envoi en possession et la vente du patrimoine qu'il vient de recueillir.

Justinien supprime le SC. Claudien, et, dès lors, on reste en présence seulement des deux autres cas.

IV. — In jure cessio d'une hérédité. — A aucune époque l'*in jure cessio* ne s'est appliquée à la transmission du patrimoine d'un vivant.

Elle ne se conçoit donc, comme mode translatif *per universitatem*, qu'appliquée aux hérédités. Mais comme l'hérédité perd son existence distincte, dès qu'elle est acquise, et que la qualité d'héritier, une fois acquise, ne s'efface pas, l'*in jure cessio* ne peut réussir à transférer une hérédité, qu'autant qu'elle est l'œuvre d'un héritier externe qui n'a pas fait adition.

Il y a là de nombreuses questions, qui sortiraient de notre cadre, et pour lesquelles nous renvoyons à M. Accarias (T. II, p. 149 et suiv.).

V. — Bonorum addictio libertatum conservandarum causa. — Des esclaves ont été affranchis par un testament; l'institué ne fait pas adition; un décret de Marc-Aurèle permet à l'un des esclaves, ou à tous, de demander que les biens héréditaires leur soient attribués. Ils donnent caution de payer les dettes. Et dès lors ils deviendront directement libres; les esclaves affranchis par fideicommis seront affranchis par l'esclave qui a demandé la *b. addictio*, et l'auront pour patron. En un mot, celui qui demande la *b. addictio* se substitue à l'héritier, dont il doit remplir toutes les obligations: paiement des dettes et affranchissements testamentaires. — Ce décret de Marc-Aurèle fut accordé à Popilius Rufus, qui avait été affranchi dans le testament d'un Virginius Valens, de l'hérédité duquel l'institué ne voulait pas faire adition.

Dans quel cas est accordée l'addictio? Le décret de Marc-Aurèle ne s'appliquait que si le défunt avait laissé des affranchissements par testament, et s'il n'y avait aucun héritier ou successeur *ab intestat*. — Mais il fut étendu au cas où le *de cujus* est mort sans testament, laissant des affranchissements par codicilles, ou au cas où des affranchissements, faits entre vifs ou *mortis causa*, peuvent être annulés comme faits *in fraudem creditorum*. — Enfin l'*addictio* peut être prononcée même en présence d'un *heres suus* qui s'abstient.

Dans quel but est accordée l'addictio? 1° Pour favoriser les affranchissements; 2° pour éviter la vente en masse des biens du défunt.

Dans quel délai peut être demandée l'addictio? Tant que les biens héréditaires n'ont pas été saisis et vendus. Puis Justinien décide que l'*addictio* pourra être accordée, même dans l'année qui suit la vente en masse. Celle-ci dès lors est résolue. Mais les créanciers y gagnent d'être payés intégralement.

A qui est accordée l'addictio? Le décret de Marc-Aurèle ne visait que l'esclave affranchi par le testament du *de cujus*. Mais il fut étendu même à un *extraneus*. — *Quid* si l'*addictio* est demandée par plusieurs personnes? Si la demande a été simultanée? l'addictio est accordée à tous ceux qui la demandent; sinon la priorité de la demande établit la préférence entre les postulants.

A quelles conditions? D'après le rescrit de Marc-Aurèle, l'*addictio* n'est accordée qu'à celui : 1° qui donne aux créanciers bonne caution de les payer intégralement; 2° qui conserve indistinctement tous les affranchissements. — *Justinien* décide qu'elle pourra être accordée : 1° du consentement des créanciers, à celui qui promet seulement un dividende; 2° et à celui qui ne s'engage qu'à réaliser un certain nombre d'affranchissements. Mais il décide qu'entre plusieurs postulants celui-là obtiendra l'*addictio*, qui s'engagera à faire le plus d'affranchissements.

Effets de l'addictio. — De tout ce qui précède résulte que, s'il y a *addictio* : 1° les biens du défunt ne seront pas vendus en son nom, ce qui lui évitera l'infamie; 2° que les créanciers obtiendront le paiement intégral, ou, dans tous les cas, un dividende au moins aussi élevé que celui qu'ils eussent obtenu par la *venditio bonorum* ; 3° que celui qui obtient l'*addictio*, affranchissant les esclaves que l'institué devait affranchir, sera leur patron.

Ceux qui ont reçu du *de cujus* la *libertas directa* sont des *liberti orcini* (T. 5); à moins que celui qui obtient l'*addictio* n'ait mis pour condition de sa demande, qu'il sera le patron même des affranchis qui ont reçu la liberté directe. Mais ces derniers doivent y consentir.

4° enfin celui qui obtient d'*addictio* est considéré comme un *bonorum possessor*, actionne les débiteurs héréditaires, et est actionné par les créanciers, mais seulement *utiliter*.

Remarques. — I. Dans sa Novelle 1, Justinien décide que : si l'héritier institué n'exécute pas les dispositions quelconques mises à sa charge, les personnes gratifiées, les successeurs *ab intestat*, le fisc, enfin toute personne de bonne volonté peut prendre la place de l'héritier institué, *cautione prius ab eis facta*.

II. La *restitutio in integrum*, obtenue, après l'*addictio*, par l'héritier qui s'était abstenu ou avait renoncé, restera sans effet quant aux affranchissements déjà opérés.

AUTRES MODES D'ACQUÉRIR PER UNIVERSITATEM.

I. — **Acquisition par adrogation.**
II. — **Acquisition par la** *manus*.
III. — **Acquisition par la** *dominica potestas*.
IV. — **Acquisition par l'***in jure cessio* **d'une hérédité.**
V. — **Acquisition par** *l'addictio bonorum libertatum conservandarum causa.*

(T. 66).

VI. — **Acquisition par la** *bonorum venditio*. — La *venditio bonorum* est la vente en masse, par les créanciers, des biens de leur débiteur. Ce mode d'exécution fut organisé par Publius Rutilius, à l'imitation d'un mode d'exécution *jure civili* qu'on appelait la *bonorum sectio*.

(Cette *bonorum sectio* était la vente en masse faite par l'Etat : 1° des biens du débiteur qui ne voulait pas acquitter volontairement sa dette envers le trésor ; 2° des biens confisqués ; 3° d'une succession vacante. Ce mode d'exécution, *quand il s'appliquait à l'ensemble d'un patrimoine*, transférait à l'acquéreur la propriété quiritaire des biens vendus, ainsi que les créances et obligations que ce patrimoine comprenait.

C'était, dans ce cas, un mode d'acquérir *per universitatem*).

Les opérations, qui arrivent à faire désintéresser les créanciers, se divisent en deux classes principales : 1° les formalités qui précèdent l'*adjudicatio* ; 2° l'*adjudicatio* (vente) proprement-dite.

Formalités qui précèdent l'adjudicatio.

Ces formalités se résument en cinq principales.

ENVOI EN POSSESSION.

Dans quels cas est-il accordé :

I. L'envoi en possession, poursuivi contre une *personne vivante*, est accordé : 1° lorsque le débiteur se cache pour échapper aux poursuites ; 2° lorsqu'il est absent et que personne ne se présente à sa place ; 3° lorsqu'il a fait cession de biens à ses créanciers, en vertu de la loi Julia ; 4° lorsqu'il laisse passer les délais légaux sans exécuter la condamnation.

II. L'envoi en possession est accordé contre un débiteur défunt, lorsqu'il est certain qu'il n'aura ni héritier testamentaire ou *ab intestat*, ni successeur prétorien.

Formes de l'envoi en possession. — Il est accordé par le préteur, sur la demande des créanciers, après une enquête « *causa cognita*. »

Effets de l'envoi en possession. — Cette prise de possession, dite *rei servandæ causa*, donne aux créanciers la garde des biens du débiteur, et constitue ainsi à leur profit un véritable gage.

Durée de l'envoi en possession. — Trente jours ou quinze, suivant que le débiteur est vivant ou mort.

NOMINATION D'UN OU PLUSIEURS CURATEURS. — Le magistrat, sur la présentation et avec l'assentiment des créanciers, nomme un ou plusieurs curateurs chargés d'administrer les biens et d'exercer les actions qui appartiennent au débiteur, en un mot de faire tous actes conservatoires.

AFFICHES. — Ces affiches énoncent le nom du débiteur, l'intention du créancier de faire vendre ses biens ; elles ont aussi pour but d'attirer des enchérisseurs à la vente, et d'avertir les personnes qui pourraient être sympathiques au débiteur.

NOMINATION D'UN MAGISTER. — Après les 30 ou 15 jours employés à annoncer la vente des biens, le préteur convoque les créanciers, à l'effet d'élire un *magister* (syndic), chargé uniquement des opérations de la vente.

RÉDACTION DES CONDITIONS DE LA VENTE. — Cette *lex vendendorum bonorum*, ou cahier des charges, qui déterminera les conditions de la vente, c'est-à-dire les obligations qu'assumera l'acquéreur, est rédigée sur les propositions du *magister*, par l'assemblée générale des créanciers convoqués à cet effet par un nouveau décret. Elle contient l'état des biens et des dettes du débiteur.

Adjudicatio.

L'*adjudicatio* n'a lieu que trente ou vingt jours après la nomination du *magister*, selon qu'il s'agit des biens d'un vivant ou d'un défunt.

Elle se fait aux enchères publiques à jour et heure fixés d'avance.

Le prix offert est un *tant pour cent* des dettes. Celui, qui offre le dividende le plus élevé, est naturellement adjudicataire.

L'adjudicataire est un véritable *bonorum possessor*, un successeur prétorien. Il actionne ou est actionné *utilitatis causa*, par les actions qui appartenaient activement et passivement au débiteur exécuté. Il n'acquiert sur les biens que la propriété bonitaire, qu'il peut du reste transformer par l'*usucapio* en propriété quiritaire.

On sait que le débiteur, dont les biens ont été vendus en masse, est frappé d'infamie.

APPENDICE : Justinien.

Sous Justinien, cette procédure est tombée en désuétude, et fait place à la *distractio bonorum*, qui diffère de la vente en masse : 1° en ce qu'elle ne produit pas l'infamie ; 2° en ce que le prix consiste dans la valeur même de l'objet vendu, et non dans un dividende ; 3° en ce que la vente a lieu en détail, et que, par suite, l'acquéreur ne succède qu'à titre particulier, et non *per universitatem*.

VII. **Confiscation.** — Cette attribution au fisc des biens des particuliers, considérée comme mode d'acquérir *per universitatem*, s'applique dans les deux hypothèses suivantes : 1° Quand elle est la conséquence de l'indignité encourue par un héritier ou un autre successeur universel ; 2° quand elle est la conséquence de certaines condamnations judiciaires.

Les effets de la confiscation frappent les biens présents des condamnés. De plus, elle agit dans une certaine mesure : 1° *sur le passé*, en annulant les aliénations à titre gratuit consenties par le condamné dans le cours de la poursuite ; 2° *sur l'avenir*, en permettant au fisc de revendiquer les biens que le condamné a pu acquérir depuis sa condamnation.

Le fisc est tenu : 1° de payer les dettes jusqu'à concurrence de l'actif ; 2° de restituer la moitié des biens aux descendants naturels ou adoptifs qui auraient été appelés, par le droit civil ou prétorien, parmi les heredes sui du condamné ; 3° enfin, de respecter, si ce condamné est affranchi, les droits du patron et des enfants du patron.

Justinien modifia en divers points ces principes. (V. M. Accarias, T. II, p. 177 et suiv.).

OBLIGATIONS.

Préliminaires.

On a vu (T. 23 *in fine*), que la matière des *obligations*, ou *droits personnels*, aurait dû logiquement être étudiée après les droits réels, dans ce deuxième chapitre de la deuxième section : « *Res incorporales* ou droits », de la quatrième division des : *Eléments qui composent le patrimoine ou qui en sont exclus* (première partie du Livre II). Les nécessités du programme nous ont forcé à les passer alors sous silence pour les étudier ici, à la place qui leur est attribuée par les Institutes de Justinien.

Nous renverrons à ce T. 23, pour la théorie des *jura in re* et des *jura ad rem*, et on s'occupera de suite de l'*Obligation*. Il faut savoir que le mot obligation qui, dans son sens général, indique le rapport entre le créancier et le débiteur, se dédouble quelquefois pour exprimer tantôt le côté *actif* de l'obligation : « *contrahere obligationem* — devenir créancier »; tantôt le côté *passif* : « *suscipere obligationem* — devenir débiteur ». Les Institutes définissent l'obligation : *juris vinculum* (lien de droit), *quo necessitate adstringimur alicujus solvendæ rei, secundum nostræ civitatis jura*, — AD DANDUM (transférer la propriété), AD FACIENDUM (ou ad non faciendum : — à faire ou à ne pas faire), AD PRÆSTANDUM (à livrer). Exemple : Le vendeur doit *præstare rem*, sans être obligé d'en transférer la propriété. — L'acheteur, au contraire, doit *dare*, transférer au vendeur la propriété des écus qui constituent le prix. — Le mandataire est tenu *ad faciendum*.

Classement des Obligations. — I. Au point de vue de leur origine, elles sont : 1° *civiles* (munies d'une action par le droit civil); 2° *prétoriennes* ou *honoraires* (établies et sanctionnées par le préteur ; exemple : pacte de constitut).

II. Au point de vue des actions qui les sanctionnent, on distingue : 1° l'*obligation proprement dite*, civile ou prétorienne, toutes deux munies d'action ; 2° l'*obligation naturelle*, qui produit certains effets, mais n'engendre jamais d'action. (V. T. 88).

III. Au point de vue de leur importance, on distingue : 1° l'obligation *principale* qui existe par elle-même; 2° l'obligation *accessoire*, qui fortifie et corrobore une obligation principale (clause pénale).

IV. Au point de vue des modalités : 1° l'obligation *pure et simple*, dont l'accomplissement peut être exigé dès qu'elle est formée; 2° l'obligation *avec modalités*, dont l'accomplissement dépend de l'arrivée d'un terme ou d'une condition.

V. Au point de vue des causes d'où elles découlent, les obligations : 1° *ex contractu*; 2° *quasi ex contractu*; 3° *ex delicto*; 4° *quasi ex delicto*. C'est d'après cette dernière division qu'est établi le *tableau général des Obligations*.

TABLEAU GÉNÉRAL DES OBLIGATIONS.

Division				Matière	RENVOIS AUX TABLEAUX.
ARTICLE PREMIER. OBLIGATIONS QUI NAISSENT EX CONTRACTU.	**Généralités.**				69
	§ 1er. Contrats formés RE.			MUTUUM.	»
				COMMODAT.	»
				DÉPOT.	70
				GAGE.	»
				CARACTÈRES COMMUNS AU COMMODAT, AU DÉPOT, AU GAGE.	»
	§ 2. Contrats formés VERBIS.	N° 1 : PRÉLIMINAIRES.			71
		N° 2 : DICTIO DOTIS.			»
		N° 3 : JURATA PROMISSIO LIBERTI.			»
		N° 4. STIPULATIONS.		GÉNÉRALITÉS.	»
				FORMES.	»
				AVANTAGES ET INCONVÉNIENTS.	»
				ACTIONS QUI EN DÉRIVENT.	»
			MODALITÉS.	Modus.	»
				Accessio.	»
				Terme.	»
				Condition.	72
				Clause pénale.	»
			STIPULATIONS INUTILES.	Nullité qui tient à l'objet.	»
				Absence de consentement. — Forme défectueuse. — Incapacité.	73
				Nullité tenant aux modalités.	»
			STIPULATIONS DES ESCLAVES.	Notions générales.	74
				Servus hereditarius.	»
				Servus communis.	»
			DIVISION DES STIPULATIONS	Certæ. — Incertæ. — Conventionales. — Judiciales. — Prétoriennes. — Communes.	74-75
		N° 5. OBLIGATIONS CORRÉALES.		GÉNÉRALITÉS.	75
				QUAND Y A-T-IL OBLIGATION CORRÉALE.	»
				EFFETS DE L'OBLIGATION CORRÉALE.	75-76
				APPENDICE : Obligations divisibles et indivisibles.	76
		N° 6. FIDÉJUSSEURS.		GÉNÉRALITÉS SUR L'INTERCESSIO.	»
				DES ADPROMISSORES EN GÉNÉRAL.	»
				FIDÉJUSSEURS PROPREMENT DITS.	77
				DROIT DE POURSUITE ET DE CONTRIBUTION DÉFINITIVE.	»
	§ 3. — **Contrats formés LITTERIS.**				78
	§ 4. Contrats formés CONSENSU.	N° 1 : CARACTÈRES GÉNÉRAUX.			79
		N° 2 : VENTE.			79-80
		N° 3 : LOUAGE.			81-82
		N° 4 : SOCIÉTÉ.			82-83
		N° 5 : MANDAT.			83-84
	§ 5. — APPENDICE : **Pactes. — Contrats innomés.**				84-85
ARTICLE II. **OBLIGATIONS qui naissent quasi ex contractu.**				GESTION D'AFFAIRES.	86
				TUTELLE ET CURATELLE.	»
				COMMUNAUTÉ ET INDIVISION.	»
				ACCEPTATION D'UNE HÉRÉDITÉ.	»
				PAIEMENT DE L'INDU.	»
ARTICLE III. **APPENDICES aux Obligations ex contractu ou quasi ex contractu.**				§ 1er. — PRESTATION DES FAUTES.	87
				§ 2. — MISE EN DEMEURE. — INTÉRÊT CONVENTIONNEL.	»
				§ 3. — PAR QUELLES PERSONNES NOUS ACQUÉRONS UNE OBLIGATION.	88
				§ 4. — OBLIGATIONS NATURELLES.	»
				§ 5. — DE QUELLES MANIÈRES SE DISSOUT L'OBLIGATION.	88-90
ARTICLE IV. **OBLIGATIONS qui naissent ex delicto.**				§ 1er. — FURTUM.	91
				§ 2. — BONA VI RAPTA.	92
				§ 3. — LOI AQUILIA.	92-93
				§ 4. — INJURES.	93
ARTICLE V. — **OBLIGATIONS qui naissent quasi ex delicto.**					94

ARTICLE PREMIER. — **Obligations qui naissent ex contractu.**

GÉNÉRALITÉS. — La première source des obligations, c'est le CONTRAT. Le contrat suppose nécessairement l'accord de deux volontés entre deux personnes dont l'une va devenir *créancière*, et l'autre *débitrice*. Mais cet accord de volontés ne suffit pas : seul, il ne produirait qu'un *pacte ;* pour qu'il produise un contrat, il faut qu'il soit corroboré par un élément matériel. (tradition d'un objet, paroles solennelles, écriture, consentement dans certaines situations), qu'on appelle la *causa civilis*. Les obligations contractuelles, considérées au point de vue de la *causa civilis*, se ramènent donc à quatre classes, ou contrats formés : *re ; verbis ; litteris ; consensu.*

Remarque. — Quant aux actions qui résultent des contrats, on distingue : 1° les contrats de BONNE FOI, (contrats consensuels, contrats réels, moins le *mutuum*), dans lesquels l'obligation de chaque partie est réglée d'après la bonne foi et l'équité (*ex bono et æquo*); 2° et les contrats de DROIT STRICT (*mutuum*, contrats formés *verbis* et *litteris*), dans lesquels l'étendue de l'obligation est invariablement fixée par les termes mêmes de la convention.

§ Ier. — Contrats qui se forment RE.

Généralités. — Ces contrats, au nombre de quatre, *mutuum, dépôt, commodat, gage*, sont dits formés RE, parce qu'ils n'existent qu'autant qu'un fait, tradition d'une chose, vient se joindre à l'accord des volontés. Cette tradition n'a pas d'ailleurs, dans les quatre contrats réels, les mêmes caractères.

Mutuum.

Le *mutuum* est un contrat dans lequel l'un des contractants (*tradens*) transfère à l'autre (*accipiens*) la propriété de choses *in genere*, dont l'*accipiens* s'engage à lui rendre, à une certaine époque, mêmes qualité et quantité. Le mot *mutuum* viendrait de ce que l'objet livré : EX MEO (tradente) TUUM (*accipiens*) *fiat*.

Le *mutuum* rentre dans l'espèce très-générale des faits où il y a *creditum* (ce qui implique confiance dans autrui).

Le *mutuum* ne produit jamais, à la différence des trois autres contrats réels, qu'une obligation unilatérale : celle de l'emprunteur qui doit rendre ce qu'il a reçu, obligation sanctionnée par une *condictio certi ex mutuo*, par laquelle le *tradens* réclame de l'emprunteur l'exécution de son obligation.

S'il n'y avait pas eu accord de volontés. par exemple, si croyant vous donner à *mutuum*, vous avez cru recevoir à titre de libéralité, le *mutuum* n'est pas formé ; mais vous êtes tenu envers moi, *quasi ex contractu.*

CONDITIONS CONSTITUTIVES DU MUTUUM.

Le *mutuum* suppose trois éléments essentiels :

1° De la part du *tradens*, une **aliénation.** — Ainsi, il faut : 1° que le *tradens* soit propriétaire de la chose livrée, sans quoi il n'y aurait pas aliénation, ni *mutuum ;* 2° que le *tradens* soit capable d'aliéner. Ainsi un pupille non autorisé prête de l'argent ; il ne devient pas créancier, puisque le contrat ne se forme pas, par suite de l'impossibilité légale pour le pupille d'aliéner seul, de sorte que, n'ayant pas transféré la propriété des choses qu'il voulait prêter, il pourra les *revendiquer* directement.

Différence entre la condictio certi ex mutuo, et la revendication. — Le pupille, on vient de le voir, pourra agir par revendication ; les effets de cette action *réelle* sont différents des effets de la *condictio ex mutuo*, qui est une action personnelle. Ainsi : 1° si les deniers prêtés périssent, la revendication n'est plus possible. — La *condictio*, au contraire, s'exercerait dans ce cas. — 2° La revendication suivra, entre les mains des tiers, les deniers aliénés par l'*accipiens*. — La *condictio*, au contraire, ne s'exerce que contre l'*accipiens* lui-même ; tant pis s'il est insolvable. — 3° Par la même raison, en cas d'insolvabilité du débiteur : le pupille, par la revendication, récupérera ses deniers s'ils existent ; par la *condictio*, le *tradens* concourrait seulement avec les autres créanciers au prorata de sa créance.

Remarque. — Si les deniers ont été consommés, la revendication ne peut plus s'exercer. Toutefois, s'ils ont été consommés de *mauvaise foi* par l'emprunteur, il y aura lieu, au profit du pupille, à l'action *ad exhibendum;* et même, s'ils ont été consommés de bonne foi, l'*accipiens* pourra encore être poursuivi *quasi ex contractu*, jusqu'à concurrence de l'enrichissement dont il a ainsi profité sans cause, (*quatenus locupletior factus est*), enrichissement qu'il devra immédiatement restituer.

2° — De la part de l'accipiens : une **obligation.** — Il faut donc : 1° que l'*accipiens* ait la capacité générale de s'obliger (ce qui exclut le pupille); 2° qu'il ait la capacité spéciale de s'obliger par *mutuum*. (Le sénatus-consulte Macédonien décidait que celui qui *prêtait* de l'argent à un fils de famille, sans le consentement du père, n'avait aucune action contre le père ni contre le fils).

3° — Le *mutuum* porte essentiellement sur des **choses fongibles**, des écus, du vin, des bestiaux, du blé : *quæ numero, pondere mensura constant.* — Ce sont ces choses-là seules qui, pouvant être remplacées par des choses de même nature, sont aptes à constituer le double caractère du *mutuum :* d'une part, aliénation de certaines choses, et d'autre part obligation de rendre certaines autres choses de même qualité et quantité : *nobis non eædem res sed aliæ ejusdem naturæ et qualitatis redduntur.* — Si l'*accipiens* s'engageait à rendre les *mêmes* choses qu'il a reçues, il y aurait commodat mais non *mutuum ;* s'il rendait une chose absolument différente, ce serait un échange (contrat innomé).

Du reste, toute chose peut être considérée comme fongible, au gré des parties, quand même ce ne serait pas une chose se consommant *primo usu*. Ainsi, un exemplaire d'un ouvrage qui, évidemment, ne se consomme pas *primo usu*, aura le caractère de chose fongible et constituera le mutuum, si, par exemple, il est remis par un libraire à un de ses confrères qui s'engage à lui en rendre un semblable. Par contre, si je reçois des pièces d'or, pour les employer comme jetons au jeu, quoique, de leur nature, elles soient choses se consommant *primo usu*, elles ne seront pas considérées comme choses fongibles, et donneront naissance au commodat.

MUTUUM ET quasi-usufruit.

Ressemblance et différence entre le mutuum et le quasi usufruit. — Le *mutuum*, qui, au premier abord, ressemble au quasi usufruit (v. T. 32), en diffère : 1° par *le mode* de constitution (*contrat* au lieu de *testament*) ; 2° par son *terme :* le mutuum est fait pour un temps déterminé : le quasi usufruit ne s'éteint qu'à la mort de l'usufruitier ; 3° par la *satisdatio* que le quasi usufruitier doit donner au nu-propriétaire, et qui n'existe pas dans le mutuum ; 4° par la *transmissibilité* du droit de l'emprunteur à ses héritiers, tandis que l'usufruit s'éteint nécessairement à la mort de l'usufruitier.

EXCEPTIONS AUX PRINCIPES PRÉCÉDENTS.

I. L'aliénation faite par le prêteur étant la cause et, par suite, la mesure de l'obligation de l'emprunteur, le prêteur ne peut convenir que l'emprunteur de 100 lui rendra 150 ou plus qu'il n'a reçu. (Toutefois, il est bien entendu que l'on pourrait, au moyen d'une stipulation, convenir que l'*accipiens* paiera des intérêts). Cette règle comporte trois exceptions : 1° S'il y a *nauticum fœnus* ou *trajectitia pecunia*, c'est-à-dire si je prête une somme d'argent qui doit être transportée au-delà des mers, ou avec laquelle doivent être achetées des marchandises qui seront transportées au-delà des mers; si, de plus, les risques sont stipulés pour le prêteur :— comme compensation de ces risques, un simple pacte suffira pour que des intérêts puissent être réclamés par le prêteur. — Celui-ci recevra donc, dans ce cas, plus qu'il n'a donné. (Même décision dans les contrats aléatoires). 2° L'argent prêté à une ville produit intérêt en vertu d'un simple pacte. 3° Celui qui prête une quantité de froment ou d'orge (et probablement plus tard de tous autres fruits), peut, par simple pacte, convenir qu'on lui rendra plus qu'il n'a donné.

II. En principe, il doit y avoir *aliénation*, c'est-à-dire que le *tradens* doit tirer de sa bourse ou de ses magasins, l'argent ou les autres choses fongibles. Cette aliénation, cette translation de propriété, se fera, en général, sous la simple forme de la tradition, d'autant plus qu'il s'agit ordinairement de choses *nec mancipi*. Mais, à l'exemple de ce que nous avons vu, T. 25, il peut y avoir, en notre espèce, absence de tradition apparente. Ainsi : 1° Je délègue à l'emprunteur ma créance sur un tiers, qu'il touchera, et dont il gardera le montant à titre de mutuum ; 2° je lui remets des objets à vendre, dont il gardera également le prix à titre de mutuum ; 3° je lui écris de garder, à titre de mutuum, des sommes qu'il avait touchées comme mandataire. Dans ces trois hypothèses, qui s'écartent de la rigueur des principes, Ulpien décide que cette espèce de tradition vaut aliénation, et consacre le mutuum, tandis qu'Africain ne l'admet que pour la première.

Commodat (commodatum).

Le *commodat*, ou prêt à usage, est un contrat dans lequel le *commodant* remet au *commodataire*, et ce *gratuitement*, une chose considérée comme un corps certain (*species*), meuble ou immeuble, que le commodataire s'oblige à restituer dans son individualité après s'en être servi pendant un certain temps. On a vu plus haut qu'on distingue tout d'abord le commodat du mutuum, à l'intention des parties. Si la chose doit être rendue en nature, il y a commodat ; si on doit rendre seulement valeur de même nature, il y a mutuum ; c'est ainsi qu'on peut donner, à commodat, une somme d'argent, — *ad ostentationem*, — comme à l'inverse on peut donner en mutuum des choses qui ne se consomment pas *primo usu*.

Caractères du commodat. — Le commodataire étant simplement mis en possession, il n'est pas nécessaire que le commodant soit propriétaire. Le commodataire est un instrument de possession pour le commodant, qui peut achever, par lui, une usucapion commencée. — Le commodat est essentiellement *gratuit;* la moindre rétribution le transformerait en *locatio usus*, louage ou contrat innomé ; tandis que nous avons vu qu'on peut adjoindre des intérêts au mutuum, par une stipulation, sans en dénaturer le caractère.

Droits et obligations du commodataire et du commodant (sauf conventions contraires). — I. Le commodataire peut employer la chose à l'usage naturel auquel elle est propre. II. S'il abuse de la chose, *volontairement*, il commet un *furtum usus*, puni par l'action *furti;* s'il abuse de la chose *sans mauvaise intention*, il sera tenu des dommages qui en résulteront, par l'action *commodati* DIRECTA. III. Le commodataire est tenu, par l'action *commodati directa*, de restituer la chose au terme convenu, et, dans le même ordre d'idées, de conserver la chose avec les soins d'un père de famille très-diligent. Son dol et sa faute seraient à sa charge. IV. De son côté, le commodataire peut réclamer, par l'action *commodati* CONTRARIA : 1° les dépenses faites pour la *conservation* de la chose (mais non pour jouir de la chose, car ces dépenses sont à la charge de celui qui en profite); 2° les dommages que la chose, donnée en commodat, lui aurait causés, par suite du dol du commodant. Mais dans ces deux cas ne suffirait-il pas de lui donner la compensation ? Non ; car cette dernière serait insuffisante : 1° si l'indemnité dépassait la valeur de l'objet à rendre ; 2° s'il avait déjà rendu cet objet ; 3° si cet objet avait péri ; 4° si le juge n'avait pu ou voulu tenir compte du dommage. Dans ces hypothèses, l'action *commodati contraria* remédiera à l'insuffisance de la compensation.

Dépôt. — Gage, etc. (T. s.).

OBLIGATIONS. — OBLIGATIONS EX CONTRACTU. — *Contrats formés Re*: Dépôt, Gage.

Mutuum. } (T. p.)
Commodat.

Dépôt (depositum).

Le dépôt est un contrat par lequel le *déposant* remet au *dépositaire* un objet déterminé (*species*), que ce dernier s'oblige à garder *gratuitement* et à restituer quand il lui sera réclamé. — Un avantage quelconque, stipulé par le dépositaire, transformerait le dépôt en louage d'industrie (locatio operarum), ou contrat innomé.

Constitution et caractère du dépôt. — Dans le principe, le déposant transférait au dépositaire la propriété des objets déposés; et le dépositaire, par un contrat de fiducie, s'engageait à retransférer plus tard cette même propriété au déposant. — Ce système fut entièrement modifié; le dépositaire ne fut plus qu'un simple *détenteur* de la chose déposée; la possession elle-même restait au déposant. — Le dépôt est uniquement dans l'intérêt du déposant et gratuit.

Choses qui peuvent être l'objet d'un dépôt. Les choses mobilières seules peuvent être déposées. Si je confie à quelqu'un le soin d'un immeuble, il y a *mandat*.

Droits et obligations du dépositaire et du déposant. — Ils ressortiront de l'alinéa suivant.

Différences entre le commodat et le dépôt. — I. Le commodat s'applique aux meubles et immeubles; le dépôt aux meubles. II. Le commodat est dans l'intérêt du commodataire; le dépôt est dans l'intérêt du déposant. Il en résulte: 1° que le dépositaire ne peut se servir de la chose déposée sans commettre un *furtum usus*, passible de l'action *furti;* 2° que le terme, stipulé pour la restitution du dépôt, empêche le dépositaire de se décharger du dépôt avant l'échéance, mais n'empêche pas le déposant de réclamer son dépôt quand il le veut; 3° que le dépositaire n'est responsable que de son dol, et non de sa simple faute. — Il en est autrement dans le commodat, car celui qui reçoit un service doit le reconnaître par des soins tout particuliers; 4° que le dépositaire peut répéter, par l'action *depositi contraria*, toutes les dépenses qu'il a faites et qui concernent la jouissance de la chose ou sa conservation. En effet, ne jouissant pas, il n'y a pas à appliquer ici le principe qui met les charges de jouissance au compte du commodataire.

Actions. — Le déposant réclamera la chose, et la réparation des dommages que le dépositaire lui aurait causés, par l'action *depositi directa;* le dépositaire, au contraire, poursuivra, par l'action *depositi contraria*, le remboursement de ses dépenses et la réparation des préjudices que la chose lui aurait causés.

ESPÈCES PARTICULIÈRES DE DÉPÔT.

DÉPÔT NÉCESSAIRE OU MISÉRABLE. — C'est le dépôt fait sous l'empire de nécessités pressantes, incendie, tumulte, naufrage, — circonstances qui ne laissent au déposant ni la liberté de ne pas faire le dépôt ni le temps de choisir le dépositaire. Aussi ce dépôt est garanti par des règles plus strictes. Notamment, en cas de dénégation, le dépositaire peut encourir la peine du double.

DÉPÔT IRRÉGULIER. — Ce genre spécial se rapproche du mutuum: je dépose chez vous une somme d'argent, et je conviens que vous me rendrez non les mêmes écus, mais une somme égale: *tantumdem*. Il manque un des éléments constitutifs du dépôt: remise et restitution d'un même corps certain; néanmoins on admet qu'il y a dépôt. — Ce dépôt spécial diffère du mutuum: — 1° par l'intention des parties (qui est de rendre service au déposant, tandis que c'est le *tradens* qui rend service dans le mutuum); 2° par la nature du contrat qui est de *bonne foi*, tandis que le mutuum est de *droit strict*.

SÉQUESTRE OU DÉPÔT D'UNE CHOSE LITIGIEUSE. — C'est la remise faite, par les contestants, de la chose litigieuse, entre les mains d'un tiers qui la restituera à celui qui gagnera le procès. — Ce dépôt diffère du dépôt proprement dit: 1° en ce que le séquestre peut avoir pour objet des meubles ou des immeubles; tandis que le dépôt ne s'applique qu'aux meubles; 2° en ce que le dépositaire ordinaire est seulement *in possessione;* tandis que le dépositaire, dans le séquestre, a la possession civile; 3° en ce que le dépôt ordinaire peut être fait par une seule personne; tandis que le séquestre n'existe que s'il y a plusieurs déposants dont les intérêts sont opposés; 4° en ce que le dépôt, fait par plusieurs personnes, oblige le dépositaire à ne restituer qu'à tous les déposants ensemble; tandis que le séquestre restituera à celui qui a gagné le procès, et sera dès lors libéré envers les autres.

Gage (pignus).

Le gage primitif est un contrat accessoire par lequel un débiteur, (ou un tiers dans l'intérêt du débiteur), remet au créancier, pour sûreté d'une dette, un objet que ce dernier s'oblige à lui restituer lors du paiement.

Nature du contrat de gage. — On vient de voir que c'est un contrat accessoire garantissant une obligation principale, sans qu'il y ait lieu de considérer si cette obligation est sanctionnée par le droit civil, ou si elle est naturelle; elle peut même être future ou conditionnelle.

Historique du contrat de gage. — (Se reporter pour ceci et pour le reste T. 34: Gage et Hypothèque).

Constitution du gage. — Le gage est *volontaire*, s'il repose sur une convention ou une disposition de dernière volonté (*pignus conventionale — pignus testamentarium*).

Il est *nécessaire*, s'il repose sur l'ordre du magistrat, ou sur une disposition légale.

Quelles choses peuvent être données en gage? — Ce sont les choses immobilières et les choses mobilières, mais surtout ces dernières; (les immeubles dépendent surtout du domaine de l'hypothèque). — Quoique les choses incorporelles ne soient pas susceptibles de tradition proprement dite, comme le but du gage est de constituer une garantie résultant de la possibilité de vendre à un moment donné, on admet qu'on peut donner en gage les choses incorporelles susceptibles d'être aliénées moyennant un prix d'argent: créances; servitudes réelles et personnelles; droits d'emphytéose, de superficie et de gage lui-même; offices transmissibles et aliénables, qui comportent des traitements ou émoluments.

Entre quelles personnes peut se former le gage. — Entre le créancier d'une part, et le débiteur, ou un tiers intervenant, d'autre part.

Droits du créancier gagiste. — I. Il peut vendre la chose, s'il n'est pas, à l'échéance, absolument désintéressé. Cette faculté de vendre ne fut pas toujours accordée de plein droit au gagiste: 1° *en principe*, elle lui était refusée; une convention seule pouvait l'y autoriser; 2° puis on admit qu'il y avait toujours convention tacite, et qu'alors, à défaut de convention formelle, le gagiste pouvait vendre, mais seulement après trois sommations; en même temps on admettait la clause contraire replaçant les choses sous les principes de l'ancien droit; 3° enfin on admit que la *clause contraire* aurait pour seule conséquence de ne permettre au créancier de vendre qu'après trois sommations. II. Si le créancier gagiste perd la possession, il la recouvrera au moyen des interdits possessoires.

Obligations du créancier gagiste. — I. Il doit restituer le gage après entière satisfaction donnée à sa créance; comme conséquence de cette obligation principale, il doit, comme le commodataire, veiller à la conservation du gage. La chose, qui périt par cas fortuit, reste aux risques du débiteur. Le gagiste est responsable de son dol, de sa faute lourde, et même de toute faute qu'un père de famille diligent aurait évitée (faute légère).

II. Le créancier gagiste, non payé, a-t-il procédé à la vente (*distractio pignoris*)? Il est comptable envers le débiteur de l'excédant du prix de vente sur la créance.

Ces diverses obligations sont sanctionnées par l'action *pigneratitia directa*, accordée au débiteur.

Le créancier, qui se sert de la chose, commet un *furtum usus*, passible de l'action *furti*.

Remarque. — Un rescrit de Gordien permet au gagiste de retenir le gage, même après paiement intégral de la dette qu'il garantissait, s'il est devenu créancier envers la même personne, d'une autre somme non garantie, et actuellement exigible. Mais ceci ne s'appliquerait pas au préjudice d'un créancier hypothécaire postérieur.

Droits et devoirs du débiteur ou du tiers constituant le gage. — Il reste propriétaire de la chose, et peut la vendre, en disposer *mortis causa*, la grever de servitudes, si cela ne nuit pas au gagiste; il profite des améliorations et souffre les diminutions accidentelles du gage; enfin il peut, soit revendiquer sa chose, s'il a payé à l'échéance, soit réclamer l'excédant s'il y a eu *distractio pignoris*.

D'un autre côté, il doit tenir compte au créancier débiteur du gage, auquel est donnée l'action *pigneratitia contraria:* des dépenses nécessaires et utiles faites dans l'intérêt de la chose; 2° du préjudice causé par les vices de la chose et imputable à faute au débiteur; 3° de l'éviction que le débiteur aurait éprouvée, la chose donnée en gage étant une *res aliena*, ou une *res* déjà hypothéquée. Dans ce dernier cas même, si le débiteur était de mauvaise foi, il serait poursuivi *stellionatus nomine*.

CONVENTIONS ACCESSOIRES AU GAGE.

Pacte d'antichrèse. — Les parties peuvent convenir, au moment où la chose est donnée en gage, que le créancier pourra prendre les fruits de la chose pour tenir lieu d'intérêts. — Le créancier peut toujours d'ailleurs prendre les fruits à condition de les imputer sur le capital.

Pacte commissoire ou **lex commissoria.** — On appelle ainsi, dans l'ancien droit, le pacte par lequel les parties conviennent, au moment de la constitution du gage, que le prêteur, au cas de non-paiement à l'échéance, deviendra propriétaire absolu de la chose, sans avoir à tenir compte de la différence entre le montant de sa créance et la valeur de la chose. — Cette clause fut absolument proscrite par Constantin.

CARACTÈRES COMMUNS AUX TROIS CONTRATS DE: *gage, commodat, dépôt*, PAR OPPOSITION AU *mutuum*.

I. — Ces trois contacts se forment *re* comme le mutuum; ils en diffèrent en ce qu'ils transfèrent la possession et non la propriété. — Il résulte du caractère précédent que, dans ces trois contrats, il n'est pas nécessaire, comme pour le *mutuum*, que le *tradens* soit propriétaire de la chose.

II. Dans ces trois contrats, la chose livrée est une species; dans le mutuum elle est considérée *in genere*. D'où résulte notamment que dans le mutuum, si la chose périt par cas fortuit, l'emprunteur n'est pas libéré, puisqu'un *genus* ne périt pas, tandis que, dans les trois autres, la chose périssant par cas fortuit, l'obligation de l'*accipiens* s'éteint faute d'objet.

III. Le mutuum est un contrat unilatéral, qui ne peut jamais donner lieu qu'à une action directe. — Les trois autres, contrats unilatéraux au moment de leur formation, peuvent aboutir à des obligations réciproques garanties, celles du tradens par les actions directes, celles de l'accipiens par les actions contraires: — de dépôt, de gage, de commodat. On les appelle *contrats synallagmatiques imparfaits*.

IV. Les trois contrats sont de bonne foi; le mutuum est de droit strict.

OBLIGATIONS. — OBLIGATIONS EX CONTRACTU. — *Contrats formés verbis.*

§ 2. — Contrats qui se forment VERBIS.

N° 1. — GÉNÉRALITÉS.

Comme toute obligation, l'obligation verbale suppose nécessairement l'accord de deux volontés, d'où il résulte que, si « per jocum vel demonstrandi causa, » on prononce les paroles consacrées, il n'y aura pas de contrat formé. — Dans ces obligations, la *causa civilis* consiste en certaines paroles solennelles.

Le titre « *de verborum obligationibus* » paraîtrait indiquer qu'il y a plusieurs obligations verbales. Or nous n'en trouvons qu'une seule : la STIPULATION. Mais cela s'explique parce qu'autrefois il y avait deux autres obligations verbales : la *dictio dotis* et la *jurata promissio liberti*.

N° 2. — DICTIO DOTIS.

Il y avait *dictio dotis*, lorsque, *sans interrogation préalable* du mari, la future épouse se constituait une dot mobilière ou immobilière. Cet engagement pouvait être pris également, mais exclusivement, par le débiteur de la femme, sur sa délégation, et par son ascendant paternel. Ce mode spécial cessa de s'appliquer quand on put s'engager à fournir une dot par simple pacte. (Constitution de Théodose et Valentinien).

N° 3. — JURATA PROMISSIO LIBERTI.

Il y avait *jurata promissio liberti*, lorsqu'un affranchi, sans l'interrogation préalable de son patron, promettait à celui-ci, sous serment, un don, certains offices, services, etc. — Cette manière de s'obliger a-t-elle disparu sous Justinien? Non, d'après M. Demangeat, quoique les Institutes n'en parlent pas ; mais on en trouve des preuves au Digeste.

N° 4. — STIPULATION.

Généralités. — Origine. — But, etc.

La stipulation n'est pas, comme le mutuum par exemple, un contrat spécial produisant des effets déterminés. C'est une forme qui rend obligatoire, qui consolide, (comme l'indique le nom d'où elle dérive : *stipes*, bâton, synonyme de *firmum*, appui, soutien), toute espèce de convention licite entre personnes capables de contracter ; ce *moule*, où l'on jette la convention pour la former, consiste dans une demande et une réponse correspondante.

Contrahitur ex interrogatione et responsione. Celui qui interroge devient créancier (*reus stipulandi*); celui qui répond devient débiteur (*reus promittendi*). Dans un sens étroit, le mot stipulation désigne, non l'opération toute entière, mais l'interrogation solennelle de celui qui veut devenir créancier.

La stipulation dérive probablement de l'ancien *nexum* dont elle n'a gardé que les paroles solennelles. Le *nexum*, qui servait à former le contrat qui consiste en un prêt d'argent, se composait de deux parties : 1° la *pesée* fictive d'espèces, devant témoins, par un *libripens*, ou porte-balance ; 2° des paroles solennelles. La pesée devint inutile quand, dans les stipulations par exemple, il ne s'agit plus d'une chose qu'on ait à peser.

Formes.

Les paroles, dont l'échange fait naître l'obligation, sont strictement déterminées dans l'ancien droit : *Spondes? Spondeo.* — *Promittis? Promitto.* — *Fidepromittis? Fidepromitto.* — *Fidejubes? Fidejubeo.* — *Dabis? Dabo.* — *Facies? Faciam.* — Probablement on ne put d'abord se servir que de la langue latine ; puis du grec ; puis de toute langue comprise des parties. — La forme *Spondes? Spondeo*, exigeait le latin, et était exclusivement réservée aux citoyens romains.

Au cinquième siècle, Léon supprima la nécessité de paroles solennelles; il suffit qu'il y ait une interrogation et une réponse conforme ; l'accord des parties résulte du fonds des choses, et non exclusivement des termes employés.

Avantages et inconvénients de cette forme de contracter.

Elle a l'avantage de déterminer, avec une précision rigoureuse, l'objet et l'étendue de l'obligation, qui ne peut-être que la manifestation indiscutable de la volonté des parties. Elle évite donc toutes les difficultés et les procès résultant de la nécessité d'interpréter rétroactivement les intentions des parties. — Mais elle offre plusieurs inconvénients : 1° Jusqu'à Léon, le moindre changement dans la formule empêche la formation de l'obligation ; 2° consistant essentiellement dans une demande et une réponse orales, elle ne peut être employée ni par les sourds, ni par les muets, ni par les absents, car la présence simultanée et face à face des parties est indispensable.

Actions qui en dérivent.

Deux actions distinctes dérivent de la stipulation, suivant qu'elle est *certa* ou *incerta* : *Duæ proficiscuntur actiones : tam condictio si certa sit stipulatio, quam ex stipulatu, si incerta.* Ces deux actions sont d'ailleurs également de droit strict, quoique le pouvoir du juge soit un peu plus étendu dans la seconde.

Est certaine, la stipulation dont l'objet apparaît de suite par la simple énonciation : dix sous d'or ; le fonds Tusculan ; cent mesures du meilleur vin d'Afrique ; le vin qui est en ce moment dans ma cave.

Est incertaine, la stipulation dont l'objet n'apparaît pas d'une façon bien déterminée : un usufruit, cent mesures de blé, l'enfant qui naîtra de l'esclave Aréthuse ; — et dans en autre ordre d'idées : un fait, une abstention. Dans ces différents cas, on voit qu'on ne pourrait évaluer immédiatement, et d'une façon invariablement uniforme, l'intérêt pécuniaire qui résume l'objet de la stipulation. Aussi a-t-on soin, le plus souvent, d'insérer, au cas d'inexécution, une clause pénale, qui précisément est l'estimation préalable, par les parties, de l'intérêt que le créancier espérait retirer de la stipulation.

N.-B. — L'objet de la stipulation peut être si peu déterminé, (par exemple, j'ai stipulé du blé !....), que la stipulation est considérée comme nulle.

En résumé, la stipulatio *certa* est garantie par la *condictio certi* : et la stipulatio *incerta* par la *condictio incerti* ou *actio ex stipulatu*. — Remarquons d'ailleurs que, primitivement, *la condictio certi* s'appliquait à l'obligation dont l'objet était une somme d'argent ; les autres *certæ* étaient poursuivies par la *condictio triticaria*. (V. aux actions : T. 107).

Modalités.

STIPULATION PURE ET SIMPLE. — GÉNÉRALITÉS.

Une stipulation est *pura*, quand elle n'est affectée ni d'un *terme*, ni d'une *condition*.
(Toutefois, on dit quelquefois qu'une stipulation est *pura*, bien qu'elle soit affectée d'un terme ou d'une condition, si l'arrivée de cette condition est certaine ; exemple : la mort de quelqu'un).

Une stipulation n'est pas *pura*, si elle est affectée d'une modalité (terme ou condition), de laquelle dépend la naissance ou l'exigibilité de l'obligation.

On reconnaît quatre espèces de modalités : *Dies* (terme); *Conditio ; Modus ; Accessio.* Nous allons étudier en détail des deux premiers.

Quant au *modus*, c'est l'alternative : je stipule 10 ou Pamphile ; — quant à l'*accessio*, elle est faite *personæ* ou *rei : — personæ*, si je stipule pour moi ou pour Titius ; *rei*, quand je stipule 10 pour moi, ou Pamphile pour Titius.

DIES VENIT. — DIES CEDIT.

CEDERE DIEM significat *incipere deberi* pecuniam ; VENIRE DIEM significat eum diem venisse quo pecunia peti possit. Ubi *pure* stipulatus fuerit, et cessit et venit dies ; ubi *in diem*, cessit dies sed nondum venit ; ubi *sub conditione*, neque venit, neque cessit dies pendente adhuc conditione.

Une application de cette distinction, c'est que le débiteur à terme, qui paie avant l'échéance du terme, a *bien payé*, car il n'y avait que l'exigibilité de la dette qui n'était pas arrivée ; au contraire, le débiteur conditionnel, qui paie avant l'arrivée de la condition, a payé *indebitum* et peut répéter, car la dette même n'avait pas encore pris naissance.

DU TERME (DIES).

Le terme est un événement qui doit sûrement arriver, et jusqu'à l'arrivée duquel l'exercice du droit est suspendu, ou à l'arrivée duquel l'exercice du droit doit cesser. De là deux termes : Terme *suspensif* et terme *extinctif*. Mais dans l'un comme dans l'autre : *dies cedit.*

TERME SUSPENSIF.

L'obligation prend immédiatement naissance ; mais le créancier ne peut exiger l'exécution : *cessit dies nondum venit.*

On ne peut agir que lorsque les jours, mois, années, sont entièrement écoulés ; jusqu'à la dernière seconde, il n'y a pas retard.

Toutefois les mots : « promettez-vous de me donner aujourd'hui? » impliquent l'exigibilité immédiate.

Une stipulation, pure et simple en apparence, peut être virtuellement à terme : Me promettez-vous de me procurer tel esclave ? On suppose bien entendu, en faveur du promettant, le temps nécessaire pour se procurer cet esclave.

On appelle **Dies incertus** : 1° un événement *futur et incertain*, pour l'énoncé duquel on s'est servi de *cum* (caractéristique du terme), au lieu de *si* (caractéristique de la condition). C'est alors une véritable condition. 2° Un événement *futur* et *certain* (la mort de quelqu'un), mais dont on ignore l'époque de réalisation. C'est alors un véritable terme. Toutefois, s'il est ajouté à un testament, il est considéré comme condition.

TERME EXTINCTIF.

L'existence de l'obligation doit prendre fin à telle époque. Néanmoins l'obligation ne s'éteindra pas *ipso jure* par l'arrivée du terme ; mais si le créancier voulait agir, il serait repoussé par une exception. — Tel est le cas où j'ai stipulé : *decem aureos annuos quoad vivam.* Si je meurs, mes héritiers pourront, en droit, continuer à réclamer le bénéfice de la stipulation, mais, en fait, ils seront repoussés par une exception.

Ce cas d'une stipulation de : *decem aureos annuos* (dix écus d'or, chaque année...), diffère sous deux rapports principaux du cas où ils auraient été légués. — 1° Le legs se subdivise en autant de legs que d'années ; le premier est *purum* ; les autres conditionnels ; — le stipulant, au contraire, acquiert en bloc tout le bénéfice pour lui et ses héritiers. — 2° Chacun des legs subdivisés a une existence propre ; et on peut les réclamer en justice par une *condictio certi* ; s'il s'agit d'une stipulation, il y a un élément *incertum* qui ne peut être réclamé que par une *condictio incerti*, qui déduit tout le droit en justice, et empêcherait de réclamer les annuités postérieures, si on ne faisait insérer la prescription : *ea res agatur cujus dies fuit.* (V. Prescriptions).

Condition. — Clause pénale (T. suiv.).

Stipulations inutiles. — Stipulations des esclaves. — Division des stipulations (T. 72 à 75).

OBLIGATIONS. — OBLIGATIONS EX CONTRACTU. — *Contrats formés verbis.* — Stipulations inutiles.

Généralités. — Formes. — Avantages et inconvénients. — Actions qui en dérivent. (T. p.)

Modalités. (*Suite*).

Stipulation pure et simple. — Du terme (T. p.)

DE LA CONDITION.

Lorsqu'on stipule sous *condition*, l'obligation ne naît pas immédiatement : *spes est tantum debitum iri.* Elle ne prend naissance qu'à l'arrivée de la condition. — Toutefois l'obligation conditionnelle peut se transmettre, et, même *pendente conditione*, le promettant n'est plus libre, et si, frauduleusement, il empêchait la condition de s'accomplir, celle-ci serait réputée accomplie. De son côté le stipulant peut faire des actes conservatoires de sa créance conditionnelle.

La condition, une fois accomplie, a un effet rétroactif au jour de la formation de l'obligation conditionnelle. De là trois conséquences : 1° Le contractant *alieni juris* est devenu *sui juris* avant l'arrivée de la condition ; c'est la personne, sous la puissance de laquelle il était au moment où il a contracté, qui profitera de l'obligation. 2° La convention conditionnelle, formée, pendant *la société*, par un associé, réagira pour ou contre les autres associés, quoique la condition se réalise après la dissolution de la société. 3° Je contracte une obligation conditionnelle avec Primus, et, en garantie, je lui hypothèque ma maison ; puis j'emprunte à Secundus, et je lui hypothèque la même maison ; la condition se réalisant, c'est l'hypothèque de Primus qui sera préférée.

Toutefois la condition, affectant une disposition testamentaire, n'a pas d'effet rétroactif.

Une condition (comme le terme), peut être sous-entendue : tel est le cas de la condition : *si nuptiæ non secutæ fuerint, evanescit stipulatio*, dans une donation ante nuptias.

La condition est POSITIVE ou NÉGATIVE, suivant qu'elle consiste dans l'arrivée ou la non-arrivée d'un événement incertain. — La condition négative : *si in Capitolium non ascenderis*, peut être assimilée à la condition positive *cum moriar*, puisque, jusqu'à son dernier jour, on ne peut savoir si la condition se réalisera ou non. **Remarque :** Dans un legs, malgré la condition négative : *si in Capitolium legatarius non ascenderit*, le légataire pourra immédiatement se faire délivrer le legs, en fournissant la caution *Mucienne.*

La condition, qui se réfère à un événement passé, mais ignoré des parties, est non-avenue, et la stipulation est *pura*. Ceci offre de l'intérêt à plusieurs points de vue : 1° Si je poursuis une dette conditionnelle, je fais une plus-pétition ; rien de semblable si la condition se rapporte *ad præteritum*. 2° Le testateur a institué son fils sous condition non potestative ; le testament est nul ; il serait valable si la condition se rapportait ad præteritum. 3° En présence d'une telle condition, les risques, dans une vente, sont pour l'acheteur, au lieu d'être pour le vendeur comme dans la vente conditionnelle proprement dite.

La condition peut être *extinctive* ; mais alors elle se rapproche du terme extinctif.

CLAUSE PÉNALE.

Lorsqu'on stipule un fait, une abstention, la dation d'un objet dont la valeur n'est pas déterminée, il est bon de stipuler accessoirement une *clause pénale : si ita factum non erit, tunc PŒNÆ nomine decem aureos dare spondes.* — Le créancier évitera ainsi le danger de voir estimer trop bas l'avantage dont il est privé ; d'un autre côté le montant de la clause pénale, étant ordinairement supérieur à la valeur de la stipulation principale, le débiteur a intérêt à exécuter cette dernière. Enfin la clause pénale permet d'agir toutes les fois que l'obligation principale est inefficace à cause du défaut d'intérêt en la personne du créancier. (V. plus bas : Stipulation en faveur d'autrui, ou promesse du fait d'autrui ; — Stipulations inutiles).

La clause pénale, étant une obligation conditionnelle *accessoire*, tombe avec l'obligation principale.

La peine est encourue, dès que la réalisation de l'obligation principale, étant devenue possible, cette dernière n'a pas été réalisée.

De là résulte que, l'obligation étant à terme avec clause pénale, celle-ci est due de plein droit, aussitôt l'arrivée du terme.

Règle. — Le créancier, qui n'a pas reçu satisfaction, peut agir soit en vertu du contrat soit en vertu de la clause pénale. Mais s'il voulait cumuler, il serait repoussé par l'exception *doli mali.*

Remarque. — La peine peut être considérée par les parties comme représentant seulement une sorte d'indemnité pour l'ennui ou le dommage que ressent le créancier, en ne voyant pas exécuter le contrat au jour dit. — En cas de retard, le créancier pourra toujours poursuivre l'exécution de l'obligation, mais de plus la clause pénale lui sera acquise.

Dans la stipulation : *Pamphilum dari spondes ? Si Pamphilum non dederis, centum dari spondes ?* Il faut admettre, sauf preuve contraire, qu'il y a là, non une clause pénale, mais une alternative.

L'exécution de l'obligation principale devenant impossible, sans la faute du débiteur, la clause pénale tombe avec elle : *accessorium sequitur principale.* Cependant Paul paraît décider le contraire, dans l'espèce suivante de la L. 22, pr. D. (9, 2) : si j'ai promis Stichus sous clause pénale et que vous l'ayiez tué : par l'action Aquilia je pourrai vous réclamer l'*utilitas* que j'avais à conserver l'esclave, c'est-à-dire le montant de la clause pénale que j'encourre, par votre fait qui m'empêche d'exécuter.

Stipulations inutiles.

On entend par stipulations inutiles (*inutiles, nullius momenti*), celles qui ne produisent aucun lien, d'après les règles du droit civil. — Les causes principales de nullité tiennent : 1° à l'objet ; — 2° à l'incapacité des parties ; — 3° à la forme ; — 4° aux modalités.

NULLITÉ DÉRIVANT DE L'OBJET.

Il n'y a pas d'obligation sans *objet*, sans une chose qu'on promet de livrer, de donner, de faire. — Toute chose, qui a une utilité pour l'homme, peut être l'objet d'une stipulation, pourvu que cet objet :

I. — **Soit existant ou puisse exister.** — Ainsi on ne peut stipuler un hippocentaure, un esclave qui est mort depuis peu, à l'insu des parties. — Mais on peut stipuler des choses futures : fruits à venir sur tel champ, esclave à naître, etc., sauf à reporter l'exécution, après la *naissance* des fruits, de l'esclave, etc.

II. — **Soit in commercio en général.** — Ce qui exclut les choses sacrées et religieuses, les choses publiques, les hommes libres, etc. Dans ce cas la stipulation est *radicalement nulle*, DÈS LE PRINCIPE, faute d'objet, et ne pourra jamais valoir, quand même la chose stipulée deviendrait plus tard susceptible de propriété privée ; et ceci, aussi bien dans l'hypothèse d'une stipulation pure et simple, que dans celle d'une stipulation à terme ou conditionnelle, même si ce terme ou cette condition prévoyait précisément le cas où la chose, hors du commerce à l'époque de la stipulation, deviendrait plus tard susceptible d'appropriation privée.

Par la même raison, si le fonds stipulé est devenu sacré, si l'esclave stipulé a été affranchi postérieurement, (bien entendu sans la faute ni le fait du promettant), la stipulation est éteinte, le promettant libéré, et le stipulant sans droit même à une estimation de la chose.

III. — **Soit in commercio du stipulant en particulier.** — Ainsi un gouverneur de province ne peut stipuler un immeuble situé dans cette province ; un hérétique, juif, païen, ne peut stipuler un esclave chrétien. — *Remarque :* 1° si l'objet n'est pas *dans le commerce* du promettant, la stipulation est valable en ce sens que le promettant devra en donner l'équivalent ; 2° si la chose stipulée n'est pas dans le commerce du stipulant, non à cause de sa nature, mais par suite d'une circonstance temporaire, le stipulant pourra se faire promettre cette chose, *conditionnellement*, pour le cas où l'empêchement relatif viendrait à disparaître ; (dans l'exemple précédent : s'il vient à cesser ses fonctions de gouverneur).

Cas spécial. — Je ne puis stipuler qu'on me donnera ma propre chose, car je ne saurais devenir propriétaire d'une chose dont je suis déjà propriétaire. — Mais par la raison ci-dessus, je puis stipuler ma chose *conditionnellement*, pour le cas où elle cesserait de m'appartenir.

Mais si, ayant stipulé une *res aliena*, j'en acquiers ensuite la propriété *aliunde*, par une autre cause que la stipulation, on distingue : 1° si les deux causes sont lucratives (à titre gratuit), la stipulation est annulée, et le débiteur libéré de toute obligation : *Duas lucrativas causas in eumdem hominem et in eamdem rem concurrere non posse...* Mais si l'une des causes est à titre onéreux, le promettant, alors même qu'il se serait obligé par libéralité, devra, à défaut de la chose, fournir au stipulant l'équivalent de cette chose.

IV. — **Soit licite, conforme aux lois et bonnes mœurs.** — *Si quis homicidium facturum se promittat ;* une telle stipulation est nulle.

PROMESSE DU FAIT D'AUTRUI.

Sempronius a promis que Titius me donnerait. Titius évidemment n'est pas lié : « *res inter alios acta aliis neque prodest neque nocet* » ; mais Sempronius ne l'est pas davantage, par la raison que son intention de se *porter fort* pour Titius n'est pas manifeste. Aussi Sempronius sera obligé, et la stipulation valable, si cette intention de se porter fort apparaît, par exemple s'il a consenti une clause pénale contre lui-même, au cas d'inexécution de la part de Titius.

Du reste on peut valablement promettre de faire donner ou de faire faire par un tiers, ou donner au nom d'un tiers. Mais jamais le tiers ne sera obligé.

STIPULATION EN FAVEUR D'AUTRUI.

J'ai stipulé en faveur de Titius, sous la puissance duquel je ne suis pas Titius ne peut acquérir, et moi-même je ne puis réclamer l'exécution pour mon compte, faute d'y avoir un intérêt juridique.

Aussi : si j'ai stipulé pour moi une clause pénale ; si j'ai stipulé du tuteur qui me remplace, *rem pupilli salvam fore* ; si j'ai stipulé qu'on bâtirait une maison pour Titius, pour lequel je devais la bâtir ; dans tous ces cas, comme j'ai un intérêt palpable à l'exécution de l'obligation, je pourrai agir moi-même.

— Si j'ai stipulé pour mon fils en ma puissance, c'est comme si je stipulais pour moi, et le promettant ne se libérerait pas en payant à mon fils.

— Si je stipule qu'on donnera 100 « mihi ET Titio », Titius n'a droit à rien, mais aurai-je droit au tout ou à la moitié ? Les Institutes tranchent la question dans ce sens, et cependant, en matière de vente, j'aurais droit à la totalité du fonds acheté.

— Si je stipule « mihi AUT Titio », moi seul deviens créancier, et puis agir en justice ; Titius, appelé *adjectus solutionis gratia*, n'a aucun droit ; mais on pourra payer régulièrement dans ses mains comme dans les miennes. — Le stipulant a, contre son *adjectus*, l'action de mandat pour se faire restituer la somme qu'il a reçue. — L'*adjectus* diffère du mandataire, en ce qu'il ne peut être révoqué sans le consentement du promettant.

Nullités résultant : de l'incapacité des parties, — de la forme, — des modalités (T. suiv.).

Stipulations des esclaves. — Division des Stipulations (T. 74-75).

OBLIGATIONS. — OBLIGATIONS EX CONTRACTU. — *Contrats formés verbis.* — Stipulations inutiles.

Stipulations inutiles. (*Suite*).

Généralités. — Formes. — Avantages et inconvénients. — Actions qui en dérivent. — Modalités. (T. 71-72).

Nullité dérivant de l'objet. (T. 72).

NULLITÉ DÉRIVANT DE L'INCAPACITÉ.

L'incapacité résulte du défaut d'âge, — de l'altération des facultés mentales, ou autres, — des rapports entre le promettant et le stipulant.

DÉFAUT D'ÂGE.

I. Pupille en tutelle. — 1° Pendant l'*infantia*, l'incapacité est absolue. L'enfant (*in fari*), ne pouvant parler, ne peut ni stipuler ni promettre. Du reste, alors même qu'il pourrait prononcer en fait les paroles, il n'y aurait pas pour cela stipulation valable, *quia hujus ætatis pupilli nullum habent intellectum;* il n'ont pas l'intelligence de leurs actes. Cette période d'incapacité complète dure probablement jusqu'à sept ans, quoique la question ait été discutée.

2° A partir de sept ans jusqu'à la puberté, il faut encore distinguer le *proximus infantiæ* et le *proximus pubertati*. Le premier peut évidemment *fari*, exprimer sa pensée, mais un temps plus ou moins long s'écoulera avant qu'il puisse se rendre un compte bien exact de ses actes. Aussi l'assimile-t-on absolument à l'*infans*.

Reste le *pubertati proximus*. — Cet état, qui suppose *aliquem intellectum*, résulte des circonstances de fait et d'appréciation.

Cette distinction perdit bientôt de son intérêt. Déjà du temps de Gaius, le pupille, *âgé de sept ans*, peut stipuler; puis Théodose et Valentinien l'autorisent à faire adition d'hérédité, *consentiente parente vel enim tutoris auctoritate*. Toutefois, quant au délit, on admet que l'impubère ne peut s'obliger *ex delicto*, qu'autant que : *proximus pubertati*, intelligit se delinquere.

Indépendamment de cette capacité de stipuler *personnellement*, il faut distinguer : 1° s'il s'agit d'un acte qui rende sa *condition meilleure* (acquisition d'un droit quelconque), le pupille peut agir seul sans l'autorisation de son tuteur. Si, au contraire, il s'agit d'un acte qui fait sa *condition pire*, il a besoin de l'assistance et de l'autorisation du tuteur. Or, il fait sa condition pire toutes les fois qu'il s'oblige ou aliène, alors même qu'il recevrait valeur équivalente et même supérieure. On n'envisage pas, en effet, le résultat pratique de l'opération.

II. L'impubère alieni juris, *in potestate patris*, ne peut jamais s'obliger, même avec le consentement du père ; il ne peut intervenir dans un acte juridique qu'à l'effet d'acquérir un droit de créance qui passera sur la tête du père.

ALTÉRATION DES FACULTÉS MENTALES OU AUTRES. — Le muet, le sourd, parce que l'un ne peut interroger ni répondre, et l'autre ne peut entendre la demande ou la réponse ; le fou, le furieux dans ses moments non lucides ; ne peuvent valablement figurer dans une stipulation. Quant au prodigue interdit, il peut valablement stipuler, c'est-à-dire rendre sa condition meilleure, mais il ne peut promettre.

RAPPORTS ENTRE LE STIPULANT ET LE PROMETTANT. — L'esclave, envers son maître, — le fils en puissance envers son père, ne peuvent contracter une obligation. Il peut seulement y avoir une obligation naturelle (T. 88). — Du reste, le fils de famille, à la différence de l'esclave, peut s'obliger civilement envers des tiers. L'esclave, au contraire, ne peut s'obliger civilement que par ses délits ou dans le contrat de dépôt.

NULLITÉ DÉRIVANT DE LA FORME.

La stipulation suppose l'accord des volontés des deux parties, dont l'une stipule et l'autre promet, et le *prononcé* de certaines paroles solennelles qui corroborent cet accord de volontés. L'un de ces deux éléments venant à manquer, la stipulation est nulle.

I. 1° L'accord n'est qu'*apparent*. Chaque partie a prononcé un même nom, mais ce nom ne s'applique pas, dans la pensée de chaque partie, au même fonds, au même esclave. Ce défaut d'accord, sur l'identité de l'objet stipulé et promis, vicie la stipulation ; il y a eu deux volontés, il n'y a pas eu accord de volontés.

2° La stipulation est radicalement nulle quand la dissidence ou l'erreur porte sur l'objet même : ainsi je stipule Stychus, et vous me promettez Pamphile.

3° L'erreur ne vicierait pas (*de plano*) la stipulation. Ainsi j'ai stipulé une statue qui est en cuivre, croyant qu'elle était en or ; vous serez obligé de me livrer la statue, et même, si c'est vous qui m'avez induit en erreur, et que j'aie ajouté à la stipulation principale la *clausula doli*, je pourrai vous réclamer une indemnité. (La vente au contraire serait nulle, si l'objet appartenait à une autre classe de choses (du vinaigre au lieu de vin) ; — mais elle serait valable si la chose était seulement moins bonne que je ne pensais (du vin qui s'est aigri).

II. Il faut que le concours de volonté ait été formellement et verbalement exprimé, et que la réponse soit identique à la demande.

Il en résulte : 1° que la stipulation est impossible entre personnes non en présence, ou qui ne peuvent entendre ou parler. (Toutefois Justinien décide qu'on ne pourra attaquer une stipulation, — en prétendant que la cérémonie n'a pas eu lieu, — qu'autant qu'on apportera des preuves liquides).

2° Que si je stipule 10 et que vous promettiez 5, la stipulation est absolument nulle, d'après Gaius et les Institutes. Mais Ulpien et Paul décident que la stipulation se décompose en deux parties, et que l'obligation sera formée jusqu'à concurrence de 5. Cela se rapproche de l'opinion énoncée par Gaius au cas où j'ai stipulé un bœuf et un cheval, et où vous ne me promettez que le cheval : il décide que la stipulation vaudra pour ce dernier.

3° Que la stipulation sera nulle, si elle comprend plusieurs objets distincts sous une alternative : Stichus AUT Pamphile, — et si le promettant ne promet qu'un seul.

4° Qu'en principe la stipulation est nulle si, stipulant purement et simplement, la promesse est faite à terme ou sous condition. — Dans la pratique, on admet que, si le changement apporté dans la réponse est approuvé sur-le-champ (*in continenti*) par le stipulant, la stipulation sera valable.

NULLITÉ DÉRIVANT DES MODALITÉS.

La stipulation peut être inutile à raison des modalités qui l'affectent :

I. De la Condition. — 1° La *condition impossible affirmative* en fait ou en droit : (*Si cælum digito tetigeris*), annule la stipulation. (Cependant, dans un testament, une telle disposition est seulement réputée *non écrite*). 2° Si la condition impossible est *négative*, (*si cælum digito non tetigeris*), la stipulation est considérée comme pure et simple.

La condition illicite, contraire aux lois et aux bonnes mœurs (réputée non écrite dans les dispositions testamentaires), annule les actes entre-vifs, et par suite la stipulation qui, dans ce cas, serait une excitation à un fait illicite ou immoral. — Si, au contraire, la condition a un but moral, (si je stipule une somme au cas où le promettant ferait telle ou telle mauvaise action : — *Si concubinæ, matrimonii tempore, consuetudinem repetiisset*), cette stipulation sera valable, car elle a un but moral : empêcher le promettant de faire le mal, par la crainte d'une peine pécuniaire. (Mais la stipulation : « *Si Stichum non cecidero*, » quoique morale en apparence, est nulle).

Stipulation prépostère. — On fixe l'exécution d'une obligation à une époque antérieure à l'avénement même de la condition : Si navis CRAS ex Asia venerit, HODIE dari spondes? Il y a contradiction, car l'effet précéderait la cause, et la stipulation sera nulle. D'ailleurs, il n'y a souvent que l'apparence d'une condition prépostère : Si Titius consul fuerit, tunc ex hac die, in annos singulos dena dari spondes ? Rien ne sera exigible avant l'arrivée de la condition ; mais celle-ci arrivant réagira au jour de la stipulation, et la clause *ex hac die* ne servira qu'à déterminer le montant de la somme due.

Léon déclare la stipulation prépostère obligatoire dans la constitution de dot, et Justinien généralise cette décision. Dès lors, il n'y a qu'une obligation conditionnelle proprement dite, dont l'exécution ne peut être réclamée qu'après l'arrivée de la condition.

II. Du terme. — Par application du principe, « qu'on ne peut stipuler ou promettre pour autrui, » je ne puis stipuler ni promettre *post mortem meam*, car mon héritier est un simple tiers, et mon contrat ne pouvait directement faire naître en sa personne une obligation active ou passive. Même décision pour l'esclave qui ne peut stipuler *post mortem domini*, et pour le fils qui ne peut stipuler *post mortem patris* ; en effet, c'est le maître et le père qui sont réputés stipuler eux-mêmes.

Est également nulle la stipulation dont l'exécution est reportée *pridie*, (la veille), de la mort du promettant ou du stipulant. Car on ne peut connaître la veille de la mort, qu'après la mort. Il y a donc là une espèce de stipulation prépostère.

Si le terme est le moment même de la mort du stipulant ou du promettant (*cum moriar*,— *cum morieris*), la stipulation est valable, car l'obligation naît du vivant du contractant, puisque le moment de la mort est aussi le dernier moment de la vie. Toutefois, la stipulation serait nulle s'il s'agissait d'un fait : « *Cum morieris, Alexandriam venire spondes.* »

Validation d'une stipulation nulle. — La stipulation *post mortem* peut devenir efficace pour l'adjonction d'un *adstipulator*, qui stipule accessoirement la même chose, « *post mortem prioris stipulatoris.* » En effet, il pourra agir de lui-même, mais devra, par l'action de mandat, rendre compte à l'héritier du premier stipulant. L'*adjectus solutionis gratia*, qui, à l'instar des co-stipulants, a mandat et ne peut être changé par le stipulant, peut toucher la somme, mais il ne saurait poursuivre.

Modifications. — Justinien supprime toutes ces subtilités ; il abroge, en 531, la règle que les actions ne peuvent naître pour ou contre les héritiers du stipulant ou du promettant ; et, dès lors, les stipulations *post mortem ; pridie quam moriar* ou *morieris* ; ainsi que la stipulation d'un fait *cum morieris*, sont parfaitement valables.

Stipulation des esclaves. (T. 74).

Division des stipulations. (T. 74-75).

OBLIGATIONS. — OBLIGATIONS EX CONTRACTU. — *Contrats formés verbis.* — Stipulations des esclaves. — Division des stipulations.

Généralités. — Formes. — Avantages et inconvénients. — Actions qui en dérivent. — Stipulations inutiles. (T. 71, 72, 73).

Stipulations des Esclaves.

Généralités. — *Servus ex persona domini jus stipulandi habet*, — d'où résulte: 1° que, s'il n'a pas de maître, il ne peut stipuler; 2° que, s'il a un maître, il peut, en empruntant la personnalité de son maître, figurer valablement dans un acte juridique; — la stipulation de l'esclave rendra donc le maître créancier, lors même que le maître aurait défendu à l'esclave de stipuler. — Ajoutons que, si l'esclave peut enrichir son maître à son insu ou malgré lui, il est de principe qu'il ne peut s'obliger ni obliger son maître: *melior conditio nostra per servos fieri potest, deterior non potest.*

De ces principes, plusieurs conséquences: 1° L'esclave d'un pérégrin ne peut stipuler par la forme: spondes ne? réservée aux citoyens romains.

2° Un esclave ne peut stipuler la chose de son maître. Et cependant, on peut léguer à l'esclave de Titius la chose de Titius, car ce legs est toujours réputé fait *intuitu personæ.*

3° Un esclave ne peut stipuler une servitude prédiale, que si son maître a un fonds capable d'en profiter. — On ne peut léguer, au contraire, une servitude prédiale à l'esclave que s'il a, dans son pécule, un fonds capable d'en profiter.

4° Mon esclave peut stipuler *post mortem suam*, mais non *post mortem meam.* — Dans un legs, ce serait l'inverse.

5° L'esclave, qui stipule pour une autre personne que son maître, ne fait rien de valable.

6° L'esclave, qui stipule pour son maître, pour lui-même, pour son co-esclave, ou sans désignation, acquiert à son maître la créance résultant de la stipulation.

Toutefois, si la stipulation est de telle nature, qu'elle ne puisse profiter qu'à l'esclave personnellement, et s'il a stipulé pour lui-même? Une telle stipulation est nulle, s'il s'agit d'un droit (*jus sibi eundi*), car l'esclave ne peut avoir un droit; elle est valable au contraire s'il n'a stipulé qu'un fait (*ut sibi ire liceat*), et, quoique le maître ne puisse en profiter personnellement, il fera exécuter cette stipulation, à l'égard de l'esclave, par l'action *ex stipulatu.*

I. Servus hereditarius. — Cet esclave, qui appartient à une hérédité jacente, peut stipuler valablement; mais cette stipulation tombera si personne ne fait adition de l'hérédité; car elle se trouve avoir été faite par un esclave sans maître.

On trouve deux fictions en matière d'hérédité jacente: la première, aux Institutes, dispose que cette hérédité *continue la personne du défunt;* la seconde, que l'on trouve dans d'autres textes, décide que l'adition d'hérédité a un effet rétroactif. Ces deux fictions s'excluent l'une l'autre; il faut choisir entre les deux. On admet, en général, la première; quant à la seconde, on ne l'emploie que pour justifier une décision qui paraît préférable, dans certains cas particuliers.

Ainsi: l'esclave a stipulé nominativement, pour l'héritier futur. Si cet héritier ne fait pas adition, sans aucun doute la stipulation est nulle, car l'esclave se trouve avoir stipulé pour un *étranger.* — Si, au contraire, l'héritier fait adition, la stipulation, préalablement faite en son nom par l'esclave héréditaire, était nulle, d'après les Proculiens; mais les Sabiniens la considéraient comme valable et efficace, précisément au moyen de la seconde fiction, qui supplée, dans ce cas spécial, à la première qui ne saurait s'appliquer utilement.

Malgré la première fiction, la stipulation d'un droit d'usufruit et d'usage, dont la constitution suppose essentiellement une personne vivante, serait nulle ainsi que la stipulation faite au nom du défunt. — On décide aussi que cette fiction ne suffit pas pour autoriser l'esclave à faire adition d'une hérédité, qui lui survient pendant la *jacence.* Il devra attendre que quelqu'un puisse lui donner le *jussus* de faire adition.

II. Servus Communis. — En principe il acquiert, par sa stipulation, pour tous ses maîtres, proportionnellement à leur part de propriété sur lui-même; et ceci, même si l'esclave commun a stipulé *ex re unius domini*, en se servant d'un capital propre à un seul de ses maîtres; ce dernier aura d'ailleurs un recours contre les autres, pour rentrer dans ses déboursés.

Exceptions. 1° L'esclave a stipulé *nominativement* pour l'un de ses maîtres; celui-ci acquiert toute la créance. — (C'est par application de ce principe que le *servus publicus* est employé pour faire acquérir aux personnes qui ne peuvent acquérir autrement).

2° L'esclave a stipulé nominativement pour chacun de ses maîtres; ceux-ci auront tous un droit égal dans la créance et non pas un droit proportionnel à leur part de propriété sur l'esclave.

3° L'esclave a stipulé sur l'ordre de l'un de ses maîtres: Certains interprètes attribuent le bénéfice à tous les maîtres: les autres, ainsi que les Institutes, attribuent tout le bénéfice au maître qui a donné l'ordre.

4° Si l'un des maîtres ne peut acquérir, par exemple si l'esclave a stipulé la chose d'un de ses maîtres, sa part accroît aux autres.

5° L'esclave peut stipuler d'un tiers au profit d'un de ses maîtres, la partie de lui-même qui appartient aux autres; le premier sera seul propriétaire. Mais il ne peut la stipuler à son propre profit.

III. Servus alienus. — Je possède, à juste titre et de bonne foi, un *servus alienus* ou un homme libre? Je pourrai acquérir les créances qui résulteront de leur fait, dans deux cas, *ex duabus causis.* 1° La créance qu'ils acquerront, en louant leurs services, *ex operibus*, me sera acquise; 2° de même, lorsqu'avec une chose qui m'appartient, *ex re possessoris*, l'un ou l'autre acquiert des droits, ces droits me sont acquis et je puis agir, comme si j'avais contracté moi-même.

Mêmes décisions s'il s'agit d'un esclave dont j'ai l'usufruit. L'usager au contraire n'acquiert, par l'esclave, que les créances qui proviennent *ex re sua.*

Division des stipulations.

En dehors de la division des stipulations en *certæ* — *incertæ;* — pures et simples, — à terme, — ou conditionnelles; — on divise encore les stipulations, au point de vue des circonstances dans lesquelles elles peuvent intervenir.

STIPULATIO CONVENTIONALIS. — C'est celle qui se forme par l'accord des volontés, sans ordre du magistrat ou du juge. — Il y en a autant d'espèces qu'il y a d'espèces d'obligations.

STIPULATIONS JUDICIALES.

La stipulation *judicalis* suppose deux parties en présence du juge, qui engage l'une à prendre un certain engagement envers l'autre, moyennant quoi il prononcera l'absolution. Exemples:

I. Cautio de dolo. — Je vous réclame mon esclave, et on vous ordonne de me le restituer. Mais, comme on peut craindre que, par un sentiment de vengeance, vous ne l'empoisonniez au moment de me le rendre, le juge vous ordonne de promettre (*cautio de dolo*), que vous n'avez commis ou ne commettrez aucun dol, et que, si vous violez cette promesse, vous m'indemniserez. — Vous n'obtiendrez votre absolution qu'à la double condition de rendre l'esclave et de donner la *cautio doli.* Vous restituez d'abord l'esclave et si, plus tard, on découvre que l'esclave a été endommagé par votre dol, je vous poursuivrai par l'action *ex stipulatu*, pour obtenir l'indemnité stipulée. J'aurai surtout intérêt à vous demander cette *cautio doli*, si *inter moras litis* (pendant la durée du procès), vous avez usucapé l'esclave, ce qui vous a permis de l'aliéner, de l'affranchir, et ne vous permettrait plus de me le restituer.

II. Cautio de persequendo servo qui in fuga est, restituendove pretio. — Je revendique contre vous Stichus que vous avez usucapé *inter moras litis*, mais il s'enfuit avant le jugement? 1° S'il s'est enfui par votre dol: vous serez condamné à la somme que je fixerai sous la foi du serment; 2° s'il s'est enfui sans dol ni faute, il vous suffit pour être absous de me céder toutes vos actions au sujet de cet esclave; 3° s'il s'est enfui par votre faute, vous ne serez absous qu'autant que, sur l'injonction du juge, vous me donnez caution: de rechercher et réclamer l'esclave pour me le rendre (car vous seul, comme propriétaire, en avez le droit), ou de m'en payer la valeur, si on ne peut le retrouver.

III. Le défendeur, qui refuse de donner caution, est condamné; dans le cas où c'est au demandeur à fournir une caution, s'il ne la fournit pas, le défendeur est absous.

STIPULATIONS PRÉTORIENNES.

On verra plus tard la théorie générale de ces stipulations. Elles sont ordonnées par le préteur ou les édiles, soit au début d'une instance, soit en dehors d'un procès. — A la première classe appartient: la *cautio judicatum solvi* (T. 118); à la seconde les cautions: *damni infecti*, et *legatorum.*

CAUTIO DAMNI INFECTI. Cette caution d'un dommage non réalisé est ordonnée dans l'hypothèse suivante: Votre maison menace ruine; si elle s'écroule et me cause des dégâts, vous pouvez vous libérer envers moi par l'abandon des matériaux, car, en principe, nul ne peut être tenu du dommage que cause sa chose, au-delà de la valeur de cette chose elle-même. — Pour remédier à ce résultat injuste, le préteur, sur ma demande, vous ordonnera de me garantir, par une simple promesse (*nuda repromissio*) ou par un fidéjusseur (*satisdatio*), la réparation de tout le dommage que pourra me causer l'écroulement de votre maison — Or vous n'avez pas à vous plaindre: car de deux choses l'une: ou la maison est solide, et vous ne courrez aucun risque en garantissant la réparation d'un dommage qui n'aura pas lieu; ou réellement elle menace ruine, et alors vous êtes dans votre tort en ne la faisant pas réparer et consolider. — Aussi est-on sévère pour celui qui refuse de donner cette caution. Tout d'abord on m'envoie, par décret, en possession de votre maison, et je puis venir m'y installer, gêne qui est pour vous un premier moyen de contrainte. De plus, si vous continuez à refuser la caution, un second décret m'envoie en possession définitive; la chose est *in bonis* pour moi, et je puis l'usucaper.

CAUTIO LEGATORUM. Je suis légataire à terme ou sous condition; je ne puis exiger dès à présent le legs; mais comme l'héritier peut, *pendente die* ou *conditione*, devenir insolvable, le préteur me permet de me préserver de cette éventualité, en demandant à l'héritier de me promettre, *avec fidéjusseurs*, d'exécuter le legs à l'arrivée du terme ou de la condition. Si l'héritier se refuse à donner cette caution, le préteur m'envoie en possession des biens héréditaires, mais je n'en suis que le simple gardien: c'est un véritable séquestre à mon profit.

Stipulations *ædilitiæ*. Ces stipulations interviennent le plus souvent pour garantir les vices rédhibitoires d'un esclave ou d'un animal.

Stipulations communes (T. s.).

OBLIGATIONS. — OBLIGATIONS EX CONTRACTU. — *Contrats formés verbis.* — Division des stipulations. — Obligations corréales

Division des stipulations.

Généralités. — Formes. — Avantages et inconvénients. — Actions qui en dérivent. — Modalités. — Stipulations inutiles. — Stipulations des esclaves. (T. 71 à 74).

Stipulations judiciales. Stipulations prétoriennes. (T. 74).

STIPULATIONS COMMUNES.

Les stipulations *communes* sont celles qui peuvent être ordonnées tant par le préteur (*in jure*) que par le juge (*in judicio*). Exemple :

CAUTIO DE RATO. (Se reporter au T. 118, pour la théorie de la *représentation du plaideur*). Je suis *procurator* de Titius, et je poursuis Seïus en son lieu et place ; or, l'instance ne créant d'obligation qu'entre les parties qui y ont figuré, Titius pourrait plus tard méconnaître les actes accomplis par son mandataire, et intenter une nouvelle action. Seïus, pour se garantir de ce danger, exigera de moi, *procurator*, la caution *de rato*, par laquelle je m'engage par simple promesse, ou par fidéjusseur, à faire ratifier par mon mandant les résultats de l'instance que j'ai suivie en son nom — Cette caution peut être ordonnée par le préteur, et, exceptionnellement, par le juge.

CAUTIO REM PUPILLI SALVAM FORE. Certains tuteurs, en entrant en fonctions, doivent s'engager, par fidéjusseur, à bien administrer la chose du pupille (*rem pupilli salvam fore*). Ordinairement, c'est le préteur qui fait donner cette caution. Mais si, en fait, elle n'a pas été fournie, et que le tuteur poursuive un débiteur du pupille, et le traduise *in judicio*, le juge ordonnera au tuteur de fournir au défendeur la *cautio rem pupilli salvam fore;* autrement la sentence rendue contre le tuteur, sans que la *cautio* ait été fournie, serait nulle.

Il y a aussi, au dire de Pomponius, une *cautio duplæ*, donnée, non-seulement par le préteur, mais par le juge, probablement en cas d'abandon noxal, pour garantir l'éviction de la *noxa*.

N. B. Il faut remarquer qu'Ulpien donne aux épithètes *judiciales* et *communes* une toute autre signification.

N° 5. — OBLIGATIONS CORRÉALES.

L'expression *reus promittendi* signifie le promettant, l'expression *reus stipulandi* le stipulant. On dit qu'il y a *duo rei* ou des *correi stipulandi* ou *promittendi*, quand il y a corréalité dans leur obligation active ou passive. Ainsi, deux personnes ont stipulé ou promis 100 sous d'or ; s'il n'y a pas obligation corréale, chacune d'elles devra 50, chacune d'elles ne pourra réclamer que 50 ; la créance ou la dette générale se fractionne entre les diverses personnes qui sont intervenues simultanément pour la faire naître. — Si, au contraire, il y a corréalité, chacun des co-stipulants ou des co-promettants sera, par rapport à l'autre, dans une position absolument indépendante. Ainsi, dans l'exemple précédent, chacun des *correi stipulandi* aura le droit d'actionner pour 100, et éteindra ainsi le droit de l'autre stipulant ; chacun des *correi promittendi* pourra être actionné pour 100, ce qui libérera l'autre promettant.

Remarquons que, la non-corréalité étant la règle, la corréalité doit résulter d'une manifestation non-équivoque de la volonté des parties.

N. B. — Il est de l'essence de la dette corréale que toutes les obligations dont elle se compose aient la *même chose* pour objet ; mais chacun des *correi promittendi* peut promettre la chose différemment : l'un purement et simplement, l'autre à terme ou sous condition ; et ce terme (ou cette condition), apposé à l'une des obligations, n'empêche pas le créancier de poursuivre immédiatement le co-promettant qui a promis purement et simplement.

Quand y a-t-il obligation corréale.

L'obligation corréale peut résulter :

I. *De la stipulation.* 1° Primus et Secundus, voulant être *correi stipulandi* envers Tertius, interrogent successivement ce dernier, qui répond ensuite : UTRIQUE *vestrum dari spondeo*, de façon à réunir dans un seul faisceau les deux stipulations précédemment faites. S'il répondait d'abord à la première interrogation, puis à la seconde, il y aurait deux obligations, mais il n'y aurait pas corréalité. 2° A l'inverse, Primus, voulant avoir pour *correi promittendi* Secundus et Tertius, les interroge successivement ; après quoi Secundus et Tertius répondent simultanément.

II. *Des contrats de bonne foi :* vente, louage, dépôt, commodat ; mais il faut prouver l'intention des parties.

III. *D'un simple pacte*, joint à un contrat de *mutuum*.

IV. *D'un testament*, s'il est évident que l'intention du testateur a été de produire la corréalité active ou passive dans une charge imposée à ses héritiers, envers une ou plusieurs personnes.

V. *De l'expensilatio*, comme de la stipulation.

VI. *Des circonstances mêmes*, c'est-à-dire de *plein droit*, par exemple entre co-tuteurs ou co-curateurs, quant à leur responsabilité envers le mineur, si toutefois il n'y a pas eu entre eux division de l'administration.

VII. *D'un délit*, entre co-délinquants ; ou de l'action noxale, si l'auteur du dommage appartient en commun à deux propriétaires.

Effets de l'obligation corréale.

Ces effets peuvent être groupés sous trois points de vue différents.

RAPPORTS DE DÉBITEURS A CRÉANCIERS, ET RÉCIPROQUEMENT.

Chacun des *rei promittendi* est traité comme s'il était seul débiteur ; et chacun des *rei stipulandi* comme s'il était seul créancier. Il en résulte :

I. Que chacun des *correi stipulandi* peut poursuivre pour le tout (*in solidum*), et que chacun des *correi promittendi* peut être poursuivi *in solidum*.

II. Que le co-stipulant, qui interrompt la prescription contre un *correus promittendi*, l'interrompt en faveur des autres *correi stipulandi* et à l'égard de tous les autres *correi promittendi*.

III. Que, si le co-stipulant se fait donner une hypothèque ou toute autre sûreté, cette garantie profite à tous.

IV. Que la chose est due en totalité par chacun des co-promettants, ou à chacun des co-stipulants, mais qu'elle n'est due qu'une seule fois, de telle sorte que le paiement, fait par l'un des co-promettants, libère tous les autres ; et que le paiement, fait à l'un des co-stipulants, éteint le droit des autres co-stipulants.

Mais les autres modes d'extinction des obligations produisent-ils les mêmes effets que le paiement ?

1° L'*acceptilatio* est assimilée au paiement.

2° La novation, faite avec l'un des *rei promittendi*, libère les autres ; si elle est faite avec un *reus stipulandi*, Venuleius, dont l'opinion doit être suivie, l'assimile au paiement ; mais Paul est d'un avis contraire.

3° Le serment, prêté par l'une des parties, profite ou nuit à tous, comme le paiement.

4° La perte d'un corps certain, dû *correaliter*, arrivée sans la faute d'aucun des co-débiteurs, les libère tous. — Mais si la chose périt par le fait d'un des *correi promittendi*, la créance est conservée à l'égard de tous les autres, qui restent tenus de payer, à la place de la chose qui a péri, une somme représentative de sa valeur. Toutefois, si la chose avait péri après la mise en demeure de l'un des co-débiteurs, les autres seraient libérés.

5° La diminution de tête de l'un des débiteurs libère celui-là, mais non les autres.

6° Si le créancier a poursuivi l'un des co-débiteurs par une action intentée en la forme d'un *judicium legitimum*, la dette est novée par la *litis contestatio*, et les autres *correi* sont libérés *ipso jure*. Si, au contraire, l'action avait été intentée en la forme d'un *judicium imperio continens*, le créancier pourra poursuivre de nouveau les autres *correi promittendi*, mais il sera repoussé par l'exception *rei in judicium deductæ*. — Remarquons enfin que Justinien décide que les poursuites, dirigées contre l'un des correi promittendi, n'empêchent pas le créancier d'agir contre les autres, jusqu'au paiement intégral de la dette. Toutefois, l'ancien effet extinctif de la *litis contestatio* subsiste en ce seul point, que, l'un des *correi stipulandi* ayant agi, les autres ne peuvent plus agir de leur côté.

7° Voici maintenant trois cas dans lesquels les résultats sont différents, suivant qu'il y a ou non *société* entre les correi. En effet, la *société* ne dérive pas essentiellement de la corréalité, mais dérive de l'intention des parties. En l'absence de société, c'est le *premier en cause* qui obtiendra tout le bénéfice, ou supportera toute la dette. S'il y a société, les co-stipulants partageront l'avantage, et les co-promettants la dette, par des recours successifs. Cette règle amène les résultats suivants : 1° Un des *correi promittendi* devient héritier du créancier ; sa dette s'éteint par confusion ; mais, comme c'est un fait tout personnel, l'autre débiteur restera tenu pour le tout, *s'il n'y a pas société ; s'il y a société*, au contraire, l'autre débiteur, pouvant recourir contre l'héritier, son ex-co-débiteur, pour moitié, ne sera tenu que de la moitié de la dette 2° Même décision si l'un des co-débiteurs devient créancier du créancier, auquel cas il y a *compensation*. 3° Le pacte *de non petendo*, consenti au débiteur par un des co-stipulants, ne nuit évidemment pas aux autres. Mais si ce pacte de remise a été consenti par un créancier à un co-débiteur, les autres co-débiteurs pourront-ils l'invoquer ? A. S'il est fait *in personam* (a te non petam...), les autres co-débiteurs ne pourront l'invoquer. B. S'il est fait *in rem* (non petam..), il pourra être invoqué par les autres co-débiteurs, *s'il y a société*, — car celui, à qui il a été consenti, a intérêt à ce que les autres l'invoquent, puisque sans cela ils auraient, après avoir payé, un recours contre lui-même ; mais, *s'il n'y a pas société*, les autres co-promettants ne pourront invoquer le pacte de remise fait, même *in rem*, à l'un d'entre eux, car ce dernier, n'étant pas soumis à des recours, n'a aucun intérêt à ce qu'ils l'invoquent. Or, il est de principe que tout pacte, fait avec une personne, ne peut être invoqué que par les personnes qui sont dans une situation telle, qu'il est de l'intérêt de la première qu'elles l'invoquent.

Rapports des *correi* entre eux.
Appendice : Obligations divisibles ou indivisibles. (T. suiv.)

OBLIGATIONS. — OBLIGATIONS EX CONTRACTU. — *Contrats formés verbis :* Obligations corréales (*Suite*). — Fidéjusseurs.

Généralités.
Quand y a-t-il obligation corréale?
Rapports de débiteurs à créanciers et réciproquement.
(T. 75).

Effets de l'obligation corréale.

RAPPORTS DES *correi* ENTRE EUX.

I. — Quant aux co-stipulants. — 1° *S'il y a société :* celui, qui a seul reçu le paiement, en doit compte aux autres par l'action *pro socio*, et tous, sauf conventions contraires, partagent le bénéfice par portions égales.

Remarque. — Si l'un des co-stipulants n'avait stipulé qu'en vertu d'un mandat ou d'une gestion d'affaires, n'ayant pas d'intérêt personnel dans la stipulation, il devrait, au cas où il toucherait le montant de la créance, en rendre compte à l'autre *correus*, par l'action *mandati*, ou *negotiorum gestorum*. —

2° *S'il n'y a pas société*, et s'il n'existe aucune relation de mandat ou de gestion d'affaires, celui, qui a touché le montant de la créance, en profite seul sans avoir à la partager avec les autres.

II. — Quant aux co-débiteurs. — 1° *S'il y a société :* celui, qui a payé toute la dette, a un recours contre les autres par l'action *pro socio*, pour les contraindre à supporter leur part de la dette. Et *a fortiori*, si celui, qui a payé la dette, ne s'était engagé qu'en vertu d'un mandat ou d'une gestion d'affaires, dans l'intérêt des autres co-promettants, il agirait contre eux par les actions correspondantes, pour se faire rembourser l'intégralité de la dette qu'il a acquittée. — 2° *S'il n'y a pas société*, ni mandat, ni gestion d'affaires, le co-promettant qui a payé la dette ne peut, en principe, recourir contre les autres, puisqu'en acquittant la dette il n'a fait que sa propre affaire. Toutefois, on l'admit bientôt au bénéfice de cession d'action (*cedendarum actionum*). Dès lors, dans la dette qu'il paie intégralement, il n'est réputé payer, à titre de paiement proprement dit, que la part qu'il devrait personnellement s'il y avait société; le reste de la somme est considéré comme le prix des actions que lui cède le créancier, et qui lui permettront de poursuivre à son tour ses co-débiteurs pour leur part personnelle.

Quelques jurisconsultes permettaient même au débiteur poursuivi d'invoquer le bénéfice de division ; mais cette jurisprudence était généralement repoussée.

Une novelle de Justinien paraît avoir admis le bénéfice de division dans tous les cas, mais peut-être ne vise-t-elle que le cas où les co-débiteurs se sont cautionnés réciproquement en s'obligeant.

Appendice. — *Obligations divisibles ou non.*

Une obligation est divisible ou indivisible. L'intérêt se présente notamment dans le cas où le débiteur meurt laissant plusieurs héritiers. L'obligation est-elle divisible, chaque héritier peut actionner ou être actionné pour partie ; est-elle indivisible, chaque héritier peut actionner ou être actionné pour le tout. — A ce point de vue, Paul reconnaît même quatre sortes d'obligations : nam interdum est : 1° Aliquid quod a singulis heredibus *divisum* consequi possumus ; 2° Aliud quod *totum* peti necesse est, *nec divisum* præstari potest ; 3° Aliud quod *pro parte* petitur, sed solvi nisi *totum* non potest; 4° aliud quod *solidum* petendum est, licet in solutionem admittat *sectionem*. (M. Demangeat, T. II, 266 et suiv.).

L'obligation indivisible ressemble beaucoup à l'obligation corréale ; elle en diffère cependant en ce point important, qu'elle dérive de la nature des choses, tandis que la corréalité dérive en général de la convention. — Si un co-débiteur meurt, sa dette se divise entre chacun de ses héritiers, qui ne sont tenus que pour leur part héréditaire. — S'il s'agit d'une obligation indivisible, au contraire, chaque héritier peut être condamné pour le tout, sauf à recourir contre ses co-héritiers, 1° par l'action *familiæ erciscundæ*, s'il a payé avant le partage ; 2° par l'action *ex stipulatu* s'il a payé après, en vertu de la caution réciproque imposée au moment du partage.

N° 6. — FIDÉJUSSEURS.

Le *fidéjusseur* est une espèce d'*adpromissor*, et l'*adpromissor* est une espèce d'*intercessor*. — Qu'est-ce donc que l'*intercessio* ?

De l'intercessio.

Il y a *intercessio*, toutes les fois qu'on intervient dans une affaire, qui ne vous est pas personnelle, et dans l'intérêt d'un tiers.

Ceci peut se présenter dans cinq hypothèses différentes :

1° En se portant *adpromissor*, c'est-à-dire en s'obligeant *verbis* accessoirement à un obligé principal dont on garantit la dette.

2° En se portant *expromissor*, c'est-à-dire en s'obligeant *verbis* au lieu et place de l'obligé primitif (novation par changement de débiteur).

3° En se portant *mandator pecuniæ credendæ*, c'est-à-dire en donnant mandat à Titius de prêter de l'argent à Mœvius, cas auquel on devient responsable envers Titius du remboursement à opérer par Mœvius.

4° En prenant jour, dans la forme du constitut, pour payer la dette d'autrui.

5° Enfin en engageant ou en hypothéquant sa chose pour sûreté de la dette d'autrui.

Il y a un double intérêt à savoir si tel ou tel fait constitue ou non une *intercessio :* s'il s'agit d'un esclave ou d'une femme (SC. Velleien).

I. — Intercessio de l'esclave. — L'esclave peut, par ses contrats, obliger son maître *de peculio*, jusqu'à concurrence de son pécule. Mais le maître ne sera pas obligé par l'*intercessio* de l'esclave.

II. Intercessio de la femme. Sénatus-Consulte Velleien.

Ce sénatus-consulte, rendu sur la proposition de Marcus Silanus et *Velleius* Tutor, entre l'avénement de Claude et la mort de Vespasien, défend aux femmes, d'une manière absolue, d'intercéder *pour autrui*. Cette prohibition n'est pas établie seulement dans l'intérêt des femmes et de leur fortune, mais surtout afin de restreindre leur capacité et leur influence.

Cas d'application. — Toute *intercessio* de la femme tombe sous le coup du sénatus-consulte Velleien, si la femme s'est obligée *dans l'intérêt d'autrui*. En effet, si cette *intercessio* pour autrui avait pour but de procurer à la femme un avantage personnel, si elle avait voulu faire sa *propre affaire*, sans viser l'intérêt d'autrui, cet acte échapperait au sénatus-consulte Velleien. Ainsi, étant donnée une *intercessio* de la femme qui profite à elle-même et aussi à autrui, (ainsi elle s'est engagée, pour sa propre affaire, jusqu'à due concurrence, et en faveur d'autrui pour le surplus, — par exemple comme débitrice solidaire), cet engagement ne sera valable que pour la partie qui la concerne. — Remarquons que la femme, étant libre de *donner*, peut intercéder pour autrui, si le fait constitue dans sa pensée une véritable *donation*.

Moyen de défense tiré du SC. Velleien. — La femme, qui *a intercédé*, se défend contre le créancier qui l'attaque, au moyen de l'exception *Vellejani senatus-consulti*. Elle pourrait même répéter, par la *condictio indebiti*, ce qu'elle aurait payé dans l'ignorance du secours que lui donne le SC. Velléien. — Cette nullité de l'obligation de la femme peut être invoquée par ses héritiers, ses mandataires, ceux qui ont constitué des gages pour elle.

Droit de Justinien. — Justinien distingue : 1° la femme intercède valablement pour un tiers autre que son mari, si cette *intercessio* est constatée dans un écrit public signé de trois témoins ; ou même, si on reconnaît chez la femme une volonté sérieuse de s'obliger ; ou enfin s'il y a une juste cause à cette intercession, (par exemple, si la femme déclare qu'elle a reçu un prix de son *intercession*). 2° La femme ne peut jamais, en aucune circonstance, malgré toutes les énonciations ou ratifications, intercéder valablement au profit *de son mari*, à moins que ce ne soit dans son propre intérêt.

Dans ce nouveau droit, l'incapacité de la femme n'a d'autre but que de garantir sa dot contre les dissipations du mari, les complaisances ou les faiblesses de la femme.

Adpromissores.

L'*adpromissio*, ou cautionnement, est l'acte par lequel une personne s'oblige *verbis* accessoirement à un obligé principal dont elle garantit la dette. Avant Justinien, on distinguait trois classes d'*adpromissores :* 1° les *sponsores ;* 2° les *fidepromissores ;* 3° les *fidejussores*.

1° La *sponsio* était la forme la plus ancienne de constituer les débiteurs accessoires, réservée aux seuls citoyens Romains, exigeant l'emploi de la langue latine. *Spondesne mihi dari centum ? — Spondeo.*

2° La *fidepromissio* s'applique d'abord aux rapports entre Romains et Pérégrins ; puis fut adoptée par les Romains, alors même qu'aucune des parties n'était *peregrina*. Elle peut être faite en langue étrangère : *Fidepromittisne mihi dari centum ? — Fidepromitto.*

3° La *fidejussio* sera expliquée plus loin.

Règles communes à tous les adpromissores. — 1° Ils ne peuvent garantir plus, mais ils peuvent garantir moins que l'obligation principale. Toutefois si, en fait, ils ont garanti plus, par exemple 15 *aureos*, quand l'obligation principale n'était que de 10, M. Demangeat pense que l'obligation accessoire sera valable, mais seulement jusqu'à concurrence du montant de l'obligation principale, c'est-à-dire 10, dans l'espèce. — L'opinion contraire est également soutenue.

2° D'après la loi Cornelia : *Idem* (la même personne), *pro eodem* (pour le même obligé principal), *apud eumdem* (auprès du même créancier), ne peut, *dans une même année*, cautionner plus de *vingt mille*.

3° Celui, qui a payé, peut recourir contre l'obligé principal par l'*action mandati contraria*, ou par l'*action negotiorum gestorum contraria*, suivant qu'il a agi comme mandataire ou comme *negotiorum gestor;* mais il n'aura par l'action, s'il a cautionné *animo donandi*, ou malgré la défense du débiteur. (Dans ce dernier cas, quelques jurisconsultes donnaient une action *utile*).

Fidejussores.
Droit de poursuite et de contribution définitive.
(T. s.)

OBLIGATIONS. — OBLIGATIONS EX CONTRACTU. — *Contrats formés verbis.* — Fidéjusseurs. — *(Fin).*

De l'intercessio. / Adpromissores. (T. 76).

Fidejussores.

La *fidejussio* est conçue en ces termes: *Fidejubesne mihi dari centum? Fidejubeo.* — Or ce mode spécial diffère, sous plusieurs points importants, de la *sponsio* et de la *fidepromissio.*

N.-B. — La *sponsio* différait elle-même de la *fidepromissio* : 1° en ce qu'elle était spéciale aux citoyens Romains; 2° en ce que le *sponsor* avait reçu, de la loi Publilia, l'action *depensi*, (qui croît au double *adversus inficiantem*), et qui lui permettait, s'il n'était pas remboursé dans les 6 mois, de faire *manus injectio*, sans jugement préalable.

Différences entre la fidejussio d'une part, et la sponsio et la fidepromissio d'autre part.

I. La *fidejussio* ne peut garantir qu'une obligation civile ou tout au moins naturelle. — La *sponsio* et la *fidepromissio* peuvent s'appliquer à une dette absolument nulle si toutefois elle affecte la forme d'une stipulation.

II. La *fidejussio* garantit toute obligation, réelle, littérale, consensuelle, *ex delicto*, etc., sauf l'obligation du mari de restituer la dot (constitution de Gratien, Valentinien et Théodose, confirmée par Justinien). — La *sponsio* et la *fidepromissio* garantissent seulement une obligation principale contractée *verbis*.

III. La *fidejussio* peut garantir une obligation de *dare, præstare, facere.* — La *sponsio* et la *fidepromissio* ne garantissent que les obligations de *dare.*

IV. L'obligation des *fidejussores* est transmissible à leurs héritiers. — Celle des *sponsores* ou *fidepromissores* est personnelle, s'éteint par leur mort, et ne passe pas à leurs héritiers.

V. L'obligation des *fidejussores* était perpétuelle; — celle des *sponsores* ou *fidepromissores* s'éteignait par le laps de deux ans (*biennio liberantur.* — Loi Furia).

VI. Comme on le verra plus loin, l'obligation des *fidéjusseurs* ne se divisait pas entre eux, et, jusqu'au rescrit d'Adrien (bénéfice de division), chaque *fidéjusseur* pouvait être poursuivi pour *le tout.* — Au contraire, l'obligation des *fidepromissores* et des *sponsores* se divisait de plein droit entre les divers *sponsores* ou *fidepromissores*, existant à l'échéance, qu'ils fussent solvables ou non.

Remarque. — La *fidejussio* est une obligation ACCESSOIRE. A ce titre: 1° elle ne peut exister que s'il existe une obligation principale, bien qu'elle puisse se former avant celle-ci. — 2° Elle doit avoir le même objet que l'obligation principale. — 3° Elle ne peut être plus étendue que l'obligation principale; mais si le fidéjusseur ne peut s'obliger *in duriorem causam*, il peut s'obliger *in leviorem causam*, par exemple, en promettant cinq, ou bien à terme ou sous condition, quand l'obligation principale est de dix, ou pure et simple. (V. 1re règle commune. T. préc. *in fine;* T. 113).

Bénéfices divers correspondant à ce qu'on appelle en Droit français le Droit de poursuite et de contribution définitive.

On a vu, (T. pr. *in fine :* règles communes.... 3°), certains recours accordés à l'*adpromissor* contre le débiteur principal. On s'occupera maintenant de certains bénéfices tendant à favoriser l'adjonction de débiteurs accessoires, en améliorant la situation des *adpromissores*, dans leurs rapports avec le créancier ou les autres *adpromissores ;* ces bénéfices correspondent à ce qu'on nomme en France : *le droit de poursuite et de contribution définitive.*

SPONSORES ET *Adpromissores.*

La loi Apuleia, (652. ab. U. C.), applicable à tout l'Empire, établit une sorte de société entre les *sponsores* ou *fidepromissores* qui ont cautionné une même dette, de telle sorte que celui, qui a payé plus que sa part, peut recourir contre les autres.

La loi Furia, (659 ab. U. C.), applicable seulement en Italie, (ce qui laisse subsister l'utilité de la loi Apuleia), décide que l'obligation, même à l'encontre du créancier, se divise de plein droit entre tous les *sponsores* ou *fidepromissores* existant au moment de l'exigibilité de la dette.

FIDEJUSSORES.

Les bénéfices accordés aux fidejusseurs sont au nombre de 3.

BÉNÉFICE DE DIVISION DIT : BÉNÉFICE D'ADRIEN.

Par un rescrit, Adrien permet au fidéjusseur, poursuivi *in solidum*, d'exiger du créancier qu'il divise son action entre lui et les co-fidéjusseurs solvables au moment de la *litis contestatio.* C'est donc *in jure*, (V. aux Actions), que ce bénéfice de division doit être invoqué. Si l'existence d'autres fidéjusseurs solvables n'est pas contestée, le magistrat divise immédiatement l'action; si elle est contestée, l'action est donnée *in solidum*, mais avec l'exception : *si non et illi solvendo sint.* (V. aux Actions : sect. II. Exceptions dilatoires, *in fine*; T. 113.)

Ce bénéfice était refusé, pour des motifs faciles à comprendre: 1° au fidéjusseur qui avait commencé par nier sa qualité de fidéjusseur; 2° aux fidéjusseurs qui avaient cautionné *rem pupilli salvam fore.*

Remarque.— A la différence de la loi *Furia*, le rescrit d'Adrien divise l'action entre les fidéjusseurs existant et solvables, non pas au moment de l'exigibilité de la dette, mais au moment de la *litis contestatio.*

BÉNÉFICE DE CESSION D'ACTIONS. (*Cedendarum actionum*).

Par ce bénéfice, le fidéjusseur, qui paie la dette entière, peut contraindre le créancier à lui *céder* ses actions, soit contre le débiteur principal, soit contre les autres co-fidéjusseurs. C'est ce qui est devenu, en droit français, le *paiement avec subrogation.* Comme le dit Paul, le fidéjusseur poursuivi achète pour ainsi dire le titre et les actions du créancier, aux droits duquel il se trouve subrogé dans ses rapports avec le débiteur principal ou les co-fidéjusseurs. — Si méchamment le créancier refusait de céder ses actions, le fidéjusseur serait absous au moyen de l'insertion de l'exception *doli mali*; car il y a dol de la part du créancier à refuser de céder des actions dont il n'a plus besoin.

Naturellement le fidéjusseur doit invoquer ce bénéfice avant le paiement; sans cela le paiement éteindrait les actions, lesquelles ne sauraient plus renaître. Comme pour le bénéfice de division, celui-ci doit être invoqué *in jure*, avant la *litis contestatio.*

Le fidéjusseur, auquel les actions du créancier ont été cédées, ne devient pas créancier lui-même; il agit comme une sorte de mandataire du créancier, mais comme c'est dans son propre intérêt, on l'appelle *procurator in rem suam.* De ce caractère résulte naturellement: 1° qu'il n'a pas de compte à rendre au créancier; 2° qu'il agit à ses risques et périls, sans recours possible contre le créancier, son mandant fictif.

Remarque. — Le fidéjusseur a le choix entre le bénéfice de division et le bénéfice de cession d'actions. L'avantage du premier est d'éviter au fidéjusseur une grosse avance de fonds; l'avantage du second est de lui donner, pour le recouvrement de ses déboursés, toutes les garanties, (gage, hypothèque, privilège), attachées à l'obligation principale.

BÉNÉFICE D'ORDRE OU DE DISCUSSION.

Dans sa novelle IV, Justinien accorde aux fidéjusseurs le bénéfice *d'ordre ou de discussion*, qui consiste à dire au créancier: « attaquez-vous d'abord au débiteur principal; s'il est insolvable, vous recourrez contre nous. » Ce bénéfice était expressément refusé aux banquiers, (*Argentarii*).

Remarque. — On ne trouve aucun texte, dans l'ancien droit, qui parle de ce privilège. Une constitution de Caracalla paraît y faire allusion; mais elle ne vise que la *fidejussio indemnitatis*, engagement spécial par lequel je m'oblige à payer le surplus de ce que le débiteur principal ne pourra payer, ce qui suppose évidemment que le créancier s'adresse tout d'abord au débiteur principal.

§ 3. — Contrats qui se forment : LITTERIS.

Préliminaires.

Adversaria. — On donnait ce nom à un cahier brouillon, ou *livre-journal*, sur lequel les Romains mentionnaient jour par jour toutes les opérations, recettes, dépenses, etc., qui intéressaient leur fortune.

Tabulæ ou Codex expensi et accepti. — On donnait ce nom à un registre méthodique, analogue au grand livre de nos commerçants, dans lequel les Romains relevaient toutes les opérations mentionnées aux *adversaria*, dans des comptes spéciaux ouverts à toute personne avec laquelle ils se trouvaient en affaire.

Un premier effet attaché au *Codex* était de faire foi en justice, jusqu'à preuve contraire, (par exemple par la présentation du registre de l'adversaire), de toutes les opérations qui y étaient mentionnées. Ce n'était pas tout :

Formation du contrat litteris.

A côté de la question de preuve, le contrat pouvait prendre naissance, être formé, par une inscription au registre, comme par le prononcé de paroles solennelles dans le contrat verbal. En un mot, l'inscription est dans ce cas la *causa civilis* de l'obligation. Ainsi, si je mentionne : « *Expensum Titio centum* », Titius se trouve mon débiteur comme si je lui avais remis 100 à titre de *mutuum*. — Ce contrat prend le nom d'*expensilatio*, à cause du mot *expensum* (pesé) qui intervient dans la formule. — Ces inscriptions, au nom d'une personne, étaient dénommées *nomina* (nomen, synonyme de créance).

On appelait *arcaria nomina* les inscriptions où l'écriture n'était pas la *causa civilis* de l'obligation, mais ne servait qu'à constater une obligation préexistante.

Différences et ressemblances entre le contrat verbal et le contrat *litteris*.

L'*expensilatio* a la plus grande analogie avec la *stipulatio*. 1° Toutes deux étaient des contrats de droit strict garantis par la *condictio certi* ; 2° toutes deux étaient plutôt des manières de s'obliger que des contrats particuliers ; 3° toutes deux comportaient un élément solennel, *paroles* dans l'une, *inscription* dans l'autre, c'est-à-dire formule parlée ou écrite ; 4° enfin, d'après quelques interprètes, (contredits par M. Demangeat, comme on va le voir), dans la stipulation il y a un stipulant et un promettant, et dans le contrat littéral, il y a le créancier qui inscrit « *expensum Titio centum* », et le débiteur qui porte de son côté, sur son registre : *acceptum a Titio centum* ; *l'expensilatio* a ainsi pour contre-partie l'*acceptilatio*.

L'*expensilatio* diffère de la stipulatio : 1° en ce qu'elle peut avoir lieu *inter absentes*, (*absenti expensum ferri potest*), tandis que la *stipulatio* ne peut se former qu'entre présents ; 2° en ce que, restreinte à des obligations de quantités certaines, de sommes d'argent, elle ne peut faire naître qu'une *condictio certi* ; tandis que la stipulation, qui peut être *certaine* ou *incertaine*, peut donner naissance soit à la *condictio certi*, soit à la *condictio incerti*, *ex stipulatu* ; 3° en ce qu'elle ne peut être affectée d'une *modalité*, tandis que la *stipulatio* peut être affectée de conditions diverses ; 4° enfin, d'après M. Demangeat, en ce que l'*expensilatio*, quoique corroborée le plus souvent par une inscription analogue émanant du débiteur, est parfaitement formée par la seule inscription du créancier, (bien entendu faite du consentement du débiteur) ; tandis que la stipulation n'est parfaite, que s'il y a eu échange de paroles entre les deux parties : interrogation du stipulant, et réponse concordante du promettant.

Nomina transcriptitia.

Il paraît que le contrat littéral était le plus ordinairement employé comme moyen de nover une obligation préexistante en la remplaçant par une nouvelle obligation. Le *nomen* était dit alors TRANSCRIPTITIUM.

Cette novation pouvait être faite de deux manières : (G. C. III, §§ 129-130) I. A RE IN PERSONAM transcriptio fit, veluti si id, quod ex emptionis causa aut conductionis aut societatis mihi debeas, id expensum tibi tulero..... (Vous me devrez en vertu d'une *expensilatio*, au lieu de me devoir en vertu d'un louage, d'une vente ou d'une société) ; II. A PERSONA IN PERSONAM transcriptio fit, veluti si id, quod Titius mihi debet, tibi expensum tulero, id est si Titius te delegaverit mihi... (Vous devenez mon débiteur au lieu et place de Titius).

La stipulation, en général, est du droit des gens ; en est-il de même de l'obligation littérale ? A l'origine, les Romains seuls pouvaient s'obliger en cette forme considérée *presque*, QUODAMMODO, comme étant du droit civil. Plus tard on distingua : Nerva n'admettait dans aucun cas que les pérégrins pussent s'obliger en cette forme ; les Sabiniens au contraire, se conformant à l'avis de Nerva dans la *transcriptio a persona in personam*, admettaient les pérégrins à la *transcriptio a re in personam*.

Chirographa. Syngraphæ.

Il paraît que les pérégrins, exclus de (ou tout au moins difficilement admis à) l'institution civile des *nomina transcriptitia*, s'obligeaient en déclarant par écrit leur volonté de s'obliger. Ces écrits, émanés de la main du débiteur et conservés par le créancier, étaient dits *chirographa* ; étaient-ils écrits en double, signés et conservés par chacune des parties contractantes, ils s'appelaient *syngraphæ*. Dans tous les cas, ils donnaient lieu à la *condictio certi*.

Les Allemands pensent que les *chirographa* et les *syngraphæ* n'étaient que des moyens de preuve, des *instrumenta*.

Les interprètes français, au contraire, s'appuyant notamment sur ce passage de Gaius : « *Litterarum obligatio fieri videtur chirographis et syngraphis* », pensent que ces actes constituaient une forme d'obligation *litteris*.

Sous Justinien le *codex expensi et depensi*, les *nomina arcaria* ou *transcriptitia*, les *syngraphæ*, ont disparu, et le *chirographum* n'existe plus que comme synonyme de *cautio*, c'est-à-dire d'écrit destiné à servir de preuve.

Or Justinien dit encore que l'obligation se contracte *litteris* ? Le paragraphe suivant, *in fine*, montrera comment on peut expliquer cette proposition.

Appendice. Exception *non numeratæ pecuniæ*.

J'ai reconnu par écrit, dans un *syngraphum* ou un *chirographum*, que Titius m'a prêté 100 ; Titius a l'écrit dans les mains et ne m'a rien versé. Je reste exposé, par la force de l'écrit obligatoire, à être poursuivi en remboursement de sommes que je n'ai pas reçues. — Le préteur vient à mon secours, en me permettant d'opposer, à l'action du créancier apparent, une exception *non numeratæ pecuniæ*, par laquelle, contrairement à la règle générale en matière de preuves, (*Onus probandi incumbit actori — excipiendo fit actor*), c'est le créancier qui devra prouver la cause réelle de l'obligation c'est-à-dire la numération des espèces. — D'ailleurs, pour ne pas tomber d'un excès dans l'autre et léser le créancier au profit du débiteur, je ne pourrai opposer l'exception *non numeratæ pecuniæ* que dans un certain délai, à partir de la date de l'acte : un an dans le principe ; cinq ans sous Marc-Aurèle ; deux ans sous Justinien.

Mais ce délai risquait d'amener un autre inconvénient, c'était de me priver du secours de l'exception dans le cas où le porteur du billet aurait attendu, pour me poursuivre, l'expiration du délai pendant lequel je pouvais lui opposer l'exception *non numeratæ pecuniæ*. Aussi décida-t-on que, sans attendre sa poursuite pour protester, je pourrais intenter contre lui une *condictio sine causa*, à l'effet d'obtenir la restitution du billet, ou la libération de l'obligation qui en résulte. — Justinien va plus loin : en adressant au créancier ou au magistrat une protestation écrite contre le billet, je pourrai opposer en tout temps l'exception *non numeratæ pecuniæ* qui devient ainsi perpétuelle.

Dans tout ceci Justinien a vu que *par un simple écrit*, si j'étais assez imprudent pour ne pas user des voies de recours mises à ma disposition, je pouvais me trouver débiteur en fait et en droit, quoiqu'il n'y eût eu aucune numération d'espèces, et il a traduit sa pensée en disant que je puis être engagé *scriptura*. » Dans un langage plus exact, observe M. Demangeat, on dirait que le souscripteur du billet est obligé en vertu d'un *mutuum* qui est légalement présumé lui avoir été fait. »

§ 4. — Contrats formés CONSENSU.

N° 1. — CARACTÈRES GÉNÉRAUX.

Les contrats consensuels sont au nombre de quatre : *Vente ; louage ; société ; mandat.* On les appelle *consensuels*, parce qu'ils sont formés par l'accord seul des volontés des parties en cause, sans qu'il y ait besoin d'un élément spécial : remise d'une chose (C. formés *re*), paroles solennelles (C. formés *verbis*), inscription sur des registres (C. formés *litteris*). L'élément essentiel est ici le consentement réciproque des parties, consentement qui peut être donné par lettre, par un *nuncius* (messager), lequel d'ailleurs ne doit pas être confondu avec un *procurator* (V. au mandat).

Caractères des contrats consensuels. — 1° Ils peuvent se former, on vient de le voir, *inter absentes* (caractère commun avec l'obligation littérale, mais contraire à l'obligation verbale). 2° Les contrats consensuels sont des contrats synallagmatiques ; toutefois, il faut distinguer : la vente, le louage, la société sont des contrats synallagmatiques *parfaits*, dont l'essence est d'engendrer des obligations réciproques ; tandis que le mandat est un contrat synallagmatique *imparfait* qui ne produit pas nécessairement des obligations réciproques. — Sous ce point de vue, les contrats consensuels ressemblent aux trois contrats réels, commodat, dépôt, gage, et diffèrent du *mutuum*, ainsi que du contrat verbal et littéral, lesquels sont essentiellement *unilatéraux*. 3° Enfin les contrats consensuels sont de bonne foi, et, à ce titre, leurs effets se règlent d'après l'équité (*ex æquo et bono*), tandis que le *mutuum*, le contrat verbal et littéral, sont des contrats de *droit strict*. (V. aux actions, 3e partie, section I, chap. IX ; T. 107).

N° 2. — VENTE. (EMPTIO-VENDITIO).

Définition. Origine.

La vente est un contrat par lequel deux parties s'engagent, l'une (le vendeur), à procurer à l'autre la possession utile et durable d'une chose, et l'autre (l'acheteur), à donner un prix *consistant en monnaie* ; (autrement il y aurait échange).

La vente n'est autre chose qu'un échange perfectionné, dans lequel l'un des objets de l'échange a disparu, et a été remplacé par sa valeur numéraire ou prix (*pretium*). (Voir, sur ce point, plus bas : Du prix).

En résumé, la vente se forme de trois éléments : le consentement ou accord de volontés ; la chose ; le prix ; et elle est parfaite, dès que les parties sont tombées d'accord sur la chose et sur le prix, quoique la chose n'ait pas été livrée ni le prix payé : *emptio et venditio contrahitur cum de pretio convenerit* .. (Gaius C. III § 139. — Int. J. pr. de emp. et vend. III. 23). Reste à savoir quand le consentement doit être considéré comme donné. C'est ce qu'on va étudier dans le premier des trois paragraphes suivants.

Éléments constitutifs.

DU CONSENTEMENT. (Écrit. — Arrhes).

Ancien Droit. — Dès que les parties tombent d'accord, la vente est formée, sans même que des arrhes aient été fournies ; quand on en donne, elles ne sont jamais qu'une preuve, un signe matériel que l'accord des volontés a eu lieu.

Droit de Justinien. — I. *Il n'y a pas eu d'arrhes fournies ?* 1° Si les parties ont entendu qu'un acte (*instrumentum*) serait dressé, la vente n'est réputée conclue qu'au moment où l'écrit est dressé. — 2° Sinon, l'ancien droit n'est pas modifié.

II. — *Il y a eu des arrhes fournies par l'acheteur ?* Chaque partie reste libre de se dédire, en perdant : l'acheteur, ses arrhes ; le vendeur, leur équivalent. Mais jusqu'à quel moment les parties peuvent-elles se dédire ? 1° Jusqu'au moment où l'écrit est dressé, si les parties sont convenues d'en faire dresser un ; 2° sinon, jusqu'à l'exécution de la vente, par exemple, jusqu'à la tradition de l'objet par le vendeur. Voilà quelle est la doctrine fort simple, et généralement admise, de M. Demangeat.

Vinnius et Pothier distinguaient entre la vente actuelle ou pure et simple, et la promesse de vente. Dans la première, les arrhes, s'il en avait été fourni, ne sont, comme dans l'ancien droit, qu'une preuve de la perfection du contrat ; dans la seconde, au contraire, les arrhes sont un moyen de dédit ; les parties peuvent se rétracter jusqu'à ce que la promesse de vente soit réalisée.

N.-B. — Il est bien évident qu'une vente, constatée par écrit, ne devient pas un contrat littéral, mais reste contrat consensuel, puisque c'est le consentement seul qui la forme, et que l'écrit n'est qu'un *moyen de preuve*.

DE LA CHOSE.

Peut faire l'objet d'une vente, tout ce qui est dans le commerce : — corps certain (un cheval) ; quantité déterminée (dix esclaves) ; des choses incorporelles (un droit d'usufruit) ; une chose future (la récolte de tel champ).

En droit romain, la vente, ne faisant que produire des obligations, peut s'appliquer à la *chose d'autrui* ; en effet, rien n'empêcherait d'abord le vendeur de contracter l'obligation de me transférer la propriété de la chose d'autrui, sauf à lui à m'indemniser, s'il ne pouvait remplir son obligation ; et d'ailleurs, on sait que l'obligation de vendre ne consiste qu'à assurer la possession.

(Une telle vente est nulle en droit français, parce que vendre c'est transférer la propriété, et que je ne puis évidemment transférer la propriété d'une chose qui ne m'appartient pas).

Ne peuvent faire l'objet d'une vente : 1° *Une hérédité future*, car un tel acte serait immoral ou dangereux. Toutefois, contrairement au droit français, qui n'admet jamais la validité d'un tel acte, — cette vente serait valable, si celui, de l'hérédité duquel il s'agit, y consentait.

2° *Une chose qui n'est pas dans le commerce* (homme libre ; lieu sacré, public, religieux, etc.). Toutefois, *si cette vente est nulle*, en ce sens que la chose hors du commerce ne pourra être valablement livrée et acquise à l'acheteur, et que le vendeur ne pourra en réclamer le prix ; *une telle vente est valable* d'un autre côté, en ce sens que l'acheteur *de bonne foi* pourra, par l'action *ex empto*, se faire indemniser, — de l'intérêt qu'il avait à l'exécution de la vente, — par le vendeur, que ce dernier ait agi par dol, ou même par ignorance. (L'acheteur, qui ne serait pas de bonne foi, n'aurait aucun recours contre son vendeur. (Comp. Stipulations : T. 72).

3° *Une chose déjà périe lors du contrat* ; en effet, l'obligation du vendeur n'ayant pu naître, faute *d'objet*, celle de l'acheteur n'a pas pu naître faute *de cause*, et il ne peut y avoir aucune action en dommages-intérêts.

4° *Une chose appartenant déjà à l'acheteur*, si la vente est pure est simple ; car je puis très-bien acheter ma chose sous condition, par exemple : si, à telle époque, elle a cessé de m'appartenir.

DU PRIX.

Le prix est un élément essentiel de la vente : *nulla emptio* SINE PRETIO *esse potest*. (Inst. J. ; § 1, III, XXIII).

Le prix doit :

1° *Être certain*, c'est-à-dire : déterminé par le contrat (dix écus d'or), ou déterminable en vertu d'une clause du contrat (au cours de tel jour).

Si la fixation du prix était laissée à la discrétion de l'acheteur, à l'évaluation qu'il fera de la chose, la vente serait nulle par défaut de lien. Mais si la fixation du prix est laissée à l'arbitrage d'un tiers (*boni viri arbitratu*) ? Grande controverse entre les jurisconsultes : Justinien, adoptant l'avis des Proculiens, (contraire à celui des Sabiniens, qui déclaraient nulle une telle vente), décide qu'il y a là une vente conditionnelle, pour un prix encore inconnu ; dès que ce prix sera fixé, la vente vaudra ; sinon, (par exemple, si celui, qui doit le fixer, meurt avant de l'avoir déterminé), la condition est défaillie, et la vente est annulée.

2° *Être sérieux et non simulé* (justum) ; mais on n'exige pas qu'il soit proportionné à la valeur réelle de la chose.

3° *Consister en argent monnayé.* — Grande discussion sur ce point, même du temps de Gaius. Les Sabiniens, invoquant l'origine de la vente, l'échange, soutenaient que le prix pouvait consister en un objet autre que de l'argent monnayé. Les Proculiens, invoquant le caractère de la vente, dans laquelle il y a deux rôles distincts, celui de l'acheteur et celui du vendeur, objectaient aux Sabiniens, qu'avec leur système, on ne saurait reconnaître quel était le vendeur, quel était l'acheteur, et lequel des deux objets formait la *chose vendue* (merx), lequel formait *le prix* (pretium). Justinien suit l'avis des Sabiniens, quand une circonstance spéciale, (par exemple, la mise en vente d'un objet), permet de distinguer le rôle de chacun ; sinon c'est l'opinion des Proculiens qui prévaut, et une telle opération constituera, non plus une vente, mais un échange.

Différences entre la vente et l'échange. — 1° La vente est un contrat consensuel ; l'échange un contrat formé RE. — 2° Le vendeur, qui a livré sa chose, ne peut la répéter, à défaut de paiement ; l'échangiste qui, après avoir livré sa chose, ne reçoit pas celle de l'autre partie, peut réclamer la sienne par une *condictio causa data causa non secuta*. — 3° Dans la vente, l'acheteur seul doit transférer la propriété ; dans l'échange, de part et d'autre il doit y avoir translation de propriété.

Modalités. — Effets de la vente. — Rescision de la vente. (T. suiv.).

OBLIGATIONS. — OBLIGATIONS EX CONTRACTU. — *Contrats formés consensu.* — Vente : *Modalités ; Effets ; Rescision.*

Définition. — Origine. } (T. pr.).
Éléments constitutifs. }

Modalités.

La vente peut être pure et simple ; — elle peut aussi bien être faite *à terme* ou *sous condition* ; c'est le cas le plus simple, mais, parmi les modalités qui peuvent affecter la vente, il faut ranger certains pactes accessoires, que leur usage fréquent a qualifiés de titres spéciaux :

I. — Addictio in diem. — C'est un pacte par lequel il est convenu entre les parties que, si le vendeur trouve, dans un délai déterminé, des conditions plus avantageuses, il sera délié de tout engagement envers le premier acheteur. Dans ce cas, si la vente était pure et simple, elle se trouvera résolue ; si elle était conditionnelle, elle se trouvera n'avoir jamais existé.

II. — Pacte commissoire ou lex commissoria. — C'est un pacte par lequel les parties conviennent que, si le prix n'est pas payé dans tel délai, la vente sera résolue *au gré du vendeur*, et la chose considérée comme non achetée.

III. — Pacte de réméré. — Par ce pacte, le vendeur peut reprendre sa chose, en remboursant le prix à l'acheteur dans un certain délai. C'est donc un moyen de produire un véritable prêt sur gage, fait par l'acheteur au vendeur, prêt qui se convertit en vente définitive, si la somme n'est pas remboursée dans le délai fixé.

Dans ces deux dernières hypothèses, la vente est pure et simple ; la rescision seule est conditionnelle.

Effets ou conséquences du contrat de vente.

Les effets immédiats de la vente sont les obligations du vendeur et de l'acheteur ; les effets médiats sont : les risques de la chose vendue, et les actions sanctionnant les divers effets de la vente.

OBLIGATIONS DU VENDEUR.

Du caractère de la vente romaine résulte, que le vendeur n'est pas obligé de transférer la propriété de la chose vendue ; il doit uniquement procurer la possession utile et durable de la chose à l'acheteur, qui l'usucapera, et deviendra ainsi *dominus ex jure quiritium*. Cette obligation principale se ramifie, selon Paul, en trois obligations distinctes :

1° Possessionem tradere. — Faire tradition de la chose, en livrer la possession tranquille (*vacuam*), à l'époque et au lieu convenus ; ce qui comprend accessoirement l'obligation de conserver la chose jusqu'à la tradition. Le vendeur serait responsable de la perte et des détériorations survenues à la chose, par son dol ou même par sa faute.

2° Ob evictionem se obligare. — Le vendeur doit mettre l'acheteur à l'abri de toute éviction. Mais l'acheteur évincé ne peut recourir contre son vendeur, que si l'éviction résulte d'une instance judiciaire, s'il a dénoncé l'attaque au vendeur, s'il s'est défendu, en un mot, s'il a fait tout son possible pour éviter l'éviction.

Accessoirement le vendeur garantit les vices cachés qui se découvriraient dans la chose, après la vente, rendant ainsi cette chose impropre à l'usage auquel elle est destinée, ou en diminuant la valeur. Dans ce cas, l'acheteur a droit, ou à une diminution de prix, ou bien à la résiliation du contrat et à des dommages-intérêts.

On peut très-bien stipuler la non garantie ; mais, nonobstant, le vendeur reste toujours responsable de l'éviction provenant d'un fait personnel, qu'il connaissait, et qu'il a dissimulé avec une intention frauduleuse.

Cautio duplæ. — Si la chose vendue a une certaine importance, le vendeur peut être forcé (et il l'est toujours, par les édiles, dans les ventes d'esclaves ou d'animaux), à promettre sous caution de rembourser, en cas d'éviction, à l'acheteur, le double du prix de vente. L'éviction ayant lieu, l'acheteur agira, soit par l'action *ex empto*, soit par l'action *ex stipulatu*. (V. plus bas : Actions).

Remarque. — Si l'acheteur a oublié, lors de la vente, de se faire donner la *cautio duplæ*, il intentera l'action *ex empto*. Le juge, reconnaissant qu'il y a dol de la part du vendeur à refuser de donner cette cautio, le condamnera immédiatement à payer le double du prix.

3° Purgari dolo malo. — Cette obligation est commune à tous les contrats de bonne foi, et permet de réprimer tout préjudice qui provient de la mauvaise foi du vendeur. C'est elle qui autorise la *cautio duplæ* expliquée ci-dessus ; c'est elle, en second lieu, qui permet à moi, acheteur, de poursuivre le vendeur, et de lui réclamer, par l'action *ex empto*, même avant l'éviction, le montant de l'intérêt que j'avais à ce que la chose fût mienne, — au cas où la chose vendue n'appartenait pas au vendeur, — si celui-ci connaissait cette circonstance, et si l'acheteur était d'ailleurs de bonne foi. En effet, la vente de la chose d'autrui, au su des deux parties, est parfaitement valable, et l'acheteur ne pourra agir *ex empto* tant qu'il n'est pas évincé.

OBLIGATIONS de l'acheteur.

L'obligation principale de l'acheteur est de payer le prix au jour convenu ; on sait déjà qu'il doit transférer au vendeur la propriété des écus qui composent le prix.

Les obligations accessoires sont : 1° celle de rembourser les impenses faites de bonne foi à la chose vendue, depuis la vente ; 2° celle de payer les intérêts du prix, à partir du jour de la tradition, si le paiement n'est pas à terme.

RISQUES.

Il faut distinguer plusieurs hypothèses.

I. Vente pure et simple. — 1° *D'un corps certain ?* La chose vendue, mais non livrée, périt *par cas fortuit*, sans que le vendeur soit *in mora* (en demeure de la livrer). Le vendeur évidemment ne peut plus être contraint à livrer une chose qui n'existe plus ; mais pourra-t-il exiger néanmoins le prix ? Oui, car le caractère de la vente conclue étant de faire naître deux obligations distinctes et indépendantes, le sort de l'une ne réagira pas sur le sort de l'autre, et l'acheteur devra payer son prix sans recevoir la chose ; en d'autres termes : *les risques sont pour l'acheteur.* — Toutefois, si la perte de la chose (vol ou destruction par un tiers), avait fait naître des actions, le vendeur sera tenu, à défaut de la chose, de céder ces actions qui lui appartiennent (*condictio furtiva*, actions *furti, damni injuriæ*), à l'acheteur qui en tirera ce qu'il pourra.

A l'inverse, et par les mêmes motifs, si la chose a augmenté de valeur depuis la vente, c'est l'acheteur qui en profite : *nam et commodum esse debet, cujus periculum est.* (Inst. J., § 3, L. III, T. XXIII.)

2° D'une chose de genre (*quæ numero, pondere, mensura constant*) ? Un genre ne peut périr, puisque l'objet, désigné *in genere*, peut être remplacé par un autre, s'il vient à périr. Les risques sont pour le vendeur, jusqu'à livraison.

II. Vente conditionnelle. — La chose périt avant l'arrivée de la condition ? 1° Si la perte est totale, le contrat ne pouvant plus se former faute d'objet, l'obligation pour l'acheteur, de payer le prix, ne peut même pas naître.

2° La perte est-elle partielle ? Les risques sont pour l'acheteur qui bénéficierait également d'une plus-value. — Bien entendu, s'il s'agissait de choses *in genere*, les risques seraient, comme dans le numéro précédent, pour le vendeur.

3° Dans la vente conditionnelle rentre celle : *à l'essai moyennant dégustation.* On admet sans peine que, tant que la marchandise n'est pas agréée, les risques sont pour le vendeur. Mais on discute pour savoir si la qualité doit être appréciée selon le goût individuel de l'acheteur, ou d'après le goût général, en d'autres termes, si une chose reconnue loyale et marchande, *boni viri arbitratu*, peut être refusée capricieusement par l'acheteur pour empêcher la vente de se conclure. La décision devait dépendre beaucoup des circonstances.

III. — Faute et Dol. — On a supposé la perte arrivée par cas fortuit ; il est sous-entendu que, si la perte provient du *dol* ou de la *faute* du vendeur, ce dernier en sera seul responsable.

ACTIONS QUI DÉRIVENT DE LA VENTE.

La vente donne lieu à plusieurs actions :

I. Action venditi ou ex vendito, par laquelle le vendeur poursuit le paiement du prix, et le remboursement des impenses faites de bonne foi, etc.

II. Action empti ou ex empto, par laquelle l'acheteur réclame 1° la tradition de la chose, et de ses accessoires naturels (*ex æquo et bono*) ; 2° une indemnité, soit au cas d'éviction, soit au cas où le vendeur se serait mis par sa faute dans l'impossibilité de livrer.

III. Action ex stipulatu, par laquelle l'acheteur, qui s'est fait donner le *cautio duplæ*, peut agir en cas d'éviction. — L'acheteur évincé a donc deux actions : *ex empto, ex stipulatu.* Ces deux actions diffèrent sous plusieurs points. 1° L'action *ex empto* est de droit strict, l'action *ex stipulatu*, de bonne foi. — 2° La première donne à l'acheteur la valeur de la chose au moment de l'éviction ; la seconde, le double du prix d'achat. Or, suivant les circonstances, l'évincé aura intérêt à user de l'une ou de l'autre. 3° Le vendeur était un *non dominus* et l'acheteur devient héritier du véritable propriétaire ? Il n'y a pas éviction proprement dite, et l'acheteur ne pourra agir *ex stipulatu* ; mais, comme il ne tient pas la chose en vertu de la vente, il agira *ex empto*. — *A l'inverse*, un tiers revendique contre l'acheteur d'un esclave ; ce dernier meurt, et la question de propriété est tranchée en faveur du revendiquant ? L'acheteur pourra agir *ex stipulatu*, quoiqu'il n'éprouve aucun dommage, et, par cette raison, il ne pourrait agir *ex empto*.

IV. Si l'on découvre dans la chose, après la vente, des vices cachés et non apparents, les édiles donnent à l'acheteur le choix entre deux actions : 1° L'action **redhibitoria** (rédhibitoire), qui ne dure que six mois et par laquelle l'acheteur exige une indemnité pour le préjudice qu'il éprouve ; 2° l'action **quanti minoris** ou **æstimatoria**, qui dure un an, et par laquelle l'acheteur obtient ce qu'il aurait donné en moins comme prix, s'il avait connu les vices cachés de la chose.

Rescision pour cause de lésion.

Dioclétien et Maximien décident que le vendeur d'*immeubles* (et non de meubles), qui souffre une lésion d'*outre-moitié*, peut faire rescinder la vente. — Toutefois l'acheteur a le choix, ou de restituer l'immeuble, ou de le garder en fournissant le supplément du juste prix. — Remarquons que cette faveur ne s'étend pas à l'acheteur qui serait lésé d'outre-moitié, pour avoir payé le double de la valeur vraie de l'objet. (V. art. 1674, 1675, 1684, Code civil).

OBLIGATIONS, — OBLIGATIONS EX CONTRACTU, — *Contrats consensuels.* — Louage.

N° 3. — LOUAGE. *(Locatio-Conductio).*

Définitions. Généralités.

Le louage est un contrat par lequel le *locator* s'engage, — moyennant un prix (*merces*), — que le *conductor* s'oblige à lui payer, — soit à procurer à celui-ci, pendant un certain temps, l'usage ou la jouissance d'une chose (*præstare re uti; — re frui licere*); soit à faire pour lui un certain travail (*opus*); soit à lui rendre un service appréciable en argent (*operæ*).

Il y a donc 3 espèces de louage : *locatio-conductio rei* (par exemple d'une maison) ; *locatio-conductio operarum* (par exemple d'un serviteur à gages); *locatio conductio operis faciendi* (par exemple, par un architecte, de la construction d'une maison).

Remarque. — Dans les deux premières espèces, le rôle du bailleur, *locator*, et celui du preneur, *conductor*, ne sont pas difficiles à déterminer. Mais dans la troisième, ces dénominations sont parfois interverties. En effet l'architecte peut être considéré, soit comme un *locator* de ses soins et de sa surveillance, auquel cas celui qui a commandé l'ouvrage est *conductor ;* soit, — et c'est l'habitude la plus répandue, comme un *conductor operis faciendi*, un preneur d'ouvrages et de plans à exécuter ; dans ce cas le propriétaire de la maison à construire est *locator operis*.

Le locataire d'un bien rural s'appelle ordinairement *colonus* (ne pas confondre avec les *coloni* du T. 7) ; et celui d'une maison : *inquilinus*.

Éléments constitutifs.

Comme dans la vente, les éléments constitutifs sont : *le consentement, la chose, le prix.*

CONSENTEMENT. — Le contrat de louage existe dès que les parties sont d'accord sur le prix (*merces*). Si on était convenu de dresser un écrit, le contrat ne deviendrait parfait qu'après la rédaction de l'*instrumentum*.

CHOSE. — La chose peut être, nous l'avons vu : soit une chose proprement dite, bien entendu *dans le commerce;* soit des services appréciables en argent, soit un ouvrage à faire. — Quel qu'il soit, l'objet du contrat doit être déterminé, sans quoi le bailleur pourrait se soustraire à son obligation.

PRIX. — MERCES.

Le *pretium* de la vente, s'appelle ici *merces*. (Pour les immeubles ruraux ou urbains, la *merces* prend, en pratique, le nom de *pensio, reditus*).

La *merces* doit : 1° *Etre certaine*, c'est-à dire déterminée ou déterminable d'après le contrat même. (V. à la Vente). Ainsi, si je remets à un ouvrier un ouvrage à faire, sans fixer la *merces*, les Sabiniens soutenaient qu'il y avait là néanmoins un louage ; mais les Proculiens, dont l'avis a été confirmé par Justinien, décidaient qu'il n'y avait là qu'un contrat innomé (V. T. 85), protégé par l'action *præscriptis verbis*.

2° *Etre sérieuse et non simulée.* (V. à la Vente).

3° *Consister en argent monnayé.* — C'est nécessaire, comme dans la vente, pour reconnaître le rôle de chacun, c'est-à-dire lequel devra employer l'action *locati*, lequel l'action *conducti*. Cette règle était d'ailleurs discutée, comme dans la vente ; en voici plusieurs applications :

A. Primus et Secundus sont convenus de jouir respectivement et successivement de la chose de l'autre, (par exemple deux voisins, ayant chacun un bœuf, conviennent que chacun pourra tour à tour travailler avec son propre bœuf joint à celui de l'autre)? Les Sabiniens disaient qu'il y avait louage ; les Proculiens, et les Institutes, décidaient qu'il y avait un contrat innomé. (V. T. 85).

Remarque. — On peut d'un autre côté assimiler une telle combinaison au commodat, puisque le commodat est essentiellement gratuit, et qu'ici, il y a, en fait, une véritable rémunération qui consiste, pour chacun, dans l'usage de l'animal de l'autre.

B. Parfois, un prix en argent ayant été fixé, il y aura louage ou vente suivant les circonstances. Ainsi : 1° j'ai chargé un orfèvre de me faire des anneaux d'or moyennant un certain prix ? Il y aura *louage*, (louage d'ouvrage), si j'ai fourni tout l'or nécessaire à la confection des anneaux, car le prix ne représente que la main-d'œuvre ; il y aura au contraire *vente*, d'après l'opinion qui a prévalu, si c'est l'orfèvre qui, outre la main-d'œuvre, doit fournir l'or nécessaire. — 2° Je vous fournis des gladiateurs pour un combat, convenant que, pour ceux qui reviendront sains et saufs, vous me donnerez tant, *pro sudore*, et que, pour ceux qui seront tués, vous me donnerez tant. On décide que le contrat se scindera en un louage ou une vente, selon qu'on aura à appliquer la première ou la seconde clause.

Effets ou conséquences du contrat de louage.

Obligations générales. — Chaque partie répond de sa faute même légère, et doit accomplir son obligation, comme l'exige la *bonne foi*. Ainsi les clauses de détail, accessoires au contrat principal, et nommées : *leges conductionis*, doivent être respectées comme le contrat lui-même.

Obligations du locator. — Il doit : 1° procurer au *conductor* l'usage et la jouissance de la chose ; 2° le garantir contre toute éviction ou trouble ; 3° lui rembourser les impenses utiles, nécessaires, ou qui ont augmenté la valeur de la chose ; 4° enfin, pour le cas spécial de *locatio operis faciendi*, payer au *conductor*, ou entrepreneur, le prix convenu (honoraires).

Obligations de conductor. — Il doit : 1° payer la somme due aux termes convenus ; 2° rendre la chose à la fin du bail ; 3° donner au locateur une indemnité, si la chose a péri ou a été détériorée par sa faute ou sa négligence.

Remarque. — Le *conductor* a d'ailleurs le droit de demander au locateur des diminutions, pour la perte totale ou partielle de fruits survenue par cas fortuits ou de force majeure.

Actions. Le contrat de louage donne naissance : I. A deux actions principales toutes deux de bonne foi : 1° l'action **locati**, donnée au locateur pour faire-exécuter les obligations du *conductor*, (V. plus haut); 2° l'action **conducti**, donnée au *conductor* pour faire exécuter les obligations du *locator* (V. plus haut). II. A des actions accessoires dérivant de dispositions spéciales du contrat : 1° Pour le louage de biens ruraux, l'action *Servienne* et l'interdit *Salvien* ; 2° Pour le louage de maisons : l'action *quasi Servienne*. (V. aux actions).

Extinction du Contrat de louage.

Il faut distinguer entre le *louage de choses*, et le *louage de service* ou d'*ouvrage :*

1° LE LOUAGE DE CHOSES PREND FIN : I. *Par l'expiration du temps convenu.* Toutefois, si, à l'expiration du terme, le locataire continue à jouir, en fait : *remansit in conductione*. Il y a là une présomption que les parties ont voulu renouveler bail tacitement ; c'est ce qu'on appelle une TACITE RECONDUCTION. Celle-ci est régie par les mêmes règles que le bail primitif, sauf pour la durée : en effet : 1° s'agit-il de biens ruraux ? On suppose la reconduction faite pour une année, temps nécessaire pour faire une récolte ; du reste, à la fin de cette nouvelle année, la tacite reconduction pourra se renouveler de nouveau, et ainsi d'années en années ; 2° s'agit-il de maisons ? Aucun terme n'est fixé à la reconduction, et chaque partie peut, quand elle le veut, renoncer au bail, à moins que le bail originaire n'eût été fait par écrit pour une durée déterminée, auquel cas il paraît que la tacite reconduction était affectée de la même durée. — II. *Par la perte de la chose louée.* Le locataire, ne jouissant plus de la chose, le locateur ne peut réclamer de prix. — III. *Par la sentence du juge*, pour abus de jouissance ou défaut de paiement du prix pendant deux ans (L. 54, § 1. D.). — IV. *Par le fait du locateur*, qui n'assure pas la jouissance de la chose louée ; ainsi, il a aliéné sans réserve la chose louée ? L'acquéreur expulsera le locataire, et celui-ci, n'ayant pas un droit réel, ne pourra que réclamer des dommages-intérêts contre le *locator* ou ses héritiers.

Remarque. — Il est bien entendu que le louage prendrait fin par le mutuel dissentiment des parties.

2° LE LOUAGE DE SERVICE OU D'OUVRAGE est régi par les règles précédentes, avec certaines modifications faciles à déduire de sa nature toute spéciale. Mais il y a une cause d'extinction qui lui est toute personnelle ; en effet, à la différence du louage de choses qui se continue malgré la mort du *locator* ou du *conductor*, la *locatio operarum* prend fin par la mort du *locator*, puisqu'avec lui périt la chose louée ; et la *locatio operis faciendi* prend fin par la mort du *conductor*, ou entrepreneur, car ses héritiers ne sauraient sans doute accomplir des travaux qui demandaient des talents spéciaux.

N.-B. — DIFFÉRENCES ET RESSEMBLANCES ENTRE LE LOUAGE ET L'USUFRUIT.

Différences. — I. Le louage de choses, on vient de le voir, ne s'éteint pas par la mort du locataire, tandis que l'usufruit s'éteint nécessairement par la mort de l'usufruitier. — II. L'usufruit peut être constitué à titre gratuit ; le louage est essentiellement à titre onéreux. — III. Mais la grande différence est que l'usufruitier a un DROIT RÉEL, et le preneur un droit PERSONNEL, d'où résultent les conséquences suivantes : 1° j'ai acquis un usufruit à titre onéreux ; la chose grevée périt ; les risques sont pour moi ; — au contraire je ne dois la *merces* que pour la durée de jouissance effective. 2° Si le fonds grevé d'usufruit ne donne pas de récolte une ou plusieurs années, je ne puis m'en prendre au nu-propriétaire ; le preneur au contraire peut réclamer une indemnité. 3° L'usufruitier, par une action *confessoire*, ou des interdits *quasi-possessoires*, peut attaquer directement toute personne qui détiendrait la chose ou troublerait sa jouissance ; au contraire le preneur, expulsé ou troublé dans sa jouissance, ne peut que réclamer au bailleur des dommages-intérêts par une action personnelle.

Ressemblances. — I. L'usufruitier et le fermier gagnent les fruits par la perception ; — II. L'usufruit peut être constitué à terme, comme le louage, mais il en diffère, on l'a vu, en ce que la mort de l'usufruitier met nécessairement fin à l'usufruit, alors même que le terme ne serait pas arrivé.

Appendice. — Emphythéose. (T. suiv.).

OBLIGATIONS. — OBLIGATIONS EX CONTRACTU. — *Contrats consensuels.* — Louage. — *Appendice : Emphytéose.* — Société.

Définition, éléments constitutifs, effets, extinction du louage (T. 81).

Appendice. — Emphytéose.

Définition et origine. — L'emphytéose est un contrat par lequel je vous livre un fonds (*ager vectigalis*), pour que vous en jouissiez à perpétuité, moyennant une redevance annuelle (*vectigal*). — Ces locations perpétuelles, appliquées d'abord à des terrains publics par l'État ou les municipes, s'étendirent aux biens des églises, puis aux biens des particuliers.

Caractères. — On se demande s'il y a là un louage ou une vente. L'intérêt est grand ; et notamment, dans le premier cas, les risques seraient pour le propriétaire, tandis que, dans le second, ils seraient pour le possesseur de l'*ager vectigalis*. On décide que l'emphytéose est un *louage*, mais un louage particulier. En effet, déjà dans l'ancien droit, le prêteur avait donné à l'emphytéose un *droit réel*. Dès lors l'emphytéote se rapproche de l'usufruitier.

I. — Mais voici plusieurs différences : 1° l'usufruitier ne peut aliéner son droit ; l'emphytéote le peut ; 2° l'usufruitier acquiert les fruits par la perception, et l'emphytéote, dès qu'ils sont détachés ; 3° enfin l'usufruit est constitué sans tradition ; tandis que la tradition est nécessaire pour que le droit réel se constitue en la personne de l'emphytéote.

II. — D'un autre côté, l'emphytéose diffère du louage : 1° en ce que l'emphytéote peut transformer la substance de la chose ; 2° en ce qu'il supporte les risques partiels ; 3° en ce qu'il peut transmettre son droit à un ayant-cause à titre particulier.

Remarque. — Quand l'emphytéote aliène son droit, il reste obligé à payer le vectigal, à moins que le propriétaire n'accepte, comme débiteur, le nouveau possesseur.

Zénon a le premier nettement défini quel contrat résultait de cette location perpétuelle. Ce n'est ni une vente ni un louage ; mais un contrat spécial, le contrat d'*emphytéose*. Quant à l'importante question des risques, les parties peuvent en convenir à leur gré ; en l'absence de convention préalable, on distingue : 1° si la perte est totale, les risques sont pour le propriétaire comme dans le louage ; 2° si la perte est partielle, les risques sont pour l'emphytéote comme dans la vente.

Justinien innove en plusieurs points : 1° l'emphytéote, qui reste 3 ans sans payer le vectigal, peut être expulsé ; 2° l'emphytéote, qui veut vendre son droit, doit avertir le propriétaire ; celui-ci a deux mois pour exercer une *préemption*, c'est-à-dire reprendre la possession moyennant le prix trouvé par l'emphytéote ; s'il n'exerce pas son droit de préemption, il est réputé reconnaître le nouvel emphytéote.

Constitution et extinction de l'emphytéose. — I. *Elle s'établit* par convention, par acte de dernière volonté, par usucapion ; (mais ce dernier point est controversé).

II. — *Elle s'éteint :* par la *perte totale* de la chose ; par la *mort*, sans aucun héritier, de l'emphytéote ; par la *renonciation* de ce dernier ; par l'*expulsion*, en cas de non paiement pendant trois années ; et par l'*usucapion*, dans les trois cas suivants : 1° si l'emphytéote acquiert le fonds d'un non-propriétaire, et l'usucape ; 2° si un tiers acquiert la chose d'un non-propriétaire, et l'usucape contre le propriétaire et l'emphytéote ; 3° si le propriétaire laisse prescrire son action personnelle contre l'emphytéote.

N° 4. — SOCIÉTÉ. — (*Societas*).

But et nature.

La société est un contrat consensuel par lequel deux ou plusieurs personnes conviennent de mettre en commun certaines valeurs pour les exploiter, et ensuite partager les *bénéfices* et supporter les *pertes* qui résulteront de cette exploitation.

Chaque partie, en droit, joue le même rôle, est désignée de même, et a une même action (*pro socio*) pour obtenir l'exécution des obligations nées du contrat.

La société, contrat synallagmatique parfait, produit des obligations réciproques (*ultro citroque*), qui doivent être appréciées selon la bonne foi (*ex bono et æquo*).

Caractères constitutifs.

I. *Le consentement des parties ;* il est évidemment nécessaire ; mais si la société est rangée dans les contrats *consensuels*, c'est que le consentement seul, sans écrits, paroles, traditions, etc., suffit pour former le *vinculum juris*.

II. *Un apport réciproque ;* sans cette condition, celui qui, n'apportant rien, serait appelé à partager les profits, serait, non pas un associé, mais un véritable donataire. D'ailleurs, cet apport peut consister, soit en une possession ou propriété de biens quelconque, soit même en une *industrie*, ou talent spécial, par lequel l'un des associés fera fructifier les fonds des autres associés.

III. *Un intérêt commun.* — En effet, si l'un des associés se réservait tous les bénéfices, cette clause *leonina* enlèverait le caractère essentiel de la société, qui est précisément de partager le bénéfice d'une opération. — Voir d'ailleurs plus loin : *Répartition.*

Diverses espèces de sociétés.

Ulpien signalait cinq espèces de société :

I. *Societas totorum bonorum*, qui comprend tous les biens présents et futurs, même survenant par succession, donation ou legs. — Elle a ce caractère remarquable que, dès qu'elle est formée, les biens, que chacun des associés possède à ce moment, deviennent immédiatement indivis entre tous, sans qu'il y ait besoin d'une tradition réelle (ni même d'une déclaration expresse, appelée *constitut possessoire*). Sans cette règle, on pourrait craindre que, par dol ou oubli, un des associés ne comprît pas tous ses biens, dans la tradition ou le constitut possessoire. — Cette règle ne s'applique d'ailleurs : 1° ni aux biens qui adviennent aux associés, après la formation du contrat, et dont la propriété doit être transmise indivisément aux autres associés par les modes ordinaires ; 2° ni aux créances, même existant au moment du contrat, et dont le titulaire devra communiquer plus tard l'émolument à ses associés.

II. *Societas alicujus negotiationis*, — formée pour exercer en commun un certain commerce déterminé, par exemple : acheter et vendre des esclaves.

III. *Societas unius rei*, — formée pour accomplir une certaine et unique opération commerciale.

IV. *Societas vectigalis*, — formée entre les publicains pour le recouvrement des impôts. Elle est soumise à certains principes spéciaux. (Voir plus bas : dissolution de la société *ex personis*).

V. *Societas omnium quæ ex quæstu veniunt*, qui ne diffère de la societas totorum bonorum, qu'en ce qu'elle ne comprend pas les biens qui peuvent résulter de successions, donations, legs.

Justinien, suivant en cela Gaius, ne mentionne que les deux premières.

Remarque. — La loi 7 Dig. (Pro socio, — XVII, 2), décide, qu'à défaut de déclaration spéciale, les contractants sont réputés avoir adopté la cinquième espèce de société.

Modalités. — *Societas coiri potest : vel IN PERPETUUM, id est dum vivunt, vel AD TEMPUS, vel EX TEMPORE, vel SUB CONDITIONE.* (Ce dernier point avait été contesté). Tout associé est d'ailleurs libre de se retirer, quand bon lui semble (sauf des questions de responsabilité) : *in societate nemo compellitur invitus retineri.*

Obligations des associés. — Les principales obligations des associés, les uns envers les autres, sont : 1° de faire leur apport (biens, travail, industrie), promis par eux à la société ; 2° de se répartir, conformément à leurs conventions, les *gains* et les *pertes*.

Répartition.

La part de chaque associé, dans les gains et pertes, est déterminée soit par *la loi*, soit par la *convention des parties*, soit par l'*arbitrage d'un tiers ;*

1° PAR LA LOI. — A défaut de règlement direct ou indirect par les parties, la loi décide que chaque associé aura, dans le gain ou la perte, une part égale, et non proportionnelle aux apports réciproques. Il eût été en effet fort difficile, dans le silence des parties, d'évaluer, par exemple, un apport d'industrie.

De plus, comme les parties avaient le droit de fixer des parts différentes, leur abstention prouve qu'elles entendaient que les parts seraient égales, considérant des circonstances particulières comme rétablissant, en fait, l'égalité d'apports en apparence inégaux.

Remarque. — Si les associés n'ont réglé leurs parts que pour le gain, ou pour la perte, la répartition de l'un s'appliquera *ipso jure* à l'autre.

2° PAR LA CONVENTION DES PARTIES.

Les parties peuvent, par leurs conventions, apporter, aux principes de répartition légale, certaines modifications ; certaines autres leur sont défendues :

MODIFICATIONS PERMISES.

I. — Titius et Mævius conviennent que le premier aura le tiers, et le second les deux tiers des gains et des pertes. Pas d'hésitation.

II. — Titius et Mævius conviennent que le premier aura les deux tiers du gain, et supportera seulement le tiers des pertes. — Cette inégalité d'attribution dans le gain et la perte est-elle valable ? *Magna fuit quæstio ;* mais on l'a tranchée, avec Servius Sulpicius, par l'affirmative.

III. — Sulpicius va encore plus loin, suivi également par la pratique, en décidant qu'on peut convenir qu'un associé aura une part des gains, et ne supportera pas les pertes. — Mais il faut bien remarquer : 1° que les droits de chaque associé ne sont établis que sur le résultat définitif de l'œuvre de société : gain ou perte ; et qu'on ne saurait décider que tel associé prendra une part dans toutes les opérations avantageuses, sans avoir à s'occuper des opérations désavantageuses.

Il faut donc examiner d'abord si la société, sur l'ensemble de ses opérations, se balance par des gains ou des pertes. C'est cette balance (solde créditeur ou débiteur), qui seule établit s'il y a gain ou perte.

2° Que l'associé, même dispensé des pertes, est toujours exposé à perdre son *apport*, et qu'il est seulement exonéré du *damnum* qui dépasserait son apport. (V. la commandite en droit français).

MODIFICATIONS DÉFENDUES : I. Les parties ne peuvent convenir que celui, qui apporte moins, recevra plus que les autres, car il y aurait là une véritable donation.

II. L'un des associés ne saurait stipuler tous les gains (*Leonina societas*).

3° PAR L'ARBITRAGE D'UN TIERS. — Les parties peuvent convenir que la répartition sera faite par un tiers ; mais, si cette répartition n'était pas équitable, il y aurait recours.

Administration. — Dissolution. — Actions qui dérivent de la société (T. suiv.).

OBLIGATIONS. — OBLIGATIONS EX CONTRACTU. — *Contrats consensuels.* — Société (*Fin*). — Mandat.

But et nature.
Caractères constitutifs.
Diverses espèces de sociétés. } (T. pr.).
Obligations des associés.
Répartition.

Administration. — Chaque associé a une sorte de mandat tacite *d'administrer* pour le mieux ; il peut se faire indemniser des dépenses occasionnées par une opération sociale, mais il doit naturellement en communiquer le bénéfice à ses associés. Il est responsable de ses fautes, appréciées d'après sa conduite en ses propres affaires.

Dissolution de la Société.

La société se dissout de cinq manières, d'après Ulpien. *Societas solvitur :*

I. Ex personis. — 1° par la mort d'un associé ; en effet la société est un ensemble dans lequel les qualités personnelles de l'associé ont une grande importance, et c'est pourquoi, non-seulement elle ne continue pas avec l'héritier du défunt, — mais elle est même dissoute entre les associés survivants.

Toutefois, on peut, par une convention spéciale, décider que cette dernière règle ne s'appliquera pas, tandis que la convention tendant à prolonger la société avec les héritiers du ou des associés qui viendraient à mourir, serait nulle. — Il va sans dire que l'héritier de l'associé défunt participera aux gains ou aux pertes des opérations *antérieures* à la dissolution de la société.

Remarque. — Dans la *societas vectigalis*, il y a une double exception au droit commun : 1° on peut convenir que la société continuera avec les héritiers de l'associé ; 2° même sans convention, les héritiers de l'associé participent, en pertes ou en gains, aux résultats des opérations *postérieures* au décès de leurs auteurs, bien qu'ils ne soient pas associés.

2° par la *maxima, media*, et, sous Gaius, *minima capitis deminutio* de l'associé. — Mêmes conséquences que pour le cas précédent

3° par la *confiscation* de tous les biens d'un associé ou la *cession* de ses biens.

II. Ex rebus. — 1° par la perte, ou la mise hors du commerce, de la chose qui constituait le fonds commun ; 2° par la fin de l'opération pour laquelle la société a été contractée.

III. Ex voluntate. — La volonté, même d'une seule partie, de quitter la société (par la raison donnée I, 1°), dissout la société, même entre ceux qui n'y renoncent pas. — Toutefois, si cette renonciation est frauduleuse (faite par un associé pour retirer à lui seul tout le bénéfice que les associés s'étaient promis de faire en commun), ou *inopportune* (faite à un moment où elle est préjudiciable à la société), — à moins que, dans cette dernière circonstance, la renonciation ne soit justifiée par des motifs graves, — le renonçant « *socium a se, non se a socio liberat* » ; en d'autres termes, le renonçant continue à être tenu envers ses associés, et doit leur restituer le bénéfice qu'il a voulu retirer seul, tandis que les bénéfices, que les associés ont réalisés depuis la renonciation frauduleuse, leur sont acquis à eux seuls, à l'exclusion du renonçant.

IV. Ex actione. — Par une *novation*, soit conventionnelle (*ex stipulatione*), soit judiciaire, (effets de la *litis contestatio*, dans une instance tendant à dissoudre la société, — V. T. 98, 99), cette novation ayant pour effet de transformer les rapports juridiques créés par le contrat de société.

V. Ex tempore. — Par l'expiration du terme convenu, en ce sens que chaque associé devient libre de se retirer, sans qu'on puisse accuser sa retraite d'être frauduleuse ou inopportune ; en effet, l'arrivée du terme ne dissout pas nécessairement la société.

Actions qui dérivent du contrat de société.

Dans le contrat de société, il y a ceci de remarquable que, chaque partie jouant le même rôle, toutes les actions du contrat de société sont identiques, et ne forment qu'une seule action : « *socii* ou *pro socio*, » qui appartient à chacun des associés, pour faire exécuter par ses co-associés les engagements résultant du contrat.

L'action *pro socio* a ceci de particulier : 1° Que les associés ne peuvent être condamnés les uns envers les autres que jusqu'à concurrence de leurs moyens (*bénéfice de compétence*) ; 2° que la condamnation, résultant de l'action *pro socio*, entraîne l'infamie.

L'action *pro socio* est une action de bonne foi, qui a pour but : 1° de forcer chaque associé à faire son apport, et même à indemniser les associés du préjudice résultant du défaut d'apport ; 2° de lui faire rendre compte ; 3° de lui faire payer une indemnité pour les pertes causées par son dol ou sa faute. (On sait qu'il est seulement tenu d'apporter le même soin qu'à ses propres affaires) ; 4° de l'indemniser des pertes ou dépenses qu'il a faites, ainsi que des obligations qu'il a contractées dans l'intérêt de la société.

L'action *pro socio* n'est utile que pendant la durée de la société. Une fois dissoute, c'est par l'action *communi dividundo* qu'on en poursuit la liquidation.

N° 5. — MANDAT. (*Mandatum*).

Définitions et Généralités.

Le mandat est un contrat synallagmatique imparfait ; en effet, le mandataire est immédiatement tenu, mais le mandant ne peut se trouver obligé que *ex post facto*. Il prend sa source dans la religion et l'amitié (*manus datio*) ; cette origine le suit même dans le droit privé, d'où résulte : 1° qu'il est *gratuit* ; 2° que le mandataire doit les soins d'un père de famille diligent ; 3° que l'infamie frappe celui qui est condamné *ex mandati actione*.

Gratuité. — La gratuité, qui est considérée, on vient de le voir, comme essentielle au mandat, souffre quelques exceptions ; ainsi, une certaine rémunération, *honoris causa* (d'où vient le mot *honoraires*), ne dénaturerait pas le contrat de mandat en le transformant en louage de service, dont sa gratuité seule le distingue.

Modalités. — Le mandat peut être pur et simple, à terme ou sous condition. Il est *à terme*, si le mandataire ne doit accomplir son mandat qu'à partir de telle époque, ou jusqu'à telle époque. Il est conditionnel, dans le cas, par exemple, où je donne mandat au créancier gagiste d'aliéner la chose remise en gage, si je ne l'ai pas remboursé à l'échéance.

Nullité. — 1° Le mandat, contraire aux bonnes mœurs, est nul. D'où résulte que le mandant ne saurait en poursuivre l'exécution par l'action *mandati directa*, ni le mandataire poursuivre, par l'action *mandati contraria*, la réparation du préjudice qu'il a pu souffrir en exécutant le mandat.

2° Jusqu'à Justinien, le mandat de faire une chose, après la mort du mandataire ou après celle du mandant, est nul, car l'héritier ne peut être grevé d'une dette ni invoquer un droit qui n'aurait pas reposé sur son auteur.

Effets du Mandat.

I. Relativement aux tiers. — Un principe saillant du strict droit civil, c'est qu'une personne ne peut se faire représenter par une autre personne dans les actes de droit. En effet, les droits actifs ou passifs se constituent dans la personne même de celui qui a agi. Ce principe fondamental, mais fort incommode, reçut divers tempéraments. (V. T. 36 et 118). Disons toutefois dès à présent que, « *ad exemplum institoriæ*, » on finit par donner, *comme actions utiles* : 1° aux tiers, contre le mandant, les actions qu'ils auraient eues contre le mandataire ; 2° au mandant contre les tiers, les actions que le mandataire aurait pu intenter. Du reste, si les tiers étaient poursuivis tout à la fois, *directement* par le mandataire, et *utiliter* par le mandant, ils repousseraient, par une exception, l'action du premier pour répondre au second.

N.-B. — On verra que le *cognitor*, ou mandataire judiciaire, même en droit civil, représentait le mandant.

II. Relativement aux rapports du mandataire et du mandant entre eux. — Le mandataire doit se renfermer dans les limites du mandat ; s'il s'en écarte, (par exemple si, chargé d'acheter un bœuf, il achète un cheval), il ne saurait plus se faire indemniser par l'action *mandati contraria*, et même il pourrait, par l'action *mandati directa*, être poursuivi par le mandant, pour l'intérêt que celui-ci avait à ce que le mandat fût exécuté à la lettre. — *Quid*, si le mandataire a acheté une chose pour un prix inférieur à celui porté au mandat ? (exemple, il a acheté 80 un fonds qu'il était chargé d'acheter 100). Sans aucun doute, il pourra poursuivre le remboursement des 80. En effet, le mandant : *mandasse intelligitur, ut minoris, si possit, emeretur*. — Mais s'il a acheté ce fonds pour un prix supérieur, 150 au lieu de 100 portés au contrat ? 1° *Les Sabiniens* lui refusent toute action : *qui excessit, aliud quid facere videtur*. 2° *Les Proculiens*, au contraire, dont l'avis a prévalu, l'autorisaient à poursuivre le mandant, non pas pour 150, mais pour 100, prix indiqué dans le mandat.

Diverses espèces de mandats. — Fin du mandat. — Actions. (T. suiv.).

OBLIGATIONS. — OBLIGATIONS EX CONTRACTU. — *Contrats consensuels.* — Mandat *(Fin).* — Appendice : Pactes ; Contrats innomés.

Définition et généralités. Effets du mandat. (T. pr.)

ÉTENDUE DES OBJETS QU'IL EMBRASSE. — Le mandat peut être général ou spécial : *Procurator enim vel omnium rerum, vel unius rei esse potest.*

Diverses espèces de mandats. — INTÉRÊT DANS LEQUEL LE MANDAT EST INTERVENU.

Le mandat peut se contracter de six manières différentes :

I. — *Dans l'intérêt du mandant seul ?* — Lorsque par exemple je charge le mandataire de gérer mes affaires.

II. — *Dans l'intérêt réciproque du mandant et du mandataire ?* — Exemple : 1° Je donne mandat à Titius de prêter à intérêt de l'argent à Mœvius, qui doit l'employer à mes affaires. J'avais intérêt à ce que Mœvius se procurât de l'argent, et Titius a un avantage certain à placer ses fonds à intérêt, sous la garantie de son action *mandati contraria.* 2° Sempronius, étant votre débiteur, je l'ai cautionné comme *fidéjusseur.* A l'échéance vous n'êtes pas payé, et vous vous disposez à me poursuivre ; désireux de gagner du temps, *je vous donne mandat* de poursuivre Sempronius à mes risques et périls ? Avantage pour moi, mandant, à éviter une poursuite qui me gênerait en ce moment ; intérêt pour vous, mandataire, qui, après avoir poursuivi Sempronius sans obtenir le paiement intégral, pourrez recourir contre moi par l'action *mandati contraria* ; vous avez ainsi recours contre deux personnes, tandis que, si vous vous étiez adressé d'abord à moi, Sempronius eût été libéré, et votre créance n'aurait été garantie que par ma solvabilité. (Cet exemple ne se comprend plus quand Justinien, en 531, abroge l'ancienne règle : *altero convento, liberatur alter*). 3° Je vous délègue Sempronius pour qu'il devienne votre débiteur à ma place ? J'ai intérêt à me trouver ainsi libéré de ma dette ; et vous, mandataire, vous avez l'avantage d'avoir deux débiteurs, puisque, non payé par Sempronius, vous pouvez, en vertu du mandat, vous retourner contre moi.

III. — *Dans l'intérêt d'un tiers seul ?* — Je vous donne mandat de faire les affaires de Titius ? En principe, tant que les choses sont entières, il n'y a qu'un accord de volontés, et le mandataire n'est pas tenu. Mais le mandant pourrait le poursuivre, en exécution du mandat, si ledit mandant avait un intérêt appréciable quelconque, même de pure affection, à cette exécution.

IV. — *Dans l'intérêt du mandant et d'un tiers ?* — Exemple : Je vous charge de gérer les affaires communes entre Titius et moi.

V. — *Dans l'intérêt du mandataire et d'un tiers ?* — Exemple : Je vous donne mandat de prêter de l'argent à Titius, *sub usuris.* (Sans *intérêts*, l'opération ne serait qu'à l'avantage du tiers).

VI. — *Dans l'intérêt du mandataire seul ?* — Si je vous ai engagé à prêter de l'argent *à intérêts*, sans désignation de personne, c'est sans doute dans votre intérêt ; mais il n'y a là qu'un conseil et non pas un mandat ; par conséquent pas d'action contre moi. Mais si je vous ai chargé de prêter *sub usuris*, à Titius, qui ne me touche en rien, l'opinion, suivie après discussion, est que je suis tenu *ex mandatu : quia non aliter Titio credidisses, quam si tibi mandatum esset.*

Fin du mandat.

Le mandat prend fin :

1° Par la révocation du mandant. — *Les choses sont-elles entières ?* Le mandat s'évanouit comme s'il n'avait jamais existé. — *L'exécution a-t-elle été commencée ?* Les actes accomplis produisent leur effet, et le mandat n'est révoqué que pour l'avenir. — La révocation ne peut atteindre des droits acquis, et n'agit contre le mandataire, que du moment où elle lui est notifiée. Jusqu'à ce moment, il accomplit valablement son mandat.

2° Par la mort du mandant. — En effet le mandat est supposé accepté, *intuitu personæ*, et, cette personne disparaissant, le mandat cesse pour l'avenir. Mais le mandataire aura l'action *mandati contraria*, tant pour les faits accomplis au moment de la mort du mandant, que pour ceux qu'il aurait accomplis depuis, dans l'ignorance légitime et plausible de cette mort.

3° Par la mort du mandataire. — Les mêmes considérations de personnes font, comme dans le cas précédent, que le mandat cesse immédiatement. Toutefois, s'il y a une opération en cours d'exécution, qui ne saurait être interrompue sans préjudice pour le mandant, les héritiers du mandataire sont tenus de l'achever ; toutefois, pour se faire indemniser, ils n'auront que l'action *negotiorum gestorum.*

4° Par la renonciation du mandataire. — Il ne faut pas que cette renonciation cause un dommage au mandant ; si celui-ci ne conserve pas une entière facilité pour accomplir, par lui-même ou par un autre mandataire, l'opération abandonnée, le mandataire sera tenu de l'*actio mandati* ; à moins toutefois qu'il n'ait de justes motifs à faire valoir, (maladie, inimitié capitale survenue entre lui et le mandant, insolvabilité de ce dernier).

5° Par la conclusion de l'affaire, pour laquelle le mandat a été donné.

6° Par l'arrivée du terme ou l'avènement de la condition résolutoire.

Actions. — On a vu que les intérêts du *mandant* sont garantis par l'action *mandati directa*, et ceux du mandataire par l'action *mandati contraria.*

Remarque. — Le mandat offre une certaine analogie, soit avec le dépôt, soit avec la *locatio operarum.* — I. Il diffère du dépôt en ce que ce dernier se forme *re*, et que le dépositaire s'engage à garder seulement la chose, — tandis que le mandat se forme *solo consensu*, et que le mandataire s'oblige à créer une situation nouvelle. — II. Il diffère de la *locatio operarum*, en ce qu'il peut s'appliquer à des faits (un affranchissement), qui ne sauraient être l'objet d'un louage. Dans le plus grand nombre des cas, la *gratuité* seule du service rendu fait ressortir le caractère du mandat. — Si j'ai donné une pièce de drap à un tailleur pour qu'il m'en fasse un habit, il peut y avoir, suivant les cas, soit un mandat, soit une *locatio operarum*, soit un contrat innomé garanti par l'action præscriptis verbis. — Si le service n'est pas de ceux *quæ locari solent*, et qu'un mandat soit intervenu, on a pu convenir qu'un certain salaire serait fourni ; mais ce n'est pas par l'action *mandati contraria*, qu'on pourra le réclamer ; ce sera par une *cognitio extraordinaria* ; il en est de même des honoraires d'avocats, médecins et professeurs.

§ 5. — Appendice : Pactes. — Contrats innomés.

N° 1. — PACTES.

Le pacte, dans un sens général, est tout accord de volontés tendant à produire un effet juridique ; tout contrat est donc un pacte. Mais on réserve cette expression (*pactum, — conventio, — pactum conventum*), par opposition au *contrat*, pour désigner l'accord de volontés qui, d'après l'ancien droit civil, ne produit pas une obligation garantie par une action. — Pour remédier à ce principe qui amenait souvent des résultats fâcheux, des modifications successives furent apportées au principe primitif, par la jurisprudence, le droit prétorien, les constitutions impériales. Dès lors un grand nombre de pactes devinrent *obligatoires*, mais ils conservèrent leur nom primitif.

On divisera cette matière, avec M. Demangeat, en deux parties. *pactes isolés* ; *pactes joints* (pacta adjecta).

Pactes isolés.

Il y a certains pactes qui, d'après Ulpien, *transeunt in proprium nomen contractus* ; ce qui s'applique surtout aux quatre contrats consensuels, au dépôt, au commodat.

Contrats innomés. — Les pactes isolés, les plus importants, sont ceux qui ont reçu la dénomination de contrats innomés, et dont leur importance place l'étude dans un paragraphe spécial. (V. T. suiv.).

Pacta légitima. — Les constitutions impériales avaient muni d'action (*condictio ex lege*), certains pactes, appelés dès lors : *pactes légitimes.* Telles sont : depuis Théodose et Valentinien, la convention par laquelle une personne s'engage à fournir une dot ; depuis Justinien, la convention de donner.

Pacta prætoria. — Ce sont des pactes munis d'action par le préteur. Tel est le pacte de constitut (V. T. 104) ; le pacte d'hypothèque (T. 84), lequel, chose remarquable, fait naître, non seulement une obligation, mais encore un *droit réel.*

Pacta nuda. — En dehors des cas précédents, le pacte isolé est un *nudum pactum*, dépourvu de toute action ; mais il peut servir de base à une exception, et est susceptible de produire une obligation naturelle.

Pacta adjecta (T. suiv.)

OBLIGATIONS. — OBLIGATIONS EX CONTRACTU. — *Pactes.* — *Contrats innomés* (Suite).

Pactes isolés. (T. pr.).

Pacta adjecta.

Il faut tout d'abord remarquer qu'un pacte a toujours pu être ajouté valablement à une aliénation, (et très-probablement aussi à une *mancipatio* ou à une *in jure cessio*) : *in traditionibus quodcumque pactum sit, id valere manifestissimum est.*

Passons de suite maintenant aux pactes ajoutés à un *contrat*, à une *obligation*, et pour cela, distinguons tout d'abord : le pacte intervenu *in continenti*, aussitôt après l'acte qu'il modifie ; le pacte intervenu *ex intervallo*, à une époque quelconque postérieure.

IN CONTINENTI.

Il faut encore distinguer s'il est ajouté à un contrat de *bonne foi* ou de *droit strict*.

A UN CONTRAT DE BONNE FOI. Le pacte ajouté *in continenti* à un contrat de bonne foi, (commodat, dépôt, gage, vente, louage), *format ipsam actionem*, fait pour ainsi dire partie intégrante du contrat qu'il modifie, et l'exécution s'en poursuit par l'*action même du contrat*, alors même qu'il aurait, pour objet, précisément la résolution de ce contrat dans une hypothèse déterminée. — De ceci résulte que l'exécution en sera assurée directement par voie d'action, tandis que, dans d'autres hypothèses, la voie de l'*exception* est seule ouverte.

A UN CONTRAT DE DROIT STRICT. Le pacte est ajouté *in continenti* à un contrat de *droit strict ?* La question est plus difficile.

1° Une stipulation vient d'intervenir entre Primus et Secundus, et aussitôt ils conviennent, par exemple, *d'augmenter* ou de *diminuer* l'obligation du promettant. M. Demangeat, invoquant notamment ce texte formel de Paul : *pacta in continenti facta stipulationi inesse creduntur*, (L. 40 D. de reb. cred, 12. 1), enseigne que ce pacte, soit qu'il augmente, soit qu'il diminue l'obligation, aura la même force que la stipulation qu'il modifie, et vaudra, non-seulement par voie d'exception, mais aussi par voie de l'action résultant de la stipulation. Ce sont les mêmes principes que ceux qui régissent les pactes ajoutés aux contrats de bonne foi.

2° S'agit-il d'un pacte ajouté à un *mutuum ?* Comme la *datio* est un fait qui est ce qu'il est, et non ce que le pacte veut qu'il soit, on admet bien que, si le pacte a pour but de diminuer l'obligation, il pourra être invoqué par voie d'exception ; mais, si le pacte a pour but d'augmenter l'obligation du débiteur, le créancier ne pourra en réclamer l'exécution, (c'est-à-dire poursuivre l'excédant), par voie d'action : *amplius condici non potest.* — Cette décision est certaine en ce qui concerne le prêt d'argent ; il est probable qu'elle s'appliquait également au prêt de denrées ; aussi l'empereur Philippe innova sans doute en décidant ce qui suit : *Oleo quidem vel quibuscumque fructibus mutuo datis, incerti pretii ratio additamentum usurarum ejusdem materiæ suasit admitti.*

EX INTERVALLO.

I. Est-il ajouté à un contrat de droit strict (ou formé *re*) ? 1° S'il tend à augmenter l'obligation de l'une des parties, il ne sera pas garanti par l'action du contrat ; il produira tout au plus une obligation naturelle. — 2° S'il tend à diminuer l'obligation de l'une des parties, il produira effet au moyen d'une exception : *ex parte rei locum habebit pactum.*

II. Est-il ajouté à un contrat consensuel ? 1° S'il est intervenu *circa substantialia*, — c'est-à-dire pour modifier un élément essentiel du contrat, — il aura toute efficacité, car il est réputé avoir renouvelé le contrat. — 2° Si, au contraire, il est intervenu *circa adminicula*, pour modifier les détails accidentels, on distingue : A. Point d'action s'il aggrave la dette ; B. mais dans le cas contraire, possibilité d'employer une exception.

N° 2. — CONTRATS INNOMÉS.

Les contrats innomés sont de véritables contrats formés RE ; on sait, en effet, que, dans toute obligation, la *causa civilis* est un élément matériel : dation d'une chose, paroles solennelles, écriture, consentement (qui, par exception, est un élément assez immatérialisé). Or, dans les pactes dont nous allons nous occuper, l'obligation résulte de l'*exécution*, par l'une des parties, de la convention qui, jusque-là, n'avait pas une valeur légale. On peut donc dire que ces contrats se forment RE ; mais, à la différence des autres contrats dont le nombre est restreint, et qui peuvent être *nommés*, les contrats *innomés* sont ainsi appelés, parce que, le nombre des combinaisons qu'ils comportent étant infini, on n'a pu donner une désignation spéciale à chacune de ces combinaisons.

Malgré cette multiplicité qui vient d'être signalée, tous ces contrats peuvent se ramener à quatre opérations : 1° *do ut des* ; 2° *do ut facias* ; 3° *facio ut des* ; 4° *facio ut facias*. Ainsi : je vous donne mon cheval (do) — pour que vous me donniez votre bœuf (ut des), ou que vous répariez ma maison (ut facias) ; etc.

Un point commun à toutes ces opérations, et qui a conduit à la théorie que nous étudions, c'est qu'on ne doit pas s'enrichir aux dépens d'autrui, ni lui causer préjudice ; d'où résulte que l'exécution, par l'une des parties (*causa data*), oblige l'autre à exécuter à son tour (*causa secuta*).

Aussi, tant que les choses restent entières, une telle convention n'est qu'un *pacte nu*, dépourvu de tout effet juridique ; elle ne donne lieu à des actions, que si l'une des parties a exécuté. Mais quelles actions donnera-t-on ?

I. *S'il s'agit d'une* **dation** (do ut des ; — do ut facias), on donne une action en répétition, la *condictio causa data causa non secuta*, ou *condictio ob causam datorum*, qui procure, à celui qui a donné, la restitution de l'objet. Mais on voit que cette action, tout en réparant le préjudice direct causé par la non-exécution de l'autre partie, arrive précisément à empêcher la convention de s'exécuter.

Ce qu'on vient de dire d'une dation, s'applique également à l'extinction de quelques droits susceptibles de rétablissement.

II. L'action précédente était inefficace *lorsqu'il s'agissait de* **faits accomplis,** de pertes essuyées, de services rendus par l'une des parties en exécution de la convention. L'exécution, par l'autre partie, pouvant seule indemniser la première, — puisqu'on ne pouvait rétablir les choses dans leur état primitif, — il fallait tout d'abord décider que, dans ces hypothèses, l'exécution par l'une des parties validerait la convention ; mais comment en obtenir l'exécution complète ? Il y eut de grands tâtonnements, et nous n'étudierons que deux systèmes.

Les Proculiens proposaient d'introduire une action qui serait donnée pour assurer l'exécution complète de la convention ; c'est l'action *in factum*, — ou *præscriptis verbis*, — ou *in factum præscriptis verbis*.

C'est à l'occasion de ces difficultés qu'Ariston fixa la théorie de la *causa civilis obligationis*, quant à ces contrats innomés, en les assimilant aux contrats réels.

L'action *præscriptis verbis* était de bonne foi, son but étant : *ut fides placiti servetur* (V. T. 107). La *demonstratio* de cette action contient l'énoncé du fait ; l'*intentio* est conçue : *quidquid ob eam rem dare facere oportet* ; et la *condamnation* comprend tout l'intérêt qu'avait le demandeur à l'exécution du contrat : *ut damneris mihi quanti interest mea, illud, de quo convenit, accipere.*

Les Sabiniens résistaient à l'introduction de l'action *præscriptis verbis*. I. Ils s'en tenaient à la *condictio causa data, causa non secuta*, toutes les fois qu'elle pouvait être employée. (C'est pourquoi Gaius ne parle pas de l'*action præscriptis verbis*). II. Dans les cas où la *condictio causa data causa non secuta* était insuffisante, ils cherchaient à quel contrat nommé on pouvait le plus rationnellement assimiler la convention ; (cette assimilation se faisait souvent, on le comprend, avec une très-grande liberté) ; puis ils sanctionnaient cette dernière en lui donnant l'action du contrat auquel elle était assimilée. — III. Si maintenant une convention se refusait à toute assimilation avec un contrat nommé, ils n'avaient d'autre moyen que de donner l'action de dol ; mais celle-ci offrait les inconvénients : 1° de n'exister que sous certaines conditions ; 2° de n'être donnée contre les héritiers, que jusqu'à concurrence du profit qu'ils auraient retiré du dol de leur auteur.

Dans le dernier état de la jurisprudence romaine, la partie, qui a exécuté la convention, peut choisir entre la *condictio causa data causa non secuta*, et l'action *præscriptis verbis*. Il peut y avoir un grand intérêt à se servir de l'une ou de l'autre. En effet, comme on l'a vu, dans l'action *præscriptis verbis* la condamnation est calculée sur l'intérêt que le réclamant avait à l'exécution de la convention. Dans la *condictio causa data causa non secuta*, au contraire, la condamnation ne pouvait excéder la valeur réelle de la chose livrée, et c'était cette valeur même qu'on accordait au demandeur au cas de non restitution.

Remarque. Par exception, dans les pactes *facio ut des*, par une sévérité qu'on trouve, selon moi à tort, très-justiciable, on refusait l'action *præscriptis verbis*, pour donner l'action infamante de dol.

ARTICLE 2. — **Obligations qui naissent quasi ex contractu.**

Généralités. — Il y a des obligations qui ne naissent ni d'un contrat ni d'un délit; comme elles se rapprochent de l'une ou de l'autre de ces deux sources fondamentales des obligations, on les a assimilées, les unes aux contrats : *quasi ex contractu nasci videntur*, les autres aux délits. (V. T. 94.).

Les obligations *quasi ex contractu* correspondent, non-seulement à nos quasi-contrats français (où le fait volontaire est nécessaire), mais encore aux engagements qui résultent de l'autorité de la loi.

Les Institutes mentionnent cinq cas où il y a obligation *quasi ex contractu*. Les deux premiers se rapprochent du mandat; le troisième de la société; le cinquième, dans certains cas, du *mutuum;* quant au quatrième, il ne se rapproche d'aucun contrat.

Gestion d'affaires. — (Negotiorum gestio).

Définition. — Lorsqu'en l'absence d'une personne, je m'ingère dans ses affaires sans mandat et à son insu, on dit qu'il y a *gestion d'affaire;* cette personne aura contre moi l'action *negotiorum gestorum directa*, pour me forcer à lui rendre compte de ma gestion ; et j'aurai contre elle l'action *negotiorum gestorum contraria*, pour me faire indemniser *des dépenses* nécessaires ou utiles que j'ai faites dans ma gestion.

Le *negotiorum gestor* serait privé de l'action précédente : 1° s'il avait géré malgré l'opposition du maître ; 2° s'il avait entrepris cette gestion *animo donandi*, dans une intention libérale en faveur du maître.

Cette théorie a pour but d'empêcher de péricliter les affaires de ceux qui ont été obligés de partir brusquement sans donner mandat d'administrer leurs biens.

La gestion d'affaire :

I. Ressemble au mandat : en ce que, comme lui, elle produit deux actions réciproques, l'une *directa* en faveur du maître, et l'autre *contraria* en faveur du *negotiorum gestor*. — Quant aux tiers, qui ont traité avec le gérant, ils ont, contre le maître, les actions *utiles* qu'ils auraient eues directement contre le gérant ; et le maître a contre eux les actions utiles qui auraient appartenu directement au gérant.

II. Mais elle diffère du mandat : 1° En ce que le mandataire, qui a exécuté son mandat, réclamera toutes les dépenses alors même qu'elles n'auraient procuré aucun profit au mandant. Le gérant, au contraire, n'a droit qu'aux dépenses *utilement* faites. D'ailleurs, pourvu que la dépense ait été faite utilement, au moment où elle a été faite, le maître en sera tenu, alors même qu'un événement postérieur l'empêcherait d'en profiter. (Ainsi le gérant avait réparé un toit qui, plus tard, a été enlevé par un orage).

Complétons ces données par plusieurs règles :

I. — Ceux, dont l'affaire a été gérée, *etiam IGNORANTES obligantur ;* d'où résulte que les fous, les hérédités jacentes, les pupilles,— mais dans la mesure seulement où ils se sont enrichis, — peuvent se trouver tenus par la gestion de leurs affaires.

II. — Celui qui a géré l'affaire d'autrui, *invito domino*, n'a droit qu'à une action utile ; et Justinien lui refuse tout recours.

III. — Si quelqu'un a géré mes affaires, dans son intérêt, *sui lucri causa*, il sera bien tenu de l'action directe, mais il ne pourra me réclamer ses impenses, que *quatenus locupletior factus sum*.

IV. — *Ratification par le dominus.* — Si le maître ratifie les faits de gestions, trois opinions : 1° d'après Ulpien, la ratification équivaut rétroactivement au mandat ; 2° d'après Scévola, le caractère de la *negotiorum gestio* est conservé, ainsi que les actions qui en dérivent, mais le maître ne peut plus prétendre que vous avez géré *non utiliter ;* — 3° Entre les deux, on décide que la ratification, émanant du *dominus*, ne peut agir que contre lui ; dès lors, le *gestor* ne pourra être poursuivi que par l'action *negotiorum gestorum*, mais il pourra poursuivre, soit par l'action *negotiorum gestorum*, soit par l'action *mandati*.

Tutelle et Curatelle.

Les tuteurs (ou curateurs) étant tenus, par l'action de tutelle, de rendre compte de leur administration, sont tenus *quasi ex contractu*, puisqu'ils ne le sont ni en vertu d'un contrat ni par suite d'un délit.

Par analogie avec le mandat, le pupille se fait rendre compte, par l'action *tutelæ directa*, et le tuteur poursuit le remboursement de ses dépenses, des obligations contractées, des hypothèques données etc., par l'action *tutelæ contraria*.— En cas de curatelle, on emploie *utiliter* les actions de la gestion d'affaires.

Communauté. — Indivision.

La communauté accidentelle, résultant, sans qu'il y ait contrat de société, de certains faits (co-propriété indivise d'une chose qui a été léguée, donnée à plusieurs personnes, ou parce qu'elles y ont été appelées par succession), crée entre les communistes des obligations réciproques analogues à celles qui résultent du contrat de société ; ces obligations sont sanctionnées : par l'action *communi dividundo*, entre co propriétaires d'une chose particulière, — par l'action *familiæ erciscundæ* entre co-héritiers.

Ces actions n'ont pas seulement pour but de faire cesser l'indivision ; mais : 1° elles obligent celui qui, seul, a perçu les fruits de la chose commune, à en tenir compte aux autres ; 2° elles permettent à celui, qui a fait des dépenses nécessaires ou utiles pour l'amélioration ou la conservation de la chose commune, de se faire indemniser par les autres.

Comme dans la société, les communistes ne doivent que les soins qu'ils donnent à leurs propres affaires ; *à la différence de la société*, le pupille communiste peut se trouver tenu, sans l'autorisation du tuteur.

Acceptation d'une hérédité. — L'héritier est tenu de l'action *ex testamento*, accordée au légataire pour obtenir la délivrance de son legs, par le fait même de son acceptation, sans qu'il y ait eu contrat ni délit, c'est-à-dire : *quasi ex contractu*.

Paiement de l'indu.

Celui, qui a reçu ce qu'il ne lui était pas dû, est tenu de le restituer, par une action personnelle de droit strict : la *condictio indebiti*. Evidemment il est tenu quasi ex-contractu, puisqu'il n'est tenu ni *ex delicto* ni *ex contractu*. (Magis ex *distractu*, quam ex *contractu*, obligatus dici potest).

RESSEMBLANCES ENTRE LE *mutuum* ET LA *solutio indebiti*.

1° Il y a identité d'*objet*, quant le paiement indu porte sur une somme d'argent, ou une chose *quæ pondere, numero, mensurave constat*.

2° L'un et l'autre *accipiens* est tenu d'une *condictio certi* (*condictio indebiti ou condictio ex mutuo*). L'un et l'autre *accipiens* devient propriétaire.

3° Si le *tradens* était propriétaire, l'*accipiens* doit lui rendre la propriété ; s'il n'était pas propriétaire, il doit lui rendre la possession.

4° Si le *tradens* était incapable d'aliéner, il est resté propriétaire, et peut revendiquer. Mais si les écus ont été consommés de bonne foi par l'*accipiens*, le *tradens* aura contre lui, non plus la *revendicatio*, mais la *condictio indebiti* ou ex *mutuo*.

5° Si l'*accipiens* était incapable de s'obliger, il ne peut être tenu ni par le *mutuum*, ni par la *solutio indebiti*; mais il est soumis à une *condictio sine causa*, jusqu'à concurrence de son enrichissement.

CONDITIONS NÉCESSAIRES A LA NAISSANCE DE LA *condictio indebiti*.

Il faut, pour qu'il y ait lieu à la répétition de l'indu, qu'il y ait : *indebitum ; per errorem solutum ;* et que le paiement ne puisse être considéré comme fait à titre de transaction.

1re CONDITION : INDEBITUM.

I. Avant l'échéance du terme, la dette existe ; avant l'arrivée de la condition, elle n'existe pas. Dans le second cas seulement il y a *indebitum* et ouverture à répétition, si on a payé avant l'arrivée de la condition. Si même la condition arrive, quoique le paiement l'ait précédé, il n'y a plus lieu à répétition.

II. L'obligation naturelle est considérée comme un *debitum*.

III. Dans le cas où la condamnation pourrait être écartée par une exception ? Il y a *debitum*, si l'exception était temporaire, et *indebitum*, si elle était perpétuelle. Dans le doute sur la nature de l'exception, on la considère comme perpétuelle. — Si l'exception, tout en paralysant l'action, laissait subsister une obligation naturelle, il y aurait *debitum*.

2e CONDITION : PER ERROREM SOLUTUM.

Si on avait donné, sachant qu'on ne devait pas, il y aurait, d'après le simple bon sens, une donation déguisée sous l'apparence d'un paiement, ce qui ne saurait donner lieu à répétition. — Il faut donc que le paiement ait été fait par erreur, c'est-à-dire que le tradens ait cru devoir, pour qu'il y ait lieu à la *condictio indebiti*.

M. Demangeat ne distingue pas entre l'*erreur de fait*, et l'*erreur de droit ;* toutes deux motivent la répétition si elles sont excusables. Si au contraire elles sont le fait d'une négligence impardonnable, on ne protège plus le *tradens*, car : *non stultis solere succurri, sed errantibus*.

3e CONDITION.

Toutes les fois que j'ai payé une dette qui, en cas de contestation de ma part, pouvait entraîner condamnation au double (T. 106), je ne puis répéter, si je m'aperçois que la dette n'existait pas. Car, si j'ai payé, c'était parce que je préférais payer une chose peut-être indue, que de m'exposer, en cas de perte de mon procès, à une condamnation au double.

LA CONDICTIO INDEBITI peut être intentée par celui au nom de qui le paiement a été fait.

RÈGLES ACCESSOIRES.

1° Celui, qui triomphe dans la *condictio indebiti*, a le droit de réclamer les fruits perçus par l'*accipiens*, mais non les intérêts de la somme d'argent payée.

2° *Montant de la condamnation.* — L'*accipiens de mauvaise foi* doit rendre l'équivalent exact de ce qu'il a reçu ; l'*accipiens de bonne foi* ne doit rendre que le montant de son enrichissement, au moment où l'action est intentée.

3° Si l'*accipiens* a été de bonne foi dès le principe, devenu propriétaire, il a pu disposer de la chose payée, mais il reste tenu envers le *tradens*, s'il n'était plus de bonne foi au moment de l'acte de disposition. — S'il était de mauvaise foi dans le principe, il a commis un *furtum*, et n'a pu devenir propriétaire.

Remarque. — *Judiciis quasi contrahimur* (Ulpien. L. 3, § 11, D. de peculio.— 15. 1). En effet, si on est obligé d'exécuter la sentence, ce n'est ni par suite d'un contrat, ni par suite d'un délit.

ARTICLE III. — **Appendice aux obligations qui naissent contractu et quasi ex contractu.**

§ 1er. — Prestation des fautes.

Généralités.

Les dommages, provenant de cas fortuits ou de force majeure, ne sauraient rentrer dans la matière des fautes, non plus que les dommages provenant de l'exercice légitime d'un droit : « *nemo damnum fecit, nisi qui id fecit quod facere jus non habet.* » — Remarquons d'ailleurs que, par une convention spéciale, le débiteur peut s'engager à réparer le préjudice causé par le cas fortuit; et même, le seul fait de l'estimation de la chose, qui fait l'objet de la convention, est parfois considéré comme mettant les cas fortuits à la charge du débiteur.

La théorie des fautes se rattache sans doute à la matière des droits réels, mais surtout à celle des obligations ; en effet, si mon débiteur ne peut exécuter sa dette, il est essentiel de savoir si cette inexécution dérive ou non de sa faute ; si *oui*, il restera mon débiteur ; si *non*, il sera libéré.

Remarquons, dès à présent, que je puis n'être point responsable, bien que je me sois mis sciemment dans l'impossibilité d'exécuter mon obligation. Ainsi : je vous ai vendu mon esclave, et je le laisse mourir faute de soins pendant une maladie ? Je ne serai pas responsable : « *quia, qui DARE promisit, ad dandum, non ad* FACIENDUM, (dans l'espèce : soigner l'esclave), *tenetur.* »

Ces principes sévères ne s'appliquaient qu'aux contrats de droit strict ; — on pouvait d'ailleurs les atténuer : 1° en insérant la formule *ex fide bona*, dont l'effet était de créer chez le débiteur la même responsabilité que dans les contrats de bonne foi ; 2° en recourant contre le promettant par l'action de dol. — Dans les contrats de bonne foi, au contraire, la responsabilité du débiteur est beaucoup plus étendue, tout en variant suivant les diverses espèces de contrats.

On distingue le *Dol* et la *Faute* proprement dite.

Dol.

Le mot *dol* (dolus) comprend, dans cette hypothèse, tout préjudice illicite causé à dessein. L'élément constitutif est donc l'intention de nuire. On est toujours obligé de réparer les conséquences de son dol, et même : *Illud nulla pactione effici potest, ne dolus præstetur,* » on ne peut convenir que le dol ne produira pas la responsabilité.

Faute.

Le mot *faute* embrasse des idées très diverses ; mais l'élément constitutif, et qui la distingue du dol, c'est l'absence d'intention nuisible ; on peut donc la définir : un manquement à un devoir, sans intention de nuire ; elle produit un dommage, qui aurait pu être évité par une volonté prévoyante. La faute peut être *positive* ou *négative*, c'est-à-dire consister dans un fait dolosif (*in committendo*), ou, et c'est le cas le plus fréquent, dans une omission (*in omittendo*).

Mesure des degrés de la faute.

Il y a deux degrés de faute : 1° la faute lourde ou grave (culpa lata, — latior, — magna, — dolo proxima) ; 2° la faute légère (culpa levis, — levior, — levissima).

Il y aura faute lourde, au cas d'actes que le plus grossier des hommes n'aurait pas commis. « *Lata culpa est nimia negligentia, id est non intelligere quod omnes intelligunt.* » Aussi les Jurisconsultes la mettent-ils sur le même rang que le dol, de sorte que tous les débiteurs sans exception en répondent.

Quant à la faute légère, on l'apprécie de deux façons :

1° On peut l'apprécier *in abstracto*, en comparant la conduite du débiteur, dont la responsabilité est en cause, avec celle qu'aurait tenue le père de famille le plus soigneux : *diligentissimus quisque.* — Culpa autem abest si omnia facta sunt, quæ diligentissimus quisque observaturus fuisset.

2° On peut l'apprécier *in concreto*, en prenant pour type le caractère habituel de celui dont on apprécie les actes. — Le débiteur, qui n'apporte pas à l'exécution de ses engagements le même degré de diligence, qu'il a l'habitude d'apporter à ses propres affaires, commet une faute lourde.

Responsabilité.

Cas dans lesquels on est tenu. — 1° Je réponds de ma faute *in committendo* envers tout le monde ; mais, tantôt on exige qu'il y ait dol de ma part (*furtum*), tantôt on se contente de la *culpa levissima* (loi Aquilia). 2° Je ne réponds de la faute *in omittendo*, qu'envers mon créancier, et encore seulement s'il a, contre moi, une action de bonne foi. (V. plus haut : Généralités). Occupons-nous surtout de la faute *in omittendo*.

Dans cette faute, il peut y avoir trois degrés : 1° dol ; 2° faute considérée *in abstracto*; 3° faute considérée *in concreto*. (V. plus haut). — Disons tout d'abord que la volonté des parties peut, par des conventions préalables, modifier, comme elles l'entendent, ces questions de responsabilité, avec cette observation qu'il est défendu de convenir que le débiteur ne répondra pas de son dol.

Mais en l'absence de conventions spéciales :

1° Le débiteur, qui rend à un autre un service *purement gratuit* (dépositaire, commodant), n'est responsable que de son dol. Par exception, le *negotiorum gestor* et le *tuteur* sont aussi responsables de leurs fautes ; et Ulpien leur assimile le *mandataire*, quoiqu'une autre opinion ne le rendît responsable que de son dol.

2° Le débiteur, qui ne rend pas un service purement gratuit, mais qui est intéressé dans l'opération (commodataire, vendeur), répond, non seulement de son dol, mais de sa faute, appréciée généralement *in abstracto*.

3° Le débiteur intéressé à l'opération, et de plus, co-propriétaire de la chose due, est tenu de la faute appréciée *in concreto*. Tel est le cas de l'associé ; du communiste ; du mari, quant aux choses dotales, dont il peut, jusqu'à un certain point, être considéré comme co-propriétaire avec la femme ; de la personne grevée de legs ou fidéicommis, lorsqu'il doit lui rester quelque chose de la succession ; peut-être aussi, le tuteur ne répondra-t-il que de sa faute *in concreto*.

Différence entre la condition de ceux qui répondent de leur dol et ceux qui répondent de leur faute appréciée *in concreto*, par exemple entre le dépositaire et l'associé ? C'est surtout quant à la preuve. En effet, le dol ne se présumant pas, si la chose a péri dans les mains du dépositaire, le déposant n'obtiendra des dommages-intérêts que s'il prouve qu'il y a eu dol ou faute grave (assimilée au dol) de la part du dépositaire. — L'associé, au contraire, entre les mains de qui une chose sociale a péri, doit des dommages intérêts, à moins qu'il ne prouve que la perte est arrivée par cas fortuit, ou, si c'est par sa faute, qu'il a seulement commis une faute qu'il commet habituellement dans ses propres affaires.

Exceptions. — Les règles précédentes sur la responsabilité peuvent être modifiées par la volonté des parties. (Voir néanmoins plus haut : dol).

Remarque. — Anciennement, un système, reproduit par Pothier, distinguait trois fautes : 1° *culpa lata*, négligence très-grossière ; 2° *culpa levis*, omission des soins que prennent les bons pères de famille ; 3° *culpa levissima*, à laquelle échappent seulement des hommes exceptionnellement soigneux. — De la première sont tenus ceux qui rendent un service purement gratuit ; de la première et de la seconde, ceux qui sont tenus en vertu d'un contrat intéressé de part et d'autre ; des deux premières et de la troisième, celui qui reçoit un service purement gratuit. (V. M. Demangeat : II, 447).

§ 2. — Mise en demeure. — Intérêts.

I. Mise en demeure : (Mora, cessatio, frustratio, dilatio). — Il y a demeure, soit de la part du débiteur qui ne paie pas à l'échéance, soit de la part du créancier, qui tarde à recevoir le paiement. — La *mora* produit deux conséquences principales : 1° Celui, *qui moram facit*, prend tous les risques à sa charge ; 2° le débiteur ou détenteur doit, à partir de la *mora*, une indemnité : fruits ou intérêts.

La demeure se produit : 1° Dans certains cas, par l'arrivée du terme, lequel · *interpellat pro homine* ; 2° dans d'autres cas, par une sommation.

II. Intérêts (Usuræ). — Cette matière se lie étroitement à celle de la demeure. Les *intérêts* (fœnus, versura, usuræ), comprennent une prime pour le risque du *capital* (sors, caput), et un loyer pour l'usage dudit capital.

On a toujours cru devoir réglementer le taux de l'intérêt, qui pourrait devenir excessif. — 1° La loi des XII Tables établit l'intérêt de 1/12 (*unciarium fœnus*), et punit du quadruple le *fœnerator* qui dépasserait ce taux. — 2° En 408, le taux de l'intérêt est abaissé à 1/24. — 3° En 413, l'intérêt est prohibé. — 4° Sous Cicéron, on retrouve les *usuræ legitimæ*, qui s'appellent : *centesima usura*, parce que le taux ne peut dépasser 1/100, à payer aux kalendes de chaque mois, soit 12 %. — 5° *Justinien* fixe à 12 % les intérêts maritimes jusqu'alors illimités ; et limite les intérêts ordinaires : à 8 % (*usque ad bessem centesimæ*), pour les commerçants ; à 6 % (*dimidium centesimæ*) pour les personnes ordinaires ; à 4 % (*tertiam partem*), pour les personnes *illustres*.

Les intérêts résultent *de la loi*, dans le cas : de mise en demeure ; d'emploi des denrées d'autrui fait par un tiers à son profit ; du prix dû par l'acheteur à partir de la tradition ; de sommes dues à un mineur de XXV ans. Ils peuvent également résulter d'un testament ou d'une convention. (Stipulation, pactes joints).

APPENDICE. — PAR QUELLES PERSONNES NOUS ACQUÉRONS UNE OBLIGATION. — OBLIGATIONS NATURELLES. — EXTINCTION.

§ 3. — Par quelles personnes nous acquérons une obligation.

Nous devenons créanciers, non-seulement par nous-mêmes, mais encore par les personnes qui sont en notre puissance, comme nos esclaves, nos fils de famille.

Par une *persona extranea*, qui n'est pas en ma puissance, je ne puis, dans l'ancien droit, acquérir une créance. Le mandataire lui-même ne réalisait pas, en principe, directement, pour ou contre son mandant, l'obligation active ou passive qu'il contractait d'après ses instructions.

Cette matière est régie par les principes généraux que nous avons étudiés, T. 36; 72, in fine; 74; 83, *effets du mandat*.

§ 4. — Obligations naturelles.

Généralités.

Le mot *obligation naturelle*, dans son sens général, s'applique, suivant les cas : 1° soit à une obligation, en vertu de laquelle le débiteur ne peut être obligé au paiement; 2° soit à l'obligation qui a son origine dans le *jus gentium*, et qui régit également les citoyens romains et les pérégrins; 3° soit à l'obligation que le pupille a contractée, sans l'autorisation de son tuteur, et pour laquelle il ne peut être poursuivi que *quatenus locupletior factus est*.

Le texte de Julien : « *Naturales obligationes non eo solo æstimantur si actio aliqua earum nomine competit, verum etiam cum soluta pecunia repeti non potest* », a donné lieu à plusieurs interprétations. M. Demangeat l'interprète de la façon suivante : s'il peut y avoir obligation naturelle là où il existe une action paralysée par une exception, — (Cas du SC. Macédonien), — ce n'est point là le signe auquel se reconnaît toute obligation naturelle; il y aura obligation naturelle là où le débiteur, ayant payé même par erreur, la *condictio indebiti* n'est pas admise, encore bien qu'il ne pût être question d'aucune action pour le créancier.

C'est dans le sens, — obligations dépourvues d'actions, — que nous allons spécialement examiner cette matière.

Effets de l'obligation naturelle.

L'obligation naturelle produit, en général, six effets :

1° Elle empêche le débiteur naturel, qui a payé même par erreur, d'exercer la *condictio indebiti*.

2° Elle peut être présentée par le débiteur naturel en compensation d'une obligation civile dont on poursuit contre lui le paiement.

3° Elle peut servir de base à une fidéjussion, laquelle n'en sera pas moins une obligation civile.

4° Elle peut servir de base à un droit de gage ou d'hypothèque.

5° Le pacte de constitut, qui ne peut intervenir que s'il y a une obligation préexistante, est justifié par une obligation naturelle.

6° La novation suppose deux obligations dont l'une remplace l'autre; l'une ou l'autre peut être une obligation naturelle.

N. B. — Enfin il va de soi que le paiement d'une obligation naturelle ne peut être considéré comme une donation, mais bien comme un règlement ordinaire entre créancier et débiteur.

Quelques cas où il y a obligation naturelle.

1° L'obligation, qui prend naissance entre deux personnes, dont l'une est sous la puissance de l'autre, est naturelle.

2° L'esclave, qui contracte une obligation avec un étranger, est obligé naturellement.

3° Un créancier, unique héritier de son débiteur, a fait adition de l'hérédité; la créance est éteinte; mais, s'il transmet l'hérédité à un tiers, pour obéir à un fideicommis, il subsiste à son profit une obligation naturelle.

4° Le débiteur, qui subit la *minima capitis deminutio*, reste tenu naturellement.

5° Un fils de famille emprunte contrairement au SC. Macédonien; il reste obligé naturellement, et, devenu majeur, s'il paie, il ne pourrait exercer la *condictio indebiti*.

6° Le créancier, ayant laissé passer le temps qu'il avait pour agir, sa créance civile se change en créance naturelle. Etc. Etc.

Obligations naturelles mixtes. — 1° Une femme croit devoir une dot à son mari, et lui donne quelque chose à ce titre. Elle ne pourra le répéter, bien qu'il ne puisse y avoir, pour elle, obligation naturelle de se doter. — 2° Un affranchi croit devoir à son patron certains offices, et les lui rend; il ne pourra pas les répéter.

Dans ces deux espèces, l'exclusion de la *condictio indebiti* est le seul élément qui les rapproche des obligations naturelles proprement dites.

§ 5. — De quelles manières s'éteint une obligation.

Généralités.

Les modes d'extinction des obligations se rangent en deux classes : les modes d'extinction *ipso jure;* les modes d'extinction *exceptionis ope*. L'intérêt de cette distinction se présente notamment à trois points de vues :

1° Le juge, ayant à juger d'après les principes du droit, doit tenir compte, de lui-même, dans sa sentence, des extinctions *ipso jure*; au contraire, il ne doit s'occuper d'une extinction *exceptionis ope*, qu'autant que la formule la mentionne.

2° Toute personne, intéressée à l'extinction de l'obligation, peut invoquer l'extinction *ipso jure;* au contraire, l'extinction, qui opère seulement *exceptionis ope*, ne peut profiter qu'à quelques-uns des intéressés.

3° L'obligation, éteinte *ipso jure*, est éteinte irrévocablement pour toujours; l'extinction *exceptionis ope*, au contraire, n'est que paralysée par l'exception; si donc ce moyen de défense vient à disparaître, la dette reprend toute sa première énergie.

Enumération des modes d'extinction ipso jure, y compris les sûretés accessoires, *gage, hypothèque*, qui les garantissaient. Les Institutes en comptent cinq : le *paiement;* la *dation en paiement;* l'*acceptilatio;* la *novation;* le *consentement*. — Il faut ajouter la perte de la chose due; la confusion.

N.-B. — Quant aux exceptions qui peuvent paralyser une obligation, on en parlera plus tard (T. 112, 113).

Paiement et Dation en paiement.

Le mot latin *solutio*, dans un sens très-large, indique précisément l'extinction de l'obligation; mais, dans le sens restreint où nous le trouvons ici, il indique l'extinction de l'obligation par l'accomplissement même de ce qui est dû.

Offres et consignation. — Si le créancier refuse de recevoir le paiement, le débiteur, par des offres suivies d'une consignation au lieu indiqué par l'autorité judiciaire, obtient tous les avantages d'un paiement réel, et notamment : 1° le cours des intérêts, s'ils couraient, est suspendu; 2° les risques de la perte de la chose due passent sur la tête du créancier.

Effets du paiement. — Le paiement : 1° libère le débiteur principal, et s'il y en a, les débiteurs accessoires (fidéjusseurs, etc.); 2° supprime les garanties accessoires de la créance (gage, hypothèque).

Preuve. — La preuve du paiement doit être faite par le débiteur qui l'invoque.

QUI PEUT PAYER?

En général le paiement est valablement fait soit par le débiteur, soit par un tiers, agissant même à l'insu ou contre le gré du débiteur; cette décision a été motivée par l'intérêt bien entendu du créancier et du débiteur. — Par la même raison et *a fortiori :* lorsqu'il y a plusieurs débiteurs, le paiement fait par l'un libère les autres, à moins que celui qui a payé n'ait obtenu le bénéfice *cedendarum actionum*.

Il faut d'ailleurs bien remarquer qu'on suppose le tiers ayant agi en connaissance de cause; si donc il avait payé la dette d'autrui, croyant payer la sienne propre, la dette ne serait pas éteinte, et il pourrait réclamer, ce qu'il a payé, par la *condictio indebiti*.

Si l'obligation consiste *à faire*, et qu'il ressorte des circonstances que la personnalité, de celui qui s'était engagé, a une grande importance, il est évident qu'un tiers ne pourrait accomplir cette obligation. (Tel serait le cas d'un peintre d'un médiocre talent qui voudrait peindre le tableau qu'un artiste célèbre s'est engagé à faire). Toutefois, si le créancier consentait à cette substitution de personnes, il est évident que l'obligation, de celui qui avait contracté, serait éteinte.

Si l'obligation consiste dans la *datio* d'une chose, le paiement n'est valablement fait que par celui : 1° qui est propriétaire de la chose; 2° qui est capable d'aliéner. Toutefois, le paiement, fait par un *non-dominus* ou un incapable, pourra devenir valable et efficace, par exemple, si le créancier consomme la chose de bonne foi, ou l'usucape.

Remarque. — Une chose, hypothéquée à un tiers, ne peut être valablement donnée en paiement au créancier.

À QUI DOIT-ON PAYER?

On peut valablement payer au créancier, à son tuteur ou curateur, à son mandataire autorisé à recevoir, à l'*adjectus solutionis gratia*.

Remarque. — Si celui, qui avait qualité pour recevoir, a été changé sans qu'on en prévînt le débiteur, celui-ci paiera valablement entre ses mains.

Le paiement fait à un pupille non autorisé est nul, car le pupille ne peut rendre sa condition pire, et c'est la rendre pire que de laisser éteindre une créance. Il en est de même du paiement fait à un tiers qui n'a pas mandat de recevoir; paiement qui deviendrait d'ailleurs efficace, si le créancier ratifiait.

On paie valablement au fils ou à l'esclave, les créances qui concernent leur pécule.

QUE DOIT-ON PAYER?

Paiement proprement dit. — On doit payer en principe la chose même qui est due; on doit la payer en totalité et non par fractions (sauf le consentement du créancier), alors même qu'elle serait divisible. Ce dernier principe reçoit néanmoins des exceptions, et notamment celle résultant du bénéfice de division accordé aux fidéjusseurs.

L'obligation doit être exécutée à l'époque fixée et au lieu convenu.

Dation en paiement.

Novation. — Acceptilatio. — Mutuel dissentiment. — Perte de la chose due. — Confusion. } (T. 89 et 90).

APPENDICE. — EXTINCTION DES OBLIGATIONS *(Suite)*.

Paiement et dation en paiement.

Qui peut payer? — A qui doit-on payer? } (T. 88).
Paiement proprement dit. }

QUE DOIT-ON PAYER?

DATION EN PAIEMENT.

Il y a *datio in solutum*, quand, du consentement du créancier, je lui paie autre chose que ce que je lui devais. (*Datio* : translation de propriété; — *in solutum* : à titre de paiement).

La *datio in solutum* produit-elle les mêmes effets qu'un paiement proprement dit, c'est-à-dire l'extinction *ipso jure* de l'obligation? Deux opinions : 1° les Proculiens décidaient que le débiteur, qui s'est ainsi libéré en fait, n'était pas libéré en droit; mais ils lui permettaient de repousser l'action du créancier désintéressé, par une exception de dol; 2° les Sabiniens, au contraire, dont l'opinion a prévalu, prétendaient que la *datio in solutum* produisait l'extinction *ipso jure*, comme le paiement proprement dit.

Question. — Si le créancier, qui a reçu une certaine chose en paiement d'une autre, est évincé de la chose *data in solutum?* Discussion : 1° Marcien prétend qu'il n'y a rien de fait, et conserve au créancier son *action primitive*, la dation en paiement étant considérée comme non-avenue; 2° Ulpien, au contraire, donne au créancier évincé, contre le débiteur, une action *utilis ex empto*. Cela n'est pas indifférent, en effet : 1° le créancier aura avantage à invoquer l'action primitive, si la créance primitive était munie d'hypothèques ou de fidéjusseurs, et si le débiteur est insolvable; 2° il aura, au contraire, intérêt, dans certains cas, à se servir de l'*actio utilis ex empto*, si le débiteur est solvable, car il obtiendra par elle, non plus la simple valeur de ce qui lui était dû, mais bien la réparation de tout le préjudice que lui cause l'éviction.

On a cherché, mais en vain, à concilier l'opinion de Marcien, et celle d'Ulpien.

Novation.

GÉNÉRALITÉS.

La novation est la transformation d'une dette en une autre. Ulpien la définit : *prioris debiti in aliam obligationem vel civilem, vel naturalem transfusio atque translatio.*

Le mot de *novatio* vient de ce qu'elle produit une NOVA *obliga* TIO.

Utilité de la novation. — Elle est utile dans une foule d'hypothèses, inutiles à énumérer, et qui ressortent des trois ordres de faits novateurs qu'on va étudier : changement de débiteur; changement de créancier; changement de la nature de la dette. Dans ce dernier cas, elle a ordinairement pour but de donner à une dette préexistante une forme déterminée qui la rende plus facile à exercer en justice.

Forme. — La novation s'opère toujours au moyen d'une obligation verbale. On sait qu'elle peut s'appliquer à une obligation naturelle; mais peut-elle s'appliquer à une obligation conditionnelle, avant que la condition ne soit réalisée? Sans doute; mais la novation n'opérera qu'à l'arrivée de la condition; si, avant l'arrivée de la condition, celui de qui j'ai stipulé, dans l'intention de nover, subit une *capitis deminutio*, la nouvelle obligation ne vaudra rien, et l'ancienne n'aura pas été novée.

ÉLÉMENTS CONSTITUTIFS DE LA NOVATION.

Pour qu'il y ait novation valable, il faut :

I. — Une stipulation (quoique quelques auteurs prétendent que les *nomina transcriptitia* peuvent servir à opérer une novation), et une stipulation, bien entendu, *valable*; ajoutons valable en *la forme*, car il n'est pas nécessaire qu'elle soit *efficace au fond*. (V. plus bas, les deux exemples du pupille et de l'esclave).

II. — Le consentement des parties, et leur intention de créer de nouveaux rapports juridiques. — Cette règle va de soi; mais, remarquons que le consentement du débiteur, dans la novation par changement de débiteur, n'est pas nécessaire, car un tiers, qui peut payer malgré la défense du débiteur, pourra tout aussi bien le libérer, malgré lui, par une promesse faite au créancier.

Il faut, de plus, que les parties aient l'*intention* d'opérer la novation; dans l'ancien droit, cette intention, souvent douteuse, s'appréciait d'après les éléments de la cause, ce qui était le plus souvent extrêmement difficile; aussi, Justinien décide que la novation ne s'opérera qu'autant que les parties l'auront *expressément* témoigné; et, qu'à défaut de cette déclaration expresse, la première obligation subsistera à côté de la seconde.

III. — Une obligation préexistante et valable. — Peu importe qu'elle soit civile ou naturelle, et qu'elle se soit formée de telle ou telle façon. Mais, si j'ai stipulé de vous ce que vous croyez me devoir, et que vous ne me devez pas, vous aurez une *condictio indebiti promissa* pour exiger de moi la remise de votre promesse.

IV. — Enfin une certaine différence entre la nouvelle obligation et l'ancienne. — Cette différence peut se présenter sous trois aspects.

CHANGEMENT DE DÉBITEUR.

La novation par changement de débiteur peut s'opérer : 1° soit par *expromissio*, lorsque le nouveau débiteur est venu s'engager au lieu et place du débiteur primitif; 2° soit par *délégation*, quand le nouveau débiteur s'est engagé, pour exécuter un mandat reçu du débiteur primitif. En d'autres termes, la délégation est l'offre faite au créancier, par l'ancien débiteur, d'un nouveau débiteur qui prendra son lieu et place; elle suppose donc trois volontés et trois personnes : (le *déléguant*, — ancien débiteur; — le *délégué*, — nouveau débiteur; — le *délégataire*, — créancier), tandis que l'*expromissio* n'en suppose que deux, puisqu'elle peut avoir lieu même à l'insu et contre le gré du débiteur primitif, qui sera dégagé sans son intervention personnelle.

Pupille non autorisé. — Esclave. — Si je stipule, *animo novandi*, d'un pupille non autorisé, l'ancienne obligation est novée, mais la nouvelle n'est pas valable; — si, au contraire, j'ai stipulé, dans la même intention, d'un esclave, rien n'aura été changé. — D'où vient cette importante différence? Le voici : I. Dans le premier cas, le pupille ayant une capacité juridique personnelle, il y a eu une stipulation valable en théorie (ce qui suffit pour éteindre l'obligation primitive), quoiqu'incapable de créer une nouvelle obligation, puisque le pupille ne peut s'engager valablement *sine tutore auctore*. — II. Dans le second cas, au contraire, il n'y a aucune stipulation, l'esclave n'ayant figuré que *ex persona sui*, — puisqu'il ne peut emprunter la personnalité juridique de son maître, que pour stipuler, et non pour promettre.

CHANGEMENT DE CRÉANCIER.

Cette novation fut, dans le principe, un moyen de suppléer à l'insuffisance des règles en matière de cession de créance. Je suis débiteur de Primus pour 100, et créancier de Secundus pour 100; je délègue Secundus à Primus; je simplifie ainsi les rapports, puisqu'à la place des deux liens de droit, qui reposaient activement et passivement sur ma tête, il n'en existe plus qu'un seul entre mon ex-créancier et mon ex-débiteur, et que je suis désormais complètement hors de cause.

Le délégué peut-il faire valoir, contre le délégataire, un moyen de défense qu'il aurait pu faire valoir contre le déléguant? Ainsi le délégué croyait devoir au déléguant, et c'est dans cette pensée qu'il a promis au délégataire; puis il reconnaît qu'il ne devait rien au déléguant? Il faut distinguer : I. Si le délégataire a concouru à la novation, *à titre onéreux*, sa position est aussi intéressante que celle du délégué, car tous deux *certant de damno vitando*. Mais comme, de plus, le délégataire n'a commis aucune faute en stipulant, tandis que le délégué a manqué de prudence, c'est ce dernier qui subira la conséquence de l'erreur; il n'aura aucune exception contre le délégataire, mais il pourra recourir contre le déléguant par une *condictio sine causa*. II. Si la délégation a été, pour le délégataire, un acte *à titre gratuit*, la réalisation d'une intention libérale du déléguant, le délégué, luttant *de damno vitando*, est plus intéressant que le délégataire qui lutte pour s'enrichir gratuitement, et il pourra repousser l'action de ce dernier par une exception *doli mali*, et même le forcer, par une *condictio incerti*, à lui faire remise de sa promesse.

CHANGEMENT D'UN AUTRE ÉLÉMENT DE L'OBLIGATION.

L'obligation est novée, entre les mêmes parties, si une nouvelle stipulation introduit un changement : dans l'*objet*, la *cause*, les *modalités* ou les *accessoires* de l'obligation primitive. — **I. Objet.** Je stipule 100, au lieu du cheval que vous m'aviez promis; — **II. Cause.** Je stipule ce que vous me deviez en vertu d'une vente, ce qui me permettra d'agir par une *condictio*, au lieu d'agir *ex empto*; — **III. Modalités.** Je stipule sous condition, ce qui m'était dû purement et simplement, ou réciproquement.

La première hypothèse présente seule une difficulté : 1° D'après les uns, la novation ne s'opérait qu'à l'arrivée de la condition, et, par conséquent, si elle vient à défaillir, l'obligation primitive subsiste; 2° D'après les autres, la novation s'opère *hic et nunc*, de sorte que, si la condition, apposée à la nouvelle stipulation, vient à défaillir, le débiteur ne pourra être poursuivi, ni pour l'obligation primitive, qui a été novée, ni pour la nouvelle, qui ne pourra plus prendre naissance. — La première de ces opinions doit être adoptée, parce que seule elle est conforme au principe, que la novation ne s'opère que s'il y a une obligation nouvelle formée; or, tant que la condition n'est pas réalisée, il n'y a qu'une espérance d'obligation, un germe qui ne sera peut-être jamais fécondé.

IV. Accessoires. — Justinien dit que l'adjonction ou la suppression d'un fidéjusseur entraîne novation.

Remarque. — L'adjonction d'un sponsor (le seul dont parle Gaius, en disant que son intervention entraîne novation), oblige les parties à nover, puisque le sponsor ne peut intervenir qu'au moment de l'obligation principale, et qu'il faut, pour garantir son obligation par une telle adjonction, faire un contrat nouveau. — Mais il n'en est pas de même du *fidéjusseur*, lequel, pouvant intervenir après coup, peut être, suivant la volonté des parties, ajouté à une obligation préexistante, sans qu'il y ait novation; ou intervenir dans une nouvelle stipulation, novant l'ancienne. Tout dépend donc de l'intention des parties. Il en est de même du gage qu'on peut ajouter, sans faire novation, ou en lui faisant produire cet effet.

Observation. — La novation s'opère en fait par la *litis contestatio* (T. 98, 99), mais M. Demangeat refuse à cette situation le titre de novation, en s'appuyant sur un texte de Paul (L. 29, D. de novat.), qui, effectivement, signale des différences entre les effets de la novation et ceux : *judicii accepti*; mais il paraît difficile de réfuter le texte de Gaius, C. III, §§ 180, 181; *Tollitur obligatio litis contestatione*.

EFFETS DE LA NOVATION.

La novation, comme le paiement, s'applique à toutes les dettes, de quelque nature qu'elles soient, et les éteint radicalement; elle éteint non-seulement l'obligation principale, mais tous ses accessoires, privilèges, fidéjusseurs, hypothèques, etc., ainsi que les exceptions que le débiteur aurait pu opposer à l'ancienne dette. Du reste, ces effets radicaux sont facultatifs, et le créancier peut convenir que les hypothèques ou privilèges, garantissant l'ancienne dette, passeront à la nouvelle.

Acceptilatio. — Mutuel dissentiment. — Perte. — Confusion (T. 90).

APPENDICE. — EXTINCTION DES OBLIGATIONS *(Suite et fin)*.

Paiement ou dation en paiement. (T. 88-89).

Novation. (T. 89).

Remarque. — Les deux modes d'extinction, qui vont suivre, ont ce caractère commun que tous deux ont de l'analogie avec les modes de formation des obligations qu'ils éteignent. C'est dans cette pensée qu'Ulpien a dit : « *Nihil tam naturale est quam eo genere quidque dissolvere quo colligatum est : ideo verborum obligatio verbis tollitur, — nudi consensus obligatio, contrario consensu dissolvitur.* » Il ne faut pas, toutefois, donner à ce texte une trop grande importance, car le mode le plus naturel d'éteindre une obligation, est le paiement ; aussi le texte ne s'applique-t-il qu'au cas où l'on veut libérer le débiteur sans qu'il lui en coûte rien.

Acceptilatio.

L'*acceptilatio* s'applique à l'obligation verbale : « *Quod ego tibi promisi habesne acceptum ?* dit le débiteur ; — *acceptum habeo* (je le considère comme reçu), » répond le créancier. C'est un paiement fictif : *imaginaria solutio.*

Comme le paiement : 1° elle éteint l'obligation *ipso jure ;* 2° elle ne peut être faite à terme ou sous condition ; 3° faite à un débiteur corréal, elle libère les autres, et à l'inverse, faite par un des créanciers *corréaux*, elle empêche les autres de poursuivre le débiteur.

A la différence du paiement : 1° elle éteint l'obligation, sans que le créancier reçoive en échange ce qui lui est dû ; 2° elle ne peut être faite par une femme en tutelle, *sine tutore auctore*, bien que cette femme puisse recevoir un paiement ; 3° du temps de Gaius, une opinion soutenait que, *même avec le consentement du créancier*, l'acceptilatio ne pouvait être faite pour partie, tandis que, dans la même hypothèse, le paiement partiel était parfaitement valable. — La controverse a disparu sous Justinien : *sicut autem quod debetur pro parte recte solvitur, ita in partem debiti acceptilatio fieri potest.* (Inst. § 1 in fine, III, 29).

Comme la stipulation, l'acceptilatio : 1° réside dans une demande et une réponse, avec cette différence naturelle que c'est le débiteur qui interroge et le créancier qui répond ; 2° a le même objet et intervient entre les mêmes personnes que la stipulation qu'elle a pour but d'éteindre ; 3° donne lieu à une *condictio* (*condictio sine causa*) contre le débiteur, si le créancier a fait *acceptilatio* par erreur ; 4° ne peut s'appliquer, en principe, qu'à une obligation contractée *verbis*, car il est naturel que cela seul puisse être détruit par une formule, qui a été créé par une formule. L'acceptilatio ne saurait donc, par exemple, éteindre une obligation contractée *re*, au moins directement ; (car on peut considérer cette dernière comme éteinte *exceptionis ope*). Mais on arrive au même résultat au moyen du détour imaginé par la stipulation *aquilienne.*

Stipulation aquilienne. — Comme il était souvent gênant de ne pouvoir éteindre, par l'acceptilatio, une obligation non contractée *verbis*, le préteur Aquilius Gallus, collègue de Cicéron, avait introduit le moyen suivant : On commence par transformer l'obligation non verbale, qu'il s'agit de dissoudre, en une obligation verbale, au moyen d'une novation réalisée par la formule suivante : « *Quidquid te mihi*, dit le créancier, *ex quacumque causa dare facere oportet, oportebit, præsens, in diemve, — id mihi dare facere spondesne.* » (*Tout ce que*, pour une cause quelconque, tu dois ou devras donner ou faire pour moi, actuellement ou à terme, — me promets-tu de me le donner ou de me le faire ?) « *Spondeo*, » répond le débiteur ; dès lors, toutes les obligations à éteindre, de quelque nature qu'elles soient, se trouvent transformées en une simple et unique obligation *verbale*, à laquelle peut, sans difficulté maintenant, s'appliquer l'*acceptilatio : Quidquid tibi hodierno die*, dit le débiteur, *per aquiliam stipulationem spopondi, — id omne habesne acceptum ?* (Tout ce que je t'ai promis aujourd'hui par la stipulation Aquilienne, le tiens-tu pour reçu ?) Le créancier répond : *Habeo, acceptumque tuli*, (je le tiens et l'ai porté pour reçu). Dès lors tout est consommé, et les obligations primitives éteintes, *ipso jure.*

Mutuel dissentiment.

Ce second mode ressemble absolument au précédent, car l'obligation consensuelle sera éteinte par le même mode qui a présidé à sa formation, c'est-à-dire par le mutuel consentement des parties, d'anéantir le contrat, qui s'appelle pour cela le mutuel dissentiment. Ainsi, je vous ai vendu un fonds pour 100 écus d'or ; puis, *les choses étant entières*, nous convenons d'anéantir cette vente ; je serai immédiatement libéré de mes obligations de vendeur, et vous de vos obligations d'acheteur.

Rien de plus facile et en même temps de plus naturel. — Mais, bien entendu, on suppose que les choses sont entières, c'est-à-dire que rien n'a été exécuté de part ou d'autre. En effet, s'il en était autrement, c'est-à-dire si le vendeur avait, par exemple, livré la chose, le consentement contraire, suffisant pour détruire un état de simple accord de volontés, serait impuissant sur *un fait ;* et il faudra qu'un fait matériel fasse rentrer les choses dans leur ancien état, de même que le mutuel dissentiment replace les parties dans la même situation où elles étaient avant le consentement, qui avait créé l'obligation. — C'est par la même raison que nous avons vu l'*acceptilatio* sans action sur l'élément matériel d'un contrat formé *re.*

Remarque. — Cette puissance du mutuel dissentiment produira quelquefois des effets singuliers ; ainsi un accord de volontés a produit une obligation simplement *naturelle ;* puis cette obligation a été garantie par des fidéjusseurs, devenant ainsi la base d'une obligation *civile ;* or, comme un simple pacte, ou mutuel dissentiment, suffit pour anéantir l'obligation naturelle, et comme il est de principe que l'accessoire tombe avec le principal, l'obligation du fidéjusseur sera éteinte ; d'où résulte qu'un simple pacte a suffi pour éteindre, *ipso jure*, une obligation *civile.*

L'extinction de l'obligation civile a lieu *indirectement*, dans l'exemple précédent ; elle aurait lieu directement et *ipso jure*, dans le cas spécial où le simple *pacte libératoire* s'appliquerait à l'action *injuriarum*, ou à l'action *furti*, (*per pactum ipso jure tolluntur*).

Perte de la chose due. — L'obligation a pour objet une chose déterminée (*in specie*) ; avant la mise en demeure du débiteur, elle peut être mise hors du commerce, par cas fortuit, ou tout au moins sans faute imputable au débiteur ; celui-ci est libéré ; (*ou, plus* exactement, il est dispensé d'exécuter ; en effet, il serait de nouveau tenu d'exécuter son obligation, si l'obstacle, qui l'en dispensait, disparaissait, c'est-à-dire si la chose, considérée comme détruite, était rétablie, ou si, mise hors du commerce, elle redevenait *res in commercio*).

Il est bien entendu que, si la perte n'est pas totale, s'il reste quelque chose de l'objet à livrer, le débiteur devra donner au créancier tout ce qui reste, ainsi que les droits ou actions qui peuvent résulter de la perte de la chose, et qui en sont comme une représentation sous une autre forme.

Confusion. — C'est la réunion, sur la même tête, des qualités de créancier et de débiteur de la même chose ; ces deux qualités, incompatibles entre elles, puisqu'il est de bon sens qu'on ne peut être son débiteur à soi-même, se détruisent réciproquement, et la dette, comme la créance, est éteinte. — Cette extinction a lieu *ipso jure* dans la proportion pour laquelle la confusion se produit.

Comme dans le cas précédent, la confusion est plutôt, en fait, un obstacle à l'exécution de l'obligation, qu'une extinction proprement dite. Aussi :

1° Le fidéjusseur, qui succède au créancier, est affranchi de son obligation ; mais le débiteur principal reste obligé. De même, le débiteur solidaire, qui devient héritier du créancier, n'éteint la dette corréale que dans la mesure où il serait exposé au recours de ses co-débiteurs.

2° Le débiteur est institué héritier par son créancier, sous la charge de legs assez nombreux pour tomber sous le coup de la Falcidie. Pour la calculer, l'obligation, dont l'institué était tenu, est considérée comme existant encore ; par suite, elle grossit l'actif héréditaire, et sera, en définitive, imputée à l'héritier sur sa quarte.

Compensation. — (V. T. 108).

ARTICLE IV. — **Obligations qui naissent ex delicto.**

Les Romains appellent délits (delicta, — maleficia), — certains faits illicites et dommageables, intentionnels *ou non*. Nous n'avons pas à nous occuper des faits délictueux qui sont poursuivis criminellement, mais seulement des délits qui donnent lieu à des réparations privées, poursuivies devant les juges ordinaires.

Les délits privés donnent lieu à deux espèces d'actions : une action privée pour la réparation du préjudice causé ; une action pénale consistant dans une condamnation pécuniaire au profit de la personne lésée. Mais ces deux actions se confondent en une seule, poursuivie devant le même tribunal. (V. Actions pœnæ, rei vel pœnæ persecutoriæ. T. 106).

Les obligations, résultant des délits, se forment naturellement RE, *ex ipso maleficio*.

Les *delicta privata* sont au nombre de quatre : furtum ; — rapina ; — damnum injuria datum ; — injuria.

§ 1. — Furtum.

Etymologie. — Furtum viendrait ou de *furvum*, synonyme de *nigrum*, noir, parce qu'il se commet ordinairement dans l'obscurité, clandestinement ou la nuit ; ou bien de *fraus* (fraude) ; ou bien de *ferre*, emporter.

Définition. — Paul définit le vol : *contrectatio rei fraudulosa, lucri faciendi gratia*, vel ipsius rei, vel etiam usus, possessionisve, quod lege naturali prohibitum est admittere.

Du vol en lui-même.

De la définition précédente, il ressort que les éléments constitutifs du vol sont :

ÉLÉMENTS CONSTITUTIFS DU FURTUM.

I. Une *contrectatio rei*, une soustraction d'une chose (ajoutons *mobilière*, car il ne peut y avoir vol d'un immeuble) ; cette soustraction peut porter : 1° soit sur la *chose elle-même*, si le voleur s'en empare *animo domini* ; 2° soit sur l'*usage* qu'on doit en faire : *furtum usus*, commis par le commodataire, qui fait de la chose un autre usage que celui auquel elle était destinée, ou par le dépositaire qui se sert de la chose, ou par le nu-propriétaire qui s'empare de la chose sur laquelle il a constitué un droit d'usufruit ; 3° soit sur la *possession* (furtum possessionis), quand je dérobe la chose que j'avais donnée en gage.

Il ne peut y avoir vol d'une chose qui n'est possédée par personne. (Si l'on a détourné des objets faisant partie d'une succession *non adita*, il y aura *crimen expilatæ hereditatis*, mais non pas une action dérivant du *furtum*).

Il peut parfaitement y avoir vol d'une chose qui n'est pas dans le commerce, par exemple : d'un enfant *in potestate*, d'une femme *in manu*, du *judicatus* sur lequel je suis prêt à faire *manus injectio*.

II. — Une *contrectatio fraudulosa*. En effet, toute erreur raisonnable, même de droit (par exemple un usufruitier qui croit que le part de l'esclave, dont il a l'usufruit, lui appartient, et qui s'en empare), suffit pour enlever le caractère délictueux au *furtum rei, usus* ou *possessionis*.

Remarquons qu'il n'y a contrectatio fraudulosa, qu'autant qu'il y a, de la part du voleur, l'intention et l'appropriation frauduleuse, l'*animus* et l'*eventus*. Ainsi : je sollicite l'esclave de Titius de voler une chose à son maître et de me l'apporter ; mais l'esclave avertit son maître, qui l'autorise à m'apporter l'objet pour me prendre sur le fait ? — Gaius, et la plupart des jurisconsultes, prétendaient que Titius n'avait contre moi, ni l'action *furti*, ni l'action *servi corrupti*, car, si j'ai bien eu l'*animus*, l'*eventus* a manqué ; et, en effet, d'un côté, l'esclave n'a pas été corrompu, et de l'autre, la chose n'est venue entre mes mains que du consentement du propriétaire. — *Justinien* décide tout le contraire en accordant contre moi les deux actions. C'est peut-être plus moral, mais, dans tous les cas, très-arbitraire au point de vue juridique.

Dans un autre ordre d'idées, l'impubère n'est considéré comme coupable de vol, que s'il est *doli capax*, c'est-à-dire capable de comprendre qu'il commet un délit.

III. Une *contrectatio lucri faciendi gratia*. En effet, si j'ai pris la chose d'autrui, non pour en tirer un profit, mais pour causer un dommage à autrui, par exemple en détruisant sa chose, je ne puis être assimilé à un voleur, et ce n'est pas de l'action *furti* que je serai tenu.

DIVERSES ESPÈCES DE VOLS.

Dans l'ancien droit, on distinguait six espèces de vol :

I. Le vol est *manifeste* : 1° d'après les uns, lorsque le voleur est pris sur le fait ; 2° d'après les autres, s'il est pris sur le lieu du vol ; 3° d'après d'autres encore, lorsqu'il est pris étant encore détenteur de l'objet, qu'il va porter à l'endroit où il veut le déposer ; 4° d'après une dernière opinion, lorsqu'il a été vu nanti de l'objet. — C'est la seconde opinion qui a prévalu, jusqu'à Justinien, qui adopte la troisième.

II. Le vol *non manifeste* est celui qui n'est pas manifeste.

III. Il y a *furtum conceptum*, quand une chose volée est trouvée dans la maison d'un recéleur.

IV. Il y a *furtum oblatum*, si une personne remet la chose volée à une autre personne (chez laquelle elle est plus tard recherchée et saisie : *concepta*), afin que la chose ne soit pas trouvée chez elle.

V. Il y a *furtum prohibitum*, si une personne refuse de laisser faire, chez elle, en présence de témoins, la recherche d'une chose volée.

VI. Il y a *furtum non exhibitum*, lorsqu'après une réquisition, demeurée sans effet, l'objet volé est cependant trouvé chez le détenteur récalcitrant.

Dans le droit de Justinien, ces quatre dernières espèces de vols ont disparu, pour se fondre dans le *furtum non manifestum* qui subsiste seul avec le *furtum manifestum*.

Actions auxquelles le furtum donne lieu.

Le vol donne lieu à plusieurs actions, les unes, civiles, tendant à faire recouvrer au volé, la chose volée, ou une indemnité pour le préjudice subi ; l'autre, tendant à frapper le coupable d'une peine :

ACTIONS CIVILES.

1° L'action *ad exhibendum*, dont on a vu des applications (T. 28 et 29).

2° L'action en *revendication* qui se donne au propriétaire, pour réclamer, contre tout détenteur, la chose volée.

3° La *condictio furtiva*, qui ne peut être intentée que contre le voleur ou ses héritiers, et non contre le complice du voleur. On a également vu des applications de la condictio furtiva, T. 28 et 29.

Ces deux dernières actions, toutes deux *rei persecutoriæ*, ne peuvent se cumuler ; mais le propriétaire a le droit de choisir l'une ou l'autre.

4° On verra plus bas, une action toute spéciale dite : *rerum amotarum*.

ACTION PÉNALE OU ACTIO FURTI.

CONTRE QUI EST DONNÉE L'ACTIO FURTI.

L'action *furti* est donnée d'abord contre le voleur, puis contre ses complices.

Est complice celui qui a concouru au vol *ope* ET *consilio* ; si une de ces conditions manque, il n'y a pas de complicité. Or, d'après Ulpien « *opus fert qui ministerium adque adjutorium ad subripiendas res præbet ; — consilium dare videtur qui persuadet et impellit atque instruit consilio ad factum faciendum*. » Tel est le cas de celui qui a fait tomber de l'argent de vos mains, ou qui a effrayé votre troupeau, de façon qu'un autre dérobe votre chose ; qui a prêté, en connaissance de cause, des outils à l'aide desquels le vol a été commis ; qui a brisé une porte de façon à ce que le voleur puisse facilement pénétrer dans la maison où s'accomplit le vol. Il y a là une véritable complicité qui fait tomber l'individu en question sous le coup de l'action *furti*. — Mais, *par contre*, celui qui a prêté une assistance de fait, sans dessein de coopérer au vol, ou qui l'a conseillé, sans prêter son assistance, ne sera pas tenu de l'action *furti*, mais seulement, dans certains cas, d'une action *in factum*.

Exceptionnellement. — I. Si un fils de famille ou un esclave dérobe quelque chose au détriment du père ou du maître, quoiqu'il y ait vol, il n'y aura pas d'action *furti*, car il n'y a point d'actions possibles entre personnes qui sont *in eadem familia*. Néanmoins, comme il y a vol : 1° la chose volée ne peut être usucapée ; 2° le complice du fils ou de l'esclave est tenu de l'action *furti*. — II. Le conjoint, qui, pendant le mariage, dérobe quelque chose à l'autre conjoint, n'est tenu, par des motifs de déférence réciproque, que d'une *condictio* dite *actio rerum amotarum*, pour se faire indemniser. — III. Le respect empêche également que l'action *furti* puisse être intentée par l'émancipé contre son père, ou par l'affranchi contre son patron.

MONTANT DE LA CONDAMNATION.

Il faut distinguer suivant l'espèce de vol :

I. S'il y a **furtum manifestum** : *Dans l'ancien droit*, le voleur homme libre était *verberatus* et *addictus* (attribué) au volé (T. 2) ; — le voleur esclave était frappé de verges, et précipité d'un rocher.

Le préteur remplaça ces pénalités, en donnant, contre le voleur, l'action *furti* au QUADRUPLE.

II. S'il y a **furtum nec manifestum** : La *loi des XII Tables* prononçait la peine du DOUBLE, ce qui est conservé par le *préteur* et *Justinien*. Quant aux quatre espèces de vols, qui ont disparu du temps de Justinien, les actions *furti concepti* et *furti oblati*, étaient données au TRIPLE ; l'action *furti prohibiti*, au QUADRUPLE.

Unité sur laquelle on calcule la condamnation. — L'unité, qui doit être *doublée, triplée, quadruplée*, est : la plus haute valeur atteinte par l'objet volé, depuis le vol jusqu'au moment où est intentée l'action *furti*. — On comprend même, dans cette valeur, les accessoires de la chose, par exemple, la valeur d'une succession dont l'esclave volé n'a pu faire adition, par suite du vol, et qui a ainsi échappé au maître.

QUI PEUT INTENTER L'ACTION FURTI ?

I. L'action *furti* appartient à celui, qui avait intérêt à ce que le *furtum* n'eût pas lieu, alors même qu'il ne serait pas plein propriétaire. Tel est le cas : du nu-propriétaire, de l'usufruitier, du créancier gagiste (qui, alors même que le débiteur serait solvable, a plus d'avantage à se payer sur son gage, qu'à intenter une action personnelle), du possesseur de bonne foi (qui ne peut plus usucaper) ; du *locator operarum* ou du *conductor operis faciendi*, s'il est solvable ; (car s'il ne l'est pas, le propriétaire, ne pouvant obtenir de lui la valeur de la chose volée, sera seul en perte, et aura l'*actio furti*) ; même décision pour le commodataire : s'il est solvable, il aura l'action *furti* ; sinon, c'est le propriétaire commodant qui aura cette action pour se faire indemniser, par le voleur, de la perte qu'il subit ; — **Justinien** modifie ces principes et décide que le commodant aura le choix entre l'action en responsabilité contre le commodataire (*actio commodati directa*), ou l'*actio furti* contre le voleur ; mais, s'il choisit l'une, il ne peut plus se repentir et opter pour l'autre. S'il choisit la première, le commodataire peut exercer l'*actio furti* ; s'il choisit la seconde, le commodataire est libéré.

Le *dépositaire*, n'étant tenu que de son dol et de sa faute lourde, n'a l'action *furti* que s'il a été convenu qu'il serait tenu, même de sa faute légère.

Si la chose vendue a été volée avant la tradition, les risques étant pour l'acheteur, c'est celui-ci qui devrait avoir l'action *furti*.

Le simple créancier n'a pas l'*actio furti*, pas plus que le propriétaire sur lequel ne retombe pas le préjudice du vol.

§ 2, § 3, § 4 (V. T. suiv.).

OBLIGATIONS QUI NAISSENT EX DELICTO. — BONA VI RAPTA. — LOI AQUILIA.

§ 2. Bona vi rapta. *(Rapina).*

Définition. — C'est une variété de vol, aggravé par la circonstance qu'il a été commis *avec violence.* — La personne lésée pourrait tout d'abord recourir à une action publique criminelle, découlant de la loi *Julia sur la violence ;* mais nous n'avons à nous occuper que de l'action privée ou : *actio bonorum vi raptorum.*

De l'action vi bonorum raptorum. — Cette action est mise par le préteur à la disposition du volé, qui avait déjà bien entendu l'action furti, mais seulement si les raisons, qui la justifient, existent, c'est-à-dire : 1° s'il y a eu enlèvement par violence ; 2° si cet enlèvement a été fait à mauvaise intention.

I. Comme l'action furti : 1° elle implique le dol de l'agent ; 2° elle ne s'applique qu'à l'enlèvement de choses mobilières ; 3° elle n'est pas donnée contre les héritiers du coupable ; (toutefois, s'ils ont profité de la *rapina*, ils seront tenus, par une *condictio sine causa*, à restituer le profit) ; 4° elle est donnée aux personnes qui avaient intérêt à ce que le vol n'eût pas lieu, et par conséquent même aux non-propriétaires tenus de leur faute ; (mais comment peut-il y avoir faute, puisqu'il y a violence ? La faute peut *précéder* la violence ; tel est le cas d'un commodataire qui s'est aventuré imprudemment dans un pays dangereux, avec des objets précieux, qui lui avaient été remis à commodat).

II. A la différence de l'action furti : 1° elle est introduite par le *préteur*, — et l'action furti par la loi des XII T. ; 2° elle est *tam rei quam pœnæ persecutoria*, — tandis que l'action furti est uniquement pénale ; 3° elle se donne au quadruple, même sans flagrant délit, si toutefois elle est intentée dans l'année qui suit le fait, — tandis que l'action furti nec manifesti n'est donnée qu'au double ; (toutefois la peine ne sera en réalité que du *triple*, puisque dans le quadruple est comprise la restitution de la chose ; elle est donc *rei persecutoria* pour 1/4 et *pœnæ persecutoria* pour 3/4) ; 4° comme on vient de le voir, le quadruple n'est pénal que pour 3/4, tandis que l'action *furti manifesti* est pénale pour le quadruple entier ; 5° elle n'est donnée au quadruple que pendant l'année qui suit le délit, et au simple après ce délai, — tandis que l'action furti, qu'elle soit au double ou au quadruple, est perpétuelle ; 6° le *simplum* se détermine sur la valeur réelle de l'objet enlevé, — tandis que, dans l'action furti, il se détermine d'une façon plus dure pour le coupable. (V. T. pr.).

III. Avantages de l'action furti. De ce qui précède il résulte que l'action *furti* est plus avantageuse : 1° dans le cas de vol manifeste, car, outre la condamnation au quadruple, le demandeur peut revendiquer la chose ou sa valeur ; 2° en ce qu'elle est *pœnæ persecutoria*, même après une année expirée. La victime de la rapina peut d'abord intenter l'action *furti*, puis compléter l'effet de celle-ci par l'action *vi bonorum raptorum ;* mais la réciproque n'est pas admise, et si elle a commencé par intenter l'action *vi bonorum raptorum*, on lui refusera l'action *furti.*

IV. Cas où la violence n'entraîne pas l'action vi bonorum raptorum. — Il n'y a lieu à cette action que s'il y a intention frauduleuse, ce qui la supprime, contre celui qui reprend, par violence, une chose dont il est ou se croit propriétaire. Mais pour punir la violence frauduleuse ou non, des constitutions de Théodose, Valentinien et Arcadius punissent celui qui l'emploie, même sans intention frauduleuse, de la façon suivante : la chose lui appartenait-elle ? il en perdra la propriété ; la chose ne lui appartenait-elle pas ? il devra la restituer, et, de plus, en payer la valeur à titre de peine.

§ 3. — Loi Aquilia.

La *Loi Aquilia* est un plébiscite, proposé par le tribun Aquilius, et rendu en l'an de Rome 468. Elle suppose toujours un *damnum injuria factum*, un dommage causé sans droit ; elle implique donc nécessairement un fait *actif*, et ne s'appliquerait pas au dommage résultant d'une négligence ; mais la faute, même la plus légère, *in committendo*, entraîne la responsabilité du délinquant.

La loi Aquilia se divise en trois chapitres :

N° 1er. — PREMIER CHAPITRE.

Objet. — Ce premier chapitre vise le cas où l'on a *tué*, sans en avoir *le droit* (*injuria*), l'esclave ou le quadrupède, appartenant à autrui. — Toutefois ce chef de la loi Aquilia ne s'applique qu'au quadrupède, vivant en troupeau (quæ pecudum numero sit, — chevaux, mulets, ânes, brebis, bœufs, chèvres, porcs, etc.) ; et non aux autres, par exemple, aux animaux sauvages, aux chiens, etc.

Dans quels cas il y a responsabilité. — Tuer *injuria* c'est tuer sans aucun droit ; or on tue avec droit dans plusieurs hypothèses, notamment dans celle de légitime défense. On sait, de plus, que la responsabilité du délinquant n'existe, que s'il y a faute de sa part. Voici plusieurs applications de ces principes :

1° Titius, s'exerçant à lancer des javelots, tue un esclave qui passe ; s'il est militaire et s'il s'exerçait dans le champ de Mars ou dans un lieu destiné à ces exercices : *nulla culpa ejus intelligitur*, et il n'est pas responsable ; si, *au contraire*, il n'est pas militaire, ou si même, étant militaire, il s'exerce dans un lieu non destiné à ces exercices, *culpæ reus est*, et il est responsable.

2° Un bûcheron coupe une branche qui, en tombant, tue un esclave ? Si l'esclave était sur le bord d'un chemin et si le bûcheron n'a pas crié *gare*, il est responsable ; mais il n'est pas responsable s'il a crié *gare*, ou bien si, n'ayant pas crié gare, l'arbre n'était pas au bord d'un chemin, mais au milieu d'un champ.

3° Sont encore responsables : le muletier qui, par faiblesse ou par ignorance, n'aurait pas su contenir l'impétuosité de ses mules ; le médecin qui, par impéritie, tue le malade qu'il soigne, ou même qui le laisse mourir, en abandonnant le soin de sa cure, après l'avoir opéré.

4° Mais ne sont pas responsables : les personnes en démence ou les enfants, parce que, chez eux, il n'y a pas *faute*.

Montant de la condamnation.

1re *Règle.* — Le montant de la condamnation doit représenter la plus haute valeur que l'esclave, ou le quadrupède, a eue dans l'année qui précède sa mort. — Ainsi, Titius a tué un esclave qui était devenu manchot dans l'année ; il sera néanmoins obligé de payer comme si l'esclave avait été intact ; c'est en quoi l'action de la loi Aquilia est pénale, car on peut être tenu, non-seulement du dommage causé, mais encore bien au delà. Aussi n'est-elle pas donnée contre les héritiers du délinquant, qui seraient au contraire tenus si cette action était seulement *rei persecutoria.* Toutefois, comme nul ne doit s'enrichir aux dépens d'autrui, les héritiers seront tenus jusqu'à concurrence du profit qu'ils auraient personnellement retiré du délit de leur auteur.

2e *Règle.* — D'après l'interprétation des prudents, on prend en considération, non seulement la valeur matérielle de la chose détruite, mais encore *quidquid perempto ex corpore damni nobis allatum fuerit.* Ainsi, j'ai tué votre esclave, qui était institué héritier, avant qu'il n'ait fait adition sur votre ordre ; ou bien un cheval qui fait partie d'un quadrige ; ou bien un esclave, qui fait partie d'une troupe de comédiens ; — je vous devrai, non seulement la plus haute valeur intrinsèque que cet esclave et ce cheval auront eue dans l'année, mais encore le dommage que vous avez subi par leur mort, c'est-à-dire, dans le premier cas, la valeur de l'hérédité perdue, dans le second et le troisième, la dépréciation subie par le quadrige et la troupe de comédiens qui se trouvent *décomplétés.*

Remarque. — Loi Cornelia de sicariis. — Si la mort n'était pas seulement le résultat d'un accident, c'est-à-dire s'il y avait *meurtre*, outre l'action privée de la loi Aquilia, le meurtrier serait poursuivi criminellement, par l'action résultant de la loi Cornelia de sicariis. (Inst. Just. § II, IV, 3).

N° 2. — DEUXIÈME CHAPITRE.

Ce deuxième chapitre, ignoré jusqu'à la découverte des Institutes de Gaius, et tombé en désuétude au temps de Justinien, offre peu d'intérêt. Il permet au stipulant ou à ses héritiers : 1° de poursuivre l'*adstipulator* qui, au lieu d'exiger l'accomplissement de la stipulation, a détruit la créance en faisant frauduleusement *acceptilatio* au débiteur ; 2° et de le faire condamner par l'action *legis aquiliæ*, jusqu'à concurrence de la somme dont il a fait remise. Il faut remarquer du reste, avec Gaius, que l'action de mandat aurait assuré le même résultat ; mais que l'action *legis aquiliæ* présentait un avantage dans certains cas, parce qu'elle était donnée au double *adversus inficiantem*, (en cas de dénégation de la part de l'adstipulator).

N° 3. — TROISIÈME CHAPITRE.

Objet. — Ce chapitre vise tout dommage causé à une chose animée ou inanimée. Il est donc beaucoup plus large que le chapitre premier, puisqu'il punit : 1° les simples *blessures* faites aux animaux *quæ numero pecudum sunt ;* 2° la mort ou les blessures occasionnées aux animaux *quæ pecudum numero non sunt*, et à toute autre chose animée ; 3° et enfin les dommages causés à des objets inanimés, qui sont brisés, brûlés, détériorés d'une façon quelconque par un tiers.

Montant de la condamnation. — Il doit être « *quanti in diebus triginta proximis ea res fuerit ;* » dans cette phrase de Gaius, il n'y a point l'expression *plurimi ;* d'où l'on avait conclu que le juge pouvait prendre la plus petite comme la plus grande valeur que l'objet avait eue dans les trente jours précédents. — Mais Sabinus pense qu'on doit suppléer le mot *plurimi*, et prendre, comme dans le premier chapitre, la plus haute valeur.

N° 4. — Observations diverses. (*T. suivant*).

OBLIGATIONS QUI NAISSENT EX DELICTO. — LOI AQUILIA *(fin)*. — Actio injuriarum.

§ 3. — Loi Aquilia (Suite et fin).

N° 1 ; — N° 2 ; — N° 3 ; — (T. pr.).

N° 4. — OBSERVATIONS DIVERSES.

Observations communes au premier et au troisième chef de la loi Aquilia. — I. Cette loi donnait l'action en réparation de dommage, au propriétaire de la chose endommagée. Mais d'autres personnes peuvent souffrir du dommage causé à une chose : usufruitier ; possesseur de bonne foi, en train d'usucaper ; créancier gagiste, etc.; ces personnes, auxquelles était refusée l'action *directe* de la loi Aquilia, en jouissaient, dans la pratique, comme *action utile*.

II. La loi Aquilia ne visait, dans le principe, que l'hypothèse d'un dommage causé par le contact d'un *corps* à un autre *corps : damnum corpore corpori datum.* — Mais on finit par en appliquer les principes *réparateurs* : 1° au cas où le *damnum* n'a pas été *corpore datum.* — Exemple : J'ai enfermé votre esclave ou votre animal, de façon à le laisser mourir de faim ; j'ai effarouché votre troupeau, qui s'est jeté dans un précipice ; j'ai conseillé à votre esclave de traverser la rivière, et il s'est noyé ; — 2° au cas où le *damnum* n'a pas été *corpori datum.* — Exemple : vous aviez enchaîné votre esclave, je le délie, par compassion, et il s'enfuit ; vous souffrez de la perte de votre esclave, et cependant le dommage n'a pas été fait *corpori*, au corps de l'esclave. — Dans le premier cas, la réparation du dommage sera poursuivie par l'action *utile* de la loi Aquilia ; — dans le second, elle ne sera poursuivie ni par l'action directe ni même par l'action utile de la loi Aquilia, mais bien par une action *in factum*.

Mais cette action *in factum*, donnée quand le dommage n'a pas été *corpori datum*, tient-elle ou non au système de la loi Aquilia ? Cette question offre de l'intérêt, car, dans la théorie de cette loi, l'action « *crescit in duplum adversus inficiantem*, » et la condamnation se calcule sur la valeur la plus haute de l'objet.— M. Demangeat, se fondant sur un texte de Gaius, (qui donne l'action A. utile contre celui qui, ayant dispersé votre troupeau, *per lascivi*am, a ainsi, sans le savoir, favorisé le vol qui en a été fait), se prononce pour l'affirmative.

Remarquons d'ailleurs que, dans tous les cas où le dommage n'a pas été fait *corpore*, l'action utile est, en réalité, une action *in factum ;* en effet, une action utile est ou *fictitia in jus* ou *in factum ;* or, on ne conçoit guère une action *fictitia in jus* en cette matière ; — à moins qu'il ne s'agisse d'une chose grevée d'usufruit ou de gage, etc., cas auxquels il faut bien les *supposer propriétaires*, pour permettre d'agir à l'usufruitier ou au gagiste.

Dans certains cas on peut être tenu de deux actions ; ainsi : j'ai reçu un esclave en gage, et je le tue : je serai tenu et de l'action *pigneratitia* et de l'action *legis aquiliæ*.

Espèce curieuse. — Mon esclave est blessé mortellement par Primus, puis achevé par Secundus ? 1° Suivant Julien, le premier chapitre de la loi Aquilia est applicable à l'un comme à l'autre ; mais le montant de la condamnation peut être très-différent, par exemple, si l'esclave avait été institué héritier entre le moment où Primus l'a blessé mortellement, et le moment où il a été achevé par Secundus.

2° Celsus, Marcellus, Ulpien, appliquent le premier chapitre à Secundus, et le troisième à Primus ; car, en fait, quoique la blessure faite par Primus fût mortelle, ce n'est pas elle qui a causé la mort de l'esclave.

Observations communes aux trois chefs de la loi Aquilia. — Les condamnations, résultant de ces trois chefs, étaient données *au simple*, quand le défendeur avouait le fait ; elles étaient données au *double*, (*crescunt in duplum adversus inficiantem*), en punition de sa mauvaise foi, quand le défendeur déniait à tort les faits qui lui étaient imputés.

§ 4. — Actio Injuriarum.

Le mot *injuria* a quatre sens différents : 1° toute action contraire au droit ; 2° une faute : damnum injuria datum ; 3° l'injustice du magistrat ou du juge qui rend une sentence contraire au droit ; 4° enfin un outrage, une offense, synonyme de *contumelia.* C'est dans ce dernier sens que l'*injuria* va être étudiée.

Il y a *injuria :* quand on frappe un homme du poing ou d'un bâton ; quand on lui fait une scène ; quand on se fait, pendant son absence, envoyer en possession de ses biens ; quand on fait courir contre lui des chansons ou libelles ; quand on affecte de suivre une *materfamilias*, un jeune garçon ou une jeune fille.

Remarquons d'ailleurs : 1° que : « *injuriam potest facere nemo, nisi qui scit se injuriam facere,* » en d'autres termes que l'actio injuriarum suppose une intention coupable, la volonté d'injurier la victime ; 2° mais il faut, de plus, et c'est très-remarquable, pour constituer le délit d'injures, que la personne injuriée ressente l'offense ; si elle la dédaigne, la pardonne, ou ne se sent pas blessée, il n'y a plus d'action : *dissimulatione aboletur actio.* Ainsi l'*actio injuriarum* est éteinte *ipso jure*, par simple pacte, — ne peut être intentée que dans l'année, — et s'évanouit par la mort de celui qui pourrait l'intenter.

Quelles personnes sont considérées comme atteintes par l'insulte ? — Une personne peut être injuriée, sans que l'injure lui soit personnellement adressée, si elle a été faite à une personne en sa puissance. Ainsi : l'insulte faite à un fils de famille donne au père, non-seulement l'action à exercer au nom de son fils outragé, mais encore une action qui lui est personnelle, puisqu'il est indirectement offensé par l'offense faite à son fils. Même décision pour l'offense, faite à une femme mariée, et qui peut donner cumulativement l'*actio injuriarum :* 1° à la femme elle-même ; 2° à son mari ; 3° au père, sous la puissance duquel est le mari ; 4° au père de famille, investi de la puissance paternelle sur la femme.

— L'esclave, en principe, n'ayant ni honneur ni réputation à conserver, ne peut être considéré comme personnellement offensé. Si donc on l'a outragé, le maître aura bien une action, puisqu'il est réputé offensé dans la personne de son esclave, mais il n'aura que celle-là ; et même elle ne lui sera accordée, que si son esclave a été outragé *atrociter* (V. la distinction plus bas). — Plus tard le préteur étendit, pour certains cas, sa protection à la personne même de l'esclave. Dès lors le maître pût (comme le père de famille dont le fils a été insulté), exercer, *nomine suo*, son ancienne action, et de plus, exercer une nouvelle action, *nomine servi.*

— Si l'esclave insulté est *indivis ?* L'action, que ses maîtres peuvent exercer *nomine suo*, est donnée à chacun d'eux, en raison de la *considération personnelle* de chacun ; au contraire, l'action qu'ils peuvent intenter *nomine servi*, leur est donnée *proportionnellement à leurs droits respectifs* dans la propriété de l'esclave.

— L'esclave, *grevé d'usufruit*, étant insulté, l'action sera, en principe, donnée au nu-propriétaire ; elle sera néanmoins donnée à l'usufruitier, si les circonstances montrent que c'est lui qu'on voulait indirectement insulter.

— Si l'injure est adressée à un homme *libre* ou à l'esclave d'autrui possédé de bonne foi ? C'est l'homme libre ou le véritable propriétaire de l'esclave qui aura l'action. Toutefois, si les circonstances montraient qu'on a voulu offenser le possesseur de bonne foi, celui-ci aurait, de son côté, une action personnelle, et il y aurait ainsi lieu à deux condamnations.

Contre qui est donnée l'actio injuriarum ? — Contre l'auteur de l'injure, et même contre l'instigateur.

Quelle est la peine ? — I. *La loi des XII Tables* établissait : 1° tantôt une *peine corporelle*, la peine du talion pour un membre brisé ; 2° tantôt une *peine pécuniaire*, par exemple, 300 as pour un os brisé à un homme libre ; 150 as pour un os brisé à un esclave ; 25 as pour les autres injures. — **II.** *Le préteur* rend la peine pécuniaire plus efficace, en permettant à la personne injuriée de fixer elle-même, sous serment, l'estimation de la peine ; le juge pouvait d'ailleurs prendre en considération la gravité de l'injure et la qualité de la personne offensée, pour déterminer la peine, et avait un pouvoir discrétionnaire pour condamner le coupable à payer l'estimation faite par le demandeur, ou pour réduire la prétention de ce dernier. — **III.** *La loi Cornelia* introduisit une nouvelle action en faveur de celui qui aurait été *poussé, frappé*, ou dont le *domicile aurait été violé de vive force ;* cette action, limitée à ces trois cas, laissait le juge libre d'évaluer la peine.

Remarque. — I. Tout délit d'injures peut être poursuivi *civiliter* ou *criminaliter*. Dans ce dernier cas, l'action peut aboutir, non seulement à une réparation pécuniaire, mais encore à une peine spéciale. C'est à l'offensé de choisir entre les deux procédures, mais il ne peut cumuler l'action publique et l'action privée. — **II.** Dans toute action criminelle, et spécialement en matière d'injures, les parties doivent comparaître en personne. Toutefois, à partir d'une constitution de Zénon, les *viri illustres* et, *a fortiori*, ceux qui leur étaient supérieurs, peuvent, même *par procureur*, poursuivre l'action criminelle d'injures et y défendre.

Diverses espèces d'injures. — On distingue l'injure *simple* et l'injure *atroce*. L'injure est atroce : 1° *ex facto*, si quelqu'un a été blessé, frappé de verges, etc. ; 2° *ex loco*, si l'injure a été faite au théâtre, au forum, au prétoire ; 3° *ex persona*, si l'injure a été faite à un magistrat, à un sénateur, par un homme de basse condition, ou bien à un ascendant ou à un patron, par ses enfants ou par ses affranchis ; 4° *ex loco vulneris*, d'après Justinien, si c'est l'œil, par exemple, qui a été blessé. — **Intérêt de la distinction :** 1° L'injure faite à l'esclave n'atteint le maître que si elle est atroce ; 2° l'injure atroce peut seule donner action au fils hors de puissance, contre son père, à l'affranchi contre son patron ; 3° la condamnation est plus forte dans l'injure atroce ; 4° du temps de Gaius, c'est habituellement le préteur qui estime l'injure atroce.

Extinction de l'action d'injure. — Elle s'éteint, nous l'avons vu plus haut : 1° par le *pardon*, qui s'induit par exemple d'un simple pacte ; 2° par l'*oubli*, qui s'induit notamment de ce qu'un an s'est écoulé sans poursuite ; 3° par la mort de l'auteur ou de la victime de l'injure. Toutefois, s'il y avait eu litis contestatio avant la mort, l'action continuerait en la personne des héritiers.

Article V. — **Obligations qui naissent quasi ex delicto.**

Une personne est tenue *quasi ex delicto*, lorsque le préteur accorde contre elle une action *in factum*, à l'occasion d'un fait illicite et dommageable mais qui, non prévu ni réprimé par une loi particulière, ne rentre pas dans la classe des délits proprement dits. En voici plusieurs exemples :

I. — Cas où le juge litem suam facit (fait le procès sien). — Le juge fait le procès sien, quant à dessein, par faveur, par inimitié, par corruption, et même par ignorance, il rend une sentence inique. Le plaideur, qui souffre de cette sentence, peut sans doute interjeter appel, mais il pourra aussi, au moyen d'une action *in factum*, prendre le juge à partie (ce qui peut être plus avantageux que l'appel, par exemple si l'adversaire est insolvable). — Il en serait de même, — bien que la sentence, rendue à prix d'argent ou contrairement à une règle de droit certain, fût absolument nulle, — si la partie se trouve lésée, (par exemple si elle n'est plus dans les délais voulus pour recommencer une nouvelle instance.)

Cette action, — dans laquelle le montant de la condamnation est calculé sur la véritable estimation du procès, faite par un autre juge, — n'est donnée, ni contre les héritiers du délinquant, ni contre le père de famille, dont le fils, dans ses fonctions de juge, s'est rendu coupable.

II. — Cas où l'on a jeté ou répandu quelque chose, qui a causé préjudice à autrui. — Un objet a été jeté ou répandu d'un appartement sur la voie publique, et a causé un préjudice à un passant, sans qu'on puisse savoir qui est coupable. — Celui qui habite cet appartement, propriétaire, locataire, fils de famille, vivant séparé de son père, etc., est tenu d'une action spéciale accordée par le préteur, comme responsable de fait, de toute personne qui, se trouvant dans son appartement, a causé le dommage. — Cette action, donnée contre celui qui n'est pas personnellement coupable du fait, n'empêcherait pas l'auteur du fait, s'il était découvert, de tomber sous le coup de la loi Aquilia.

Cette action prétorienne *in factum* était donnée *au double* du dommage causé, si l'objet lésé était un esclave ou une chose. — Si l'objet jeté avait tué un homme libre, il y avait une action *populaire*, dont la condamnation était fixée à 50 écus d'or ; si l'objet avait seulement blessé un homme libre, le montant de la peine était laissé à l'équité du juge, qui devait y faire rentrer tout le dommage, direct ou indirect, causé au blessé.

III.— Celui qui suspendait, posait, ou permettait qu'on suspendit ou posât, dans l'appartement qu'il habitait, au-dessus de la voie publique, un objet dont la chute aurait pu nuire aux passants, — pouvait être poursuivi, par une action populaire de 10 écus d'or, alors même que l'objet n'était pas tombé, ou que sa chute n'avait causé aucun dommage.

IV. — Le maître d'un navire, d'une auberge, d'une écurie, est tenu, *quasi ex maleficio*, des délits qui y sont commis au préjudice des voyageurs, — par une action *in factum* donnée *au double*. Comme dans le II, l'auteur du délit, s'il était découvert, serait également tenu, de son côté, suivant le cas, de l'action de vol, ou de l'action *legis Aquiliæ*

Fin des Obligations.

LIVRE III. — DES ACTIONS

TABLEAU GÉNÉRAL DES ACTIONS

PREMIÈRE PARTIE. — **DU POUVOIR JUDICIAIRE ET DE L'ORGANISATION DES TRIBUNAUX CIVILS.**

DEUXIÈME PARTIE. **PROCÉDURE DEVANT LES TRIBUNAUX CIVILS.**

- PREMIÈRE SECTION. **Procédure des Legis Actiones.**
  - **Caractères généraux des Actions de la loi.** — MARCHE DE LA PROCÉDURE.
  - **Actio sacramenti.**
  - **Actio per judicis postulationem.**
  - **Actio per condictionem.**
  - **Actio per manus injectionem.**
  - **Actio per pignoris capionem.**
- DEUXIÈME SECTION. **Procédure formulaire.**
  - **Origine et caractère de cette procédure.**
  - **Conceptions des formules.**
    - PARTIES PRINCIPALES : *Demonstratio.* — *Intentio.* — *Adjudicatio.* — *Condemnatio.*
    - PARTIES ACCESSOIRES : Exceptions. — Répliques, Dupliques, Tripliques. — Prescriptions.
  - **Marche de la procédure formulaire.**
    - PREMIÈRE PARTIE DU PROCÈS. INSTANCE **In jure.**
      - MOYENS D'ASSURER LA COMPARUTION DU DÉFENDEUR.
      - PROCÉDURE BILATÉRALE EN PRÉSENCE DU MAGISTRAT ; *litis contestatio*
      - INCIDENTS QUI MODIFIENT OU REMPLACENT LA *litis contestatio : Interrogatio in jure, confessio in jure, jusjurandum in jure.*
    - DEUXIÈME PARTIE DU PROCÈS. INSTANCE **In judicio.**
      - MOYENS D'ASSURER LA COMPARUTION DEVANT LE *judex.*
      - PROCÉDURE DEVANT LE *judex.*
      - PREUVES. — SENTENCE. — OFFICE DU JUGE.
  - **Péremption d'instances.**
  - **Quelques procédures exceptionnelles.**
- TROISIÈME SECTION. **Procédure dite extraordinaire.**
  - **Caractères de cette procédure.**
  - **Marche de la procédure sous les empereurs chrétiens.**
    - MOYENS D'ASSURER LA COMPARUTION DU DÉFENDEUR.
    - PROCÉDURE BILATÉRALE.
    - PÉREMPTION D'INSTANCE. — RÈGLES NOUVELLES.

TROISIÈME PARTIE. **DIVERSES ESPÈCES D'ACTIONS.**

- PREMIÈRE SECTION. **Actions proprement dites.**
  - **Points de vue divers sous lesquels a été établie la classification des actions.**
  - CHAPITRE PREMIER. — **Actions civiles — prétoriennes.**
  - CHAPITRE II. — **Actions qui valent par elles-mêmes — fictices.**
  - CHAPITRE III. — **Actions directes — utiles.**
  - CHAPITRE IV. — **Actions in jus — in factum.**
  - CHAPITRE V. **Actions in rem, — in personam.**
    - ARTICLE PREMIER. ACTIONS RÉELLES.
      - ACTIONS RÉELLES CIVILES : Revendication. — Action confessoire. — Action négatoire. — Pétition d'hérédité.
      - ACTIONS RÉELLES PRÉTORIENNES : Publicienne. — Contre-publicienne. — Paulienne. — Quasi-servienne. — Servienne.
    - ARTICLE 2. ACTIONS PERSONNELLES.
      - CIVILES.
      - PRÉTORIENNES : *de pecunia constituta.* — *de jurejurando.* — *de peculio.*
  - CHAPITRE VI. — **Actions préjudicielles.**
  - CHAPITRE VII. — **Actions** *rei, pœnæ, rei vel pœnæ persecutoriæ.*
  - CHAPITRE VIII. — **Actions au simple, — au double, — au triple, — au quadruple.**
  - CHAPITRE IX. — **Actions de droit strict, — de bonne foi, — arbitraires.**
  - CHAPITRE X. — **Actions qui font obtenir tantôt tout ce qu'on demande, — tantôt moins** *ou* CIRCONSTANCES QUI EMPÊCHENT LE DEMANDEUR D'OBTENIR TOUT CE QUI LUI EST DU.
  - CHAPITRE XI. — **Actions perpétuelles, — temporaires.**
  - CHAPITRE XII. — **Actions transmissibles, — non transmissibles.**
  - CHAPITRE XIII. — **Actions noxales, — actions** *quod jussu, exercitoria, institoria, de peculio, tributoria, de in rem verso.*
- DEUXIÈME SECTION. — **Exceptions :** *doli, in factum; rei, personæ cohærentes;* PÉREMPTOIRES, DILATOIRES.
- TROISIÈME SECTION. — **Prescriptions :** *præscriptio fori; præjudicia; præscriptio longi temporis.*
- QUATRIÈME SECTION. **Interdits.**
  - **Notions générales sur les interdits; leur origine et leur nature; leur transformation et leur désuétude.**
  - CHAPITRE PREMIER. **Divisions des interdits.**
    - I. — PROHIBITOIRES, RESTITUTOIRES, EXHIBITOIRES.
    - II. — SIMPLES, DOUBLES.
    - III AU POINT DE VUE DE LA POSSESSION.
      - NON POSSESSOIRES.
      - POSSESSOIRES.
        - ADIPISCENDÆ POSSESSIONIS : *quorum bonorum, possessorium, sectorium, salvianum, quod legatorum, quo itinere.*
        - RETINENDÆ POSSESSIONIS : *Uti possidetis, utrubi, de superficiebus, de itinere actuque privato, de aqua cottidiana et æstiva, de rivis, de fonte, de cloacis.*
        - RECUPERANDÆ POSSESSIONIS : *unde vi, de clandestina possessione, de precario.*
        - TAM ADIPISCENDÆ QUAM RECUPERANDÆ POSSESSIONIS : *Quem fundum, quam hereditatem.*
  - CHAPITRE II.
    - **De la procédure des interdits simples :** *sine periculo, cum periculo.*
    - **De la procédure des interdits doubles :** *fructuum licitatio, judicium secutorium* ou *cascellianum, judicium fructuarium.*
- CINQUIÈME SECTION. — **Restitutions en entier :** *Metus causa,* — *Ob dolum,* — POUR CAUSE : DE MINORITÉ, DE CHANGEMENT D'ÉTAT, D'ERREUR, D'ABSENCE.
- SIXIÈME SECTION. — **Stipulations prétoriennes** *ou* **cautions :** *Damni infecti,* — *legatorum servandorum causa,* — *rem salvam pupilli fore.*
- SEPTIÈME SECTION. — *Novi operis nunciatio.*

QUATRIÈME PARTIE. — **DE LA PERSONNE ET DE LA REPRÉSENTATION DES PLAIDEURS. — DES SATISDATIONS.**

CINQUIÈME PARTIE. — **VOIES DE DROIT CONTRE LES DÉCISIONS JUDICIAIRES :** NULLITÉ, *restitutio in integrum,* APPEL, SUPPLIQUE, *revocatio in duplum.*

SIXIÈME PARTIE. — **EXÉCUTION FORCÉE DES JUGEMENTS.**

SEPTIÈME PARTIE. — **PEINES CONTRE LES PLAIDEURS TÉMÉRAIRES OU DE MAUVAISE FOI.**

HUITIÈME PARTIE. — **DE L'OFFICE DU JUGE.**

PREMIÈRE PARTIE. — DU POUVOIR ET DE L'ORGANISATION DES TRIBUNAUX CIVILS.

I. Définition du mot action. — Il signifie : 1° La faculté de recourir à l'autorité publique, afin de faire reconnaître, à son profit, un droit convenu, ou de faire protéger un droit contesté ou violé par un tiers : *Actio est jus persequendi judicio quod sibi debetur.* 2° Le moyen pratique, la procédure, la forme à l'aide de laquelle on obtient de l'autorité publique la reconnaissance ou la protection de son droit.

II. Divers systèmes de procédure. — Nous étudierons plus loin les trois systèmes de procédure successivement en usage chez les Romains : *actions de la loi; procédure formulaire; procédure* dite *extraordinaire.* Le caractère commun aux deux premiers était, au moins en général, la division de la procédure en deux phases distinctes, la procédure *in jure*, la procédure *in judicio*, division qui remontait aux temps les plus reculés.

III. Du pouvoir judiciaire. — Par suite de la division ci-dessus, les magistrats, chargés du jugement des affaires, se divisaient eux-mêmes en deux classes bien tranchées : 1° les *magistrats* proprement dits; 2° les *juges.*

1° Magistrats proprement dits. — A l'origine, les rois furent investis de la *jurisdictio*, c'est-à-dire de l'autorité nécessaire pour appliquer les principes du droit au règlement des différends entre particuliers. Après les rois, la *jurisdictio* passa aux consuls, et, en 387, à une magistrature spéciale : la préture. — Le préteur fut d'abord unique ; puis, dès le VIe siècle, l'accroissement des affaires internationales fit créer le *prætor peregrinus*, chargé spécialement des différends entre étrangers; tandis que son collègue, chargé de statuer entre citoyens romains, prenait le nom de *prætor urbanus*. Plus tard, on créa des préteurs spéciaux pour certaines classes d'affaires ; de là : les préteurs *tutélaires*, *fideicommissaires*. Enfin, on augmenta, dans une proportion considérable, le nombre des préteurs, en même temps que les édiles curules étaient exclusivement chargés de certaines affaires spéciales. — L'organisation était différente dans les provinces. Les proconsuls, ou gouverneurs exerçaient la juridiction ; ils avaient même des pouvoirs plus grands que les préteurs ; tandis que ceux-ci n'avaient que l'*imperium mixtum* (pour assurer l'exécution de leurs sentences), les proconsuls ou gouverneurs avaient la plénitude de l'autorité, l'*imperium merum*, la puissance publique armée de tous les pouvoirs nécessaires au respect de la loi. A côté de ces derniers magistrats, il y avait encore des questeurs assimilés aux édiles curules, et enfin, les magistrats inférieurs des cités reconnues libres; ces derniers exerçaient la *jurisdictio*, mais n'avaient aucune portion de l'*imperium*.

Le caractère commun à ces divers magistrats, c'est qu'ils n'avaient d'autre mission que celle d'organiser le procès, de déterminer le point exact du litige; celui-ci se résumait en *des questions*, que tranchaient, à leur tour, les *juges*, chargés d'entendre les plaidoiries et les témoins, et de faire les vérifications nécessaires; ces juges étaient donc, à proprement parler, des *jurés*.

2° — Juges. — Jurés. — Il y avait deux sortes de juges : les uns formaient un tribunal permanent, le collège des *centumvirs*; les autres étaient choisis, sur une liste, pour chaque affaire. Dans ce cas il y avait tantôt un seul juge (*unus judex, arbiter*), tantôt plusieurs (*recuperatores*).

Le *tribunal centumviral*, dont l'origine paraît remonter à Servius Tullius, disparut probablement avec l'empire d'Occident. Ses membres étaient élus annuellement dans les tribus. D'abord au nombre de cent (ou plutôt cent cinq : trois juges par chacune des trente-cinq tribus de Rome), les centumvirs, sans changer de nom, furent portés au nombre de cent quatre-vingts.

La compétence des centumvirs embrassait : 1° les questions de propriété et de ses démembrements ; 2° les questions de succession ; 3° les questions d'état.

Le *juge*, ou plutôt le *juré* (judex, arbiter), citoyen romain, recevait du magistrat la mission spéciale et accidentelle de statuer sur un procès déterminé, après le jugement duquel il rentrait dans la vie privée. Ces jurés étaient pris sur des listes dressées chaque année, publiquement, dans le forum, par le préteur qui jurait de n'y admettre que des gens de bien. Les fonctions de juré étaient dévolues primitivement aux sénateurs seuls, puis, après des luttes violentes, aux chevaliers, aux tribuns du trésor; enfin, sous Auguste, les affaires de peu d'importance étaient confiées à des jurés qui ne payaient qu'un faible cens.

Choix et nomination du juge. — Les parties, d'un commun accord, pouvaient choisir leur juge, même en dehors des listes. Mais ordinairement, le magistrat le proposait d'office ; si les parties le récusaient, on en tirait un nouveau au sort.

Le nombre des jurés, de trois cents à l'origine, fut porté à mille sous Auguste, et, plus tard, à quatre mille probablement.

Recuperatores. — On suppose que l'*unus judex* était donné seulement pour des procès entre citoyens romains ; et que, plus tard, avec l'accroissement des relations internationales, on créa une autorité chargée de juger les différends entre citoyens et étrangers. Ces juges spéciaux, (probablement parce qu'ils étaient le plus souvent chargés de faire opérer des restitutions), furent appelés *recuperatores*, mais ils jugeaient, comme l'unus judex, d'après les instructions contenues dans une formule délivrée par le magistrat.

Ces *recuperatores*, seuls jurés dans les provinces, étaient également citoyens romains, et finirent par juger les contestations entre citoyens romains, tandis que, par contre, la compétence des *judices* (jurés de Rome) s'étendait aux contestations primitivement réservées exclusivement aux *recuperatores*.

Il y avait aussi à Rome des recuperatores, non inscrits, (mais désignés, même parmi les judices proprement dits) pour certaines affaires qui devaient être tranchées par un conseil de plusieurs juges (trois au moins).

Aux recuperatores étaient notamment confiées : les actions *injuriarum*, *vi bonorum raptorum*, l'interdit *unde vi*, les questions-d'état où l'on réclamait la qualité de *libre* ou d'*ingénu*, probablement celles qui ne présentaient qu'une pure question de fait, etc., etc.

La procédure devant les recuperatores était simplifiée, et très-apte aux affaires sommaires.

N.-B. — Coup d'œil sur la procédure civile-romaine.

Nous allons étudier trois systèmes de procédure bien distincts : les actions de la loi, les formules, les jugements extraordinaires. Ces trois systèmes ne se succédèrent pas brusquement, mais ce fut par des transitions lentes et ménagées qu'on passa du premier au second, et de celui-ci au troisième.

Il faut remarquer que le mot ACTION n'a pas du tout le même sens à ces trois époques.

I. — Dans le premier système, le mot *action* ne signifie pas le droit de poursuivre tel ou tel droit, mais sert à désigner telle ou telle manière de procéder. Il y a cinq actions de la loi, comme il y a chez nous la procédure ordinaire, la procédure sommaire, l'arbitrage, la contrainte par corps, la saisie mobilière ou immobilière.

II. — Dans la procédure formulaire, connue sous le nom de : *ordo judiciorum*, le magistrat, après avoir précisé et posé les questions, en confiait la solution au juge. C'était donc, en réalité, le *jugement par juré* appliqué aux matières civiles.

L'arrêt de renvoi, qui saisissait les jurés de la contestation, est précisément ce qu'on appelle : *actio, formula* ; — quelquefois *judicium*, tandis que la décision émanée du juge prend le nom de *sententia* ; — quand on dit : *actio confessoria, actio empti, actio mandati*, le mot *actio* désigne l'autorisation, accordée par le magistrat, de poursuivre, devant le juge, tel ou tel droit; il y a autant d'actions qu'il y a de droits différents.

III. — Dans la procédure extraordinaire, le mot *actio* perd la signification qu'il avait dans système précédent; c'est bien encore, selon la définition de Celsus, le droit de poursuivre ce qui nous est dû (action personnelle), ou ce qui nous appartient (action réelle) ; mais il n'est plus nécessaire que ce droit soit accordé préalablement par le magistrat ; chacun peut engager une instance à ses risques et périls.

DEUXIÈME PARTIE. — PROCÉDURE DEVANT LES TRIBUNAUX CIVILS.

PREMIÈRE SECTION. — PROCÉDURE DES ACTIONS DE LA LOI : LEGIS ACTIONES.

Caractères généraux. Actions de la loi.

Le caractère de ces actions était sacerdotal et patricien. Il consistait en certaines formalités, composées de gestes et de paroles, si rigoureusement déterminées, que le moindre oubli des formes prescrites entraînait la déchéance des droits et la perte du procès.

Leur nom vient : 1° ou de ce qu'elles avaient été établies par des lois, et non par des édits prétoriens ; 2° ou de ce qu'elles étaient immuables en leurs termes, comme les lois elles-mêmes.

Les citoyens romains seuls pouvaient agir par actions de la loi.

Elles étaient au nombre de cinq : 1° l'action *sacramenti ;* 2° l'action *per judicis postulationem ;* 3° la *condictio ;* (ces trois premières étaient de véritables procédures tendant à obtenir un jugement) ; 4° la *manus injectio ;* 5° la *pignoris capio ;* (ces deux dernières n'étaient que des moyens d'exécution).

Marche générale de la procédure. — 1° La *vocatio in jus* était un véritable ajournement à comparaître devant le magistrat ; 2° devant le magistrat on discutait, soit sur toutes les parties du procès, quand l'affaire ne devait pas être renvoyée devant le juge ; soit, dans l'hypothèse contraire, sur les principes d'après lesquels l'affaire serait plus tard traitée devant le juré. (Ce renvoi devant le juge avait lieu, dès l'origine, dans les actions *per condictionem* et *per judicis postulationem ;* et, dans l'action *sacramenti*, au moins à partir de la loi *Pinaria*). La discussion terminée, les parties demandaient un juge, qu'on ne leur accordait qu'après un délai de trente jours ; 3° le juge nommé, les parties s'ajournaient devant lui pour le troisième jour (*Comperendinatio*) ; 4° la discussion, devant le magistrat, ayant une grande importance, on en assurait le souvenir, par des témoins (« *testes estote litis* »), d'où le mot de : *litis contestatio*, qui termine la première partie du procès, et se place, ou avant la demande du juge, ou après la *comperendinatio* ; 5° devant le juge, on présente ses conclusions, on plaide, et le juge rend sa sentence.

Actio sacramenti.

L'*actio sacramenti*, la plus ancienne de toutes, s'appliquait à toutes les affaires pour lesquelles la loi ne spécifiait pas une procédure spéciale. Son nom vient du *sacramentum*, somme d'argent déposée par les deux parties, à titre de pari, à l'appui de la prétention, et qui était confisquée aux dépens du perdant, pour être consacré aux *sacra publica*. Plus tard, le dépôt du *sacramentum*, dans les mains des pontifes, fut remplacé par des garanties : *prædesque eo nomine prætori dabantur.*

Le montant du *sacramentum* était fixé : 50 as pour un intérêt au-dessous de 1,000 as ou un procès concernant la liberté ; 500 as pour un intérêt plus élevé.

Le juge, qui n'avait d'autre mission que de reconnaître le résultat du pari, d'établir si le *sacramentum* était *justum* ou *injustum*, ne pouvait que décider *pour le tout*, sans tenir compte des obligations respectives, ou de certaines considérations d'équité.

Détails d'application. — 1° Dans les procès relatifs à des obligations : le demandeur affirmait sa créance, le défendeur la niait, chacun provoquait l'autre au sacramentum ; puis le juge décidait quel était celui dont le sacramentum était justum.

2° Dans les procès relatifs à la propriété : **A.** S'il s'agissait d'un meuble : les deux parties revendiquaient, puis simulaient un combat, après lequel le préteur leur enlevait à toutes deux la possession ; puis elles se provoquaient au sacramentum ; ceci fait, le préteur, pour constituer un défendeur et un demandeur, envoyait l'une des parties en possession provisoire ; enfin le juge rendait sa sentence. **B.** Quant aux *immeubles*, le combat simulé était précédé d'une *deductio* sur le terrain litigieux, deductio, d'abord réelle, puis fictive.

Celui qui obtenait la possession provisoire, et par suite le rôle avantageux de défendeur, donnait caution *litis et vindiciarum* (remboursement de l'objet litigieux et de ses fruits).

Actio per judicis postulationem.

Le passage, dans lequel Gaius traitait de cette action, manque dans le manuscrit, et on en est réduit aux conjectures quant à la nature de cette procédure. Il est évident que c'était une action distincte de l'action *sacramenti* et de la *condictio*, car, sans cela, on aurait compté quatre actions et non cinq. Heffter croit qu'avant la loi Pinaria il n'y avait pas de dation de juge dans l'action *sacramenti*, et qu'alors il fallait recourir à la *judicis postulatio*, si l'on voulait un juge ; mais à partir de la loi Pinaria, la *judicis postulatio* aurait fait double emploi avec l'action sacramenti. — On peut présumer que cette action s'appliquait à tous les litiges qui exigeaient chez le juge un certain pouvoir d'appréciation, et pour lesquels on établit plus tard des actions de bonne foi : (Tutelles, fiducies, contrats consensuels, actions divisoires, etc).

Il paraît certain que, dans cette action, il n'y avait rien qui ressemblât au *sacramentum*, et constituât une véritable peine contre le plaideur téméraire. Il est donc probable que, (sauf quelques affaires spécialement réservées), on pouvait opter entre l'action sacramenti, et la judicis postulatio, comme, plus tard, on put plaider *cum* ou *sine periculo*.

Actio per condictionem

Condicere veut dire : annoncer, dénoncer, *signifier*. — Cette action s'appelait *condictio*, parce que le demandeur signifiait au défendeur d'avoir à comparaître, dans un délai de trente jours, devant le magistrat, pour y recevoir un juge.

Cette action fut introduite par la loi *Silia*, pour les demandes d'une somme d'argent (*certa pecunia*) ; et par la loi *Calpurnia*, *de omni certa re*. — Il est probable qu'elle était destinée à éviter les formalités compliquées des deux actions précédentes, inutiles dans des affaires aussi simples.

Manus injectio.

Cette action est une exécution judiciaire qui, à la différence de la *pignoris capio*, se passe devant le magistrat. Elle diffère des trois premières, en ce qu'il n'y a pas constitution de juge.

Il y avait trois espèces différentes de *manus injectio* :

I. Manus injectio judicati. — Elle avait été établie par la loi des XII Tables, et assurait l'exécution des jugements. Celui qui l'exerçait prononçait certaines paroles, puis saisissait le débiteur, qui n'avait pas le droit de se dégager ; ce débiteur pouvait il est vrai fournir un *vindex*, qui s'engageait à le défendre ; mais s'il ne se présentait pas de *vindex*, il était enchaîné dans la maison du créancier.

II. Manus injectio pro judicato. — Plusieurs lois étendirent ce mode d'exécution à des cas où il n'y avait pas jugement ; notamment : 1° contre le cautionné qui ne remboursait pas le *sponsor* dans les six mois (Loi Publilia) ; 2° contre celui qui avait exigé du *sponsor* au-delà de sa part virile (Loi Furia, *de sponsu*). Les formes étaient les mêmes que dans le cas précédent.

III. Manus injectio pura. — Cette dernière procédure, qui s'exerçait sans même qu'on supposât un jugement, fut appliquée à un grand nombre de cas. (Notamment : par la loi *Furia*, contre les donataires ou légataires de plus de 1,000 as ; par la loi *Marcia*, contre les usuriers).

Quant aux formalités, le plaignant exposait ses griefs, et concluait : *ob eam rem ego tibi manum injicio.*

A la différence des deux premiers cas, le défendeur saisi pouvait se dégager et se défendre lui-même, sans avoir recours à un *vindex*.

Une loi Aquilia (?) étendit plus tard cet avantage à tous les cas, sauf à celui du *sponsor* non remboursé, et à la *manus injectio judicati*.

Effets de la manus injectio. — I. Celui, qui se trouvait sous le coup de cette action, avait trente jours pour s'acquitter (*Triginta dies justi*). II. Après ce délai, le créancier le citait devant le magistrat et faisait *manus injectio*. — Ici deux hypothèses : ou il se présentait un *vindex*, et dès lors le créancier n'avait d'action que contre ce *vindex* ; ou il ne s'en présentait pas, et le magistrat adjugeait (*addicebat*) le débiteur au créancier. III. Pendant un nouveau délai de soixante jours, à trois marchés consécutifs, on proclamait le montant de la dette. IV. A l'expiration de ce délai, si aucun *vindex* ne se présentait, le débiteur était réduit en esclavage, et le créancier devait le tuer ou le vendre *trans Tiberim* (à l'étranger).

L'*addictus* était libre en droit, mais esclave en fait.

Pignoris capio.

C'était un mode d'exécution sur les biens, et le débiteur ne pouvait rentrer en possession de ses biens, que par un paiement. Cette procédure s'accomplissait dans certaines formes spéciales, mais sans le concours du magistrat, même les jours néfastes, et sans la présence de l'adversaire.

La *pignoris capio* n'avait lieu que dans un petit nombre de cas rigoureusement déterminés. (Paiement du prix d'une victime ; paiement du loyer, d'une bête de somme, affecté à un sacrifice religieux ; perception des impôts ; recouvrement de l'*æs militare*, *æs equestre*, *æs hordearium*.

DEUXIÈME SECTION. — PROCÉDURE FORMULAIRE.

Origines. — Généralités.

Rendues odieuses par les dangers que faisait courir leur subtilité, les actions de la loi, déjà battues en brèche par les empiètements successifs de la nouvelle procédure, furent législativement supprimées, *partiellement* par la loi Œbutia (VIe siècle de Rome?), puis définitivement par les lois Julia (sous Auguste?).

Il faut remarquer d'ailleurs que, malgré cette abrogation, l'action *sacramenti* resta en vigueur dans les procès portés devant les centumvirs. On pouvait ainsi agir, dans les formes d'une action de la loi, au cas de *damnum infectum* et de *cessio in jure*.

La FORMULE est un jugement interlocutoire, par lequel le préteur détermine la question que le juge aura à résoudre, en conférant à ce dernier le droit d'absoudre ou de condamner, suivant que la question lui paraîtra devoir être résolue affirmativement ou négativement.— Il n'y a plus de paroles ni de gestes solennels.

Le préteur peut refuser la formule au demandeur.

Comme nous l'avons vu au T. 96, le procès se divise en deux périodes : 1° période devant le magistrat, ou *instance in jure* ; 2° période devant le juge, ou *instance in judicio*.

Cette procédure, la plus brillante du droit Romain, est en honneur depuis Cicéron jusqu'à Dioclétien, mêlée néanmoins, au commencement, aux derniers vestiges des actions de la Loi, et à la fin, aux premiers embryons de la procédure extraordinaire.

CONCEPTION DES FORMULES.

Les formules étant le *criterium* des procès romains, les magistrats s'entouraient de toutes les précautions, quant à leur rédaction ; elles étaient d'avance inscrites sur l'*Album*, et livrées à la publicité.

Les formules contiennent plusieurs parties : les unes *principales*, les autres *accessoires*.

Parties principales.

I. **Demonstratio.** — C'est la partie de la formule, qui énonce le point de fait, cause du litige. Ainsi, en cas de vente : *Quod Aulus Agerius Numerio Negidio hominem vendidit....* (Elle se confond quelquefois dans l'*intentio*).

II. **Intentio.** — C'est la partie dans laquelle le préteur reproduit la prétention du demandeur : *Si paret Numerium Negidium Aulo Agerio decem millia dare oportere...* — C'est la partie fondamentale de la formule ; elle peut être rédigée *in jus* ou *in factum*.

L'*intentio* est *certa*, quand on détermine la prétention du demandeur par un chiffre déterminé ; elle est *incerta* quand on laisse au juge le pouvoir d'apprécier : *quidquid paret dare facere oportere*.

III. **Condemnatio.** — C'est la partie de la formule dans laquelle le préteur donne au juge le pouvoir de condamner ou d'absoudre : *Quanti ea res erit, tantam pecuniam judex N. N., A. A.* CONDEMNATO ; *si non paret* ABSOLVITO. — Le juge peut donc absoudre ou condamner le défendeur, mais il n'a aucune prise sur le demandeur ; c'était une lacune et il aurait fallu pouvoir, soit punir le demandeur injuste, soit faire intervenir, en déduction, les réclamations du défendeur. *Le premier point* fut vite organisé. (V. Peines contre les plaideurs téméraires, T. 119). *Quant au second*, 1° la réclamation est-elle *compensable?* Elle sera admise par le juge, dans les actions de bonne foi, en vertu de ses pouvoirs généraux ; dans les actions de droit strict, au contraire, elle ne sera admise qu'en vertu d'une exception insérée dans la formule. 2° Si les deux objets n'étaient pas compensables, ou si, dans les actions de droit strict, on avait omis d'insérer l'exception, le défendeur demandait une formule *reconventionnelle*, à joindre à la formule principale, et qui permettait au juge de faire droit aux réclamations du défendeur.

Remarquons que la condamnation est toujours pécuniaire, sauf au perdant à rendre l'objet pour éviter la condamnation pécuniaire : *nisi restituat... decem condemna*.

La condamnation (comme l'intentio), est : 1° *certæ pecuniæ*, quand on détermine le chiffre dont le juge ne peut s'écarter.

2° *Incertæ pecuniæ cum taxatione*, quand le magistrat fixe seulement un maximum.

3° *Incertæ pecuniæ infinita*, quand elle laisse au juge un pouvoir illimité.

IV. **Adjudicatio.** — C'est la partie dans laquelle le préteur confère au juge le pouvoir d'attribuer à l'une des parties tout ou fraction d'un droit de propriété appartenant à l'autre. — Elle ne se rencontre que dans les actions divisoires : *familiæ erciscundæ, finium regundorum, communi dividundo.* (V. Actions mixtes, T. 105).

Importance relative des diverses parties de la formule. — *L'intentio est la partie la plus importante*, car elle est l'énoncé même de la prétention. Elle est d'ailleurs toujours accompagnée de la *condemnatio*, sauf dans les actions préjudicielles qui ne font que constater un fait.

Les actions *in factum*, les actions *in jus*, réelles ou même personnelles, (quand elles ont pour objet *certa pecunia*), ne comprennent que l'*intentio* et la *condemnatio*, car la démonstratio est inutile.

La formule ne comprenait donc les trois parties, *demonstratio, intentio, condemnatio*, que dans les actions *in jus* personnelles, ne tendant pas à obtenir un *certum* ou tout au moins une *certa pecunia*. (V. alinéa préc.).

L'*adjudicatio* ne se rencontre que dans les trois actions divisoires ; il est probable que la formule contenait également une condamnation sans laquelle le juge, libre d'adjuger, n'aurait pu condamner à une soulte.

Erreurs dans la formule. — I. *Plus-petitio*. Si le demandeur a demandé, dans l'intentio, plus que son droit, la rigueur du système fait qu'on doit conclure à la non-existence de ce droit surélevé ; le demandeur perd son procès, et, comme il a épuisé son droit, il ne peut plus agir postérieurement. — La *plus-petitio* ne produit cet effet rigoureux, qu'autant qu'elle affecte l'intentio, et elle ne peut se produire que dans les actions ayant une *intentio certa* (déterminée). Elle ne peut se produire dans les actions de bonne foi, ni dans les actions de droit strict ayant une *intentio incerta*.

La *plus-petitio* se commet : 1° *Re*, si je réclame 100, quand on ne me doit que 80. — 2° *Tempore*, si, ayant une créance à terme ou conditionnelle, je poursuis le débiteur avant l'arrivée du terme ou de la condition. — 3° *Loco*, si, créancier d'une somme payable dans un lieu, je la réclame dans un autre lieu. — 4° *Causa*, si, créancier d'une alternative, dont le choix appartient au débiteur, je demande l'une des choses, enlevant ainsi au débiteur sa faculté d'option.

Le préteur réagit d'abord contre ces règles sévères, par la *restitutio in integrum*, qu'il accordait facilement aux mineurs de XXV ans. — Sous le Bas-Empire, l'ancienne déchéance a disparu. Toutefois, Zénon, pour la *plus-petitio tempore*, défend de poursuivre avant un délai double du temps qui restait à courir ; et Justinien décide que le défendeur, qui aurait souffert de l'exagération de la demande, par exemple, en payant un salaire trop élevé à l'huissier (viator), pourra faire condamner le demandeur à lui restituer le triple de la somme qu'il aurait payée en trop.
(Mais, dans ce triple, le dommage est compté pour une fois, en sorte que la peine n'est que du double).

II. *Minus-petitio*. — Le demandeur a réclamé la moitié de son droit? Ce n'est que dans cette proportion que son droit est éteint. Il pourra donc intenter une nouvelle action pour le surplus ; mais il devra, pour agir, attendre la préture suivante ; sans quoi, en agissant sous la même préture, il serait repoussé par l'exception *litis dividuæ*, et perdrait son action. (A partir de Zénon, le demandeur obtient le surplus dans la même instance et sans action nouvelle).

III. *Aliud pro alio*. — En réclamant une chose autre que la chose due, rien n'avait en réalité été déduit en jugement ; le demandeur pouvait donc *hic et nunc* intenter une nouvelle action.

Parties accessoires.

On les appelle accessoires, parce qu'elles ne sont pas une conséquence directe de la demande.

Exceptions. — Répliques. — Dupliques, etc. — *Exception*. Quand l'*intentio*, fondée en droit, est prouvée, il n'y a qu'à condamner. Mais, pour donner effet aux principes prétoriens ou d'équité, on insère quelquefois dans la formule une exception, clause restrictive au droit de condamner résultant de l'intentio.

Il n'y a donc pas besoin d'exception dans les actions de bonne foi, où le juge a un pouvoir presque discrétionnaire d'appréciation.

La *réplique* est à l'exception, ce que l'exception est à l'action, et fait revivre l'action paralysée par l'exception. Même théorie pour les *dupliques, tripliques*, etc.

Prescriptions. — Elles sont ajoutées à la formule : 1° dans l'intérêt du *demandeur*, lorsque la demande, étant trop vague, pouvait compromettre l'avenir, à cause de la novation produite par la *litis contestatio*. — 2° Dans l'*intérêt du défendeur*, pour empêcher que la question en litige ne préjugeât une question plus importante.

(On étudiera, plus à fond, ces différents incidents, en leur lieu et place).

Marche de la procédure sous le système formulaire. (T. suiv.).

PROCÉDURE FORMULAIRE (*Suite et fin*). — PROCÉDURE EXTRAORDINAIRE.

Origines. — Généralités. Conception des formules. } (T. pr.).

Marche de la procédure.

PREMIÈRE PARTIE DU PROCÈS OU INSTANCE *in jure*.

MOYENS D'ASSURER LA COMPARUTION DU DÉFENDEUR.

Ajournement. — L'ajournement est toujours un acte privé; le demandeur n'est pas obligé de donner, en citant, les motifs de sa citation.

Le défendeur pouvait se dispenser de suivre le demandeur, en donnant caution de comparaître : *fidejussor judicio sistendi causa.*

Un décret de Marc-Aurèle, voulant éviter les comparutions inutiles que produisait cet ajournement sans motifs, ordonna de les énoncer dans la citation : on appela cet acte nouveau : la *denuntiatio actionis.*

Vadimonium. — Quand, après la première comparution, le défendeur demandait un délai, il garantissait sa promesse de comparaître à tel jour, par un *vadimonium* (véritable amende conditionnelle), pur et simple, ou garanti par un fidéjusseur Si le défendeur ne comparaissait pas, sans excuses légitimes, le demandeur agissait, *ex stipulatu*, pour obtenir le paiement du *vadimonium*, et la *missio in possessionem bonorum.*

Missio in possessionem bonorum. — Cette nouvelle voie d'exécution, qui s'exerce en l'absence du défendeur, est prononcée quand on considère le défenseur comme *indefensus*, c'est-à-dire : 1° S'il se soustrait à l'*in jus vocatio;* 2° s'il se soustrait au *vadimonium;* 3° s'il refuse de lier l'instance devant le magistrat; 4° s'il est absent sans représentant; 5° s'il se donne en adrogation; 6° s'il meurt sans laisser d'héritier.

Ce mode d'exécution embrassait la totalité des biens, entraînait l'infamie, mais ne préjugeait pas le mérite de la demande, qui, reconnue mal fondée, annulait rétroactivement les effets de l'envoi en possession.

Plus tard on se contenta, dans les actions *in rem*, d'ordonner l'envoi en possession de la chose litigieuse seule.

PROCÉDURE BILATÉRALE DEVANT LE MAGISTRAT.

Editio actionis. — C'est l'acte, soustrait à toute forme solennelle, par lequel, les parties étant devant le magistrat, le demandeur indique au défendeur l'action qu'il se propose de demander.

Postulatio actionis. — Après l'*editio actionis*, le demandeur choisit et demande la formule d'action qui convient à son affaire; le défendeur peut soutenir qu'en droit l'action demandée n'est pas admissible; le préteur écoute les deux parties et, si la demande paraît fondée en droit, accorde la formule, y insère les exceptions du défendeur, les répliques du demandeur, etc., et nomme le juge qui terminera le procès.

Litis contestatio. — Ces mots ne désignent plus que la clôture de la première partie du procès, moment où autrefois on prenait les assistants à témoins. — Cette *litis contestatio*, dernier acte qui se passe devant le magistrat, produit des effets fort importants; entre autres :

1° Elle ouvre la seconde partie du procès, en même temps qu'elle termine la première. 2° Elle éteint, soit *ipso jure*, soit *exceptionis ope*, le droit d'action du demandeur, et ne lui laisse que l'espérance de la condamnation du défendeur. Il y a là une véritable *novation* du droit primitif, et c'est ce qui fait dire : *Ante litem contestatam, debitorem dare oportere; post litem contestatum, condemnari oportere; post condemnationem judicatum, facere oportere.* 3° Elle détermine, définitivement, les éléments du litige; c'est en se reportant à cette époque, qu'on examine le bien fondé des prétentions, et l'effet du jugement rétroagit à ce jour. 4° La novation, qui s'opère, rend perpétuelles et transmissibles, pour et contre les héritiers, les actions qui ne l'étaient pas.

Remarque. — La *litis contestatio* pouvait être modifiée ou remplacée par l'*interrogation in jure*, l'aveu ou le serment.

DEUXIÈME PARTIE DU PROCÈS. INSTANCE *in judicio*.

La présence des parties n'est plus indispensable. Aussi le demandeur fait-il défaut? Le défendeur peut néanmoins obtenir la solution du procès. — Le défendeur fait-il défaut? Après certaines sommations, s'il ne comparaît pas, il est contumace et l'affaire suit son cours.

Le juge entend les plaidoiries, examine les pièces, peut consulter qui bon lui semble.

Les éléments de preuve sont : 1° les témoins; 2° les écrits; 3° le serment ou l'aveu.

Sentence. — La sentence, motivée, est rendue publiquement devant toutes les parties, sous peine de nullité (excepté dans le cas de contumace). Elle consiste toujours en une somme d'argent déterminée, sauf, dans certains cas, au condamné à éviter de donner cette somme d'argent, en restituant l'objet revendiqué.

La sentence termine absolument le procès, et ne donne plus droit qu'à l'exécution du jugement, exécution sanctionnée par : l'action *judicati* qui permet d'agir directement, ou l'exception *rei judicatæ*, qui paralyserait une réclamation postérieure du défendeur. Par contre, cette même exception permet au défendeur absous de repousser une nouvelle attaque.

N.-B. — *L'officium judicis* désigne l'ensemble des droits et des devoirs du juge. (V. T. 119).

TROISIÈME SECTION. — PROCÉDURE EXTRAORDINAIRE.

Transformation du système formulaire. — Sous le système formulaire, il arrivait parfois que le magistrat ne renvoyait pas les parties devant le juge et terminait lui-même complètement le litige. Mais c'étaient là des cas exceptionnels, *extraordinaires*, et ces affaires s'appelaient *cognitiones extraordinariæ*, parce qu'elles étaient jugées en dehors de l'*ordo judiciorum*. Cette transformation du système formulaire avait donc déjà commencé à s'opérer peu à peu, quand Dioclétien et Maximien, (294 ap. J.-C.), ordonnèrent aux gouverneurs des provinces de connaître eux-mêmes des procès qui leur seraient soumis, à moins qu'il ne leur fut impossible d'y suffire. Cette mesure se généralisa, et s'étendit peu à peu à l'Italie, à Rome même : les formules avaient vécu.

Malgré cette transformation profonde, la *litis contestatio* subsiste, quoique transformée, et se place probablement au moment où les parties exposent au magistrat leurs prétentions et leurs moyens de défense. — C'est par un reste de respect pour le passé que l'on insère encore des *exceptions;* en effet elles sont parfaitement inutiles, puisque le juge est souverain appréciateur des circonstances.

Moyens d'assurer la comparution du défendeur. — Ces moyens sont modifiés et remplacés par la *denuntiatio* litis, la *rescripti editio*, la citation à bref délai, et, sous Justinien, la citation *per libellum conventionis.*

En dernier lieu, on organisa un système fort compliqué et assez obscur, en ce qui concerne la procédure par contumace, c'est-à-dire au cas de *défaut*, du demandeur ou du défendeur.

Impetratio actionis. — Quoique la délivrance de la formule eût disparu, on devait, lors de l'enregistrement au greffe, *actionem postulare*, sous la sanction d'être écarté plus tard par l'exception *non impetratæ actionis.*

Pouvoir du juge. — Le pouvoir du juge, sur les détails, est presqu'absolu. — La *litis contestatio* n'est que l'exposé sommaire de l'affaire, précisant la question à résoudre. Les effets ont un peu varié, et c'est ainsi que le jugement définitif seul éteint l'action primitive. Les preuves sont les mêmes, sauf quelques modifications de détail. — Au jour fixé, le juge examine l'admissibilité de l'action, les fins de non-recevoir, les nullités d'actes, écoute les plaidoiries et enfin prononce la sentence.

TROISIÈME PARTIE. — DIVERSES ESPÈCES D'ACTIONS.

Le mot général, *Action*, comprend les *actions proprement dites*, les *exceptions*, les *prescriptions*, les *interdits*, les *restitutions en entier*, les *stipulations prétoriennes*, et la procédure spéciale de la *novi operis nunciatio;* de là autant d'importantes sections.

PREMIÈRE SECTION. — ACTIONS PROPREMENT DITES.

On entend par actions proprement dites, les *formules* du système formulaire. Les actions de la loi n'étaient qu'une ébauche compliquée de procédure; le système extraordinaire fut la décadence; le système formulaire mérite seul de fixer l'esprit, parce qu'il donne la clef des écrits des grands jurisconsultes.

On a établi plusieurs divisions des actions. Les divisions en : civiles, prétoriennes; — directes, utiles; — perpétuelles, temporaires, sont conservées sous Justinien, car elles sont indépendantes de la formule. La division des actions en : *in rem, in personam*, bien que dérivant du libellé de la formule, a pu, avec quelques modifications, passer dans le droit de Justinien, parce qu'on peut les concevoir, abstraction faite de toute formule; — la division en : actions conçues *in jus* et *in factum*, basée sur la rédaction de la formule, tombe avec l'*ordo judiciorum*. La division en actions *in rem* et *in personam*, bien que dérivant du libellé de la formule, a pu, avec quelques modifications, passer dans le droit de Justinien, parce que l'on peut les concevoir, abstraction faite de toute formule.

CHAPITRE PREMIER. — PREMIÈRE DIVISION. — ACTIONS : CIVILES, — PRÉTORIENNES.

Nature de cette division. — Les actions civiles sont celles qui dérivent du *jus civile* (ce qui comprend, on le sait, les actions introduites par les lois, plébiscites, sénatus-consultes, constitutions impériales, interprétations des jurisconsultes, et même l'usage. V. T. VII.) — Les actions prétoriennes ou honoraires, sont celles que le préteur a créées en vertu de sa juridiction. Elles sont très-nombreuses. (On doit y joindre les actions créées par les édiles). Nous reviendrons sur cette division, dans la quatrième : actions *in rem, in personam*.

Origine de cette division. — Cette division est l'expression de l'antagonisme perpétuel entre le droit civil et le droit prétorien. Cet antagonisme s'explique. Le droit civil, qui n'est que le développement des principes rigoureux des XII Tables, devint bientôt à charge au peuple romain, et insuffisant pour régler les nouvelles nécessités sociales. En face de cette situation, le préteur innove sous trois formes distinctes: I. Il *confirme* le droit civil, en ajoutant, aux garanties dont ce dernier entourait déjà les droits privés, de nouveaux moyens plus énergiques ou plus expéditifs de les faire valoir. (Interdit *quorum bonorum* accordé aux *bonorum possessores unde liberi* ou *unde legitimi*). II. Il *complète* le droit civil en réglant, par son édit, des rapports non prévus, en accordant, par exemple, la *bonorum possessio* à des personnes que le droit civil excluait de l'hérédité, ou n'y appelait pas. III. Il *corrige* le droit civil : 1° en accordant, à une personne, ce qui, dans le droit civil, appartenait à une autre: *bonorum possessio contra tabulas*; 2° en validant des actes nuls dans le droit civil: *bonorum possessio secundum tabulas*; 3° en annulant des actes valables dans le droit civil: *restitutio in integrum*, etc., etc.

Mais, dans ces différents cas, surtout dans le troisième, il peut y avoir *conflit* entre l'action civile et l'action prétorienne. Comment l'éviter? 1° Les réclamations, fondées sur le droit prétorien et contraires au droit civil, doivent être présentées dans un délai très-court. Le conflit n'existe donc que pendant peu de temps, car, à l'expiration du délai, on rentre dans le droit civil. 2° Les innovations, non contraires au droit civil, sont *perpétuelles*. A. Sous forme d'*exceptions perpétuelles*, elles laissent subsister le droit civil en première ligne et en principe, si elles sont présentées, — et dans toute son intégrité, si elles ne le sont pas; B. Sous forme d'actions proprement dites, elles recourent à des fictions, et s'appuient toujours sur le droit civil.

Par ces ménagements, on arriva à satisfaire les nécessités nouvelles, sans blesser le respect des principes fondamentaux du droit civil, respect si grand, que, même à une époque où les innovations prétoriennes devinrent plus hardies, on préférait créer des *exceptions*, des *actions utiles*, que d'abroger directement un principe du droit civil.

Sens et portée de cette division sous Justinien. — Quoiqu'Adrien, en promulguant l'*édit perpétuel*, eût légitimé, avec force de loi, les innovations prétoriennes, on laissa subsister les deux législations: mais, après la chute de l'*ordo judiciorum*, cette distinction n'avait plus d'intérêt pratique, puisque, exceptions comme actions, tout émanait d'une même autorité.

CHAPITRE II. — DEUXIÈME DIVISION. — ACTIONS QUI VALENT PAR ELLES-MÊMES. — ACTIONS FICTICES.

Les actions, *qui valent par elles-mêmes*, sont celles dont l'*intentio* exprime directement, et sans détours, les points de fait et de droit dont la vérification doit entraîner la condamnation.

Les actions *fictices* sont celles dont la condamnation est fondée sur une *fiction*, c'est-à-dire sur la supposition d'un droit, d'un fait, d'une qualité qui, en réalité, n'existent pas. Ces dernières sont toutes prétoriennes. C'est la première audace du préteur qui, n'osant encore créer une action ne reposant pas sur un rapport de droit civil, suppose que ce rapport existe (quoiqu'en fait il n'existe pas), pour permettre au juge de condamner. Plus tard le préteur, devenu plus hardi, crée les actions *in factum*, dans lesquelles il permet de condamner, sans s'appuyer à aucun principe de droit civil, réel ni même fictif.

Voici plusieurs actions fictices :

1° *Actio serviana*. — Aulus Agerius, *bonorum possessor*, n'étant pas héritier de droit civil, ne peut intenter les actions directes, réelles ou personnelles. Le préteur lui suppose cette qualité, et lui donne l'action directe, en modifiant ainsi l'*intentio* de la formule : Judex esto : *Si Aulus Agerius Lucii Titii heres esset*, (en supposant qu'Aulus Agerius fût l'héritier de Lucius Titius), — Tum si (alors si...), — et on retombe dans la formule ordinaire.

2° *Actio rutiliana*. — La supposition de qualité, qui intervient dans l'action Servienne, existait aussi pour l'*emptor bonorum*. Mais ce dernier avait une autre combinaison : c'était l'action rutilienne, dont l'intentio était rédigée au nom de celui dont le demandeur avait acheté les biens, et dont la condamnation était conçue au profit de l'emptor.

3° *Actio publiciana*. — La revendication n'appartient, en principe, ni à celui qui possède la chose de bonne foi, ni même à celui qui l'a *in bonis*.

Pour les protéger, au cas où ils perdraient la possession avant l'accomplissement de l'usucapion, le préteur suppose que l'usucapion est achevée: Judex esto : SI *quem hominem Aulus Agerius* ANNO POSSEDISSET, TUM SI.... etc. (formule ordinaire).

4° *Action contre-publicienne*. — C'est l'hypothèse inverse: le préteur suppose l'usucapion non accomplie, quoiqu'elle le soit en fait.

5° *Action paulienne*. — Elle repose aussi sur une fiction; mais elle se transforme promptement en une action *in factum*, sans fiction.

(Il y avait d'autres fictions, notamment pour éviter, au préjudice d'un créancier, les effets libératoires de la *capitis deminutio* du débiteur, et pour donner les actions civiles et pénales pour et contre les étrangers).

Sous Justinien, les actions fictices, que nous retrouverons bientôt, sont presque toutes remplacées, depuis longtemps, par des actions *in factum*.

CHAPITRE III. — TROISIÈME DIVISION. — ACTIONS : DIRECTES, — UTILES.

L'action *directe* est donnée précisément dans le cas pour lequel elle a été primitivement créée.

L'action *utile* est une action étendue, du cas prévu, à un cas analogue non prévu; elle est encore donnée *utilement* pour des cas encore plus éloignés de l'hypothèse primitive. Le résultat est le même que celui de l'action directe.

Ces extensions ont lieu, soit à l'aide de fictions analogues à celles de la division précédente, soit en rédigeant *in factum* une action primitivement conçue *in jus*.

Ainsi nous avons vu (T. 92) l'action directe de la loi Aquilia, devenue d'abord action *utile*, — pour punir l'auteur du dommage qui ne l'a pas causé *corpore suo*, — et enfin action *in factum*, pour punir un fait que la loi Aquilia n'avait aucunement prévu.

Quoique « action *utile* » soit le plus souvent synonyme d'action *in factum*, il y a des actions utiles qui ne sont pas conçues *in factum*: notamment les actions *fictices*, conçues *in jus*; réciproquement, les actions prétoriennes sont, en général, conçues *in factum*, bien qu'elles ne méritent le titre d'*utiles* qu'autant qu'elles sont données par extension d'une autre action.

CHAPITRE IV. — QUATRIÈME DIVISION. — ACTIONS : IN JUS, — IN FACTUM.

L'action *in jus* est celle où le demandeur réclame l'application, à son profit, d'une règle de droit civil formelle insérée dans la formule.

L'action *in factum* est celle où la décision du procès dépend d'un fait que le préteur énonce dans la formule, et que le juge est chargé de vérifier. — Dans cette dernière, la *demonstratio* se confondait avec l'*intentio*; (intérêt au point de vue de la *plus petitio*).

But du préteur. — Le préteur avait introduit les actions conçues *in factum* : 1° pour protéger ses édits et sa juridiction; 2° pour étendre certaines lois ou restreindre la rigueur de certaines autres; 3° pour permettre d'agir à certaines personnes qui n'auraient pu intenter une action *in jus*.

Différence entre les deux espèces d'actions. — 1° Le fils de famille ne pouvait être lui-même possesseur d'un droit, mais pouvait l'acquérir et le transmettre à son père. Celui-ci pourra agir indifféremment par action *in jus* ou par action *in factum*, tandis que le fils ne pourrait agir que par une action *in factum*, dans laquelle la prétention au droit se trouve dissimulée sous l'apparence d'une simple question de fait. 2° Dans l'action *in jus*, la *litis contestatio* ou la sentence produit une novation, de telle sorte que le défendeur repousserait une nouvelle demande sans avoir recours aux exceptions *rei judicatæ*, ou *rei in judicium deductæ*; — il faudra, au contraire, les invoquer dans l'action *in factum*, car la novation ne saurait s'appliquer à un fait. — 3° Les actions *in jus* sont tantôt *in rem* tantôt *in personam* ; les actions *in factum* sont toujours *in personam*. — 4° Les actions *in jus* sont essentiellement civiles (*intentio juris civilis*), et, par conséquent, en général *perpétuelles;* les actions *in factum* sont en général prétoriennes et par suite annales.

Cette division, qui tient au libellé de la formule, tombe avec le système formulaire.

Remarque. — Nous verrons que, dans l'action IN FACTUM *præscriptis verbis*, les mots *in factum* ont un autre sens.

CHAPITRE V. — CINQUIÈME DIVISION. — ACTIONS : RÉELLES ; PERSONNELLES ; MIXTES.

PRÉLIMINAIRES. — DÉFINITIONS.

Les textes considèrent cette division des actions comme *la plus importante.* (Il faut remarquer qu'ils n'y traitent pas des actions *mixtes* dont c'est pourtant la place rationnelle). Cette division comprend toutes les actions *in jus*, et elle est si essentielle, qu'elle se retrouve dans tous les systèmes de procédure des Romains, *actions de la loi, procédure formulaire, procédure extraordinaire.*

Des expressions : in rem in personam. — Ces expressions se rencontrent dans plusieurs autres parties de droit; les édits des préteurs, les pactes, les exceptions. Dans tous les cas elles ont une signification commune. Les mots *in rem* expriment quelque chose de général, les mots *in personam* quelque chose de particulier. — Ceci posé, il est des prétentions que l'on peut énoncer sans être obligé de nommer le défendeur : *aio fundum Capenatem esse meum.* D'autres, au contraire, ne peuvent être énoncées sans nommer la personne de l'adversaire : *aio Lucium Titium mihi dare oportere.* L'*intentio*, (qui ne fait que reproduire, à la troisième personne, la prétention du demandeur), sera donc *in rem*, quand elle réclamera un droit absolu, opposable à tous, indépendamment d'un fait quelconque dont nous prétendrions notre adversaire tenu envers nous. — L'*intentio* sera *in personam*, quand elle énoncera un droit opposable à une personne déterminée, qui est *obligée* envers une autre à donner, à faire, ou à fournir.

Or c'est l'*intentio* qui donne le caractère à l'action; l'action sera donc *réelle* ou *personnelle*, suivant que l'*intentio* sera *in rem* ou *in personam*.

(Bien entendu, le défendeur sera dans tous les cas nommé dans la *condamnatio*, car il faut bien en fin de compte que la sentence soit exécutée contre quelqu'un, qui, par suite de la sentence, devient *obligé* (in personam) à donner, à faire, à livrer).

Relation entre cette division des actions, et les droits réels, personnels. — De ce qui précède on pourrait croire que le *jus in re*, étant absolu, opposable à tous, devrait toujours être protégé par une action réelle, — et le *jus in personam* (créance), par une action personnelle, parce qu'il n'est opposable que *certæ personæ*. C'est souvent vrai, mais ce n'est pas absolu. Ainsi : les actions *ad exhibendum, finium regundorum*, noxales, *quod metus causa*, sont *opposables à tous*, et cependant elles sont conçues *in personam*; à l'inverse, sont conçues *in rem*, la pétition d'hérédité et la revendication, et pourtant, tout en étant en général la consécration d'un droit réel, la première comprend souvent des *prestations* (obligations) de la part du détenteur, et, dans la seconde, le détenteur peut être tenu *personnellement* à raison des fruits perçus.

Remarque. — Les actions *in factum* ne paraissent pas rentrer dans cette division; cependant la preuve du fait entraînant celle d'une obligation personnelle, ces actions seront personnelles. — Quant aux actions *préjudicielles*, elles ne paraissent pouvoir être rangées ni dans les actions réelles ni dans les actions personnelles.

ARTICLE PREMIER. — Actions réelles.

Les actions réelles, que l'on désigne également sous le nom général de *revendications* (vindicationes), ou *pétitions* (petitiones), sont CIVILES ou PRÉTORIENNES. (T. 100). — Parmi les actions réelles, celle qui a pour objet spécial de garantir le droit de propriété, s'appelle *rei-vindicatio* (revendication) ; les autres s'appellent des *vindicationes rei incorporalis.*

ACTIONS RÉELLES CIVILES.

Parmi les actions *civiles* IN REM, on peut citer la *rei vindicatio*, ou revendication d'un objet corporel déterminé; la *pétition d'hérédité*; l'*action confessoire;* l'*action négatoire*; la *causa liberalis* (pour cette dernière, voir actions préjudicielles : T. 105).

Rei vindicatio.

La revendication est l'action par laquelle je prétends être propriétaire d'une chose *ex jure quiritium*. (T. 24). C'est l'action *in rem* par excellence, qualifiée de SPECIALIS, tandis que la *pétition d'hérédité* prend le titre d'*actio in rem* GENERALIS.

Il faut examiner : à qui et contre qui compète cette action; quelles en sont les formes, et notamment comment se règle le possessoire.

A QUI COMPÈTE LA REI VINDICATIO.

La revendication ne peut être intentée que par celui qui prétend être propriétaire *ex jure quiritium;* la formule est alors : si paret rem Auli Agerii esse ex jure quiritium... (on verra aux actions réelles prétoriennes, que le préteur introduit parfois une fiction, qui suppose cette propriété quiritaire, bien qu'elle n'existe pas). — Ei actio competit qui aut JURE GENTIUM aut JURE CIVILI dominium acquisivit. (Voir **T. 24**, les cas dans lesquels on acquiert le *dominium ex jure quiritium*).

La revendication n'est en second lieu accordée qu'à celui qui ne possède pas. En effet, celui, qui possède, a les interdits *utrubi, uti possidetis*, pour faire respecter sa possession; il n'a donc pas besoin d'une action négatoire.

(Toutefois, si on craint de voir disparaître avec le temps les témoins de la réalité de son droit, on peut, PEUT-ÊTRE, dès à présent, intenter une revendication pour faire affirmer son droit qui paraît devoir être plus tard contesté).

CONTRE QUI COMPÈTE LA REVENDICATION.

La revendication, régulièrement, ne peut être intentée que contre un possesseur proprement dit, qui possède *animo domini.*

Mais on décida, au dire d'Ulpien, qu'elle pouvait être intentée contre un simple détenteur. — Si ce détenteur actionné possède pour autrui, il doit, en vertu d'une constitution de Constantin, désigner celui pour le compte duquel il possède. Le magistrat fait alors sommer le possesseur *animo domini* d'intervenir au procès. S'il intervient, la revendication suit son cours contre lui; s'il n'intervient pas, il est en faute; le procès continue contre le détenteur; dès lors, pour rentrer ensuite dans sa possession, s'il l'a perdue à tort, il devra à son tour intenter la revendication.

Si, au moment où je vais revendiquer contre Titius, Mœvius s'offre au procès, en prétendant faussement qu'il possède, le juge le condamnera à une somme égale à la valeur du litige, ce qui ne m'empêchera pas de revendiquer ultérieurement contre le véritable possesseur, si toutefois j'ai cru à la possession que Mœvius alléguait.

Dans le même ordre d'idées, la revendication pourra être intentée ou poursuivie contre celui qui, ayant commencé à posséder, a abandonné ensuite la possession par dol (dolus pro possessione est).

Quelles choses on peut revendiquer.

La revendication ne peut être intentée au sujet d'une chose non susceptible de propriété privée. — Il faut aussi que la chose existe, et au moment de la litis contestatio et au moment de la sentence : *res extinctæ vindicari non possunt.* On entend par *res extinctæ*, les choses entièrement détruites, juridiquement ou matériellement, ou qui n'ont plus d'existence distincte, parce qu'elles ont été réunies à une autre. Ce résultat est souvent évité par l'action *ad exhibendum*, qui permet la revendication, après séparation préalable. (Voir T. 28-30).

DU POSSESSOIRE.

Le demandeur doit prouver qu'il est propriétaire de la chose qu'il revendique ; sinon : *in pari causa* POTIOR *causa possidentis.* Cet avantage considérable attribué à la possession est trop précieux pour qu'on ne cherche pas à se le procurer ; d'où résulte souvent un procès accessoire sur la possession (action au possessoire).

Dans la procédure des *actions de la Loi*, cette possession est *incidemment* attribuée par le magistrat, d'une façon arbitraire, (vindicias dicebat), au profit de l'une ou l'autre des parties, qui dès lors a le rôle de défendeur. — Sous la procédure *formulaire*, la question du possessoire ne se présente plus incidemment, mais comme un procès accessoire, réglé par les interdits *utrubi, uti possidetis.*

Les avantages d'avoir la possession sont compensés par les *engagements* que prend le défendeur : les *prædes litis et vindicarum* dans l'action sacramenti ; et, sous la procédure formulaire, (suivant qu'on agit *per sponsionem* ou *per formulam petitoriam*), la *cautio pro præde litis et vindicarum*, ou bien la *cautio judicatum solvi.*

FORMES DE LA REVENDICATION.

Au temps des jurisconsultes classiques on peut revendiquer de trois manières :

I. — **Per sacramentum.** — Dans le cas spécial où le procès devait être porté devant le tribunal centumviral.

Devant l'*unus judex* il y a deux modes de procéder.

II. — **1° Per sponsionem.** — Ce mode de procéder ressemble à l'action *sacramenti;* il y a une provocation à une somme déterminée : Le demandeur dit devant le magistrat : *Si homo de quo agitur meus est,* SESTERTIUM XXV NUMMOS DARE SPONDES ? — Le procès *in rem* se transforme dès lors en une formule *in personam* : *si paret L. T.* (le défendeur) *sestertium XXV nummos dare oportere*... Il faut remarquer que ce ne sont là que des enfantillages de langage : la minime somme que l'on stipule n'est qu'un moyen préjudiciel, mais qui est rendu effectif par la *cautio pro præde litis et vindicarum* donnée par le défendeur. Si le défendeur ne restitue pas, on agit immédiatement contre la caution.

III. — **2° Per formulam petitoriam.** — Lucius Titius Judex esto. — Si paret fundum Capenatem, de quo agitur, ex jure quiritium Auli Agerii esse, *neque is fundus Aulo Agerio restituatur*, quanti ea res erit tantum pecuniam Numerium N. Aulo A. condemna ; — si non paret absolve. — En présence de cette formule, qui se résumait en une condamnation *pécuniaire*, le juge condamnait, à moins que le défendeur ne restituât (*nisi*... restituatur), et n'échappât ainsi à la condamnation.

Dans ce mode de procéder, le défendeur donne la *cautio judicatum solvi*, qui comprend trois chefs : *de re defendenda, de rejudicata, de dolo malo.* — Si le défendeur refuse de donner cette caution, le préteur, par l'interdit *quem fundum*, fait passer la possession au demandeur, qui, devenu dès lors défendeur, n'a plus rien à prouver, et n'a qu'à répondre aux attaques de l'ex-défendeur.

Sous Justinien on n'agit plus que *per formulam petitoriam.*

Pétition d'hérédité, — action confessoire et négatoire, — *causa liberalis.* (T. suiv.).

ACTIONS RÉELLES CIVILES.

ACTIONS RÉELLES CIVILES (Fin).

Rei vindicatio (T. pr.).

Pétition d'hérédité.

La *pétition d'hérédité* est une *vindicatio rei incorporalis* soumise à presque toutes les règles de la revendication proprement dite. Elle peut, du reste, être totale ou partielle, suivant le titre auquel agit le demandeur.

Elle est accordée : à quiconque est héritier. (On avait fini, au moyen de quelque fiction, par accorder la petitio d'hérédité *utile*, au *bonorum possessor* et au fidéicommissaire universel).

On l'intente : 1° Contre celui qui possède (l'hérédité ou une chose en dépendant) *pro herede* (se prétendant héritier ou *bonorum possessor*), ou *pro possessore* (sans titre : possideo quia possideo). Ce caractère de la possession du défendeur est déterminé dans une *interrogatio in jure*.

2° Contre celui qui possède *pro herede;* A. pour se faire céder par lui les actions ou interdits nés à l'occasion de la chose héréditaire ; B. ou pour se faire restituer le prix de la chose, s'il l'a vendue. (L'héritier peut agir en revendication contre l'acheteur, à moins que l'héritier apparent n'ait été de bonne foi au moment de la vente, auquel cas il n'y a pas d'action).

3° Contre le possesseur *pro herede* ou *pro possessore*, qui a cessé de posséder par dol, ou contre celui qui s'est offert au procès en prétendant faussement qu'il possède *pro herede* ou *pro possessore*.

(Si la chose héréditaire est entre les mains d'une personne qui prétend la posséder en vertu d'un titre spécial, vente (pro empto), donation (pro donato), etc , l'héritier agit, non par la pétition d'hérédité, mais par revendication.

Formes. — Comme pour la revendication proprement dite, on peut agir *sacramento*, *per sponsionem*, *per formulam petitoriam*.
Justinien range cette action dans les actions de bonne foi, quoique toutes les analogies soient d'accord pour nous faire penser qu'elle devait être, au moins au début, rangée parmi les actions arbitraires.

Effets. — La restitution, résultant de la condamnation, comprend : la chose ; ses fruits ou accessoires ; tout ce que le possesseur a acquis ou reçu à l'occasion de la chose. — Il faut distinguer, d'ailleurs, entre le possesseur de *bonne* et de *mauvaise foi*, en remarquant qu'à partir de la *litis contestatio* tout possesseur est réputé de mauvaise foi.

POSSESSEUR DE BONNE FOI.	POSSESSEUR DE MAUVAISE FOI.
1° Il doit restituer la chose et les droits qu'il a réellement possédés.	1° Il doit restituer même la chose qu'il a négligé de posséder, ou cessé par dol de posséder.
2° Il doit tenir compte des choses qu'il a aliénées, *quatenus locupletior factus est*.	2° Il doit tenir compte des choses aliénées, même s'il n'en a pas profité.
3° Il ne doit restituer les fruits, que : *quatenus locupletior...*	3° Il doit restituer tous les fruits, et même la valeur au double de ceux qu'il a négligé de percevoir.
4° Il a droit, dans tous les cas, à toutes les dépenses faites pour la substance de la chose.	4° Il a droit, dans tous les cas, aux dépenses nécessaires ; aux dépenses utiles, jusqu'à concurrence de l'avantage qui en subsiste encore ; quant aux dépenses voluptuaires, il n'a que le droit de les enlever.

Le possesseur de bonne, comme de mauvaise foi, a droit aux impenses faites à l'occasion des fruits qu'il restitue.

Remarque. — Dans la *revendication*, le possesseur n'est jamais tenu des fruits perçus et consommés de bonne foi avant la *litis contestatio*. Dans la pétition d'hérédité, il les doit, (au moins jusqu'à concurrence du profit), par application de la règle : *fructus augent hereditatem...*

Action confessoire.

L'action confessoire ou affirmative est une action par laquelle le demandeur prétend avoir, sur le fonds voisin, une servitude personnelle ou prédiale. Suivant les époques, elle a été soumise aux mêmes formes que la revendication (*sacramentum*, *sponsio*, *formula petitoria*).

Elle est donnée quand celui, auquel appartient un droit de servitude, se le voit contester, ou est, en fait, troublé dans l'exercice de la servitude. — Elle est donc donnée contre celui qui conteste la servitude, ou qui y met obstacle d'une façon quelconque, même par une simple contestation verbale.

Elle est accordée à celui qui a le droit de servitude, qu'il ait ou non la *possessio juris*. Il y a cependant un avantage à être *possessor juris :* ainsi, — dans le cas, par exemple, de l'exhaussement d'une maison en violation d'une servitude *non altius tollendi*, — le *possessor juris*, par l'interdit *quod vi aut clam*, dès qu'il a manifesté son opposition au changement, obtient *immédiatement* le rétablissement des choses dans l'état normal ; le *non possessor*, au contraire, ne pourrait qu'intenter l'action confessoire pour faire juger que la maison est grevée.

On accorda l'action confessoire *utile* à celui qui a, sur un fonds, un droit de gage ou d'emphytéose.

Remarque. — Dans l'*intentio* de l'action confessoire, il faut, sous peine de *plus-petitio*, spécifier les restrictions au droit commun qui peuvent modifier la servitude que l'on revendique.

Effets. — L'action confessoire fait cesser le trouble pour l'avenir, fait reconnaître le droit de servitude, et obtient la réparation du dommage antérieur.

Action négatoire.

L'action négatoire ou négative, à l'inverse de la précédente, tend à faire reconnaître la non-existence d'une servitude qui n'est pas due, et qu'un tiers prétend exercer.

Cette action est donnée à tout propriétaire, contre celui qui commet, sur son fonds, des entreprises qu'une servitude seule peut autoriser.
(Mais ne serait-il pas plus simple de revendiquer son fonds ? Non, car la négation d'une servitude ne saurait résulter de la formule de la revendication : si paret... Il faudrait pour cela modifier cette formule, et dire : « s'il paraît que Titius a la propriété FRANCHE ET LIBRE », ce qui équivaudrait à nier la servitude ; mais cela ne peut se faire).

Cette action n'est donc négative qu'en apparence, puisqu'elle a pour but d'*affirmer* que le fonds est libre de toute servitude à l'égard d'une autre personne. Pour distinguer l'action confessoire de l'action négatoire, il faut donc s'attacher *au fonds*, car la première peut être conçue sous une forme *négative*, et la seconde sous une forme *affirmative*.

Par une anomalie difficile à expliquer, et à l'inverse de la revendication qui ne se donne pas à celui qui possède, mais à l'instar de l'action possessoire, le propriétaire peut intenter l'action négatoire, *même quand* il a la possession *libre* de son fonds. Et pourtant on pourrait lui dire : attendez que l'on trouble votre droit souverain, et vous serez alors protégé par l'interdit *uti possidetis*. Mais cet interdit ne s'applique qu'au cas, où chacun des plaideurs prétend également posséder *animo domini*, ce qui laisse en dehors le cas où l'une des parties invoque seulement la *quasi-possessio* d'une servitude.

Preuve. — Le propriétaire, qui veut assurer la liberté de son fonds, est obligé de prendre le rôle de *demandeur*, quoiqu'il cherche, en fait, à repousser un empiétement du voisin. Sera-t-il donc obligé de prouver : *onus probandi incumbit actori ?* Deux systèmes :

1er *Système.* — Le demandeur, dans l'action négatoire, n'a qu'une chose à prouver : qu'il est propriétaire ; la liberté étant l'état normal de la propriété, c'est au défendeur à prouver la servitude qu'il veut exercer. D'ailleurs, comment pourrait-on prouver que son fonds est libre de toute servitude ; ce serait impossible, et l'action négatoire serait une sauvegarde illusoire. — Ce système est difficile à admettre, surtout si l'on suppose, chez le défendeur, la quasi-possession du droit de servitude, contre lequel est dirigée l'action négatoire, en effet : *in pari causa, potior causa possidentis*, et la présomption est pour l'état de servitude.

2° *Système.* — Le demandeur doit prouver : 1° qu'il est propriétaire ; 2° que sa propriété est franche de toute servitude. Mais comme on ne saurait obliger le demandeur à prouver que son fonds est libre de *toute servitude*, il peut, par une *interrogatio in jure*, faire déclarer au défendeur quelle servitude il prétend exercer, et sur quelle base il fonde sa prétention. Dès lors, la preuve du contraire est possible.

Effets. — Ils sont analogues à ceux de l'action confessoire.

Appendice. — Ici survient un texte célèbre de Justinien : « *Sane uno casu, qui possidet, nihilominus actoris partes sustinet sicut in latioribus Digestorum libris opportunius apparebit.* » — Mais, quel est ce cas unique ?

Il semble évident que Justinien veut parler de l'action négatoire, cas auquel le propriétaire, bien qu'en possession du fonds, est obligé de jouer le rôle de demandeur contre ceux qui prétendent avoir des droits de servitude sur son fonds.

Dans une autre explication, il s'agirait là du cas où un propriétaire, attaqué par l'action publicienne, se défend en opposant l'exception *Justi dominii*. Mais il est peu vraisemblable que, dans un texte consacré aux actions confessoire ou négatoire, Justinien ait laissé de côté l'exemple qu'il avait sous la main, pour penser à une hypothèse compliquée qui n'avait aucun rapport avec la matière qui lui suggère cette réflexion.

Enfin, une troisième explication a été donnée par M. Demangeat. Justinien, en disant que ce cas sera expliqué dans le Digeste, montre qu'il ne se trouve pas dans les Institutes. Or, cela peut et doit être la *novi operis nunciatio* : mon voisin commence un travail contraire à mon droit, à ma possessio juris. Au lieu d'agir par un interdit possessoire, ou quasi-possessoire, je fais le *nunciatio*. Toute continuation du travail est dès lors impossible ; mais j'abandonne mes moyens possessoires, je transfère le rôle de défendeur à mon voisin, et c'est moi, *nuncians*, qui aurai la charge de la preuve, dans la revendication, l'action confessoire ou négatoire, que je devrai intenter *dans l'année*, pour justifier la légitimité de ma dénonciation.

Causa liberalis. (V. Actions préjudicielles, T. 103).

ACTIONS RÉELLES PRÉTORIENNES.

ACTIONS RÉELLES PRÉTORIENNES.

Dans ces actions, le préteur ne se borne pas à rédiger et à délivrer *la formule* conformément aux règles du droit civil ; c'est lui-même qui, pour corriger ou compléter le droit civil, confère le droit d'agir, soit par des actions *fictices*, (action Publicienne, rescisoire, Paulienne), soit par des actions *in factum*, (actions Servienne, quasi-Servienne ou hypothécaire, etc.).

Action Publicienne.

L'action *publicienne*, (ainsi nommée parce qu'elle a été introduite par le préteur Publicius, au temps de Cicéron), se lie étroitement à la matière de l'usucapion ; elle suppose (fictice) accompli, un fait qui ne l'est pas, et donne au possesseur, qui a perdu la possession avant d'avoir usucapé, le droit de revendiquer comme si l'usucapion avait eu lieu avant la perte de la possession.

L'action Publicienne est perpétuelle, et ne s'éteint par aucun laps de temps.

Elle suppose une chose susceptible d'usucapion ou de *præscriptio longi temporis*, ce qui soustrait, entre autres, à son action, la *res furtiva*, *vi possessa* ou déclarée inaliénable.

Le demandeur doit seulement prouver les points suivants : 1° que la chose était susceptible d'usucapion ; 2° qu'elle avait été livrée *ex justa causa* ; 3° qu'il était de bonne foi au moment de la tradition.

Cette action ne peut jamais produire une iniquité, car jamais elle n'a pour but de dépouiller injustement celui contre lequel court l'usucapion. Elle a lieu dans les hypothèses suivantes :

I. — Au lieu de manciper ou de céder *in jure* une chose *mancipi*, on a fait seulement tradition. Le *nudum jus* n'ayant pas été transmis, le vendeur pourra la revendiquer, mais de plus, si l'acquéreur en perd la possession avant l'achèvement de l'usucapion, il n'aura, d'après le droit civil, aucun moyen de la revendiquer. — Le préteur corrige ce résultat inique par la *publicienne*. Cette action peut être intentée par le propriétaire bonitaire, contre tout possesseur, et même contre le propriétaire quiritaire, qui a fait tradition de la chose. Si celui-ci oppose à la publicienne l'exception *justi dominii*, il sera repoussé de nouveau par la réplique de dol, car il y a dol de la part de l'ancien propriétaire à vouloir garder la chose à l'encontre de son acquéreur. Mais cette réplique de dol n'est accordée que contre l'ancien propriétaire ou son héritier ; elle serait remplacée par la réplique *rei venditæ et traditæ*, contre tout autre se prévalant d'une acquisition qu'il aurait faite à l'ancien propriétaire, postérieurement à celle du demandeur. — (Cette première application a disparu sous Justinien, avec la distinction du domaine quiritaire et du domaine bonitaire).

II. — Celui qui a reçu avec juste titre et bonne foi, mais *a non domino*, une chose *mancipi* ou *nec mancipi*, en devient propriétaire quiritaire en l'usucapant. Mais s'il perd la possession, dans les délais de l'usucapion, il ne peut exercer la revendication. On lui accorde l'action Publicienne ; mais celle-ci ne produit pas contre toute personne des effets identiques.

1° — Si la chose est revenue en la possession du véritable propriétaire, celui-ci ne pourra être repoussé, dans son exception *justi dominii*, par une réplique de dol ; car l'iniquité serait précisément de dépouiller le *justus dominus*, au profit d'un ex-possesseur.

2° — Si le défendeur est un possesseur qui a reçu également avec juste titre et bonne foi, dans l'intention d'acquérir le *dominium*, plusieurs avis : Neratius donne toujours la préférence à la tradition la plus ancienne. — Julien, au contraire, distingue l'origine des deux acquisitions : A. Le défendeur tient-il la chose du véritable propriétaire, ou d'un possesseur autre que l'auteur de la première tradition, il donne la préférence à la tradition la plus récente, *in pari causa potior causa possidentis*. B. Au contraire, si la chose a été livrée aux deux acquéreurs par le même auteur, il préfère la tradition la plus ancienne. (On voit que, dans cette seconde application, la Publicienne, toujours inefficace contre le propriétaire et souvent contre un possesseur ayant titre et bonne foi, n'assurait le triomphe du demandeur, que contre le possesseur sans bonne foi ni juste titre).

III. — Le parallélisme, jusqu'ici constant, entre la publicienne et l'usucapion, cesse dans cette troisième application. — 1° On croit que l'action Publicienne pouvait être donnée à celui qui vient à perdre la possession d'un fonds provincial avant d'avoir accompli le temps nécessaire pour la *præscriptio longi temporis*. 2° La Publicienne pouvait aussi être exercée pour réclamer des choses non susceptibles d'usucapion, et notamment les servitudes personnelles, prédiales, rurales ou urbaines, dont la loi Scribonia avait prohibé l'acquisition par usucapion. Mais dans ces cas, qui supposent une *quasi traditio*, la Publicienne était donnée probablement *utilitatis causa*, et, dès lors, remplissait, en droit prétorien, le même rôle que l'action confessoire en droit civil.

Sous Justinien, les applications précédentes de la Publicienne, sauf la seconde, ont perdu tout intérêt, puisque la distinction, entre les domaines bonitaire et quiritaire, entre les fonds provinciaux et italiques, entre les servitudes établies *jure civili* ou *jure prætorio*, a disparu.

Du reste, sous Justinien, comme dans l'ancien droit, le *dominus*, qui pourrait revendiquer, peut, s'il le préfère, employer la Publicienne. La *preuve* est plus facile dans cette dernière ; en effet, présumé de bonne foi, il doit prouver seulement qu'il a reçu et possédé la chose *ex justa causa* ; tandis que, dans la revendication, il doit prouver qu'il a le *dominium ex jure quiritium*, preuve mathématiquement impossible à faire, puisqu'il faudrait établir que la chose a toujours été transmise *a domino*, de propriétaire en propriétaire, en remontant jusqu'au maître originaire.

Action *in rem* rescisoire, dite : contre-Publicienne.

Par une fiction inverse de la précédente, cette nouvelle action suppose non accomplie une usucapion, qui l'a été cependant, et qu'elle rescinde ; (de là les termes : A. *rescisoire* de l'usucapion. — A. contre-Publicienne). Elle a pour but de permettre à l'ancien propriétaire de revendiquer une chose que l'usucapion accomplie lui ferait perdre, dans la rigueur du droit civil.

Durée. — Elle doit être intentée dans l'année *utile*, commençant à courir le jour où l'impossibilité d'agir a cessé.

Justinien a porté cette durée de la contre-Publicienne à *quatre ans* continus.

Cas d'application DE L'ACTION RESCISOIRE. — Ils sont au nombre de deux.

USUCAPION ACCOMPLIE CONTRE UN ABSENT.

Un propriétaire est absent pour de justes motifs, (service public, captivité chez l'ennemi), et, par conséquent, dans l'impossibilité de défendre ses droits, et notamment d'interrompre l'usucapion commencée par un tiers. Cette usucapion s'accomplit ; il eût été inique de la maintenir au détriment de l'absent. Celui-ci pourra donc, grâce au préteur, revendiquer la chose dont il est dépouillé par le droit civil, (*rescissa usucapione*), comme si l'usucapion n'avait été accomplie.

Le préteur donne d'ailleurs, à l'absent dépouillé, deux autres moyens : 1° si, par hasard, il est rentré en possession, il opposera une exception prétorienne à la revendication dirigée par celui qui a usucapé ; 2° l'absent pourra également intenter la Publicienne contre celui qui a usucapé ; celui-ci excipera *justi dominii*, et le préteur rescindera cette exception.

USUCAPION ACCOMPLIE AU PROFIT D'UN ABSENT.

Titius est en train d'usucaper une chose ; il la remet à un fermier qui possédera pour lui, et s'absente ; dans le droit romain, le propriétaire de la chose ne peut interrompre l'usucapion, car il ne peut agir ni contre l'absent, à cause même de l'absence, ni contre le fermier, qui n'est qu'un *instrumentum possessionis*.

Le préteur vient au secours de ce propriétaire, qui a été impuissant à se préserver de l'usucapion, en lui accordant une action en revendication de sa chose, comme si l'usucapion n'avait pas eu lieu.

(*Sous Justinien*, ce second cas d'application est devenu inutile, car cet empereur permet au propriétaire d'interrompre l'usucapion contre un absent, par une *requête* ou par une *protestation authentique*, présentée à l'évêque, au président, ou au defensor civitatis).

L'action rescisoire, étant fondée sur l'équité, ne doit pas amener un résultat inique à l'encontre du possesseur qui a usucapé.

Si donc il est évincé, on lui permettra d'agir en garantie contre son vendeur.

(Nous venons de voir l'action rescisoire exercée après une *in integrum restitutio* préalable. Cette *in integrum restitutio* est soumise à certains principes, qui seront développés plus tard. (Section V. T. 117).

Action Paulienne.
Action Servienne ou hypothécaire. } (T. suivant).

ACTIONS RÉELLES PRÉTORIENNES. — ACTIONS PERSONNELLES : CIVILES, — PRÉTORIENNES.

ACTIONS RÉELLES PRÉTORIENNES (*Fin*).

Action publicienne.
Action *in rem* rescisoire, dite contre-publicienne. } (T. précédent).

Action paulienne.

Cette action, appelée *Paulienne*, du nom de son auteur, le préteur Paulus, est donnée aux créanciers pour faire rentrer, dans le patrimoine de leur débiteur, les biens aliénés par celui-ci, en fraude de leurs droits, — quoique, d'après le droit civil, ces aliénations soient parfaitement valables. Cette action ne s'accorde pas *de plano*. Les créanciers se font tout d'abord envoyer en possession des biens du débiteur ; vendent ces biens ; après quoi, s'ils ne sont pas intégralement payés, le préteur rescinde les aliénations faites en fraude de leurs droits, et dès lors les créanciers peuvent revendiquer ces biens aliénés, comme s'ils étaient toujours restés dans le patrimoine du débiteur.

CARACTÈRE DE L'ACTION PAULIENNE. — Dans le Digeste, elle est toujours présentée comme une action *personnelle*, valable seulement contre le débiteur, ses complices ou ses héritiers, et s'appliquant à tous les actes frauduleux du débiteur, aliénation d'objets corporels, acceptilation ou autres remises de dettes. — Dans les Institutes elle est présentée comme une action in rem, valable contre tout détenteur, mais ne s'appliquant qu'aux aliénations.

HISTORIQUE.

Le préteur, pour secourir les créanciers lésés, leur accordait primitivement une action *in factum* ou un interdit : par la première, les créanciers réclamaient au tiers le bénéfice qu'il a retiré de l'acte; par la seconde, les créanciers forçaient le tiers à restituer les objets aliénés. (Toutefois le préteur n'allait pas jusqu'à rescinder les affranchissements faits *in fraudem*. La loi Œlia-Sentia fut nécessaire pour régir ce point spécial).

Mais l'action *in factum* personnelle ne suffisait pas, quand le tiers était insolvable; on introduisit alors l'action *in rem* des Institutes, par laquelle le bien est réputé n'être jamais sorti du patrimoine du débiteur. (Système hypothétique de M. Demangeat).

MM. Ortolan et Labbé pensent que la Paulienne *in rem* était la plus ancienne ; et que la Paulienne *in personam* fut un perfectionnement de la première.

Je pense au contraire que l'action réelle est l'action personnelle transformée, dans certains cas, où l'on n'aurait pas eu de protection suffisante on agissant *in personam*; les jurisconsultes étaient peu disposés à reconnaître aux actions rescisoires ou résolutoires le caractère d'actions in rem. (V. notamment la *condictio indebiti*, l'action de réméré, etc.).

CONDITIONS POUR L'EXERCICE DE LA PAULIENNE.

Quoi qu'il en soit de la discussion précédente, les règles étaient les mêmes pour les deux Pauliennes. Elles étaient accordées aux créanciers sous trois conditions; il fallait :

1° Que l'insolvabilité du débiteur fût démontrée; c'est-à-dire, qu'après l'envoi en possession et la vente des biens, les créanciers n'eussent pas touché l'intégralité de leurs créances.

2° — Qu'il y eût *animus* et *eventus*, dommage causé et intention de le causer, d'où la conséquence principale que la Paulienne ne pouvait appartenir qu'aux *créanciers* antérieurs aux actes dommageables. — Le dommage devait consister en un appauvrissement, une diminution du patrimoine du débiteur : on ne saurait donc attaquer l'acte par lequel le débiteur aurait négligé de s'enrichir. — Ce dommage existe (*eventus*) dès que l'actif du débiteur est inférieur à son passif. Quant à l'*animus*, les avis sont partagés; les uns le comprennent comme synonyme d'intention formelle de nuire aux créanciers ; les autres, et c'est l'avis le plus suivi, soutiennent qu'il y a l'*animus* si le débiteur a eu conscience que l'acte qu'il faisait le rendait insolvable, ou aggravait son insolvabilité.

N. B. — Si le débiteur a acquis, après la vente de ses biens, de nouvelles choses qu'il a dissipées, les créanciers obtiendront l'action Paulienne contre le débiteur lui-même ; ils ne recueilleront rien, puisque le débiteur est insolvable, mais celui-ci sera puni par la contrainte par corps, comme n'exécutant pas la condamnation.

A QUI ET CONTRE QUI EST DONNÉE LA PAULIENNE.

L'action Paulienne est accordée : I. **Aux** créanciers dont la créance est *antérieure* à l'acte attaqué; les créanciers postérieurs ne peuvent dire que l'acte antérieur à leur créance a été fait *en fraude* de droits qui n'existaient pas alors. (A moins toutefois qu'il n'y ait eu subrogation de nouveaux créanciers aux droits des anciens).

II. — **Contre** les tiers qui ont profité de l'acte accompli frauduleusement par le débiteur. 1° Si le tiers a traité à titre *onéreux*, il n'est tenu de l'action Paulienne qu'autant qu'il est *conscius fraudis*, s'il a su que cet acte causait ou augmentait l'insolvabilité. *De bonne foi*, il échappait à la Paulienne. 2° Si le tiers a traité à *titre gratuit* ; de bonne comme de mauvaise foi, il est tenu de la Paulienne; mais s'il est de bonne foi il n'est tenu que *quatenus locupletior factus est*.

DU CAS D'UN PAIEMENT.

Un paiement d'une dette échue peut-il être considéré comme fait *in fraudem creditorum?* **Oui**, s'il a été fait après l'envoi en possession. **Non**, s'il l'a précédé.

Si, avant l'envoi en possession, le débiteur paie une dette non échue, le bénéfice de l'*interusurium* pourrait être réclamé par les créanciers au moyen d'une action *in factum*.

S'il s'agit d'une dette non échue, et qu'au lieu de payer j'ai consenti un gage ou une hypothèque, il y a là un véritable *negotium novum*, qui tombe sous l'action de la Paulienne, aux conditions générales ordinaires.

Actions : servienne, quasi-servienne, hypothécaire.

Nous avons vu les diverses transformations par lesquelles passa la législation romaine, avant d'en arriver à l'hypothèque proprement dite. Pour remédier aux inconvénients du *Pignus*, dans un cas particulier, le préteur Servius introduisit l'action Servienne, qui permet au propriétaire d'un héritage rural la revendication, contre tout possesseur, des objets que le fermier a affectés, par une simple convention, à la sûreté des fermages, — sans même qu'il soit nécessaire que ces objets aient été apportés dans la ferme.

L'action servienne s'étend, sous le nom de *quasi-servienne*, au propriétaire d'un héritage urbain, pour la garantie des loyers. Dans ce cas il n'y a point besoin de convention spéciale; le droit naît de lui-même, mais on ne peut revendiquer que les objets apportés dans les lieux loués (*invecta-illata*).

On applique enfin l'action quasi-servienne à tous les cas ou, *sans tradition*, par la simple convention, un débiteur affecte une chose mobilière ou immobilière à la sûreté de sa dette. — L'action quasi-servienne se nomme indifféremment action servienne utile, hypothecaria, ou *pigneratitia in rem*. (V. pour plus de détails : T. 34.)

De l'action hypothécaire on peut rapprocher deux autres actions *in rem* prétoriennes : celle qui est donnée au possesseur de l'*ager vectigalis*, et celle qui est donnée au superficiaire. (V. T. 34.)

ARTICLE II. — **Actions personnelles, civiles et prétoriennes.**

Parmi les actions personnelles, comme parmi les actions réelles, les unes sont *civiles*, les autres *prétoriennes*. On ne parlera pas plus que les Institutes des actions *personnelles civiles* ; elles sont très-nombreuses, parce qu'elles correspondent à chacun des contrats, quasi-contrats, délits. — Nous y reviendrons du reste au sujet de la IXe division. — Quant aux actions personnelles prétoriennes, il y en a un très-grand nombre (nous avons déjà vu l'action *vi bonorum raptorum*, les actions qui naissent *quasi ex maleficio;* nous verrons plus loin trois actions pénales), mais les Institutes n'en citent que trois :

ACTIONS PERSONNELLES PRÉTORIENNES.

Action de pecunia constituta.

On appelle *pacte de constitut*, la convention par laquelle une personne promet, *sans stipulation*, de payer, pour elle-même ou pour autrui, à une autre, une dette déjà existante, civile ou naturelle. (Le nom vient de ce qu'on s'engage à payer à jour fixe : CONSTITUEBAT *diem quo soluturus esset*) L'action qui naît de ce pacte s'appelle *constitoria* ou *pecuniæ constitutæ*. Cette action n'est que la généralisation de l'action civile *receptitia* qui n'avait d'application que dans le cas où un *banquier* (argentarius) avait promis, sans stipulation, de payer une dette ou de fournir une valeur pour le compte d'un tiers.

Différences entre ces deux actions.

1°	L'action *receptitia* est perpétuelle;	L'action *constitutæ pecuniæ* est annale.
2°	— ne peut être donnée que contre les *argentarii;*	— peut être donnée contre toute personne.
3°	— s'applique à toutes sortes d'objets;	— ne s'applique qu'aux choses qui s'apprécient au poids, au nombre, à la mesure;
4°	— se donne, qu'il y ait ou non dette préexistante;	— suppose toujours une obligation préexistante, valable, civile ou naturelle.

Justinien a fondu ces deux actions, sous la dénomination unique d'action *de pecunia constituta ;* cette nouvelle action emprunte à l'action *constitutæ pecuniæ* la nécessité d'une obligation préexistante, et la possibilité d'agir contre toute personne ; et à l'action *receptitia* la perpétuité (30 ans), et l'application à toutes espèces de choses.

Remarque. — Bien que l'idée de constitut implique la fixation d'un terme pour l'exécution de la promesse, l'absence de délai ne vicie pas le pacte, qui est réputé fait sous un terme de dix jours.

Comparaison entre le paiement et le pacte de constitut. — I. *Ressemblances :* comme le paiement, le pacte de constitut : 1° suppose une obligation préexistante; 2° peut avoir un autre objet que l'obligation primitive ; 3° peut être fait par un tiers; 4° peut être fait à un mandataire du créancier (mais non à un simple *adjectus solutionis gratia*); 5° au cas de deux *rei stipulandi ?* fait à l'un, l'autre n'a plus de droit. — II. *Différences :* 1° le paiement n'admet pas de terme, le constitut le suppose nécessairement ; 2° le paiement, n'étant pas une véritable *intercessio*, ne tombe pas sous le coup du S.-C. Velleien; celui, qui fait un pacte de constitut pour autrui, est traité comme *intercessor*.

Utilité du Constitut. — S'il est consenti par un tiers, le droit du créancier se trouve cautionné; — lors même que le débiteur : *pro se soluturum se constituit*, il y a encore certaine utilité : 1° L'obligation naturelle se trouve transformée en obligation civile; 2° l'obligation primitive, munie d'une action *temporalis*, est dès lors munie d'une action perpétuelle; l'échéance, le lieu du paiement, l'objet de la dette, peuvent être modifiés.

Action *de jurejurando, —de peculio.*
Appendice. } (T. suiv.).

ACTIONS PERSONNELLES PRÉTORIENNES *(Fin)*.

Action de pecunia constituta (T. pr.).

Action de jurejurando.

Lorsqu'en dehors de toute instance, pour terminer un différend, et *sur l'invitation de son adversaire*, une personne a juré que le droit était de son côté, ce serment, qui n'a aucune autorité en droit civil, est confirmé par le droit prétorien, sous forme d'action, d'exception, ou même de refus d'action. La question à examiner par le juge est de savoir, non pas qui avait raison, mais si le serment a été ou n'a pas été prêté ; (c'est donc une action *in factum*). Ainsi : j'ai juré qu'une somme, que je réclame m'est due, ou qu'un fonds, que je revendique, m'appartient? J'aurai l'action de *jurejurando*, contre le débiteur et le possesseur qui m'ont déféré le serment ; à l'inverse, j'ai juré que je ne devais pas une certaine somme au demandeur, ou que le fonds, que je détiens, ne lui appartenait pas ; le demandeur, qui a déféré le serment, s'il voulait agir en justice, se verrait, suivant le cas, ou refuser toute action, ou opposer l'exception *jurejurandi*. — Ce serment s'appelle *volontaire*, parce qu'on peut refuser de le prêter sans compromettre sa cause, alors même qu'il serait référé.

Remarque. — Outre ce serment volontaire, on remarque : 1° le serment *nécessaire*, déféré ou référé devant le préteur, et qu'on ne peut refuser de prêter sans perdre son procès : 2° le serment *judiciaire*, qui est déféré ou référé *in judicio* par les parties, l'une à l'autre, ou déféré par le juge à l'une des parties, pour s'éclairer. (On ne sait si ce dernier emporte perte du procès pour celui qui refuse de le prêter. Dans tous les cas, le serment judiciaire ou nécessaire ne donne pas lieu à l'action ou l'exception de jurejurando).

Action de peculio. (Voir XIIe Division).

Vindicationes. — Condictiones. **Condictio donnée au dominus.**

Toutes les fois que l'on prétend être *dominus ex jure quiritium* d'une certaine chose, cette action s'appelle *rei vindicatio*. Le mot *vindicatio*, employé seul, s'applique, en général, à toutes les actions réelles.

Au contraire le mot *condictio*, qui est opposé aux *vindicationes*, ne s'applique pas à toutes les actions personnelles, mais seulement à celles par lesquelles : *dari fierive oportere intendimus*. — *Actio in personam* est le genre, *condictio*, l'espèce ; les actions *in personam* comprennent, outre les *condictiones*, les actions de bonne foi, *furti*, *legis Aquiliæ*, un grand nombre d'actions *in factum*. (Voir, pour les *condictiones*, aux actions de droit strict : T. 106, 107).

Remarque. — L'obligation de transférer la propriété d'une chose, poursuivie par une *rei vindicatio*, ne peut naitre au profit de celui qui est propriétaire de cette chose. Si donc je suis propriétaire d'une chose, je ne puis prétendre, par une *condictio*, que le défendeur est obligé de me donner cette chose. Là où l'obligation est impossible, il ne peut y avoir lieu à une action personnelle. Toutefois il y a certaines exceptions intéressantes : 1° *Condictio furtiva*, introduite en haine des voleurs (*odio furum*). Ainsi Titius me vole un objet ; au lieu de le revendiquer, je puis actionner le voleur *personnellement* pour qu'il me le rende, par la *condictio furtiva*. Ce moyen est utile dans le cas où la chose aurait péri par cas fortuit dans les mains du voleur ; en effet : *extinctæ res*, *licet* VINDICARI NON POSSINT, CONDICI tamen furibus POSSUNT. — Je n'aurai pas la chose, mais j'en aurai la valeur. — 2° Par l'action *rerum amotarum*, qui n'est qu'une *condictio furtiva*, moins le nom, je prétends que ma propre chose doit m'être donnée. — 3° Cela se présente aussi dans le cas où j'ai été violemment dépossédé de ma chose. — 4° Et aussi, dans le cas suivant : Titius doit me donner le fonds Cornélien : j'en deviens propriétaire *aliunde ;* si les deux causes ne sont pas *lucratives*, je pourrai, quoique propriétaire, intenter contre Titius l'action personnelle : *si paret fundum dare oportere*, qui aboutit à une condamnation pécuniaire.

ARTICLE III. — **Actions mixtes :** *tam in rem quam in personam*.

Cette dénomination d'*actions mixtes* est donnée aux trois actions divisoires, *communi dividundo*, *familiæ erciscundæ*, *finium regundorum*.

La première est donnée entre communistes ou co-propriétaires, pour le partage de la chose indivise ; la seconde, entre co-héritiers, pour le partage de la succession ; la troisième, entre propriétaires voisins, pour déterminer la ligne séparative de leurs héritages : c'est notre action en bornage.

Nous avons vu que, dans ces trois actions seules, se trouve l'*adjudicatio* qui, jointe à la *condemnatio*, permet au juge, non-seulement de condamner, mais aussi d'adjuger, c'est-à-dire de *transférer la propriété*. Il faut savoir, en effet, qu'en droit romain le partage n'est pas, comme en droit français, déclaratif de propriété, mais *attributif* de propriété, d'où la nécessité de donner au juge le pouvoir de transférer cette propriété.

On a beaucoup discuté sur le point de savoir quel sens il faut donner à cette phrase, dans laquelle on caractérise nos trois actions : *mixtam causam obtinere videntur*, *tam in rem quam in personam*. Quatre explications principales :

I. — *Mixtæ actiones*, *uterque actor est* (Ulpien). Ces actions sont *mixtes* en ce sens que chacune des parties joue le rôle de demandeur et de défendeur ; le juge peut prononcer des condamnations contre le défendeur aussi bien que contre le demandeur, ou contre tous deux. — Les mots *tam in rem quam in personam* signifient qu'il y a des actions, présentant ce caractère, parmi les actions réelles comme parmi les actions personnelles. (Mais on ne peut trouver aucune action réelle qui ait de l'analogie avec les trois actions divisoires).

II. — Ces trois actions sont *mixtes*, en ce sens que ce sont les seules dans lesquelles il puisse y avoir à la fois *adjudicatio* et *condemnatio*.

III. — La dénomination *tam in rem quam in personam* signifie que celui, qui intente les actions divisoires, se fonde sur un double droit : un droit réel d'hérédité ou de co-propriété, comme dans l'*action réelle ;* un droit personnel, une *obligation* de procéder au partage. Le juge a pour mission principale de statuer sur les conséquences de l'*obligation* de partage, mais il est aussi appelé à statuer sur des questions de propriété. (La pétition d'hérédité et la revendication seraient donc aussi des actions mixtes, ce qui n'est pas admissible).

IV. — Les actions divisoires sont *mixtes*, au point de vue de la rédaction de la formule. Elles sont *personnelles* par leur *intentio*, et *réelles* par leur *adjudicatio*, qui ne contient pas le nom des parties. (Cette explication est la plus simple et la plus plausible ; elle tient compte de tous les éléments de la phrase litigieuse ; elle maintient ces actions divisoires dans une classe toute spéciale, tout en leur laissant leur caractère général d'actions personnelles).

CHAPITRE VI. — SIXIÈME DIVISION. — ACTIONS PRÉJUDICIELLES OU NON.

Les actions préjudicielles se distinguent de toutes les autres en ce que leur formule se compose uniquement d'une *intentio*, sans *condemnatio ;* en effet le demandeur se propose seulement de faire constater judiciairement un fait ou une qualité, sans en tirer d'ors et déjà aucune prétention à une prestation quelconque de la part du défendeur.

On assimile ces actions aux actions réelles ; en effet le demandeur, ne présentant pas le défendeur comme obligé, ne parlant que d'un fait, (lequel constitue un droit absolu, *adversus omnes*, et par conséquent un droit *réel*, dans le sens le plus large du mot), il n'est pas étonnant que l'*intentio* de ces formules soit conçue en termes absolus, comme celle des actions *in rem*.

Le juge n'avait qu'à résoudre la question posée dans l'*intentio : Præjudicium fiat an Dio*, *Erotis filius*, *Lucii Seii libertus sit*.

Il y a trois actions préjudicielles mentionnées aux Institutes. Mais il y en avait deux autres, au moins à l'époque de Gaius. Occupons-nous d'abord de ces deux-là.

1° **Action quanta dos sit.** — Un homme a promis à son gendre, à titre de dot, une valeur que lui-même s'est réservé de fixer. Cette promesse est valable, et on sous-entend que la fixation sera faite *boni viri arbitrio*. Si la dot est immédiatement exigible, le gendre peut agir *ex stipulatu*, pour faire fixer le montant de la dot et obtenir condamnation équivalente. Mais, s'il y a terme, le gendre ne peut agir *ex stipulatu ;* s'il a néanmoins intérêt à connaître, dès à présent, le chiffre de la dot qu'il aura plus tard, il atteindra ce but en exerçant l'action préjudicielle *quanta dos sit*. (M. Demangeat).

2° **Action an prædictum sit.** — Le créancier, qui reçoit des *sponsores* ou des *fidepromissores*, doit *proclamare :* ce qui lui est dû et le nombre de cautions qu'il va recevoir ; s'il ne l'a pas fait, les *sponsores* et les *fidepromissores* peuvent intenter, dans les 30 jours, l'action préjudicielle *an prædictum sit ;* et si la réponse est négative, ils sont libérés.

Les Institutes ne mentionnent plus que trois actions préjudicielles, concernant toutes trois l'état des personnes ; la première est d'origine civile, les deux autres prétoriennes.

1° **Action préjudicielle relative à la liberté ou CAUSA LIBERALIS.** — Elle a pour but de faire reconnaitre si quelqu'un est esclave, ou s'il est libre. Dans ce procès, l'individu, dont la liberté est en question, ne figure personnellement, ni comme défendeur, ni comme demandeur : il est représenté par un *assertor libertatis*. La preuve incombe à celui qui prétend avoir un droit contraire à l'état de fait existant au début du procès, c'est-à-dire : à *l'esclave de fait* qui se prétend libre, — *au maître* qui réclame un homme libre de fait, comme son esclave. — Il faut remarquer que, dans tous les cas, pendant la durée du procès, l'individu, dont l'état est contesté, est *in libertate*, jouit d'une liberté de fait.

Avant Justinien, si l'*assertor libertatis* triomphe, il y a chose jugée en faveur de la liberté ; s'il succombe, la partie intéressée peut soulever deux fois encore la question, mais avec d'autres *assertores*. — Justinien supprime cette distinction, et décide que le jugement, favorable ou non, est irrévocable ; c'était la conséquence de la suppression de l'*assertor libertatis*, et de la faculté qu'il donnait à l'homme litigieux de figurer lui-même dans l'instance.

2° **Action préjudicielle relative à la question de filiation et de paternité, ou action de** *partu agnoscendo*. — Elle consiste à décider si telle femme est réellement accouchée de tel enfant, et si son mari est bien le père de l'enfant. — La sentence du juge, qui prononce que tel enfant n'appartient pas au mari de sa mère, est réputée la vérité *erga omnes*.

3° **Action préjudicielle relative à l'ingénuité, ou** *præjudicium ingenuitatis*. — Elle consiste à reconnaitre : 1° si tel individu est ingénu ou affranchi ; 2° si tel individu, qui convient être affranchi, a telle ou telle personne pour patron. Il y avait lieu ici à l'application des règles de la preuve dans la *causa liberalis*.

Remarque. — La qualité d'ingénu ou de libre ne peut résulter que d'un véritable procès, dans lequel il y a eu un véritable contradicteur ; autrement rien de fait ; mais si le *justus contradictor* était un bienveillant complice, on aurait cinq ans pour prouver la fraude.

Contestation de l'état d'une personne après sa mort. — On peut contester l'état d'une personne, après sa mort ; toutefois Claude et Nerva décident que la contestation, tendant à rendre moins avantageuse la situation dont le défunt était en possession au moment de sa mort, ne pouvait être soulevée que pendant cinq ans.

CHAPITRE VII. — SEPTIÈME DIVISION : ACTIONS : REI, — PŒNÆ, — REI ET PŒNÆ PERSECUTORIÆ.

Cette division est déduite du but que l'on se propose d'atteindre : *agimus interdum ut rem tantum consequamur, interdum ut pœnam tantum, alias ut rem et pœnam.*

On voit par conséquent que : 1° on appelle actions *rei persecutoriæ* celles qui ont pour but de maintenir ou de rétablir l'intégrité du patrimoine du demandeur, et, parmi elles, on peut citer toutes les actions *in rem*, et presque toutes les actions *in personam* qui naissent des contrats.

2° On appelle actions *pœnæ persecutoriæ* celles qui ont pour but d'infliger au défendeur une diminution du patrimoine. On peut citer l'action de *vol manifeste* ou *non manifeste*, qui est absolument pénale, puisque le volé à une autre action, *revendicatio* ou *condictio*, pour obtenir la chose ou sa valeur.

Remarque. — Une action peut être pénale, pour le défendeur, et rei persecutoria pour le demandeur. Nous l'appellerons action pénale unilatérale. Elle aboutit à rétablir l'intégrité du patrimoine du demandeur, tout en diminuant celui du défendeur. Exemple : Action *legis aquiliæ* donnée pour le meurtre d'un esclave, qui n'a pas changé de valeur depuis un an. — Si, au contraire, comme dans l'action *furti*, il s'agit d'appauvrir le défendeur et d'enrichir le demandeur, il y a une action pénale bilatérale. (M. Demangeat).

3° On appelle actions *rei et pœnæ persecutoriæ*, ou **MIXTES**, celles qui ont pour but, tout à la fois, de maintenir ou de rétablir l'intégrité du patrimoine du demandeur, et d'infliger au défendeur, au profit de l'autre partie, une diminution de patrimoine. Tel est le cas : 1° de l'action *vi bonorum raptorum*, par laquelle on obtient : *une fois* la valeur de la chose à titre de *rei persecutio*, et *trois fois* cette même valeur, à titre de *peine*. 2° L'action de la loi *Aquilia*, qui peut être *mixte*, même si elle n'est donnée qu'*au simple*, en supposant, dans ce cas, que la condamnation, étant égale à la plus haute valeur de l'objet dans l'année précédente, est supérieure à sa valeur, au moment de sa perte. Du reste, même si la condamnation n'excède pas le dommage, cette action est pénale quant au défendeur, tout en étant seulement *rei persecutoria* quant au demandeur. 3° Toute action, donnée au double *adversus inficiantem*, est mixte ; ainsi, sous Justinien, faute de paiement par une personne chargée d'un legs fait *sacrosanctis ecclesiis*, cette personne *et ipsam rem vel pecuniam quæ relicta est dare compellitur, et aliud tantum pro pœna.*

Intérêt de cette division des actions. — 1° Toute action pénale peut s'exercer *noxaliter* contre le possesseur de l'esclave, si le coupable est un esclave.

2° Une action pénale ne peut jamais être intentée contre l'héritier de celui en la personne de qui elle a pris naissance. Ainsi l'action de la loi Aquilia n'est jamais donnée contre l'héritier, alors même que l'action ne tendrait qu'au montant du dommage, parce qu'elle est pénale *a parte rei*, si elle n'est que *rei persecutoria* vis-à-vis le demandeur.

3° L'action pénale est toujours donnée pour le tout, *in solidum*, contre chacun des délinquants. Il faut d'ailleurs distinguer : s'il s'agit d'une action pénale bilatérale, comme l'action *furti*, tous les coupables sont également punis, chacun pour le tout. S'il s'agit au contraire d'une action pénale unilatérale, chacun des co-délinquants peut être actionné *in solidum*, mais le paiement, fait par l'un, libère les autres.

4° Lorsqu'un même fait donnait naissance à plusieurs actions pénales, le demandeur pouvait cumuler le bénéfice des condamnations. (Dans les actions rei persecutoriæ, au contraire, on peut opter entre plusieurs actions, naissant au sujet d'un même fait (revendication et condictio furtiva), mais non les cumuler).

CHAPITRE VIII. — HUITIÈME DIVISION. — ACTIONS AU SIMPLE, AU DOUBLE, AU TRIPLE, AU QUADRUPLE.

Cette division résulte du rapport arithmétique qui existe entre le *fonds* de la demande, contenu dans l'*intentio*, et la *condemnatio*. L'*intentio* forme le multiplicande, dont le produit, par deux, par trois, par quatre, doit former le chiffre total de la condamnation à prononcer. Il suffit donc de comparer l'*intentio* et la *condamnation* pour savoir si l'action est donnée au simple, au double, au triple, au quadruple. — On sait, du reste, que l'*intentio*, ou l'unité qui servira de base au calcul, peut être déterminée : *si paret decem dare oportere* ; ou indéterminée : *quidquid ob eam rem dare facere oportet.*

On agit au simple : dans les actions résultant du mutuum, de la stipulation, du prêt, de la vente, du louage, du mandat, et, en général, dans toutes les actions *rei persecutoriæ*, dans l'action d'injures, quoiqu'elle soit pénale, et dans toutes les actions dont la *condemnatio* est *certa*.

On agit au double : dans les actions de vol non manifeste, de la loi Aquilia, de dépôt nécessaire, *de servo corrupto*, en paiement de legs faits à des établissements religieux, etc. (Parmi ces actions, les unes se donnent toujours *au double* : action *furti nec manifesti*, — *de servo corrupto*, — *de tigno juncto* ; les autres ne sont données au double qu'en cas de dénégation du défendeur (action *legis Aquiliæ*, — de dépôt nécessaire, — *judicati*, — *depensi*) ; ou de retard apporté à l'exécution d'une obligation (paiement de legs faits à des établissements religieux).

On agit au triple : dans l'ancien droit, pour le cas de *furti oblati*, ou *furti concepti* ; ces deux actions tombèrent en désuétude sous Justinien, lequel en créa une nouvelle contre celui qui, en portant dans la citation plus qu'il ne lui est dû, oblige par là le défendeur à payer à l'huissier un salaire trop élevé. (Voir T. 98).

On agit au quadruple : dans les actions *furti manifesti*, *vi bonorum raptorum*, *de calumnia*, et dans l'action *quod metus causa* ; cette dernière, donnée d'abord au simple, ne croît au quadruple que par la dénégation du défendeur, tandis que les trois premières sont toujours au quadruple. (On a déjà vu cette distinction dans les actions au double).

Justinien a continué à exploiter la matière des huissiers, en imaginant une action au quadruple contre ceux qui exigent au-delà du tarif.

(L'action *de calumnia* est donnée contre celui qui, 1° dans l'intention de me nuire, *calumniæ causa*, donne de l'argent à Titius pour que Titius m'intente une chicane, 2° ou qui me menace de m'intenter lui-même une chicane, — pour que je lui donne de l'argent afin de me débarrasser de cet ennui ; la condamnation est du quadruple de la somme donnée à Titius, ou qui m'a été extorquée. — Les deux cas peuvent être cumulés, et le défendeur sera condamné au quadruple de chacune des sommes : *si quis a te pecuniam accepit ut mihi negotium faceret, et a me ne mihi faceret, duobus negotiis mihi tenebitur*).

CHAPITRE IX. — ACTIONS DE DROIT STRICT, — DE BONNE FOI. — ACTIONS ARBITRAIRES.

Les Institutes disent : Parmi les actions, il y en a qui sont de bonne foi, il y en a qui sont de droit strict.

Cette distinction ne s'applique pas à toutes les actions, mais seulement là où l'action est *in personam* et *civile* (née *ex contractu* ou *quasi ex contractu*). — On trouvera plus loin les actions *arbitraires*, qui comprennent des actions réelles comme des actions personnelles ; mais elles sont loin de comprendre toutes les actions qui ne rentrent pas dans la classe des actions de droit strict ou de bonne foi.

On entend par actions de droit strict (*Stricti juris actiones* ou *judicia*, — *stricta judicia*, — ou simplement *judicia*) celles dans lesquelles *le juge*, restreint par la formule, doit statuer dans la rigueur du droit civil, sans s'arrêter aux considérations d'équité, ni même s'occuper de la volonté des parties.

ARTICLE PREMIER. — Actions de droit strict, — de bonne foi.

On entend par actions de bonne foi (*bonæ fidei actiones*), celles dans lesquelles le juge, s'écartant de la rigueur du droit civil, juge d'après l'équité et la bonne foi. Pour lui donner cette faculté, on ajoute, à l'énoncé de la question de droit, les mots *ex fide bona*, — *ut inter bonos bene agier*, — *quid æquius melius*, etc.

Différences entre les actions de bonne foi et les actions de droit strict.

On devine, par les définitions précédentes, la différence profonde qui existe entre les deux classes d'actions. Cette différence, entre la rigidité du droit civil et les adoucissements de l'équité, se manifeste sous de nombreux aspects.

Actions de bonne foi.	Actions de droit strict.
1° Elles consacrent toujours des contrats synallagmatiques parfaits ou imparfaits (sauf l'action *de precario*, qui est unilatérale).	— Elles consacrent des contrats unilatéraux.
2° Le juge supplée toutes les clauses d'usage et d'équité, et y conforme sa sentence, comme si elles avaient été exprimées.	— Le juge ne peut s'éloigner de la rigueur des principes, pour satisfaire aux exigences de l'équité, que si la formule l'y autorise spécialement.
3° Le juge, prenant l'équité pour règle, supplée tout fait de dol, sans qu'il soit nécessaire : — au demandeur, d'invoquer la *clausula doli* ou la *cautio de dolo*, — et au défendeur, l'*exceptio doli mali* ou toute autre exception assimilée.	— Dans les actions de droit strict, on ne peut tenir compte du dol que si la partie contractante a eu soin d'ajouter la *clausula doli* ou la *cautio de dolo*.
4° Le débiteur répond de toute faute, *in omittendo* comme *in committendo*.	— Le débiteur ne répond que de la faute *in committendo*.
5° Le demandeur a droit *de plano* à la valeur de la chose principale, et aussi aux fruits, aux intérêts, à partir de la demande.	— Le demandeur n'a droit aux fruits et intérêts de la chose principale, qu'au moyen d'une demande spéciale.
6° Le juge peut modifier la condamnation, en tenant compte d'un intérêt d'affection.	— Le juge ne doit tenir compte que de l'intérêt pécuniaire, de la valeur réelle de la chose.
7° Le juge peut, dans certains cas, prendre des mesures en vue de l'avenir, et notamment ordonner au défendeur de fournir au demandeur des garanties pour sûreté de la dette à échoir.	— Rien de semblable dans les actions de droit strict.
8° La *plus-petitio* ne peut se produire, puisque le juge est appréciateur de la demande.	— La *plus-petitio* a des conséquences très-rigoureuses.

9° Les effets d'un pacte, ajouté *ex intervallo* ou *in continenti* à un contrat, diffèrent, suivant qu'il s'agit d'un contrat de droit strict ou de bonne foi.

Quelles actions appartiennent à la classe des actions de droit strict ou des actions de bonne foi. (T. suiv.).

ACTIONS DE DROIT STRICT, DE BONNE FOI, ARBITRAIRES. (*Suite*).

Différence entre les actions de bonne foi et les actions de droit strict. (T. précéd.)

ACTIONS DE DROIT STRICT.

En principe, toutes les actions *in personam* sont de droit strict, et comprises sous le terme générique de *condictiones*.

Dans quels cas y a-t-il *condictio*?

Qu'est-ce qu'une *condictio*? Cicéron nous apprend, dans son discours *pro Roscio*, qu'il y avait *condictio* toutes les fois qu'il y a *pecunia aut data, aut expensilata, aut stipulata.*

Pecunia expensilata. / **Pecunia stipulata.** La *condictio* était donnée pour l'exécution du contrat *litteris*, comme pour l'exécution du contrat *verbis*.

Pecunia data. — Ceci comprend : 1° la *condictio* résultant du *mutuum*; 2° la *condictio indebiti*; 3° la *condictio sine causa*, remplaçant la revendication, devenue impossible par la perte de la chose qui devait être rendue; 4° la *condictio ob rem dati re non secuta* ou *causa data causa non secuta*, accordée à celui qui, ayant donné une chose pour en recevoir une autre, ne l'a pas reçue par suite de l'inexécution de la promesse de son adversaire; 5° la *condictio furtiva* donnée contre le voleur, non seulement pour remplacer la revendication, quand elle est impossible, mais même concurremment avec elle.

Autres cas. — Il y a encore condictio, pour l'exécution d'un legs *per damnationem*; sous le Bas-Empire, pour l'exécution d'une convention de donner; enfin, il faut citer la condictio ex lege. (V. M. Demangeat, t. I, 570-73; t. II, 565).

Diverses espèces de *condictiones*.

Condictio certi. — Elle s'applique exclusivement aux obligations ayant pour objet une somme d'argent déterminée : certa pecunia. L'intentio et la condemnatio sont certæ. (Si paret centum... oportere... — centum condemna).

Condictio Triticaria.

La Condictio Triticaria a pour objet toute autre chose qu'une somme d'argent déterminée. (Triticaria vient de triticum qui veut dire : dette de froment). Elle se divise elle-même en deux condictiones :

I. Condictio (triticaria) certi, (ou condictio de alia *certa re*), a pour objet toute chose autre qu'une somme d'argent *déterminée*. L'intentio « si paret fundum Cornelianum dare oportere » est certa; la condemnatio est incerta : « quanti eadem res est, tanti condemna. »

II. Condictio (triticaria) incerti, a pour objet une chose indéterminée, un fait, une abstention. L'intentio et la condemnatio sont incertæ : quidquid paret... facere oportere; — quanti ea res erit tantam pecuniam condemna; ou avec taxation : quanti ea res erit, duntaxat decem millia, condemna.

ACTIONS DE BONNE FOI.

Dans l'action de bonne foi, l'addition des mots : ex bona fide ou autres équivalents, vient agrandir le cercle des pouvoirs du juge, et la condemnatio est toujours *infinita* : Quod A. Agerius apud N. Negidium mensam argenteam deposuit, qua de re agitur; quidquid ob eam rem N. Negidium A. Agerio dare facere oportet ex fide bona ejus, id judex N. Negidium A. Agerio condemnato...

Sont de bonne foi, les actions qui dérivent de la vente, du louage, de la gestion d'affaire, du mandat, du dépôt, de la société, de la tutelle, du commodat, du gage; les actions *familiæ erciscundæ* et *communi dividundo*; l'action *præscriptis verbis* en cas de contrat estimatoire ou d'échange; l'action *de dote*; la pétition d'hérédité.

On n'étudiera ici ni les actions qui dérivent des contrats ou quasi-contrats, à l'occasion desquels nous les avons déjà étudiées; ni les deux actions divisoires, que nous connaissons; ni la *petitio hereditatis*, que nous connaissons également (T. 102); on n'étudiera que l'action *de dote*, et l'action *præscriptis verbis*.

Actions en restitution de dot.

ANCIEN DROIT.

Quand et à qui la dot doit-elle être restituée. — **I.** Toute personne, qui constitue une dot, peut valablement *stipuler* que la dot lui sera restituée dans telle ou telle circonstance. Dans cette hypothèse, la restitution est garantie par l'action *ex stipulatu*.

II. Mais, si la constitution de dot n'a été accompagnée d'aucune stipulation relative à la restitution? Deux hypothèses : 1° *Divorce, ou prédécès du mari.* La femme *sui juris* peut obtenir la restitution, au moyen de l'action *rei uxoriæ*; (si elle est *filiafamilias*, son père pourra exercer l'action *rei uxoriæ*, mais seulement avec le concours de sa fille). — Si, après la dissolution du mariage, la femme meurt sans avoir recouvré sa dot, l'action *rei uxoriæ* ne passera à ses héritiers, que si, de son vivant, elle a mis en demeure le mari divorcé ou l'héritier du mari. — 2° *Prédécès de la femme.* En principe, la dot reste au mari; toutefois, s'il s'agit d'une dot *profectice*, constituée par le père ou l'aïeul paternel de la femme, cet ascendant pourra se la faire rendre par l'action *rei uxoriæ*.

D'après ce qui précède, on voit que la femme peut se faire rendre sa dot, soit par l'action *ex stipulatu*, soit par l'action *rei uxoriæ*. Quelles sont les différences entre ces deux actions? Il y en a six.

Action rei uxoriæ.	**Action ex stipulatu.**
1° Elle est de bonne foi; et se donne de quelque manière que la dot ait été constituée.	Elle est de droit strict, et ne se donne que si la restitution de la dot a été stipulée.
2° Elle n'appartient pas aux héritiers de la femme, qui meurt *in matrimonio*, ou qui meurt après la dissolution du mariage, sans que le mari, ou son héritier, ait été mis en demeure.	Dans les deux cas, au contraire, les héritiers de la femme peuvent agir ex stipulatu.
3° Le mari poursuivi peut exercer certaines rétentions.	Il ne peut exercer ces rétentions.
4° Le mari peut restituer la dot, qui consiste en choses fongibles, en trois termes d'un an chacun : *annua, bima, trima die.*	Le mari doit restituer, aussitôt après la dissolution du mariage, la dot de quantités comme celle de corps certains.
5° Le mari a le bénéfice de compétence.	Le mari n'a pas le bénéfice de compétence.
Si le mari mourant in matrimonio laisse une disposition de dernière volonté au profit de sa femme :	
6° La femme doit opter entre le bénéfice de cette disposition et l'exercice de l'action rei uxoriæ.	La femme peut cumuler le bénéfice de l'action *ex stipulatu*, et celui de la disposition en sa faveur.

INNOVATIONS DE JUSTINIEN.

Justinien fond les deux actions en une seule, qui prend le nom d'action *ex stipulatu*. Il sous-entend toujours la stipulation; mais en même temps, il sous-entend la *cautio de dolo*, qui accompagne habituellement la stipulation, ce qui donne à cette nouvelle action le caractère d'*action de bonne foi*.

Comme l'action rei uxoriæ, la nouvelle action : 1° est une action de bonne foi; 2° comporte, en faveur du mari, le bénéfice de compétence; 3° permet au mari de ne restituer la dot, qui consiste en *meubles*, qu'au bout d'un délai d'un an. — La dot *immobilière* doit être restituée immédiatement.

Comme l'ancienne action ex stipulatu, la nouvelle action : 1° passe, dans tous les cas, aux héritiers de la femme morte *in matrimonio*, ou après la dissolution du mariage, mais sans que le mari ou ses héritiers aient été mis en demeure. — 2° Elle n'admet pas d'autres *rétentions* que les dépenses *utiles* et *nécessaires*, faites pour l'entretien de la chose dotale.

Comme système mixte entre les deux anciennes actions : la nouvelle action accorde au mari un délai d'un an pour la restitution des *meubles*, mais aucun délai pour les *immeubles*.

Remarque. — On sait, d'autre part, que Justinien accorde à la femme, pour sûreté de la restitution de la dot, une hypothèque tacite et privilégiée, sur les biens du mari, primant même les créances antérieures au mariage.

Action præscriptis verbis.

Les Institutes mentionnent deux cas où s'applique l'action *præscriptis verbis* : le contrat *estimatoire* (de æstimato); le contrat d'*échange* (ex permutatione). On connaît ce dernier. — Le contrat estimatoire existe dans l'hypothèse suivante : je remets un certain objet à Titius qui l'*estime* et qui se charge de le vendre; quel que soit le prix de vente, Titius s'engage à me fournir le montant de l'estimation. Or, pourrai-je poursuivre : 1° *ex vendito?* propter æstimationem; — 2° ou bien *ex locato?* quasi rem vendendam locasse videor; — 3° ou encore *ex conducto?* quasi operas conduxissem; ou enfin *ex mandato?* On préfère ne donner aucune des actions dérivant de ces divers contrats, auxquels on pourrait assimiler notre hypothèse, mais bien une action spéciale : *æstimatoria præscriptis verbis actio.*

Cette action *præscriptis verbis* est du reste donnée dans bien d'autres cas que les deux, dont parlent les Institutes à titre d'exemples.

La seule question est de savoir si, dans ces autres cas, l'action *præscriptis verbis* est également *de bonne foi?* M. Demangeat est pour l'affirmative.

(V. pour plus de détails, sur l'action *præscriptis verbis* : contrats innomés. — T. 85).

Article II. — Actions arbitraires. (T. suiv.).

ARTICLE II. — **Actions arbitraires.**

Dans l'action arbitraire, le juge, avant la condamnation, doit d'abord ordonner (*jussus*) au défendeur de satisfaire le demandeur, et ne doit condamner (*sententia*) le défendeur qu'autant que celui-ci refuse d'obéir ou veut éluder le *jussus*. De cette manière, la condamnation du défendeur qui, dans les actions ordinaires, n'est soumise qu'à une seule condition (*si paret*...), se trouve ici subordonnée à une seconde: *nisi restituat, nisi exhibeat*.

Le *jussus* est donc le trait *caractéristique* des actions *arbitraires* ; le pouvoir de donner cet ordre est ordinairement conféré au juge par les clauses: *nisi restituat,— nisi exhibeat*.— Il est probable d'ailleurs que le magistrat n'insérait pas ces clauses, et que le juge n'ordonnait pas la restitution, quand il était d'ors et déjà prouvé que le défendeur était dans l'impossibilité d'obéir au *jussus*. Toutefois, il n'en était pas toujours ainsi, et, notamment, dans l'action *ad exhibendum*, donnée contre celui qui s'était mis dans l'impossibilité de restituer. C'était un moyen de punir le défendeur, plus sévèrement que si on avait agi contre lui par une simple *condictio;* dans celle-ci, en effet, il n'était tenu de rendre par exemple que la somme qu'il avait reçue d'un pupille et consommée de bonne foi; dans l'action *ad exhibendum*, au contraire, faute d'exhiber les écus mêmes qu'il a reçus et consommés de mauvaise foi, le défendeur sera condamné à payer la somme déterminée *par le serment* du demandeur.

Le juge peut du reste fixer comme il l'entend, *ex bona et æquo*, la satisfaction à donner au demandeur.

Le *jussus* (ou arbitrium) est-il susceptible d'exécution forcée? M. Labbé, à son cours, distingue : 1° L'*arbitrium* peut être exécuté *manu militari* s'il ne s'agit que de lever un obstacle de fait, par exemple de restituer au propriétaire une chose dont la restitution est possible. 2° La *manus militaris* ne peut être employée, s'il s'agit de l'accomplissement d'un acte juridique, qui exige, comme condition essentielle, la volonté d'une personne: tel est le cas de l'*arbitrium* portant sur une translation de propriété, ou dans les actions quod metus causa, de dolo, de eo quod certo loco.

Quelles sont les actions arbitraires? — Justinien cite: **I** parmi les actions *réelles:* l'action Publicienne, l'action Servienne, l'action quasi-Servienne ou hypothécaire. Mais il faut y ajouter les actions *in rem* civiles, qui très-certainement sont des actions arbitraires.

II parmi les actions *personnelles*: les actions ad exhibendum, quod metus causa, de dolo malo, de eo quod certo loco, finium regundorum. Nous allons les examiner rapidement :

1° Action ad exhibendum. Introduite pour faciliter la revendication, elle appartient, en général, *à toute personne* qui est intéressée à l'exhibition, *contre toute personne* qui peut exhiber, ou qui s'est mise, par dol, dans l'impossibilité d'exhiber. L'*arbitrium* ordonne au défendeur d'exhiber ; s'il ne le fait, il est condamné à la somme fixée par le demandeur, sous la foi du serment.

2° Action quod metus causa. — Elle est donnée, au cas où un acte juridique a été accompli sous l'empire d'une menace, — contre toute personne qui a tiré profit de l'acte entaché de violence, quoiqu'elle n'en soit ni auteur ni complice, ni même simplement consciente. Elle est donc : *in rem scripta*. — L'*arbitrium* ordonne au défendeur de rétablir le demandeur dans l'état antérieur. S'il refuse, il est condamné au quadruple.

3° Action de dolo. — A la différence de la précédente, elle est in *personam scripta*, et, par suite, donnée seulement contre l'auteur des manœuvres frauduleuses, qui ont déterminé quelqu'un à accomplir un acte juridique. — L'*arbitrium* ordonne au défendeur de rétablir le demandeur contre les conséquences du dol; le défendeur, s'il refuse, est condamné au simple, mais il encourt l'infamie.

4° Action de eo quod certo loco. — Elle est donnée à celui qui devait recevoir l'acquittement d'une obligation en un certain lieu, et qui veut l'obtenir ailleurs. S'il intentait l'action autre part qu'au lieu convenu, il y aurait *plus-petitio loco*, et sa demande serait repoussée. Mais, comme il peut avoir intérêt à recevoir dans cet autre endroit, le préteur modifie la formule et la rend arbitraire, pour permettre au créancier d'agir où il voudra, sans craindre les conséquences de la *plus-petitio loco*. — Le juge *ordonne* au défendeur de satisfaire le demandeur, d'une façon suffisante, même, suivant les cas, en donnant caution; si le défendeur résiste, le juge le condamne, en tenant compte de la différence des lieux, soit en faveur du défendeur, soit en faveur du demandeur.

Remarque. — Cette action n'était donnée, que lorsque la *plus-petitio* était à craindre, ce qui n'avait lieu ni dans les actions de *bonne foi*, ni dans la *condictio incerti*.

5° Action finium regundorum. — Elle est arbitraire, car le juge peut ordonner au défendeur de restituer du terrain, d'abattre des arbres, ou constructions, pour le rétablissement des bornes.

Observation. — Trompés par l'expression *arbitria*, qui désigne quelquefois les actions de bonne foi, quelques auteurs ont pensé que les actions arbitraires n'étaient qu'une variété des actions de bonne foi. C'est une erreur, et, comme seule preuve, l'*exception de dol* est nécessaire dans les actions arbitraires, ce qui ne serait pas, si elles étaient de bonne foi.

CHAPITRE X. — ACTIONS QUI FONT OBTENIR: TANTOT TOUT CE QU'ON DEMANDE, — TANTOT MOINS,

ou CIRCONSTANCES QUI EMPÊCHENT LE DEMANDEUR D'OBTENIR TOUT CE QUI LUI EST DU.

En général, toute action justifiée devrait faire obtenir au demandeur l'intégralité du montant de sa demande; dans certains cas cependant il obtient moins. — Ainsi: **I.** Le créancier d'un esclave ou d'un fils de famille, à l'occasion de l'administration du pécule, ne peut poursuivre le maître ou le père, que jusqu'à concurrence du montant du pécule. (V. plus loin T. 110).

II. La femme, exerçant l'action *rei uxoriæ*, peut obtenir une condamnation inférieure au montant intégral de sa dot :*propter retentiones*, à cause de certaines rétentions que le mari serait en droit d'exercer.

Justinien supprime ces rétentions à moins qu'il ne s'agisse de dépenses nécessaires. Le mari doit *commencer* par restituer la dot *intégralement*, sauf à poursuivre ensuite la femme, s'il y a lieu,— de même que, déjà dans l'ancien droit, il pouvait la poursuivre *propter res donatas*, en restitution de ce qu'il lui avait donné ; *propter res amotas*, en restitution de ce qu'elle avait détourné ; et *de moribus mulieris*, en raison de sa mauvaise conduite.

III. Enfin la condamnation est inférieure au montant du droit, dans les deux cas appelés : *bénéfice de compétence; compensation.*

Bénéfice dit de compétence.

Ce bénéfice, dit de compétence, consiste en ce que le défendeur est condamné seulement à ce qu'il peut payer: *Quatenus facere potest;* l'avantage consiste à le soustraire aux conséquences rigoureuses qu'entraîne une condamnation, contre celui qui ne peut l'exécuter. — Pour calculer les *facultés* du défendeur, sur lesquelles on base le: *quatenus facere potest*, le juge ne tient compte que de l'*actif brut*.

Ce bénéfice est personnel; il ne s'applique ni aux cautions ni aux héritiers; il peut être opposé même à l'action *judicati*.

Il appartient: — Aux ascendants, poursuivis par leurs descendants ; au patron, à la patronne, à leurs enfants ou ascendants, poursuivis par l'affranchi; — au mari, poursuivi par sa femme en restitution de sa dot, avant Antonin le Pieux, et, après lui, en restitution de toute créance; — à l'associé poursuivi par son associé; — au militaire, à raison des dettes par lui contractées; — au débiteur qui a fait cession de biens, au moyen de l'exception *nisi bonis cesserit*, s'il acquérait plus tard d'autres biens, et se trouvait poursuivi, sur ces nouvelles acquisitions, par ses créanciers antérieurs ; — au donateur poursuivi par le donataire, en exécution de la donation; toutefois ce cas spécial diffère des autres sous deux points de vue: 1° on calcule les facultés sur l'*actif net* du donateur; sur cet actif, on lui laisse quelque chose *ne egeat*.

Compensation.

La compensation suppose deux personnes, qui se trouvent chacune à la fois créancière et débitrice de l'autre; les deux obligations se balancent (*compensantur*), se neutralisent, au moins jusqu'à concurrence de la plus faible, qui se trouve entièrement supprimée, la plus élevée ne subsistant plus que pour la différence. Quoiqu'aucune idée ne soit plus rationnelle, elle n'avait pas été admise dès le principe comme règle de droit commun; et cependant, sans elle, obligé de vous payer 1000, je pourrai, aussitôt après vous avoir payé, exiger de vous ce que vous me devez, c'est-à-dire vous obliger à me rendre d'une main ce que vous recevez de l'autre; or la compensation était indiquée dans ce cas, en effet: *interest nostra potius non solvere quam solutum repetere.*

DROIT ANTÉRIEUR A JUSTINIEN.

On vient de dire que, dans l'ancien droit, la compensation n'avait lieu que dans une mesure fort restreinte.

1° Dans les actions de bonne foi. — — La compensation fut toujours admise, à condition que la créance du défendeur provint de la même cause (*ex eadem causa*), du même fait juridique que la demande principale. — Sans cela, l'*intentio* : *quidquid ob eam rem... dare facere oportet* EX FIDE BONA, ne suffirait pas pour permettre au juge de tenir compte de faits étrangers à la demande même qui lui est soumise.

2° Dans les actions de droit strict. — La compensation, d'après Gaius, n'était admise que dans deux cas spéciaux :

Premier cas. — Un banquier (*argentarius*) agit contre quelqu'un, qui est également son créancier; le banquier doit faire lui-même le compte, et ne demander que la différence, sous peine de plus-pétition. — Il faut d'ailleurs que les deux créances ou dettes soient absolument de la même nature, argent, vin, blé, etc.

Deuxième cas. — On a vendu en masse les biens d'un débiteur insolvable (*defraudator*). L'acheteur exerce une action (qui appartenait au *defraudator*) comme action utile, contre une personne qui est à la fois créancière et débitrice de la masse. Il y a compensation (*deductio*), et le défendeur n'est condamné, que déduction faite de ce qui lui est dû à lui-même par l'insolvable.

Voir pour la suite Innovations de Justinien. (T. suiv.).

Compensation. — ACTIONS PERPÉTUELLES, — TEMPORAIRES. — ACTIONS TRANSMISSIBLES OU NON.

Compensation (Fin).

DROIT ANTÉRIEUR A JUSTINIEN (Fin).

Entre la compensation de l'*argentarius* et la *deductio* du bonorum emptor, il y a trois différences :

1°. L'*argentarius* ne doit compenser sa créance et sa dette, que si l'objet de l'une et de l'autre est *ejusdem generis et naturæ* ; — Au contraire, il y a lieu à *deductio*, même en présence d'une dette ayant un objet différent.

2°. L'*argentarius* ne fait la compensation que d'une dette exigible ; — la *deductio* s'applique même à une dette à terme du *defraudator*.

3°. L'*argentarius* doit faire la compensation, dans l'*intentio* même, en ne portant que la différence, sous peine de *plus-petitio* ; — dans la *deductio*, qui ne s'applique qu'à la *condemnatio*, laquelle est *incerti*, il n'y a point à craindre la plus-pétition.

(Les deux cas que l'on vient d'étudier ont disparu au temps de Justinien).

En dehors des deux cas précédents, le défendeur, poursuivi par une action de droit strict, devait être condamné pour la totalité de sa dette, sauf à intenter ensuite une action contre son adversaire, pour obtenir, à son tour, ce qui lui était dû.

Mais un rescrit de Marc-Aurèle introduisit bientôt la compensation dans les actions *de droit strict*, au moyen d'une *exception de dol*, même *ex dispari causa* ; et, en effet, il ne saurait y avoir *eadem causa*, même origine des deux créances, puisque l'action de droit strict résulte uniquement d'un contrat *unilatéral*.

(Ceci, d'ailleurs, dut s'étendre aux actions de bonne foi, dans lesquelles on admit la compensation *ex dispari causa*, en modifiant un peu la *demonstratio*, pour étendre le pouvoir appréciateur du juge).

Quel est le résultat de l'exception doli mali, insérée dans la formule, si le défendeur prouve qu'il y a lieu à compensation ? *D'après les uns*, le défendeur obtiendra absolution complète, comme celui que poursuit un *argentarius*, qui a omis d'établir la compensation. *D'après les autres*, et c'est la doctrine la plus autorisée, le défendeur sera seulement condamné à l'excédant de sa dette sur sa créance.

Dans les actions *in rem*, la compensation n'est jamais admise. (V. plus loin).

INNOVATIONS DE JUSTINIEN.

La règle générale, sous Justinien, est que le défendeur peut toujours invoquer la compensation, quand il a une créance liquide.

Il excepte le dépositaire, et le spoliateur, qui ne peuvent opposer la compensation au déposant (ou au spolié), ce qui avait probablement déjà lieu dans l'ancien droit.

La constitution de Justinien innove sous plusieurs points de vue :

I. — Il étend le principe de la compensation, en décidant : *ut actiones IPSO JURE minuat*. On a donné plusieurs explications de cette innovation : 1° Dès que Mævius et Titius se trouvent réciproquement créanciers et débiteurs l'un de l'autre, les deux obligations s'éteignent de *plein droit* « sine ullo facto hominis », la plus faible pour le tout, l'autre, jusqu'à concurrence de la plus faible.

2°. La compensation ne se produit que si elle est invoquée ; mais, une fois admise par le juge, tout se passe comme s'il y avait eu paiement, au moment même où les deux obligations ont coexisté.

Ces deux premières explications sont peu admissibles : en effet, on constate, bien antérieurement à Justinien, les effets que ces modifications, ainsi entendues, pouvaient seules produire.

3°. Justinien oppose l'extinction *ipso jure*, à l'ancienne extinction produite par l'exception *doli mali*. Dès lors, dans toutes les actions, la compensation sera un moyen de défense ordinaire, et non plus seulement une exception ; de sorte que le défendeur pourra la faire valoir sans recourir à une forme spéciale de procédure.

4°. Le débiteur, qui devient créancier de son créancier, a d'ors et déjà droit à la compensation, quelle que soit l'appréciation du juge. Alors même que le juge de l'action, dirigée contre moi, se refuserait à tenir compte de ma créance, si je parviens à une époque quelconque à la justifier, je serai traité comme si le juge avait fait la compensation. (M. Demangeat).

II. — Justinien admet la compensation dans les actions *in rem*.

III. — Justinien, le premier, exige que la créance, opposée en compensation, soit liquide ; cette règle est générale, et s'applique aux anciennes comme aux nouvelles hypothèses, que la cause des deux créances soit connexe ou distincte, que les objets soient ou non de même nature et qualité.

CHAPITRE XI. — ONZIÈME DIVISION. — ACTIONS PERPÉTUELLES, — TEMPORAIRES.

Les actions sont *perpétuelles*, quand elles peuvent indéfiniment être exercées ; *temporaires*, quand elles s'éteignent après un certain temps.

Deux époques.

Droit ancien.

Règle générale. — **I.** Etaient perpétuelles, toutes les actions réelles ou personnelles qui dérivent du droit civil : loi, sénatus-consulte, constitution impériale. — **II.** Etaient temporaires (limitées à un an), les actions créées par le préteur (actio de dolo, quod metus causa, publicienne, rescisoire, paulienne..).

Exceptions. — **I.** *Quoiqu'actions civiles* : 1° l'action *de lege Julia repetundarum* était limitée à un an contre les héritiers ; 2° l'action contre les *sponsores* et les *fidepromissores* était limitée à deux ans par la loi *Furia* ; 3° la *querela inofficiosi testamenti* était limitée à cinq ans. — **II.** A l'inverse, étaient perpétuelles, *quoique prétoriennes* : 1° l'action *furti manifesti* ; 2° les actions héréditaires données au *bonorum possessor*, à l'*emptor bonorum*, et au *fidéicommissaire* ; 3° l'action *publicienne*, et, en général, les actions *rei persequendæ*.

(En cette matière des actions prétoriennes, on peut poser en principe que : celles, qui imitent ou remplacent le droit civil, sont perpétuelles ; celles, qui lui sont contraires, sont annales).

N. B. On sait que l'*année*, pendant laquelle durent les actions prétoriennes, est une année UTILE et non une année continue.

Droit du Bas-Empire.

D'après une constitution de Théodose le Jeune, les actions réelles ou personnelles, qui, dans l'ancien droit, étaient perpétuelles, sont limitées à une durée de 30 ans. Toutefois : 1° l'action hypothécaire, — quand la chose hypothéquée est restée dans le patrimoine du constituant, — se prescrit par 40 ans ; 2° la prescription de 30 ans ne court pas contre le pupille.

Ainsi, sous Justinien, les actions perpétuelles sont celles qui durent 30 ou 40 ans. Les actions temporaires sont celles qui durent moins de 30 ans.

Appendice. Péremption d'instance.

La durée de l'*instance*, qu'il ne faut pas confondre avec la durée de l'*action*, est limitée. Il ne faut pas, en effet, laisser traîner les procès indéfiniment en longueur.

Dans le droit classique. — I. Dans les *judicia legitima*, l'instance est périmée, si la sentence n'est pas obtenue dans le délai de 18 mois à partir de la *litis contestatio* (loi Julia).

II. Les *judicia imperio continentia* finissent avec les pouvoirs du magistrat qui les a introduits. Le délai était donc relatif, et, dans les formules délivrées par le magistrat, vers la fin de ses fonctions, les parties pouvaient ne pas avoir le temps de se faire juger.

Le *judicium* est *LEGITIMUM* quand l'instance est engagée à Rome ou dans un rayon d'un mille autour, devant un seul juge, et entre parties qui, toutes, jouissent de la cité. — Le *judicium IMPERIO CONTINENS* est celui qui ne réunit pas ces trois caractères.

Dans le droit de la décadence. — La distinction précédente tombe avec l'*ordo judiciorum*, et, après certaines variations Justinien pose la règle générale : que les instances ne doivent pas durer plus de trois ans.

CHAPITRE XII. — DOUZIÈME DIVISION.

ACTIONS QUI PASSENT OU NE PASSENT PAS AUX HÉRITIERS OU CONTRE LES HÉRITIERS.

Actions qui passent aux héritiers du créancier. — En général, toutes les actions *rei persecutoriæ* ou *pénales* passent aux héritiers. Toutefois, dans l'ancien droit, l'action appartenant à l'adstipulator, — sous Justinien, certaines actions ayant un caractère, personnel, (actions *d'injure* — *querela inofficiosi testamenti*), — restent exclusivement réservées à celui, en la personne duquel elles sont nées.

Actions qui se donnent contre les héritiers du débiteur. — Les actions *pénales* ou *mixtes*, seules, ne sont pas transmissibles contre les héritiers du débiteur ; ils peuvent, toutefois, être poursuivis, jusqu'à concurrence de ce dont le délit de leur auteur les aurait enrichis.

Remarque. — L'instance, une fois engagée par la *litis contestatio*, les actions, qui s'éteindraient par la mort de l'une des parties, sans cette circonstance, sont dès lors transmissibles *activement* et *passivement* : actiones, quæ tempore vel morte pereunt, semel inclusæ judicio, salvæ permanent. — (Inst. § 1, in fine).

CHAPITRE XIII. — TREIZIÈME DIVISION.

ACTIONS NOXALES, — ET ACTIONS *QUOD JUSSU, INSTITORIA, EXERCITORIA, TRIBUTORIA, DE PECULIO, DE IN REM VERSO.*

Ces diverses actions ont le caractère commun qu'elles sont données, contre le père ou le maître, pour les obligations résultant des délits ou des contrats émanés des personnes qui sont sous leur puissance, paternelle ou dominicale.

ARTICLE PREMIER. — **Généralités.**

Le père de famille profite de tout ce qu'acquièrent les enfants ou les esclaves soumis à sa puissance ; mais il n'est nullement tenu des dettes qu'ils viendraient à contracter, car ils ne peuvent être, pour le chef de famille, qu'une source d'avantages.

Toutefois, quant aux obligations naissant des délits commis par les personnes *alieni juris*, on avait admis, dès le principe, que la partie lésée pourrait agir contre le père de famille, en réservant à celui-ci la faculté de se dispenser de payer le dégât, en abandonnant, au demandeur, l'auteur du délit (*noxam dedere*) ; il est en effet de principe que le propriétaire d'une chose ne doit pas éprouver, par le fait de cette chose, un dommage supérieur à la perte de la chose elle-même. L'*abandon noxal* s'applique aux animaux et aux choses inanimées comme à l'esclave et au fils de famille.

Quant aux obligations résultant *des contrats* des individus *alieni juris*, le chef de famille n'était pas inquiété à leur sujet. Mais, tandis que l'engagement de l'esclave était absolument nul, (car on ne pouvait agir ni contre son maître, ni contre lui-même, puisqu'il n'avait pas de personnalité civile), — l'engagement du fils était valable, mais ne pouvait être exécuté du vivant du père, car on n'aurait pu l'exécuter ni sur la personne du fils, qui appartenait au père, ni sur ses biens, puisqu'il ne pouvait en avoir en propre, au moins dans l'ancien droit. Ainsi, *en droit* et *en fait*, esclaves et fils de familles étaient en dehors des transactions commerciales.

Le préteur modifia le système précédent en accordant, sous certaines conditions, à ceux qui ont traité avec l'esclave ou le fils, le droit de poursuivre le père de famille, tantôt pour le tout (*actions quod jussu..... exercitoria.... institoria*), tantôt pour partie seulement (*actions tributoria,.... de in rem verso... de peculio*).

Il faut d'ailleurs remarquer que ces actions, qui viennent d'être énumérées, sont les actions *ordinaires*, émanant du contrat, auxquelles on ajoute *adjectivement* les expressions *exercitoria* ..... etc., etc., pour fixer les circonstances spéciales dans lesquelles elles sont accordées. Ainsi, l'action intentée contre le maître ou le père, à raison d'une vente contractée par le fils ou l'esclave, s'appelle action *venditi exercitoria*. (Même observation pour les actions noxales ; le mot *noxale* n'est qu'un adjectif à l'action *furti*, *legis Aquiliæ*, etc.). Aussi les appelle-t-on quelquefois : actions adjectitiæ qualitatis.

ARTICLE II. — **Actions : quod jussu, etc., données à raison des contrats passés avec ceux qui sont sous la puissance d'autrui.**

Tout en autorisant la poursuite, le préteur doit, tout d'abord, distinguer le cas où l'obligation a été contractée par l'ordre du père de famille, ou tout au moins à sa connaissance.

I. Si l'obligation a été contractée par l'ordre du père de famille, celui-ci est tenu *de toute la dette* (*in solidum*), que l'ordre ait été spécial ou implicitement compris dans une mission plus générale. De là, trois actions :

1° **Actio quod jussu.** — Elle se donne quand l'affaire a été faite en exécution d'un ordre spécial du maître, soit qu'il ait autorisé d'avance l'engagement, soit qu'il l'ait ensuite ratifié.

2° **Actio exercitoria.** — Elle se donne contre l'armateur, *exercitor navis*, à raison des engagements que le fils ou l'esclave, préposé à la conduite du navire (*magister navis*), a contractés pour remplir sa mission.

3° **Actio institoria.** — Par analogie avec la précédente, elle se donne contre celui qui a préposé son fils ou son esclave à un négoce quelconque, pour tous les engagements relatifs à ce négoce. (Le préposé s'appelle *institor*, d'où vient le nom de l'action).

Remarque. — Ces trois actions sont données *in solidum*, même, s'il y a plusieurs préposants, contre chacun d'eux.

Différence entre l'action institoire et l'action exercitoire. — Le *magister navis*, dans le cours de la navigation, a le droit de se substituer quelqu'un, même à l'insu et malgré la défense de l'*exercitor*, pour une ou plusieurs opérations. L'*exercitor* est également tenu des engagements contractés par ce substitué. — Au contraire, l'action institoire ne pourrait être exercée, à raison des engagements contractés par le substitué de l'*institor*, contre le maître ou le père de ce dernier.

Extension apportée aux actions exercitoire et institoire. — Le préteur étend ces deux actions au cas où le préposé est un homme *sui juris*, et au cas où le préposé serait l'esclave ou le fils de famille d'un autre que le préposant. — De plus, il étend l'action institoire, non plus seulement à un ensemble d'opérations commerciales, mais aussi à un acte isolé, commercial ou *non commercial*. Enfin, on généralise ces exceptions, en permettant à ceux qui ont traité avec le mandataire, d'agir directement contre le mandant par une action *institoire utile*, et réciproquement au mandant d'agir directement, *utilitatis causa*, par l'action du contrat fait sur son ordre et en son nom. On arrive ainsi, contrairement au droit civil, à admettre la représentation d'une personne par une autre.

II. Si le père de famille n'a ni ordonné ni ratifié l'engagement, il n'en est tenu que jusqu'à concurrence d'une certaine valeur. De là, trois nouvelles actions, soit, en tout, six actions pour cette matière spéciale.

1° **Actio tributoria.** — Quand un esclave faisait, avec tout ou partie de son pécule, et pour son propre compte, un commerce dont son maître avait connaissance, le pécule, (ou la portion du pécule), consacré au commerce, était affecté au paiement de ce que l'esclave devait à des étrangers à raison de son commerce, — ou à son maître pour une cause quelconque. La répartition de cet actif entre le maître et les divers créanciers était confiée au maître lui-même, et s'opérait, en cas d'insuffisance, au *prorata* des créances, le maître ne jouissant d'aucun privilége sur les autres créanciers. Le créancier, qui se prétendait lésé par cette distribution, pouvait agir contre le maître, pour obtenir ce qui lui manquait, par une action dite *tributoire* ; il faut toutefois observer que le maître ne répondait que de son dol.

(Les créanciers, qui reçoivent leur paiement intégral, doivent donner caution de faire le rapport, de ce qu'ils auraient reçu de trop, aux autres créanciers qui peuvent survenir).

2° **Actio de peculio.** — Un esclave ou un fils contracte des dettes relativement à l'administration d'un pécule qui lui est confié, à l'insu ou sans l'autorisation du père ou du maître. Ces derniers peuvent être poursuivis jusqu'à concurrence du pécule.

Cette action diffère de la précédente : 1° en ce que le père ou le maître sont privilégiés, par rapport aux autres créanciers ; 2° en ce que, loin de donner caution de rapporter, le premier créancier, qui se présente, est payé intégralement sans obligations de rapport postérieur ; 3° en ce que l'action *de peculio* porte sur le pécule tout entier, tandis que l'action tributoire ne porte que sur la portion affectée au commerce.

3° **Actio de in rem verso.** — Lorsqu'un esclave ou un fils a traité avec un tiers, *sine voluntate domini* (*vel patris*), le père ou le maître, s'ils ont profité de l'acte, peuvent être poursuivis jusqu'à concurrence de l'enrichissement, du profit qu'ils ont tiré de l'acte.

A la différence de celui qui intente l'action *tributoire* ou l'action *de peculio*, et qui n'obtient souvent qu'une portion de son dû, celui, qui agit par l'action *de in rem verso*, obtient la totalité, s'il peut prouver que toute l'opération a tourné au profit du maître ou du père.

III. Choix accordé au créancier entre ces diverses actions. — Celui, qui a droit aux actions *quod jussu*, *exercitoria*, *institoria*, peut aussi intenter l'action *de peculio* ou *de in rem verso* ; mais il n'y a pas d'intérêt, puisque, dans l'action de peculio, il est primé par le maître ou le père, et que, dans l'action *de in rem verso*, il ne peut agir contre le père ou le maître, que jusqu'à concurrence de l'enrichissement qu'ils ont obtenu.

Celui, qui a l'action *quod jussu*, peut intenter aussi l'action *tributoire*, mais il n'y a pas d'intérêt, puisqu'il serait appelé à concourir, avec le maître ou le père, sur le pécule ou une fraction du pécule.

Celui, qui a l'action *tributoire*, peut agir, s'il y a intérêt, *de peculio* et *de in rem verso*.

IV. — Différences entre les engagements pris par un esclave, et ceux pris par un fils de famille.

1° Le créancier a une action contre le maître, mais il n'en a jamais contre l'esclave ; il a, au contraire, s'il contracte avec le fils, une action contre le père, et de plus, une action contre le fils, qui peut s'obliger civilement. 2° L'esclave, qui s'engage par mandat ou fidéjussion, pour une autre personne que son maître, n'oblige pas celui-ci ; dans les mêmes circonstances, le père est tenu *de peculio* de l'engagement du fils. 3° Un esclave, en contractant un prêt d'argent, fait naître l'action *de peculio* contre son maître ; il n'en serait pas de même du fils ; en effet, le SC. Macédonien (Claude), renouvelé sous Vespasien, refuse au prêteur toute action contre le fils, la fille, les petits-enfants en puissance ou devenus *sui juris*, et aussi contre le père ou l'aïeul. C'est une mesure de sécurité pour les familles. Toutefois, l'exception du SC. Macédonien laisse subsister une obligation naturelle ; de sorte que, s'il y a eu remboursement du prêt, cette somme ne pourrait être réclamée par la *condictio indebiti*.

Le SC. Macédonien cesse de s'appliquer : 1° s'il s'agit d'un prêt de choses autres qu'une somme d'argent ; 2° si le père a approuvé l'emprunt fait par le fils ; 3° s'il en a profité ; 4° si le prêteur était de bonne foi, ou si l'emprunteur s'est fait faussement passer pour *sui juris* ; 5° si le fils de famille était militaire au moment du prêt.

ARTICLE III. — **Actions noxales** (V. T. suiv.).

ACTIONS NOXALES *(Suite)*.

La qualification de ces actions vient des mots *noxa* et *noxia*, dont le premier désigne l'auteur du délit, et le second le délit lui-même ; mais on les prend quelquefois l'un pour l'autre.

Qu'est-ce que l'action noxale ? — Les délits, commis par les esclaves ou les fils de famille, donnaient naissance à des actions pénales contre le maître ou le père de famille. — Mais ceux-ci avaient la faculté d'échapper à la condamnation, en abandonnant, au demandeur, l'auteur du dommage. — Cette action, comme celles de l'article II, n'était pas une action spéciale ; c'était l'action ordinaire, résultant de tel ou tel délit, modifiée de façon à laisser au défendeur cette faculté d'échapper à la condamnation, par l'*abandon noxal*. — On distinguait des actions noxales *civiles* (action noxale *furti*, ou action noxale résultant de la loi *Aquilia*), et des actions noxales *prétoriennes* (actions noxales *injuriarum*, *vi bonorum raptorum*).

Contre qui se donne l'action noxale ? — L'action noxale n'est point fondée sur le principe que les chefs de famille doivent surveiller les individus soumis à leur puissance ; car elle se donne toujours contre le propriétaire actuel de l'esclave, et non contre celui auquel l'esclave appartenait quand le délit a été commis : de là, la maxime « *noxa caput sequitur* ». Si donc votre esclave a commis un délit, tant qu'il est sous votre puissance, c'est contre vous que l'action doit être intentée ; s'il vient à passer sous la puissance d'un nouveau maître, c'est contre celui-ci que l'action doit être dirigée ; enfin, si l'esclave est affranchi, on agit contre lui-même par action directe, et, naturellement, il n'y a plus d'abandon noxal. *Réciproquement*, si un homme libre, ayant commis un délit, devient ensuite votre esclave, l'action directe s'éteint, et la partie lésée peut agir contre vous par action noxale.

Le délit, que le fils ou l'esclave commet au préjudice de son père ou de son maître, ne donne lieu à aucune action ; car aucune obligation ne peut naître entre une personne et ceux qui sont sous sa puissance : ainsi, alors même que votre esclave, après avoir commis un délit, passerait sous la puissance d'un autre ou serait affranchi, vous seriez sans action. De même, si l'esclave d'autrui a commis un délit, à votre préjudice, et qu'il tombe ensuite sous votre puissance, l'action noxale s'éteint, si bien qu'elle ne revivrait pas, si l'esclave était aliéné ou affranchi. Telle était du moins l'opinion des Sabiniens. Les Proculiens pensent, au contraire, que l'action n'est qu'assoupie, et qu'elle renaît dès que l'esclave sort de votre puissance.

Pour être soumis à l'action noxale, il ne suffit pas d'être propriétaire de l'esclave ; il faut encore l'avoir en sa possession ; aussi ne donne-t-on pas d'action contre le maître, quand l'esclave est en fuite ou possédé par un tiers *animo domini* ; c'est alors contre ce possesseur que l'action est dirigée.

On a vu (T. précédent), que le juge, saisi d'une action noxale, doit condamner le défendeur, soit à payer, soit à abandonner la noxe. Le défendeur, qui peut ainsi, après la sentence, éviter le paiement par l'abandon de la noxe, peut, *a fortiori*, éviter la condamnation et le procès en faisant spontanément cet abandon. — Toutefois, celui qui a frauduleusement nié avoir l'esclave noxal en sa possession, ou qui a coopéré au délit, ou même qui aurait pu l'éviter en employant les soins d'un bon père de famille, perd le bénéfice de l'abandon noxal, et doit être condamné purement et simplement.

De quelle manière et à quel moment se fait l'abandon noxal ? — L'abandon noxal s'opère par une *mancipatio* ou une *cessio in jure*, et la partie lésée acquiert, sur l'esclave, la puissance dominicale complète. Toutefois, si on pouvait en croire le témoignage isolé de Justinien, l'esclave se serait alors trouvé dans une position particulière : il aurait pu obtenir la liberté, malgré son nouveau maître, en remboursant à celui-ci la somme pour laquelle avait eu lieu l'abandon noxal. Il y a probablement là une innovation de Justinien, qui veut appliquer à l'esclave, ce qui était spécial au fils.

On sait, en effet, que tout ce qui vient d'être dit de l'abandon noxal s'appliquait également aux fils de famille, avec cette différence que le fils de famille ne tombait pas dans un esclavage proprement dit ; il était soumis à une condition spéciale, le *mancipium*, qui, tout en l'assimilant aux esclaves sous certains rapports, ne lui faisait pas perdre le bénéfice de l'ingénuité, et lui laissait la faculté de se faire affranchir, dès qu'il avait procuré à la personne, à laquelle il avait été abandonné, un profit équivalent au dommage causé.

Réformes de Justinien. — L'abandon noxal du fils de famille disparut sous l'influence des idées chrétiennes. Déjà aboli, à l'égard des filles, par Constantin, il le fut, à l'égard des fils, par Justinien. La partie lésée n'est pas pour cela sans ressources : elle peut agir directement contre le fils, par l'action du délit, sauf à agir ensuite *de peculio* contre le père, à raison de la somme pour laquelle le fils aura été condamné.

ARTICLE IV. — Appendice. — Action noxale de pauperie.

(SI QUIS QUADRUPES PAUPERIEM FECERIT).

Qu'est-ce que l'action noxale de pauperie ? — Lorsqu'un animal cause un dommage à une personne, celle-ci, en vertu de la loi des XII Tables, peut intenter une action en réparation contre le propriétaire. Mais celui-ci peut échapper à l'obligation de réparer le préjudice, en faisant abandon noxal de l'animal. — On appelle cette action : noxale *de pauperie*, en effet, l'animal est inconscient, et ne peut être considéré comme ayant commis un *délit* ; on ne peut que constater et chercher à réparer un dommage causé sans intention de nuire, dommage qui, précisément, s'appelle *pauperies*.

A quels animaux s'applique l'action de pauperie ? — L'action noxale, établie par la loi des XII Tables, ne se référait qu'aux quadrupèdes (*quadrupes*) ; elle n'avait lieu, que si le quadrupède, en causant le préjudice, sort de son *naturel*, et non s'il ne fait qu'obéir à sa férocité naturelle : un cheval fougueux, qui, suivant son habitude, a lancé une ruade ; un bœuf, qui, suivant son habitude, a donné un coup de corne.

La loi des XII Tables ne donnait pas l'action *de pauperie*, s'il s'agissait d'un bipède (?) ou bien d'un animal qui avait causé un dommage par la férocité *naturelle à son espèce*, par exemple : un ours, un lion, etc.

Action introduite par l'édit des édiles. — Les édiles considèrent comme coupable d'une négligence grave, celui qui détenait, près des lieux fréquentés par le public, un chien, un porc, un sanglier, un ours, un lion. Le maître de l'animal était condamné : 1° pour blessures faites à un homme libre, à une somme déterminée par le juge *ex æquo et bono* ; 2° et, pour tous les autres dommages, au double du préjudice causé. Le maître ne pouvait se dérober à cette condamnation par l'abandon noxal de l'animal.

Du reste, outre cette action, la victime du dommage pouvait exercer en même temps l'action noxale *de pauperie*, si l'on se trouvait dans un cas où elle pût être intentée.

Remarque. — L'abandon noxal, on l'a dit plus haut, s'appliquait même aux choses inanimées. Si donc la maison de mon voisin s'écroulait et démolissait la mienne, je n'avais d'autre réparation du dommage, que de devenir propriétaire des débris de la maison démolie. C'est pour éviter cet inconvénient qu'on introduisit la : cautio damni infecti. (Voir aux stipulations, T. 117).

DEUXIÈME SECTION. — EXCEPTIONS.

CHAPITRE PREMIER. — NOTIONS GÉNÉRALES.

Des défenses et des exceptions en général. — Les moyens de défense, contre les actions, sont de trois espèces principales : les *défenses au fond*, les *exceptions*, les *prescriptions* dans l'intérêt du défendeur.

La défense au fond consiste à nier soit le fait soit le droit sur lesquels le demandeur fonde sa prétention. Ainsi le demandeur se prétend créancier ; le défendeur peut repousser la demande, en montrant : soit que le demandeur n'a pas prouvé le fait duquel dériverait l'obligation prétendue ; soit que le prétendu contrat était nul ; soit que l'obligation, valable dans le principe, a été éteinte par une cause d'extinction civile. — Le défendeur peut présenter ces défenses, sans y être autorisé par une clause spéciale, ce qui les distingue profondément des *exceptions* et des *prescriptions*.

L'*exception* se présente toujours comme moyen *subsidiaire*, dont le juge ne doit s'occuper que si la demande est pleinement justifiée, — ce qui, dès lors, rend nécessaire de la paralyser par l'exception. (Celle-ci, justifiée, peut être, à son tour, paralysée par une réplique, qui est à l'exception ce que l'exception est à la demande, etc).

Ainsi, le demandeur prouve que Titius lui doit 100 ; mais Titius a fait insérer une exception fondée sur ce que, postérieurement au contrat, dont on demande l'exécution, il est intervenu un pacte *de non petendo*. Si ce pacte est prouvé, le demandeur sera repoussé. Mais il gagnerait à son tour, si, par une réplique, il prouvait que le pacte *de non petendo* a été paralysé par un autre pacte en sens contraire.

Les *prescriptions* dans l'intérêt du défendeur seront étudiées dans la Section III.

Dans quels cas est-il nécessaire d'insérer les exceptions. — Les exceptions étaient inconnues sous la procédure des actions de la loi. — Sous la procédure formulaire, l'exception, fondée sur l'équité, ne doit pas être insérée dans les actions de bonne foi, dont le caractère est précisément de donner au juge le pouvoir d'apprécier, *de plano*, toutes les considérations d'équité. — Dans les actions de droit strict, au contraire, le juge étant resserré dans l'*intentio*, il fallait lui donner le droit d'apprécier certains faits, en ajoutant, à l'*intentio*, une exception qui précisément énumérait les faits dont le juge pouvait tenir compte dans la *condemnatio*. — L'exception, qui ne reposait pas sur un motif d'équité, devait être insérée, même dans les actions de bonne foi, car le juge n'avait le pouvoir que de juger *ex æquo et bono*.

Sous Justinien, malgré la chute de l'*ordo judiciorum*, les exceptions tiennent encore une place importante.

Forme des exceptions. — Au temps des jurisconsultes classiques, l'exception était ordinairement conçue en forme de *condition négative*, apposée à la condamnation : *Condemna... nisi* ou *si non....* ; — quelquefois elle était précédée des mots *at* ou *ac* : *at si ea res judicata non sit* ; ou du mot *quod* : *quod præjudicium hæreditatis non fiat.....*

Quand doivent-elles être présentées ? — En principe, elles doivent être présentées *in jure*, puisqu'elles doivent être insérées dans la formule. Toutefois : si la cause de l'exception est née postérieurement à la *litis contestatio*, le juge pourrait en tenir compte ; s'il s'agit d'une exception *péremptoire* omise, le défendeur peut se faire restituer *in integrum* contre cet oubli ; enfin, certaines exceptions sont tellement énergiques, qu'on pouvait s'en prévaloir, même contre l'action *judicati*, et éviter ainsi l'exécution de la sentence (exception des SC. Macédonien, — Velleien).

CHAPITRE II. — DIVISION DES EXCEPTIONS.

1re Division. Exception in factum. Exception de dol.

La qualification de « *in factum* », donnée aux exceptions, n'est point opposée, comme dans les actions, à des exceptions *in jus*, qui ne peuvent exister (puisque les moyens, tirés du droit civil, constitueraient des défenses au fond). On oppose l'exception *in factum* à l'exception *de dol*. La première, précisant le fait allégué par le défendeur, sans le qualifier de frauduleux, ne donne au juge qu'une question de fait à résoudre. La seconde ne précise aucun fait : *si in ea re nihil dolo malo A. Agerii factum sit neque fiat.....* Le juge a, dès lors, à apprécier la moralité d'un fait, ce qui donne bien plus d'*alea* au résultat.

Ainsi, quand on est en présence d'un fait caractérisé, on échappe, par l'exception *in factum*, aux dangers de l'appréciation du juge, quant à la pertinence du fait allégué. — Le défendeur profite au contraire des termes généraux de l'exception *de dolo*, quand l'exception repose sur un ensemble de faits difficiles à spécifier.

L'exception de dol, comprenant le dol passé, et le présent (dans lequel rentre l'action de réclamer injustement), on peut dire que le fait qui donnerait lieu à une exception *in factum*, peut presque toujours servir de base à une exception de dol. — Le défendeur a, en général, le choix entre l'une ou l'autre. Toutefois, l'exception de dol étant *infamante*, il ne peut l'employer contre les personnes auxquelles il doit du respect.

2e Division. D'après leur origine.

Les unes ont été établies par le droit civil : droit civil proprement dit, lois, sénatus-consultes, constitutions impériales ; les autres par le préteur.

I. — A la première classe appartiennent entre autres : l'exception *justi dominii*, opposable à la Publicienne ; l'exception de la loi *Cincia*, quant aux donations ; et de la loi Julia (*nisi bonis cesserit*) ; les exceptions : du SC. Trébellien (*restitutæ hereditatis*) ; — du SC. Velléien ; — du SC. Macédonien ; — les exceptions : *si non et illi solvendo sint*, accordée aux fidéjusseurs par Adrien, — et *de dol*, accordée par Marc-Aurèle, pour faciliter la compensation.

II. — A la seconde classe appartiennent ; les exceptions : *doli mali, quod metus causa ; pacti conventi ; jurisjurandi*, etc., etc.

3e Division. D'après leur nature.

Les exceptions sont *in rem* ou *rei cohærentes*, et *in personam* ou *personæ cohærentes*.

I. — L'exception est inhérente à la personne : 1° par rapport au *défendeur*, si elle ne peut être invoquée que par le défendeur lui-même et non par ses fidéjusseurs ou successeurs universels (exception pacti conventi, fait in personam) ; 2° par rapport au *demandeur*, lorsqu'elle ne peut être opposée qu'à un individu déterminé (même exemple).

II. — L'exception est in rem : soit qu'elle puisse être invoquée par les fidéjusseurs ou successeurs du défendeur, — (exceptio jurisjurandi) ; soit qu'elle puisse être opposée à tout demandeur (exception *quod metus causa*).

Certaines exceptions sont *in rem* activement et passivement ; d'autres ne le sont que d'un seul côté.

Exemples. L'exception *quod metus causa*, est in rem : et *passivement*, parce qu'elle peut être opposée à toute personne qui agit en vertu de l'acte extorqué par violence, alors même que cette personne serait restée complètement étrangère aux actes de violence. ; et *activement* en ce qu'elle peut être opposée par l'obligé, ses fidéjusseurs ou successeurs quelconques.

A l'inverse, l'exception *doli mali* est inhérente à la personne, en ce qu'elle ne peut être opposée qu'à l'auteur même du dol, et non aux tiers ; — mais elle est *in rem activement*, en ce qu'elle peut être invoquée par la victime du dol et par ses successeurs quelconques.

N. B. — Les exceptions *in rem* constituent la règle. Les autres sont l'exception.

Remarque. — Les unes comme les autres, une fois insérées, conduisent au même résultat : l'absolution du défendeur ; or cette absolution est définitive et épuise le droit du demandeur, dans l'un comme dans l'autre cas.

4e Division. D'après leur durée.

Les exceptions sont perpétuelles et péremptoires, ou temporaires et dilatoires.

I. — L'exception est péremptoire ou perpétuelle, quand elle peut être opposée au demandeur, à quelque époque que celui-ci intente sa demande, de telle sorte que ce droit de proposer une exception, ne devant jamais s'éteindre, paralyse à tout jamais l'action du demandeur ; c'est précisément pour cela qu'on l'appelle péremptoire, parce qu'elle détruit (*perimit*) l'action.

II. — L'exception est temporaire ou dilatoire, quand elle ne peut être proposée que pendant un certain temps, et que, ce temps expiré, le demandeur peut librement intenter son action. — Cette exception est dilatoire, en ce qu'elle recule le moment où le demandeur pourra, sans danger, intenter son action. Mais, une fois saisi, le juge doit agir comme s'il était en face d'une exception perpétuelle. Aussi, quand une telle exception est opposée *in jure*, le demandeur doit renoncer à réclamer la formule ; en effet, celle-ci délivrée, l'exception, toute dilatoire qu'elle soit, conduirait à l'absolution du défendeur. (Voir toutefois l'extension à cette matière, par Justinien, d'une constitution de Zénon relative à la plus-petitio tempore. T. 98).

N. B. — C'est sur ce cadre des exceptions, qu'on étudiera isolément les principales, dans le chapitre III.

5e Division. — D'après leur but. — Cette division n'offre aucun intérêt et ressortira de l'examen du chapitre III.

CHAPITRE III. (V. T. suiv.).

EXCEPTIONS (*Suite*). — RÉPLIQUES, DUPLIQUES, ETC.

CHAPITRE III. — PRINCIPALES EXCEPTIONS, ÉTUDIÉES ISOLÉMENT.

On les groupera en deux classes : les exceptions *péremptoires*, et les exceptions *dilatoires*.

Principales exceptions péremptoires.

Exceptio doli mali. — Exceptio quod metus causa. — Exceptio in factum composita. — Celui, qui s'oblige sous l'empire de la crainte, du dol, ou de l'erreur, est néanmoins tenu *en droit civil*. Comme il est inique qu'il soit condamné, il repoussera la *condictio* ou l'action *in rem*, dont il sera tenu, par une des exceptions dont s'agit.

— Mais à quoi sert l'exception *quod metus causa*, puisque l'exception *doli mali* comprendrait, *a fortiori*, les cas auxquels elle s'applique ? Cette exception est opposable à tous, tandis que l'exception de dol n'est opposable qu'à l'auteur même du dol.

— L'exception *in factum composita* est donnée, pour remplacer l'exception de dol, contre des personnes auxquelles, par exemple, le défendeur doit du respect (V. 1re division. T. pr.).

Exceptio pacti conventi. — Le pacte, n'étant pas un moyen d'éteindre une obligation *ipso jure*, et, d'un autre côté, la condamnation du défendeur devant être inique si elle était prononcée malgré un pacte libératoire, — l'exception *pacti conventi* permet de repousser l'action intentée malgré le pacte.

— Il n'y aurait pas lieu à cette exception, dans les cas spéciaux où le pacte éteint radicalement, *ipso jure*, l'obligation; (pacte *de non petendo* appliqué, *rebus integris* : à un contrat consensuel, ou bien aux actions *furti*, *injuriarum*).

Exceptio jurisjurandi. — Sur le serment, que me défère mon adversaire, je jure que sa prétention est mal fondée ; je reste obligé en droit, mais je repousserai son action par l'exception jurisjurandi. — Du reste, le préteur finit par refuser tout simplement l'action, quand le fait du serment déféré et prêté était constant pour lui.— On sait qu'à la différence du pacte, le serment produit, et une exception et même une action, et qu'il peut servir à certaines personnes (*correi promittendi non socii*), qui ne pourraient invoquer le pacte dans lequel elles ne seraient pas intervenues.

Exceptio rei judicatæ. — Une sentence a été rendue; l'un des plaideurs intente, de nouveau, contre l'autre, une action concernant la même question. Cette action sera repoussée par l'*exceptio rei judicatæ* (res judicata pro veritate habetur). Cette règle n'est point d'ailleurs fondée sur l'équité, mais sur l'intérêt social qui existe à ne point s'exposer à des décisions contradictoires.

— Pour que l'exception *rei judicatæ* soit applicable, il faut que tous les éléments, de cette seconde tentative, soient les mêmes que ceux de la première action. Autrement il n'y aurait pas à craindre de contradiction.

On résume cette condition en disant qu'entre les deux demandes il doit y avoir : 1° *Identité d'objet*, (qu'il s'agisse du même corps certain, de la même quantité, du même droit). 2° *Identité de personne* ; car là où Primus a échoué, Secundus pourrait très-bien réussir, sans qu'il y eût contradiction. 3° *Identité de fondement juridique* : eadem causa petenti. En effet, il n'y aurait point contradiction à réussir, en réclamant 10 comme prix d'une vente, après avoir échoué, en réclamant 10 que je prétendais vous avoir prêtés.

Dans les actions réelles, on ne peut revendiquer, dans une nouvelle instance, une chose, en vertu d'un autre titre d'acquisition que celui présenté dans la première instance. En effet, comme le demandeur, n'agissant pas *expressa causa*, a pu faire valoir toutes les causes d'acquisition qu'il a voulu invoquer, il n'est pas admis à recommencer le procès, sur une nouvelle base, — à moins, bien entendu, que la nouvelle cause d'acquisition, qu'il invoque, se soit produite *depuis* la première instance, ou qu'il n'ait fait insérer, sous forme de *præscriptio*, dans sa première demande, le titre qu'il invoquait, tout en réservant les autres.

Remarque. On sait que, dans l'ancien droit, l'exception rei judicatæ n'était utile que pour les *judicia imperio continentia*; pour les autres, la *deductio in judicium*, éteignant le droit du demandeur *ipso jure*, une nouvelle demande d'action serait simplement refusée.

Exceptio rei in judicium deductæ. — Pour qu'un premier procès fît obstacle à un second, il suffisait que le droit du demandeur eût été engagé en justice (*litis contestatio*), alors même qu'on ne serait pas allé jusqu'à la sentence. La *litis contestatio* éteignait le droit, soit *ipso jure*, soit *exceptionis ope*, et, dans ce dernier cas, une nouvelle demande aurait été repoussée par l'exception rei in judicium deductæ.

Il y a bien d'autres exceptions péremptoires : citons seulement les exceptions : de *compensation*, des *SC. Velleien* et *Macédonien*, de la loi *Censia*, *Justi domini*, etc. etc.

Principales exceptions dilatoires.

Exceptio pacti per tempus. — On suppose qu'on est convenu de ne point demander, pendant un certain temps. Si, avant l'expiration de ce délai, le créancier agit, il sera repoussé.

Exceptio rei residuæ. — Exceptio rei dividuæ. — Toutes deux ont pour but de forcer les plaideurs à vider, dans une seule instance, toutes leurs difficultés. Ainsi : celui, qui n'a réclamé qu'une partie de son droit, sera repoussé par l'exception *rei residuæ*, s'il veut réclamer le surplus pendant la même préture. Mais il pourra, sous les prétures suivantes, poursuivre le complément de ce qui lui est dû. De même, celui qui, ayant, avec une autre personne, plusieurs causes de procès, n'agirait pas en même temps pour toutes, serait obligé, pour agir de nouveau, d'attendre une nouvelle préture.

Remarque. — Les exceptions, dont on vient de parler, sont *dilatoires ex tempore* ; il n'y a qu'à attendre un certain temps pour les éviter. Il faut remarquer d'ailleurs que, quoique dilatoires, si le demandeur avait l'imprudence de s'exposer à leur action, ces exceptions, comme celles qui vont suivre, entraîneraient, avec l'absolution du défendeur, la perte absolue du droit du demandeur.

Terminons par quelques exceptions *dilatoires ex persona*.

Exceptiones cognitoriæ et procuratoriæ. Toute personne ne peut pas en représenter une autre, ou se faire représenter dans un procès. Si donc une personne, incapable de se faire représenter, a choisi un *cognitor* ou *procurator* même capable ; ou si le *procurator* ou le *cognitor*, désigné par une personne apte à se faire représenter, est lui-même incapable d'agir pour autrui, — l'action sera repoussée par l'*exception cognitoria ou procuratoria*.— Naturellement, il était facile d'échapper à l'exception, en modifiant les circonstances qui vous soumettaient à son action.

Exceptio non numeratæ pecuniæ. On en a déjà parlé au sujet des obligations littérales. Un engagement juridique a précédé la numération des espèces, qui en constituaient l'objet. Si la personne, qui doit compter les espèces, ne le fait pas, et, néanmoins, actionne l'autre partie en exécution du lien de droit qui s'est formé (et qui subsiste quoique la cause n'ait pas suivi), elle sera repoussée par l'exception *non numeratæ pecuniæ*, ou, quand elle n'est pas prohibée, par l'exception *doli mali*.

— Après cinq ans, dans l'ancien droit, et deux ans, sous Justinien, l'exception ne peut plus être invoquée. (V. T. 78).

Exceptio divisionis. — Un co-fidéjusseur est attaqué *in solidum* ; il peut, si le demandeur y consent, faire diviser l'action (bénéfice de division), devant le magistrat. Mais si le demandeur n'y consent pas, prétendant que les autres fidéjusseurs ne sont pas solvables, on insérera l'exception : *si non et illi solvendo sint*. Le juge aura à vérifier cette solvabilité. Si les fidéjusseurs sont insolvables, le demandeur aura gain de cause, sinon le défendeur sera absous *pour le tout*. — Cette exception est *dilatoire*, car elle ne peut être invoquée que si le créancier refuse de diviser l'action.

CHAPITRE IV. — RÉPLIQUES, DUPLIQUES.

On sait que la réplique est à l'exception, ce que celle-ci est à l'action. Exemple : Titius me doit 10 sous d'or ; nous convenons que je ne les lui demanderai pas ; puis nous convenons que je pourrai les lui réclamer ? A ma *condictio*, il opposera l'exception *pacti de non petendo*, que je paralyserai, à mon tour, par une réplique *pacti conventi*. (On a vu, au sujet de la publicienne, une réplique *rei venditæ et traditæ*, paralysant l'exception *justi domini* opposée à la publicienne). La réplique a pour but de ressusciter l'action, détruite par l'exception.

On comprend que la *duplique* paralyse la réplique, pour ressusciter l'exception, et écarter, par conséquent, l'action ; — à son tour, une triplique peut combattre une duplique. On aurait alors, dans un camp, l'action, la réplique, la triplique, et dans l'autre, l'exception et la duplique.

(**Exemple d'une duplique :** REVENDICATION contre le donataire, par l'héritier de la donatrice. — *EXCEPTIO rei donatæ et traditæ ; REPLICATIO legis Cinciæ ; DUPLICATIO doli.* — M. Demangeat, II, 675 et 674).

TROISIÈME SECTION. — PRESCRIPTIONS.

On ne dira que quelques mots de cette intéressante matière, qui manque complétement dans la plupart des ouvrages élémentaires.

Les prescriptions sont des clauses insérées en tête de la formule, dans l'intéret du demandeur ou dans celui du défendeur.

Prescriptions dans l'intérêt du demandeur. — 1° Vous me devez 100 par an; si j'agis, contre vous, par une action *incerti*, j'obtiendrai les termes échus, mais tout mon droit aura été déduit en jugement, et, plus tard, si je voulais réclamer les termes postérieurs, mon action serait éteinte de plein droit, ou, tout au moins, le débiteur m'opposerait l'exception *rei in judicium deductæ*. — 2° Vous m'avez vendu une chose *mancipi*; je puis vous réclamer la mancipation et la tradition; si j'agis *ex empto*, pour obtenir la mancipation, je ne pourrai plus demander plus tard la tradition, tout mon droit ayant été déduit. — On remédie à ces dangers, en insérant, en tête de la formule, pour le premier exemple : *ea res agatur, cujus dies fuit*; et, pour le deuxième exemple : *ea res agatur de fundo mancipando*. — Quelquefois la præscriptio se confond avec la *demonstratio* qu'elle remplace.

Prescriptions dans l'intérêt du défendeur. — Elles ont pour but d'empêcher que la décision, à rendre sur la question en litige, ne tranche implicitement une autre question plus grave, qu'il faut dès lors réserver. — Pour cela, le préteur ajoute, en tête de la formule, une clause restrictive, que l'on désigne sous les noms de *præscriptio*, *præjudicium*, et qui commence ordinairement par ces mots « *quod præjudicium non fiat* », après lesquels on indique la question qu'il importe de ne pas préjuger. — Quel est l'effet pratique d'une telle clause? Le juge devait-il surseoir jusqu'après jugement de la question principale? Devait-il condamner ou absoudre, — l'effet de la prescription se réduisant à sauvegarder les droits des parties, quant aux autres questions? — Ou bien, à l'instar de l'exception, la prescription, une fois prouvée, entraînait-elle l'absolution complète du défendeur? Les trois opinions ont été également soutenues.

On peut citer : 1° La *præscriptio fori*, ou déclinatoire d'incompétence; 2° la *præscriptio longi temporis*, et autres fondées sur le temps, qui étaient introduites, en cas de demandes tardives, le demandeur niant que le délai fût expiré; 3° enfin, toutes les *præscriptiones* introduites pour ne pas préjuger d'autres questions.

Les prescriptions, déjà tombées en désuétude du temps de Gaius, s'étaient transformées en exceptions.

QUATRIÈME SECTION. — INTERDITS.

L'interdit paraît être le plus ancien organe du droit prétorien.

Par l'interdit, le préteur tranche lui-même, en vertu de son *imperium*, une situation spéciale, non prévue par les règles ordinaires du droit, en donnant à l'une des parties, ou à toutes deux, l'ordre immédiat de *faire* ou de *s'abstenir*. — Si la partie, à laquelle cet ordre est intimé, refuse d'obéir, ou si elle conteste les faits qui motivent l'ordre, l'autre partie demandera une action proprement dite dans laquelle le juge aura à juger si, en fait, le défendeur a refusé d'obéir, ou si sa contestation est fondée.

A la différence de l'action, l'interdit intervient précisément dans le cas où la prétention du demandeur ne repose ni sur une loi, ni sur un acte équivalant à la loi. Pour protéger ces situations privées d'actions, le préteur rendit d'abord des *interdits* ou *décrets*, dans chaque affaire isolément.

Puis, les occasions de rendre des décrets pareils se reproduisant fréquemment, avec les mêmes circonstances, le préteur, pour chacune de ces situations, inscrivit, dans l'édit, des formules générales de ces décrets. En cet état, il n'était plus nécessaire d'aller tout d'abord réclamer la délivrance de l'interdit; les parties devaient se conformer aux principes qu'il consacrait; sinon on pouvait, *de plano*, demander l'action contre celui qui avait contrevenu à l'injonction inscrite dans l'édit.

Plus tard, la plupart des rapports, primitivement protégés par des interdits, furent considérés comme des droits et munis directement d'actions. Ainsi s'explique le concours fréquent d'*interdits* et d'*actions*, ayant à peu près le même but. (Action *servienne*, interdit *salvien*. — Action *ad exhibendum*, interdits *exhibitoires*; — *pétition d'hérédité prétorienne*, interdit *quorum bonorum*).

Grâce à ces modifications, les interdits proprement dits n'existent plus au temps de Justinien.

CHAPITRE PREMIER. — DIVISIONS DES INTERDITS.

1re Division. — Interdits prohibitoires, restitutoires, — exhibitoires.

Interdits prohibitoires. — Sont *prohibitoires*, les interdits par lesquels le préteur défend quelque chose : *vim fieri veto... veto... ne fiat* : par exemple : 1° de faire violence : à un homme qui possède *sine vitio* (comme dans les interdits *uti possidetis* et *utrubi*); à celui qui veut enterrer un mort là où il a le droit de le faire (*de mortuo inferendo*); 2° de bâtir dans un lieu sacré (*in sacro loco ædificari*), etc. (Voir plus bas).

Interdits restitutoires. — Sont *restitutoires*, les interdits par lesquels le préteur ordonne de remettre ou restituer quelque chose (*quorum bonorum — unde vi — quod vi aut clam*). *Restituere* a un sens fort large : il comprend, même l'*acquisition* d'une chose nouvelle (interdit *adipiscendæ possessionis*), ou la *destruction* de ce qui aurait été fait malgré la *prohibition* de certains interdits prohibitoires.

Interdits exhibitoires. — Sont *exhibitoires*, les interdits par lesquels le préteur ordonne d'*exhiber* ou de *représenter* quelque chose ou quelqu'un : les tables d'un testament (interdit *de tabulis exhibendis*); l'individu dont la liberté est en litige (interdit *de homine libero exhibendo*); l'affranchi dont le patron réclame les services (interdit *de liberto exhibendo*); les enfants retenus par un tiers (interdit *de liberis exhibendis*).

Importance de cette division. — Elle embrasse tous les interdits sans exception; au point de vue de la procédure : dans les interdits prohibitoires on procède toujours *per sponsionem*; dans les autres, on peut opter entre la *sponsio* et la *formula arbitraria*.

Enumération des interdits. — I. *Parmi les interdits prohibitoires* : de mortuo inferendo; — de sepulchro ædificando ; ne quid in loco sacro fiat; — ne quid in loco publico vel itinere fiat; — de loco publico fruendo ; — de via publica et itinere publico reficiendo ;— ne quis via publica ire prohibeatur; — ne quid in flumine publico; — ne quid in flumine.... quo aliter fluat; — ne quis in flumine navigare prohibeatur; — de ripa munienda; — de arboribus cædendis ; — de glande legenda; — ne vis fiat ei qui in possessionem missus erit; — de aqua ex castello ; — de migrando; — uti possidetis ; — utrubi ; — de itinere actuque privato ; — de aqua cotidiana ; — de aqua æstiva ; — de rivis; — de fonte; — de cloacis; — de operis novi nunciatione. (V. 3e division et 7e section).

II. *Parmi les interdits restitutoires* : ceux qui tendent à faire détruire ce qui a été fait contrairement à la prohibition;— les interdits protégeant les inhumations, tombeaux, choses sacrées ou publiques, chemins, fleuves et les *bonorum possessores* ; — la dénonciation de nouvel œuvre ; — l'interdit *quod vi aut clam*; — l'interdit frauduatoire (*analogue à l'action Paulienne*); — tous les interdits *adipiscendæ*, *recuperandæ*, *tam adipiscendæ quam recuperandæ, possessionis*.

III. *Parmi les interdits exhibitoires* : on les a déjà énumérés.

2e Division. — Interdits simples, — doubles.

Les interdits simples forment la règle, les interdits doubles l'exception.

Les interdits simples sont ceux dans lesquels l'ordre ou la défense ne s'adresse qu'à une seule personne, qui est *défenderesse*, et qui seule, par conséquent, peut encourir une condamnation. L'autre partie est *demanderesse*. Tels sont les interdits *restitutoires*, *exhibitoires* et une partie des interdits *prohibitoires* ; l'action, donnée en exécution de ces interdits, ne peut aboutir qu'à la condamnation ou à l'absolution du défendeur.

Les interdits doubles sont ceux dans lesquels la défense s'adresse également aux deux plaideurs, de sorte que chacun d'eux, se trouvant obligé, peut être condamné ou absous.

Parmi les interdits *prohibitoires*, les uns sont simples, les autres doubles. *Les premiers* sont ceux dans lesquels le préteur défend de faire quelqu'entreprise sur un lieu sacré ou public; car ici, est *demandeur* celui qui conclut à ce qu'il ne soit rien fait; et *défendeur* celui qui veut réaliser l'acte. — *Dans les seconds* (interdits *utrubi*, *uti possidetis*), celui qui défend à la demande, en soutenant que le demandeur n'a pas le droit de conserver la possession, demande par là même à être lui-même envoyé ou maintenu en possession.

N. B. — On donne aussi le nom d'interdits doubles, mais dans un autre sens, aux interdits qui sont *tam adipiscendæ quam recuperandæ possessionis*, à cause de leur double but.

3e Division : Eu égard à la possession. (T. suiv.).

INTERDITS *(Suite)*.

Première et deuxième divisions. (T. pr.).

TROISIÈME DIVISION. — INTERDITS CONSIDÉRÉS AU POINT DE VUE DE LA POSSESSION.

Les interdits sont *possessoires* ou *non possessoires*, suivant qu'ils ont ou non pour objet la possession des choses corporelles, et, par extension, la quasi-possession des choses incorporelles.

Interdits non possessoires. — Ce sont les moins usuels ; ils touchent presque tous à des matières d'administration publique ou de police. Tels sont la plupart de ceux énumérés dans les interdits prohibitoires. — Ils n'offrent qu'un intérêt presque nul au point de vue du droit privé, et nous nous bornons à les mentionner.

Interdits possessoires.

Nous savons (T. 24), que les Romains distinguaient plusieurs espèces de possessions. La seule qui nous intéresse maintenant est celle que l'on désigne souvent par la périphrase : *possessio ad interdicta*, — c'est-à-dire, cette possession proprement dite, résultant d'un double rapport entre l'homme et la chose : rapport physique, la *détention* (corpus), rapport moral, l'*animus domini ;* — possession que le droit prétorien protége au moyen des interdits.

La *bonne foi* du possesseur, qui est d'un si grand intérêt sous un autre rapport (l'usucapion), est indifférente au point de vue des interdits. (Voir, pour plus de détails, T. 24).

En ce qui concerne les interdits, la *quasi-possession* des *res incorporales* est, en général, régie par les mêmes principes que la possession proprement dite.

Il y a quatre classes d'interdits.

INTERDITS ADIPISCENDÆ POSSESSIONIS.

Ces interdits ont pour objet de procurer à une personne la possession réelle de choses qu'elle n'avait pas possédées. (Pour recouvrer une possession *perdue*, il faut user des interdits recuperandæ possessionis). Il y a six interdits de cette espèce.

I. — Interdit quorum bonorum.

Cet interdit est accordé aux successeurs prétoriens (*bonorum possessores*), qu'ils soient ou non héritiers d'après le droit civil, si, toutefois, ils ont réclamé la *bonorum possessio* dans le délai voulu ; il procure au successeur la possession réelle de tous les objets corporels dépendant de la succession, mais il ne s'applique pas aux créances héréditaires.

Comme la pétition d'hérédité, il est donné contre tout individu qui possède *pro possessore* (*possideo quia possideo*), ou *pro herede*. Quant à ce dernier, il faut distinguer, au moins au temps des jurisconsultes classiques, s'il est véritablement héritier, ou s'il se croit héritier, sans l'être. Celui qui n'est pas héritier est toujours atteint par l'interdit *quorum bonorum ;* celui, au contraire, qui est héritier civil, ne tombe sous l'action de l'interdit, que si, dans l'ordre successoral de l'édit, il est primé par le *bonorum possessor*. (Exemple : opposition entre un enfant émancipé et un agnat).

Cet interdit est donné, même contre celui qui est devenu, par usucapion, propriétaire des choses réclamées, ou contre celui qui, les ayant possédées *pro herede* ou *pro possessore*, en a perdu la possession de *mauvaise foi*.

A l'imitation de l'interdit *quorum bonorum*, fut introduite la *pétition d'hérédité possessoria*, qui, probablement, remplit certaines lacunes de l'interdit, auquel on continua à pouvoir recourir, sans doute comme procédure plus rapide.

On comprend la coexistence de l'interdit, et de la petitio hereditatis ; le premier est donné au *bonorum possessor ;* la seconde à l'héritier. Mais quelle différence entre l'interdit quorum bonorum et la *POSSESSORIA hereditatis petitio*, tous deux donnés au *bonorum possessor ?* 1° *L'interdit quorum bonorum* procure un avantage provisoire et de pur fait, celui d'être mis en possession d'un ou plusieurs biens héréditaires ; mais la question de droit reste intacte, et le *bonorum possessor*, qui a obtenu l'interdit, peut succomber ensuite dans le débat relatif à la succession prétorienne. — La *petitio hereditatis possessoria*, au contraire, tend à faire reconnaître un droit absolu, définitif, à la succession entière du *de cujus*. 2° *L'interdit quorum bonorum* ne se donne qu'une fois ; si donc, après avoir obtenu cette possession, le *bonorum possessor* la perd, il ne pourra une seconde fois exercer l'interdit. — Au contraire, la *petitio hereditatis possessoria* peut être intentée, aussi bien par celui qui n'aurait pas eu la possession, que par celui qui l'aurait perdue.

II. — Interdit possessorium.

III. — Interdit sectorium.

Ces deux interdits se rapprochent du précédent, et se ressemblent beaucoup entre eux. Le premier est donné à l'*emptor bonorum* (adjudicataire de l'ensemble des biens d'un débiteur insolvable), pour acquérir la possession nécessaire à l'usucapion qui doit convertir son domaine bonitaire en domaine quiritaire. — Le second (ainsi appelé de *sector* — acheteur de biens mis en vente au nom de l'Etat), est, pour l'acheteur de biens publics, ce que l'interdit *possessorium* est pour l'acheteur des biens d'un particulier.

IV. — Interdit salvianum.

Cet interdit (introduit par le préteur Salvien) est donné au bailleur de fonds ruraux, pour se faire mettre en possession des objets que le fermier avait affectés au paiement des fermages.

Il est accordé contre le fermier, ou contre tout tiers détenteur (adversus quemlibet possidentem rem coloni).

Cet interdit tend au même but que l'action servienne, et ici se retrouve la question posée précédemment au sujet de l'interdit quorum bonorum, et de la petitio hereditatis possessoria.

Il est incontestable que l'interdit a précédé l'action, et que ces deux moyens coexistent, parce qu'ils diffèrent entre eux. Ainsi : 1° l'interdit ne soulève qu'une question de fait, tandis que l'action agite une question de droit ; 2° l'interdit ne tranche la question que temporairement ; l'action la résout d'une façon définitive ; 3° dans l'interdit, le bailleur, pour triompher, n'a pas besoin de prouver que les objets appartenaient au fermier, ou qu'ils ont été engagés par le fermier, du consentement du propriétaire ; tandis que le bailleur doit fournir cette preuve pour triompher dans l'action.

Question. — On a cru, qu'à l'imitation de l'interdit Salvien, concourant avec l'action Servienne, le préteur avait accordé un interdit quasi-Salvien pour concourir avec l'action quasi-Servienne. — Cette opinion, qui ne s'appuie sur aucun texte précis, est généralement repoussée à Paris.

V. — Interdit quod legatorum. — Cet interdit est donné à l'héritier pour se faire restituer tout ce qui aurait été appréhendé, sans sa participation, à titre de legs.

VI. — Interdit quo itinere. — La formule est : *quo itinere venditor usus est, quominus emptor utatur, vim fieri veto.* — A Rome, la servitude de passage était susceptible de possession ; mais l'acheteur, ne continuant pas la possession du vendeur, — s'il était troublé dans l'exercice de cette servitude, avant d'en avoir acquis personnellement la possession, — ne pouvait se fonder sur la possession du vendeur pour demander l'interdit *retinendæ possessionis : de itinere actuque privato*. On lui accorde l'interdit *quo itinere*, qui est un moyen de tourner la difficulté.

INTERDITS RETINENDÆ POSSESSIONIS.

CARACTÈRES GÉNÉRAUX. — Ces interdits ont pour but de protéger le possesseur actuel contre toutes *voies de fait* de nature à troubler sa possession. Pour qu'ils puissent être accordés, il faut trois conditions principales : 1° que celui, qui les invoque, ait la possession juridique proprement dite ; 2° que sa possession ait été troublée par des *actes de violence* (tous actes accomplis contre son gré) ; — 3° que ces actes de violence n'aient fait que troubler sa possession ; car s'ils avaient fait cesser la possession, il faudrait recourir aux interdits *recuperandæ possessionis*. — Examinons maintenant les conditions particulières à chaque interdit.

Interdit uti possidetis.

Il concerne uniquement des choses *immobilières*. La formule était ainsi conçue : *uti* eas ædes, quibus de agitur, *nec vi, nec clam, nec precario*, alter ab altero *possidetis*, quominus ita possideatis *vim fieri veto*. — I. Cet interdit se distingue, tout d'abord, par la forme collective sous laquelle le préteur s'adresse aux deux parties. En effet, le préteur n'a point la prétention de trancher la question, mais bien de poser une règle d'après laquelle le juge devra ultérieurement trancher une question, dont il ne trouverait pas la solution dans le droit civil. — Cette forme plurielle permettait aussi au juge de faire tomber la condamnation sur celui des deux plaideurs, qu'il reconnaissait, en définitive, se trouver en contravention avec l'interdit ; c'est dans ce sens qu'on disait que cet interdit était *double* ou *mixte*. — II. L'interdit *uti possidetis* n'a égard qu'à la *possession actuelle ;* il promet la victoire à celui, qui possède au moment où il est délivré, sans égard à la possession antérieure de l'autre partie. Cela paraît étrange au jurisconsulte français, habitué à voir les avantages de la possession dépendre d'une certaine durée ; mais la règle romaine, — qui peut faire triompher une possession *de quelques instants*, — est mitigée par cette triple condition : que la possession actuelle n'est un titre à la victoire, que si celui, qui l'invoque, n'a pas enlevé cette possession à l'adversaire, par violence (*vi*), ne la lui a pas enlevée clandestinement (*clam*), et ne tient pas de lui la chose à titre précaire (*precario*). — D'ailleurs, ces trois conditions, « *nec vi, nec clam, nec precario*, » ne sont pas exigées d'une manière absolue, mais seulement relativement à l'adversaire ; peu importe donc que le possesseur actuel ait possédé vi, clam ou precario, à l'égard d'un tiers, pourvu que sa possession soit pure de ces vices par rapport à l'adversaire ; on voit donc que ce n'est plus là, la possession qui peut conduire à la propriété par l'usucapion.

Avantages que procure l'interdit uti possidetis. — Celui, qui triomphe dans l'interdit *uti possidetis* : 1° est maintenu en possession ; 2° gagne les fruits et intérêts depuis la délivrance de l'interdit ; 3° obtient des garanties de nature à empêcher le renouvellement du trouble de la part du même adversaire ; 4° obtient la réparation des dommages causés par la privation de jouissance.

Durée. — L'interdit *uti possidetis* est annal, en ce sens qu'il doit être exercé dans l'année du trouble ou de la violence, à partir du moment où l'on a pu agir.

Interdit utrubi, etc.

Interdits recuperandæ possessionis.

Interdits tam adipiscendæ quam recuperandæ possessionis.

(T. suiv.).

INTERDITS *(Suite et fin)*.

TROISIÈME DIVISION. — INTERDITS CONSIDÉRÉS AU POINT DE VUE DE LA POSSESSION.

Première et deuxième divisions (T. 114).

Interdits non possessoires.
Interdits adipiscendæ possessionis. } (T. pr.).

Interdits possessoires.

INTERDITS RETINENDÆ POSSESSIONIS.

Interdit uti possidetis.

INTERDIT UTRUBI.

I. — Cet interdit s'applique exclusivement aux choses mobilières; comme le précédent, il est *double* ou *mixte*, et est ainsi conçu : « *utrubi* hic homo, de quo agitur, *majore parte hujusce anni fuit*, quominus is eum ducat, *vim fieri veto.* » On voit qu'il diffère essentiellement du précédent, en ce que ce n'est pas la plus récente possession, mais bien la possession la plus longue, pendant la dernière année, qui assure le succès. Si donc la dernière possession était la plus courte, c'était l'autre partie qui était remise en possession. Mais, dans ce cas, on ne voit pas pourquoi cet interdit n'aurait pas pris place parmi les interdits *recuperandæ possessionis*. De plus, comme l'interdit *unde vi* ne s'appliquait pas aux meubles, l'interdit *utrubi* en tenait lieu, et, par conséquent, fonctionnait en réalité, fort souvent, comme interdit recupératoire.

II. — Sous le Bas-Empire, la différence essentielle, qui vient d'être signalée, disparait, et l'on n'a plus égard qu'à la possession actuelle.

III. — Les effets de l'interdit *utrubi* sont les mêmes que ceux de l'interdit *uti possidetis*.

IV. — Les interdits *uti possidetis* et *utrubi* protégeaient la possession proprement dite, qui correspond au droit de propriété; mais on les avait étendus, *utilitatis causa*, à certains autres cas, et notamment à la *quasi-possession* des servitudes personnelles. — Quant aux servitudes *réelles :* 1° la quasi possession des servitudes *négatives* était protégée par l'interdit *uti possidetis* utile; 2° celle des servitudes *affirmatives*, tantôt par l'interdit général uti possidetis, donné utilement, tantôt par certains interdits particuliers, qui vont être énumérés plus bas.

INTERDIT DE SUPERFICIEBUS, calqué sur l'interdit *uti possidetis*, et s'appliquant à la jouissance du preneur ou locataire.

INTERDIT DE ITINERE ACTUQUE PRIVATO; il est simple et protège celui qui use *itinere actuque privato*.

INTERDIT DE AQUA COTTIDIANA ET ÆSTIVA, protégeant celui qui avait pris de l'eau, même un seul jour (cottidiana), ou l'été précédent (æstiva), contre toute personne s'opposant à ce qu'il continuât à user de l'eau comme il en avait usé.

INTERDIT DE RIVIS; — interdit *de fonte;* — interdit *de cloacis ;* — (sans importance).

INTERDITS RECUPERANDÆ POSSESSIONIS.

Ces interdits ont pour but de faire recouvrer la possession, à celui qui l'a perdue par un fait indépendant de sa volonté. Il y en a trois principaux :

INTERDIT UNDE VI.

Formule. — On distinguait deux espèces de violence : la violence ordinaire (*vis*), la violence armée (*vis armata*). Il y avait sans doute deux interdits, mais Justinien n'a conservé que la formule relative à la violence ordinaire : *unde tu illum vi dejecisti, aut familia tua dejecit, de eo, quæque ille tunc ibi habuit, tantummodo intra annum ; post annum, de eo quod ad eum qui vi dejecit pervenerit, judicium dabo.*

Conditions générales. — Il faut : 1° Que l'expulsé ait eu la possession juridique, au moment de l'expulsion, car il ne pourrait réclamer ce qu'il n'avait pas. 2° Il faut qu'il ait été, non-seulement troublé (interdit *retinendæ possessionis*), mais *privé* de cette possession, par violence, et, — à la différence de la violence dans l'interdit uti possidetis, — violence dirigée contre la personne du possesseur, et assez grave pour empêcher la continuation de la possession. Il n'y aurait pas violence, dans le sens de l'interdit, si l'ancien possesseur avait livré lui-même, par crainte, la possession de la chose; car il y a une grande différence entre m'enlever contre mon gré ce que je possède, ou contraindre ma volonté à en consentir l'abandon. 3° Il faut que la violence ait été exercée, par le défendeur lui-même, ou par les siens, sur son ordre ou à son instigation. 4° Il faut qu'il s'agisse de la possession d'un *immeuble*. Pas de difficulté dans la jurisprudence classique, dans laquelle la possession des meubles était suffisamment protégée par les actions *furti, vi bonorum raptorum, ad exhibendum*, et par l'interdit *utrubi* dans certains cas. Mais quand ce dernier, modifié, cessa de pouvoir fonctionner comme interdit *recuperandæ possessionis;* comme, d'un autre côté, les trois actions *furti, vi bonorum raptorum, ad exhibendum*, ne protégeaient pas la possession en tant que possession, une lacune importante se produisit dans les remèdes possessoires relatifs aux choses *mobilières*, lacune qui fut probablement comblée, par une extension de l'interdit *unde vi*.

Effet. — Le demandeur était réintégré, et on l'indemnisait des pertes qu'il avait éprouvées.

Exception. — Le défendeur pouvait opposer, à l'interdit, que le demandeur possédait également, à son égard, *vi, clam, precario*, — à moins toutefois que l'interdit ne fût fondé sur des faits de violence *à main armée :* car l'ordre public ne peut tolérer que les citoyens emploient la violence armée, même pour se faire rendre justice. — D'ailleurs, il est bien entendu qu'on pouvait repousser la violence par la violence.

Durée. — L'interdit *unde vi* ne se donnait, en général, que dans l'année de l'expulsion violente; sauf dans les trois cas suivants : 1° si l'expulsion avait eu lieu à main armée; 2° si les actes de violence avaient porté, non sur le possesseur, mais sur ses gens; 3° enfin l'interdit se donnait après l'année, dans tous les cas, jusqu'à concurrence de ce qui avait tourné au profit du défendeur.

INTERDIT DE CLANDESTINA POSSESSIONE, donné contre celui qui a pris clandestinement possession d'un immeuble qu'un autre possédait. Il devint inutile, quand on admit que la possession des immeubles se conserverait *nudo animo*, et qu'elle ne pourrait, par conséquent, se perdre d'une manière clandestine.

INTERDIT DE PRECARIO. — On désignait, sous le nom de *precarium*, la convention par laquelle le propriétaire, ou le possesseur, transportait à une autre personne, ordinairement *sur sa prière*, la possession d'une chose, avec faculté de la reprendre quand bon lui semblerait. L'interdit *de precario* était donné à celui, qui a concédé une chose à précaire, pour se la faire restituer par le concessionnaire, qui s'y refuse : « *quod precario ab illo habes, aut dolo malo fecisti ut desineres habere, qua de re agitur, id illi restituas.* » Cet interdit est perpétuel; restreint d'abord à la possession des terres publiques (*ager publicus*), puis étendu aux immeubles publics ou privés, il finit par s'appliquer aux meubles, et le précaire finit par être considéré comme la source d'une obligation proprement dite, garantie, comme celles qui naissent de contrats réels innomés, par l'action *præscriptis verbis*.

INTERDITS TAM ADIPISCENDÆ, QUAM RECUPERANDÆ POSSESSIONIS.

Ces interdits, révélés par un fragment de Paul, mais inexpliqués jusqu'à la découverte, à Vienne, d'un passage d'Ulpien, en 1836, ont reçu la qualification d'interdits *doubles*, parce qu'ils ont un double objet : tantôt ils font acquérir une possession, qu'on n'a jamais eue; tantôt ils font recouvrer une possession que l'on a perdue.

Il y a deux interdits tam adipiscendæ quam recuperandæ possessionis, cités dans le fragment d'Ulpien; on en ajoute un troisième.

1° et 2°. Interdits *quem fundum, quam hereditatem.* Dans la revendication soit d'un objet singulier, soit d'une hérédité, le défendeur (possesseur) était tenu de fournir au demandeur la caution *judicatum solvi.* Faute par lui de le faire, le demandeur obtenait du magistrat un interdit, par lequel il était enjoint au défendeur de transférer la possession à son adversaire. De cette manière, les rôles des plaideurs changeaient, et le demandeur originaire, constitué en possession, jouissait des avantages attachés à la position de défendeur (notamment quant à la preuve). On comprend que ces interdits étaient *adipiscendæ* ou *recuperandæ* possessionis, suivant que le demandeur, auquel ils faisaient obtenir la possession, n'avait jamais possédé, ou, au contraire, après avoir eu la possession, l'avait perdue.

3° Le même jeu de procédure peut avoir lieu dans la pétition d'un droit d'usufruit, au moyen de l'interdit *quem usumfructum*.

CHAPITRE II. — PROCÉDURE DES INTERDITS.

Interdits simples.

Les interdits pouvaient ne pas terminer définitivement la difficulté; ils devenaient alors l'origine d'une instance, dans laquelle le juge était chargé d'examiner s'il avait été ou non satisfait à l'injonction de l'interdit. Tantôt cette instance était accompagnée de stipulations et de contre-stipulations qui, au danger de perdre le procès lui-même, ajoutaient le danger de payer une somme plus ou moins forte; on disait alors que les parties plaidaient *cum periculo* ou *cum pœna*. Tantôt, au contraire, l'instance s'engageait sans que les parties fussent exposées à un autre danger que celui qui est inhérent à tout procès, à savoir : pour le demandeur, le danger de voir absoudre son adversaire, et pour celui-ci, le danger de restituer et d'indemniser : on disait alors que les parties plaidaient *sine periculo* ou *sine pœna*. — On plaidait toujours *cum periculo*, à la suite des interdits prohibitoires; l'instance, qui suivait les interdits restitutoires ou exhibitoires, pouvait être conduite *cum* ou *sine periculo*. (V. Analogie dans la revendication).

Interdits doubles.

Dans les interdits doubles *uti possidetis, utrubi*, chacun des adversaires pouvait dire à l'autre : « c'est vous que cette défense concerne, » et prétendre jouer le rôle de défendeur. On sortait de cette difficulté par la *fructuum licitatio*, mise aux enchères des fruits, c'est-à-dire de la possession provisoire pendant le procès. La partie, — qui s'engageait par sponsion, à payer à son adversaire, la somme la plus forte, à raison des fruits, au cas où elle perdrait le procès, — était mise en jouissance provisoire.

Mais chaque plaideur restait encore avec un double rôle de demandeur et de défendeur, et avec le droit d'adresser à l'autre la stipulation pénale de la procédure *cum periculo*. De là, outre la promesse de la *fructuum licitatio*, quatre promesses : deux *sponsiones* et deux restipulations. — Ce n'était pas tout : la mise aux enchères des fruits ne constituait pas une vente à forfait de ces fruits, mais seulement un moyen préjudiciel; aussi le possesseur provisoire, s'il venait à être jugé contre lui, devait restituer les fruits eux-mêmes, en sus de la somme promise, restitution poursuivie par une instance particulière; *judicium cascellianum* ou *secutorium*. — Enfin il y avait l'instance relative au fond même du litige.

De là, pour le juge, sept instances juxtaposées. Mais cette complication n'était qu'apparente; car les cinq stipulations, la restitution de la chose elle-même et celle des fruits, sont, en définitive, subordonnées à une seule et même condition, à savoir : par exemple, dans l'interdit *uti possidetis*, laquelle des parties avait la possession au moment où l'interdit a été rendu.

N. B. — Si celui, qui avait été vaincu dans l'enchère des fruits, n'adressait pas au vainqueur la stipulation *fructuaria* (stipulation d'une somme, au cas où l'adjudicataire perdrait le fonds du procès), l'instance était simplifiée et il n'en souffrait pas, car il pouvait (après la décision du litige sur les sponsions et la restitution de la chose) agir à raison des *fruits*, par une action spéciale : *judicium fructuarium*.

CINQUIÈME SECTION. — RESTITUTIONS EN ENTIER.

Comme les exceptions, les interdits, les actions in factum, — les *restitutiones in integrum* sont des remèdes juridiques d'origine prétorienne ; mais, nulle part le pouvoir, que le préteur s'était arrogé de corriger le droit civil, ne se présente sous une forme aussi tranchante, puisqu'il se met directement en opposition avec le droit civil, en tenant, *pour non avenus*, certains faits, certains actes juridiques, que le droit civil consacrait, et en replaçant les parties dans la même position que si ces faits ou actes n'eussent pas été accomplis.

Outre les conditions particulières à chaque cause de restitution, il y avait des conditions générales communes à toutes, savoir : 1° que la partie, qui demande la restitution, ait éprouvé une lésion d'une certaine importance, résultant de l'acte même attaqué ; 2° qu'elle soit elle-même exempte de dol et de faute ; 3° qu'elle ne trouve, dans le droit commun, aucune autre protection ; 4° que la restitution soit demandée dans le délai légal. Ce délai est d'abord d'une année utile, puis, sous Justinien, de quatre années continues. *Remarquons* d'ailleurs que la restitution, qui s'opère au moyen d'une exception, n'est soumise à aucun délai : *quæ temporalia sunt ad agendum, perpetua sunt ad excipiendum.*

Il y a six principales restitutions in integrum.

I. — Restitution metus causa. La circonstance qu'il y avait eu *metus*, n'était pas une cause de nullité en droit civil. Le préteur avait réagi contre cette rigueur, en introduisant d'abord une exception, puis l'action *quod metus causa*, et enfin, pour les cas où ces deux premiers moyens ne pouvaient servir, la *restitutio in integrum*. (Par exemple, quand l'acte extorqué avait pour effet d'éteindre, au détriment de l'intimé, un droit ou une action).

II. — Restitution ob dolum. Comme dans la précédente, c'était un remède qui venait s'ajouter à celui que fournissaient déjà l'exception et l'action. Mais il est probable qu'à la différence de la *restitution metus causa* celle-ci n'était donnée que dans des cas spéciaux.

III. — Restitution tanquam minor. Elle s'appliquait aux mineurs de XXV ans, capables en droit, mais seulement pour le cas où ils se trouvaient lésés, ce qui explique cette phrase : minor restituitur non tanquam minor sed tanquam læsus.

IV. Restitution pour cause de changement d'état. (Minima capitis deminutio). — Le père de famille, qui se donne en adrogation, est affranchi de toutes ses dettes. Le préteur tient le changement d'état comme non avenu, et donne, contre le débiteur, les actions utiles résultant des contrats passés avant son changement d'état.

V. — Restitution pour cause d'erreur. (Justus error). — On ne trouve pas un titre spécial au Digeste, sur ce sujet ; mais certaines décisions isolées, Gaius surtout, nous font connaître des cas de cette restitution en matière de procédure.

VI. — Restitution ob absentiam. Elle a lieu, soit en faveur de celui qui a perdu un droit ou une action, pendant son absence ; soit en faveur de celui qui a été dans l'impossibilité d'exercer son droit contre un absent.

SIXIÈME SECTION. — STIPULATIONS PRÉTORIENNES.

Les stipulations prétoriennes ne se confondent avec aucun des moyens de droit précédents. Au lieu d'être répressives, elles sont *préventives ;* d'un autre côté, quoiqu'elles se produisent devant le magistrat, l'avantage, que recherche le demandeur, résulte de la convention privée bien plus que de l'autorité du magistrat.

Les stipulations dont s'agit, dites *cautionales*, ne se confondent ni avec les stipulations judiciales, ni avec les stipulations communes, qui garantissent : la continuation de l'instance (*cautio in judicio sistendi*), ou l'exécution du jugement (*cautio judicatum solvi*).

Elles tiennent lieu d'actions (instar actionis habent), si bien qu'on peut opposer la compensation à celui qui les réclame.

La garantie consiste, soit dans une simple promesse de l'autre partie (cautio), qui fait naître l'action ex stipulatu ; soit dans l'intervention d'un fidéjusseur (satisdatio).

Leur introduction est, en général, motivée par le principe que nul ne peut être tenu, à l'occasion de sa chose, au-delà de la valeur de cette chose, ce qui le dégage absolument s'il en fait abandon noxal. (La stipulation servira donc à assurer la réparation d'un préjudice possible, non garantie, au moins d'une façon absolue, par le droit civil). C'est ce qui se présente directement dans la cautio damni infecti, et, sous d'autres rapports, dans les autres stipulations prétoriennes. — Il y a trois stipulations cautionales : La **cautio damni infecti.** — La **cautio rem pupilli salvam fore.** — La **cautio legatorum servandorum causa,** imposée à l'héritier, pour garantir aux légataires l'exacte délivrance des legs au jour de leur exigibilité. (V. divisions des stipulations : T. 74, 75).

Remarque. — Pour n'avoir pas à prouver plus tard le *quanti interest*, il était d'usage de stipuler une peine, pour le cas où le défendeur ne tiendrait pas la promesse formant l'objet direct de la stipulation prétorienne.

SEPTIÈME SECTION. — NOVI OPERIS NUNCIATIO. (D. 39, I.)

La dénonciation de nouvel-œuvre est un moyen fort énergique et fort sommaire d'arrêter l'exécution des ouvrages qui paraissent être de nature à porter atteinte aux droits des propriétaires voisins.

Ce moyen juridique a des caractères particuliers qui lui font une place à part. — Il tient de la *cautio damni infecti*, en ce qu'il est un moyen de protection contre un dommage futur, et non contre un dommage consommé ; il se rapproche des interdits et des actions négatoires, en ce qu'il tend à prévenir des attaques analogues à celles que les interdits et les actions négatoires ont pour objet de réprimer ; mais il diffère des uns et des autres par les formes qui lui sont propres ; en effet c'est un acte purement privé, qui n'a aucunement besoin de la présence ou de l'intervention d'un personnage officiel quelconque.

Le dénonçant se transporte sur les lieux, et déclare s'opposer à la continuation du nouvel-œuvre. Cette opposition se manifeste, *symboliquement* (*lapilli ictu* ou *jactu*), ou bien par une simple *déclaration* verbale au voisin ou aux ouvriers.

Cette dénonciation n'a lieu que pour les travaux en voie d'exécution.

Sur cette protestation, les travaux doivent être à l'instant arrêtés, (sauf réclamation ultérieure devant le magistrat) ; sinon, le voisin continuant les travaux, le dénonçant, par un interdit *restitutoire*, fait détruire tout ce qui a été fait depuis la dénonciation.

Le voisin, ainsi arrêté dans ses travaux, peut, si la dénonciation a été faite à tort, en obtenir la main levée devant le magistrat ; il peut aussi continuer ses travaux, en donnant ou offrant caution, et, dès lors, il a un interdit prohibitoire contre toute voie de fait de la part du dénonçant.

QUATRIÈME PARTIE. — DE LA PERSONNE ET DE LA REPRÉSENTATION DES PLAIDEURS. — DES SATISDATIONS.

Ces deux matières sont réunies dans la même partie; en effet, elles se touchent intimement, puisque la matière des *satisdations* tire tout son intérêt des distinctions qu'on établit entre le cas où l'on plaide pour soi-même, et le cas où l'on plaide pour autrui.

PREMIÈRE SECTION. — PERSONNE ET REPRÉSENTATION DES PLAIDEURS,

(*DE IIS PER QUOS AGERE POSSUMUS*).

La capacité d'ester en justice n'est pas calquée sur la capacité en matière de contrats. — Les esclaves sont absolument incapables; les pérégrins ne peuvent ester dans les *judicia legitima*; les fils de famille, ayant la capacité civile, peuvent ester en justice comme défendeurs, mais non comme demandeurs (au moins jusqu'à l'introduction des actions *in factum*), parce qu'ils acquièrent pour leur père, qui seul peut agir comme demandeur.

Les femmes, tant qu'elles furent en tutelle, et les pupilles dans les *judicia legitima*, ne peuvent ester en justice sans l'autorisation de leurs tuteurs; après la suppression de la tutelle des femmes, elles peuvent ester en justice, mais seulement dans leur propre cause.

Représentation judiciaire.

La capacité de plaider pour autrui est très-restreinte. Ainsi, les gens notés d'infamie, les militaires, ceux qui sont sur le point d'entrer en charge, ou de s'absenter pour un service public, les femmes, les mineurs de XVII ans (bien que capables en général d'ester en justice pour eux-mêmes), ne peuvent plaider pour autrui.

ACTIONS DE LA LOI.

Sous l'empire des actions de la loi, personne ne peut plaider pour autrui, sauf les exceptions suivantes; on peut plaider au nom d'autrui :

1° **Pro populo,** quand on intente une accusation publique, ou une action populaire.

2° **Pro libertate,** quand on se porte assertor libertatis, dans un procès relatif à la liberté. (V. 3 P. — Sect. I, — chap. VI: Causa liberalis).

3° **Pro tutela,** quand, en qualité de tuteur, on soutient un procès dans l'intérêt d'un pupille infans.

4° **Lege Hostilia,** quand on exerce l'action *furti*, soit en faveur de son pupille, soit au nom de citoyens prisonniers chez l'ennemi, ou absents pour le service de la République.

Ces exceptions étaient loin de suffire aux exigences de la pratique. L'âge, la maladie, un voyage indispensable, etc., mettaient souvent les personnes dans l'impossibilité de suivre elles-mêmes leurs propres affaires. Il y avait donc un puissant intérêt à étendre, ou plutôt à créer le principe de la représentation.

PROCÉDURE FORMULAIRE.

Le système formulaire renverse le principe: en règle générale, on peut agir au nom d'autrui, ou plaider par le ministère d'un tiers.

Ce tiers s'appelle *cognitor*, *procurator*. — Ajoutons les tuteurs ou curateurs.

Le **cognitor** est la personne que le *dominus litis* se substitue, devant le magistrat, en présence de l'adversaire, avec des paroles solennelles. Peu importe que le *cognitor*, au moment de la constitution, soit présent ou absent. Dans ce dernier cas, il ne devient *cognitor*, qu'au moment où il apprend et accepte le mandat qui lui a été confié.

Le **procurator** est constitué en vertu d'un simple mandat du *dominus litis*, sans qu'il soit nécessaire d'être en présence du magistrat ou de l'adversaire, ni de prononcer des paroles solennelles.

Différences entre le cognitor et le procurator. — On vient de voir des différences considérables, quant au mode de désignation. Ce n'est pas tout :

1° Le *cognitor* s'identifie complétement avec le *dominus litis*, de telle sorte que ce qui est jugé pour ou contre le *cognitor* l'est aussi contre le dominus litis, qui sera soumis en personne, activement ou passivement, à l'action *judicati*, donnée *utilitatis causa*. (Exceptionnellement, l'action *judicati* n'est donnée que pour ou contre le *cognitor*, quand celui-ci a agi *in rem suam*. Frag. Vat., § 317).

2° Le *procurator*, au contraire, ne s'identifie pas avec le *dominus litis*. L'action *judicati* compète au *procurator* ou contre lui. Il en résulte que le *procurator*, étant titulaire de la condamnation, le droit du *dominus litis* n'est pas éteint par l'action accordée au *procurator*. L'adversaire ne pourrait donc se garantir de l'exercice d'une nouvelle action intentée par le *dominus litis*, s'il n'avait eu soin de se faire donner, par le procurator, la cautio rem ratam dominum habiturum.

Innovation ou système mixte. — La jurisprudence commença bientôt à distinguer entre le *procurator absentis* et le *procurator præsentis*. Ce dernier est, comme le *cognitor*, constitué devant le magistrat, (sauf les paroles solennelles, qui ne sont plus exigées); du reste, il est assimilé au *cognitor*, et c'est à lui, comme contre lui-même, que se donne l'action *judicati*. — Le *procurator absentis* reste soumis à toutes les règles du *procurator* proprement dit. — Enfin il suffit, pour assimiler le *procurator* au *procurator præsentis*, et, par suite, au cognitor, que le mandat soit certain, par exemple, donné par acte public.

Remarque. — On trouve le nom de *defensor* donné à celui qui, sans mandat, plaide pour autrui. C'est un véritable *negotiorum gestor*. En général, il ne peut représenter que le défendeur. Il n'est pas identifié avec le *dominus litis*, qui échappe à l'action *judicati*, donnée contre le *defensor*. Aussi est-il tenu de fournir la caution *rem ratam dominum habiturum*.

Droit de Justinien. — Sous Justinien, il n'y a plus de *cognitor*. Le *procurator præsentis* et le *procurator absentis* muni d'un mandat publiquement constaté, s'identifient complétement avec le représenté. — Dès lors, doivent seuls donner caution *rem ratam dominum habiturum* : le *defensor* et le *procurator absentis* non muni d'un mandat authentique.

Tuteurs et curateurs. — Nous savons que les tuteurs, suivant les cas, peuvent, comme un *cognitor*, représenter pleinement le pupille. Le curateur peut aussi représenter le *furiosus* ou le mineur de XXV ans.

DEUXIÈME SECTION. — SATISDATIONS.

La satisdation est une promesse corroborée par un ou plusieurs fidéjusseurs. Celles, dont il s'agit ici, sont celles qui sont demandées aux personnes qui figurent dans un procès. Il faut distinguer deux époques; mais, dans l'une comme dans l'autre, la matière des satisdations se rattache étroitement à celle des actions soutenues ou intentées *alieno nomine*. Dans l'une comme dans l'autre également, il faut distinguer: si l'on plaide pour soi-même, ou si l'on plaide pour autrui.

Ancien droit.

ON PLAIDE POUR SOI-MÊME.

On n'est tenu de fournir une satisdation, que si on est *défendeur* dans une action *in rem*. Le défendeur doit fournir la *cautio judicatum solvi*, parce qu'il reste en possession de la chose litigieuse pendant le procès. Cet avantage de la possession doit être compensé par un avantage équivalent au profit du demandeur. Cette *cautio* contient trois chefs: assurer le paiement de la condamnation (*de re judicata*); contraindre le défendeur à rester dans l'instance (*de re defendenda*); empêcher le défendeur de commettre un dol relativement à l'objet litigieux (*de dolo malo*). (Quand on agissait *per sponsionem*, la cautio judicatum solvi était remplacée par la stipulation pro præde litis et vindiciarum. — V. T. 101).

Le demandeur, dans l'action in rem, le demandeur ou le défendeur dans l'action personnelle, n'ont jamais à donner de caution.

ON PLAIDE POUR AUTRUI.

I. — Comme défendeur? On doit toujours, qu'il s'agisse d'action réelle ou personnelle, donner la caution *judicatum solvi*; en effet : nemo defensor in aliena re sine satisdatione idoneus esse creditur.

La seule différence entre le *cognitor*, le *procurator præsentis* ou *absentis*, le *defensor*, le tuteur ou curateur, c'est que, pour le *cognitor* ou le *procurator præsentis*, la caution *judicatum solvi* doit être donnée par le *dominus litis* lui même; quant aux derniers, ce sont eux-mêmes qui doivent fournir la caution.

II. Comme demandeur? — 1° Sont tenus de donner la caution *rem ratam dominum habiturum* : le *procurator absentis*, le tuteur ou curateur, (autrement, comme le droit du représenté ne s'éteignait pas en la personne du représentant, le représenté aurait pu agir à nouveau).

2° Sont dispensés de donner la caution *rem ratam*...: le *cognitor*, le *procurator præsentis*, qui s'identifient avec le représenté.

Droit de Justinien.

Celui, qui joue le rôle de défendeur SUO NOMINE, doit seulement garantir ou jurer qu'il restera dans l'instance *usque ad terminum litis*.

Celui, qui joue le rôle de demandeur ALIENO NOMINE, (à moins que le mandat n'ait été insinué ou que le *dominus litis*, en personne, ne l'ait confirmé), doit, si le défendeur l'exige, donner la caution *ratam rem dominum habiturum*.

Celui, qui joue le rôle de défendeur ALIENO NOMINE, doit, d'après l'ancienne règle, fournir au demandeur la caution *judicatum solvi*, à moins que le *dominus litis* n'ait fourni cette garantie, en intervenant au procès ou extra-judiciairement. Le *dominus litis* devait, de plus, hypothéquer ses biens, et donner la garantie de se présenter en personne, le jour du prononcé du jugement.

N.-B. En cas d'absence du défendeur, un tiers quelconque peut prendre sa défense, en fournissant la *satisdatio judicatum solvi*.

CINQUIÈME PARTIE. — VOIES DE DROIT CONTRE LES DÉCISIONS JUDICIAIRES.

I. — Tout d'abord, il y a la voie de **Nullité**, résultant: de l'incompétence du juge; de l'inobservation des formes constitutives des jugements; de la violation des lois ou principes de droit évidents; du cas où le juge a fait le procès sien (V. aux quasi-délits), etc. etc. Mais en dehors de ces cas, où il n'y a pas en réalité de jugement, il y a plusieurs modes d'attaquer une décision judiciaire.

II. — In integrum restitutio. — Elle peut être accordée contre une décision judiciaire, comme contre tout autre acte, par exemple à un mineur de XXV ans lésé par cette décision judiciaire.

III. — Appel. — Déjà sous la République, tout magistrat et surtout les tribuns peuvent, sur la demande d'une des parties (qui eos appellat), opposer leur *veto* aux décisions émanées d'un autre magistrat égal ou inférieur. Mais ce *veto* ne produisait qu'un effet négatif. — A partir d'Auguste, l'empereur, étant considéré comme le centre suprême de la juridiction, peut, non plus seulement opposer un *veto* négatif, mais faire substituer, par un juge supérieur, une décision nouvelle, à la décision frappée d'appel. — C'est ainsi qu'on arriva à porter, en appel, la sentence d'un juge, devant le magistrat qui a délivré la formule en tête de laquelle le juge est nommé, ce qui place ce dernier dans une situation d'infériorité par rapport au magistrat qui le nomme.

IV. — Supplique au prince. — Quand les décisions du préfet du prétoire, à partir de Constantin, ne furent plus susceptibles d'appel à l'empereur, on permit, contre elles, la *supplicatio*, qui diffère de l'appel par plusieurs caractères essentiels.

V. — Revocatio in duplum. — On n'est pas parfaitement fixé sur ce mode de procéder. Il est probable :

1° Que le contumace, et celui qui avait confessé *in jure*, ne pouvaient recourir à l'*in duplum revocatio*.

2° Que l'exercice de la *revocatio in duplum* n'était soumis à aucun autre délai que celui de la prescription de 10 et 20 ans.

3° Que celui, qui avait recours à cette voie de droit, s'exposait à une condamnation double de celle dont il se plaignait.

Contre-partie de l'action *judicati*, elle est donnée à celui qui veut faire juger dès à présent la nullité ou la non-existence d'une prétendue sentence, dont un autre proclame l'existence. Mais le demandeur s'expose, au cas où il succomberait dans sa demande, à subir une condamnation double de celle dont il se plaint.

SIXIÈME PARTIE. — EXÉCUTION FORCÉE DES JUGEMENTS.

L'exécution forcée suppose plus ou moins l'emploi de la force matérielle. Ainsi : au cas d'une restitution en nature d'un objet déterminé, il faut employer la contrainte directe, pour conquérir l'objet, sur le défendeur, ou l'en expulser; pour une obligation de faire, il faut se contenter de se payer d'une valeur correspondante, sur les biens du récalcitrant; même décision pour une somme d'argent. Les condamnations en argent sont évidemment celles dont l'exécution est la plus facile et la plus directe.

Sous la procédure des actions de la loi. — Il y avait deux modes d'exécution, la *manus injectio*, sur les personnes, la *pignoris capio* sur les biens.

Sous le droit prétorien. — On conserve l'exécution personnelle (transformée en addictio); mais, à côté, est établie la *bonorum venditio* (analogue à la loi française sur les faillites), qui est précédée par la *missio in possessionem* des biens du débiteur. (V. T. 67).

Sous les Empereurs. — On continue les errements de la période précédente; mais on y ajoute la cession de biens, la vente en détail, et la *pignoris capio* nouvelle (pignus ex causa judicati captum).

Sous Justinien. — On retrouve la contrainte personnelle, modifiée en incarcération dans une prison publique; la cession de biens; la *pignoris capio*, qui remplace en général l'ancienne procédure par la *missio in possessionem* et la *venditio bonorum*; la *distractio bonorum*, transformation de l'ancienne missio in possessionem, et de sa vente en bloc, en une vente en détail, par les soins d'un curateur; la restitution forcée, en nature, par les soins des officiers du juge.

SEPTIÈME PARTIE. — PEINES CONTRE LES PLAIDEURS TÉMÉRAIRES OU DE MAUVAISE FOI.

Ancien droit.

Le législateur doit réprimer l'esprit de chicane qui pousse certaines personnes à former trop facilement des demandes en justice, ou à résister, sans motifs suffisants, aux demandes formées contre elles. De là une distinction entre le cas du demandeur et celui du défendeur.

I. Du défendeur téméraire. — 1° *Sponsio*. On a vu, au sujet des interdits, que le demandeur pouvait, en certains cas, exiger du défendeur une *sponsio*, qui ajoutait au danger de perdre le procès celui de payer la peine stipulée dans la *sponsio*. — 2° *Condamnation au double*. Dans certains procès, (actions *judicati, depensi, legis Aquiliæ, quod legatorum*), la condamnation *crescit in duplum adversus inficiantem* (V. T. 106). — 3° *Serment*. Le demandeur, — dans le cas où il n'y a lieu ni à sponsio, ni à la condemnatio *in duplum*, et s'il ne s'agit pas d'une action pénale, — peut forcer le défendeur à jurer qu'il ne se défend pas par esprit de chicane (*jusjurandum de calumnia*). — 4° *Infamie*. Dans les actions de vol, de rapine, d'injures, de dol; dans les actions directes de tutelle, de dépôt, de mandat; dans l'action pro socio, le défendeur encourt l'infamie : en toute hypothèse dans les trois premières; et, dans les autres, à moins qu'il n'évite la condamnation en transigeant.

II. Du demandeur téméraire. — 1° *Judicium calumniæ*. C'est une instance reconventionnelle, dirigée par le défendeur contre le demandeur, qu'il accuse d'avoir agi par esprit de chicane, instance qui aboutit, en cas de succès, à l'absolution de l'action principale, et à une condamnation du demandeur à une somme égale : au *dixième* de la demande pour les actions, au *quart* pour les interdits. — 2° *jusjurandum calumniæ* (V. plus haut le 3°, retourné contre le demandeur). — 3° *Judicium contrarium*. C'est une demande reconventionnelle qui peut, dans des cas très-limités, faire condamner le demandeur, soit au dixième soit au cinquième du montant de la demande originaire. — 4° *Restipulatio*. Elle n'a lieu également que dans des cas très-limités, et correspond à la sponsio pénale du demandeur, ainsi qu'on l'a vu aux interdits.

Sous Justinien.

Il y a trois moyens de réprimer les plaideurs téméraires.

I. Jusjurandum de calumnia. — On l'a vu plus haut ; ici il est donné contre le demandeur , le défendeur et leurs avocats.

II. Peine pécuniaire. — 1° Contre le demandeur : dommages-intérêts, frais de la procédure; 2° contre le défendeur : condamnation aux dépens; condamnation au double adversus inficiantem, dans les actions damni injuriæ, en restitution d'un dépôt nécessaire, en délivrance de legs faits à des établissements pieux.

Remarque. — Le descendant, qui cite son ascendant, l'affranchi qui cite son patron, — sans la permission préalable du préteur, — sont passibles, de la part du père ou du patron, d'une action pénale de cinquante solides.

III. Infamie. — Même règle que plus haut. (Ancien droit, I, 4°).

HUITIÈME PARTIE. — DE L'OFFICE DU JUGE.

L'étude approfondie des diverses espèces d'actions a déjà fait connaître les devoirs et fonctions du juge, l'ensemble des pouvoirs qui lui sont conférés, pour terminer les contestations portées devant lui. — Examinons seulement comme point spécial, quel est le devoir du juge relativement à la restitution des fruits, dans la revendication et la *petitio hereditatis*.

Si le possesseur est de bonne foi. I. *Droit classique*. — 1° Dans la revendication, le possesseur de bonne foi n'est pas tenu de restituer les fruits perçus avant la *litis contestatio*. 2° Dans la pétition d'hérédité, le possesseur de bonne foi doit restituer les fruits perçus, mais non consommés avant la *litis contestatio*; et même, il doit restituer ceux qu'il a consommés, *quatenus locupletior factus est*. — II. *Bas-Empire*. 1° Pas de modification pour la pétition d'hérédité; 2° pour la revendication, le possesseur de bonne foi, d'une chose particulière, doit rendre les fruits qu'il a perçus, alors qu'il était encore de bonne foi, si toutefois il ne les a pas consommés.

Si le possesseur est de mauvaise foi. — Dans la revendication, comme dans la pétition d'hérédité, le possesseur de mauvaise foi doit être condamné à restituer non-seulement les fruits perçus, mais ceux qu'il a négligé de percevoir.

Fin des Actions.

N.-B. — Lire, aux Institutes, Liv. IV, Titre XVIII (et dernier), *de publicis judiciis*, qui ne contient que quelques notions sommaires de procédure criminelle et de droit pénal, et se trouve, par conséquent, en dehors du cadre de nos études.

TABLE

Observations. — 1° Cette table a un double but :

I. — Elle se propose tout d'abord de présenter un *répertoire alphabétique* de tous les termes usités dans l'étude classique du droit romain.

II. — Elle se propose, en second lieu, de faciliter le travail de concordance qui consiste à considérer comment tel ou tel principe intervient dans différentes matières du droit romain. — C'est ce qu'elle réalise, en renvoyant, sous chaque terme, à tous les tableaux où l'on peut retrouver une trace intéressante du principe que ce terme représente.

Toutefois, — comme ce travail de concordance ne peut être possible et utile qu'après une première étude générale du droit romain, et que, d'ailleurs, il n'est pas indispensable au but restreint des examens, — les chiffres, renvoyant au tableau dans lequel *tel ou tel* principe est *spécialement* traité, sont composés en caractères particuliers, — les autres chiffres se rattachant uniquement au travail de concordance précité. — *N. B.* Cette différence de caractères n'existera que dans les cas où il y aura un assez grand nombre de chiffres ; s'il n'y a qu'un ou deux renvois, cette distinction devient inutile.

2° La table méthodique de cet ouvrage ressortira de l'inspection des tableaux généraux ou sommaires : 1 et 1 *bis*, 7, 21, 39, 57, 68, 95 et page VII.

3° Il va de soi : 1° qu'une expression, composée de plusieurs mots, doit être cherchée, — à cause des inversions si fréquentes qu'elles subissent, — à l'initiale de l'un ou l'autre des mots qui la composent ; 2° et qu'elles sont classées, partie d'après leur forme latine, partie d'après leur forme française.

4° Enfin on recommande la petite table supplémentaire qui renvoie à des *comparaisons*, qui font souvent l'objet de questions d'examens.

A

C

D

E

H

I

J

Q

R

S.

T

PETITE TABLE SUPPLÉMENTAIRE, OU COMPARAISONS :

CHAUMONT. — TYPOGRAPHIE DE CHARLES CAVANIOL.

www.ingramcontent.com/pod-product-compliance
Ingram Content Group UK Ltd.
Pitfield, Milton Keynes, MK11 3LW, UK
UKHW021925230726
13925UKWH00007B/860